中共中央政治局常委、国务院总理李克强在上海港区视察

国务院部委领导和上海市领导参加中国（上海）自由贸易试验区揭牌仪式

中共中央政治局委员、上海市委书记韩正视察上海陆交中心

上海现代服务业联合会会长、上海物流年鉴编委会主任周禹鹏

上海市政协副主席、民建上海市委主委周汉民在第二届洋山论坛上发言

浦东现代物流行业协会名誉会长胡炜在第二届洋山论坛上致辞

上海市人民政府发展研究中心主任、上海物流年鉴编委会副主任周振华

原市政协经济委员会主任、上海物流年鉴编委会委员许培星

上海市交通和港口运输管理局巡视员、上海物流年鉴编委会委员周淮

上海市经济和信息化委员会副主任、上海物流年鉴编委会委员刘健

中国（上海）自由贸易试验区管委会副主任、上海物流年鉴编委会委员简大年

上海海关副关长、上海物流年鉴编委会委员史济越

上海市发展和改革委员会副主任、上海物流年鉴编委会委员顾洪辉

上海市商务委员会副主任、上海物流年鉴编委会委员顾军

上海市工商行政管理局副局长、上海物流年鉴编委会委员陈学军

上海市邮政管理局局长、上海物流年鉴编委会委员李惠德

上海铁路局副局长、上海物流年鉴编委会委员赵峻

上海同盛（集团）有限公司董事长、上海物流年鉴编委会委员周赤

上海长江经济联合发展（集团）有限公司总裁、上海物流年鉴编委会委员王亚奇

上海市流通经济研究所常务副所长、上海物流年鉴编委会委员汪亮

上海浦东现代物流行业协会会长、上海物流年鉴编委会委员仲伟林

上海市统计局总经济师、上海物流年鉴编委会委员严军

上海现代服务业联合会副会长、上海物流年鉴编委会委员周伟民

原上海市人民政府发展研究中心党委书记、上海物流年鉴编委会委员顾性泉

上海商报副社长、上海物流年鉴编委会委员沈传信

上海市流通经济研究所园区经济研究中心主任、上海物流年鉴编辑部主任白焕耀

上海市物流协会副会长、上海物流年鉴编委会委员韩志雄

浦东现代物流行业协会秘书长、上海物流年鉴编辑部执行编辑陶惠民

上海物流年鉴编辑部执行编辑张志坚

上海物流年鉴的出版方 --- 世界图书出版公司副主编章怡在年鉴编辑部工作会议上

上海物流年鉴编辑部执行编辑徐家明

上海物流年鉴编委会委员许培星正在向副市长赵雯汇报工作

上海物流年鉴编辑部工作会议现场（左起第五人是编辑部执行编辑孙旭）

上海海关一处工作区

中国（上海）自由贸易试验区的墙体雕塑

上海同盛（集团）有限公司设在临港新城的上海深水港商务广场

洋山保税港区，现为中国（上海）自由贸易试验区的组成部分之一

上海外高桥保税物流园区，现为中国（上海）自由贸易试验区的组成部分之一

上海浦东国际机场货运站

外高桥港区一角

洋山深水港保税库区一角

上海市陆交中心办公区一角

洋山深水港区一角

一处物流仓库和正在装卸作业的集装箱车辆

货机正在进行装卸作业

繁忙的上海南翔铁路货运编组站

外高桥：中国（上海）自由贸易试验区侧高耸的 LOGO

上海物流年鉴 2013

Shanghai Logistics Yearbook 2013

《上海物流年鉴》编辑部 编

世界图书出版公司
上海·西安·北京·广州

图书在版编目 (CIP) 数据

上海物流年鉴 2013 / 《上海物流年鉴》编辑部编 .
—上海 ：上海世界图书出版公司， 2013. 12
ISBN 978-7-5100-7267-3

Ⅰ. ①上… Ⅱ. ①上… Ⅲ. ①物流－上海市－2013－年鉴 Ⅳ. ①F259. 275. 1-54

中国版本图书馆 CIP 数据核字（2013）第 289322 号

上海物流年鉴 2013
《上海物流年鉴》编辑部 编

上海世界图书出版公司出版发行
上海市广中路 88 号
邮政编码 200083
上海市竟成印务有限公司印刷
如发现印装质量问题，请与印刷厂联系
（质检科电话：021-56422678）
各地新华书店经销

开本：787×1092 1/16 印张：37. 25 字数：760 000
2013 年 12 月第 1 版 2013 年 12 月第 1 次印刷
ISBN 978-7-5100-7267-3/F•63
定价：399. 00 元
http://www.wpcsh.com
http://www.wpcsh.com.cn

《上海物流年鉴》编纂委员会

《上海物流年鉴》编纂委员会

地址：上海市浦东滨江大道 2525 弄 5 号 A 栋（上海现代服务业联合会办公楼内）

邮政编码：200120　**电话：**50151866（总机）　**传真：**50151827/50151857

E-mail: shsf.china@163.com

《上海物流年鉴》编辑部

《上海物流年鉴》编辑部

地址：上海市延安西路1754号（上海市人民政府发展研究中心流通经济研究所内）

邮政编码：200051　**电话：**51029011-304

E-mail：shlogyearbook@126.com

新浪博客：http://blog.sina.com.cn/u/2748023544

前　言

《上海物流年鉴 2013》将与读者见面了。这是自 2011 年以来，上海市政府发展研究中心流通经济研究所编纂出版的第三本地方物流行业的专业年鉴。在参与年鉴编辑工作的各方共同努力下，2013 卷年鉴的编辑内容和质量，在 2012 卷的基础上又有了新的进步。在此我谨向大家表示衷心感谢。

现代物流业是现代服务业中的一个重要产业，又具备业态范围宽跨度、高成长性和高渗透性的特点，在国民经济发展中举足轻重，上海物流业与经济社会的发展更是血脉相连，伴随经济高速增长而成长壮大。2012 年，上海社会物流继续保持平稳增长态势，物流业产业结构继续得到优化，物流需求显著增加，运行效率有所提高，物流业增加值快速增长，为上海经济社会协调、平稳发展发挥了基础和支撑保障作用，也成为上海调整产业结构、转变经济发展模式、开拓新经济增长点的重要手段。

但是，上海物流业与国内其他地区类似，目前还具有成长阶段的一些特征，物流行业普遍存在企业规模、应用技术、经营理念、组织手段、运行效率、服务质量等方面的问题，与欧美日澳等国家先行多年的物流业发展水平相比有着明显的差距，物流业同样面临瞄准国际先进水平，进一步创新驱动、转型发展的时代重任。大力推进现代物流业发展，对于“十二五”期间上海加快推进“四个率先”、加快建设“四个中心”和社会主义现代化国际大都市具有重要意义，中国上海自由贸易试验区的挂牌启动，又为上海物流业提供了新一轮的国内外发展契机，上海物流业前景光明，任重而道远。

作为记录和反映上海物流行业发展年度综合信息的大型行业工具书，《上海物流年鉴》无疑承载了一个重要使命，那就是以信息服务于上海物流业的振兴发展事业。可喜的是，年鉴编辑部在编委会的指导和有关各方的支持下，以高度的职业敏感和责任心办年鉴，精心收集和组织编辑市内外、国内外、业内外众多的物流业发展信息，深入物流业界进行调研，努力客观、全面地反映上海物流业的发展思路、政策支持、研发成果、专业服务、企业经营、市场开拓等真实情况，取得了宝贵的成果，《上海物流年鉴2013》的出版发行就是这一成果的具体体现。

应该看到，已经出版了三卷的《上海物流年鉴》，仍处于幼年阶段，由于编纂水平的局限，还存在一定的问题和不足，衷心祝愿读者及各方面继续给予更多关爱和支持，希望编辑部全体工作人员还要继续努力，争取把《上海物流年鉴》办得越来越好。

周振华

2013年10月24日

编 辑 说 明

《上海物流年鉴 2013》是自 2011 年开始编辑的本市第三本物流行业年鉴，是记录和反映上海物流行业发展年度综合信息的又一本大型行业工具书。

在《上海物流年鉴 2012》的编辑基础上，本年鉴作了一些调整和补充。原来十二个篇章调整成十一个篇章，依次分别为综述、物流业政策法规建设、物流基础领域和基础设施、区域和园区物流、口岸物流、制造业物流、商贸和其他物流、物流设施与装备－标准与技术－信息化、物流衍生专业服务、物流业发展专题、附录等十一篇，其中区域和园区物流是本年度年鉴新增加的栏目内容。本年鉴各项内容主要收录时限为 2012 年全年，部分收录内容延伸至 2013 年 9 月。

各篇章责任编辑的分工为：白焕耀分工第四篇；孙旭分工第六、第八篇；徐家明分工第五、第七篇；张志坚分工第一、第二、第三、第九、第十、第十一篇，并承担了年鉴总稿的汇总编辑和编审工作；陶惠民则提供了多篇的部分内容素材稿。

本年鉴组稿和编辑期间，得到市发展改革委、市商务委、市经信委、市交通和港口管理局暨市交通港航发展研究中心、上海海关、上海市邮政管理局、市综合保税区管委会、上海市物流协会、上海浦东现代物流行业协会、上海国际货代行业协会、上海同盛（集团）有限公司、上海长江经济联合发展（集团）股份有限公司等单位的热情支持，在此谨表示衷心感谢。

《上海物流年鉴》编辑部

2013 年 10 月 10 日

目 录

第一篇 综 述

第二篇 物流业政策法规建设

第三篇 物流基础领域和基础设施

第四篇 区域和园区物流篇

第五篇 口岸物流篇

第六篇 制造业物流篇

第七篇 商贸物流和其他物流篇

第八篇 物流设施与装备、标准与技术、信息化篇

第九篇 物流衍生专业服务

第十篇 物流业发展专题

第十一篇 附 录

第一篇 综 述

1.1 概述

2012年，上海市积极应对国际金融危机的严重冲击和自身发展转型的严峻考验，努力摆脱传统发展模式的束缚，经济保持持续平稳健康发展，经济发展方式转变迈出实质性步伐，经济增长的质量与效益明显提高，社会物流继续保持平稳增长态势，全年物流业增加值达到2428.25亿元，年增长10.6%，与第三产业增长同步；占全市生产总值和第三产业比重分别为12.1%和19.9%，比上年分别增加0.4和减少0.2个百分点（图1-1、1-2，2010至2012年上海物流业增加值变化见表1-1）。

据有关统计，按物流产业分类结构分，2012年上海市物流产业的主业、直接相关业、间接相关业创造的增加值，按可比价计算比上年分别增长11.0%、6.8%和15.3%，占全市物流产业总量比重分别为77.8%、14.8%和7.4%。其中物流产业主业的铁路货运、道路货运、水上货运、航空货运、港口装卸和其他运输服务、仓储、批发贸易和连锁配送服务、餐饮配送、物流广告服务、物流信息服务等十大分类占主业总量比重，分别为1.2%、1.8%、6.9%、0.2%、12%、2.9%、69.2%、0.3%、4.1%和1.4%。

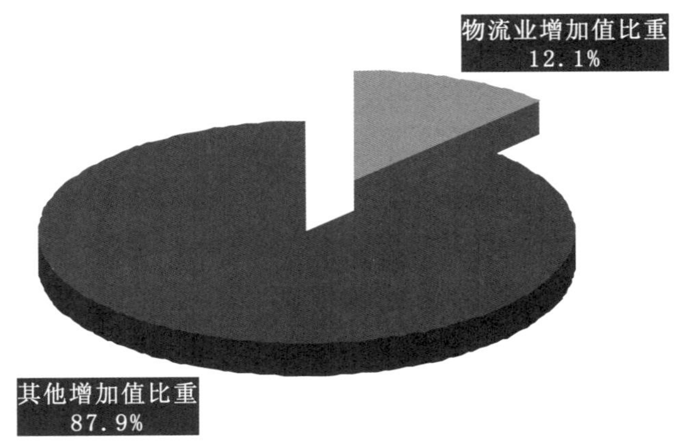

图 1-1　2012 年上海市物流业增加值占 GDP 总量比重（%）

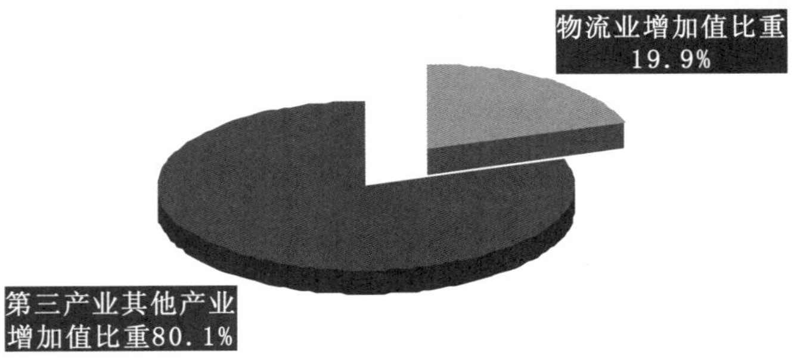

图 1-2　2012 年上海市物流业增加值占第三产业比重（%）

表 1-1 2010-2012 年上海物流业增加值变化情况一览

种　类	2010 年	2011 年	2012 年
物流业增加值 / 亿元	2037.00	2242.70	2428.25
年增长 /（%）	20.2	7.4	10.6
占 GDP 总量比重 /（%）	12.1	11.7	12.1
占第三产业比重 /（%）	21.2	20.1	19.9

（数据来源：市发展改革委）

2012 年，上海货物运输总量保持平稳增长，分类有升有降，全年货物运输总量达 9.44 亿吨，同比增长 1.1%。其中，港口货物吞吐量 7.36 亿吨，同比增长 1.1%；国际标准集装箱吞吐量 3252.94 万标准箱，同比增长 2.5%。全港货物吞吐量和集装箱吞吐量继续保持世界第一。公路货运量为 4.29 亿吨，增长 0.5%。铁路全年货运量为 825.29 万吨，降幅 7%。上海两大机场全年完成货邮吞吐量

337.96万吨，货邮运输规模为全球第三，跃至世界级机场行列。

2012年，按照“创新驱动、转型发展”的总体思路，2012年上海紧密围绕经济发展方式转变，提升物流服务能级，认真落实《上海市现代物流业发展“十二五”规划》，抓紧落实上海现代服务业综合试点任务，推进上海物流业取得新进展、新突破，为争取国家级自由贸易试验区落户上海不断夯实物流业发展基础。上海市物流业的规模持续扩大，城市共同配送体系建设取得实质性进展，综合保税区物流服务功能不断拓展，面向中小企业的集成化服务平台不断完善，物流企业服务能级日益提升，面向长三角、沿海和全国的区域物流深化发展合作，物流业发展环境进一步优化。物流业为上海市社会经济发展继续提供有力支撑。

（上海市流通经济研究所）

1.2 中国物流与采购联合会：2012年我国物流业发展回顾与2013年展望

2012年我国物流业发展回顾与2013年展望

中国物流与采购联合会会长 中国物流学会会长 何黎明

2013年2月7日

2012年，面对复杂多变的宏观经济环境，我国物流业总体运行放缓趋稳，稳中有进，各方面工作取得了新成绩。2013年，我们面临稳中求进，开拓创新，转型发展的新任务。

一、2012年我国物流业发展回顾

2012年，我国物流业呈现出许多新变化和新特点。

（一）物流业总体运行放缓趋稳

2012年，我国国民经济出现回升势头。全年国内生产总值51.9万亿元，同比增长7.8%，到四季度结束了增速持续回落的局面。随着经济企稳回升，物流业实现稳中渐升。据初步测算，预计全年社会物流总额177万亿元，同比增长9.8%，增幅较上年同期回落2.5个百分点，较上半年回落0.2个百分点，较前三季度回升0.2个百分点。全国物流业增加值为3.5万亿元左右，同比增长9.1%，增幅虽比上年同期有所回落，但仍比第三产业增加值高出1个百分点。物流业增加值占GDP的比重为 6.8%，占服务业增加值的比重为15.3%。全国社会物流总费用约为9.4万亿元，同比增长11.4%，增幅比上年同期回落7个百分

点。社会物流总费用与GDP的比率约为18%，同比提高0.2个百分点，经济运行中的物流成本依然较高。

（二）物流市场需求细分化趋势明显

生产资料类和进出口物品的物流需求增速放缓。由于国际市场增长乏力，国际航运业务持续低迷，航运企业亏损严重。因投资需求趋缓，钢铁、建材、煤炭、能源等工业和大宗商品物流需求下降，去库存压力加大。2012年下半年以来，华东地区钢贸流通行业仓单重复质押问题造成多方债务纠纷，金融物流触发系统风险。2012年全国汽车实现产销1900万辆，同比增长仅为4%左右，整车物流高速增长局面开始逆转。

快速消费品和网购物流需求增势迅猛。全年电子商务交易额达7万亿元，网购交易额超过1.2万亿元，分别占社会消费品零售总额的33.8%和5.8%。与电商网购配套的快递物流实现高速增长，全年完成业务量57亿件，同比增长55%。随着居民消费水平和安全意识的提高，对食品、药品、快速消费品、农产品等物流质量的要求越来越高，冷链物流应用领域进一步拓展。

制造业物流分离外包速度加快。生产制造企业推动资源向主业集中，传统制造企业物流外包水平明显提升，IT、汽车、家电、服装等制造企业物流外包进入供应链整合阶段。一批具有专业服务能力的物流企业逐步从集团公司分离设立，前几年由制造企业分离设立的物流企业，经过市场化锻炼规模快速扩张。

（三）物流企业专业化服务能力得到提升

物流要素成本全面上涨。调研显示，2012年物流企业人力成本平均增长15%～20%，燃油价格相当于2000年的3倍左右，过路过桥费占运输成本的三分之一上下，多数企业资金使用成本超过利润总额，大中城市物流业用地及仓库租金再度上涨。1～11月全国重点物流企业主营业务收入同比增长26.5%，而主营业务成本同比增长31.6%，主营业务收入利润率仅为3.7%。

物流企业积极应对市场变化。大型物流企业重组整合，兼并收购，中小物流企业依托公共平台集聚和联盟发展。国内航运企业大幅削减运力，调整业务结构。快递企业传统加盟模式暴露管控风险，“直营”和“收权”转型渐成趋势。公路货运市场出现一批像传化公路港、林安物流园等实体平台和信息平台的整合运营商。中国邮政速递物流IPO获得通过，一批市场表现优秀的物流企业积极筹备上市。

专业化服务能力进一步增强。企业更加重视以客户需求为中心，开发个性化、一体化服务，在冷链物流、汽车物流、城市配送、物流地产等专业细分领域涌现了一批综合服务能力强的专业物流企业。企业加强精细化、集约化管理，通过技术改造、管理提升和人员培训，应对成本上升压力。精益物流、共同配送、供应链集成等新的物流运作模式表现出强大生命力。越来越多的企业向产业链延伸服务，逐步从传统物流企业向综合物流服务商转型。

（四）经营业态交叉融合正在加速

各类企业跨界经营。商贸流通企业从交易功能向物流功能延伸服务，现货市场、交易中心、期货交割库等商贸物流业态快速发展。苏宁、国美、京东、当当等一批消费型商贸企业和电子商务企业投入巨资建立和完善物流网络，部分企业申请获得快递牌照，自有物流配送体系向社会开放。中邮、顺丰等快递企业开设网上业务，进入电商领域。物流企业介入代理采购和分销业务，借助金融机构开展供应链一体化服务。

多种业态深度融合。制造业与物流业联动发展，在采购、生产、销售等环节加强协作。联想、海尔、一汽等一批制造企业与物流企业深化战略合作，促进业务流程再造。商贸业与物流业共生发展，百联、物美、浙江物产、天津物产等一批商贸企业改造传统流通渠道，创新流通模式。金融与物流的融合，提升物流业对整个供应链的掌控能力。汽车、家电、电子、医药、零售等行业上下游多种业态深度融合，供应链协同模式加快变革。

（五）区域物流和国际物流整合开拓

区域物流一体化继续推进。长三角、珠三角、环渤海、中部地区等区域物流一体化积极推进，区域通关、交通管理、公路执法等合作机制逐步建立。东部地区物流业发展达到一定规模，加快转型升级。中西部地区受产业转移驱动物流需求扩张，物流基础设施建设保持较快增长。北京、上海、广州、成都等一批国家级物流节点城市辐射和集聚作用明显，郑州、武汉、西安等一批中西部物流中心城市发展势头良好。

国际物流发展蕴含机会。中远、中外运、顺丰速运等大型物流企业跟随国内制造和建筑工程企业进入国际市场，在工程物流、快递物流等领域取得积极进展。航空运输企业积极拓展国际航线，加入国际联盟，打造国际化航空公司。一批大型物流企业通过收购兼并等方式，加大战略性投资，积极推进海外扩张。

（六）物流基础设施建设投资再创新高

2012 年，我国物流业固定资产投资完成 4 万亿元，同比增长 23.9%，增幅同比提高 16.1 个百分点。年末铁路营业里程9.9万公里，公里通车里程418万公路，其中高速公路9.6万公里，分别同比增长5.9%、1.8%和13.1%。随着铁路运力的释放，海铁、路铁、空铁等多式联运具备发展条件。

物流园区初具规模。2012年，中国物流与采购联合会开展了第三次全国物流园区（基地）调查，列入调查的各类物流园区共计754家，其中运营的348家，占46%。与前两次调查相比，物流园区区域分布趋于均衡，转型升级态势明显。园区服务范围逐渐扩大，集聚和辐射效应持续增强。

（七）物流信息化和技术水平稳步提升

物流信息化水平较快提高。交通、邮政、食品药品监管等一批电子政务系统加快物流信息资源开发利用。全国铁路推出货运电子商务平台，货运业务实现网上办理。国家邮政局快递安监平台建设基本完成，实时监测和预警快递企业生产运行。交通运输部全国交通运输物流公共信息平台建设工作正式启动。国家和地方一批物流公共信息平台取得新进展。RFID技术在物流与交通领域应用获得政府支持，危险品运输车辆GPS车载终端开始强制推行，物联网技术开始在烟草等物流领域应用。

物流装备市场改造升级。叉车、货架、托盘等物流装备产品整体陷入市场低迷。装备制造企业加大市场开发力度，研发高端产品、升级服务模式、开发新兴市场。随着连锁零售、电子商务、医药、烟草、快递等行业快速发展，物流配送中心数量大幅增加，对立体仓库、自动分拣系统、自动识别系统、手持终端以及设备系统集成需求旺盛，物流装备系统化、自动化、智能化趋势明显。

（八）物流标准化和教育培训等基础性工作成效显著

物流标准化工作积极推进。全年新发布标准23项，其中国家标准8项，行业标准15项。正在制定的国家标准80项，行业标准12项，基本完成了《全国物流标准专项规划》的既定目标。自2005年开始，中国物流与采购联合会按照《物流企业分类与评估指标》国家标准开展A级物流企业评估工作，目前全国A级企业已达到2100家。物流园区、冷链物流、医药物流等一批专业性物流标准加快制修订。

物流学科体系建设、职业技能培训认证工作取得积极成效。目前，全国已有417所本科院校、824所高等职业学校和2000多所中等专业学校开设了物流类专业。经教育部批准，“物流管理”、“物流工程”列入教育部本科专业大类目录。中物联物流师职业资格培训与认证工作自2003年11月开展以来，已有30多万人参加了认证培训，16万多人取得资格证书。

（九）物流业政策环境进一步改善

国务院发布《关于深化流通体制改革加快流通产业发展的意见》，提出大力发展第三方物流，促进企业内部物流社会化。随后，国务院办公厅推出降低流通费用10项政策，突出强调降低物流成本。先后发布的《国内贸易发展“十二五”规划》和《服务业发展“十二五”规划》，都对物流业发展提出了新的要求。

2011年8月，国务院办公厅发出《关于促进物流业健康发展政策措施的意见》，业内叫做“物流国九条”。2012年，各有关部门为落实“物流国九条”做了大量工作。国家发改委、铁道部、交通运输部等多部门出台政策，鼓励和引导民间投资进入物流相关领域。国家发改委起草编制《物流园区发展专项规划》和《应急物流发展专项规划》；财政部出台物流企业土地使用税减半征收政策，将物流业纳入营业税改征增值税试点范围，扩大营业税差额纳税试点；交通运输部开展收费公路清理工作，积极推广甩挂运输，支持公路枢纽型物流园区建设；商务部启动现代物流技术应用和共同配送综合试点，提出仓储业转型升级指导意见；铁道部实施货运组织改革，试行“实货制”运输组织方式；工业和信息化部推进工业物流和物流信息化发展；海关总署推进特殊监管区域改革发展。各地政府出台规划和配套政策，积极落实“物流国九条”也有新的进展。

总体来看，2012年我国物流业经受了严峻挑战和考验，实现了平稳适度增长，对国民经济发展和发展方式转变发挥了重要作用。但也必须清醒地看到，随着行业运行增速趋缓，长期掩盖在高速增长下的一系列问题日益显露。物流需求社会化程度依然不高，企业物流外包层次低，物流服务内部化特征明显。物流企业集中度不够，专业化服务能力不强，低端化、同质化竞争比较严重，诚信缺失引发社会关注。物流效率和效益提升缓慢，无论是物流总费用与GDP的比率，还是企业物流成本费用率居高不下。物流市场经营风险加大，要素成本上涨趋势难以逆转，物流企业生存空间进一步压缩。物流能力不足和运力过剩长期共存，多种运输方式不均衡、不协调、不衔接的问题依然存在。在物流基础设施建设中，一方面物流用地供应难以保障，建设规划难以落地；另一方面有的地方借物流名义盲目圈占土地，改变用途。物流业涉及管理部门多，协调难度大，导致相关政策出台慢、落实难，体制和政策环境与行业发展的需要不相适应。比如，物流业被纳入“营改增”试点后，不仅物流业各环节税率统一问题没有解决，而且“交通运输业”普遍出现税负增加较多的严重问题。由此看来，落实“物流国九条”政策，切实减轻物流企业负担的努力依然任重道远。

二、2013 年我国物流业发展展望

2013 年是全面贯彻落实党的十八大精神的开局之年。党的十八大确定了实现全面建成小康社会和全面深化改革开放的目标，提出了加快完善社会主义市场经济体制和加快转变经济发展方式的任务。这“两个全面”和“两个加快”是我国现代化建设进入新阶段的新任务。

我国物流业发展进入新阶段，面临新机遇。一是要把握扩大内需特别是消费需求的战略机遇，在有效满足消费需求、降低流通成本、提高流通效率中发挥物流业更大作用。二是要把握产业转型升级的战略机遇，推动物流需求社会化和供应链一体化，带动制造业服务化。三是要把握新型城镇化的战略机遇，加强城市物流服务体系的改造和建设，促进城乡物流一体化发展。四是要把握创新驱动的战略机遇，鼓励企业加快技术创新、服务创新和模式创新，形成科技进步和管理创新的新动力。五是把握开放型经济的战略机遇，打造国际物流服务网络，为其他产业“走出去”提供物流保障。六是要把握节约资源和循环经济的战略机遇，推行绿色物流、循环物流、低碳物流，走出一条可持续发展的道路。

今后一个时期，国际经济形势依然严峻，国内经济出现阶段性特征。有研究机构指出，我国潜在经济增长率正逐步放缓，有可能从“持续高速增长阶段”进入“中速增长阶段”。初步预测，2013 年我国社会物流总额和物流业增加值的增长幅度约为 10% 左右，社会物流总费用与 GDP 的比率下降的难度依然较大。

不久前召开的中央经济工作会议确定了 2013 年经济工作继续保持“稳中求进”的总基调。我们要全面贯彻落实党的十八大精神，稳中求进、开拓创新，坚持“稳增长、调结构、抓整合、促转型”的发展思路，以降低全社会物流总成本、提高物流运行效率为中心，进一步树立整合理念，促进结构调整，加大转型力度，提高服务水平和增长质量，全面推动我国物流业持续健康发展。为此，我们应注意做好以下重点工作。

（一）坚定信心，主动转型发展

经济增速的调整对我国物流业带来重要影响。但是我们也要看到，国民经济持续健康发展的长期趋势没有变。党的十八大提出到 2020 年国内生产总值和城乡居民人均收入双双实现翻一番，也为行业发展提供了强劲动力。我们要坚定信心，把握机遇，主动推进转型升级。引导企业从单一功能、比拼价格的传统物流服务商向系统集成、合作共赢的供应链管理服务商转型，提升企业核心竞争力。引导行业从成本驱动、速度优先的粗放式发展方式向创新驱动、效益优先的集约化发展方式转变，提高物流业发展的质量和效益。

（二）转变观念，推动整合发展

物流业的核心理念和强大生命力就在于整合，这也是新时期物流业转型升级的着眼点和突破口。我们要把握制造业产业升级、流通业体制改革和新型城镇化加快推进的机遇，坚持整合分散的物流资源，打破上下游物流瓶颈的整合思路。立足于物流功能整合和信息整合，推动企业间资源整合，实现产业链上下游供应链整合，提高资源利用效率，改造传统物流运作方式。引导大型物流企业通过兼并、重组、联合等多种整合方式，提高企业集中度。鼓励中小企业开展多种形式的联盟合作，应对竞争压力。特别要重视利用资本市场实现物流产业发展壮大和整合扩张。

（三）加强管理，注重科学发展

随着新型工业化的推进和消费品市场繁荣，管理提升将为企业创造差异化竞争优势，也成为企业降本增效的重要手段。物流企业要抓好战略管理，顺应市场需求，收缩竞争力不足的战线，调整业务结构和组织架构。要抓好市场管理，聚焦细分市场，明确自身定位，强化与核心客户的联系。要抓好服务管理，注重服务的精细化、高端化、个性化，推进精益物流服务模式。要抓好成本管理，深入开展对标挖潜，健全成本考核体系，加大成本考核奖惩力度。要抓好风险管理，健全风险管理体系，建立风险评估和内控评价机制，建立重大风险预警机制。

（四）多业联动，促进融合发展

经济全球化时代，世界经济竞争已经进入供应链竞争阶段，企业间的竞争将发展为供应链与供应链之间的竞争。物流企业要充分发挥自身优势，打通产业链上下游，探索与制造业、流通业、金融业等多种产业的融合渗透，促进生产方式转变和流通方式转型，提升物流业对整个供应链的掌控能力。要始终坚持以最终客户需求为中心，加强与客户企业的联系合作，拓展物流外包的广度和深度，为整个供应链创造差异化竞争优势提供重要支撑。

（五）科技引领，加快创新发展

当前，我国正处于新技术革命的战略机遇期，与前几次技术革命不同，我们具有一定的先发优势。要密切关注新兴技术、新型能源、节能减排、物流信息化等领域科技发展的新动向，积极参与试点示范，加强科技转化力度。特别要关注物联网在物流领域的应用，积极开发基于物联网的先进服务模式。要充分利用现代先进信息技术，打造公共物流服务平台，改造传统物流服务模式。要通过绿色物流技术改造传统运作模式，实现绿色环保与效益提升协调发展。

（六）行业自律，坚持诚信发展

近年来，我国物流市场发展迅猛，转型升级步伐加快。但是我们也应该看到，物流市场无序竞争、恶意欺诈、诚信体系缺失等问题屡有发生，严重损害了行业声誉。我们要引导行业自律，制定行业自律规则，完善自律约束机制，防范系统性风险。要建设行业诚信体系，推进A级企业和信用企业评估，加大失信惩罚力度，增强企业信用意识。要增强企业社会责任感，提高从业人员道德素养，维护企业正当权益和行业良好声誉。要加强行业文化建设，增强企业和行业软实力，树立企业良好形象和行业精神风貌。

新时期物流业发展亟须政策引导和支持。我们期盼各级各地政府部门继续抓好“物流国九条”等政策的落实。特别要发挥税收、财政政策的导向作用，按照“降低税负、统一税率”的思路，妥善解决营业税改征增值税过程中出现的突出问题，以适应物流业“一体化运作、网络化经营”的需要。要深化收费公路清理工作，降低过路过桥收费；协调解决物流用地难、地价贵问题；开辟多种渠道，加大投融资支持力度；治理乱收费、乱罚款，切实减轻物流企业负担；在工商、税务、土地、统计等国民经济管理的相关部门，真正落实物流业的产业地位，切实为物流业发展创造适宜的体制政策环境。

2009年出台的《物流业调整和振兴规划》已经完成了历史使命，亟须制定行业中长期发展规划，形成新时期物流业发展的战略思考和顶层设计。中国物流与采购联合会作为行业社团组织，在新的一年里将继续反映企业政策诉求，进一步做好为政府服务工作，为引领行业持续健康发展做出新的更大贡献。

1.3 上海市商务委员会：2012年上海物流业发展情况和2013年工作重点

2012年上海物流业发展情况和2013年工作重点

上海市商务委员会

按照“创新驱动、转型发展”的总体思路，2012年上海紧密围绕经济发展方式转变，提升物流服务能级，认真落实《上海市现代物流业发展“十二五”规划》，抓紧落实上海现代服务业综合试点任务，确保上海物流业取得新进展、新突破。

一、上海物流业发展基本情况

1. 物流业规模持续扩大

2012 年，上海全年货物运输总量 9.44 亿吨，同比增长 1.1%；港口货物吞吐量 7.36 亿吨，同比增长 1.1%；国际标准集装箱吞吐量 3252.94 万标准箱，同比增长 2.5%。全港货物吞吐量和集装箱吞吐量继续保持世界第一。另据初步统计显示，上海两大机场完成货邮吞吐量 337.96 万吨，运输规模跃升世界级机场行列。

2. 城市共同配送体系建设取得实质性进展

根据 2012 年印发的《上海市加快推进城市配送物流发展实施方案》要求，市商务委会同有关部门引导一批龙头企业创新发展模式，逐步解决城市末端配送物流设施不足、城市配送运力未得到有效整合等瓶颈问题。

一是搭建“全社会物流资源配置”平台。陆交中心建设的 56135 平台已拥有全国 10 万多家会员，每天发布 80 万条有效服务信息，累计撮合 16 万笔物流交易，撮合交易货值达 271 亿元，参与企业的平均物流成本已经降到了货值的 8%。同时启动建设深水港集装箱水陆联运交易平台，实现海陆港无缝链接。

二是建设为社会服务的“全温带配送中心”。百联集团国内规模最大、建筑面积近 20 万平方米的全温带共同配送中心完成结构封顶，拥有常温、阴凉、冷冻、冷藏四个控温带，及 200 个装卸口。另外，已建立起四个托盘营运中心，托盘日均租赁数量超过 5 万块，均带有 RFID 电子标签，物流运作效率提高 5 倍。

三是连锁网点发展“全天候邮局”服务功能。农工商集团在全市 2300 多家农工商超市、好德、可的便利店、伍缘折扣店全部实现“网订店取”服务功能。同时对通过网上商城、96896 电话订购的商品，还提供送货上门服务，日配送量稳定在 2 万件。后台呼叫中心坐席由 100 个扩大到 500 个。

四是推广蔬菜、药品“全程可视化监控配送”。都市菜园依托 3 个配送中心，上游与市内外 20 万亩种植基地对接，下游与 800 多家超市、标准化菜场、社区直供点、餐厅终端对接，开通电子商务网站，实现年 35 万吨蔬菜的集中配送，项目建成后将形成 5 个配送中心，年蔬菜集中配送量将提高至 50 万吨。**上海医药**建成冷链监管信息平台，年内为全市配送一类疫苗 300 万支，支持超过 65% 区县接种点；建立覆盖 688 个品种药品的药监码系统；已与 29 家医院实现应用数据对接，基本涵盖全市三级医院；已为 5 家三甲医院提供院内物流服务，实现医、药分离。

3. 综合保税区物流服务功能不断拓展

一是期货保税交割试点规模化运作。依托期货保税交割和保税仓单质押功能，综合保税区大宗商品进出口快速增长，全年综保区铜及制品进出口额130亿美元，增长55%，其中铜及制品进口量占全国的30%。洋山保税港区2012年新增大宗商品龙头企业33家，累计达到53家，2012年新增商品销售额200亿元，已初步形成大宗商品产业的集聚规模。

二是机场综保区启动保税货物与口岸货物同步运作。2012年11月30日机场综保区空运货物服务平台成功完成国内首单口岸货物和保税货物同步运作，标志着机场综保区区港一体化运作实现突破。

三是国际中转集拼功能启动运作。2012年12月12日至19日进行了国际中转集拼试单运作，首单境外货物经外高桥港区转运洋山保税港区，在洋山国际中转集拼中心内与国内出口货物组合拼箱后再发往境外，走通了国际中转集拼功能全流程，在全国率先实现对国际集装箱货物的二次集拼和中转运输，标志着洋山保税港区国际中转集拼业务已正式启动运作。

四是跨国公司亚太分拨配送中心逐步集聚。洋山保税港区加快建设“国际航运发展综合试验区”，集聚了近60家通信及电子产品、汽车及零部件、高档食品、品牌服装的分拨配送中心，基本形成了面向欧美的分拨配送基地、大宗商品产业基地、面向国内的进口食品、服装、汽车基地以及供应链枢纽基地。机场综合保税区“临空服务创新试验区”初现雏形，重点发展空运亚太分拨中心、融资租赁、快件转运中心等临空功能服务产业链，已有德州仪器、山高刀具、索尼、爱马仕、戴尔、意法半导体等20余家全球知名跨国公司产品分拨中心入驻机场综保区。

4. 面向中小企业的集成化服务平台不断完善

积极推进物流服务平台建设，为广大物流企业，尤其是中小物流企业，提供口岸通关、企业内部管理等服务，帮助中小企业提升服务能级，以公共服务带动行业整体发展。如亿通国际开发的上海电子口岸平台，能实现口岸通关常用的58种单证中44种单证的电子化传输，单证电子化率达75%，保持全国领先水平，服务网络覆盖海港、空港和各主要产业园区，46个子系统涵盖电子通关、电子物流的各个领域，系统集成度高。陆交中心56135平台开发了“56云”平台，通过强大的云计算平台，为货找车，为车找货，撮合物流产品设备交易，促进物流跨领域的商务合作，及时、准确、低成本、低门槛地满足企业，尤其是小微型企业的物流需求。上海新跃物流“物流汇”平台已集聚4500多家实体会员、37000多家注册会员，面向中小型陆运物流企业推出物流管理软件、物流企业电调系统、呼叫中心服务、车辆全球定位服务等47项服务与产品，改善中小物流企业的内部管理水平和服务质量，累计降低企业运营成本达50余万元、保险成本达60余万元。

5. 物流企业服务能级日益提升

随着物流业的快速发展，本市物流市场社会化和专业化程度不断提升，涌现了一批服务能力较强的物流企业。截至2012年12月，全市已拥有A级企业125家，其中4A以上企业68家，占54.4%；39家企业获评首届“2012年度全国先进物流企业”；33家企业获“上海服务名牌”称号。这些企业在发展壮大中，逐步形成自身独特的管理理念和业务模式。如安吉天地物流成为国内领先的第三方汽车物流供应商，整车物流服务占国内市场约35%；北芳物流、新杰物流等民营物流企业通过提供物流一体化服务，业务收入持续增长；佳吉快运依托品牌输出管理，建立覆盖全国800多个县级以上城市的服务网络，每月承接100万票业务。

6. 区域物流深化合作发展

2012年5月6日，江浙沪两省一市物流牵头部门在浙江义乌举行了2012年长三角地区现代物流联动发展大会暨中国（浙江）长三角物流发展合作论坛。本次会议围绕“推进物流业与制造业的联动发展，加快物流业的创新发展”这一主题展开。来自两省一市的物流业主管部门代表根据会议主题，结合物流业发展中的热点和难点，提出了一些新思路和新做法。会上，对2010-2011年度长三角地区15家“守行规、讲诚信”先进单位进行了表彰。同时，邀请两省一市12位知名的企业家和学者上台，以“头脑风暴”的形式，围绕“物流业如何创新供应链服务模式与制造业、流通业联动发展”展开高峰对话。

7. 物流业发展环境进一步优化

国务院发布《关于深化流通体制改革加快流通产业发展的意见》，提出大力发展第三方物流，促进企业内部物流社会化。随后，国务院办公厅推出降低流通费用10项政策，突出强调降低物流成本。先后发布的《国内贸易发展“十二五”规划》和《服务业发展“十二五”规划》，都对物流业发展提出了新的要求。2012年，上海市政府也正式印发了《上海市现代物流业发展“十二五”规划》；市商务委会同市发改委、市交港局、市公安局印发了《上海市加快推进城市配送物流发展实施方案》，明确要引导市场形成层次清晰、衔接有序、运作高效的城市配送物流服务三级网络布局，提出要大力发展城市共同配送、城市连锁商业配送、城市电子商务配送、涉及城市安全的专业配送，以及城市应急配送。同时，上海自2012年起推进营业税改增值税试点，并将物流业纳入“营改增”试点范围，消除了重复征税，总体上减轻了企业尤其是小型微型企业的税收负担。对于一些交通运输企业出现的增负情况，市有关部门也积极研究完善试点措施，统筹考虑交通运输业税负等问题。

二、上海物流业发展面临的形势

2013年是上海深入推动创新驱动、转型发展，加快落实《上海市现代物流业发展“十二五”规划》的关键之年。国内外经济、社会的发展变化，既为本市现代物流业加快发展提供了重要机遇，也提出了更高的发展要求。

1. 加快建设“四个中心”，为培育高端物流功能提供了重要机遇

金融、贸易、航运活动与物流业密切相关、相辅相成。国务院明确上海“四个中心”建设要着力提升资源配置功能，金融产品创新、新型贸易发展、航运中转集拼等业务拓展步伐加快，这些都需要坚强有力的物流体系支撑。因此，上海必须更加注重高端物流功能培育，重点发展叠加资讯、交易、结算等高增值物流业务，增强对物流资源、网络的控制力。

2. 加速调整产业结构，为提升供应链管理服务带来了有利契机

物流业是重要的生产性服务业。国际金融危机后，全球产业结构发生深刻调整，物联网等战略新兴产业快速发展，生产方式加快向智能化方向变革，国内外跨地区产业转移和区域产业一体化进程加速，这些，为物流技术革新和拓展供应链管理服务空间带来了契机。因此，上海必须加快提升供应链管理服务水平，促进制造产业转型升级，提高综合服务功能。

3. 着力扩大消费需求，为物流服务模式创新创造了良好条件

物流业对满足消费需求起到基础保障作用。城市化进程加快和配套举措落实，扩大内需战略的政策效应明显发挥，居民消费规模持续快速扩大，网络购物等电子商务新型消费方式迅猛发展，这些，对通过改善运营方式来扩大物流规模创造了条件。因此，上海必须加大物流服务模式创新力度，切实降低流通费用，更好地满足人民多样化、高质量、安全性的消费需求。

4. 强化节能减排约束，对转变物流运行方式提出了迫切要求

传统运输、仓储等物流环节面临较大能耗和环保压力。外部环境约束及资源供给趋紧，发达国家逐步推行碳关税等绿色壁垒，我国逐步推进各领域合理使用能源消费总量方案，把节能减排作为硬约束，这些，对物流业发展向绿色低碳转型提出了迫切要求。因此上海必须切实转变物流运行方式，节约集约利用物流资源，发展低碳物流。

5. 推进增值税改革试点，对营造现代物流发展环境提出了明确任务

物流业健康发展离不开政策措施的完善。国务院高度重视物流业发展，出台了调整振兴规划和一系列配套政策措施，并选择上海率先在交通运输业和部

分现代服务业开展营业税改征增值税试点，这些，对本市促进社会化、专业化物流发展提出了明确任务。因此，上海必须大力营造符合现代物流发展的政策环境，理顺体制、机制、法制、税制，形成示范效应。

三、行业发展趋势和目标

1. 大力推进城市共同配送服务体系建设

抓紧落实上海现代服务业综合试点任务，继续推进城市共同配送服务体系建设项目，不断完善城市共同配送服务平台集聚要素、共享信息等功能，加大社会配送服务资源整合的力度，力争在城市快消品、药品和生鲜食品等领域项目建设取得实效。在完成商务部委托上海组织编写的《全国城市配送发展指引》的基础上，依托本市物流企业、大专院校、研究机构以及相关行业协会，积极开展城市配送物流服务标准的研究和制定，推动本市医药、食品冷链等领域的物流作业服务地方标准走在全国前列。

2. 着力发展大市场物流

随着上海国际贸易中心建设步伐不断加快，生产资料流通规模不断扩大，辐射能力和服务能级不断提升，聚焦钢铁、有色、能源、化工等领域，立足产业融合发展，在强化各类市场有效配置资源、满足社会需求、缓解供求矛盾的基础上，健全市场物流服务功能，发挥物流资源交易平台作用，为商品市场提供运输、仓储、加工、配送等服务，促进大宗商品物流有序流动，降低物流成本。

3. 加快完善口岸物流贸易服务功能

不断完善口岸通关便利化措施，提高口岸通关效率和竞争力。继续推进洋山保税港拓展水水中转集拼功能，探索国际中转集拼功能，加快期货保税交割业务实质运作。依托港区在贸易模式、外汇管制、保税仓储等方面的优势，叠加“航运＋贸易”“期货＋现货”“国际＋国内”“完税＋保税”的功能，积极探索建设大宗商品集散平台。

4. 切实推进上海西南综合物流园区建设

根据本市“十二五”物流业发展规划中对进一步扩展和延伸物流空间布局的意见，会同市发改委、松江区政府等加快推进上海西南综合物流园区建设，支持园区尽快明确建设主体，积极运用新理念、新模式规划和建设园区，完善园区功能，提升服务水平。同时，聚焦现代服务业有关政策，对园区建设中有基础、有优势、示范效应强、辐射范围广、产业特色明显的项目予以重点支持。

5. 推广应用供应链管理理念和技术

设立上海国际供应链管理促进中心，大力推进供应链管理理念推广和技术研发应用。结合落实国家制造业与物流业联动发展要求，推动物流企业与制造企业融合互动发展，促进供应链各环节有机结合，推动供应链一体化，带动产业转型升级。

6. 举办 2013 年长三角地区现代物流联动发展大会

深化长三角区域合作，会同苏浙物流牵头部门举办 2013 年长三角地区现代物流联动发展大会，并开展长三角“5•6”物流日活动，进一步加强区域物流一体化建设，形成持续稳定的交流合作机制，引导长三角地区物流业加强合作。

（上海市商务委员会市场体系建设处 刘敏 朱冰心）

1.4 上海市发展和改革委员会：2012 年上海物流业发展和 2013 年展望

2012 年上海物流业发展和 2013 年展望

上海市发展和改革委员会

一、2012 年上海物流业推进发展的具体措施

（一）完善产业发展规划体系

一是发布“十二五”专项规划。根据市政府“十二五”规划编制的统一部署，以沪府发[2012]51 号文发布实施《上海市现代物流业发展“十二五”规划》。二是以冷链物流课题研究为基础启动实施方案编制工作。贯彻落实国家《农产品冷链物流发展规划沉在充分市场调研的基础上完成“上海农产品冷链物流发展模式与途径研究”课题，并以此为基础启动开展《关于加快上海农产品冷链物流发展的实施方案》研究编制工作。

（二）推进重点物流园区科学发展

一是协助《全国物流园区发展规划》编制工作。2012 年，市发展改革委在梳理本市物流园区发展状况的基础上，向国家发展改革委提供了物流园区发展规划的相关建议，协助做好《全国物流园区发展规划》编制工作。二是推进西南综合物流园区建设。为贯彻落实《上海市现代物流业发展“十二五”规划》，市发展改革委会同松江区政府、区发展改革委、区经委、石湖荡镇政府等部门协调推进西南综合物流园区规划建设工作，加快园区建设进度。三是推动西北综合物流园区能级提升和结构调整。积极支持上海陆上货运交易中心和西北保税物流中心打造供应链平台服务功能，推广外高桥保税物流园区和西北保税物流中心的联动发展模式，积极推进桃浦地区停车场关闭调整，加快嘉定徐行货运物流枢纽建设的前期工作。

（三）完善本市物流业发展政策措施

一是为贯彻沪府发［2012］51号和沪府办［2011］98号要求，结合本市建设“全国流通领域现代物流示范城市”工作，与商务委、市交通港口局、市公安局联合制定发布了《上海市加快推进城市配送物流发展实施方案》，提出建设三级城市配送物流网络、发展城市共同配送完善中心城区货运通行政策等任务举措。二是根据国发［2012］39号文要求研究制定本市实施意见，提出通过物流业促进流通业发展的相关意见建议。

（四）召开市物流业调整和振兴工作会议

市发展改革委召开上海市物流业调整和振兴工作暨中央预算内项目总结交流会，总结2009年至2012年三年来全市物流业调整和振兴工作情况，部署2013年中央预算内资金申报工作。解读《上海现代物流业发展“十二五”规划》，并对“十二五”期间主要工作进行部署，进一步推动物流业调整和振兴工作。

二、2013年行业发展的重点目标

（一）发布“上海冷链物流发展实施意见”

市发展改革委将会同相关部门研究编制《关于加快上海农产品冷链物流发展的实施方案》，进一步优化冷链物流发展环境。

（二）开展“十二五”规划中期评估工作

2013年市发展改革委将以加快建设“西南综合物流园区”为重点开展《上海市现代物流业发展“十二五”规划》实施情况的中期评估。并结合中期评估工作开展，对《本市落实〈国务院办公厅关于促进物流业健康发展政策措施的意见〉工作方案》落实情况进行督促检查。

（三）推进物流园区“创新、转型、提升”

2013年，本市将按照国家发展改革委促进物流园区科学发展要求，结合上海经济社会和物流业发展实际开展推进本市物流园区实现“创新、转型、提升”发展的前瞻性研究，争取在土地、交通、融资、财税、管理体制等方面能形成明确的思路和对策建议，促进相关政策形成。

（四）探索建立物流业运行监测与统计核算制度

市发展改革委将会同统计局，依托相关行业协会，与专业研究机构合作，研究建立符合上海实际的物流业运行监测和统计核算制度，为政府决策和企业经营提供可靠依据。

（市发展改革委经贸流通处）

【冷链物流课题简介】

2012 年 10 月，市发展改革委委托上海商情中心开展了《上海农产品冷链物流发展的模式与途径研究》的课题研究。课题首先对研究背景、目的、意义、范畴、研究方法和路线进行了简要阐述，之后在对我国和上海的农产品冷链物流发展现状进行调查分析的基础上，归纳比较国内外农产品冷链物流发展经验、比选本市农产品冷链物流发展模式，进而提出上海农产品冷链物流发展基本思路和政策建议。

一、我国农产品冷链物流的概况和问题

课题认为，我国农产品冷链物流发展情况表现在四个方面。一是发展迅速，整体水平不高；二是基础设施逐步完善，但总量不足、结构不合理；三是冷链物流技术得到应用，但总体水平仍然较低；四是冷链物流企业数量多，但专业第三方冷链物流企业较少。同时，课题认为我国存在传统农产品生产流通模式仍占主导地位、冷链投入产出收益不平衡、法规规划和标准体系尚不健全、冷链断档等四个突出问题。

二、上海农产品冷链物流发展现状分析

（一）上海农产品冷链物流模式和特点

一是从供应来看，本市农产品大多由外地供应，源头预冷能力发展不均。二是从销售来看，本市农产品批发体系以中心批发市场为骨干，区域性批发市场为补充，产地初级批发市场为基础。零售体系以标准化菜场和大型商超为主体。

（二）冷链设施、管理、技术等发展水平

本市冷藏、冷冻、冷运设施初具规模，批发市场、配送中心、零售环节冷藏设施发展迅速，冷藏车辆数量和质量全国领先。在管理和技术水平上，品牌生产企业和连锁销售企业的冷链技术和管理水平有较大提高，但第三方物流冷链参与度仍不足。

（三）制约因素

制约本市冷链物流发展因素有传统消费习惯、冷链意识薄弱、价格、运输低效、冷链配送滞后、法规和监管不足等。

三、发展模式比选和发展思路

（一）模式比选

课题对肉类、果蔬、水产品的冷链发展进行了模式比选。在肉类冷链发展上，建议通过优化肉品结构、改变消费习惯，逐步实现混合冷链模式向全冷链模式过渡。在果蔬冷链发展上，建议通过改善批发市场果蔬冷链设施和交易环境、统筹规划农产品冷链配送中心建设、鼓励对接直销模式、加大零售环节冷藏储藏销售设备投入、引导高附加值果蔬提高冷链比例来不断提高果蔬冷链水平。在水产品冷链发展上，建议整合捕捞、低温运输、加工到销售的完整产业链，提高冷链一体化水平。

（二）发展思路

课题从目标、原则和重点三个方面提出本市农产品冷链物流发展的基本思路。认为可以通过重点发展田头冷链物流、加工农产品冷链物流、流通农产品冷链物流、农产品配送中心冷链物流、农产品城市配送冷链物流、农产品电子商务冷链物流、农产品口岸冷链物流、农产品冷链物流信息化等八个关键环节来实现冷链物流的整体发展。

四、政策建议

课题建议政府可通过加强行业监管力度、产业规划、对重点农产品冷链物流提供政策保障、完善配套措施和实施细则、加快信息化建设、支持行业龙头企业和重大项目发展、组织协调行业中介组织发挥作用、培养公众冷链消费意识、加强专业人才的引进与培养等来促进冷链物流的发展。

（市发展改革委经贸流通处）

1.5 上海市经济和信息化委员会：上海物流业信息化建设有关情况报告

上海物流业信息化建设有关情况报告

上海市经济和信息化委员会

根据工信部《关于推进物流信息化工作的指导意见》精神，结合本市大力发展生产性服务业的工作要求，我委将供应链管理服务列为本市生产性服务业十个重点领域之一，重点聚焦制造业领域的专业物流和嵌入式物流，加快推动物流企业转型发展与信息化建设。（注：2012 年全市生产性服务业重点领域重点企业共实现营业收入 5613.9 亿元，同比增长 16.4%，超过年均增长 15% 的“十二五”规划目标，实现利润 450 亿元，同比增长 14.8%。）

一、发展现状

近年来，随着各类物流信息技术的应用发展，上海物流行业的信息化发展取得了积极进展，物流企业对信息化建设的重视程度不断提高，投入力度不断加大，新技术采用广泛，对企业经营和管理发挥了较大的支撑作用。从发展现状看，主要表现有：

1. 发展还不够不平衡，总体水平不高，覆盖面不够高。以央企和大型国有物流企业为代表的骨干单位，信息化已覆盖全部经营和管理环节，水平接近国际物流巨头，如安吉汽车、华谊天源、上港集团，一些中小物流企业的信息化无论从对企业经营活动的覆盖面还是系统的水平都较低。

2. 信息化建设千姿百态，缺乏统一标准，难以互通互联。许多物流企业在信息化建设中，过分看重自身的需要，采取实用主义的做法，缺乏长远考虑和共享意识，都想自成体系。因此往往在企业范围内是可用而且有效，但在外连和互通中受阻，难以实现信息化水平的最大化。同时在信息化建设上由于缺乏统一标准，企业各搞各的，重复建设，也造成了极大的浪费。

3. 公共平台建设滞后，影响物流成本的进一步下降。由于信息化建设目前基本上是百花齐放，各自推进，造成了信息更高层次和更大范围的不对称，形成了新的闭塞，而企业迫切需要的公共平台建设相对滞后，使企业难以获取和处理瞬息万变的物流市场信息，从而成为社会物流总成本难以下降的主要因素。

二、市经信委开展的主要工作

1. 以制造业主辅分离财政扶持政策、“营改增”试点政策实施为契机，加快推动工业物流从母体加速剥离，以物流信息化为支撑，在继续为母体企业提供服务的基础上，加快发展社会化服务市场，提升信息化运作能力，形成了一批制造业龙头物流企业。如安吉物流（从上汽集团分离）、华谊天原化工物流（从华谊集团分离）、中石化工物流、金山石化物流（从上海石化分离），宝钢物流（从宝钢集团分离）、北芳物流（危化品物流，民营企业）等。特别是金山石化物流为了走出去，专门成立上海同程物流，目前已在宁夏、武汉、湛江等地以管理输出，提供物流整体解决方案与运营管理服务为重点，以物流信息化为支撑，发展物流增值服务，走出了有别于传统物流的一条新路。

2. 以加快推动第四方物流服务平台发展，带动广大中小微物流企业信息化运作能力的整体提升。通过实施电子商务“双推”工程，支持本市以“现代物流企业公共服务与管理”电子商务平台为载体的第四方物流服务企业—上海新跃物流企业管理有限公司（以下简称“物流汇”）快速成长，目前平台会员企业已经超过4000家，带动了广大中小物流企业，特别是小微陆运物流企业以低成本应用先进信息技术提升运作效率和管理水平。同时，支持物流企业举办“物流日”活动，提升行业自信心和自豪感，推动“物流汇”平台走出上海，创建服务全国的第四方物流服务。

3．依托总集成总承包专项，加快推动供应链总集成总承包服务模式的发展。通过推动北芳物流的庄臣一体化供应链信息化、旭富物流的流通集成供应链信息化、金石物流的神宁一体化集成物流信息化等项目建设，提升第三方物流企业以信息化为支撑的总集成总承包服务能力。

4．依托信息化发展专项、“双推”工程，支持第三方物流企业信息化项目建设（信息化专项支持过的物流信息化项目详见附件），推动物流信息化与电子商务融合创新发展。如在钢铁供应链管理方面，推动东方钢铁电子商务有限公司的钢铁供应链多方协同创新服务——大型钢铁集团实现全程供应链电子商务创新服务，促进与在线交易结合的供应链融资服务创新。推动上海锦商网络科技有限公司（宝信软件旗下）宝盈通钢材流通saas服务平台发展，带动钢材流通领域仓储、运输、贸易等中小企业的信息化管理水平与业务协同能力的提升。

三、有关政策建议

一是加大对公共信息平台建设的投入和推进力度，在全市建设几个综合性、专业性的物流信息公共服务平台（包括信息、交易和结算等功能）；二是加强物流信息化标准化的推进工作，便于企业之间，企业与公共服务平台之间的链接，提高效率，实现信息共享。

【物流信息化】

2012年，我委根据工信部《关于推进物流信息化工作的指导意见》精神，结合市政府关于推进生产性服务业创新发展要求，寻找发力点，突出重点、突破难点，以点带面，开创物流信息化的新局面。

物流信息化将加速制造业物流从母体分离。我们继续大力推动大型制造集团物流企业的信息化能力提升，推动其全流程信息化管理、全网络信息化管理等，加快打造营收超百亿的物流龙头企业。

物流信息化与电子商务融合发展加快服务模式创新。在钢铁物流信息化方面，推动东方钢铁电子商务有限公司的钢铁供应链多方协同创新服务——国内大型钢铁集团实现全程供应链电子商务创新服务，其服务主要包括采购、营销电子商务服务和第三方电子交易服务，促进与在线交易结合的供应链融资服务创新。

物流信息化加快第四方物流公共服务平台形成。推动面向中小物流企业的第四方物流信息化发展，同时，通过“2012物流日”活动，推动“新跃物流汇”走出上海，创建服务全国的品牌物流服务。

物流信息化加快供应链总集成总承包服务模式的发展。通过推动北芳物流的庄臣一体化供应链信息化、旭富物流的流通集成供应链信息化、金石物流的神宁一体化集成物流信息化，提升第三方物流企业的总集成总承包服务能力。

物流信息化是制造服务化、服务专业化、服务模式创新的利器。2012 年，通过对龙头物流企业、第三方物流企业、第四方物流企业信息化的大力推动，丰富和发展了上海生产性服务业尤其是供应链管理服务方面的探索和实践。

（市经信委生产性服务处）

1.6 上海浦东新区现代物流行业协会：2012 年浦东新区物流业发展报告

2012 年浦东新区物流业发展报告

上海浦东新区现代物流行业协会

2012 年，欧洲债务危机走向长期化，全球经济复苏的不确定性进一步增强，发达经济体经济下行，新兴经济体和发展中国家经济增长放缓，全球贸易增长乏力的问题日益凸显，国际市场需求依然不足，国内消费市场则呈现高位回落态势，受内外双重影响，物流业发展遇到前所未有的困难，但在个别大企业的一次性因素影响下，浦东新区的物流业仍保持两位数以上的较快增长，增长速度超过全区 GDP，占新区 GDP 的比重较上年有所提高。

一、物流业发展基本情况

1. 物流业继续保持两位数以上的增长

2012 年，全球贸易额继续下滑，国际市场需求继续萎缩，国内经济走势呈现稳中下降态势，经济发展的环境较 2008 年金融危机时期更为严峻。一方面，受全球贸易额下滑影响，新区外贸进出口较上年大幅度回落，全年实现外贸进出口总额 2399 亿美元，比上年增长 6.1%，增幅比上年回落 15 个百分点，其中出口增长 5.7%，比上年回落 14.6 个百分点；进口增长 6.4%，比上年回落 15.3 个百分点。另一方面，虽然新区市场消费在连续多年高速增长的情况下出现回落，但由于个别大企业的一次性因素影响，使批发贸易行业增长速度继续维持在高位，全年实现商品销售总额 14547 亿元，增长 23.8%。在新区市场消费高速增长的带动下，新区物流业继续保持两位数增长，据初步测算，2012 年新区物流业实现增加值 1224 亿元，比上年增长 16.5%，增幅比上年提高约 5 个百分点；快于新区 GDP 增长速度 6.4 个百分点；占新区 GDP 的比重达到 20.6%，比上年提高 1.5 个百分点，但若剔除通用销售公司的一次性因素，物流业增加值的增长速度将回落至个位数增长，较前两年呈现继续下降态势。

物流业的五大行业中，交通运输业实现增加值 160 亿元，增长 3.2%，增幅比上年回升 5.3 个百分点，占物流业的比重为 13.1%，比上年降低 2.2 个百分点；批发业实现增加值 1061 亿元，增长 18.8%，增幅比上年提高 4.3 个百分点，占物流业的比重为 86.7%，比上年提高 2.1 个百分点；邮购及电子销售业实现增加值 2 亿元，增长最快，达到 97%，但比重仅占物流业的 0.2%；物流房地产实现增加值 0.33 亿元，一改往年连续下降的态势，增长速度达到 24.4%；物流服务业继续大幅度萎缩，实现增加值不到 0.01 亿元，下降 99.3%。

表 1.5.1 2012 年浦东新区物流业增加值

行　业	增加值 / 亿元	增长 /（%）	比重 /（%）
合　计	1223.68	16.5	100.0
交通运输仓储邮政业	160.03	3.2	13.1
批发业	1061.31	18.8	86.7
邮购及电子销售业	2.01	97.0	0.2
物流房地产	0.33	24.4	…
物流服务业	…	-99.3	…

与物流业紧密相关的新区航运产业全年实现增加值 386 亿元，增长 10.2%，占新区 GDP 比重为 6.5%，与上年基本持平。其中航运服务业增加值增长最快，全年实现增加值 205 亿元，增长 22.9%，增幅比上年提高 7.5 个百分点，占航运产业增加值比重为 53.1%，比上年提高 5.3 个百分点；港口运输业全年实现增加值 45 亿元，比上年增长 4.8%，占航运产业增加值比重为 11.6%；航运基础产业全年实现增加值 136 亿元，比上年下降 3.3%，占航运产业增加值比重为 35.3%。

2. 受进出口贸易增幅下降影响，海港和空港吞吐量回落明显

2012 年，受全球贸易下降，新区港

口吞吐量呈现增幅回落态势。港口货物吞吐量27232万吨，增长3.4%，比上年回落13.8个百分点；集装箱吞吐量2951万标箱，增长2.5%，比上年回落12.3个百分点。其中外高桥港区货物吞吐量和集装箱吞吐量均为负增长。启运港退税政策效应初显，虽然海港整体吞吐量增幅回落，但洋山港的中转功能仍相对突出，洋山港"水水中转"和"国际中转"吞吐量分别为661万标箱和120万标箱，增长9.9%和29.3%，增幅高于整个洋山港区吞吐量1.9和21.3个百分点。空港方面，国际机场货邮吞吐量295万吨，下降4.4%，下降幅度比上年略微扩大0.7个百分点；旅客吞吐量4486万人次，增长8.2%，增幅比上年提高6.1个百分点。浦东对上海港贡献依然突出，集装箱吞吐量对上海港贡献近91%，货物吞吐量占上海港近37%，机场货邮吞吐量占上海港87%。

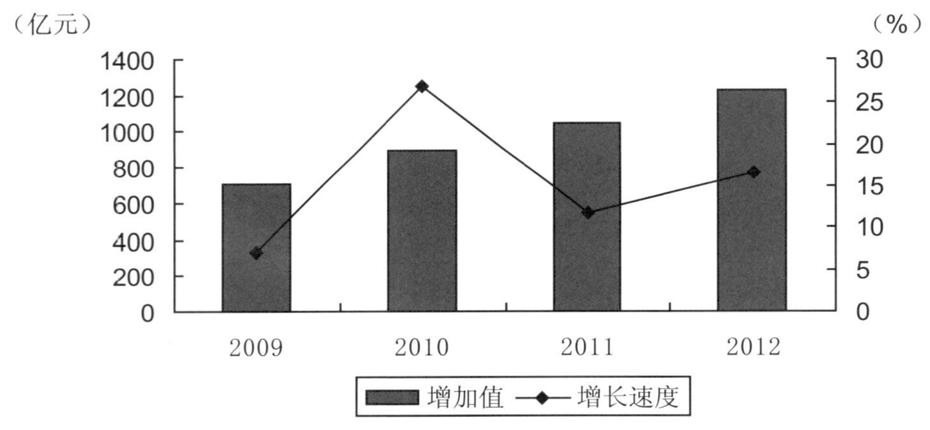

图 1.5.1 2009-2012 年浦东新区物流业增加值

二、物流业发展的主要特点

1. 物流企业数量结构变化不大，批发业依然为最多

2012年，浦东新区继续加快国际贸易中心核心功能区建设，提升贸易企业能级，不断深化贸易领域改革举措，推进口岸监管方式创新，加快贸易平台建设和功能完善，贸易便利化水平继续提升，贸易结构继续优化。批发类企业在物流企业总量中的比重维持在70%以上，达到73.5%，比上年提高0.5个百分点；交通运输类企业占物流企业数的比重为26.2%，比上年下降0.5个百分点，上述两大行业构成了物流企业的主体，合计占物流业的比重超过99%，其余行业占比基本维持上年水平，物流业企业数保持稳定，整体变化不大。

表 1.5.2 2012 年浦东新区物流业企业单位数结构

行　业	比重 /（% ）	比 2011 年增减 /（ 百分点 ）
合 计	100. 0	——
交通运输仓储邮政业	26. 2	-0. 5
批发业	73. 5	0. 5
邮购及电子销售业	0. 1	基本持平
物流房地产	0. 1	基本持平
物流服务业	0. 1	基本持平

从企业登记注册类型看，新区物流企业以私营和外商投资企业为主，分别占物流业企业总数的 38. 7% 和 39. 2%，合计占比近八成。从企业注册类型的变化情况看，物流企业向外资企业和以股份制为主的其他类企业集聚，外商投资企业占物流企业数量的 39. 2%，比上年提高 2. 1 个百分点，首次超过私营企业的比例，成为物流企业中最集中的领域；以股份制为主的其他类企业占 16. 2%，比上年提高 0. 6 个百分点；国有、集体和私营企业数的占比均有不同程度的下降。

表 1.5.3 2012 年浦东新区物流业企业按注册登记类型分组结构

指　标	比重 /（% ）	比 2011 年增减 /（ 百分点 ）
合 计	100. 0	——
国有	4. 9	-0. 4
集体	0. 9	-0. 2
私营	38. 7	-2. 1
外商及台港澳企业	39. 2	2. 1
其他	16. 2	0. 6

从地域分布上看，物流企业仍集中在外高桥保税区和内环以内核心区域两大地区。外高桥保税区最集中，占新区物流企业总数的约 1/5，交通运输类企业多集中在保税区内；陆家嘴街道、潍坊街道和洋泾街道等内环线以内的核心地区分别占物流企业总数的 14.2%、12.7% 和 5.3%，以批发贸易类企业为主。

表 1.5.4 2012 年浦东物流业企业主要地域分布情况

街镇及开发区名称	比重 /(%)
合 计	100.0
#潍坊街道	12.7
陆家嘴街道	14.2
洋泾街道	5.3
花木街道	2.6
川沙新镇	1.6
高桥镇	2.4
外高桥保税区	21.2

2. 资产规模总体平稳，但各行业之间变化程度差异明显

在 2011 年市场不景气导致物流企业资产普遍缩水的情况下，2012 年整个行业开始企稳，年末物流企业资产总计 7195 亿元，增长 3.3%，五大行业之间变化程度差异较大。其中批发业、邮购及电子销售业和物流房地产业资产继续扩大，特别是邮购及电子销售行业，在 1 号店继续做大做强以及沃尔玛收购 1 号店的影响下，资产规模较上年增长近 3 倍；批发业的资产增幅也达到 15.2%，物流房地产行业在经历了多年的下降后，资产规模趋于稳定，增长 2.3%；交通运输仓储邮政业资产规模继续萎缩，整个行业资产已不足 2000 亿元，较上年下降 20.5%；物流服务业资产下降最为明显，下降幅度超过 80%，资产规模不到 0.1 亿元。

表 1.5.5 2012 年浦东物流业企业资产规模情况

指 标	单位	2012 年	增长 /(%)
合 计	亿元	7194.72	3.3
按行业分			
交通运输仓储邮政业	亿元	1884.83	-20.5
批发业	亿元	5267.49	15.2
邮购及电子销售业	亿元	28.62	2.9 倍
物流房地产业	亿元	13.69	2.3
物流服务业	亿元	0.09	-82.4
按登记注册类型分			
国有	亿元	813.58	-23.8
集体	亿元	26.70	-16.9
私营	亿元	1010.86	7.2
外商及台港澳	亿元	3021.82	18.4
其他	亿元	2321.76	-2.1

从企业登记注册类型看，外企和私营企业资产规模有所扩大，其余类型企业资产均有所减少。2012 年末，外商及台港澳企业资产总计 3021 亿元，增长 18.4%；私营企业资产总计 1011 亿元，增长 7.2%；国有和集体企业资产分别下降 23.8% 和 16.9%；以股份制为主的其他类型企业资产变化幅度最小，比上年末小幅下降 2.1%。

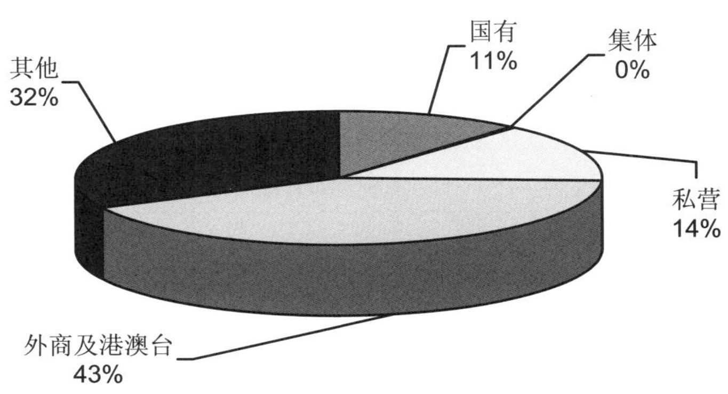

图 1.5.2 2012 年浦东新区物流业资产规模分登记注册类型

3.消费市场快速发展拉动物流业营业收入保持两位数增长

2012年，一方面由于交通运输行业止跌企稳，另一方面批发业在通用销售公司成立这一一次性因素的影响下继续保持20%以上的增长速度，使物流业营业收入增长速度达到两位数。全年新区物流企业实现营业收入18369亿元，比上年增长19.8%，增幅比上年提高3.2个百分点。其中，批发业16328亿元，占物流企业营业收入的88.9%；增长速度达到21.4%，增幅比上年提高2.2个百分点，高于物流企业整体1.6个百分点，主要原因是通用成立销售公司，单这一家企业的营业收入就占整个批发业的近10%。以上海益实多（1号店）电子商务有限公司为主的邮购及电子销售行业继续扩张，营业收入达到58亿元，增长速度达到1.8倍，全年新区电子商务商品交易额达到3511亿元，增长13%。物流房地产行业营业收入达到2.26亿元，增长46.8%，近年来首次实现正增长。交通运输仓储邮政业止跌企稳，营业收入小幅增长6.5%，比上年提高约7个百分点。物流服务业继续下滑，营业收入大幅下降62.5%。

表1.5.6 2012年浦东物流业企业营业收入情况

指 标	单位	2012年	增长/(%)
合 计	亿元	18369.24	19.8
按行业分			
交通运输仓储邮政业	亿元	1981.04	6.5
批发业	亿元	16327.88	21.4
邮购及电子销售业	亿元	58.00	1.8倍
物流房地产业	亿元	2.26	46.8
物流服务业	亿元	0.06	-62.5
按登记注册类型分			
国有	亿元	2133.31	-7.5
集体	亿元	29.62	-17.0
私营	亿元	2239.58	-10.4
外商及台港澳	亿元	10139.82	45.5
其他	亿元	3826.91	8.5

从企业登记注册类型看，外资企业不仅是构成收入的主体，而且增长速度也最快。2012 年，外商及港澳台企业实现营业收入 10140 亿元，超过物流企业营业收入的一半，增长 45.5%，主要是受通用销售公司的影响，导致增长速度明显加快。以股份制企业为主的其他经济类型企业实现营业收入 3827 亿元，增长 8.5%，增长速度仅次于外资企业。国有、集体、私营等其他类型的企业营业收入分别下降 7.5%、17% 和 10.4%。

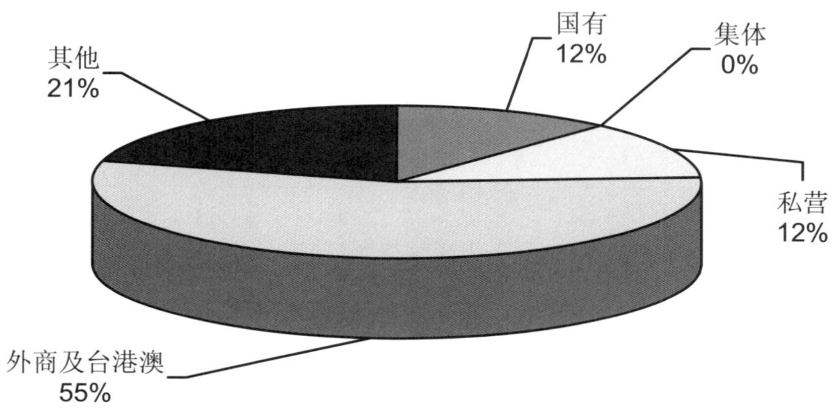

图 1.5.3 2012 年浦东新区物流业营业收入分登记注册类型

4. 企业效益普遍下滑

2012 年，虽然物流企业整体收入呈现较快增长，但企业盈利能力尚未恢复，全年实现营业利润 385 亿元，比上年下降 16.6%，增长速度较上年继续下降（2011 年增长 2.4%），但降幅比上半年回升约 5 个百分点。五大行业营业利润普遍下降，其中批发业实现营业利润 328 亿元，下降 12.2%；交通运输仓储邮政业实现营业利润 63 亿元，下降 30%；邮购及电子销售行业继续亏损，而且亏损程度有所扩大，由上年的亏损 2.7 亿元扩大至 6.4 亿元。

表 1.5.7 2012 年浦东物流业企业营业利润情况

指 标	单位	2012 年	增长 /（%）
合 计	亿元	384.58	-16.6
按行业分			
交通运输仓储邮政业	亿元	63.21	-30.0

续表

批发业	亿元	327.72	-12.2
邮购及电子销售业	亿元	-6.41	——
物流房地产业	亿元	0.06	基本持平
物流服务业	亿元	…	-86.0
按登记注册类型分			
国有	亿元	12.65	-53.5
集体	亿元	0.78	-5.3
私营	亿元	2.53	-90.1
外商及台港澳	亿元	329.86	-8.0
其他	亿元	38.77	-21.3

2012 年航运产业企业实现营业利润 101 亿元，下降 17% 增幅比上年下降近 20 个百分点。其中港口运输业亏损严重，超过 10 亿元；航运服务产业实现营业利润 96 亿元，增长 2.7%，但增幅也比上年下降 14 个百分点；航运基础产业盈利能力明显下滑，营业利润下降幅度超过超过 50%。

从企业登记注册类型看，外资企业比重继续提高。2012 年，外商及港澳台企业实现营业利润 330 亿元，下降 8%，下降幅度明显小于物流业整体水平，而且是除集体类企业（占比仅 0.2%）外，降幅最小的行业。国有、私营和以股份制为主的其他企业营业利润下降幅度均在 20% 以上，合计利润仅 50 亿元左右，仅为外资企业的 16%。

5. 物流企业就业发展稳定

2012 年，新区物流企业共吸纳就业 25.3 万人，比上年略微增长 0.1%。其中邮购及电子销售和物流房地产业就业人员均成倍增加，分别增长 1.3 倍和 1.1 倍；批发业和交通运输仓储邮政业就业基本稳定，分别增长 1.8% 和下降 6%；物流服务业从业人员下降幅度最为明显，达到 78.9%。

表 1.5.8 2012 年浦东物流业企业从业人员情况

指 标	单位	2012 年	增长 /（%）
合 计	人	253075	0.1

续表

按行业分			
交通运输仓储邮政业	人	78534	-6.0
批发业	人	170516	1.8
邮购及电子销售业	人	3809	1.3 倍
物流房地产业	人	212	1.1 倍
物流服务业	人	4	-78.9
按登记注册类型分			
国有	人	38988	-4.7
集体	人	2567	-13.8
私营	人	47758	-37.6
外商及港澳台	人	128212	50.0
其他	人	35550	-24.4

从登记注册类型看，就业人员主要集中在外资企业，国有、私营和以股份制为主的其他企业占比基本相当。2012年，外商及港澳台企业吸纳就业12.8万人，占物流业从业人员的一半；国有、私营和以股份制为主的其他企业分别吸纳就业3.9万人、4.8万人和3.6万人，占15.4%、18.9%和14%；集体企业从业人员仅2500人，占比仅1%。

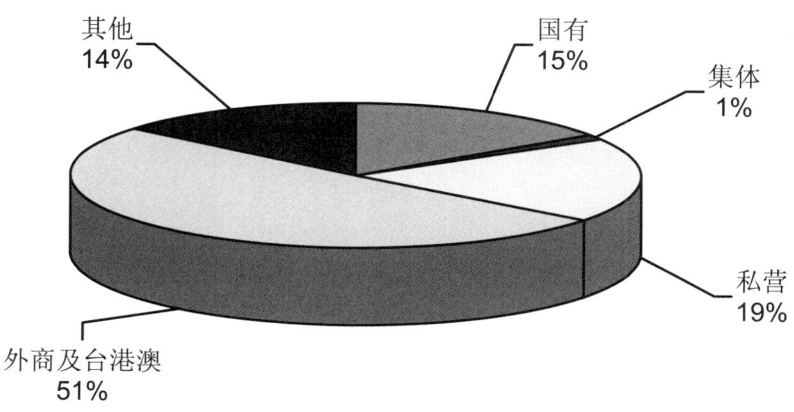

图 1.5.3 2012 年浦东新区物流业营业收入分登记注册类型

6. 不断深化贸易领域改革举措，促进贸易便利化水平提升

2012 年，新区围绕上海国际贸易中心核心功能区建设的目标，继续深化贸易领域改革与创新。在推进口岸监管模式改革创新方面，继续完善贸易便利化措施，“浦东新区海关网上申报平台”成功覆盖南片地区，办理时限由 7 个工作日缩短到 4 个工作日，大大缩短了审批周期。完善报关报检便利化措施，深化通关通检无纸化试点，创新“进口直通式报检”模式，选择上海贝尔、柯达电子两家企业启动国际采购监管模式创新试点，试点检企银合作，建立检银诚信体系共享服务机制。配合市有关部门，积极深化在综保区试点设立自由贸易园区的相关方案研究。在推进贸易平台建设方面，深入推进首个对外文化贸易基地建设，建立高端消费品进口展销服务平台和艺术品交易平台，实现了销后完税的政策突破。利用保税区政策优势，探索开展文化专业设备保税租赁业务，推进保税艺术品交易中心建设。完善浦东跨国采购平台和浦东外贸精品展示平台，举行“2012 上海浦东跨国采购大会”，200 多家供应商与 85 家国际采购商进行了配对洽谈。在完善贸易政策方面，启动商业保理改革试点，拉赫兰顿、卡得万利、商诚、莱茵达、鑫晟、中锋、富友、成也等 8 家试点企业获颁证照，成为首批试点企业；大中华、英迈、金达等 10 家企业签订了设立商业保理企业协议。该试点将在扩大内需、缓解中小企业融资难、推进贸易中心建设等方面发挥重要作用。启动保税仓单质押融资试点，加强金融服务功能创新，洋山保税港区率先建立保税大宗商品供应链融资平台。制定《浦东新区促进商贸业发展财政扶持办法》，支持企业拓展国际市场、降低国际贸易风险、拓宽融资渠道，对商务部中小企业国际市场开拓资金资助的企业给予配套资助，支持企业参加境内外重点展会和由政府引导和组织的重点展会。

三、促进浦东新区物流业发展的若干建议

经过多年的发展，浦东新区物流业的总量有了相当规模的增长，但是粗放经营、规模扩张的传统增长方式并未根本改变，物流产业仍处于初级发展阶段。物流服务的社会化程度低，多数物流企业的市场竞争力较弱，物流企业成本上升而利润率降低，经营困难加大，综合交通运输体系配套性较差，物流业服务质量有待提高，物流业人力与人才均显不足，绿色物流刚起步，诚信建设滞后。

1. 制定物流业发展专项规划

物流业覆盖的区域广，涉及交通运输、贸易、海关、工商、税务等多个政府职能部门和行业管理部门，各有关主

体之间关系复杂，导致主管部门不明确，监管方面难免存在漏洞。因此，应建立由上述各部门参加的协调和统一管理机构，专门负责研究、制定和协调物流产业发展的各项法规和相关政策，研究制定有利于物流业发展的支持措施和具有前瞻性的发展专项规划，并与城市规划、土地利用规划、交通规划等结合起来考虑。

2. 营造利于物流企业发展的政策环境

2012 年，新区相继出台了启运港退税试点、国际中转集拼业务试点、第三批航运经纪试点、保税船舶登记试点等一系列政策措施，为新区物流企业营造了良好的发展环境。今年应密切关注政策的实施效果，在执行过程中不断完善政策实施细则，探索开放性国际船舶登记制度、推进境外非政府机构登记试点等。同时，争取在自由贸易试验区改革上有所突破，积极配合市里，全力争取国家支持，抓紧完善自由贸易试验区试点工作方案，争取进一步放宽服务业开放领域，吸引更多的营运中心、企业总部等功能性机构和平台落户。

3. 加快完善现代集疏运体系

继续推进洋山深水港区四期项目，完成洋山保税港区扩区建设工作。推进临港产业区东港区公用码头工程建设，争取年内完成验收并开始试运营。继续推进内河高等级航道建设，推进外高桥内河港区一期和芦潮港内河港区一期工程建设和运营。加快赵家沟航道整治工程（二期）前期动拆迁工作，协调推进大治河航道、大芦线航道整治工程。进一步完善连接长三角地区的集疏运网络，大力发展水水、水铁、空陆等多式联运，提高浦东新区综合运输能力。

4. 重视对物流专业人才的培养

把握住新区物流业发展的脉搏，使教育培养出来的人才能时刻满足变化发展着的市场需求，立足于物流企业的实际需求，从充实提高物流人才的内在素质这一角度出发，让“培养人才”真正服务于“实际需求”。应针对不同需求培养不同类型的物流人才。如，针对物流企业急需的一线物流人才，培养具有实际操作能力的专业人才；针对物流企业难得的中层管理人才，培养物流实用技能与管理实务操作相结合的物流人才等等。全面开展与国际市场接轨的高层次物流人才选拔、引进、培训、交流和激励项目，坚持引进和培养并举，集聚具有国际视野的高端物流人才。

5. 提高物流企业准入门槛

近年来，新区物流业发展规模不断扩大，出现了一批专业化的物流企业，但整个行业仍存在鱼龙混杂的情况，部分物流公司根本没有固定经营场所，也没有固定员工，租赁一两部汽车，甚至非法营运的三轮车，安装一部固定电话，就开始营业。不仅在经营过程中随意占道阻塞交通，给道路安全带来极大隐患，而且一旦发生货损，拒不赔偿或者干脆关门停业，导致商户对整个物流行业的不信任感加重，影响了物流行业的健康发展。因此，应提高行业准入门槛，规范行业行为，可设立物流企业保证金制度，让物流企业拿出一定比例的资金交由主管部门或者第三方保管，在发生意外情况时，可先行用保证金来垫付必要的开支。同时，借鉴国外物流发达地区的做法，完善各物流商户或物流市场与保险行业的合作，建立与之配套的保险制度，从而更大程度上保障客户的利益，维护物流企业的信誉。

（浦东新区现代物流行业协会 陶惠民）

第二篇　物流业政策法规建设

2.1　2012 年物流政策回顾

2012 年物流政策回顾

现代物流报

2012 年，我国物流业发展的政策环境持续改善，但与行业发展的需要还有较大差距。2013 年，物流业发展还需要政策环境的进一步改善，业界特别期盼物流“国九条”等政策落到实处。

2011 年 8 月，国务院办公厅发出《关于促进物流业健康发展政策措施的意见》（国办发〔2011〕38 号），业内称为物流“国九条”。2012 年，以落实物流“国九条”为主线，促进物流业发展的政策和规划相继出台。

一、2012 年我国物流业政策环境持续改善

（一）物流“国九条”落实情况

按照《关于印发贯彻落实促进物流业健康发展政策措施意见部门分工方案的通知》（国办函〔2011〕162 号）精

神，有关部门继续推动相关政策措施的出台和落实。

一是税收政策落实情况。经国务院批准，交通运输业和包括物流辅助服务在内的部分现代服务业营业税改征增值税试点正式启动，试点范围从年初的上海市已扩大到12个省、直辖市和计划单列市。2012年1月，财政部、国家税务总局发出财税，〔2012〕13号《关于物流企业大宗商品仓储设施用地城镇土地使用税政策的通知》，对大宗商品仓储设施用地土地使用税实行减半征收。2012年，由中国物流与采购联合会组织推荐、国家发改委审核、国家税务总局发文批准（国家税务总局公告2012年第34号），第八批、397家物流企业纳入营业税差额纳税试点范围。到2012年年底，试点企业总数已达1331家。与前几批相比，试点企业进入门槛有所降低。

二是清理和规范交通运输环境。交通运输部等5部门联合开展为期一年的收费公路违规及不合理收费专项清理工作结束，全国共排查出771个需要整改的项目。撤销和调整了一批收费站，降低了一批收费公路通行标准，取消了一批超限超期收费公路，政府还贷二级公路取消收费工作也有新的进展。2012年4月，交通运输部等5部门下发通知，明确提出严禁随意变更政府还贷公路属性、违规转让为经营性公路。国务院纠正行业不正之风办公室下发《关于2012年纠风工作实施意见的通知》（国办发〔2012〕25号），提出要坚决纠正物流领域乱收费和公路“三乱”问题。交通运输部印发于2012年7月1日起实施的《路政文明执法管理工作规范》（交公路发〔2012〕171号），分别从基本要求、行政许可、行政检查、行政强制、行政处罚、奖惩等方面对路政执法工作提出具体规范。2012年年底，国务院发布630号令，决定对《机动车交通事故责任强制保险条例》作部分修改，增加一条，挂车不投保机动车交通事故责任强制保险，为推广甩挂运输解决了保险方面的政策问题。

三是城市配送获得政策支持。2012年6月，商务部印发《关于推进现代物流技术应用和共同配送工作的指导意见》（商流通发[2012]211号）。要求，完善城市共同配送节点规划布局，鼓励商贸物流模式创新，加快物流新技术应用步伐和加大商贸物流设施改造力度。为落实指导意见，财政部、商务部下发通知，支持包括现代物流技术应用和城市共同配送项目在内的六类商贸流通服务业项目，广州、武汉、合肥等城市被纳入第一批现代物流技术应用和共同配送综合试点中央财政支持范围。

四是各部门对物流项目给予资金支持。国家发改委按照《关于印发物流业调整和振兴专项投资管理办法的通知》（发改办经贸[2009]695号）的规定，继续设立专项资金支持物流业及农产品冷链项目。2011 年，国家启动现代服务业综合试点工作，北京市、天津市、辽宁省、上海市成为首批试点省市。2012 年 7 月，重庆市、深圳市、长沙市成为财政部、商务部批复的第二批试点地区，对试点地区给予资金支持。财政部、交通运输部发布《关于印发<公路甩挂运输试点专项资金管理暂行办法>的通知》（财建［2012］137 号），明确今后每年从车辆购置税中安排专项资金支持公路甩挂运输试点。国家发改委组织实施物联网技术研发及产业化专项，重点支持交通、物流等 10 个领域国家物联网应用示范工程。交通运输部对公路货运枢纽型物流园区给予资金支持。

五是农产品物流受到重视。2 月 1 日，第九个中央“一号文件”——《关于加快推进农业科技创新持续增强农产品供给保障能力的若干意见》发布。文件要求继续推进粮、棉、油、糖等大宗农产品仓储物流设施建设，支持拥有全国性经营网络的供销合作社和邮政物流、粮食流通、大型商贸企业等参与农产品批发市场、仓储物流体系的建设经营。财政部、商务部继续开展肉菜流通可追溯体系建设试点，支持在有条件的城市建立覆盖全部大型批发市场、大中型连锁超市、机械化定点屠宰厂和标准化菜市场，以及部分团体消费单位的肉类蔬菜流通追溯体系。

六是鼓励民间资本进入物流领域。国家发改委、交通运输部和铁道部等有关部门相继出台政策，鼓励和引导民间资本进入物流领域。铁道部下发《关于铁路工程项目进入地方公共资源交易市场招标工作的指导意见》，明确要求取消铁道部 18 个铁路局（公司）原有的铁路工程交易中心。长期以来依靠国家投资的公路、铁路、水路、民航等物流基础设施领域进一步开放。

七是取消不合理收费。有关部门开展清理行政事业性收费和行政审批项目工作，物流领域部分行政事业性收费和行政审批项目得到取消和调整。2011 年底和 2012 年 12 月，财政部、国家发改委先后两次发文，取消和免征部分行政事业性收费。其中，超限运输车辆行驶公路赔（补）偿费、铁路专用线运输管理费等部分内容涉及物流企业。9 月，国务院下发《国务院关于第六批取消和调整行政审批项目的决定》（国发［2012］52 号）。物流行业部分行政审批项目得到取消和调整。

（二）物流业相关规划陆续出台

2012 年，为落实《“十二五”规划纲要》，物流业发展相关规划陆续出台。7 月，国务院印发《“十二五”综合交通运输体系规划》（国发［2012］18 号）。规划提出，“十二五”时期，初步形成以“五纵五横”为主骨架的综合交通运输网络，总里程达 490 万公里。9 月，国务院办公厅印发《国内贸易发展“十二五”规划》（国办发［2012]47号），提出重点支持城市物流配送体系示范工程等18项工程。12月，国务院印发《服务业发展“十二五”规划》（国发〔2012〕62号），要求重点发展包括现代物流业在内的12项生产性服务业。按照《物流业调整和振兴规划》的要求，《物流园区发展专项规划》、《煤炭物流发展专项规划》和《应急物流发展专项规划》正在起草编制。

（三）支持物流业发展纳入深化流通体制改革重要内容

2012年8月，国务院印发《关于深化流通体制改革加快流通产业发展的意见》（国发［2012]39号），提出大力发展第三方物流，促进企业内部物流社会化；支持和改造具有公益性质的大型物流配送中心、农产品冷链物流设施等；支持流通企业建设现代物流中心，积极发展统一配送；引进现代物流和信息技术，带动传统流通产业升级改造。国务院常务会议研究确定降低流通费用的10项政策，在物流方面提出推进收费公路清理、规范交通执法和保障物流配送等相关减负要求。

（四）物流业引导和管理力度加强

政府有关部门按照职能分工，逐步加强分类管理，引导物流业发展。

一是仓储业指导意见出台。2012年12月，商务部发布《关于促进仓储业转型升级的指导意见》（商流通发［2012］435号），引导仓储企业由传统仓储中心向多功能、一体化的综合物流服务商转变，提出了未来五年物流仓储业效率提升目标。

二是水路运输管理条例出台。2012年10月，国务院第625号令发布《国内水路运输管理条例》，2013年1月1日起施行。条例的亮点主要体现在四个方面：一是减少了行政许可项目，简化了审批程序；二是进一步明确了水路运输交通主管部门的公共管理职能；三是进一步强化了水路运输安全；四是进一步明确了水路运输行业节能减排的法律义务。

三是铁路货运引入电子商务机制。2012年，继铁路客运实现电子商务机制后，全国铁路开始试行货运电子商务，货运需求网上受理，推行“实货制”运输方式。此次货运组织改革的目标是“网上受理、全程服务、自愿选择、公开透明”。

四是民航业发展指导意见出台。国务院出台《关于促进民航业发展的若干意见》（国发［2012]24号），提出民航业发展的战略目标和主要任务。

五是支持航运业平稳发展。为积极应对航运业的困难局面，交通运输部先后发布三方面政策：一是关于促进我国国际海运业平稳有序发展；二是促进国内航运业健康平稳发展；三是允许将融资租赁船舶视作认定企业资质的自有运力。特别是第三个政策，有助于缓解航运企业资金压力，帮助航运企业盘活现有资产，有效应对当前严峻的航运形势。

六是加强快递市场规范管理。2012年11月，交通运输部起草的《快递市场管理办法（修订征求意见稿）》，向社会公开征求意见。国家邮政局下发《关于进一步加强快递企业收寄验视工作的通知》，提出收寄验视工作规范和具体要求。国家邮政局还与商务部联合下发了《关于促进快递服务与网络零售协同发展的指导意见》（国邮发[2012]1号）。年底，《邮政普遍服务基金征收使用管理暂行办法》（征求意见稿）开始征求意见，引发业内巨大争议。

七是海关特殊监管区域加快整合。2012年10月，《国务院关于促进海关特殊监管区域科学发展的指导意见》出台。意见要求，整合特殊监管区域类型，完善政策和功能，强化监管和服务。逐步将现有出口加工区、保税物流园区、跨境工业区、保税港区及符合条件的保税区整合为综合保税区。

（五）安全管理连续发文

随着社会经济发展和人民生活水平提高，物流安全问题日益成为社会关注的焦点问题。有关部门陆续出台加强物流安全工作的政策措施，切实保障社会稳定和人民群众生命财产安全。

一是道路交通安全出台意见。2012年7月，国务院印发《关于加强道路交通安全工作的意见》(国发[2012]30号)，从10个方面提出了加强道路交通安全工作的28项重大政策措施。

二是道路危险货物运输管理规定征求意见。2012年5月，交通运输部起草的《道路危险货物运输管理规定（征求意见稿）》向社会公开征求意见。

三是邮政局下发《关于严密防范寄递企业及从业人员非法泄露用户使用邮政服务或快递服务信息的通知》，要求全行业开展寄递企业信息安全检查工作。

（六）绿色低碳物流提到议事日程

一是国家规划重视绿色物流发展。2012年，国务院相继印发《节能减排“十二五”规划》（国发[2012]40号）和《“十二五”循环经济发展规划》，提出要推进交通运输节能，实施绿色交通行动，提升运输工具能源效率，引导树立节能减排和绿色低碳发展理念。

二是低碳交通运输体系建设试点城市获批。根据交通运输部《关于印发〈建设低碳交通运输体系指导意见〉和〈建设低碳交通运输体系试点工作方案〉的通知》（交政法发[2011]53号）精神，北京、昆明、西安等16个城市低碳交通运输体系建设试点城市实施方案获得交通运输部批复。

三是交通运输节能减排专项资金下发。根据《交通运输节能减排专项资金管理暂行办法》（财建[2011]374号），交通运输部下发《交通运输节能减排专项资金申请指南（2012年度）》。专项资金优先支持领域有：公路基础设施建设与运营领域、道路运输装备领域、港航基础设施建设与运营领域、水路运输装备领域、交通运输管理与服务能力建设、交通运输节能减排试点示范项目。

二、我国物流业发展面临的主要政策问题

物流业是新产业、新行业，新的经营业态和模式不断涌现，需要得到相应的政策支持。从影响行业中长期发展的角度看，目前我国物流业发展主要面临以下政策问题：

（一）“营改增”试点中交通运输业税负增加较多

目前，交通运输业税负增加较多是这次“营改增”试点中出现的突出问题。中国物流与采购联合会《关于减轻物流企业负担的调查报告》显示，2012 年上半年，90.6% 的试点企业实际缴纳增值税有一定程度的增加。与营业税体制对比计算，“货物运输服务”平均增加 119.7%。造成这一问题的主要原因是税率偏高和抵扣不足。一是“货物运输服务”增值税税率从 3% 的营业税税率调整为 11% 的增值税税率，上调幅度过大。二是可抵扣进项税额偏少。在“货物运输服务”中，燃油、修理费等可抵扣进项税的成本所占比重不足 40%，而有些还很难取得增值税专用发票，实际进入进项税额抵扣的比例更低。此外，存量固定资产不能抵扣，人力成本、路桥费、房屋租金、保险费等主要成本均不在抵扣范围，也是税负增加的重要原因。交通运输业税负增加较多，物流业各环节仍未实现税率统一，不符合“物流国九条”基本精神，也不利于物流业一体化运作。

（二）公路通行条件亟待改善

公路通行费收费过高、收费不合理和“乱收费”、“乱罚款”问题一直是物流企业及广大群众普遍关心的问题，也是影响物流企业持续健康发展的瓶颈。《关于减轻物流企业负担的调查报告》显示，物流企业过路过桥费平均占公路货运型物流企业运输成本的三分之一左右。其中，大件运输、冷链物流企业占比还会更高。公路货运企业罚款支出已列入固定成本，部分汽车运输、大件运输企业占比更高。2011 年，中央电视台连续推出《聚焦中国物流顽症》系列节目，对公路“乱收费”、“乱罚款”问题进行了集中报道。交通运输部等五部门联合开展收费公路专项清理工作。但据中央电视台最近的报道和物流企业反映，收费公路专项清理工作与社会期望还有较大差距，“乱收费”、“乱罚款”的“顽症”仍未得到有效治理。

（三）物流业用地难、地价贵

随着我国城镇化加快，城市扩容改造，原有物流用地急剧收缩，而新增物流用地难以保障。《关于减轻物流企业负担的调查报告》显示，物流企业用地

平均价格为30.7万元/亩，比上年上涨10%左右。其中，51.3%的企业用地价格在30万元/亩以上，12.8%的企业用地价格在50万元/亩以上。物流用地按照商业用地计价，导致用地成本过高，单靠经营物流业务实在难以承受。企业普遍反映，物流用地资源稀缺，土地供应难以保障，建设规划难以落地，征地阻力日益加大。与此同时，一些地方物流用地缺乏科学规划，造成资源浪费和重复建设。也有的地方以物流名义圈占土地，改变用途，更加剧了物流用地的紧张局面。

（四）城市物流基础设施落后

物流园区、配送中心以及仓库货场等城市物流基础设施，占地面积大、资金投入多、回收周期长，是带有公益性的城市主体功能区。随着城市扩容改造，原有物流仓库设施改作他用，而新建设施受土地资源和投资周期影响严重短缺，导致城市仓库租金呈持续上涨趋势。《关于减轻物流企业负担的调查报告》显示，被调查企业中，2012年6月底租用的仓库平均租金为0.96元/平方米·天；长三角、珠三角地区仓库租金普遍进入1元时代；保税、冷链、医药等专业化仓库租金普遍较高，部分行业超过2元。高标准、现代化的物流配送基础设施紧缺，设施落后的老旧仓库、农民库占有较大比重，制约了配送效率的提升。城市配送缺乏停靠装卸作业配套设施，城市通行受到诸多限制。为规避通行限制，配送企业采用小型客车运货的现象比较普遍，不惜冒着被查处和罚款的风险。

（五）物流企业融资难、成本高

物流业资金需求量大，投资回收周期长。企业自有资金不能满足需要，普遍存在融资瓶颈。总体来看，物流企业融资渠道较为单一。一是银行贷款仍然是企业最主要的融资渠道。《关于减轻物流企业负担的调查报告》显示，在被调查企业中，78.2%的企业融资选择银行贷款，6.4%的企业选择民间借贷，1.8%的企业选择上市融资。二是民间资本存在进入障碍。目前，在综合交通运输体系涉及的多种基础设施中，民间资本所占比例较低。主要是资本投入规模大、投资回收周期长、收益难以独立核算等现实问题，同时缺乏产业基金、股权融资、债券融资等市场化的融资模式和手段。三是融资成本较高。对于银行贷款融资，物流企业普遍反映，实际贷款利率依然较高，财务成本支出往往高于企业利润。

（六）物流业管理体制不适应行业发展的需要

物流业是融合运输业、仓储业、货代业和信息业等的复合型服务产业。进入新世纪以来，我国物流业在国民经济快速发展和国家产业政策的支持下得到快速发展。但现行管理体制与物流业发展的需要不相适应。主要表现为：

一是缺乏专门的行业统筹和主管部

门。物流业涉及部门越多，协调难度越大。2009年落实《物流业调整和振兴规划》以及2011年落实“物流国九条”政策，有30多个部门参与工作。多数省区市成立了类似的联席会议机制，但牵头部门有的在发改委、有的在经信（工信）部门、有的在商务部门或交通部门，甚至一个省内都有不同归属，形成上下不对口、左右不衔接。这种状况导致相应的政策很难出台，出台的政策又很难落实到位。

二是缺乏相对应的管理职能。尽管物流业的产业地位在国家规划层面已经确立，但管理职能并未落实到国民经济相关管理部门。从国民经济行业分类、产业统计、工商注册、土地使用及税目设立等方面，物流业都找不到对应的类别。

三、若干政策建议

当前，我国物流业正处在转型升级的关键阶段，物流业相关政策的出台和落实是引导行业健康发展的重要手段。针对以上问题，提出以下促进我国物流业持续健康发展的政策建议。

（一）降低交通运输业税负，统一物流业各环节税率

建议将“货物运输服务”和“物流辅助服务”统一执行6%的税率。此举不仅符合“物流国九条”基本精神，有利于物流业一体化运作，体现了支持现代服务业发展的政策导向；而且符合试点政策中“改革试点行业总体税负不增加或略有下降”的指导思想，有效解决了试点中交通运输业税负大幅增加的问题；同时，减少了许多操作层面的麻烦，有利于降低税收征管成本，减轻企业负担，适应物流业一体化运作需要。建议设立“综合物流服务”税目，对运输、仓储、货代、配送等物流业务各环节实行统一税率、统一发票。在解决试点中出现问题的基础上，尽快在全国全行业推行“营改增”政策。

（二）创造物流运输车辆便利通行的环境

一是降低道路通行成本。降低收费公路收费标准，统一超限运输车辆收费标准，取消超限运输车辆不合理收费，实现超限运输证起运地统一办理。二是修订《收费公路管理条例》，细化公路收费使用规定，切断公路收费与地方收入的利益链条。完善收费公路通行费标准形成机制，出台收支审计机制和信息公开办法，加强社会监督。三是加强公路罚款制度约束。明确公路执法主体，规范文明执法行为，实行地方领导问责制。设立全国统一执法标准，减少执法自由裁量权。严格执行违法车辆在纠正违法行为后才能上路通行的规定，从起运地杜绝“只罚不纠”、“以罚代管”现象。

（三）改革物流用地制度

一是出台物流用地强制性规划。对纳入国家统一规划的物流园区等基础设

施用地纳入城市总体规划，在用地指标上要优先考虑，鼓励物流企业进入物流园区集聚发展。新建居民小区、商业服务设施要明确规划配套建设装卸搬运等物流用地。二是实行严格的用途管制。对物流园区、配送中心等仓储类物流设施用地应立法保护，不得随意变更用地性质和规模。不得因为地价升高，强制物流用地无限度外迁。对新建物流设施用地作出硬性规定，只能用于物流服务活动，不得改变用途或转租。三是推行租地建库方式。建议地方政府不再将土地使用权一次性出让给物流企业，而是采取租赁方式。即在适合建设物流设施的地区统一规划建设物流园区，土地属国有，用途为物流。企业可租地建库，政府可用租金调节供需。这样，不仅可以有效杜绝以物流名义圈占土地问题，保证物流用地用作物流，而且可以减轻物流企业一次性投资的压力，体现政府支持物流业发展的政策导向。

（四）支持城市物流配送体系建设

结合城市产业布局和居民消费升级需求，加快形成多层次、梯级化的城市物流配送网络。整合利用现有商业、物流零售终端，增强城市末端配送的装卸搬运服务功能，统筹解决“最后一公里”问题。改变单一的用“通行证”和“禁限”进行城市货运管理的传统思路，针对不同经营性质、不同配送线路、不同车种、不同区域和时段进行分级分类通行管理。在用地紧张、交通问题突出的商业聚集区，推行共同配送和夜间配送方式。加快推广城市配送标准和技术应用，支持专业配送企业运用先进物流技术和装备，支持城市配送车辆更新改造。

（五）开辟多种融资渠道

积极推进物流产业基金试点工作。募集来自金融机构及大中型国有企业、民营企业及私人的多元化投资，按照“专家管理、组合投资、利益共享、风险共担”的原则进行运营，集中投资于符合规划的物流园区、物流中心、配送中心等物流设施建设和运营项目。对物流企业在股票上市、债券发行方面给予支持。降低企业准入门槛和股票发行成本，完善物流税收制度和会计制度，允许有发展潜力的物流企业发行长期债券，鼓励其推进股票上市。鼓励中小型物流企业在创业板市场发行股票融资。加强对中小型物流企业的贷款支持力度。

（六）改革物流业管理体制

建议在政府机构改革中，参照能源和粮食管理体制，在政府序列设立国家物流管理部门，统筹协调全国物流业发展工作。各省市建立相应机构，承担相应职能。从国民经济行业分类、产业统计、工商注册、土地使用、财政税收、法律法规等方面明确物流业类别，真正落实物流业的产业地位。同时，要积极推进现有各项政策的落实，加强物流业政策及法规体系建设。

2.2 国务院和国家部委政策和法规文件

2.2.1 国内水路运输管理条例

国内水路运输管理条例

中华人民共和国国务院令 第 625 号

《国内水路运输管理条例》已经 2012 年 9 月 26 日国务院第 218 次常务会议通过，现予公布，自 2013 年 1 月 1 日起施行。

总理　温家宝

2012 年 10 月 13 日

第一章　总　则

第一条　为了规范国内水路运输经营行为，维护国内水路运输市场秩序，保障国内水路运输安全，促进国内水路运输业健康发展，制定本条例。

第二条　经营国内水路运输以及水路运输辅助业务，应当遵守本条例。

本条例所称国内水路运输（以下简称水路运输），是指始发港、挂靠港和目的港均在中华人民共和国管辖的通航水域内的经营性旅客运输和货物运输。

本条例所称水路运输辅助业务，是指直接为水路运输提供服务的船舶管理、船舶代理、水路旅客运输代理和水路货物运输代理等经营活动。

第三条　国家鼓励和保护水路运输市场的公平竞争，禁止垄断和不正当竞争行为。

国家运用经济、技术政策等措施，支持和鼓励水路运输经营者实行规模化、集约化经营，促进水路运输行业结构调整；支持和鼓励水路运输经营者采用先进适用的水路运输设备和技术，保障运输安全，促进节约能源，减少污染物排放。

国家保护水路运输经营者、旅客和货主的合法权益。

第四条　国务院交通运输主管部门主管全国水路运输管理工作。

县级以上地方人民政府交通运输主管部门主管本行政区域的水路运输管理工作。县级以上地方人民政府负责水路运输管理的部门或者机构（以下统称负责水路运输管理的部门）承担本条例规定的水路运输管理工作。

第五条　经营水路运输及其辅助业务，应当遵守法律、法规，诚实守信。

国务院交通运输主管部门和负责水路运输管理的部门应当依法对水路运输市场实施监督管理，对水路运输及其辅助业务的违法经营活动实施处罚，并建立经营者诚信管理制度，及时向社会公告监督检查情况。

第二章 水路运输经营者

第六条 申请经营水路运输业务，除本条例第七条规定的情形外，申请人应当符合下列条件：

（一）具备企业法人条件；

（二）有符合本条例第十三条规定的船舶，并且自有船舶运力符合国务院交通运输主管部门的规定；

（三）有明确的经营范围，其中申请经营水路旅客班轮运输业务的，还应当有可行的航线营运计划；

（四）有与其申请的经营范围和船舶运力相适应的海务、机务管理人员；

（五）与其直接订立劳动合同的高级船员占全部船员的比例符合国务院交通运输主管部门的规定；

（六）有健全的安全管理制度；

（七）法律、行政法规规定的其他条件。

第七条 个人可以申请经营内河普通货物运输业务。

申请经营内河普通货物运输业务的个人，应当有符合本条例第十三条规定且船舶吨位不超过国务院交通运输主管部门规定的自有船舶，并应当符合本条例第六条第六项、第七项规定的条件。

第八条 经营水路运输业务，应当按照国务院交通运输主管部门的规定，经国务院交通运输主管部门或者设区的市级以上地方人民政府负责水路运输管理的部门批准。

申请经营水路运输业务，应当向前款规定的负责审批的部门提交申请书和证明申请人符合本条例第六条或者第七条规定条件的相关材料。

负责审批的部门应当自受理申请之日起 30 个工作日内审查完毕，作出准予许可或者不予许可的决定。予以许可的，发给水路运输业务经营许可证件，并为申请人投入运营的船舶配发船舶营运证件；不予许可的，应当书面通知申请人并说明理由。

取得水路运输业务经营许可的，持水路运输业务经营许可证件依法向工商行政管理机关办理登记后，方可从事水路运输经营活动。

第九条 各级交通运输主管部门应当做好水路运输市场统计和调查分析工作，定期向社会公布水路运输市场运力供需状况。

第十条 为保障水路运输安全，维护水路运输市场的公平竞争秩序，国务院交通运输主管部门可以根据水路运输市场监测情况，决定在特定的旅客班轮运输和散装液体危险货物运输航线、水域暂停新增运力许可。

采取前款规定的运力调控措施，应当符合公开、公平、公正的原则，在开始实施的60日前向社会公告，说明采取措施的理由以及采取措施的范围、期限等事项。

第十一条　外国的企业、其他经济组织和个人不得经营水路运输业务，也不得以租用中国籍船舶或者舱位等方式变相经营水路运输业务。

香港特别行政区、澳门特别行政区和台湾地区的企业、其他经济组织以及个人参照适用前款规定，国务院另有规定的除外。

第十二条　依照本条例取得许可的水路运输经营者终止经营的，应当自终止经营之日起15个工作日内向原许可机关办理注销许可手续，交回水路运输业务经营许可证件。

第十三条　水路运输经营者投入运营的船舶应当符合下列条件：

（一）与经营者的经营范围相适应；

（二）取得有效的船舶登记证书和检验证书；

（三）符合国务院交通运输主管部门关于船型技术标准和船龄的要求；

（四）法律、行政法规规定的其他条件。

第十四条　水路运输经营者新增船舶投入运营的，应当凭水路运输业务经营许可证件、船舶登记证书和检验证书向国务院交通运输主管部门或者设区的市级以上地方人民政府负责水路运输管理的部门领取船舶营运证件。

从事水路运输经营的船舶应当随船携带船舶营运证件。

海事管理机构办理船舶进出港签证，应当检查船舶的营运证件。对不能提供有效的船舶营运证件的，不得为其办理签证，并应当同时通知港口所在地人民政府负责水路运输管理的部门。港口所在地人民政府负责水路运输管理的部门收到上述通知后，应当在24小时内作出处理并将处理情况书面通知有关海事管理机构。

第十五条　国家根据保障运输安全、保护水环境、节约能源、提高航道和通航设施利用效率的需求，制定并实施新的船型技术标准时，对正在使用的不符合新标准但符合原有标准且未达到规定报废船龄的船舶，可以采取资金补贴等措施，引导、鼓励水路运输经营者进行更新、改造；需要强制提前报废的，应当对船舶所有人给予补偿。具体办法由国务院交通运输主管部门会同国务院财政部门制定。

第十六条　水路运输经营者不得使用外国籍船舶经营水路运输业务。但是，在国内没有能够满足所申请运输要求的中国籍船舶，并且船舶停靠的港口或者水域为对外开放的港口或者水域的情况下，经国务院交通运输主管部门许可，水路运输经营者可以在国务院交通运输主管部门规定的期限或者航次内，临时使用外国籍船舶运输。

在香港特别行政区、澳门特别行政区、台湾地区进行船籍登记的船舶，参照适用本条例关于外国籍船舶的规定，国务院另有规定的除外。

第三章 水路运输经营活动

第十七条 水路运输经营者应当在依法取得许可的经营范围内从事水路运输经营。

第十八条 水路运输经营者应当使用符合本条例规定条件、配备合格船员的船舶，并保证船舶处于适航状态。

水路运输经营者应当按照船舶核定载客定额或者载重量载运旅客、货物，不得超载或者使用货船载运旅客。

第十九条 水路运输经营者应当依照法律、行政法规和国务院交通运输主管部门关于水路旅客、货物运输的规定、质量标准以及合同的约定，为旅客、货主提供安全、便捷、优质的服务，保证旅客、货物运输安全。

水路旅客运输业务经营者应当为其客运船舶投保承运人责任保险或者取得相应的财务担保。

第二十条 水路运输经营者运输危险货物，应当遵守法律、行政法规以及国务院交通运输主管部门关于危险货物运输的规定，使用依法取得危险货物适装证书的船舶，按照规定的安全技术规范进行配载和运输，保证运输安全。

第二十一条 旅客班轮运输业务经营者应当自取得班轮航线经营许可之日起60日内开航，并在开航15日前公布所使用的船舶、班期、班次、运价等信息。

旅客班轮运输应当按照公布的班期、班次运行；变更班期、班次、运价的，应当在15日前向社会公布；停止经营部分或者全部班轮航线的，应当在30日前向社会公布并报原许可机关备案。

第二十二条 货物班轮运输业务经营者应当在班轮航线开航的7日前，公布所使用的船舶以及班期、班次和运价。

货物班轮运输应当按照公布的班期、班次运行；变更班期、班次、运价或者停止经营部分或者全部班轮航线的，应当在7日前向社会公布。

第二十三条 水路运输经营者应当依照法律、行政法规和国家有关规定，优先运送处置突发事件所需的物资、设备、工具、应急救援人员和受到突发事件危害的人员，重点保障紧急、重要的军事运输。

出现关系国计民生的紧急运输需求

时，国务院交通运输主管部门按照国务院的部署，可以要求水路运输经营者优先运输需要紧急运输的物资。水路运输经营者应当按照要求及时运输。

第二十四条　水路运输经营者应当按照统计法律、行政法规的规定报送统计信息。

第四章　水路运输辅助业务

第二十五条　运输船舶的所有人、经营人可以委托船舶管理业务经营者为其提供船舶海务、机务管理等服务。

第二十六条　申请经营船舶管理业务，申请人应当符合下列条件：

（一）具备企业法人条件；

（二）有健全的安全管理制度；

（三）有与其申请管理的船舶运力相适应的海务、机务管理人员；

（四）法律、行政法规规定的其他条件。

第二十七条　经营船舶管理业务，应当经设区的市级以上地方人民政府负责水路运输管理的部门批准。

申请经营船舶管理业务，应当向前款规定的部门提交申请书和证明申请人符合本条例第二十六条规定条件的相关材料。

受理申请的部门应当自受理申请之日起30个工作日内审查完毕，作出准予许可或者不予许可的决定。予以许可的，发给船舶管理业务经营许可证件，并向国务院交通运输主管部门备案；不予许可的，应当书面通知申请人并说明理由。

取得船舶管理业务经营许可的，持船舶管理业务经营许可证件依法向工商行政管理机关办理登记后，方可经营船舶管理业务。

第二十八条　船舶管理业务经营者接受委托提供船舶管理服务，应当与委托人订立书面合同，并将合同报所在地海事管理机构备案。

船舶管理业务经营者应当按照国家有关规定和合同约定履行有关船舶安全和防止污染的管理义务。

第二十九条　水路运输经营者可以委托船舶代理、水路旅客运输代理、水路货物运输代理业务的经营者，代办船舶进出港手续等港口业务，代为签订运输合同，代办旅客、货物承揽业务以及其他水路运输代理业务。

第三十条　船舶代理、水路旅客运输代理业务的经营者应当自企业设立登记之日起15个工作日内，向所在地设区的市级人民政府负责水路运输管理的部门备案。

第三十一条　船舶代理、水路旅客运输代理、水路货物运输代理业务的经营者接受委托提供代理服务，应当与委托人订立书面合同，按照国家有关规定和合同约定办理代理业务，不得强行代理，不得为未依法取得水路运输业务经营许可或者超越许可范围的经营者办理代理业务。

第三十二条 本条例第十二条、第十七条的规定适用于船舶管理业务经营者。本条例第十一条、第二十四条的规定适用于船舶管理、船舶代理、水路旅客运输代理和水路货物运输代理业务经营活动。

国务院交通运输主管部门应当依照本条例的规定制定水路运输辅助业务的具体管理办法。

第五章 法律责任

第三十三条 未经许可擅自经营或者超越许可范围经营水路运输业务或者国内船舶管理业务的，由负责水路运输管理的部门责令停止经营，没收违法所得，并处违法所得1倍以上5倍以下的罚款；没有违法所得或者违法所得不足3万元的，处3万元以上15万元以下的罚款。

第三十四条 水路运输经营者使用未取得船舶营运证件的船舶从事水路运输的，由负责水路运输管理的部门责令该船停止经营，没收违法所得，并处违法所得1倍以上5倍以下的罚款；没有违法所得或者违法所得不足2万元的，处2万元以上10万元以下的罚款。

从事水路运输经营的船舶未随船携带船舶营运证件的，责令改正，可以处1000元以下的罚款。

第三十五条 水路运输经营者未经国务院交通运输主管部门许可或者超越许可范围使用外国籍船舶经营水路运输业务，或者外国的企业、其他经济组织和个人经营或者以租用中国籍船舶或者舱位等方式变相经营水路运输业务的，由负责水路运输管理的部门责令停止经营，没收违法所得，并处违法所得1倍以上5倍以下的罚款；没有违法所得或者违法所得不足20万元的，处20万元以上100万元以下的罚款。

第三十六条 以欺骗或者贿赂等不正当手段取得本条例规定的行政许可的，由原许可机关撤销许可，处2万元以上20万元以下的罚款；有违法所得的，没收违法所得；国务院交通运输主管部门或者负责水路运输管理的部门自撤销许可之日起3年内不受理其对该项许可的申请。

第三十七条 出租、出借、倒卖本条例规定的行政许可证件或者以其他方式非法转让本条例规定的行政许可的，由负责水路运输管理的部门责令改正，没收违法所得，并处违法所得1倍以上5倍以下的罚款；没有违法所得或者违法所得不足3万元的，处3万元以上15万元以下的罚款；情节严重的，由原许可机关吊销相应的许可证件。

伪造、变造、涂改本条例规定的行政许可证件的，由负责水路运输管理的部门没收伪造、变造、涂改的许可证件，处3万元以上15万元以下的罚款；有违法所得的，没收违法所得。

第三十八条　水路运输经营者有下列情形之一的，由海事管理机构依法予以处罚：

（一）未按照规定配备船员或者未使船舶处于适航状态；

（二）超越船舶核定载客定额或者核定载重量载运旅客或者货物；

（三）使用货船载运旅客；

（四）使用未取得危险货物适装证书的船舶运输危险货物。

第三十九条　水路旅客运输业务经营者未为其经营的客运船舶投保承运人责任保险或者取得相应的财务担保的，由负责水路运输管理的部门责令限期改正，处2万元以上10万元以下的罚款；逾期不改正的，由原许可机关吊销该客运船舶的船舶营运许可证件。

第四十条　班轮运输业务经营者未提前向社会公布所使用的船舶、班期、班次和运价或者其变更信息的，由负责水路运输管理的部门责令改正，处2000元以上2万元以下的罚款。

第四十一条　旅客班轮运输业务经营者自取得班轮航线经营许可之日起60日内未开航的，由负责水路运输管理的部门责令改正；拒不改正的，由原许可机关撤销该项经营许可。

第四十二条　水路运输、船舶管理业务经营者取得许可后，不再具备本条例规定的许可条件的，由负责水路运输管理的部门责令限期整改；在规定期限内整改仍不合格的，由原许可机关撤销其经营许可。

第四十三条　负责水路运输管理的国家工作人员在水路运输管理活动中滥用职权、玩忽职守、徇私舞弊，不依法履行职责的，依法给予处分。

第四十四条　违反本条例规定，构成违反治安管理行为的，依法给予治安管理处罚；构成犯罪的，依法追究刑事责任。

第六章　附　　则

第四十五条　载客12人以下的客运船舶以及乡、镇客运渡船运输的管理办法，由省、自治区、直辖市人民政府另行制定。

第四十六条　本条例自2013年1月1日起施行。1987年5月12日国务院发布的《中华人民共和国水路运输管理条例》同时废止。

2.2.2 国务院关于深化流通体制改革加快流通产业发展的意见

国务院关于深化流通体制改革加快流通产业发展的意见

（国发〔2012〕39 号）

各省、自治区、直辖市人民政府，国务院各部委、各直属机构：

改革开放以来，我国流通产业取得长足发展，交易规模持续扩大，基础设施显著改善，新型业态不断涌现，现代流通方式加快发展，流通产业已经成为国民经济的基础性和先导性产业。但总的看，我国流通产业仍处于粗放型发展阶段，网络布局不合理，城乡发展不均衡，集中度偏低，信息化、标准化、国际化程度不高，效率低、成本高问题日益突出。为适应新形势下经济社会发展需要，加快推进流通产业改革发展，现提出如下意见：

一、指导思想、基本原则和主要目标

（一）指导思想。以邓小平理论和“三个代表”重要思想为指导，深入贯彻落实科学发展观，围绕提高流通效率、方便群众生活、保障商品质量、引导生产发展和促进居民消费，加快推进流通产业发展方式转变，着力解决制约流通产业发展的关键问题，有效降低流通成本，全面提升流通现代化水平。

（二）基本原则。坚持发挥市场作用与完善政府职能相结合。在更大程度上发挥市场配置资源的基础性作用，遵循价值规律和市场规则，强化企业在市场中的主体地位；提升政府公共服务、市场监管和宏观调控能力。坚持深化改革与扩大开放相结合。深化流通领域各项改革，为流通产业发展提供制度保障；继续推进流通产业对内对外开放，以开放促改革促发展。坚持促进发展与加强规范相结合，加大对重点领域和薄弱环节的支持力度，推动流通产业加快发展；强化规范市场秩序，提升行业发展质量，切实保障和改善民生。坚持立足当前与着眼长远相结合。既要紧密结合当前需要，着力降低流通成本，又要注重长远发展，建立流通引导生产、促进消费的长效机制。

（三）主要目标。到 2020 年，我国流通产业发展的总体目标是：基本建立起统一开放、竞争有序、安全高效、城乡一体的现代流通体系，流通产业现代化水平大幅提升，对国民经济社会发展的贡献进一步增强。

——流通领域提高效率降低成本效果显著，批发零售企业流动资产周转速度加快，全社会物流总费用与国内生产总值的比率明显降低。

——现代信息技术在流通领域得到广泛应用，电子商务、连锁经营和统一配送等成为主要流通方式，连锁化率达到22%左右，商品统一配送率达到75%左右，流通产业整合资源、优化配置的能力进一步增强。

——流通主体的竞争力明显提升，形成一批网络覆盖面广、主营业务突出、品牌知名度高、具有国际竞争力的大型流通企业。

——流通产业发展的政策、市场和法制环境更加优化，市场运行更加平稳规范，居民消费更加便捷安全，全国统一大市场基本形成。

二、主要任务

（四）加强现代流通体系建设。依托交通枢纽、生产基地、中心城市和大型商品集散地，构建全国骨干流通网络，建设一批辐射带动能力强的商贸中心、专业市场以及全国性和区域性配送中心。推动大宗商品交易市场向现货转型，增加期货市场交易品种。优化城市流通网络布局，有序推进贸易中心城市和商业街建设，支持特色商业适度集聚，鼓励便利店、中小综合超市等发展，构建便利消费、便民生活服务体系。鼓励大型流通企业向农村延伸经营网络，增加农村商业网点，拓展网点功能，积极培育和发展农村经纪人，提升农民专业合作社物流配送能力和营销服务水平。支持流通企业建立城乡一体化的营销网络，畅通农产品进城和工业品下乡的双向流通渠道。大力发展第三方物流，促进企业内部物流社会化。加强城际配送、城市配送、农村配送的有效衔接，推广公路不停车收费系统，规范货物装卸场站建设和作业标准。加快建设完整先进的废旧商品回收体系，健全旧货流通网络，促进循环消费。

（五）积极创新流通方式。大力推广并优化供应链管理，鼓励流通企业拓展设计、展示、配送、分销、回收等业务。加快发展电子商务，普及和深化电子商务应用，完善认证、支付等支撑体系，鼓励流通企业建立或依托第三方电子商务平台开展网上交易。创新网络销售模式，发展电话购物、网上购物、电视购物等网络商品与服务交易。统筹农产品集散地、销地、产地批发市场建设，构建农产品产销一体化流通链条，积极推广农超对接、农批对接、农校对接以及农产品展销中心、直销店等产销衔接方式，在大中城市探索采用流动售卖车。围绕节能环保、流通设施、流通信息化等关键领域，大力推进流通标准应用。

鼓励商业企业采购和销售绿色产品，促进节能环保产品消费，支持发展信用消费。推动商品条码在流通领域的广泛应用，健全全国统一的物品编码体系。

（六）提高保障市场供应能力。支持建设和改造一批具有公益性质的农产品批发市场、农贸市场、菜市场、社区菜店、农副产品平价商店以及重要商品储备设施、大型物流配送中心、农产品冷链物流设施等，发挥公益性流通设施在满足消费需求、保障市场稳定、提高应急能力中的重要作用。完善中央与地方重要商品储备制度，优化储备品种和区域结构，适当扩大肉类、食糖、边销茶和地方储备中的小包装粮油、蔬菜等生活必需品储备规模。强化市场运行分析和预测预警，增强市场调控的前瞻性和预见性。加强市场应急调控骨干企业队伍建设，提高迅速集散应急商品能力，综合运用信息引导、区域调剂、收储投放、进出口等手段保障市场供求基本平衡。

（七）全面提升流通信息化水平。将信息化建设作为发展现代流通产业的战略任务，加强规划和引导，推动营销网、物流网、信息网的有机融合。鼓励流通领域信息技术的研发和集成创新，加快推广物联网、互联网、云计算、全球定位系统、移动通信、地理信息系统、电子标签等技术在流通领域的应用。推进流通领域公共信息服务平台建设，提升各类信息资源的共享和利用效率。支持流通企业利用先进信息技术提高仓储、采购、运输、订单等环节的科学管理水平。鼓励流通企业与供应商、信息服务商加强合作，支持开发和推广适用于中小流通企业的信息化解决方案。加强信息安全保障。

（八）培育流通企业核心竞争力。积极培育大型流通企业，支持有实力的流通企业跨行业、跨地区兼并重组。支持中小流通企业特别是小微企业专业化、特色化发展，健全中小流通企业服务体系，扶持发展一批专业服务机构，为中小流通企业提供融资、市场开拓、科技应用和管理咨询等服务。鼓励发展直营连锁和特许连锁，支持流通企业跨区域拓展连锁经营网络。积极推进批发市场建设改造和运营模式创新，增强商品吞吐能力和价格发现功能。推动零售企业转变营销方式，提高自营比重。支持流通企业建设现代物流中心，积极发展统一配送。加强知识产权保护，鼓励流通品牌创新发展。

（九）大力规范市场秩序。加强对关系国计民生、生命安全等商品的流通准入管理，形成覆盖准入、监管、退出的全程管理机制。充分利用社会检测资源，建立涉及人身健康与安全的商品检验制度。建立健全肉类、水产品、蔬菜、水果、酒类、中药材、农资等商品流通追溯体系。加大流通领域商品质量监督检查力度，改进监管手段和检验检测技术条件。依法严厉打击侵犯知识产权、制售假冒伪劣商品、商业欺诈和商业贿赂等违法行为。加强网络商品交易的监督管理。规范零售商、供应商交易行为，建立平等和谐的零供关系。加快商业诚信体系建设，完善信用信息采集、利用、查询、披露等制度，推动行业管理部门、执法监管部门、行业组织和征信机构、金融监管部门、银行业金融机构信息共享。细化部门职责分工，堵塞监管漏洞。

（十）深化流通领域改革开放。建立分工明确、权责统一、协调高效的流通管理体制，健全部门协作机制，强化政策制定、执行与监督相互衔接，提高管理效能。加快流通管理部门职能转变，强化社会管理和公共服务职能。在有条件的地区开展现代流通综合试点，加强统筹协调，加快推进大流通、大市场建设。消除地区封锁和行业垄断，严禁阻碍、限制外地商品、服务和经营者进入本地市场，严厉查处经营者通过垄断协议等方式排除、限制竞争的行为。鼓励民间资本进入流通领域，保障民营企业合法权益，促进民营企业健康发展。进一步提高流通产业利用外资的质量和水平，引进现代物流和信息技术带动传统流通产业升级改造。支持有条件的流通企业“走出去”，通过新建、并购、参股、增资等方式建立海外分销中心、展示中心等营销网络和物流服务网络。积极培育国内商品市场的对外贸易功能，推进内外贸一体化。

三、支持政策

（十一）制定完善流通网络规划。制定全国流通节点城市布局规划，做好各层级、各区域之间规划衔接。科学编制商业网点规划，确定商业网点发展建设需求，将其纳入城市总体规划和土地利用总体规划。乡镇商业网点建设纳入小城镇建设规划。各地制定控制性详细规划和修建性详细规划时应充分考虑商业网点建设需求，做好与商业网点规划的相互衔接。完善社区商业网点配置，新建社区（含廉租房、公租房等保障性住房小区、棚户区改造和旧城改造安置住房小区）商业和综合服务设施面积占社区总建筑面积的比例不得低于10%。地方政府应出资购买一部分商业用房，用于支持社区菜店、菜市场、农副产品平价商店、便利店、早餐店、家政服务点等居民生活必备的商业网点建设。严格社区商业网点用途监管，不得随意改变必备商业网点的用途和性质，拆迁改建时应保证其基本服务功能不缺失。各地可根据实际发布商业网点建设指导目录，引导社会资金投向。

（十二）加大流通业用地支持力度。按照土地利用总体规划和流通业建设项目用地标准，在土地利用年度计划和土地供应计划中统筹安排流通业各类用地。鼓励利用旧厂房、闲置仓库等建设符合规划的流通设施，涉及原划拨土地使用权转让或租赁的，经批准可采取协议方式供应。政府对旧城区改建需搬迁的流通业用地，在收回原国有建设用地使用权后，经批准可以协议出让方式为原土地使用权人安排用地。鼓励各地以租赁方式供应流通业用地。支持依法使用农村集体建设用地发展流通业。制定政府鼓励的流通设施目录，对纳入目录的项目用地予以支持。依法加强流通业用地管理，禁止以物流中心、商品集散地等名义圈占土地，防止土地闲置浪费。

（十三）完善财政金融支持政策。积极发挥中央政府相关投资的促进作用，完善促进消费的财政政策，扩大流通促进资金规模，重点支持公益性流通设施、农产品和农村流通体系、流通信息化建设，以及家政和餐饮等生活服务业、中小流通企业发展、绿色流通、扩大消费等。鼓励银行业金融机构针对流通产业特点，创新金融产品和服务方式，开展动产、仓单、商铺经营权、租赁权等质押融资。改进信贷管理，发展融资租赁、商圈融资、供应链融资、商业保理等业务。充分发挥典当等行业对中小和微型企业融资的补充作用。拓宽流通企业融资渠道，支持符合条件的大型流通企业上市融资、设立财务公司及发行公司（企业）债券和中期票据等债务融资工具。引导金融机构创新消费信贷产品，改进消费信贷业务管理方式，培育和巩固消费信贷增长点。

（十四）减轻流通产业税收负担。在一定期限内免征农产品批发市场、农贸市场城镇土地使用税和房产税。将免征蔬菜流通环节增值税政策扩大到有条件的鲜活农产品。加快制定和完善促进废旧商品回收体系建设的税收政策。完善并落实家政服务企业免征营业税政策，促进生活服务业发展。落实总分支机构汇总纳税政策，促进连锁经营企业跨地区发展。积极推进营业税改增值税试点，完善流通业税制。

（十五）降低流通环节费用。抓紧出台降低流通费用综合性实施方案。优化银行卡刷卡费率结构，降低总体费用水平，扩大银行卡使用范围。加快推进工商用电用水同价。落实好鲜活农产品运输“绿色通道”政策，确保所有整车合法装载运输鲜活农产品车辆全部免缴车辆通行费，结合实际完善适用品种范围。切实规范农产品市场收费、零售商供应商交易收费等流通领域收费行为。深入推进收费公路专项清理，坚决取缔各种违规及不合理收费，降低偏高的通行费收费标准。从严审批一级及以下公路和独立桥梁、隧道收费项目。按照逐步有序的原则，加快推进国家确定的西部地区省份取消政府还贷二级公路收费工作进度。

四、保障措施

（十六）完善流通领域法律法规和标准体系。推动制定、修改流通领域的法律法规，提升流通立法层级。抓紧修订报废汽车回收管理办法，积极推动修改商标法、反不正当竞争法、广告法和消费者权益保护法等法律，研究制定典当管理、商业网点管理、农产品批发市场管理等方面的行政法规。全面清理和取消妨碍公平竞争、设置行政壁垒、排斥外地产品和服务进入本地市场的规定。积极完善流通标准化体系，加大流通标准的制定、实施与宣传力度。

（十七）健全统计和监测制度。加快建立全国统一科学规范的流通统计调查体系和信息共享机制，不断提高流通统计数据质量和工作水平。加强零售、电子商务、居民服务、生产资料流通等重点流通领域的统计数据开发应用，提高服务宏观调控和企业发展的能力。扩大城乡市场监测体系覆盖面，优化样本企业结构，推进信息采集智能化发展，保证数据真实、准确、及时，加快监测信息成果转化。

（十八）发挥行业协会作用。完善流通行业协会的运行机制，引导行业组织制定行业规范和服务要求，加强行业自律和信用评价。支持行业协会为流通企业提供法律、政策、管理、技术、市场信息等咨询及人才培训等服务，及时反映行业诉求，维护企业合法权益。

（十九）强化理论体系、人才队伍和基层机构建设。深化流通领域理论和重大课题研究，完善我国现代流通产业发展的理论和政策研究体系。大力培养流通专业人才，加快形成高校、科研院所与部门、行业企业联合培养人才的机制，积极开展职业教育与培训，提高流通专业人才培养质量。加强干部队伍建设，提高基层干部的服务意识和监管执法能力。加强基层流通管理部门建设，充实一线力量，保证基层流通管理工作通畅有效。

（二十）加强组织领导。国务院有关部门、地方各级人民政府要高度重视加快流通产业改革发展的重要性，切实加强组织领导，根据要求抓紧制定具体实施方案，完善和细化政策措施，确保各项任务落实到位。建立由商务部牵头的全国流通工作部际协调机制，加强对流通工作的协调指导和监督检查，及时研究解决流通产业发展中的重大问题。各地要将加快流通产业改革发展作为调结构、转方式、惠民生的重要抓手，完善配套政策和监管措施，保障流通产业改革发展所需资金，促进流通产业持续健康发展。

国务院

2012 年 8 月 3 日

2.2.3 国务院关于促进海关特殊监管区域科学发展的指导意见

国务院关于促进海关特殊监管区域科学发展的指导意见

国发〔2012〕58 号

各省、自治区、直辖市人民政府，国务院各部委、各直属机构：

为适应我国不同时期对外开放和经济发展的需要，国务院先后批准设立了保税区、出口加工区、保税物流园区、跨境工业区、保税港区、综合保税区等 6 类海关特殊监管区域（以下简称特殊监管区域）。20 多年来，特殊监管区域在承接国际产业转移、推进加工贸易转型升级、扩大对外贸易和促进就业等方面发挥了积极作用，但发展中也存在种类过多、功能单一、重申请设立轻建设发展等问题。为进一步推动特殊监管区域科学发展，现提出以下指导意见：

一、总体要求

（一）指导思想。以邓小平理论和“三个代表”重要思想为指导，深入贯彻落实科学发展观，整合特殊监管区域类型，完善政策和功能，强化监管和服务，促进特殊监管区域科学发展，更好地服务于改革开放和经济发展。

（二）基本原则。

——合理配置，协调发展。按照有利于实施国家区域发展战略规划、有利于中西部地区承接产业转移、有利于特殊监管区域整合优化，以及确有外向型大项目亟待进驻的原则，合理设立特殊监管区域，促进地区经济协调发展。

——注重质量，提升效益。增强特殊监管区域发展的内生动力，推动区域内企业技术创新和绿色发展，优化产业结构，提升整体效益，发挥辐射作用，带动周边地区经济发展。

——深化改革，强化监管。适应国内外经济形势变化，充分发挥特殊监管区域在统筹两个市场、两种资源中的作用；提高依法行政能力，加强监管，防范风险。

（三）发展目标。稳步推进特殊监管区域整合优化，加快形成管理规范、通关便捷、用地集约、产业集聚、绩效突出、协调发展的格局；完善政策和功能，促进加工贸易向产业链高端延伸，延长国内增值链条；鼓励加工贸易企业向特殊监管区域集中，发挥特殊监管区域的辐射带动作用，使其成为引导加工贸易转型升级、承接产业转移、优化产业结构、拉动经济发展的重要载体。

二、加强审核指导

（四）稳步推进整合工作。特殊监管区域实行总量控制，坚持按需设立，适度控制增量，整合优化存量。科学确定特殊监管区域设立条件和验收标准，优化审核程序，依法严格把关。具体办法，由海关总署会同有关部门制定。

（五）强化分类指导。统筹考虑各地区经济环境、产业基础、贸易结构、资源布局、发展规划等实际情况，加强分类指导，因地制宜地推进特殊监管区域规划、建设和发展。

三、健全管理体系

（六）严格建设和验收。特殊监管区域要严格按照国务院批准的四至范围和规划用地性质进行规划建设，由海关总署及相关部门实施联合验收。严禁擅自增加或改变经联合验收过的相关设施。

（七）健全退出机制。明确特殊监管区域首期验收土地面积比例和验收期限；超过验收期限尚未验收或验收后土地利用率低、运行效益差的，由海关总署责令整改；在规定期限尚未完成整改任务的，由海关总署报请国务院批准予以撤销或核减规划面积。具体办法，由海关总署会同有关部门制定。

（八）严格入区项目审核。制定特殊监管区域入区项目指引，引导符合海关特殊监管区域发展目标和政策功能定位的企业入区发展，避免盲目招商。

（九）强化监管和服务。充分运用信息技术和管理手段，优化监管模式，简化通关流程，加强保税货物监管，打击走私和偷逃税行为，维护质量安全，为企业生产经营创造良好环境。

四、稳步推进整合优化

（十）整合现有类型。在基本不突破原规划面积的前提下，逐步将现有出口加工区、保税物流园区、跨境工业区、保税港区及符合条件的保税区整合为综合保税区。整合工作要从实际出发，在充分听取省、自治区、直辖市人民政府意见的基础上实施。目前不具备整合条件的特殊监管区域，可暂予保留。

（十一）统一新设类型。新设立的特殊监管区域，原则上统一命名为“综合保税区”。

五、完善政策和功能

（十二）完善相关政策措施。完善保税等功能，规范税收政策，优化结转监管。具体办法由财政部、海关总署分别会同有关部门制订，报国务院批准后实施。

（十三）拓展业务类型。在严格执行进出口税收政策和有效控制风险的前提下，支持特殊监管区域内企业选择高技术含量、高附加值的项目开展境内外检测维修业务。鼓励在有条件的特殊监管区域开展研发、设计、创立品牌、核心元器件制造、物流等业务，促进特殊监管区域向保税加工、保税物流、保税服务等多元化方向发展。

（十四）带动周边经济发展。发挥特殊监管区域辐射功能，培育区域外产业配套能力，带动有条件的企业进入加工贸易产业链和供应链，促进区域内外生产加工、物流和服务业的深度融合，形成高端入区、周边配套、辐射带动、集聚发展的格局。

六、加强组织领导

（十五）完善工作机制。各省（区、市）人民政府要健全海关特殊监管区域综合管理工作机制，加强统筹协调，整合资源，落实责任，搞好服务，为特殊监管区域科学规划、建设和发展提供有力保障。

（十六）加强协作配合。国务院各有关部门要按照职责分工，加强协作配合，共同做好特殊监管区域的整合、监管、建设、发展工作。要寓管理于服务之中，共享相关信息和资源，提高监管和服务水平。

各地方、各部门要根据本指导意见抓紧制定实施方案和落实措施，加大工作力度，促进特殊监管区域又好又快发展。

国务院

2012 年 10 月 27 日

2.2.4 商务部关于促进仓储业转型升级的指导意见

商务部关于促进仓储业转型升级的指导意见

商流通发［2012］435 号

促进仓储业健康发展，加快推进传统仓储向现代物流转型升级，对于建立健全我国现代流通体系、降低流通成本、提高流通效率具有重要的战略意义和现实意义。根据《国务院关于深化流通体制改革加快流通产业发展的意见》和《商贸物流发展专项规划》的要求，现就促进仓储业转型升级工作提出如下意见：

一、促进仓储业转型升级的重要意义

仓储是以满足供应链上下游的需求为目的，依托仓库设施、利用信息技术对货物存储、加工包装、分拣配送等进行有效计划、管理和执行的物流活动，是物流一体化运作和商品流通的重要环节。改革开放以来，我国仓储业快速发展，

仓储设施明显改善，产业规模持续扩大，社会化进程逐步加快，服务水平与作业效率有所提高，出现了地产类仓储、金融类仓储、自助式仓储等新的经营业态，一批功能完善、融入供应链一体化服务的现代仓储企业脱颖而出。

但从总体上看，我国仓储业的传统经营方式还没有根本性改变，仓储自动化、标准化与信息化管理仍处于较低水平，造成我国流通企业商品库存时间过长、占压资金过多。2007 至 2011 年，我国物流总费用占国内生产总值的比重由 18.2% 下降到 17.8%，而保管费用占国内生产总值的比重却由 5.8% 上升到 6.1%。

加快仓储业转型升级，推动传统仓储企业由功能单一的仓储中心向功能完善的各类物流配送中心转变，由商品保管型的传统仓储向库存控制型的现代仓储转变，是建立健全物流配送体系的重要内容，是降低社会库存、提高流通效率的重要途径。

二、指导思想、基本原则和发展目标

（一）指导思想。

深入贯彻落实科学发展观，以提高流通效率为宗旨，以基础设施为依托，以延伸服务链条为主线，以自动化、信息化、标准化为方向，进一步加强规划和政策引导，完善相关法律法规和行业标准，促进各类仓储企业健康发展，加快仓储业转型升级。

（二）基本原则。

坚持市场调节和政策引导相结合，充分发挥市场机制的作用，加强规划和政策引导，营造公平竞争的市场环境，实现企业优胜劣汰；坚持促进发展与加强规范相结合，加大对仓储设施升级改造的支持力度，强化标准规范，提升行业发展质量；坚持服务流通产业与加快行业发展相结合，要适应流通方式转变和流通产业升级的要求，拓展仓储服务链条，加快行业发展；坚持创新经营模式与利用仓储资源相结合，引导企业充分利用仓储资源，转变经营模式，主动开拓市场，实现转型升级。

（三）发展目标。

引导仓储企业由传统仓储中心向多功能、一体化的综合物流服务商转变。在服务方面由仓库出租向仓储管理、库存控制、加工包装、分拣配送、质押监管等多功能增值服务发展；在技术方面由平面堆放、人工操作向立体化存储、单元化作业、机械化与自动化操作发展；在管理方面由分散、粗放式经营向精益化、标准化与信息化发展。用五年左右时间，实现加工配送率达到 40%，仓储服务达标率提高到 40%，立体仓库的总面积占仓库总面积的 40%；仓储企业机械化、自动化、标准化、信息化水平显著提高；商品库存周转速度明显加快，流通环节仓储费用占商品流通费用的比率显著下降。

三、主要任务

（一）支持仓储企业创新经营模式。鼓励仓储企业适应连锁经营、电子商务等现代流通方式发展要求，开展供应链库存管理、加工包装、分拣配送等供应链一体化服务。鼓励仓储企业通过联盟、重组、托管经营等方式，发展网络化仓储配送。支持有条件的仓储企业规范开展质押监管等供应链融资监管服务。

（二）引导仓储企业推广应用新技术。大力推广集装技术和单元化装载技术，提高仓储作业效率。推广应用条形码、智能标签、无线射频识别等自动识别、标识技术和货物快速分拣技术。加强仓储技术装备的研发与推广，鼓励企业采用仓储配送、装卸搬运、分拣包装、条码印刷等专用技术设备。

（三）加强仓储企业信息化建设。支持仓储企业购置或自主开发仓储管理信息系统，有条件的仓储企业要积极应用物联网技术。支持仓储企业与连锁企业、电子商务企业、生产企业等建设信息对接系统，实现数据共用、资源共享，提高仓储企业的供应链服务水平。

（四）提高仓储企业标准化应用水平。指导仓储企业在仓库建设、仓库设计、仓储服务、仓储作业绩效考核等方面采用国家标准和行业标准，加大标准推广力度。支持仓储企业进行技术设施、设备的更新改造。鼓励仓储企业使用标准化托盘，积极参与托盘共用系统建设。

（五）鼓励仓储资源利用社会化。鼓励仓储企业通过兼并重组、仓储联盟、共同配送、管理外包、建设仓储资源交易平台等方式，有效提高仓储设施利用率。鼓励企业内部仓储设施对外开放和经营，整合仓储资源，促进仓储资源社会化。

（六）加大冷库改造和建设力度。适应冷链物流快速发展的要求，指导企业对现有冷库进行技术改造，并利用先进技术建设现代化冷库，促进我国冷库由原来大批量、小品种、存期长向小批量、多品种、多流通形式转化。加强冷库系统管理，提高运作效率，鼓励节能减排。

四、保障措施

（一）完善法律法规和政策体系。加快出台行业管理部门规章，规范仓储业经营秩序和企业经营行为。进一步加强行业指导，提升行业发展水平。加强与有关部门沟通协调，研究出台仓储设施改造、信息平台建设等方面的财税政策，引导仓储行业健康有序发展。

（二）完善行业监测与标准体系。建立健全仓储市场监测指标体系，通过仓库租金、仓库利用率、行业发展指数等信息发布，引导仓储市场的有序竞争与协调发展。完善仓储作业规范、服务规范、安全规范、质押监管业务规范等标准体系。统一仓储、运输、配送等环节的计量标准、技术标准和数据传送标准等。

（三）加强人才队伍建设。开展仓储从业人员的资质培训与认证工作，逐步实行持证上岗制度。充分利用高校教育资源和发挥教育培训机构的作用，研究将各类专业仓储从业人员的培养纳入教育体系。

（四）加强行业组织建设。充分发挥行业协会在行业统计、标准拟定与宣传贯彻、课题研究、咨询服务、资质认证、人才培训等方面的积极作用，引导行业健康发展。增强行业协会在诚信体系建设、行业自律，服务企业等方面的功能。

各地商务主管部门要提高认识，转变观念，加强组织领导，健全仓储行业管理机构，明确工作职责，加强行业指导、管理和服务，将促进仓储业转型升级作为推动物流工作的重要抓手，确保取得成效。

中华人民共和国商务部

2012 年 12 月 18 日

2.2.5 商务部关于推进现代物流技术应用和共同配送工作的指导意见

商务部关于推进现代物流技术应用和共同配送工作的指导意见

商流通发 [2012]211 号

各省、自治区、直辖市、计划单列市及新疆生产建设兵团商务主管部门：

为提高商贸物流技术应用水平，降低物流成本，提高流通效率，根据国家“十二五”规划纲要、《国务院办公厅关于促进物流业健康发展政策措施的意见》（国办发 [2011]38 号）、《国内贸易发展规划（2011-2015）》和《商贸物流发展专项规划》（商商贸发 [2011]67 号），商务部决定从 2012 年开始，组织开展现代物流技术应用和共同配送工作，相关工作意见如下：

一、重要意义

改革开放以来，我国商贸物流取得快速发展，服务领域不断深化，服务模式不断创新，为流通规模扩大、流通方式变革提供了有力支撑。然而，从总体来看，我国商贸物流服务网点分散、技术装备落后、组织化程度低，自营配送、多头配送仍占主导地位，城市“最后一公里”物流成本高、中转难、货车停靠难等问题较为突出。大力推广现代物流技术应用，促进共同配送水平不断提高，是推动商贸物流现代化、提高物流组织化程度的重要途径，对于降低物流成本、提高流通效率、促进国民经济健康发展，扩大消费具有重要意义。

二、工作目标

通过开展现代物流技术应用和共同配送工作，促进大中城市合理规划和布局城市物流节点、优化物流配送组织方式，形成布局合理、运行高效、通行有序、绿色环保的城市配送网络体系。同时，引导和推进批发、零售企业、第三方物流企业供应链模式创新，培育一批运营规范、技术应用水平高、管理有序的商贸物流示范企业。力争到“十二五”末，重点城市共同配送（含统一配送）网点覆盖率达到40%以上，等量货物运输量降低30%以上，物流费用占商品流通费用的比率下降2个百分点。

三、工作任务

（一）完善城市共同配送节点规划布局。从实现物流资源利用的社会化、物流资源信息共享、提高重点商品共同配送率为出发点，加强试点城市商贸物流设施规划布局，构建以重点商贸物流园区、公共配送中心和末端共同配送点等物流节点为支撑的城市物流配送网络体系。

（二）鼓励商贸物流模式创新。支持商贸、物流企业以联盟、共同持股等多种形式开展共同配送；鼓励连锁零售企业、网络零售企业构建新型配送体系，提高统一配送水平；支持各类批发市场完善和提升物流服务功能，形成集展示、交易、仓储、加工、配送等功能于一体的集约式商贸物流园区；引导物流公共信息服务平台健康发展，支持建设一批物流电子交易平台。

（三）加快物流新技术应用步伐。

支持企业改造升级现有物流信息系统，实现物流企业与商贸流通企业、生产企业及相关管理部门之间的数据共用、资源共享。大力推进物联网技术、RFID射频识别码、GPS实时监控等新技术在共同配送工作中的运用水平。引导企业在物流活动中采用标准托盘和集装单元，实行货物生产、包装、装卸、运输的全过程标准化管理，推动大型连锁零售企业率先采用标准化托盘共用系统，提高托盘使用率。

（四）加大商贸物流设施改造力度。根据城市共同配送节点规划布局，引导和支持建设、改造一批商贸物流设施：一是支持商贸物流区建设、改造，支持城市近郊服务于城市配送和货物转运的商贸物流园区发展。二是支持标准化配送中心建设、改造，鼓励企业建设立体化仓库、采用先进的分拣设备、设施，引导企业加大冷库设备更新改造，鼓励建设低耗节能型冷库；三是支持流通末端共同配送点和卸货点建设、改造，鼓励建设集配送、零售和便民服务等多功能于一体的物流配送终端。

四、保障措施

（一）明确工作思路，制定实施方案。各地商务主管部门要根据本地区商贸物流工作基础、发展特点和实际需求，选择工作重点，提出推进本地区现代物流技术应用和共同配送工作的总体工作思路，提出符合地区经济发展需要、与本地经济社会发展规划相衔接的工作方案，确定工作目标、实施范围、重点内容和具体措施。

（二）加强组织领导，完善工作机制。各地商务主管部门要高度重视现代物流技术应用和共同配送工作，建立健全与相关部门密切沟通、相互协作的工作联动机制，会同相关部门协调解决工作中企业遇到的土地、城市车辆通行、停靠、企业融资等方面遇到的困难。

（三）有序开展试点，树立工作典范。各地区要结合本地实际，组织重点城市、选择重点领域组织开展试点，树立典范，以点带面。商务部将把实施方案科学合理、组织措施得力、工作成效显著的城市，列为商务部现代物流技术应用和共同配送综合试点城市。

（四）完善政策措施，加大支持力度。各地要充分运用财政资金，通过多种形式引导和带动社会投资，加大对现代物流技术应用和共同配送工作的支持力度，有条件的地区要积极争取设立有关专项支持资金。商务部将商相关部门对纳入商务部试点城市组织实施的示范项目给予一定的财政资金支持。

（五）明确目标责任，强化绩效考核。各地要建立以共同配送网点覆盖率、商贸物流费用率、货物运输量等指标为主体构成的商贸物流量化指标考核体系，加强对比分析和绩效考核。商务部将以此为依据对各地工作开展情况和取得的成效进行量化考核。

（六）加强新闻宣传，扩大社会效应。各地要对工作中出现的新情况、新特点和新的经营模式及产生的效果要及时进行总结、分析。同时，要充分发挥网络、报刊等媒体的作用，宣传试点建设成效、典型经验和成功模式。商务部将通过召开工作现场会、经验交流会、发布工作通报等形式，加大交流、宣传和工作推进力度。

商务部

二〇一二年六月二十一日

2.2.6 交通运输部关于印发《建设低碳交通运输体系指导意见》和《建设低碳交通运输体系试点工作方案》的通知

交通运输部关于印发《建设低碳交通运输体系指导意见》和《建设低碳交通运输体系试点工作方案》的通知

交政法发〔2011〕53号

各省、自治区、直辖市、新疆生产建设兵团交通运输厅（局、委），天津市市政公路管理局，天津市、上海市交通运输和港口管理局，部属各单位，部内各单位，部管各社团，有关交通运输企业：

为贯彻落实国家应对气候变化的工作部署，加快建设以低碳排放为特征的交通运输体系，现将《建设低碳交通运输体系指导意见》和《建设低碳交通运输体系试点工作方案》印发给你们，请结合本地区、本单位实际，认真贯彻落实。

二〇一一年二月二十一日

建设低碳交通运输体系指导意见

为深入贯彻落实科学发展观，认真落实国家关于应对气候变化的战略部署，加快发展现代交通运输业，切实推进行业结构调整、转变发展方式，促进交通运输行业为全社会节能减排作贡献，就建设低碳交通运输体系提出如下意见：

一、建设低碳交通运输体系的必要性

（一）建设低碳交通运输体系是我国实施应对气候变化国家战略的迫切要求。全球气候变化是当前人类社会可持续发展面临的重大挑战。我国正处于全面建设小康社会的关键时期和工业化、城镇化加快发展的重要阶段，经济发展和改善民生的任务十分繁重，能源需求还将继续增长，实现碳排放控制目标压力巨大。我国已经确定了积极应对气候变化的战略部署，提出了到2020年单位国内生产总值二氧化碳排放比2005年下降40%～45%的目标。交通运输业是国家应对气候变化工作部署中确定的以低碳排放为特征的三大产业体系之一，建立低碳交通运输体系对于我国应对气候变化、实现碳减排目标具有重要作用。

（二）建设低碳交通运输体系是加快推进现代交通运输业发展的重要主题。“十二五”时期是我国加快转变发展方式的重要时期，也是交通运输业转型发展的关键时期。交通运输部确定了“一

条主线、五个努力”的战略思路，即以转变发展方式、加快发展现代交通运输业为主线，切实做到“五个努力”，其中之一就是要努力建设资源节约型、环境友好型行业，加快建立以低碳为特征的交通运输体系。低碳交通运输体系建设既是“两型”行业建设的重要途径和载体，又是判断“两型”行业建设成效与质量的重要标志。在“两型”行业建设中需要统筹考虑低碳转型发展，使低碳交通运输体系的建设成为“两型”行业建设的新亮点和新突破。

（三）建设低碳交通运输体系是深化交通运输行业节能减排工作的战略任务。“十一五”期间，我国交通运输行业节能减排工作取得了很大成绩，但交通运输业能源利用效率不高、发展方式粗放的格局尚未根本转变，能源消耗和碳排放仍然持续快速增长。国家应对气候变化的行动目标和工作部署赋予了节能减排新的内涵，对节能减排工作提出了更高要求。交通运输部门作为国家中长期节能降耗和温室气体减排的战略性重点领域，必须改善能源消费结构，加大新能源使用比例，提高行业总体用能效率，使交通运输行业逐步改变对化石能源的过度依赖。加快低碳交通运输体系建设，不仅是传统节能减排工作的继续和扩展，更是新形势下进一步深化节能减排工作的新起点。

二、指导思想、基本原则与目标

（一）指导思想。

深入贯彻落实科学发展观，始终坚持节约资源和保护环境的基本国策，全面落实国家应对气候变化工作部署，以增强可持续发展能力为目标，以加快构建低碳交通运输体系为战略任务，以节能增效为重点环节，不断优化交通运输用能结构，着力强化技术创新和政策引导，将应对气候变化的新任务、新要求纳入到交通运输行业节能减排工作的整体部署中统筹推进，把低碳发展作为现代交通运输业发展的重要抓手，努力提高交通运输行业低碳转型的综合能力，为实现资源节约型、环境友好型行业建设目标作出贡献。

（二）基本原则。

坚持立足行业、统筹发展。正确认识交通运输业对温室气体排放的影响，统筹国内与国际、国家与行业应对气候变化的形势和要求，积极主动应对；统筹当前与长远、满足刚性需求与建设“两型”行业的关系，推进低碳转型。

坚持科技支撑、政策保障。充分发挥科技进步在低碳发展中的基础性和先导性作用，推广使用新能源、可再生能源利用技术和节能减排新技术，促进理念、政策、体制机制和技术的全面创新，为加快建设低碳交通运输体系提供科技支撑和政策保障。

坚持实事求是、循序渐进。立足于

我国交通运输业发展的现实基础和阶段性特征，结合国家建设以低碳排放为特征的产业体系的战略部署，科学合理地确定交通运输低碳发展的目标和路径，积极稳妥推进低碳化进程。

坚持政府引导、社会参与。充分发挥政府在促进交通运输低碳转型中的政策引导作用，广泛调动企业低碳发展的主动性和积极性，鼓励社会中介组织的低碳交通推进行动，引导社会公众广泛参与，促进低碳型交通消费模式和出行方式。

（三）目标。

到2015年，交通运输行业降低温室气体排放强度的行动成效更为明显。行业节能减排意识进一步增强，低碳交通运输理念更加深入人心，交通运输生产、运营、消费的各个环节碳排放强度逐步降低。行业应对气候变化的综合能力显著增强，低碳交通运输技术创新体系、政策法规体系建设全面有效开展，碳排放统计、监测、考核体系基本建立。交通运输低碳排放的特征初步显现，成为现代交通运输业发展的重要支撑。力争到2020年，基本建立起符合国家应对气候变化工作要求、以低碳排放为特征的交通运输体系。

公路、水路交通运输及城市客运的能耗及二氧化碳排放强度目标分别为：

公路运输

——能源强度指标：到2015年和2020年，营运车辆单位运输周转量能耗比2005年分别下降10%和16%，其中，营运客车分别下降6%和8%，营运货车分别下降12%和18%。

——CO_2排放强度指标：到2015年和2020年，营运车辆单位运输周转量CO_2排放比2005年分别下降11%和18%，其中，营运客车分别下降7%和9%，营运货车分别下降13%和20%。

水路运输

——能源强度指标：到2015年和2020年，营运船舶单位运输周转量能耗比2005年分别下降15%和20%，其中，内河船舶分别下降14%和20%，海洋船舶分别下降16%和20%。港口生产单位吞吐量综合能耗分别下降8%和10%。

——CO_2排放强度指标：到2015年和2020年，营运船舶单位运输周转量CO_2排放比2005年分别下降16%和22%，其中，内河船舶分别下降15%和23%，海洋船舶分别下降17%和21%。港口生产单位吞吐量CO_2排放比2005年分别下降10%和12%。

城市客运

——能源强度指标：到2015年和2020年，城市客运单位人次能耗比2005年分别下降18%和26%，其中，城市公交单位人次能耗分别下降14%和22%，出租汽车单位人次能耗分别下降23%和30%。

——CO_2排放强度指标：到2015年和2020年，城市客运单位人次CO_2排放比 2005 年分别下降 20% 和 30%，其中，城市公交单位人次 CO_2 排放分别下降 17% 和 27%，出租汽车单位人次 CO_2 排放分别下降 26% 和 37%。

三、重点任务

（一）不断提高运输系统效率。

加快完善综合运输网络。加强交通基础设施网络化建设，优化综合运输网络布局，加强全国性和区域性重要运输通道的统筹规划，强化资源的优化配置。加快形成主干线高速化、次干线快速化、支线加密化的路网结构，稳步提升路网技术等级和路面等级。优化公路客货运站场布局，建设衔接顺畅、高效便捷的公路站场服务体系。加强综合客运枢纽和物流集聚地区的货运站场建设，大力促进城乡客运一体化进程，促进客货运“零换乘”和“无缝衔接”。加快形成以高等级航道为主体的内河航道网。推进港口结构调整，发展大型化、专业化港口。优化城市路网功能结构，推进自行车专用道和行人步道网络建设，建立以公共交通为主体，出租汽车、私人汽车、自行车和步行等多种交通出行方式相互补充、协调运转的城市客运体系。

着力发展高效运输方式。加快发展道路甩挂运输、滚装运输、驮背运输、江海直达运输等高效运输方式。提高运输组织化程度，积极推进多式联运加快发展，加快培育规模化、网络化运作的运输企业，加快综合运输管理和公共信息服务平台建设。推广出租车差别化运营方式，加快建立以电话预约方式为主、巡弋出租和专用候车点出租为辅的出租汽车服务体系。

优化运力结构。严格执行营运车辆燃料消耗量限值标准，加快淘汰老旧车辆。加快发展适合高等级公路的大吨位多轴重型车辆、汽车列车，以及短途集散用的轻型低耗货车。鼓励发展低能耗、低排放的大中型高档客车，大力发展适合农村客运的安全、实用、经济型客车。大力发展大容量的城市公共交通工具。加快淘汰挂桨机船等能耗高、污染大的老旧船舶与落后船型；优化船队吨位结构，推动海运船舶向大型化、专业化方向发展，全面推进内河航运船型标准化，扩大顶推船队规模，发展与航道技术标准相适应的大型化、标准化船舶。

积极推进运输的信息化和智能化进程。加快现代信息技术在运输领域的研发应用，逐步实现智能化、数字化管理。加快物联网技术在道路运输领域的推广应用，推广无线射频识别（RFID）、智能标签、智能化分拣、条形码技术等，提高运输生产的智能化程度。推广高速公路不停车收费（ETC）系统、智能城市公交调度系统、出租车智能调度信息服务平台、自动化大型化码头、集装箱码头集卡全场智能调度系统、内河船舶免停靠报港信息服务系统、内河智能导航系统等，完善公众出行信息服务系统，促进客货运输市场的电子化、网络化，实现信息共享和运输效率提高。

（二）加快替代能源的推广应用。

鼓励替代能源技术在营运车船中的应用。积极使用和推广混合动力、天然气动力、生物质能和电能等节能环保型城市公交车，开展新能源出租汽车试点工作。在有条件的地区鼓励道路运输企业使用天然气、混合动力等燃料类型的营运车辆，鼓励在干线公路沿线建设天然气加气站等替代燃料分配设施。推进船舶混合动力技术及太阳能、风能、天然气、热泵等船舶生活用能技术的研发和应用。

加强替代能源技术在交通基础设施建设和运营中的应用。促进太阳能、风能等新能源在公路工程配套设施中的应用，加快发展隧道、服务区、收费站等公路辅助设施太阳能照明及监控技术等新能源技术的应用。在有条件的港口逐步推广液化天然气（LNG）、电力驱动集卡应用技术及太阳能、潮汐能、风能、地源、海水源、空气源热泵等新能源利用技术。积极推广太阳能一体化航标灯。

（三）大力推广节能减排技术。

强化交通基础设施节能减排技术研发和推广。推广温拌沥青、沥青冷再生等低碳铺路技术，大力改进和推广隧道通风照明控制技术，推行隧道“绿色节能通风照明工程”。推广港区电网动态无功补偿及谐波治理技术。

加快运输装卸设备节能减排技术应用。加快港口机械技术改造，大力推进轮胎式集装箱门式起重机（RTG）“油改电”工作，加快发展采用市电供电的龙门起重机等高能效港口装卸设备和工具，引导轻型、高效、电能驱动和变频控制的港口装卸设备的发展，提高能源使用效率。研发推广电能回馈、储能回用等新工艺、新技术。积极推进靠港船舶使用岸电，力争新建码头和船舶配套建设靠港船舶使用岸电的设备设施，在国际邮轮码头、主要客运码头、内河主要港口以及30%大型集装箱码头和散货码头实现靠港船舶使用岸电。加强研究船用热泵技术、低表面能涂料、余热回收技术及气膜减阻技术在内河船舶上的应用。因地制宜，稳步推进城市公交和出租车辆的“油改气”工作。

（四）促进社会低碳交通选择。

推进低碳型运输服务加快发展。进一步增强水路货运能力，鼓励运输企业更多选择水路运输，推进大宗货物运输向水运转移。实施公交优先发展战略，加快建设公交专用道、城市轨道交通，优化城市轨道交通与道路交通换乘系统。大力发展城市快速公交，鼓励具备条件的特大城市适度超前发展轨道交通。

推广交通运输装备节能操作技术。宣传节能低碳的驾驶技术，在驾培机构开设培养良好驾驶习惯的课程和教育，推广使用模拟器教学。在道路运输企业加强节能驾驶培训，推广操作经验，宣传引导良好驾驶习惯。加快推广带式输送机逆向启动等港口装备的节能操作技术，推广船舶节能驾驶技术。

加强城市交通供求管理。探索实行针对城市交通堵塞易发地区行驶车辆的拥堵费措施。加强停车管理，对城市停车实施差额收费，在重要拥堵路段和密集的商业中心周围提高停车费用，在客流量较少的地区适当降低停车收费标准。

倡导公众低碳出行方式。倡导低碳出行理念，通过建立交通信息平台等方式，提供低碳车辆和燃料的专业信息，帮助公众制定出行计划和提供多样化出行方式的选择。鼓励共乘交通，扶持和鼓励提供班车、校车服务。发展慢行交通，完善公共自行车低价或免费租赁等相关制度，布局规划和建设公共自行车停放设施，加快完善异地租车还车网络。建立完善出租车电话呼叫服务系统、出租车智能调度信息平台、出租车统一停靠点等配套设施。鼓励公众购买小排量汽车和新能源车辆，倡导“少开一天车”、“绿色出行”等形式的低碳出行推广活动。鼓励加快发展物流配送服务，倡导网络购物等替代选择，减少公众机动车出行。

（五）逐步提高运输装备燃料效率。

实施运输装备燃料消耗与碳排放限制。在现有营运车辆燃料消耗量限值标准基础上，制定营运车辆及公交车碳排放限值标准，建立完善准入机制，和超过限值标准车辆的退出机制、配套经济补偿机制。制定营运船舶燃料消耗量限值及排放限值标准，完善营运船舶的市场准入机制及高耗能船舶的市场退出制度。

加快节能型运输装备的推广应用。进一步推进营运车辆的柴油化进程，鼓励和引导运输经营者购买和使用柴油汽车，提高柴油在车用燃油消耗中的比重。推广应用自重轻、载重量大的运输装备。鼓励节能高效的车辆发动机技术研发及应用，引导运输企业使用节能型车辆，推广双尾船等节能环保型营运船舶。

（六）加强交通运输碳排放管理。

强化行业碳排放监测与统计。在行业现有能耗统计制度基础上，建立和完善行业节能减排统计监测制度。探索碳排放监测的相关技术，建立行业温室气体排放核算制度及排放清单数据库。

推进行业节能减排标准规范制定。研究制定内河船舶节能标准规范，探索建立国内船的船舶能效设计指数（EEDI）、船舶能效营运指数（EEOI）指标计算数据库。探索建立营运船舶的能效管理体系认证制度及船舶绿色航行认证制度，推进认证规范和标准的制定。

完善行业节能减排管理制度建设。建立健全公路、水路、城市客运节能减排目标责任评价考核制度。强化各级交通运输主管部门和企业的节能减排责任，分解落实行业节能减排目标，形成对地方行业主管部门和重点企业的综合考核办法及相应奖惩措施。建立行业低碳评估与核算制度，完善行业固定资产投资项目节能评估及审查制度，推进公路、港口等建设项目节能评估与审查的开展，探索建立道路运输及港口企业节能减排评价审计认证制度。

探索基于市场的节能减排新机制。进一步推行合同能源管理，推进交通运输节能服务产业的发展。鼓励交通运输企业建立自愿减排协议，开展自愿执行能源效益运营指标的活动，以及相关自愿改进业务和技术的活动。研究建立营运车船能效及碳排放认证制度。积极探索建设包含交通运输企业及社会公众交通活动的碳排放交易系统，鼓励企业参与碳排放交易。在城市快速公交系统（BRT）、节能与新能源车辆、港口作业机械“油改电”、船舶靠港使用岸电等领域积极探索清洁发展机制（CDM）项目开发。

四、保障措施

（一）加强组织领导，建立协作机制。

加强领导与协调，共同推动行业建设低碳交通运输体系工作的组织和落实，大力加强行业建设低碳交通运输体系的规划、管理、资金、政策引导与扶持。在部节能减排工作领导小组的指导下，在国家及地方各级交通运输“十二五”规划中体现建设低碳交通运输体系的要求及目标。与发展改革等部门加强联系，建立服务于低碳交通运输体系建设的跨部门协调机制。

（二）强化政策扶持，完善资金保障。

建立完善行业应对气候变化的政策保障机制，明确低碳技术应用及推广的管理机构、管理办法和激励措施，建立行业低碳技术信息共享机制。加快形成推广低碳交通运输技术长期稳定的资金投入渠道，积极争取国家财政对交通节能减排工作的支持，按照国家有关部门规定对交通运输节能减排项目给予补助。积极争取地方各级政府节能减排专项资金对建设低碳交通运输体系工作的支持。

（三）依托科技创新，加快生产转型。

依托能源生产、运输装备制造等行业在节能减排技术方面的科研成果，推动交通运输行业生产服务转型。增强交通运输行业节能减排科研基础力量及条件平台，定期发布行业推荐低碳技术清单。对处于研发初级阶段、具有较大发展潜力的重要技术，强化政府主导的科研投入。鼓励企业按照市场规则参与关键技术的研发和推广应用。加强交通节能减排科研工作人才队伍建设，提高行业应对气候变化的科研可持续发展能力。

（四）开展试点示范，引领低碳发展。

建立低碳交通重大关键技术开发和示范的长效机制，以城市为主体开展低碳交通运输体系建设试点工作。从试点工程中遴选示范工程，总结示范技术和方法，加大对低碳交通科研成果的应用力度和示范技术的推广力度，及时将示范技术与方法上升为行业（推荐）实用技术与方法。鼓励实用技术的产业化、规模化发展和跨区域的应用与合作，引导鼓励企业加大相关科技推广投入。开展低碳交通消费模式的引导活动。

（五）加强技术引进，借鉴先进经验。

积极开展交通节能减排领域的国际合作，密切关注和跟踪交通运输节能减排、新能源利用等领域技术发展的国际动向，加快交通运输替代能源、运输组织优化等低碳技术的引进和研发合作。学习借鉴国外低碳交通运输发展战略、政策等方面的先进经验，加强在行业应对气候变化战略、碳税、碳排放交易等方面的国际交流与合作。

建设低碳交通运输体系试点工作方案

为深入贯彻落实我国应对气候变化的总体战略和行动目标，加快建设以低碳排放为特征的交通运输体系，根据《中国应对气候变化国家方案》、交通运输部《建设低碳交通运输体系指导意见》和深化交通运输节能减排有关工作部署，结合国家发展改革委《关于开展低碳省区和低碳城市试点工作的通知》，决定开展建设低碳交通运输体系试点工作，特制定本方案。

一、指导思想

以科学发展观为指导，以加快交通运输发展方式转变、促进行业可持续发展为目标，以建立健全低碳交通运输管理制度、加快低碳技术研发与应用、优化交通运输能源消费结构、倡导公众低碳出行等为重点，通过政府主导、企业示范、社会参与，在基础设施建设、能源利用、运输组织、交通信息化、社会出行模式、管理体制等领域开展低碳发展试点，带动试点地区交通运输节能减排和应对气候变化工作取得新成效，促进以低碳排放为特征的交通运输产业体系建设，为实现国家和行业节能减排与应对气候变化行动目标作贡献。

二、工作原则

（一）统筹规划，精心组织。

低碳交通运输体系建设试点要与国家发展改革委低碳省区和低碳城市试点、有关省（区、市）低碳经济试点有机结合，统筹规划、协同推进。地方交通运输主管部门要将低碳交通运输体系建设的目标和任务作为本地区交通运输“十二五”期间的重点工作，并研究制定本地区低碳交通运输发展战略。要认真做好试点实施方案、项目遴选、过程管理和总结推广等工作，确保试点取得实际成效。

（二）政府主导，各方参与。

在交通运输部和地方政府统一领导下，试点地区交通运输主管部门要积极主动协调有关部门，争取多方政策支持，吸纳各方面力量参与。充分发挥政策引导作用，在公路、水路运输、城市客运、基础设施建设与运营等方面，广泛开展低碳技术应用项目试点，通过典型企业示范、社会宣传推广、公众参与等多种方式，积极探索加快低碳交通运输体系建设的有效模式。

（三）分类指导，因地制宜。

试点地区交通运输主管部门要对各类试点项目的不同情况，有针对性地采取措施，制定试点工作实施方案及相应扶持政策，加强对试点项目的指导与支持。试点地区应结合地方发展实际和相关要求，结合试点项目条件，充分发挥主观能动性，体现技术创新性，使试点工作稳步有序推进，发挥良好的试点示范效应。

三、试点范围

低碳交通运输体系建设试点以公路、水路交通运输和城市客运为主。选定天津、重庆、深圳、厦门、杭州、南昌、贵阳、保定、无锡、武汉10个城市开展首批试点，并在首批试点的基础上逐步扩大试点范围。

四、工作目标

形成低碳型交通基础设施建设理念和方法。支持一批具有示范效应的交通基础建设项目，在项目的设计、选材、施工、运营全过程中贯彻低碳理念，探索总结有关的设计理念、标准规范、建造技术、材料设备、管理方法并积极推广。支持具备条件的现有交通运输基础设施开展低碳化改造。

提高替代燃料在营运车船中的应用程度。支持地方交通运输主管部门和一批公路、水路运输企业开展营运车、船的更新改造，提高替代燃料在运输装备中的使用比例，引导相关配套设施建设，推进行业的能源结构调整。

探索建立低碳运输组织及操作模式。支持地方交通运输主管部门通过实施多种措施，提高各种运输方式的有效衔接，提高运输系统整体效率。鼓励具备条件的客货运输企业积极创新低碳运输的组织管理和经营模式，降低运输单位的碳排放强度。

推进交通运输智能化进程。支持地方交通运输主管部门及运输企业推进智能交通技术在道路运输、城市公共交通等领域的应用，提高交通运输生产、运营的智能化程度。

探索公众低碳出行引导方法。支持地方政府和交通运输主管部门为公众提供更便捷、更优质的低碳交通出行方式，通过宣传引导和信息服务提高公众低碳出行意识和理性消费观念。

提升节能减排管理能力。根据节能减排的实际需要，支持地方交通运输主管部门完善节能减排相关制度建设，形成相对健全的交通运输碳排放统计、监测、考核体系。

五、试点内容

（一）建设低碳交通基础设施。

——公路基础设施：在每个试点城市选择3～5个高速公路建设项目，开展温拌沥青等低碳铺路技术、废旧路面材料再生利用技术。选择2～3个高速公路服务区，开展服务区太阳能、风能等能源自给的“低碳试点服务区”建设工程。在部分隧道施工项目中推广智能通风照明控制技术，推行隧道“绿色照明工程”。

——水运基础设施：试点城市选择重点港口建设项目，开展靠港船舶使用岸电改造试点工程，推广靠港船舶使用岸电技术。在有条件的港口实施太阳能、地源及海水源能、潮汐能、风能等新能源利用项目。

（二）推广应用低碳型交通运输装备。

——营运客货车辆：在气源相对丰富的试点城市，选择大型道路客运企业和4A级及以上物流运输企业，推广天然气及混合动力营运车辆，力争在试点期末，试点城市所有二类及以上客运班线天然气及混合动力车辆使用比例达到5%以上，试点物流运输企业的天然气及混合动力车辆使用比例达到10%以上。

——城市客运车辆：在试点城市推广使用天然气动力的城市公交车，力争到试点期末，试点城市的使用天然气动力的城市公交车的比例在现有基础上提高10%以上，其他新能源公交车和出租车有实际投放。

——营运船舶：在试点城市推进内河船型标准化，对享受政府补贴的更新船舶，加装热泵、余热回收、减阻、废气处理等节能减排技术装备，同时鼓励双尾船等节能环保型营运船舶的推广。

——港口装卸设备：试点城市可选择重点港口建设项目，推进轮胎式集装箱门式起重机（RTG）“油改电”，争取在试点期末，试点港口完成60%以上RTG“油改电”。推广应用港口机械节能技术和操作方法。

（三）优化交通运输组织模式及操作方法。

——物流组织模式优化工程：鼓励企业的网络化和运输组织模式优化，全面提升运输组织效率。结合国家甩挂运输试点工作，开展甩挂运输试点工程。在有条件的试点城市，以集装箱码头为依托，着手开展海—铁、水—水等集装箱多式联运试点工程，优化物流运输系统，提升整体运输效率。

——客运组织模式优化工程：结合交通运输部“百城百站”建设，在试点城市的所有二级及以上客运站建立道路客运市场信息统计上报体系，以票务统计分析信息为基础，合理优化客运线路网络，提高班线客运实载率。同时，在二级及以上客运站加快构建道路运输联网售票系统，为旅客提供网上售票、电话订票等服务。

——城市公共交通优先工程：结合城市发展实际，推进落实城市公共交通优先发展政策，研究建立规范的公交企业补贴补偿机制，优化城市公交网络和公交调度，推进智能化城市公共交通与运营管理，开展公共交通优质服务行动，提高城市公交的服务能力和服务效率。

——交通拥堵缓解工程：在试点城市选取重点拥堵区域，科学调节车流的时空分布，建立智能停车管理系统，降低动态交通和静态交通之间的相互干扰，研究有关政策，缓解交通拥堵，降低温室气体排放。

——节能驾驶（操作）培训工程：在试点城市组织道路运输、城市客运、港口生产行业节能操作技能竞赛专项活动，提升低碳驾驶（操作）的意识和技能。试点城市所有一类驾培机构将节能驾驶培训纳入教材。推广应用驾驶员培训模拟器和多媒体教学，力争试点期末，试点城市参加驾驶培训的学员中接受模拟器教学的比例在现有基础上提高20%以上。

（四）建设智能交通工程。

——公路水路运输物联网应用工程：在试点城市各选取2～4家具备一定规模的公路水路运输企业，开展物联网技术应用试点，综合应用无线射频识别（RFID）、智能标签、智能化分拣、条形码技术等，提高运输生产的智能化程度。

——港口装卸设备智能化工程：在试点城市各选取2～3个集装箱码头，推广港口车辆和装卸机械智能化调度系统和无纸化作业。

——城市智能化公共交通与运营管理工程：在试点城市建立统一的城市智能化公共交通的综合信息平台，实现对城市公交的全程实时监控，合理调整公交发车频次，并向公众发布实时交通信息，建立充分的信息资源共享机制，提高城市公交运营效率和服务能力。

（五）提供低碳交通公众信息服务。

在试点城市现有交通公众信息服务平台中，增加低碳交通信息服务功能，通过提供汽车和燃料的专业信息，及对各种运输方式和公共交通相关信息的汇集，帮助公众制定出行计划和提供多样化出行方式的选择，引导公众更多选择低碳出行方式。

（六）建立健全交通运输碳排放管理体系。

——建立交通运输碳排放统计体系：在现有的行业能耗统计制度基础上，在试点城市交通运输主管部门建立交通运输碳排放统计体系，碳排放统计指标及相应统计、核算制度，开展交通运输碳排放现状调查，编制温室气体排放清单。

——完善交通运输节能减排及碳排放监测考核体系：结合试点城市现有的交通运输行业节能减排目标责任制，进一步完善公路、水路和城市客运领域节能减排目标责任评价、考核指标体系和考核制度，分解落实试点城市交通运输主管部门和运输企业的节能减排责任和目标，形成对各级交通运输主管部门和重点企业的综合考核办法及相应奖惩措施。建立交通运输行业低碳评估与核算制度，针对试点项目开展评估核算。

六、保障措施

（一）组织保障。

建立“交通运输部—省级交通运输主管部门—试点城市交通运输主管部门—试点项目实施主体”四级低碳交通运输体系建设试点工作机制，按照“统一领导、分级负责”的原则，协调推进低碳交通运输体系建设试点工作。

交通运输部负责低碳交通运输体系建设试点工作的总体领导，协调有关部委，制定相关政策，指导并督促试点工作开展。

省级交通运输主管部门按照交通运输部试点工作的有关部署，负责指导、支持和督促试点城市低碳交通运输体系建设工作的开展。

各试点城市交通运输主管部门负责本市低碳交通运输体系建设试点工作的组织、协调与推进。

各试点项目的实施主体负责具体试点项目的组织和实施。

（二）制度保障。

加强试点城市交通运输行业节能减排管理制度建设，建立试点评估制度，为试点工作的推进提供有力的制度保障。

一是按照交通运输部的总体部署，将建设低碳交通运输体系的试点工作作为试点城市交通运输“十二五”期间的重要任务，尽快研究制定试点城市低碳交通运输发展战略和试点工作方案，并纳入交通运输年度重点工作计划，分解落实目标责任，建立相应的考核、评价制度，制定相应的监管措施。

二是建立健全交通运输节能减排管理制度，推进行业固定资产投资项目节能评估和审查制度的实施，探索建立营运车辆碳排放准入制度等。

三是建立试点评估制度，对试点工作的组织实施情况及减碳效果进行测评。

（三）政策保障。

按照“突出重点、统筹推进”的原则，根据国家有关部门规定，对符合要求的低碳交通运输体系建设试点工程给予节能减排专项资金的奖励。各试点城市应结合地方实际，积极争取相应配套资金，重点用于试点项目。

（四）技术保障。

一是组建试点技术支持团队，为试点工作提供技术指导、咨询与培训服务。委托部属科研机构具体承担试点工作的技术服务工作，指导各试点城市制定具体试点方案，遴选试点项目，协助解决重大专业技术问题，并负责试点工作的跟踪、运行分析及最终的总结评估。

二是加大对交通运输行业低碳技术研究和政策支持，增强科研基础力量和人才队伍建设。

三是鼓励企业按照市场规则参与关键技术的研发和推广应用，加强行业应对气候变化科研工作人才队伍的建设。

七、时间安排

（一）试点启动阶段（2011年2月～6月）。各试点城市制订本地试点实施方案，提出并上报试点项目。

（二）组织实施阶段（2011年7月～2013年10月）。按照批准的试点方案的要求，认真组织推进试点工作。

（三）试点评估阶段（2013年11月～12月）。在首批试点城市对试点工作成效与经验进行评估总结的基础上，交通运输部组织对试点工作进行全面评估总结。

（四）扩大试点阶段（2014年1月～2015年12月）。交通运输部在全面总结首批试点城市经验的基础上，把试点经验和实用低碳交通技术向全行业推广，并扩大试点工作的城市和地域范围。

八、工作要求

（一）各试点城市交通运输主管部门要提高思想认识，高度重视试点工作。要建立试点工作协调机制，健全相关工作制度，加强对本地区试点工作的组织领导和监督指导。要在低碳交通基础设施建设及改造、低碳运输装备购置及改造、低碳交通运输组织模式优化、低碳交通信息系统建设及相关技术改造等方面给予试点项目企业必要的政策扶持。要建立与试点项目的联系机制，及时掌握试点工作进展情况，积极协调解决试点过程中遇到的问题。遇到重大问题，及时向地方政府和交通运输部汇报，共同研究解决。

（二）科学制订试点实施方案。试点城市交通运输主管部门要认真遴选试点项目，编制具体的实施方案和项目可行性研究报告，在充分论证的基础上，确定试点项目。部组织技术支持单位及有关专家做好试点实施方案和试点项目技术方案的审查、实施监督、验收和奖励等工作。

（三）各试点城市交通运输主管部门要按照各自的实施方案与计划安排，积极争取国家和各级地方政府对试点工作的重视和支持，扎实有效推进试点工作，加强对国家及地方相关奖励补助资金的监管。各试点项目实施主体要合理安排使用奖励补助资金，并自觉接受政府有关部门的监管。

（四）各试点城市交通运输主管部

门要切实加强对试点工作的指导，组织安排各试点项目实施主体认真及时进行总结，并积极协助交通运输部做好试点工作的全面总结、完善有关政策，密切关注试点过程中出现的新情况、新问题，研究解决办法。技术支持单位要切实加强对试点工作的技术指导，积极稳妥推进低碳交通运输体系建设工作。

2.2.7 国家邮政局、商务部关于促进快递服务与网络零售协同发展的指导意见

国家邮政局、商务部关于促进快递服务与网络零售协同发展的指导意见

国邮发〔2012〕1号

各省、自治区、直辖市邮政管理局，商务主管部门，计划单列市及新疆生产建设兵团商务主管部门：

为全面贯彻《邮政业发展“十二五”规划》、《商务部“十二五”电子商务发展指导意见》，落实《国家邮政局关于做好快递业务旺季服务保障工作的意见》（国邮发〔2011〕30号）、《商务部关于促进网络购物健康发展的指导意见》（商商贸发〔2010〕239号）等文件要求，进一步加强邮政管理部门和商务主管部门的合作，促进快递服务与网络零售协同发展，现提出以下意见：

一、充分认识促进快递服务与网络零售协同发展的重要意义

快递服务是面向生产和民生的现代服务业。网络零售是网络化的新型零售形式，是我国战略性新兴产业与现代流通方式的重要组成部分。近年来，快递服务与网络零售相互依存、互为支撑，业务合作日趋紧密、关联领域不断拓展，呈现出互利共赢的良好局面，有力促进了两个市场的发展壮大。同时，在快递服务与网络零售协调发展过程中，也存在一些衔接不顺畅、发展不协调的问题。如运营配套、信息共享等方面仍存在着差距。促进快递服务与网络零售协同发展，是坚持科学发展，转变发展方式，提高发展质量和效益，促进产业转型升级和跨越式发展的客观要求；是切实增强服务能力，提高服务水平，消除发展瓶颈，释放产业活力，实现产业共同做强做大的有效途径。促进快递服务与网

络零售协同发展，符合产业发展的客观规律，合作基础坚实，发展前景十分广阔。

二、促进快递服务与网络零售协同发展的指导思想与原则

（一）指导思想。

以科学发展观为指导，以市场为导向，以企业为主体，充分发挥政府的引导作用，统筹快递市场与网络零售市场长远发展要求，优化发展环境，健全产业联动政策，消除协同发展障碍，推动快递服务转型升级，促进网络零售健康发展。

（二）基本原则。

科学发展，协调推进。政府部门、企业要分别发挥产业引领和市场主体作用，推动快递与网络零售产业转变发展方式，优化产业结构，提高服务质量，增强发展后劲，提升竞争实力，推动两者全面、协调、可持续发展，有效满足经济社会发展的需要。

平等互利，互信合作。快递企业与电子商务企业是平等、独立的市场主体，企业间开展合作应当遵循市场规律，充分考虑双方利益，坚持双方自愿、互利共赢、友好诚信，夯实互信基础，不断推动合作深化。

消除瓶颈，以点带面。集中力量优先解决最终用户、双方企业共同关注的制约协同发展的关键问题，加大对重点环节、重点区域的扶持力度，形成重点带动、整体推进。

三、促进快递服务与网络零售协同发展的政策措施

（一）优化协同发展政策环境。

积极争取《产业结构调整指导目录（2011年本）》及其他相关配套政策支持，认真落实快递服务与网络零售协同发展的财政、税收、土地、人才等扶持政策。研究制定促进协同发展的相关法律法规、政策措施和标准，实现《快递服务》标准与《电子商务模式规范》、《网络购物服务规范》、《第三方电子商务交易平台服务规范》等行业标准、规范的有效对接，推进快递服务和网络零售协同标准化、一体化进程。统筹协调双方资源优势，在快递节点城市和电子商务示范城市重合地区建立协同发展示范基地。深入开展协同发展热点问题的前瞻性研究，为相关政策出台提供理论支撑。

（二）推动双方信息共享、标准对接。

推进行业主管部门信息对接机制建设，加快快递服务与网络零售信息系统数据接口标准的制定工作，建立统一的信息交换标准。推动快递统计监测系统与网络零售统计监测体系、统计监测网络对接，逐步实现行业统计信息的共享与交换。逐步建立基于快递服务和网络零售的公共信息化服务平台，满足政府职能部门、电子商务企业、快递企业、最终用户之间的信息发布、查询、交换需求。鼓励行业间、企业间相关信息互联互通，引导电子商务企业、快递企业完善信息系统，建设面向网络零售的快

递配送信息开放式平台，加快快递信息系统与网络零售系统的融合进程。

（三）推动信用体系建设。

积极引导快递企业和电子商务企业建立健全信用管理制度，提高服务诚信度，增强消费者信心。加快实施快递企业等级评定和信用分级管理，支持具备条件的第三方机构对电子商务企业进行信用评价，向消费者提供信用评价信息。推进快递企业与电子商务企业信用评价的互通、互联、互评、互认。建立健全行业管理部门之间信用信息资源的共享机制，建设在线信用信息服务平台，实现信用数据的动态采集、处理、交换，实时向社会推荐诚信企业。

（四）鼓励快递企业构建与网络零售配套的服务体系。

鼓励和引导快递企业在全国物流节点城市和电子商务示范城市重合地区建设快件处理中心、航空及陆运集散中心，有条件的可形成自主航空运输能力。大幅提升揽收、分拣、运输、投递等环节的自动化、信息化、标准化水平。针对网络零售的特点，鼓励快递企业开发多品种、个性化服务的产品体系，拓展服务领域，满足网络零售差异化需求，构建“便捷高效、竞争有序、技术先进、服务优质”的快递服务体系。

（五）积极探索创新服务模式。

支持快递企业与电子商务企业构建合作发展平台，签订战略合作框架协议，建立战略联盟合作关系，实现合作共赢。鼓励快递企业提供和开发符合网络零售需求的代收货款、保价快件、验货签收等增值服务，促进业务合作深化。积极引导快递企业与电子商务企业建立以促销活动联动和业务分流联动为主的业务协同机制，减缓业务旺季网络零售对快递服务压力。引导具备条件的快递企业建设“仓配一体化”的快件处理中心，推进快件的一站式、规模化、集约化进程。探索构建农村快递服务模式，加大网络零售向农村的拓展力度，提高服务“三农”的能力。鼓励快递企业与电子商务企业开展联合经营或兼并重组，实现优势互补，促进产业链、供应链和服务链的一体化整合。

（六）深化安全领域合作。

制定涉及快递服务与网络零售领域的联动性安全措施。积极推动邮政业安全监管信息系统与商品流通回溯机制的对接，逐步实现对商品储存、销售、运输等重点环节的一体化安全监控。进一步促进快递企业和电子商务企业应急预案对接，健全突发事件应对工作机制。加强信息领域安全管理，防范用户信息泄露。鼓励快递企业和电子商务企业加强信息沟通，确保信息传递安全。积极引导快递企业和电子商务企业共同开展安全业务培训，健全安全生产责任制度，加强安全管理。

（七）提升快递服务网络零售科技应用水平。

支持快递企业与电子商务企业共同

开发运用物联网相关技术，加快推广无线射频识别、导航定位、商品服务追溯等创新应用。鼓励快递企业采用仓储运输、装卸搬运、分拣包装等专用技术装备，推进重点快递企业普遍使用手持终端（PDA）设备，提升网络零售快递服务运作效率和服务质量。鼓励快递企业开发应用网络在线工具，推进快递解决方案与网络零售业务流程的融合。

四、促进快递服务与网络零售协同发展的有关要求

国家邮政局、商务部将统筹协调，建立快递服务与网络零售协同发展工作联系制度，定期召开联席会议，协商政策解决问题。

各省、自治区、直辖市邮政管理部门和商务主管部门要充分认识快递服务与网络零售协同发展的重要意义，尽快制定、完善配套政策和措施，建立协同工作机制，密切沟通，抓出成效。

双方行业协会组织要切实发挥桥梁纽带作用，加强协调沟通，促进相关工作开展。中国快递协会要积极落实《快递服务》标准，扎实推进快递企业等级评定工作，促进快递企业服务标准化、管理规范化、品牌专业化建设。

快递企业、电子商务企业要转变观念，提高认识，开展广泛合作。快递企业要加快推动转型升级，加强产业链联动，优化产品结构、提升服务能力，大力支持网络零售健康发展，努力实现上下游互利共赢。电子商务企业要着力完善配套服务体系，深化普及电子商务应用，加强与快递企业的信息沟通与业务联动，提升协同水平。

各省、自治区、直辖市邮政管理部门和商务主管部门请将《意见》落实情况分别报国家邮政局、商务部。

国家邮政局 商务部

二〇一二年二月二十七日

2.2.8 财政部、交通运输部关于印发《公路甩挂运输试点专项资金管理暂行办法》的通知

财政部交通运输部关于印发《公路甩挂运输试点专项资金管理暂行办法》的通知

财建〔2012〕137号

各省、自治区、直辖市、计划单列市财政厅（局）、交通运输厅（局），新疆生产建设兵团财务局、交通运输管理部门，天津市、上海市交通运输和港口管理局：

为支持试点地区开展公路甩挂运输工作，中央财政设立了公路甩挂运输试点专项资金。为加强资金的管理，提高资金使用效益，特制定《公路甩挂运输试点专项资金管理暂行办法》。现印发给你们，请遵照执行。

附件：公路甩挂运输试点专项资金管理暂行办法

财政部 交通运输部

二〇一二年四月六日

附件：

公路甩挂运输试点专项资金管理暂行办法

第一章 总则

第一条 为加强公路甩挂运输试点专项资金（以下简称专项资金）管理，提高资金使用效益，促进甩挂运输试点工作的顺利开展，根据《国务院办公厅关于进一步促进道路运输行业健康稳定发展的通知》（国办发[2011]63号），制定本办法。

第二条 本办法所称专项资金是指中央财政从车辆购置税中安排的专项用于支持公路甩挂运输试点项目的资金。

第三条 专项资金的使用和管理坚持以下原则：

（一）政府引导，突出重点。要充分发挥财政资金引导作用，调动企业投资积极性，重点用于对甩挂运输发展具有重要支撑作用的专业化设施和设备的建设、改造、更

新项目，确保取得实效。

（二）统筹安排，规范使用。择优选取基础条件好、发展潜力大、示范作用强的项目安排试点。专项资金的使用符合公开、公平、公正的办事程序，资金使用情况和效果接受国家有关部门和社会监督。

第四条 专项资金纳入财政预算管理。

第二章 专项资金支持范围和方式

第五条 专项资金支持的对象是纳入甩挂运输试点的运输企业和站场经营企业（以下简称试点企业）。试点企业由交通运输部会同财政部确定。

第六条 交通运输部会同财政部根据甩挂运输发展的实际情况和需要，分批发布甩挂运输试点工作方案。试点企业应按照试点工作方案的要求，编制企业试点实施方案，报交通运输部、财政部批准。

第七条 专项资金支持纳入企业试点实施方案的以下项目内容：

（一）甩挂作业站场建设或改造。

重点包括：货运站场内适合挂车作业的装卸平台、甩挂作业仓储设施；满足汽车列车摘挂和回转要求、可供甩挂车辆中转需要的作业场地及场区道路；甩挂作业必要的装卸设备、标准化托盘和辅助设施等。

（二）甩挂运输车辆更新购置。列入交通运输部甩挂运输推荐车型范围的牵引车和半挂车的更新购置。

（三）甩挂运输管理信息系统建设或改造。重点包括：车辆智能调度系统、作业站场管理信息系统、运输组织与订单管理系统、甩挂运行实时监控系统、甩挂运输油耗监测系统等。

第八条 专项资金的分配采取以奖代补的方式，由财政部、交通运输部根据项目投入运营后实际发生的建筑安装费和设备购置费的投资总额核定补助额度。

第九条 根据项目的不同类别和实际情况，适用定额补助或比例补助。

（一）项目总投资额超过1亿元（含1亿元）的，采用定额补助。其中甩挂作业站场按照500万/个的标准进行补助；管理信息系统按照50万/套的标准进行补助；牵引车和挂车分别按照4万/台和1.5万/台的标准进行补助。每个项目补助总额原则上不高于1000万元。

（二）项目总投资额小于1亿元的，采用比例补助。甩挂作业站场建设或改造、牵引车购置更新、管理信息系统建设或改造按照投资总额的10%给予补助，挂车购置更新按照投资总额的20%给予补助。每个项目补助总额原则上不高于1000万元。

第十条 对已享受中央财政其他资金支持的项目，专项资金不再安排补助。

第十一条 交通运输部用于试点工作方案编制、项目评审、投资审核、监督检查、绩效评估等工作的经费，按照不超过当年专项资金总额0.5%的比例，从专项资金中安排。

第三章 专项资金的申请、审核与拨付

第十二条 试点企业应按照本办法的要求，编制甩挂运输试点专项资金申请书，报所在省（自治区、直辖市、计划单列市）[以下简称省（区、市）]交通运输、财政主管部门进行初审。

专项资金申请书包括项目承担单位基本情况、项目实施内容、运行情况等内容。申请书应附以下材料：

（一）申请单位企业法人营业执照或事业单位机构代码证（复印件加盖单位公章）。

（二）项目立项审批材料和项目投资额证明材料。

第十三条 有关省（区、市）交通运输、财政主管部门对申报材料进行审核汇总后，报交通运输部、财政部。

第十四条 交通运输部会同财政部组织专家对申请材料进行审核后，由交通

运输部提出专项资金分配方案建议，报财政部。

第十五条 财政部对专项资金分配方案进行审核后，将专项资金下达有关省（区、市）财政主管部门，同时抄送交通运输部。

第十六条 专项资金的支付按照财政国库管理制度有关规定执行。专项资金使用中属于政府采购管理范围的，按照政府采购有关规定执行。

第十七条 中央直属企业资金申请程序参照本办法执行。

第四章 专项资金的监督管理

第十八条 试点企业应当按照本办法的规定据实编制甩挂运输试点专项资金申请书，不得弄虚作假，情节严重的，取消试点资格。

第十九条 各级财政、交通运输部门应当加强对专项资金使用的监督管理，建立健全专项资金绩效评价制度。

第二十条 对专项资金的使用情况，由财政部、交通运输部组织重点抽查，对违反规定截留、挪用、骗取资金的，按照《财政违法行为处罚处分条例》（国务院令第427号）及相关法规予以处理。

第五章 附则

第二十一条 本办法由财政部会同交通运输部负责解释。

第二十二条 本办法自发布之日起施行。

2.2.9 交通运输部关于印发路政文明执法管理工作规范的通知（交公路发〔2012〕171号）

交通运输部关于印发路政文明执法管理工作规范的通知

交公路发〔2012〕171号

各省、自治区、直辖市、新疆生产建设兵团交通运输厅（局、委），天津市市政公路管理局：

为贯彻落实《公路安全保护条例》，进一步规范路政执法管理行为，切实提高文明执法管理水平，更好地为社会公众服务，部组织制定了《路政文明执法管理工作规范》。现印发你们，请结合实际，遵照执行。执行中如有问题，请及时提出建议并反馈部公路局。

中华人民共和国交通运输部

二〇一二年四月二十日

路政文明执法管理工作规范

第一章 总 则

第一条 为规范路政执法管理行为，提高文明执法管理水平，更好地为社会公众服务，根据《中华人民共和国公路法》、《公路安全保护条例》、《路政管理规定》、《交通运输行政执法评议考核规定》、《交通运输行政执法证件管理规定》等法律、法规、规章以及《交通行政执法风纪》、《交通行政执法禁令》等交通运输行政执法行为规范，制定本规范。

第二条 公路管理机构及其路政执法人员从事行政许可、行政检查、行政强制、行政处罚等执法活动，适用本规范。

法律、法规和规章对路政执法另有规定的，从其规定。

第三条 路政执法管理工作应当符合合法行政、合理行政、程序正当、高效便民、诚实守信、权责统一的基本要求，遵循公开、公平、公正的社会主义法治原则。

第四条 公路管理机构及其路政执法人员应当牢固树立以人为本、依法行政、执法为民的思想，不断提高规范执法和文明服务的能力与水平，坚决杜绝粗暴执法和随意执法行为。

公路管理机构应当加强路政执法队伍建设，定期举办业务培训和军事化训练，积极开展文明执法创建活动。路政执法人员从事执法活动，应当遵纪守法，遵守《交通行政执法职业道德基本规范》，增进服务意识，塑造文明形象。

第五条 路政执法人员须具备行政执法资格，持有交通运输部统一制式的交通运输行政执法证。严禁不具备行政执法资格的人员从事路政执法。

公路管理机构应当严格执行交通运输行政执法人员资格制度，加强对路政执法人员的资格、证件和执法风纪管理。

第六条 经营性收费公路的路政管理职责由公路管理机构的派出机构、人员行使。

第七条 公路管理机构应当加强路政管理信息化建设，推行网上办事和网上监督，推进政务信息公开、信息资源共享和公共信息服务，构建路政执法电子政务平台。

第二章 基本要求

第八条 路政执法人员应当着装整齐，保持风纪严整，并遵守下列要求：

（一）执法时佩戴统一规定的标志、胸卡、腰带、手套，上路必须加穿反光背心；

（二）不得在执法服装上挂胸花、胸针等装饰品，不得在外露的腰带上系挂钥匙等与执法无关的物件；

（三）不同季节的执法服装不得混

穿；

（四）严禁歪戴帽、卷袖口、敞衣扣、披衣、穿拖鞋、打赤脚、卷裤腿等有损风纪的行为；

（五）非因公务需要严禁着执法服装出入酒店、娱乐场所。

第九条　路政执法人员应当保持仪表整洁，仪容端庄，并遵守下列要求：

（一）男性执法人员不得留长头发、长胡须、长鬓角，不得露光头；

（二）女性执法人员执法时不得头发披肩，不得染指甲、化浓妆、佩戴首饰。

第十条　路政执法人员应当做到举止文明，保持良好形象，并遵守下列要求：

（一）现场执法要保持端正、庄重，指挥车辆手势要明确、利索、规范，手势标准参照公安交通警察现行规定执行；

（二）2 名以上路政执法人员着执法服装徒步巡查或者外出时，应当行列整齐、有序；

（三）外出时遵守社会公德、公共秩序和交通规则，维护路政执法人员的良好形象；

（四）遇有当事人情绪激动或者有过激言行的，要冷静处理，以理服人，不得针锋相对，激化矛盾；

（五）遇有暴力抗法的，要沉着应对，及时报警，注意自身安全，防止事态失控。

第十一条　路政执法人员应当做到言语热情诚恳，表述通俗易懂，并遵守下列要求：

（一）使用规范的文明执法用语；

（二）提倡使用普通话；

（三）严格执行《交通行政执法忌语》规定，禁止使用讥讽性、歧视性、羞辱性、训斥性、威胁性语言和讲粗话、讲脏话。

第十二条　路政执法人员应当保持较高的政治、道德、知识、能力和身体素质，并做到：

（一）熟悉有关法律和基本业务知识，注重学习和实践，定期参加业务培训和军事化训练，努力提高文明执法技能；

（二）准确理解和执行法律、法规、规章以及公路管理机构作出的决定、命令，维护法令、政令的畅通和路政执法的公信力；

（三）忠于法律，忠于职守，有强烈的工作责任心，实事求是，公正执法，严格执法，依法保守国家秘密、商业秘密和个人隐私；

（四）不徇私情，勇于坚持原则，敢于抵制当事人利用各种社会关系进行说情；遇到与路政执法事项有利害关系的，应当主动回避。

第十三条　路政执法人员应当尊重当事人权利和人格，维护其合法权益，并遵守下列要求：

（一）查纠公路违法行为时应当先敬礼；

（二）受理行政许可申请、接待群众来访以及与当事人谈话时，应当礼貌待人、语言文明、态度和蔼，及时妥善处理受理事项，不得推诿或者拖延；

（三）严禁使用冷、硬、横、蛮及其他怠慢、蔑视性态度对待当事人。

第十四条　路政执法人员在执法活动中，严禁下列行为：

（一）未按照规定佩戴标志或者未持证上岗；

（二）辱骂、殴打当事人；

（三）酒后上岗执法；

（四）对同一违法行为重复罚款；

（五）当场收缴罚款不开具罚款收据或者不如实填写罚款数额；

（六）违法扣留车辆、物品或者擅自使用扣留车辆、私分扣留物品；

（七）从事与职权相关的经营活动；

（八）包庇、袒护和纵容违法行为；

（九）无法定依据执法或者滥用职权、超越职权执法；

（十）利用职务便利索取、收受他人财物或者谋取其他利益。

第十五条　公路管理机构应当建立健全路政执法信息公示制度，通过政府网站或者在办公场所设置公示栏、电子显示屏、公众查阅室等方式公示下列执法信息：

（一）执法主体，包括机构名称、执法类别、授权依据、执法人员信息（姓名、执法证件号码、照片等）；

（二）执法依据，包括公路管理法律、法规和规章的全文，相关法律、法规和规章的主要条款摘要；

（三）执法程序，包括行政许可的项目、依据、实施程序，行政处罚的简易程序、一般程序、听证程序；

（四）执法监督，包括本级交通运输主管部门或者上级公路管理机构的名称、监督部门、监督电话，聘请社会监督员的姓名、工作单位、联系方式，执法监督的措施与适用范围；

（五）执法结果，包括行政许可、行政检查、行政强制、行政处罚的实施结果与查询办法；

（六）当事人权利，包括当事人享有的陈述权、申辩权和听证权，不服行政许可和处罚决定时享有的提起行政复议和行政诉讼的权利，其合法权益受到损害时取得国家赔偿的权利。

前款规定“六公示”的具体内容和形式，由省、自治区、直辖市公路管理机构确定。

第十六条　路政执法装备，由公路管理机构按照下列种类予以配备，省、自治区、直辖市公路管理机构可以根据实际需要增加，但应当在全省（区、市）范围内做到统一规范：

（一）路政执法人员在公路上执法应当配备多功能反光腰带、反光背心、文书包、对讲机或者移动通信器材，可以选配录音、录像执法装备等；

（二）公路监督检查专用车辆应当配备发光指挥棒、反光锥筒、警示灯、停车示意牌、灭火器、防毒面罩、急救箱、牵引绳、卷尺、照相机或者摄像机等；

（三）公路超限检测站应当按照《公路超限检测站管理办法》的规定配备有关执法装备以及便民服务的必要设施和设备。

第三章 行政许可

第十七条　公路管理机构及其路政执法人员实施行政许可，应当依照法定的权限、范围、条件和程序，遵循平等对待、便民高效、信赖保护的原则，做到不偏私、不歧视，为申请人提供优质服务。

第十八条　行政许可的项目和法律依据，应当按照规范的内容格式予以公示并实施。

第十九条　公路管理机构应当按照下列权限实施行政许可：

（一）超限运输车辆行驶公路的许可权限按照《公路安全保护条例》、《超限运输车辆行驶公路管理规定》等有关规定执行；

（二）其他许可权限按照《公路安全保护条例》、《路政管理规定》等有关规定执行。

第二十条　实施行政许可的程序、文书和期限按照《中华人民共和国行政许可法》、《中华人民共和国公路法》、《公路安全保护条例》、《交通行政许可实施程序规定》、《路政管理规定》等有关规定执行。

第二十一条　公路管理机构应当在法定期限内办结行政许可手续，但依照法律、法规和规章的规定需要听证、检验、检测、鉴定和安全技术评价的，所需时间不计算在法定期限内，并将所需时间书面告知申请人。

公路管理机构应当通过优化工作流程，提高办事效率，使实际办结期限尽可能少于法定期限。

第二十二条　公路管理机构应当建立和推行行政许可首问负责制。对申请人提出的行政许可申请，应当根据下列情况分别作出处理：

（一）申请事项属于首问人职责范围的，应当按照规定及时办理；申请材料可以当场补全或者更正错误的，应当允许申请人当场补全或者更正错误；申请材料不齐全或者不符合法定形式且申请人当场不能补全或者更正的，应当当场或者在5日内一次告知申请人需要补正的全部内容；

（二）申请事项不属于首问人职责范围但属于本单位职责范围的，应当做好接待记录，向申请人说明情况，并及时移送有关责任部门和人员办理；

（三）申请事项属于上级单位职责范围的，可以代为转交，但应当向申请人说明代转时间不计算在法定期限内；

（四）申请事项不属于本单位职责范围的，应当即时作出不予受理的决定，并告知申请人向有关行政机关申请；

（五）申请事项依法不需要取得行政许可的，应当即时告知申请人不受理。

前款所称首问人，是指接待申请人咨询和办理许可手续的首位工作人员。

第二十三条 公路管理机构实施行政许可，应当提供以下便利或者服务：

（一）接受申请人通过书面、信函、电报、传真和电子邮件等方式提出的申请；

（二）免费提供许可申请书格式文本；

（三）在办公场所设立监督意见箱、办事指南卡，有条件的可以设置电子触摸屏、显示屏等设施提供服务指南，公布办理时间和咨询、监督电话；

（四）根据需要和条件，配备供申请人使用的桌椅、笔纸、饮水设施及其他相应的服务设施；

（五）申请人以书面方式提出申请确有困难的，可以口头方式提出申请，但应当记录申请事项，并经申请人确认无误后签字或者盖章；

（六）认真受理咨询，及时解答，为群众排忧解难。

第四章 行政检查

第一节 一般规定

第二十四条 路政执法人员依法在公路、建筑控制区、安全保护区、服务区、超限检测站点、收费站、车辆停放场所、车辆所属单位等进行检查时，应当做到：

（一）执法人员不得少于2人；

（二）出示执法证件，表明身份，说明来意和执法依据，要求当事人予以配合；

（三）检查物品、场所时应当尊重当事人物权，轻拿轻放物品，不得乱翻乱扔，不得损坏当事人财物；

（四）询问当事人时应当严肃认真，不得询问与检查无关的内容，不得采取诱导、压制、强迫的方式进行；

（五）询问或者检查应当制作笔录，笔录应当书写工整，表述准确，不得篡改；

（六）公正、平等对待所有被检查的当事人，不得有歧视和差别待遇；

（七）坚持整改、指导和服务相结合的原则，注意宣传教育，不得激化矛盾；

（八）检查完毕，应当感谢当事人给予配合，及时反馈检查结果。

第二节 许可检查

第二十五条 公路管理机构应当建立健全监督制度，依法履行对被许可人从事许可事项活动的监督检查职责。

第二十六条 路政执法人员应当对被许可人从事下列许可事项活动进行检查：

（一）由公路管理机构依法实施的行政许可；

（二）由省、自治区、直辖市人民政府交通运输主管部门会同水行政主管部门或者流域管理机构依法实施的在公路桥梁、公路隧道、公路渡口以及公路两侧规定范围内因抢险、防汛需要修筑堤坝、压缩或者拓宽河道的行政许可。

第二十七条　许可检查可以通过下列方式进行：

（一）核查反映被许可人从事许可事项活动的有关材料；

（二）对被许可人从事许可事项活动进行查验、检验、检测，对相关场所进行实地检查；

（三）法律、法规和规章规定的其他方式。

第二十八条　许可检查包括以下主要内容：

（一）行政许可证是否真实有效；

（二）被许可人从事许可事项活动是否符合准予许可时所确定的条件、标准和范围；

（三）被许可人从事许可事项活动是否落实保障公路、公路附属设施安全的防护措施以及应急处置措施；

（四）被许可人是否建立和执行对涉路工程设施的自检制度；

（五）经许可修建的涉路工程设施是否侵入公路建筑限界或者危及交通安全；

（六）法律、法规和规章规定的对被许可人检查的其他事项。

第二十九条　路政执法人员实施许可检查时，应当遵守下列要求：

（一）检查频率要适度合理；

（二）能够书面检查的，要优先通过书面检查的方式进行；

（三）通过书面检查难以达到监督效果，需依法进行查验、检验、检测与实地检查的，应当仅就被许可事项及与之相关的活动场所进行检查；

（四）不得超越检查范围和权限，妨碍被许可人正常的生产经营活动；

（五）不得索取或者收受被许可人的财物、谋取其他不当利益、刁难被许可人；

（六）检查时应当有当事人或者见证人在场；

（七）如实记录检查情况和处理结果，并允许公众查阅。

第三十条　路政执法人员实施许可检查时，应当根据下列情况分别作出处理：

（一）发现未按照许可条件、标准和范围从事许可事项活动的，责令改正；

（二）发现涉路工程设施影响公路完好、安全和畅通的，责令停止修建、使用，并责令有关责任单位立即改正；

（三）发现构成公路违法行为的，依法予以处理；

（四）发现许可事项存在法定撤销情形的，依法撤销相关行政许可；

（五）发现许可事项存在法定注销情形的，依法注销相关行政许可。

第三节 超限检查

第三十一条　路政执法人员实施超

限检查时，应当按照规定对车辆进行超限检测，不得以目测情况作为判定依据。

公路管理机构应当建立健全固定检测和巡查检测相关的执法管理制度，建立和完善车辆超限管理信息系统。

第三十二条 对车辆进行超限检测，应当遵守下列程序：

（一）提示或者引导车辆进入检测站点，注意维护好进出站口的交通秩序，尽量减少对交通的影响；

（二）对车辆进行检测，向驾驶员出具检测单；

（三）经检测发现车辆存在违法超限运输情形的，责令当事人采取卸载、分装等改正措施，消除违法状态，依法予以处罚；

（四）对车辆进行复检，合格后放行；

（五）将超限运输违法信息录入车辆超限管理信息系统。

第三十三条 路政执法人员实施超限检查时，应当根据下列情况分别作出处理：

（一）对符合规定未超限，或者运载不可解体大件物品且已办理超限运输许可手续的车辆，应当立即放行；

（二）对超限且构成公路违法行为的，依法予以处理；其中，对擅自运载不可解体大件物品的车辆在处理完毕后需要继续行驶公路的，应当告知当事人到有关部门申请办理超限运输许可手续。

第四节 监督巡查

第三十四条 公路管理机构应当按照有关规定对公路进行监督巡查。省、自治区、直辖市公路管理机构可以根据本地区交通特点、公路等级等因素，确定巡查频率。

公路管理机构可以采取举报奖励、目标责任考核等方式，充分调动和发挥公路沿线乡镇人民政府、村委会和群众的积极性，以弥补巡查力量的不足，共同做好公路保护工作。

第三十五条 公路监督检查专用车辆的使用和管理应当严格按照《公路监督检查专用车辆管理办法》执行，并遵守下列要求：

（一）保持车容整洁，车况良好，装备齐全；

（二）遵守交通法规，安全驾驶，文明行车；

（三）保持联络畅通，服从统一指挥和调度；

（四）严禁将车辆借给其他单位、个人使用以及公车私用；

（五）严禁恶意遮挡或者未悬挂车牌行车；

（六）非因公务需要严禁将车辆停放在酒店、娱乐场所。

第三十六条 车辆警示装置的使用应当以保障工作需要为准，尽量不扰民，并遵守下列要求：

（一）非紧急任务不得使用警示灯、警报器；

（二）确需使用警示装置时，能使用警示灯即可完成任务的，不使用警报器；

（三）确需使用警报器时，应当以断续使用警报器为主；

（四）车队行驶时，前车已使用警报器的，后车无特殊情况不得使用警报器。

第三十七条　路政执法人员实施公路监督巡查时，应当根据下列情况分别作出处理：

（一）发现公路出现坍塌、坑槽、水毁等损毁，尚未设置警示标志的，设置临时警示标志，做好现场保护，同时报告公路管理机构或者通知公路经营企业及时补设警示标志并采取措施修复；

（二）发现公路上有遗洒物并能够自行处理的，在不影响交通情况下，可先自行处理；不能自行处理的，及时通知有关责任单位处理；遗洒物为遗失物的，按照《中华人民共和国物权法》的规定执行；

（三）发现公路进行养护作业的，指导和督促公路养护作业单位按照有关要求在作业现场设置警示标志，并根据需要维持养护作业现场秩序；公路养护作业造成交通堵塞时，及时启动疏导预案，会同公安交通警察依照各自职责，做好分流和疏导工作；

（四）发现群众遇到困难，需要紧急求助公安、消防、医疗等部门的，及时提供有关信息和帮助；

（五）发现属于紧急情况的，按照应急预案及相关处置制度执行；

（六）发现构成公路违法行为的，依法予以处理。

第三十八条　公路监督巡查完毕，路政执法人员应当按照规定制作巡查记录，并做好交接班。巡查记录应当记载巡查时段、巡查路段、巡查人员、巡查车牌号、巡查情况及处理时间和结果等信息。

巡查记录应当每周定期进行总结讲评。巡查记录保存期限不得少于 2 年。

第三十九条　公路管理机构应当建立路政与养护联合巡查机制，降低巡查成本，提高管理效能。

第五节 拦车规定

第四十条　路政执法人员在执法活动中确需拦车的，应当以确保安全为原则，并遵守下列程序：

（一）上路拦车前应当明确执法的任务、方法、要求和安全防护规定，检查安全防护装备；

（二）根据公路条件和交通状况，选择安全和不妨碍通行的地点进行拦车，避免引发交通堵塞；

（三）在距检查地点至少 200 米处开始摆放发光或者反光的警示标志，间隔设置减速提示标牌、反光锥筒等安全防护设备；

（四）拦车时使用停车示意牌和规范的指挥手势，严格执行安全防护规定，注意自身安全；

（五）指挥车辆停放在安全地点，再进行检查，并认真做好有关记录。

第四十一条　拦车安全防护规定包括以下主要内容：

（一）不得在同一地点双向同时拦截车辆；

（二）不得在行车道上拦截、检查车辆或者处罚当事人；

（三）遇有拒绝停车接受处理的，不得站在车辆前面强行拦截，或者采取脚踏车辆踏板、强行攀扒车辆等方式，强行责令驾驶人停车；

（四）遇有驾车逃跑的，除可能对公路设施安全有严重威胁以外，不得驾驶机动车追缉，可以采取通知前方收费站、超限检测站点或者执法人员进行截查，或者记下车牌号以便事后追究法律责任等方式予以处理。

第四十二条　公路管理机构应当定期对拦车情况进行总结讲评，及时发现和纠正存在的不足，明确改进措施。

第五章 行政强制

第四十三条　公路管理机构及其路政执法人员实施行政强制，应当依照法定的权限、范围、条件和程序，遵循比例原则，选择适当、必要的方式、强度，避免造成不必要的损失。

公路管理机构及其路政执法人员采用非强制手段可以达到行政管理目的的，不得实施有关行政强制。

第四十四条　实施行政强制的程序、文书和期限按照《中华人民共和国行政强制法》、《中华人民共和国公路法》、《公路安全保护条例》、《路政管理规定》等有关规定执行。

第四十五条　路政执法人员对侵占、损坏公路、公路用地、公路附属设施等违法行为，应当予以检查和制止。检查和制止时，不得损害当事人的合法权益。

第四十六条　有下列情形之一的，路政执法人员可以依法采取下列行政强制措施：

（一）造成公路、公路附属设施损坏，拒不接受现场调查处理的，扣留车辆或者进行违法活动的工具；

（二）经批准进行超限运输的车辆，未按照指定时间、路线和速度行驶且拒不改正，或者未随车携带超限运输车辆通行证的，扣留车辆；

（三）采取故意堵塞超限检测站点通行车道、强行通过超限检测站点等方式扰乱超限检测秩序，或者采取短途驳载等方式逃避超限检测的，强制拖离或者扣留车辆；

（四）法律、法规规定的其他情形。

第四十七条　路政执法人员扣留车辆、工具时，应当遵守下列要求：

（一）当场登记扣留车辆、工具的数量和品质；

（二）依法扣留车辆时，不得扣留

车辆所载货物，并提醒当事人妥善处理车辆所载货物；

（三）妥善保管扣留车辆、工具，不得使用或者损毁，未经法定程序不得处置。

因扣留车辆、工具发生的保管费用由有关公路管理机构承担。

第四十八条　有下列情形之一的，路政执法人员可以依法责令限期拆除；逾期不拆除的，强制拆除：

（一）擅自在公路用地范围内设置非公路标志的；

（二）在公路建筑控制区内修建建筑物或者地面构筑物的；

（三）擅自在公路建筑控制区内埋设管道、电缆等设施的；

（四）法律规定的其他情形。

第四十九条　对违法的建筑物、地面构筑物、设施等需要强制拆除的，应当由有关公路管理机构予以公告，限期当事人自行拆除。当事人在法定期限内不申请行政复议或者提起行政诉讼，又不拆除的，有关公路管理机构可以依法强制拆除。

公路管理机构及其路政执法人员不得在夜间或者法定节假日实施强制拆除。但是，情况紧急的除外。

第五十条　公路管理机构向人民法院申请强制执行的，应当按照《中华人民共和国行政强制法》的规定提供相关材料，并注意以下事项：

（一）在法定期限内提出申请；

（二）向有管辖权的人民法院提出申请；

（三）在制作法律文书、立案、调查取证、告知当事人权利、内部审批、送达执行等环节要从严、从细、从实，避免因个别环节上的失误而导致申请中的被动。

第六章 行政处罚

第五十一条　路政执法人员实施行政处罚时，应当做到：

（一）符合法定的职责权限，事实清楚，证据确凿，适用法律准确；

（二）严格履行程序规定，不得违反法定程序；

（三）作出行政处罚决定前，应当告知当事人有关事实、理由、依据和依法享有的权利；

（四）认真、耐心听取当事人的陈述、申辩，吸收采纳合理意见；不予采纳的，应当说明理由；涉及多个当事人的，应当给予当事人各方平等陈述、申辩的机会；不得因当事人申辩而加重处罚；

（五）依法维护当事人享有的合法权利，不得拒绝当事人行使合法权利的请求；

（六）收取费用应当严格按照法定收费项目和标准执行，开具省、自治区、直辖市财政部门统一制发的罚款收据。

第五十二条　公路管理机构及其路

政执法人员实施行政处罚时，应当注意预防和化解行政执法争议，并遵守下列要求：

（一）坚持教育与处罚相结合，先教育后处罚的原则；

（二）注重执法效果，既要依法予以处罚，也要纠正违法行为，不得以罚代管、以罚代纠；

（三）违法行为轻微，并能及时纠正，没有造成危害后果的，要以批评教育为主；

（四）案情复杂或者有重大违法行为需要给予较重行政处罚的，应当由公路管理机构负责人集体讨论决定。

第五十三条　实施行政处罚的程序、文书和期限按照《中华人民共和国行政处罚法》、《中华人民共和国公路法》、《公路安全保护条例》、《交通行政处罚程序规定》等有关规定执行。

第五十四条　路政执法人员实施行政处罚，应当按照规范的案由格式认定公路违法行为并制作法律文书。

第五十五条　对于性质相同、情节相近、危害后果相当的公路违法行为，路政执法人员实施行政处罚时，处罚幅度应当基本相近。

省、自治区、直辖市公路管理机构可以结合本地情况，在法律、法规、规章规定的处罚幅度范围内，制定行政处罚自由裁量权基准制度，确保公平、公正、合理。

第五十六条　任何单位和个人不得给路政执法人员下达或者变相下达罚款指标，公路管理机构不得以罚款数额作为考核路政执法人员的标准。

第五十七条　对损坏公路、公路附属设施同时构成民事违法行为的，公路管理机构实施行政处罚时，应当配合民事责任的追究，不得以行政处罚代替对民事责任的追究。

第五十八条　公路管理机构在依法查处违法行为过程中，发现违法事实的情节、违法事实造成的后果等，根据《中华人民共和国刑法》以及相关司法解释的规定，涉嫌构成犯罪，依法需要追究刑事责任的，应当按照《行政执法机关移送涉嫌犯罪案件的规定》及时移送司法机关处理，不得以行政处罚代替刑事处罚。

第七章 奖 惩

第五十九条　交通运输主管部门、公路管理机构应当建立健全行政执法责任、执法过错责任追究、执法行为评议考核等制度，制定和完善执法程序，加强对各项执法行为的监督制约。

行政执法监督工作应当以事实为根据，以法律为准绳，遵循有功必奖、有错必纠、监督与指导相结合、教育与惩处相结合的原则。

第六十条　对模范遵守本规范，为路政文明执法做出突出贡献的公路管理机构及其路政执法人员，由交通运输主管部门予以表彰和奖励。

执行本规范，应当纳入交通运输文明执法创建考核范围。

第六十一条　交通运输主管部门、公路管理机构应当加强对路政执法人员的管理和教育。

对违反本规范有关执法纪律规定的，根据情节轻重给予批评教育、离岗培训、调离执法岗位、取消执法资格等处理；情节严重，造成严重后果的，依法给予行政处分；构成犯罪的，依法追究刑事责任。

第六十二条　交通运输主管部门、公路管理机构应当接受新闻舆论和群众的监督，公布举报电话，认真受理举报，及时查处路政执法人员违法违纪行为。

第八章 附 则

第六十三条　本规范自2012年7月1日起施行。

2.3 上海市政策和法规文件

2.3.1 上海市加快国际航运中心建设“十二五”规划

上海市人民政府关于印发上海市加快国际航运中心建设“十二五”规划的通知

沪府发〔2012〕48号

各区、县人民政府，市政府各委、办、局：

现将《上海市加快国际航运中心建设“十二五”规划》印发给你们，请认真按照执行。

上海市人民政府

二〇一二年五月九日

上海市加快国际航运中心建设“十二五”规划

为加快“十二五”时期上海国际航运中心建设，根据《中华人民共和国国民经济和社会发展第十二个五年规划纲要》、《国务院关于推进上海加快发展现代服务业和先进制造业建设国际金融中心和国际航运中心的意见》（国发〔2009〕19号，以下称“国务院19号文”）和《上海市国民经济和社会发展第十二个五年规划纲要》，编制本规划。

一、“十一五”发展回顾

（一）上海国际航运中心建设回顾

“十一五”期间，上海航运基础设施建设发展迅速，港口吞吐能力大幅提升，集疏运体系不断完善，公路建设进展顺利，航空枢纽建设取得重大突破，航运服务业发展得到进一步重视和加强。国务院19号文进一步明确了上海国际航运中心发展的战略目标和任务，上海国际航运中心建设由注重基础设施建设转入提升基础设施能力与发展服务软环境并举的阶段。

1. 国际航运主业快速发展

上海港年货物吞吐量从“十五”期末的4.45亿吨增长到2010年的6.5亿吨，其中集装箱吞吐量从1808万标准箱增长到2907万标准箱。自2005年以来连续5年货物吞吐量排名世界第一，2010年上海港集装箱吞吐量排名世界第一。

国际著名航运企业云集上海，全球排名前20的班轮公司均有分支机构入驻上海。在上海注册的国际航行船舶（包括国际航线船舶和特案免税登记船舶） 从“十五”期末的223艘、总吨位493万吨，增长到2010年的356艘、总吨位869万吨。据不完全统计，2010年国际货物运输代理企业5926家，船舶代理企业139家，船舶管理企业97家，无船承运人（上海地区中国企业法人）948家，船供企业204家，船员服务机构57家，船员培训机构7家，注册海员69377人。

2. 集疏运体系建设取得重大进展

“十一五”期间，集疏运体系不断优化，公路、港口、内河航道、铁路、航空等硬件设施建设进展顺利，规模化、集约化、快捷高效的多种运输方式一体化发展格局基本形成。港口集装箱水水中转比重由2004年的25.4%上升到2010年的38.0%，公路运输比重相应地由2005年的40.3%下降到2010年的37.5%。

一是港航设施建设成绩显著。东海大桥建成后，洋山深水港区一期、二期、三期，外高桥四期、五期、六期工程相继投入使用。上海港码头年设计货物吞吐能力从2005年的3.04亿吨增加到2010年的4.6亿吨；集装箱专用码头泊位数和集装箱年设计吞吐能力由2005年的29个和920万标准箱增加到2010年的41个和2062万标准箱。长江口深水航道整治三期工程顺利完成，主航道水深达到12.5米；长三角内河高等级航道整治工程全面启动，苏申外港线、大芦线（一期）、赵家沟航道经整治后均达到三级航道标准，初步形成连通江浙的高等级内河航道网络；上海港国际客运中心建成并投入使用，吴淞口国际邮轮码头一期泊位建设基本完成。

二是公路建设进展顺利。上海公路总里程由“十五”期末的8110公里增加到2010年的11974公里；高速公路里程由560公里增加到775公里。随着长江隧桥、申嘉湖高速、杭浦高速等相继建成，沪宁高速、沪杭高速完成拓宽工程，上海形成了“两环、九射、一纵、一横、两联”的高速公路网格局。“十一五”期间，上海与江浙联系的省道新增加6条，高速公路增加到8条、48车道，其它公路通道达到23条、74车道，港口集疏运通道路网结构进一步优化。

三是铁路建设全面提速。截至2010年底，上海境内铁路营业里程414公里，建成“2主3辅”共5个铁路客运站。“十一五”期间，建成沪宁城际铁路、沪杭客运专线，有效释放了沪宁铁路、沪杭铁路的货运能力；建成服务于洋山港的芦潮港铁路中心站，完成南浦货站至闵行货场搬迁调整。京沪高速铁路于“十二五”初期竣工。上海地区铁路运输能力明显提高，布局进一步优化，为形成沿海铁路货运大通道、发展海铁联运奠定了基础。

四是航空枢纽建设步伐加快。截至2010年底，上海浦东、虹桥国际机场已形成5条跑道、4座航站楼的规模，可保障高峰日2400架次起降。两机场旅客吞吐量和货邮吞吐量由“十五”期末的4134万人次和221万吨增长到2010年的7188万人次和371万吨。已有81家国内外航空公司开通上海定期航班，国内外通航城市达到219个；浦东国际机场连续三年货邮吞吐量位居全球机场第三，基本确立国际航空货运枢纽地位；2010年浦东国际机场旅客吞吐量位列国际机场协会（ACI）全球排名第20名，首次进入前30名排行榜。

3. 现代航运服务体系建设全方位开展

“十一五”后期，上海全面贯彻落实国务院关于加快建设上海国际航运中心的战略部署，全方位展开现代航运服务体系建设，航运要素进一步集聚，航运服务功能加快提升，航运市场环境得到进一步完善和规范，航运服务体系框架逐步形成。

一是航运服务产业初步集聚。“十一五”期末，在沪从事国际海上运输及辅助行业的外商驻沪代表机构达到250家左右，有1000余家不同资本类型的国际海上运输和辅助服务企业在上海开展经营活动。全球九大船级社均在上海开设了代表处，开展船舶检验服务。上海国际航运研究中心、上海海事仲裁院、上海国际航运仲裁院、中国国际集装箱班轮运价备案中心、上海国际航运信息中心等机构相继成立。开展了航运经纪业准入制度试点，国内第一批专业航运经纪公司率先在上海成立。上海航运交易所积极落实交通运输部印发《船舶交易管理规定》，2010年“中国船舶交易信息平台”公示成交船舶91艘次，接受1057艘次船舶的成交信息报送。非双边海运协议关系国际航运企业在境内设立独资公司取得政策性突破，全球第二大班轮公司地中海航运公司在沪设立独资公司。

二是口岸服务水平进一步提升。“十一五”期间，上海口岸深化推进“大通关”工程，完善“5+2”通关工作制，优化“一门式”服务，加快建设电子口岸平台。启动“统一平台、区域联动、选择申报、多点放行”改革试点，探索实施了“便捷通关”、“无纸通关”、“快速通关”、“分类通关”等通关模式，推进“属地申报、口岸验放”、“属地检验、口岸放行”、“直通放行”等区域通关改革，提高了口岸通关效率。改进空港中转联程流程，提高国际中转旅客通关效率。

三是航运服务集聚区布局不断优化。科学调整洋山保税港区、外高桥保税区、浦东机场综合保税区管理机构，成立了“上海综合保税区管理委员会”，“三港三区”联动工作实质性启动，统筹效果显著。虹口区落实专项资金扶持航运企业和航运服务业的发展，北外滩已经成为国内航运产业资讯发达、航运服务相关产业门类齐全的航运企业聚集区之一。浦东新区充分利用港口资源禀赋、先行先试政策优势以及金融、贸易等现代服务业发展基础，发展形成了陆家嘴高端航运服务区、外高桥航运物流发展区、洋山临港综合服务发展区、临空航运服务发展区四大重点区域。

四是口岸安全和环境保障体系不断完善。“十一五”期间，上海港水上安全形势总体保持稳定，水上交通事故件数等安全指标值比“十五”期间有所下降。推进实施了水上安全和防止船舶污染的源头管理，实现了水上安全预防预控管理；实施了长江上海段和长江口定线制，完善了吴淞、洋山船舶交通管理系统（VTS），实施了水上网格化巡航管理模式，完善了口岸水上助航体系，优化了口岸水域通航环境；建成水上自动识别系统（AIS）信号网络，提高了船舶进出港助航能力；发布了《上海海上搜救和船舶污染事故应急处置专项预案》，船舶污染应急处置能力达到一次性清除800吨溢油的水平，推进外高桥五号沟水上综合应急反应基地建设，建立了船舶污染事故应急组织协调指挥体系。

4. 国际航运发展综合试验区作用得到发挥

积极落实国发19号文要求，探索建立国际航运发展综合试验区。“十一五”期间，上海已经为注册在洋山保税港区的国际航运企业从事国际航运业务，以及物流、仓储等企业累计免征营业税超过22亿元人民币；中资国际航运船舶特案免税登记政策有效延长；进口汽车保税展示平台在洋山保税港区正式启用。

5. 航运金融业务迅速拓展

“十一五”后期，国内金融机构加大了对航运金融业务的投入力度，多家银行成立了航运金融专营部门，中国人民财产保险股份有限公司、中国太平洋财产保险股份有限公司均在上海筹建航运保险运营中心；船舶险和货运险等航运相关保险业务发展迅猛，2010年，上海产险市场中船舶险首次超越企财险，船舶险与货运险总和在上海产险市场的占比已经超过22%；融资租赁业务取得突破，成功吸引单机项目公司落户浦东机场综保区、单船项目公司落户洋山保税区开展业务。上海航运交易所编制的新版上海出口集装箱运价指数正式颁布，据此指数开发的金融衍生品在国际市场实现了多批次交易。

6. 邮轮产业发展趋势良好

“十一五”期间，邮轮产业发展环境日渐改善，市场经营主体纷纷进驻，世界三大邮轮公司均在上海设立分支机构，并开设多条以上海为母港的区域邮轮旅游航线。邮轮通关便利措施进一步落实，邮轮母港船舶进出安全保障得到加强，提高了邮轮旅客通关服务能力和效率，境外邮轮挂靠上海日益频繁。2010年，上海港邮轮靠泊108艘次，其中母港邮轮60艘次，访问港邮轮48艘次；进出境旅客266865人次，其中母港邮轮170240人次，访问港邮轮96625人次。上海国际客运中心、吴淞国际邮轮码头两大邮轮港口、邮轮公司与相关机构开展的合作业务，已发展至咨询、旅行社、教育培训、旅游电子商务、票务代理、劳务服务、技术研发等领域。2010年10月，上海始发经厦门至台湾高雄的邮轮航线开辟，实现境外邮轮国内多点挂靠。

7. 港航装备制造业保持领先地位

“十一五”期间，以集装箱码头装备制造为主的上海港口装备产业继续保持世界领先地位，占据全球集装箱码头大型设备约70%市场份额。船舶制造业能够制造各种类型的现代船舶和海上工程项目，在国际航运界影响日益增强，2010年上海建造交付船舶110艘，合计吨位1210万吨。

8. 区域合作不断加强

“十一五”期间，国务院制定了《长江三角洲地区区域规划》，建立了推进上海“两个中心”建设部际协调机制，长三角港口管理部门联席会议制度作用进一步发挥。市政府与交通运输部签署了《交通运输部、上海市人民政府加快推进国际航运中心建设合作备忘录》，取得了国家主管部门对上海国际航运中心建设的全面支持。建立了长三角、上海与中部六省市以及川渝沪等区域“大通关”合作工作机制，促进跨区域口岸物流联动发展。落实航运业交流与合作的双边协议，增强了地区间港航业深度合作。上海国际港务集团不断扩大对外合作，继续实施“走出去”战略，与沿江多个港口建立合作关系，成立长江港口物流有限公司。

（二）存在的主要问题

“十一五”期间的发展，上海国际

航运中心建设总体上仍以基础设施建设为主，航运服务体系建设相对滞后，航运集疏运结构还需进一步优化，航运安全保障、航运发展政策、法律、科技、人才建设等有待进一步加强，围绕上海国际航运中心建设这一国家战略目标的各项任务有待深化落实。

1. 集疏运体系结构有待进一步优化

集装箱集疏运体系总体结构还存在进一步优化的空间，铁路设施运能不足、与港口缺乏紧密衔接，海铁联运等多式联运发展缓慢。洋山港支线码头泊位尚待建设，内河水运优势有待进一步发挥。

上海空域资源紧张与航空需求增长之间的矛盾日益突出，两场地面配套交通保障能力有待进一步提升，基地航空公司的国际竞争实力、航空枢纽的管理服务水平有待进一步提升。

2. 航运服务体系建设相对滞后

航运服务业尚处于培育发展阶段。航运相关法律、鉴证、评估、代理、咨询、经纪、船舶管理等服务机构规模较小、专业化和国际化程度不高。

口岸通关环境有待进一步提升。上海口岸“分类通关”、“属地申报、口岸验放”以及“直通放行”等通关改革覆盖面有待进一步拓展，与长三角、长江流域等地的口岸资源和跨区域物流通关信息网络需要进一步整合。

航运发展环境有待进一步优化。船舶融资、船员个人所得税、航运企业所得税等相关税收政策，国际航运企业、航运辅助服务业外资准入条件，国际航线船舶船员国籍标准、航运仲裁法律适用、开放船舶供应市场等，有待进一步探索研究与国际航运通行惯例的接轨。

航运复合型人才结构、总量和整体素质需要优化和提高。特别是熟悉航运金融、航运咨询、海商海事、国际公约、航运交易、邮轮管理、空中交通等领域的复合型人才严重缺乏，现有航运教育和培训机构难以满足航运发展对复合型高端航运人才的需求。

应急处置能力有待提升。上海港水上突发事件应急预案有待进一步健全，应急力量建设和协调机制尚需加强，特别是水上油污染事故和水上化学品事故应急处置力量建设尚处于起步阶段。

3. 航运金融服务水平有待提升

大量中资船舶在境外注册，航运融资业务多在境外发生，影响了境内航运金融业务规模的拓展。国内航运保险市场环境有待进一步完善，法律服务、航运交易鉴证、评估咨询等中介服务机构尚不能满足航运金融专业化外包服务的需要，其专业化水平有待进一步提高。

4. 邮轮产业发展滞后社会需求

邮轮产业相关专业法规、政策体系、行业协调与管理机制尚待完善，邮轮船队经营及航线开发等关键政策尚待研究突破，邮轮技术研发与装备制造水平有待实现突破。

二、“十二五”发展形势和要求

“十二五”时期是上海加快转变经济发展方式和产业结构调整的重要时期，“四个中心”建设进入攻坚克难的关键发展阶段，上海国际航运中心建设既面临新的发展机遇，也面临严峻挑战。

（一）发展的机遇

1. 国内经济的快速发展，将为上海国际航运中心建设提供有力支持

“十二五”期间，预期内需市场将不断扩大、国际资本将持续流入、劳动力综合优势仍将保持，我国国民经济将继续稳步增长。制造业由沿海地区逐步向中西部地区转移，国际航运要素加快向沿海和内陆新兴经济发展地区辐射的趋势将延续，上海国际航运中心建设的国际影响力将伴随着国民经济的持续增长得到有效提升。

2. 长三角地区、长江流域经济发展的区域一体化格局，将成为上海国际航运中心建设的强大推动力

随着沿海产业向中西部地区转移，上海作为长江流域外贸进出口集散地，将发挥越来越重要的作用。2010 年 5 月，国务院正式批准实施《长江三角洲地区区域规划》，明确提升上海核心地位，充分发挥服务全国、联系亚太、面向世界的作用。同时，长江黄金水道战略的实施，也将有力推动上海国际航运中心建设，有助于提升上海国际航运中心的区域服务能力，使上海在服务区域发展的过程中促进自身发展。

3. 上海加快转变经济发展方式和产业结构调整，将加速促进国际航运中心建设

2006 年，胡锦涛总书记在上海提出加快转变经济发展方式的要求，2009 年，国务院第 19 号文颁布后，市政府进一步明确重点发展金融、航运、贸易等服务产业，着力建设“四个中心”。“十二五”期间，上海将聚焦服务经济，全面提升城市综合服务功能和国际竞争力。国家和上海继续加大对现代服务业的政策倾斜力度，将使现代航运服务体系建设得到有效推动；国际金融中心建设的加速推进，有助于加快形成以航运金融、航运保险等为主体的高端航运服务高地；国际贸易中心建设迅速起步，有助于夯实上海港航产业的发展基础，推进洋山保税港区等航运功能区的建设和创新发展。

4. 亚洲新兴市场崛起，将为国际航运中心建设提速

随着世界经济逐步摆脱金融危机影响，国际贸易将再趋活跃，国际产业转移将在更广范围、更大规模和更深层次上进行。除了继续承接发达国家制造业转移和服务业外包，我国将更加重视发展金融、保险、信息、技术、会计、法律服务、旅游等现代服务业，促进产业结构不断调整升级。这将为上海国际航运中心建设加快实现人才、货物、企业、

船舶、资金、交易等航运要素的集聚创造良机。

（二）面临的挑战

1. 上海国际航运中心建设面临多方位的国际竞争

伦敦、新加坡、香港等港口城市在海事服务、船舶登记服务、综合物流服务、船员税收政策等方面，比国内拥有更为优惠的产业政策，并依靠传统优势，推动了其航运服务业在全球扩张，这将对上海形成较大的竞争压力。

2. 上海国际航运中心建设的深入推进遇到制约因素

随着国务院19号文的深入落实，上海国际航运中心建设加快向纵深推进，体制、机制问题日益突出。如何通过区域性的“先行先试”为国家层面相关政策的调整提供实践经验，进而实现提高我国航运业的综合竞争力，成功参与国际竞争；如何在先行先试的政策措施在全国推广过程中继续保持先发优势，有效地实现上海国际航运中心产业集聚和资源配置能力不断增强的战略目标；如何有效依托国务院推进上海两个中心建设联席会议制度，加强开拓航运中心建设中条块联动、区域合作的最佳途径，都有待深化研究。

（三）发展的要求

“十二五”期间所面临的形势，要求上海国际航运中心建设在全面贯彻国务院19号文精神的同时，进一步落实国家转型发展的战略目标，理清思路，明确重点，协同推进，创新发展。

一是充分发挥国际航运发展综合试验区政策“先行先试”优势和上海综合保税区“三区三港”联动发展优势，争取在航运金融、保险、船舶租赁、航运交易等方面实现跨越发展和重大突破，不断完善航运业态，规范航运市场，加强航运法制、文化建设，提升上海国际航运中心软实力。

二是主动站在落实国家战略的高度，加强区域合作，与长三角地区各港口城市协同共建上海国际航运中心，共享航运中心建设成果。积极争取在国家有关方面的统筹下，合理布局长三角地区的航运和物流资源。

三是加快航运中心建设国际化进程。一方面，要进一步扩大开放，引进国际航运及航运服务企业和人才；另一方面，本土航运及航运服务企业要加快走向世界，形成国际经营网络，提升国际竞争力。

三、“十二五”发展指导思想、基本原则和发展目标

（一）指导思想

深入贯彻落实科学发展观，以国务院19号文为纲领，按照加快建设“四个中心”和加快实现“四个率先”的总体要求，以资源配置型国际航运中心为目标，发展高端航运服务业、提高航运软实力为核心，集聚货物、船舶、企业、人才、

信息、技术等航运要素为主线，不断提高全球航运资源配置能力，建成具有较强服务功能和辐射能力的国际航运中心。

（二）基本原则

上海国际航运中心建设既要注重规模，又要注重质量，并以质量效益为重；既要重视硬件，也要重视软环境，并以软环境营造为主；既要关注自身发展，也要关注长三角、长江流域乃至全国的区域发展，并以服务区域经济、推动共同发展为重。

在空间布局方面，要利用国际航运发展综合试验区的政策优势，推动“三港三区”、北外滩、陆家嘴、临港、虹桥等航运服务集聚区发展，吸引航运服务产业在上述区域集聚。

在发展重点方面，要立足航运服务体系和集疏运体系建设，利用国际航运发展综合试验区政策“先行先试”优势，突破航运服务体系建设中的难点和政策瓶颈，不断创新和完善，形成有利于提高全球航运资源配置能力的法律环境和政策环境。

（三）发展目标

1. 总体目标

重点提升和优化航运优势产业，建立较为完整的航运服务体系，形成有利于国际航运中心建设的政策环境，鼓励各类市场主体充分发挥作用，提高基于现代信息技术的现代物流服务效能，加强与江浙主要港口的互动协作，建成辐射长三角地区和长江流域的结构合理的集疏运体系。到2015年底，基本实现货物、船舶、企业、资金、人才、信息、技术等航运要素与资源全面集聚，初步具备全球航运资源配置能力，形成上海国际航运中心核心功能，为2020年具备全球航运资源配置能力打下框架基础。

2. 具体目标

（1）国际航运业务发展目标

“十二五”期末，把上海建设成为安全、便捷、高效、绿色的国际一流港口，基本确立国际航运枢纽港地位。

“十二五”期间，上海港货物年吞吐量保持在6.5亿吨左右，2015年集装箱吞吐量达到3300万标准箱，继续位居世界前列。在上海登记注册的国际航运船舶达到400艘，合计达1000万总吨。

“十二五”期末，完成港航装备制造产业链的构建和优化，船舶、港口装备及海上工程设备制造在国际市场保持领先优势。

（2）现代航运服务体系发展目标

“十二五”期末，形成门类齐全、市场规范、功能完备的现代航运服务体系，口岸通关相关制度逐步与国际惯例和通行规则接轨，营造“便捷、高效、安全、法治”的口岸环境。2015年，在上海达成的二手船舶年交易金额力争突破人民币100亿元；海事仲裁、海事诉讼等配套服务环境得到明显改善；航运经纪公司在沪注册数量达到50家以上，船舶管理公司达到160家以上；培育5～10家服务网络覆盖全国乃至全球的航运服务代理企业；船员劳务年输出量突破1万人次。

（3）航运金融发展目标

“十二五”期末，基本形成体系健全、功能完备、服务优质，具有与国际航运中心相匹配的支撑能力和较强全球资源配置能力的现代航运金融服务体系。国际航运结算的便利化水平有较大提高，航运融资的创新能力和多样化程度达到或接近国际先进水平，航运融资、航运保险和航运衍生品交易规模在国际市场占比和影响力显著提高。

（4）国际航运发展综合试验区发展目标

“十二五”期间，出台一批符合产业发展需求的航运支持政策，集聚各类航运企业，使国际航运发展综合试验区成为具有国际竞争力的航运政策“先行先试”示范基地。

（5）集疏运体系发展目标

“十二五”期末，建成公路路网结构完善、铁路货运能力大幅提高、内河航道运输能力大幅提升、航空枢纽功能完备、与国际枢纽港地位相匹配的现代集疏运体系。

2015年底，上海港集装箱水水中转比例达到45%，提高铁路集疏运比例；保障浦东国际机场130架次、虹桥国际机场60架次高峰小时飞行量需求，航空枢纽旅客年吞吐量达到0.9～1亿人次，货邮年吞吐量保持世界前列，达到500～550万吨，主要基地航空公司成为具有国际竞争力的大型网络型航空公司，形成以上海为核心枢纽的中枢运营网络，经上海运送的中转旅客比例达到20%以上。

（6）邮轮产业发展目标

“十二五”期末，将上海建设成为亚太地区举足轻重的国际邮轮母港，营造基础设施完善、市场分工合理、经营环境便利、船供市场开放、行业服务与管理规范的发展环境。到2015年底，力争实现5～8艘邮轮以上海为母港基地，邮轮母港旅客年发送能力达到30万～50万人次，出入境邮轮及邮轮旅客分别实现500艘次与100万～120万人次的规模。

（7）航运人才和文化建设目标

通过各类社会力量，重点培养和引进航运法律、航运金融、航运经纪、邮轮服务、空中交通等航运人才，集聚与国际航运中心相匹配的航运专业高素质人才，打造在亚洲处于领先地位的人才高地，基本确立覆盖整个航运产业链的人才队伍结构。

着力打造上海特色的航海文化，与地方文化、产业经济、旅游资源等有机整合，促进文化、经济的和谐发展。

四、“十二五”期间主要任务

继续发展国际航运业务，重点培育

和发展现代航运服务业，主要包括航运金融、船舶注册、航运经纪、船舶交易、口岸服务、船员服务、航运信息、航运咨询、人才培养、法律服务等领域；利用中央赋予的国际航运发展综合试验区“先行先试”政策优势，力争进一步取得关键政策突破，重点促进国际航运产业链各环节服务功能提升和航运要素集聚。

（一）继续发展国际航运业务

1. 提升船舶运输企业服务能级

鼓励干线船舶向大型化、专业化、低碳化方向发展，增强航运企业参与国际竞争的能力；鼓励航运企业重点发展大型散货船、油轮、集装箱船、液化气船和汽车滚装船，完善产业布局。研究制定江海直达船型标准，建立江海直达船政府补贴制度，鼓励江海直达船型船舶的制造和使用，提高长江运输江海直达船舶比例。

2. 增强港航装备制造业核心竞争力

继续发展港口装备制造、船舶建造产业，重点加强港航装备制造产业链中关键技术的研发。继续推进长兴岛修造船基地建设，支持绿色环保型船舶修造业发展，充分发挥长兴航运与海洋装备岛的功能效应。

（二）培育和发展航运服务业

1. 发展航运经纪、船舶管理服务业

促进航运经纪业务规范发展，不断完善航运经纪公司的市场准入和管理制度。以优惠的政策吸引大型现代船舶管理公司落户上海，引领全国船舶管理业务发展；成立船舶管理行业协会，制定行业标准，提高船舶安全水平。

2. 发展船舶交易市场

争取将中国籍二手船及废船交易业务纳入船舶交易市场，建设包含新造船、二手船、废船买卖及船舶租赁等业务的国际性交易平台；研究建立船舶交易市场政府扶持制度，降低船舶进场交易成本，促进船舶进场交易。

3. 加强口岸联动，提高通关效率

完善“5+2”通关服务体系，提高信息公开水平，建立主动服务企业通关的高效互动工作机制。探索集装箱“一体化通关”的监管模式，提高国际集装箱水水中转效率。加快推进江海联运，简化空箱监管查验手续。简化特殊监管区域进出境监管手续，实现保税物流便捷移动。运用科技手段，促进查验环节联动协作，提高税费电子支付水平。

4. 规范代理服务市场

规范代理行业准入门槛，引进世界知名代理企业，促进航运代理市场发展。鼓励代理企业合作联营、组建联合体，着力改变代理企业小、散、乱的状况。

5. 发展船舶供应市场

推进船舶供应市场开放，建立合理竞争的船供市场体系。发展面向远洋货轮和国际邮轮的各类船供企业，通过有序竞争，促进市场繁荣；对从事国际航行船舶供应业务的企业，建立、完善保税制度。建立船供保税燃油基地，推动出台相关准入条件、质量控制机制等标准和细则，增强保税油的价格和服务竞争力，谋求在全球保税燃油供应市场上的合理份额。

6. 加强海事安全与技术服务

加强平安海区构建，推动并完善海上监管救助基地建设、国家溢油应急基地建设。提高航道维护水平，优化通航秩序，完善通航管理。推动船载危险品、化学品以及各类有毒有害物质事故应急处置能力的建设。建立专业处理水上污染、危险品应急处理企业。提升船舶技术服务企业发展水平。开展船舶进出港全天候运行安全保障体系研究。争取财政部和交通运输部的支持，在沪设立“中国船舶油污基金管理中心”技术保障机构。促进船舶检验机构科学发展，吸引更多外资船检机构入驻。

7. 加强航运信息化建设

依托电子口岸平台和港航电子数据交换（EDI）中心整合优势，推进跨部门、跨行业的综合信息共享平台建设，建立国际航运中心门户网站，建立口岸监管、口岸物流、集疏运、航运服务信息系统等应用平台。加速集装箱电子标签技术推广应用，建立第三方信息服务机构。加快推动上海国际航运信息中心的建设与发展，完善“中国船舶交易信息平台”，推动其成为全国统一的船舶交易信息平台；开发和建立“中国航运数据库”，全面及时反映我国航运业发展情况。建设中国海图数据中心，提供及时、全面的纸质海图和电子海图。

8. 促进海事法律、仲裁服务机构的发展

争取交通运输部和司法部门的支持，制定并推广以上海为仲裁地的船舶买卖、船舶租赁、船舶建造、船舶修理等航运交易推荐格式合同。扶持海事仲裁机构发展，完善海事仲裁制度，提升上海海事仲裁质量和声誉。

9. 加强航运咨询与研究

继续推动上海国际航运研究中心等科研机构的发展，支持世界海事大学等各类国际航运组织在沪设立分支机构，鼓励国外知名咨询机构在沪开展业务。

10. 吸引各类航运服务机构和组织集聚上海

鼓励搭建跨领域的航运服务交流平台，为航运企业与金融、保险、信息等行业企业的交流合作创造条件。吸引各类国际海事机构在沪设立分支机构，形成产业集聚效应。

11. 加强航空服务要素市场建设

支持航空公司和机场在上海国际旅游度假区、虹桥商务区的规划建设中充分发挥区位优势和资源优势。大力拓展临空经济等航空现代服务业，加快临空产业发展，建设国际空运货物分拨集拼中心，充分发挥口岸监管和保税监管优势。

12. 推动航运文化建设

依托上海中国航海博物馆、国际航运上海论坛、中国海事会展、中国航海日等载体，扩大上海国际航运中心建设的社会影响，促进航运文化发展。

（三）发展航运金融服务业

1. 完善航运金融服务功能体系

引进和培育一批在航运方面具有较强专业能力的商业银行、保险公司、租赁公司、信托公司和基金管理公司，形成较为完整的航运金融机构布局；鼓励金融机构完善海外分支机构和代理网络，逐步形成与上海国际航运中心要求相匹配的服务能力。培养经纪、公估、法律、会计、船舶检验等为航运金融提供专业外包服务的服务机构。继续推动单船、单机融资租赁业务创新，根据市场需求，建立相应的船舶、飞机等融资租赁登记中心和租赁交易中心。深化上海综合保税区内企业外汇管理试点改革，不断满足企业离岸金融业务需求，探索结算、融资方式创新，提高航运企业跨境资金运用和流动的便利化水平。

2. 发展多种航运融资方式

引导金融机构加大对造船、航运等企业的信贷支持力度，开展船舶抵押贷款、融资租赁等传统的航运融资业务。鼓励金融机构开发符合市场需求的航运融资产品，拓宽外资融资、直接融资、私募股权投资等多个渠道，开展信贷、租赁、信托、资产证券化等组合创新，为航运服务业和航运制造业提供结构性的融资安排和专业化的融资服务。借鉴国外航运基金或海运信托创新模式，引导航运相关企业、金融机构等共同组建航运产业基金、船舶产业基金、石油海上储备产业基金，支持航运企业开辟新的融资途径。支持在沪金融租赁公司进入银行间市场拆借资金和发行债券。

3. 加快发展航运保险业务

大力发展船舶保险、海上货运险、保赔保险等传统保险业务，积极培育航运再保险市场。扶持国内保险公司开拓海外服务网络。完善航运保险相关地方性法规，贯彻实施各项优惠政策，鼓励海上货运险本地投保。加强航运保险信息化建设，形成具有影响力的航运保险定价机制。设立保赔协会或吸引国内外船东保赔协会在沪设立机构。成立承保人协会，制定由海上保险人使用的保险条款。利用税收导向政策，将航运保险业务纳入拟设立的保险交易所的交易范畴，促进航运保险市场发展。

4. 探索发展航运指数衍生品市场

配合国家有关部门，支持上海航运交易所开展运价备案工作，采取有效措施，加强对运价备案的监管和检查，提高报备数据的及时性、全面性和真实性。支持上海航运交易所进一步完善运价指数体系，探索发展航运指数衍生品市场。支持相关机构研究、开发新造船舶、二手船舶交易指数，促进市场健康发展。

（四）建设国际航运发展综合试验区

1. 深化国际航运发展综合试验区突破性政策

围绕到2020年基本建成具有全球资源配置能力的国际航运中心的要求，以功能突破为引领，以制度创新为依托，以区域联动为导向，研究借鉴航运发达国家和地区的航运支持政策，提升上海航运服务市场功能，破除制约高端航运服务业发展的瓶颈障碍，提高我国航运服务企业的国际竞争力，争取国家支持，形成新一轮突破性政策。

2. 创新国际航运船舶登记制度

依托国际航运发展综合试验区“先行先试”政策，探索创新洋山港国际航运船舶登记制度，优化船舶登记流程，降低登记成本，缩短登记周期，集聚中资国际航运船舶。

3. 加强海关特殊监管区域与产业腹地间联系

有效整合上海综合保税区的各项政策，建立便捷高效的保税货物移动办法。建立覆盖口岸与腹地的保税网络系统，争取尽快实施启运港退税政策，增强区域保税物流联动功能，增进与后向腹地的联系。增强区域保税和非保税物流整合增值功能，推进国内货物在综合保税区内进行保税延展操作。优化国际航运发展综合试验区内的港口费收体系，进一步扩大港口向腹地辐射的范围，便利国际物流入区中转。

4. 研究财税支持政策

在国家有关部门的支持下，探索研究国际航运发展综合试验区内航运企业船舶吨税制，以国际航运企业为龙头，带动上下游服务产业集聚。探索研究有利于综合保税区融资租赁项目（企业）发展的财税政策，推动融资租赁业务功能提升。

5. 加大对内对外开放力度

探索研究放宽外资航运金融和航运保险机构经营准入。对航运产业相关基金投资造船、买船、租船等业务，给予政策支持。争取注册在国际航运发展综合试验区内的邮轮企业参照国际通行规则经营相关业务。

（五）促进邮轮产业发展

1. 完善邮轮产业发展协调机制

完善市级层面邮轮产业发展推进协调机制，统筹邮轮产业发展事务，指导区域合作和营销推广，促进上海邮轮经济快速健康有序发展。

2. 鼓励本土邮轮产业发展

借鉴国际邮轮经营模式，大力发展长江中下游和国内沿海邮轮旅游市场，组建1～2家本土邮轮公司。组建3～5家具备相当业务能力的邮轮专业旅行社，开发邮轮旅游产品，积累从业经验，探索盈利模式。不断提高邮轮旅客通关服务能力和效率，优化随船办理通关手续的工作制度，创造便捷环境吸引更多邮轮停靠上海。

3. 推进邮轮港口建设

统筹上海国际客运中心、吴淞口等邮轮码头发展，建设具有国际竞争力的邮轮母港。完善邮轮补给、废物污水处理、口岸联检、海事救助、船舶维护、引航等综合服务功能，健全邮轮码头服务体系。

（六）优化完善集疏运体系

1. 推进港口基础设施建设

实施洋山深水港区四期及后续工程建设，进一步巩固集装箱吞吐能力。建设临港新城东港区公用码头一期工程和进港航道工程，提高装备企业海路运输能力和上海港汽车滚装运输能力，推动甩挂运输业务发展。加快外高桥、洋山港集装箱支线泊位建设，提高其服务内河支线船舶的水平。研究张华浜港区功能调整，推进外高桥、芦潮港等内河集装箱港区建设。

争取国家相关部委支持，实施长江口深水航道通航宽度全线拓宽工程，实现超大型船舶进出港双向交会无限制。建立支航道维护长效机制，充分发挥长江主航道作用，满足船舶大型化的需要。完善岸线管理体系，优化配置和整合现有岸线资源，促进岸线资源的高效率、高效益使用。推进上海港资源节约型和环境友好型港口建设，支持港口实施岸基供电等节能减排措施。

2. 完善内河航运发展

加快推进黄浦江上游、杭申线、大芦线二期等航道整治工程；建设长湖申线、平申线，开展大浦线、油墩港、苏申内港线、赵家沟东段等内河高等级航道建设储备研究，着力构建连通长三角地区的高等级内河集疏运网络，培育发展内河运输业。完善内河航运信息系统，建设长三角地区内河高等级航道网信息共享平台。

3. 完善货运道路网络

加快郊环北部越江通道前期研究，完善外高桥港区对外货运通道布局；完善外高桥地区路网结构，提高陆路集疏运效率。加强与长三角对接，适当增加出省通道，江苏方向，新建、改建崇启高速、崧泽大道、金商公路、外青松公路等干线公路；浙江方向，新建、改建大叶公路、朱平公路等干线公路。

4. 推进海铁联运发展

建成京沪高速铁路，推进沪通铁路建设，开展沪乍铁路前期工作。完善上海铁路货运服务体系，结合沪通铁路工程，启动外高桥货场建设，调整既有杨行、张庙站功能；结合城市用地功能的调整，取消杨浦等货运站。

5. 加强航空枢纽建设

组织实施《“十二五”上海民航发展纲要》，加快推进上海航空枢纽建设。适时进行机场改扩建，完善机场保障功能。建设浦东国际机场第四、第五跑道，满足航空运量和大飞机项目发展需要。加快浦东国际机场设施改造，满足中枢运营需求。改造虹桥国际机场东区设施，进一步提高飞行区安全保障能力。落实国家《调整上海地区空域结构方案》，系统性改善枢纽空域容量；完善上海终端管制中心建设，切实改善空中交通保障能力。重点建设和完善浦东国际机场西货运区和空港保税区相关设施，完成浦东国际机场综合保税区在机场西货运区规划范围的整体封关，实现区港一体化运作。简化航空口岸国际中转旅客口岸监管查验程序，争取航空口岸扩大免签证国家范围和延长免签证停留时间，增强浦东国际枢纽的中转吸引力和国际竞争力。推进航空口岸空运货物电子信息化建设，优化货物通关便利政策和口岸查验单位工作机制，促进货运枢纽建设发展。支持主要基地航空公司加快向大型网络型航空公司转型，加强航线网络航班波建设，加快发展国际航空运输，加强国际国内航线航班衔接。

（七）加强区域合作

1. 拓展航运服务业的辐射范围

推进现代航运服务业发展，面向长三角、全国提供高端航运服务，扩大辐射面和服务范围。

2. 完善区域港口发展协调机制

依托国际航运发展综合试验区，与浙江省共同推动洋山港扩区发展，形成互利共赢格局。探索成立长三角地区港航发展促进机构，建立区域港口航运的行政与企业联合协调机制。鼓励企业实施“走出去”战略，加强长三角港航企业联营联合，促进企业在设施建设、航线经营、企业管理等方面的相互融合。

3. 配合国家有关部门协调建立华东机场群、长三角国际航空货运枢纽群的合作发展机制

鼓励和支持主要基地航空公司和上海机场集团在华东机场群、长三角国际航空货运枢纽群建设中发挥积极作用，推动长三角航空运输市场、产品、服务一体化进程，参与打造具有较强国际竞争力的华东机场群、长三角地区国际航空货运枢纽群。

4. 推进跨区域口岸大通关合作

健全区域大通关合作工作推进机制，着力完善“点对点，城与城”、以项目为抓手、以口岸城市为载体的大通关合作模式。加强上海与内地口岸查验单位之间协作联动，不断拓展区域通关改革的覆盖面。加快推进长三角“陆改水”、陆空联运、海铁联运、保税货物快速移动等口岸物流。积极发展上海与中西部地区海铁联运、江海直达和航空中转联程等。

5. 加强港航发展政策合作研究

鼓励区域间研究机构围绕上海国际航运中心建设重大问题及政策开展合作研究，为政府部门制定港口、航运发展战略等提供决策支持。

五、保障措施

（一）加强协调保障机制建设

1. 加强上海建设国际航运中心的协调推进力度

进一步完善上海国际航运中心建设推进工作机制，搞好与国家有关部门的衔接，部署上海国际航运中心建设任务，统筹协调推进过程中遇到的重大问题，检查、指导、监督各项工作的开展。

2. 加强与国家有关部委的沟通联系

充分利用推进上海“两个中心”建设部际协调机制，及时向国家有关部委报送上海国际航运中心建设的进展情况，争取国家支持。

3. 加强与国内外地区间的合作交流

加强与兄弟省市的合作交流，推动长三角地区、长江流域共同参与上海国际航运中心建设，共享建设成果。加强与国内外先进港口城市的合作交流，学习和借鉴其发展措施和经验。

（二）优化航运中心发展环境

1. 建立和完善相关政策法规

全力营造有利于航运业发展的法制环境，推进口岸综合管理地方立法；推动国家相关部门进一步完善港口经营、船舶服务等方面的法规政策。

2. 营造自律有序的航运市场秩序

建立科学的市场监管手段，鼓励行业自律，支持运价备案中心等功能性机构有效运行，促进市场有序竞争。

3. 研究建立市、区县两级航运发展支持专项资金

由市、区县政府研究建立市、区县两级航运发展支持专项资金，加快推进江海直达船型、航运信息化、船舶交易市场等的发展，鼓励高端航运人才引进和培养，鼓励跨国企业和国内大企业在沪设立营运中心，支持相关国际组织在沪设立分支机构。

4. 提升行政服务效率和水平

优化行政审批程序，简化行政审批环节，为航运要素市场、航运机构、中介服务机构、行业协会等提供公开透明、便捷高效的行政服务，鼓励相关行业协会发挥更大作用。

5. 提升突发事件的处理能力

构建应急处理保障体系，健全危机预警和处置机制，制定突发事件应急预案；增强应对风险和突发事件能力的培训；增强航运相关的救助抢险人力、物力资源储备。

（三）建设国际航运人才高地

1. 培养和集聚航运人才

完善航运人才引进制度，优化人才发展环境，通过人才奖励措施，引进一批海外高端航运人才；对地区总部企业、高端航运服务企业、国际组织分支机构等落户上海给予政策优惠。完善从业资格认证制度，培养一批与国际接轨的航运金融、航运保险、航运经纪、海事仲裁、空中交通等高端专业人才。

研究建立上海国际高级航运学院。

构筑国际化的开放平台，在职培养航运贸易、航运金融等复合型高端人才和航海、空管、邮轮经营管理等紧缺人才。

2. 加强船员市场建设

依托中国船员发展与保障中心设立在上海的优势，打造船员劳务交易平台，面向全国船员，提供船员劳务市场需求信息；提供船员法律咨询服务，保障船员合法权益；提供船员履约培训、业务培训、知识更新等培训信息。

建立船员管理行业协会，依法搞好船员管理，提高船员管理水平；建立国家级船员评估中心，提高船员综合素质；设立船员劳动争议专业仲裁委员会，为船员提供高效的法律服务，协助船员维权。

2.3.2 上海市加快推进城市配送物流发展实施方案

上海市商务委印发《上海市加快推进城市配送物流发展实施方案》

第一条（目的和依据）

根据《财政部商务部关于做好支持搞活流通扩大消费有关资金管理的通知》（财建〔2009]16 号）、《财政部关于印发〈中小商贸企业发展专项资金管理暂行办法〉的通知》（财建〔2009〕229 号）和《财政部办公厅、商务部办公厅关于 2012 年支持开展放心肉服务体系建设等项目有关问题的通知》（财办建〔2012〕100 号）等文件有关规定，为支持中小商贸企业在搞活流通扩大消费中投保国内贸易信用保险以防范经营风险和进行保单融资，规范专项资金的管理，提高财政资金效益，结合本市实际，制定本办法。

第二条（资金来源）

国内贸易信用保险补助是由中央财政预算内安排，专项用于中小商贸企业国内贸易信用保险补助的财政补助性专项资金（以下简称专项资金）。

第三条（使用范围）

专项资金对符合条件的中小商贸企业投保国内贸易信用保险，以及其他企业以中小商贸企业为风险方投保国内贸易信用保险给予保费补助；对符合条件的承办保险机构在中小商贸企业国内贸易信用保险保单融资的过程中承担保险责任，给予风险补偿。

第四条（申请主体资格条件）

（一）投保企业

申请专项资金的向承办保险机构本市分支机构投保国内贸易信用保险并已缴纳保费的中小商贸企业，以及以中小商贸企业为风险方（买方）向承办保险机构本市分支机构投保国内贸易信用保险并已缴纳保费的其他企业，须同时具备以下条件：

1. 在我国境内（不含香港、澳门、台湾地区）注册，具有独立的企业法人资格；

2. 向承办保险机构投保国内贸易信用保险并已缴纳保费的中小商贸企业注册资本金规模不超过1亿元人民币，且符合财政部《中小商贸企业发展专项资金管理暂行办法》（财建〔2009〕229号）规定的中小商贸企业相关标准及条件；

3. 面向国内企业和消费者开展信用销售，所售产品符合国家产业政策及相关规定；

4. 会计、纳税、银行信用等方面无不良信用记录；

5. 三年内无严重违法违规行为纪录；

6. 企业及其产品符合国家宏观经济政策、产业政策和区域发展政策。

（二）承办保险机构

申请专项资金的承办保险机构，须同时具备以下条件：

以商务部《关于2012年内贸信用险补助项目承办机构名单的公示》的保险机构在本市的分支机构；

第五条（支持方式及标准）

专项资金采取因素法由中央财政切块分配到本市，采用财政补助的支持方式。

（一）投保企业保费补助

1. 对2011年5月1日至2012年4月30日之间发生，符合条件的中小商贸企业向承办保险机构本市分支机构投保国内贸易信用保险，以及其他企业以中小商贸企业为风险方向承办保险机构本市分支机构投保国内贸易信用保险，给予投保企业不超过实际缴纳保费50%的基本保费补助；保险业务发生时间以承办保险机构保费发票出具日期为准；

2. 对同时符合上述条件的以农资为交易标的的投保方再给予保费10%的行业保费补助，农资类别包括种子、农药、肥料、饲料和饲料添加剂、农机及零配件；

3. 每个作为投保方的中小商贸企业最高补助额原则上不超过25万元；

4. 每个以中小商贸企业为风险方的其他投保企业最高补助额不超过500万元；

（二）承办保险机构风险补偿

1. 对2011年5月1日至2012年4月30日之间，承办保险机构本市分支机构在中小商贸企业国内贸易信用保险保单融资的过程中承担保险责任，同时单笔融资在1500万元以下，给予承办保险机构本市分支机构不超过融资金额0.2%的风险补偿；

2. 每个承办保险机构本市分支机构最高补助额原则上不超过300万元；

3. 承办保险机构本市分支机构收到的补助资金，只能用于补充风险准备金和支持国内贸易信用保险业务发展。

第六条（申请程序）

（一）本办法第五条第（一）款申请程序

1. 申请专项资金的投保企业于2012年7月15日前将申请材料提交给承办保险本市分支机构，由承办保险机构本市分支机构统一汇总后，于2012年7月20日前报送市商务委。

2. 申请专项资金的投保企业应如实提交以下申请资料：

（1）国内贸易信用保险补助项目投保企业申报表；

（2）企业法人营业执照副本及章程的复印件；

（3）与承办保险机构本市分支机构签订的保险合同、承办保险机构本市分支机构出具的保费发票复印件；

（4 ）经第三方机构出具的企业上年度会计报表（资产负债表、现金流量表和利润表）审计报告；

（5）所属地区税务管理部门盖章确认的三年内在财税管理方面无违法违规行为的证明；

（6）相关银行出具的企业贷款卡信息资料（中国人民银行企业征信信息查询）；

（7）投保企业为中小商贸企业的，须提交所属地区社保管理部门出具的企业上年度为企业员工缴纳的社保清单或第三方审计机构出具的企业上年度会计报表审计报告等证明企业为中小商贸企业的材料；以中小商贸企业为风险方的投保企业也须提交其买方为中小商贸企业的上述相关证明材料，同时须提交其买方的企业法人营业执照复印件；投保企业也可出具有保险机构盖章确认的由第三方机构获取的证明其自身或风险方为中小商贸企业的证明材料；

（8）非本市注册的投保企业须提交所属地区政府行业主管部门盖章确认的三年内无严重违法违规行为的证明或由信用服务机构出具的企业信用报告；

（9）其他须提供的材料。

以上材料均须加盖投保企业公章。

（二）本办法第五条第（二）款申请程序

1. 申请专项资金的承办保险机构本市分支机构于 2011 年 7 月 20 日前将申请材料报送市商务委。

2. 申请专项资金的承办保险机构本市分支机构应如实提交以下申请资料：

（1）经合作银行盖章确认的国内贸易信用保险补助项目风险补偿申请表；

（2）企业法人营业执照副本及章程的复印件；

（3）与投保企业签订的保险合同（须含赔款转让协议等条款）复印件；

（4）合作银行与投保企业签订的保单项下融资贷款协议；

（5）合作银行向投保企业实际放款的证明材料（利息单等）；

（6）其他须提供的材料。

以上材料均须加盖承办保险机构公章。

第七条（资金审核和资金拨付）

市商务委、市财政局共同研究开展项目评审。根据项目实际情况，评审前期工作可委托中介机构进行，并提出评审意见。

市商务委根据最终评审意见，向市财政局提出拨款申请。经市财政局审核后，根据国库集中支付的有关规定，将专项资金核拨至相关承办保险机构本市分支机构。

第八条（使用监督）

市商务委、市财政局等部门按照有关规定，对国内贸易信用保险补助资金的使用情况和项目执行情况进行监督和检查。专项资金必须专款专用，资金使用单位应严格遵守国家有关法律法规和财会制度，严禁骗取、截留或挪用资金。

对违反本管理办法的投保企业和保险机构，市商务委、市财政局将全额收回该专项资金，取消其以后年度申请资格，并按《财政违法行为处罚处分条例》（国务院令第 427 号）予以处理；情节严重或触犯国家法律的，依法追究相关人员或单位的责任。

各申请专项资金的投保企业和保险机构应对申请材料的真实性和合法性负责。

第九条（附则）

本办法由市商务委会同市财政局负责解释。

本办法自发布之日起施行。

上海市商务委员会

2012 年 12 月 14 日

2.3.3 上海市交通运输和港口管理局《关于发布 < 上海市城市快递汽车营运技术规范（试行）> 的通知》

上海市交通运输和港口管理局《关于发布 < 上海市城市快递汽车营运技术规范（试行）> 的通知》

沪交科〔2013〕37 号

各有关单位：

为规范本市城市快递汽车使用，促进行业健康稳定发展，依据有关规定，我局会同相关部门研究制定了《上海市城市快递汽车营运技术规范（试行）》，现予发布，请遵照执行。

上海市交通运输和港口管理局

二〇一三年一月二十一日

上海市城市快递汽车技术规范（试行）

1 范围

本规范规定了本市城市快递汽车的基本技术条件及特殊条件、车辆维护要求、运输过程控制、停放场地要求。

本规范适用于在本市中心城区从事经营性城市快递业务的汽车，非中心城区的经营性快递汽车可根据具体情况适当参照执行。

2 规范性引用文件

下列文件中的条款通过本标准的引用而成为本标准的条款。凡是注日期的引用文件，其随后所有的修改版（不包括勘误的内容）或修订版均不适用于本标准，然而，鼓励根据本标准达成协议的各方研究可使用这些文件的最新版本。凡是不注日期的引用文件，其最新版本适用于本标准。

汽车运输业车辆技术管理规定　交通部令 1990 年第 13 号

道路运输车辆维护管理规定　交通部令 2001 年第 4 号修改

道路货物运输及站场管理规定　交通部令 2005 年第 6 号

GB/T 3730.1　汽车和挂车类型的术语和定义

GB/T 3730.2　道路车辆 质量 词汇和代码

GB/T 3730.3　汽车和挂车的术语及其定义 车辆尺寸

GB1589　道路车辆外廓尺寸、轴荷及质量限值报告

GB7258　　机动车运行安全技术条件报告

GB3847-2005　　车用压燃式发动机和压燃式发动机汽车排气烟度排放限值及测量方法

GB17691　　发动机排气污染物排放限值报告

GB18344　　汽车维护、检测、诊断技术规范

GB18565　　营运车辆综合性能要求和检验方法

JT/T198　　营运车辆技术等级划分和评定要求

JT719　　营运货车燃料消耗量限值及测量方法

GB 18352.3-2005（国Ⅳ）　轻型汽车污染物排放限值及测量方法

GB3847-2005　　车用压燃式发动机和压燃式发动机汽车排气烟度排放限值及测量方法

GB 1495-2002　汽车加速行驶车外噪声限值及测量方法

GB 16170-1996　　汽车定置噪声限值

GB18344-2001　　汽车维护、检测、诊断技术规范

3 术语和定义

GB/T 3730.1、GB/T 3730.2、GB/T 3730.3 界定的以及下列术语和定义适用于本文件。

3.1　城市快递汽车

主要为城市快递货物运输服务的营运性汽车。

3.2　轻型封闭式货车

载货部位的车体结构为封闭厢体且与驾驶室/舱联成一体的轻型货运汽车。

4 要求

4.1　基本要求

4.1.1　城市快递汽车应采用轻型封闭式货车。

4.1.2　按照车辆最大允许总质量，轻型封闭式货车分为 2 个系列，主要技术参数要求应满足表 1 要求。

表 1　轻型封闭式货车主要技术参数规范

系列			A	B
最大允许总质量	t		＞3.5，且≤4.5	≤3.5
额定载质量	t		0.8-2	
整车总长	mm		≤6000	≤5500
货箱内部尺寸	mm	长	≥3300	≥2500

续表

		宽	≥ 1700	≥ 1700
		高	≥ 1700	≥ 1600
侧拉门开启时净尺寸	mm	宽	≥ 1220	≥ 1020
		高	≥ 1550	≥ 1350
车辆地板离地高度	mm		≤ 600	
发动机升功率	kw/l		≥ 40	
比功率	kw/t		≥ 20	≥ 24
最大爬坡度	%		≥ 30	
最小转弯半径	m		≤ 7.5	≤ 6.5

4.1.3 车辆应符合 GB 1589、GB 7258、GB 18565 等强制性标准的要求。

4.1.4 车辆技术等级达到 JT/T198 规定的营运技术二级（含）以上等级。

4.1.5 车辆宜设后双开门，且在最大开启时设置车门限位装置；车辆宜设右侧开门或双侧开门，且均应具有锁紧装置，侧门开启时侧门净尺寸要求见表 1。

4.2 特殊要求

4.2.1 车辆外观整洁、施加符合规定的车辆标识。

4.2.2 车辆应配置卫星定位系统，应设包含车辆安全管理、车辆信息管理以及在线信息服务等功能的智能管理系统，智能信息系统应设置数据接口。

4.2.3 车辆驾驶室为单排座，驾驶室与货厢之间应具有刚性封闭的隔离装置，如配备观察窗，则应在货厢侧安装坚固可靠的防护装置；货厢全封闭，无侧窗。根据需要货厢内可设有货架及货物固定装置，驾驶室 / 舱与货厢之间可设通道门。

4.2.4 车辆应配备助力转向装置。

4.2.5 车辆应采用冲压工装件整体车身。

4.2.6 车辆应为前独立悬架。

4.3 节能与环保要求

4.3.1 最大允许总质量 3.5t 以上的车辆燃料消耗量限值应达到 JT719 规定的道路运输车辆燃料消耗量限值要求。

4.3.2 车辆污染物排放应符合 GB 17691、GB 18352.3-2005（国 Ⅳ）、GB3847-2005 和上海市地方环保部门对机动车污染物排放的规定。

4.3.3 车辆的加速行驶车外噪声限值应符合 GB 1495 的规定。

4.3.4 车辆的定置噪声应符合 GB

16170 的规定。

4.4 安全要求

4.4.1 车窗玻璃不应粘贴妨碍驾驶员视野的附加物和镜面反光遮阳膜。

4.4.2 车辆宜配备驾驶员安全气囊。

4.4.3 车辆制动形式应采用四轮盘式制动器和液压双管路制动系统。

4.4.4 车辆应配备制动防抱死系统和制动力分配系统 。

4.4.5 车辆应配备灭火器；灭火器应完好有效、安放牢固、取用方便并定期更换。

5 车辆维护要求

5.1 车辆日常技术管理应按《汽车运输业车辆技术管理规定》和《道路货物运输及站场管理规定》建立车辆技术管理制度。

5.2 车辆维护应按《道路运输车辆维护管理规定》的要求执行。车辆的维护作业项目和程序应当按 GB18344 等有关技术标准的规定执行。

5.3 快递经营者应当建立车辆技术档案，主要内容为：车辆基本情况、主要部件更换情况、修理和二级维护记录（含出厂合格证）、技术等级评定记录、车辆变更记录、行驶里程记录、交通事故记录等。记载内容应当及时、完整和准确，不得随意更改

5.4 车辆的技术等级评定检测方法应按 GB18565 规定方法执行。车辆技术状况等级的评定内容、评定规则、等级划分、评定项目和技术要求应按 JT/T198 规定执行。

5.5 企业应落实专人管理和维护车辆信息系统设备，定时开启，实时监控，掌握车辆行驶路线、车辆速度和安全情况，发现超速等违规情况应及时纠正，对报警和异常问题及解决情况应记录。企业应对每天的监控情况进行评估，对违规情况作出处理。企业应对固定周期内车辆的使用情况进行汇总整理归档。

6 运输过程控制要求

6.1 车辆应当符合核定的载质量要求，车辆不得违反国家有关规定超限、超载运输。不得经营非快递业务及载客。

6.2 车辆驾驶员或承运人负责货物运输的全程监控，从货物的搬运装卸、验单封厢、中途运输到交货验收等，应确保承运的货物完好无损。

7 车辆停放场地要求

7.1 车辆应有固定的停车场地。停车场地四周应封闭，场地应平整结实。

7.2 停车场地应同时符合《中华人民共和国城乡规划法》、《中华人民共和国环境保护法》和《中华人民共和国消防法》的要求。

2.3.5 市交通港口局、市建设交通委、市公安局、市经济信息化委关于加强本市大型物件道路运输安全管理的通告

市交通港口局、市建设交通委、市公安局、市经济信息化委关于加强本市大型物件道路运输安全管理的通告

为保障大型物件道路运输行业安全生产，保护承托运双方的合法权益，进一步促进大型物件道路运输行业的健康持续发展，特将加强本市大型物件道路运输安全管理若干意见通告如下：

一、从事大型物件运输的企业应向运管部门申请并获得经营资质后方可营业，并自觉守法自律。从事起讫点均在本市的大型物件运输经营活动的外省市运输企业还应向本市运管部门备案。

二、大型物件运输车辆应安装经国家认可的检测认证机构所认证的，具备行驶记录仪功能的北斗/GPS双模卫星定位装置，大型物件运输企业应建立监控台帐和管理制度。

三、大型物件运输企业应配备专业的安全管理和技术人员。大型物件运输企业经营管理人员、从业人员应参加上海市交通港航职业资格管理事务中心培训和继续教育。

四、大型物件运输企业起运前应勘察作业现场和运行路线，了解沿途道路线形和桥涵通过能力，并制定包括安全技术措施在内的运输组织方案。车辆载运不可解体物品，车货总体的外廓尺寸、总质量超过长18米、宽2.5米、高4.2米、重55吨或者超过道路、桥梁以及隧道限载、限高、限宽、限长标准，确需在道路、桥梁、隧道行驶的，从事运输的单位或个人应当事先向道路管理机构提出超限运输许可的申请，并经相关行政机关（机构）批准；影响交通安全的，应当按照公安机关交通管理部门指定的时间、路线、速度行驶，悬挂明显标志。机动车载物应当符合核定的装载质量，严禁超载。装载长度、宽度超出车厢；重型、中型载货汽车，半挂车载物，高度从地面起超过4米，载运集装箱车辆超过4.2米的，应当事先至公安交通管理部门办理许可。

五、大型物件托运人与承运人签订合同前，除提交货物说明书，以及装卸、加固等具体要求外，还应严格审查承运人运输组织方案并查验承运人的经营资质。托运人在大型物件装车前还应查验承运人办理路政和公安交通管理部门超限、超载运输许可证的情况。委托无证企业进行大件运输的托运人负有连带责任。

六、本市大型物件运输实施联合审

查。向路政部门申请超限运输许可证时，还需提交企业道路运输经营许可证、车辆的道路运输证，外省市企业还需提交备案证。向公安交通管理部门申请超载运输许可证时，还需提交超限运输许可证、企业道路运输经营许可证、车辆的道路运输证，外省市企业还需提交备案证。

七、本市大型物件运输实施联动执法。交通行政、路政、交警、城管执法部门应定期对大型货物集散地、货运场站、建筑工地等重点地区组织联合执法。日常执法过程中，公安交通管理部门发现涉嫌违反《公路安全保护条例》、《城市道路管理条例》未经批准从事超限运输的，移交路政、城管执法部门处理；发现涉嫌违反《道路运输管理条例》超越许可事项从事大型物件运输经营的，移交交通行政执法部门处理。路政、城管和交通行政执法部门发现涉嫌违反《道路交通安全法》，运载超限物品时不按规定的时间、路线、速度行驶，未悬挂明显标志的，移交公安交通管理部门处理。

市交通港口局 市建设交通委

市公安局 市经济信息化委

二〇一三年二月二十日

2.3.6 上海市交通运输和港口管理局《关于印发<道路危险货物运输技术规范>（2012修订版）的通知》

上海市交通运输和港口管理局《关于印发<道路危险货物运输技术规范>（2012修订版）的通知》

沪交科〔2012〕358号

局系统各有关单位、局机关有关处室、道路危险货物运输行业协会、市各道路危险货运企业：

为进一步加强和规范本市道路危险货运行业管理工作，根据《危险化学品安全管理条例》（国务院2011第591号令）、《放射性物品运输安全管理条例》（国务院2009第562号令）、《道路危险货物运输管理规定》（交通部2010年第5号令）等最新法规规定，修订编制《道路危险货物运输技术规范》（2012修订版）。现予印发，请按照执行。《道路危险货物运输技术规范》（JTJ011-2006）同时废止。

附件：《道路危险货物运输技术规范》（2012修订版）

二〇一二年七月十日

道路危险货物运输技术规范

（2012 修订版）

1 范围

本规范规定了道路危险货物运输企业车辆、停车场地、从业人员、环境保护、安全防护、消防、实时监控系统、管理制度、质量信誉考核及安全评估等基本要求。

本规范适用于在本市从事道路危险货物运输的企业（单位）。

2 规范性引用文件

下列文件中的条款通过本标准的引用而成为本规范的条款。凡是注日期的引用文件，其随后所有的修改单（不包括勘误的内容）或修订版均不适用于本规范。然而，鼓励根据本规范达成协议的各方研究是否可使用这些文件的最新版本。凡是不注日期的引用文件，其最新版本适用于本标准。

GB 150 钢制压力容器

GB 6944 危险货物分类和品名编号

GB 7258 机动车运行安全技术条件

GB 12463 危险货物运输包装通用技术条件

GB 13392 道路运输危险货物车辆标志

GB/T 16563 液体气体及加压干散货罐式集装箱技术要求和实验方法

GB 18564 汽车运输液体危险货物常压容器（罐体）通用技术条件

GB 18565 营运车辆综合性能要求和检验方法

JT/T 198 营运车辆技术等级划分和评定要求

JT 230 汽车导静电橡胶拖地带

安监管危化字 [2004]43 号 危险化学品事故应急救援预案编制导则（单位版）

国经贸安全 [2000]189 号 劳动防护用品配备标准

科工爆 [2001]156 号 爆破器材运输车辆安全技术条件

市人大常委会公告第 55 号 上海市道路运输管理条例

交通部令 2005 第 9 号 道路危险货物运输管理规定

市政府令第 56 号 上海市危险化学品安全管理办法

国务院令 2011 第 591 号 危险化学品安全管理条例

国务院令 2009 第 562 号 放射性物品运输安全管理条例

交通部令 2010 年第 5 号 关于修改《道路危险货物运输管理规定》的决定

交通部令 2010 第 6 号　　放射性物品道路运输管理规定

市人大常委会公告第 37 号　　上海市安全生产条例

交公路发 [2008]280 号　　《关于印发道路运输驾驶员诚信考核办法（试行）的通知》

交运发 [2011]106 号　　道路运输驾驶员继续教育办法

JT/719-2008　　营运货车燃料消耗限值及测量方法

JT/T794-2011　　道路运输车辆卫星定位系统车载终端技术要求

JT/T796-2011　　道路运输车辆卫星定位系统平台技术要求

3 术语和定义

3.1 专业配送

具有危险化学品运输资质的企业为危险化学品经营、使用单位集中配送烟花爆竹、放射性物质、危险废弃物、生物试剂等特殊货物；或是为根据本市相关管理要求对部分剧毒、易燃易爆、强腐蚀性化学品等实施特许配送。

3.2 分级管理

按照承运的危险货物品种的危险等级不同而对危险货物运输企业实行的差别管理。

4 分类、分项和分级管理

4.1 危险货物的分类和分项应符合 GB 6944 的规定。

4.2 道路运输经营许可证上的经营范围宜分别表述为：

—— 道路危险货物运输：×× 类 ×× 项；

—— 道路危险货物运输（仅限集装箱运输，除剧毒品、爆炸品和放射品外）；

—— 道路危险货物运输（剧毒品）；

—— 道路危险货物运输（标注货物品名）。

4.3 按照危险货物的危险程度分为如下三个级别：

4.3.1 三类高危等级危险货物：包括爆炸品、放射性物质及剧毒品。

4.3.2 高危等级危险货物：包括毒性气体、低闪点易燃液体、易于自燃物品、遇水放出易燃气体物质、有机过氧化物、感染性物质、强腐蚀性物质。

4.3.3 普通等级危险货物：在 GB 6944 中已列明但在上述类项之外的危险货物（主要包括易燃气体、非易燃无毒气体、易燃固体、氧化剂、毒性物质、弱腐蚀品、杂类）。

5 车辆与设备技术要求

5.1 基本要求

5.1.1 车辆安全技术条件应符合 GB7258 的要求。

5.1.2 车辆技术状况应符合 JT/T198 规定的一级车条件，车辆能源消耗要求应符合 JT/719-2008 规定。

5.1.3 车辆应配置符合 GB 13392 的标志，并按规定使用。

5.1.4 车辆应配置符合 JT/T794-2011 的车载卫星定位装置和必要的通讯工具。

5.1.5 车辆应配置切断总电源和隔离电火花装置，安装隔热和熄灭火星装置，和符合 JT230 规定的导静电橡胶拖地带装置。

5.1.6 车辆车厢底板应完好平整、周围栏板应牢固。

5.1.7 车辆应根据装运危险货物性质和包装形式，配备相应的捆扎、防水和防散失等用具。

5.1.8 车辆应配备与运输类项相适应的消防器材。

5.1.9 运输易燃易爆危险货物的车辆，应使用木质底板等防护衬垫措施。

5.1.10运输危险货物的集装箱车辆，应使用专用集装箱车辆，其牵引车牵引马力应不小于 310 匹、核定载质量应不小于 25 吨。

5.1.11. 运输危险货物车辆的使用年限超过 10 年后继续使用的，不宜运输“爆炸品、放射性物质、剧毒品”货物。继续运输其它危险货物的，车辆每年需在不同的具备资质的检测机构进行 2 次等级评定（半年一次），每季度开展一次二级维护保养。（国家另有规定的按有关规定）

5.1.12 运输汽油的专用罐式车辆推荐安装防爆阻隔装置。

5.2 特定要求

5.2.1 运输使用国际集装箱装运危险品的车辆应符合国际海上危险货物运输规则的相关规定。

5.2.2 运输爆炸、桶装易燃液体、易燃固体、遇水易燃物品、有机过氧化物、剧毒品（液氯可使用栏板车）、感染性货物应使用厢式货车或罐式车。

5.2.3 运输剧毒、爆炸、强腐蚀性危险货物的非罐式专用车辆，核定载质量应不得超过 10 吨。但运输符合国家有关标准的集装箱的非罐式专用车辆除外。

5.2.4 运输需要控温危险货物的车辆，应使用配置控温设施的专用车辆。

5.2.5 运输放射性物品的车辆，应符合 GB11806 规定的要求。

5.2.6 对于烟花爆竹、生物试剂、危险废物等专业配送以及部分特许专业配送的企业、人员、车辆除符合行业管理规定外，还应符合相关主管部门的管理要求。

5.3 罐体

5.3.1 运输危险货物车辆的压力罐体，应符合 GB150 规定的要求。

5.3.2 运输危险货物车辆的常压罐体，应符合 GB18564 规定的要求。

5.3.3 运输剧毒危险货物的罐式车辆的罐体容积不得超过 $10m^3$。

5.3.4 运输强腐蚀性危险货物的罐式车辆的罐体容积不得超过 $20m^3$。

5.3.5 运输危险货物的罐式集装箱，

应符合 GB/T16563 的规定。

5.3.6 运输危险货物车辆的常压罐体，应安装符合要求的自锁式呼吸器、海底阀。

6 停车场地技术要求

6.1 停车场地不得在本市中心城（外环线内）和郊区新城内。

6.2 停车场地的面积应达到车辆总数的投影面积 2 倍以上，且四周封闭，有专人看守，出入方便，场地应平整，结实。

6.3 停车场地的疏散出口一般应不少于 2 个，停放车辆数在 20 辆以下的停车场地可设一个出口。

6.5 停车场地上的消防设施、设备、场地区域条件、与周边设施设备的安全距离等应符合消防规定，并具备由所在区消防部门出具的合格证明。

6.6 同一停车场地内有多家单位共同停车的，应用专用隔离设施将各单位专用停车场地隔离，并按运输危险货物的种类设置警示标志，保证通道畅通，并执行统一的停车管理制度。

6.7 使用砖头、木头、铁栅栏、铁丝网等物品作为专用隔离设施的，其高度应不低于 1.5 米。

6.8 停放运输夏季时段限运危险货物的槽罐车辆的停车场，应建造敞开式停车库，防止阳光暴晒。

6.9 停放运输遇湿易燃物品车辆的停车场，应为水泥地面，有良好排水系统，不得有积水现象。

6.10 具有运输剧毒品、爆炸品和 I 类包装危险货物专用车辆的，还应当配备与其他设备、车辆、人员隔离的专用停车区域并设立明显的警示标志，但运输符合国家有关标准的集装箱的非罐式专用车辆除外。

6.11 专用停车场地危险货运专用车辆要求空车停放，非危险货运专用车辆不得随意驶入、停放，不得混停。

7 从业人员技术要求

7.1 从事危险货物运输的驾驶员、押运员、装卸管理人员应经市交通主管部门考试合格，取得相应从业资格证书。

7.2 企业主要负责人、车辆技术负责人、调度、专职安全管理员应取得道路运输经理人证书；专职安全管理员应经市交通主管部门组织的安全管理专项培训。

7.3 危险货物运输企业（单位）从业人员（驾驶员、押运员、装卸管理人员、道路运输经理人）应按时参加年度继续教育。

7.4 承运爆炸品、剧毒品货物的驾驶员、押运员、装卸管理人员应有二年以上从事其他危险货物运输的从业经历，且身体健康和无犯罪不良记录。并应经本市交通主管部门高危运输从业人员专项培训，其从业资格证书上应加注从事爆炸品、剧毒品运输字样。

7.5 三类高危等级危险货物运输企业（单位）应配备中级化工专业人员或者注册安全工程师；危险货物运输企业（单位）车辆在50辆以上的，应设置专职安全管理机构。

7.6 危险货物运输企业（单位）新上岗的车载卫星定位系统监控、业务统计报送操作人员，应先至相应的车载卫星定位系统运营商及行业协会进行系统操作应用培训。

7.7 从业人员从业资格证书上的服务单位名称应由实际服务单位填写单位名称、地址、电话并盖章。

7.8 企业新聘用、解聘危险货物运输的驾驶员、押运员、装卸管理人员，应开展职业健康检查。

8 环境保护要求

8.1 从事爆炸品、剧毒品、腐蚀性物质运输的企业应具备符合环保要求的废水收集设施。从事气体运输、单一品种罐车、集装箱运输的车辆除外。

8.2 运输普通等级危险货物企业的清洗场地和设施必须经所在区的环保部门认可，出具合格证明或到具有经所在区的环保部门认证的清洗公司签订清洗合同。

8.3 停车场地应符合环保部门管理要求，并取得证明。

9 安全防护技术要求

9.1 安全防护分为车辆防护和个人防护；

9.2 车辆防护设备和设施主要包括：

隔热和熄灭火星装置；

导静电橡胶拖地带装置；

切断总电源和隔离电火花装置。

9.3 车辆防护设备和设施应经技术监督部门认可的检测机构检测合格，获得检测合格报告。车辆年审时应出具认可机构的检测报告。

9.4 个人防护设备应符合国经贸安全（2004）43号的规定。

9.5 运输企业应按照运输危险货物的类、项的物品的性能配备应急救援器材。“爆炸品、放射性物质、剧毒品”危险货物运输单位应配备二具以上自给式呼吸器；其它危险货物运输单位应配备二具以上自吸式呼吸器。

10 车载监控系统使用技术要求

10.1 危险品运输单位应使用包括实时定位和监控等功能的车辆监控系统，车载设备和平台应分别符合JT/T794-2011 、JT/T796-2011和行业有关技术规定。

10.2 企业应落实专人管理和维护系统设备、定时开启，实时监控，掌握车辆行驶路线、车辆速度和安全情况，发现偏离既定路线和超速应及时纠正，对报警和异常问题及解决情况应记录。企业应对每天的监控情况进行评估，对违规情况作出处理。

10.3　车载设备发生故障的车辆不得投入运营生产，应及时报修并记录。

11 安全管理制度技术要求

11.1 安全生产各级责任制

企业应建立总经理、分管经理、安全管理员、车辆技术、调度员、驾驶员、押运员、车载监控人员、统计员的岗位职责。企业负责人应与驾驶员、押运员、装卸管理人员签订安全生产责任书。

11.2 安全生产保障体系

企业应建立从总经理到具体岗位职工的安全管理网络。建立安全生产领导组织，并每个季度至少开展一次的活动。

11.3 安全教育制度

11.3.1 企业应建立三级教育规定，对新进人员进行三级安全教育。

11.3.2 企业应建立健全安全教育制度，定期开展月度安全教育，并做好学习记录和台账。

11.3.3 企业应有公司领导安全指导制度。

11.4 安全检查制度

企业应建立驾驶员、安全管理人员、车队、公司的检查程序。建立安全隐患排查治理制度。

11.5 危险货物运输安全操作规程

企业应按照核准的类、项的危险货物制定相应的安全操作规程。

11.6 事故处理制度

企业应按照＂四不放过＂的原则制定相关处理规定。

11.7 安全考核制度

企业应制定从业人员上岗前的考核以及年中、年末的考核规定和事故后再上岗的考核制度。

11.8 车辆保养和维修管理制度；

企业应按照GB18565的规定和车辆出厂技术要求制定相应的维修保养制度。

11.9 质量管理

运输高危等级危险货物企业应获得质量管理体系认证证书。

12 应急预案

12.1 企业应按照《危险化学品事故应急救援预案编制导则》（单位版）的规定制定应急预案。并制定常运危险货物的应急处置预案。危险货物运输企业每年进行一次救援演练，若无法独立完成救援演练的，可参加有关部门组织或企业联合开展的救援演练。

12.2 企业应做好应急物资、设备储备。

13 质量信誉考核

13.1 市交通主管部门对本市道路危险货物运输企业开展行业质量信誉，对道路危险货物运输驾驶员开展信用体系考核。

13.2 三类高危等级危险货物运输企业质量信誉考核应达AAA级，高危等级危险货物运输企业应达AA级，普危等级危险货物运输企业应达A级。

13.3 企业质量信誉考核结果应作为企业发展和准入的重要参考。

14 安全评估

14.1 道路危险货物运输行业推进实施安全评估工作，提高安全管理水平。市交通运输主管部门委托道路危险货物运输行业协会制定行业安全评估标准并组织实施。

14.2 安全评估内容包括停车场地、专用车辆、从业人员、安全监管、营运安全、管理制度等，具体评估项目和标准每年可根据行业实际情况调整。

14.3 安全评估结果应作为企业发展和准入的重要参考。

2.3.7 市交通港口局、市建设交通委、市公安局、市财政局关于印发《关于加强本市道路清障施救牵引行业管理的意见》的通知

市交通港口局、市建设交通委、市公安局、市财政局关于印发《关于加强本市道路清障施救牵引行业管理的意见》的通知

沪交货〔2012〕21号

各有关单位：

现将《关于加强本市道路清障施救牵引行业管理的意见》印发给你们，请遵照各自职责执行。

市交通港口局　市建设交通委　市公安局　市财政局

二〇一二年一月十五日

关于加强本市道路清障施救牵引行业管理的意见

道路清障施救牵引行为（以下简称牵引行为），是指当机动车因故障抛锚、交通事故或违法整治等原因，需要由牵引企业将车辆或障碍物拖移至路政管理部门或公安交通管理部门指定地点以及客户指定地点，并完成道路现场清理的服务行为。

为了规范本市牵引行为，维护当事人和道路清障施救牵引企业（以下简称牵引企业）

合法权益，解决牵引行业存在的收费不规范、服务水平低、公共服务费用难以落实等问题，确保道路交通安全畅通。考虑到牵引行业的属性与道路运输行业密切相关，为加强管理，经市政府同意，决定将牵引行业纳入道路货运行业管理，并提出如下意见：

一、管理职责

牵引行业涉及上海市交通运输和港口管理局（以下简称市交通港口局）、上海市城乡建设和交通委员会（以下简称市建设交通委）、上海市公安局（以下简称市公安局）等部门以及市道路运输行业协会下属道路清障施救专业委员会（以下简称行业专业委员会）和本市牵引企业，各部门、协会、企业应按照本意见职责分工，履行管理责任：

市交通港口局是本市牵引行业的行政主管部门，负责行业内经营性企业的资质认定，人员、设备、制度完善，制定行业服务规范、发展规划等，并负责本意见的组织实施。市交通港口局所属的上海市城市交通运输管理处（以下简称市运输管理处）负责具体实施本市牵引行业的日常管理工作；市交通港口局所属的上海市城市交通行政执法总队（以下简称市交通执法总队）具体负责本市牵引行业监督检查工作，并按照有关法律法规实施行政处罚。

市建设交通委是本市高速公路和城市快速路（含越江设施）上的清障施救工作的业务主管部门，负责指导本市路政管理机构做好本市高速公路和城市快速路（含越江设施）上的清障施救工作。

市公安局交通管理部门是本市地面道路上的清障施救工作的业务主管部门，负责指导各区（县）公安交通管理部门做好各自辖区内的清障施救工作。各区（县）公安交通管理部门应当做好各自辖区内的清障施救工作。

行业专业委员会负责为企业提供咨询、沟通、监督、公正、自律、协调等服务，及时了解行业状况，维护企业之间公平的市场竞争关系，营造良好的市场经营环境和竞争秩序，并协助管理部门做好制定行业规章、价格标准、服务规范以及制定统一的作业单等管理工作。

本市牵引企业应当自觉遵守法律、法规规定，积极加入行业协会组织，安全为先、服务为本、规范经营，严格执行价格主管部门发布的收费标准，积极配合路政管理部门和公安交通管理部门等做好公共服务项目，履行企业社会责任。适时提高从业人员收入水平，主动建立职工工资协商机制，加强与职工的沟通，及时掌握其思想动态，确保企业和谐发展。

二、管理原则

本市牵引行业的发展，应当与城市道路建设、交通运行管理、道路交通安全管理和机动车发展客观需求相适应，为避免盲目发展导致无序竞争，对本市牵引车辆施行总量控制，纳入车辆额度管理。

本市鼓励牵引企业规模化、品牌化发展，不断提升车辆技术水平和服务质量，推广应用智能化、信息化手段进行业务操作和企业管理。扶持骨干企业发展，实行集约化、专业化经营。

三、管理内容

牵引行业管理依据科学发展观的要求，以市场为导向，以信息化为手段，以规范经营模式为重点，推进现有资源的优化配置，构建行业健康发展框架，实施行业监管，引导和推进牵引市场向专业化、品牌化的方向和谐发展。

（一）行政资质管理

由市交通港口局依照《中华人民共和国道路运输条例》，制定牵引行业开业技术条件，按照牵引企业的车辆数、车型、调度中心配备、停车场地规模、信息化水平以及可提供的牵引服务地域范围和种类等条件，实行分类管理。市运输管理处具体负责对牵引企业实施行政资质管理，做好牵引企业登记、变更、终止和车辆年审等工作，把好市场准入、退出关口。

牵引车辆应当统一颜色和标识，政府清障施救牵引服务中标单位车辆应安装统一的警示灯。

（二）日常行业监管

1、服务规范管理。牵引企业应当严格执行市交通港口局制定的行业服务规范，在执行牵引任务时，使用统一的作业单；市运输管理处应检查企业服务规范情况。

2、收费行为管理。牵引企业应当严格执行本市道路清障施救牵引收费的有关规定，市运输管理处协同行业专业委员会规范行业收费行为。

3、投诉纠纷处置。牵引企业、行业专业委员会及交通、物价等相关管理部门建立相应的纠纷投诉处理机制。

4、安全运营管理。牵引企业应健全安全生产责任、安全生产业务操作、驾驶员和车辆安全生产管理等制度，市运输管理处应组织安全运营监督检查和考核。

5、从业人员管理。市运输管理处负责从业人员培训考核工作，对从业人员开展定期继续教育，制定从业人员服务规范。牵引企业应当配备相应的从业人员，并提供完整用工信息，从业人员应持证上岗。

6、车辆设施管理。牵引车辆应符合

市交通港口局组织制定的车辆营运技术规范；市运输管理处按年度组织牵引车辆开展技术等级评定，分为一级、二级、三级；在高速公路和城市快速路（含越江设施）实施牵引的车辆不得低于一级车，在地面道路提供牵引服务的车辆不得低于二级车，各牵引企业不得使用不达标的车辆从事经营活动；牵引企业应当建立与经营规模相适应的调度中心，并建立各项业务台账。

（三）质量信誉考核

市交通港口局建立质量信誉考核机制，量化相关考核指标，建立以规范经营、安全生产、服务质量、社会责任、企业管理为核心的企业质量信誉等级评定体系。牵引企业应当建立各项管理制度，按照诚信考核体系和质量信誉要素（清障施救高效率、遵章守规率、安全生产率、车况达标率、服务满意率）建立质量信誉档案，履行质量信誉承诺。行业质量信誉等级分AAA、AA、A、B级，AA以上企业可以进入政府清障施救牵引服务招标投标范围。行业质量信誉等级将定期向社会公布，可供保险、车辆维修等行业企业参考作为选择牵引委托企业的重要依据。

（四）行业信息平台

市交通港口局、市建设交通委、公安交通管理部门会同行业专业委员及牵引企业联合搭建信息共享平台，建立牵引企业、从业人员数据库，公布牵引企业、从业人员基本状况、违法违规等信息，定期发布市场、先进设备和发展趋势等信息。牵引企业应当及时、准确提供企业相关信息，共同提高行业信息共享程度，促进行业健康、和谐发展。

四、政府购买服务

道路清障施救牵引是本市道路排堵保畅和城市安全运行的重要保障，为规范政府管理部门的行为，经市政府同意，对牵引企业完成政府管理部门委托的下列项目实行政府购买服务：

（一）执行交通保卫任务

遇节假日、恶劣天气、重大政治活动及突发事件增派清障牵引车在规定时间、地点待命。

（二）配合公安交通管理部门执行整治任务

配合公安交通管理部门开展酒后驾车、超载超限车辆、违规车辆等整治任务。

（三）大型应急牵引设备征用

在抢险过程中，需要征用的吊车、大吨位的牵引车辆等。

政府购买服务项目原则上纳入部门预算管理，实行“政府采购、合同管理、审计评估、信息公开”。

五、实施日期

本意见自发布之日起执行。

2.3.8 上海市交通运输和港口管理局《外省市驻沪道路货物运输备案管理规定》

《外省市驻沪道路货物运输备案管理规定》（修正）

沪交货〔2012〕21 号

第一条（目的依据）

为了加强外省市驻沪道路货物运输的管理，维护本市道路货物运输市场秩序，促进道路货物运输业的健康发展，根据《上海市道路运输管理条例》以及国家和本市有关规定，制定本规定。

第二条（定义）

本规定所称的外省市驻沪道路货物运输（以下简称驻沪道路货运）是指在外省市注册的道路货物运输经营者从事起讫地均在本市的道路货物运输经营活动。

第三条（适用范围）

本规定适用于驻沪道路货运备案及其相关的管理活动。

第四条（管理部门）

上海市交通运输和港口管理局是驻沪道路货运的行政主管部门，区（县）交通行政主管部门负责指导本行政区域内驻沪道路货运的监督管理工作。

上海市城市交通运输管理处和浦东新区以及闵行、宝山、嘉定、金山、松江、奉贤、青浦、崇明等区（县）城市交通运输管理署（所）［以下统称市、区（县）交通运输管理机构］按照规定的职责负责驻沪道路货运的日常管理和监督工作。

上海市城市交通行政执法总队和浦东新区城市管理行政执法局以及闵行、宝山、嘉定、金山、松江、奉贤、青浦、崇明等区（县）城市交通行政执法大队［以下统称市、区（县）交通执法机构］按照规定的职责，负责驻沪道路货运的监督检查与行政处罚工作。

第五条（驻沪危险货运基本条件）

从事驻沪道路危险货运的，应当符合国家和本市相关法律法规以及技术条件的要求，并具备下列条件：

（一）依法取得道路危险货运经营许可；

（二）在本市中心城和新城范围以外，具有与运输规模相适应并符合上海市交通运输和港口管理局《道路危险货物运输技术规范》的专用停车场地；

（三）道路危险货运专用车辆配置

车载卫星定位系统。

第六条（驻沪危险货运备案须提供的材料）

需要从事驻沪道路危险货运的，应当向市交通运输管理机构备案，并提供下列材料：

（一）《外省市驻沪道路货物运输经营备案登记表》；

（二）车籍所在地工商执照、税务登记证、道路运输经营许可证原件和复印件；

（三）车辆行驶证、道路运输证原件和复印件；

（四）驾驶员驾驶证、从业资格证、外来人员暂住登记证明原件和复印件；

（五）押运员、装卸管理人员的从业资格证、外来人员暂住登记证明原件和复印件；

（六）机动车综合性能检测站出具的车辆技术等级检测评定为一级的检测报告原件和复印件，槽罐车还需提供质检部门认可的专业检测机构出具的槽体检测合格证明原件和复印件；

（七）专用停车场地产权及使用权证明原件和复印件；

（八）专用停车场地所在地的消防、环保管理部门出具的安全防护、环境保护、消防设施设备的证明；

（九）专用车辆配置车载卫星定位系统的证明；

（十）安全生产管理制度文本，包括安全生产各级责任制、安全生产保证体系、安全教育制度、安全检查制度、危险货物运输安全操作规程、事故管理制度、安全考核制度、车辆维护和检测管理制度、驻沪货运的应急预案等；

（十一）投保承运人责任险证明；

（十二）从事驻沪道路货运超过三个月的，还须提供车籍地道路运输管理机构的车辆维护管理委托书。

第七条（驻沪非危险货运备案须提供的材料）

需要从事驻沪道路危险货运以外的道路货运的，应当符合国家和本市相关法律法规以及技术条件的要求，并向车辆停放场地所在地的市、区（县）交通运输管理机构备案，并提供下列材料：

（一）第六条第（一）、（二）、（三）、（四）、（十二）项所列材料；

（二）机动车综合性能检测站出具的车辆技术等级评定检测报告原件和复印件；

（三）车辆停放场地证明；

（四）安全生产管理制度文本，包括安全生产责任制度、安全生产业务操作规程、安全生产监督检查制度、驾驶员和车辆安全生产管理制度、事故统计报告制度等。

第八条（办理程序）

市交通运输管理机构，应当自收到驻沪道路危险货运的备案材料之日起20日内进行实质审查，作出予以备案或者不予备案的决定，予以备案的，对经营者核发《上海市道路运输行业备案证明》，对车辆配发《外省市驻沪道路货物运输车辆备案证明》；

市、区（县）交通运输管理机构，应当自收到驻沪道路危险货运以外的道路货运备案材料后进行形式审查，作出予以备案或者不予备案的决定，予以备案的，对经营者核发《上海市道路运输行业备案证明》，对车辆配发《外省市驻沪道路货物运输车辆备案证明》。

市、区（县）交通运输管理机构对备案材料审查后决定不予备案的，应当在《外省市驻沪道路货物运输经营备案登记表》中说明理由、签署意见后退还备案申请人。

第九条（备案证明管理）

《上海市道路运输行业备案证明》和《外省市驻沪道路货物运输车辆备案证明》（以下统称备案证明）实行有效期制。备案证明的有效期最长不超过一年。

驻沪道路货运经营者应当随车携带《外省市驻沪道路货物运输车辆备案证明》，以备查验。

备案证明的样式由市交通运输管理机构统一监制。

第十条（延续或者再次驻沪经营备案）

驻沪道路货运经营者驻沪经营期限届满需要延续经营或者间隔一段时间后需要再次驻沪经营的，应当重新办理备案手续，并附加提供原备案证明复印件。

第十一条（车辆维护管理）

驻沪道路货运经营者应当加强对车辆的维护和检测，确保车辆符合国家规定的技术标准。

从事驻沪道路货运超过三个月的车辆，车主应当持车籍地道路运输管理机构的委托书，纳入驻沪所在地的车辆维护管理。市、区（县）交通运输管理机构应当对此类车辆建立车辆管理档案。

第十二条（从业人员管理）

从事驻沪道路货运超过三个月的从业人员，应到驻沪所在地备案，接受本市从业人员管理。市、区（县）交通运输管理机构应当建立此类从业人员的管理档案。

第十三条（危险货运全程监控）

驻沪道路危险货运经营者，应当通过卫星定位系统，对其驻沪危险货运车辆进行运输全程监控，保证车辆按照规定的时间、路线运输。

第十四条（日常监管）

市、区（县）交通运输管理机构应当加强对已履行备案手续的驻沪道路货运经营者的日常监管，督促经营者自觉遵守国家和本市有关道路运输管理规定。

市、区（县）交通执法机构应当加强对驻沪道路货运经营车辆的监督检查，依法查处违法行为。

第十五条（行政处罚）

驻沪道路货运经营者未履行备案义务的，由市、区（县）交通执法机构依据《上海市道路运输管理条例》第三十五条第（六）项规定，责令改正，可以处200元以上2000元以下的罚款。

驻沪道路危险货运经营者在经营过程中，因情况变化丧失或者部分丧失国家和本市规定的经营条件，仍从事经营活动的，由市、区（县）交通执法机构依据《上海市道路运输管理条例》第三十五条第（十五）项规定，责令限期改正，可以处2000元以上2万元以下的罚款。

驻沪道路危险货运经营者未按规定通过卫星定位系统对危险货运车辆进行运输全程监控的，由市、区（县）交通行政主管部门委托所属的市、区（县）交通执法机构依据《上海市危险化学品安全管理办法》第五十三条第一款规定，责令改正，处以2万元以上10万元以下的罚款。

第十六条（施行日期）

本规定自二〇一二年八月一日起施行，有效期到二〇一七年七月三十一日止。

2.4 其他政策和法规文件

2.4.1 中共中央、国务院2013年一号文件（提高农产品流通效率部分节录）

中共中央、国务院《关于加快发展现代农业 进一步增强农村发展活力的若干意见》（提高农产品流通效率部分节录）

一、建立重要农产品供给保障机制，努力夯实现代农业物质基础

3. 提高农产品流通效率。统筹规划农产品市场流通网络布局，重点支持重要农产品集散地、优势农产品产地市场建设，加强农产品期货市场建设，适时

增加新的农产品期货品种，培育具有国内外影响力的农产品价格形成和交易中心。加快推进以城市标准化菜市场、生鲜超市、城乡集贸市场为主体的农产品零售市场建设。加强粮油仓储物流设施建设，发展农产品冷冻贮藏、分级包装、电子结算。健全覆盖农产品收集、加工、运输、销售各环节的冷链物流体系。大力培育现代流通方式和新型流通业态，发展农产品网上交易、连锁分销和农民网店。继续实施“北粮南运”、“南菜北运”、“西果东送”、万村千乡市场工程、新农村现代流通网络工程，启动农产品现代流通综合示范区创建。支持供销合作社、大型商贸集团、邮政系统开展农产品流通。深入实施商标富农工程，强化农产品地理标志和商标保护。

2.4.2 国务院关于印发《服务业发展“十二五”规划的通知》（现代物流业部分节录）

国务院关于印发服务业发展十二五规划的通知（国发〔2012〕62号）
服务业发展“十二五”规划（现代物流业部分节录）

2012年12月

第三章 服务业发展重点

第一节 加快发展生产性服务业

（三）现代物流业。

大力发展第三方物流，优先整合利用现有物流资源，拓展服务功能，完善服务网络。加快综合交通运输网络配套物流设施建设，促进各种运输方式的无缝衔接和高效联运，建设覆盖全国的物流通道网络。加快推进城市配送体系建设，提高统一配送水平。鼓励物流业与制造业联动发展，提高一体化运作水平和规模化程度。加快农业生产资料、农产品、大宗矿产品、重要工业品、生活必需品、药品等领域物流发展。拓展邮政物流，支持快递能力建设，推动快递与电子商务、制造业协同发展。强化核心技术开发，加快物联网等新技术在物流领域的应用和推广，鼓励物流信息化和智能化技术的研发和应用，健全各类物流信息共享平台，推广条码等自动识别技术。提高物流行业标准化设施、设备和器具应用水平，推进标准化托盘等物流包装的循环共用，推广货运车辆标准化车型。鼓励生产资料流通企业强化物流服务功能，向仓储、交易、加工、配送等多功能、多业态拓展，形成一批集多功能于一体的专业化、综合性生产资料物流配送中心，引导生产资料流通集聚式发展。支持物流企业做强做大，培育一批具有国际竞争力的现代物流企业。完善物流基础设施和网络，统筹规划仓储设施发展，促进传统仓储企业向现代配送中心转变。支持物流园区等物流功能集聚区有序发展，规划建设一批重点物流园区。加强进出口口岸、国际商品交易中心物流基础设施和国际通道建设，增强进出口货物集散能力，重点布局建设一批口岸商贸物流中心，促进货运枢纽向物流园区转型，促进保税物流中心向分拨中心、配送中心和采购中心发展。“十二五”时期，物流业信息化、智能化和标准化水平明显提高，重点行业物流服务能力显著增强，初步建立社会化、专业化、信息化的现代物流体系。

2.4.3 国务院办公厅转发国务院纠正行业不正之风办公室《关于2012年纠风工作实施意见的通知》（坚决纠正物流领域乱收费和公路“三乱”问题部分节录）

国务院办公厅转发国务院纠正行业不正之风办公室关于2012年纠风工作实施意见的通知（坚决纠正物流领域乱收费和公路“三乱”问题部分节录）

国办发〔2012〕25号

二、主要任务

（二）坚决纠正物流领域乱收费和公路“三乱”问题。深入开展收费公路专项清理，依法全面清理公路超期收费、通行费标准偏高等违规及不合理收费，加快取消政府还贷二级公路收费。加大公路收费和执法监管力度，坚决取缔违法收费，督促限期整改违规收费并追缴所得。严肃查处涉路涉车违规执法行为，坚决纠正以罚代管、只罚不纠等问题。严格执行鲜活农产品运输“绿色通道”政策，提高车辆监测水平和通行效率。规范和降低批发市场、农贸市场、社区菜市场等农产品市场收费。（发展改革委、交通运输部按职责分工分别牵头，参加单位：财政部、商务部、工商总局、公安部、国务院纠风办）

2.4.4 国务院办公厅《关于印发国内贸易发展“十二五”规划的通知》（物流部分节录）

国务院办公厅关于印发国内贸易发展“十二五”规划的通知

国办发〔2012〕47号

三、主要任务

（二）建立和完善现代商品流通体系。

1. 着力建设农产品现代流通体系。引导各类投资主体投资建设和改造农产品批发市场和农贸市场、社区菜市场等鲜活农产品零售网点。加强预选分级、加工配送、包装仓储、检验检测等设施设备建设改造。支持农产品冷链物流发展，逐步形成全程冷链。积极探索以参股控股、产权回购回租、公建配套等多种形式，改造和新建一批具有公益性质的农产品批发市场、农贸市场、社区菜市场、菜店。统筹农产品集散地、销地、产地批发市场建设。积极推动农超对接、农批对接等多种产销衔接方式发展。支持农业生产基地、农民专业合作社在城市社区设立多种形式的鲜活农产品直销网点。创新农产品流通方式，鼓励拍卖、网上零售等现代交易方式发展，探索发展农产品流通领域的电子商务。完善全国鲜活农产品市场信息平台，健全农产品信息网络，形成全国统一的信息发布机制。

2. 积极完善生产资料现代流通体系。鼓励直采直供、网上购销。支持生产资料流通企业向上下游延伸，形成供应链集成服务模式。逐步完善佣金代理制，规范发展总经销和总代理。支持发展企业间的电子商务。鼓励具备条件的生产资料生产、流通企业发展内外贸结合的经营模式，建立跨国采购和销售网络。支持生产资料批发市场加快改造升级，提升物流配送、流通加工、价格发布、金融服务、信息引导等综合服务功能，形成一批全国性或区域性生产资料交易中心。

3. 加快健全工业消费品流通体系。引导零售企业突出主业、提高自营比重。支持零售企业拓展网上销售、信用销售、配送等服务功能，完善售后服务。积极促进工商对接，引导工业消费品批发、零售、生产企业建立稳定的供应链，鼓励生产企业向零售企业直接供货。促进工业消费品批发市场规范发展，提升综合服务功能。鼓励发展具有品牌优势的连锁工业消费品批发市场。支持具有批发功能的仓储式会员店发展。规范总经销、总代理，减少代理层次。

（五）大力推进流通现代化。

2. 大力发展电子商务。加强电子商务物流配送体系建设，大力发展电子商务服务业。鼓励流通企业通过应用电子商务实现转型升级，积极推动网络零售健康快速发展。支持发展社区电子商务、移动电子商务等新型电子商务模式。完善电子商务技术标准、统计监测和信用体系，探索建立电子商务信用等级认证制度。有序发展第三方电子商务平台。推动电子商务交易监管平台建设，保护消费者合法权益。

4. 加快发展物流配送。大力发展面向国内贸易的第三方物流，支持一批传统物流企业改造升级，提高商贸物流专业化、社会化、信息化水平。积极发展多式联运。支持大型连锁企业的配送中心面向社会提供配送服务。完善城市共同配送网络。合理规划和建设商贸物流集聚区，支持建设跨区域物流信息服务平台。

专栏2 “十二五”时期国内贸易发展的重点工程（物流部分节录）

8. 生产服务行业创新示范工程。支持有条件的省市，以产业集聚区、商贸物流园区、重点企业、电子商务平台等为载体，建设一批各具特色、充满活力的现代服务业公共服务平台，培育一批主业突出、竞争力强的现代服务企业，形成一批主体功能突出、带动作用强的现代服务业发展示范区。

10. 电子商务示范工程。以国家电子商务示范城市为重点，以国家电子商务示范园区（基地）为载体，支持电子商务公共服务体系建设。支持电子商务示范企业进行技术创新和模式创新，完善交易结算、安全保障、仓储物流等配套服务系统，提高电子商务应用水平。支持传统企业应用信息技术发展电子商务，形成一批面向消费者的网络购物平台、面向企业的电子商务平台。

11. 城市物流配送体系示范工程。加快大中城市商贸物流聚集区和物流配送节点建设，优化城市物流配送空间布局，建立托盘共用系统，搭建城市共同配送服务平台。重点支持现代物流示范城市内 200 个物流配送中心和一批商贸物流园区建设与改造，大中城市连锁零售企业统一配送率达到 75%。

2.4.5 交通运输部《快递市场管理办法（修订征求意见稿）》

交通运输部《快递市场管理办法（修订征求意见稿）》

为进一步规范快递市场，解决快递市场中存在的突出问题，我部起草了《快递市场管理办法（修订征求意见稿）》，现向社会公开征求意见。公众可通过以下途径和方式提出反馈意见：

1、登陆中国政府法制信息网（网址：http://www.chinalaw.gov.cn），进入首页左侧的“部门规章草案意见征集系统”提出意见。

2、登陆交通运输部网站（网址：http://www.mot.gov.cn），进入首页右侧的“意见征集”点击“关于《快递市场管理办法（修订征求意见稿）》公开征求意见的通知”提出意见。

3、电子邮件：jtbtfc@mot.gov.cn

4、通信地址：北京市建国门内大街11号交通运输部政策法规司条法处（100736）

意见反馈截止时间为2012年12月29日。

交通运输部

2012年11月28日

快递市场管理办法（修订征求意见稿）

第一章 总 则

第一条　为加强快递市场管理，维护国家安全和公共安全，保护用户合法权益，促进快递服务健康发展，依据《中华人民共和国邮政法》及其他有关法律、行政法规的规定，制定本办法。

第二条　从事快递经营活动应当遵守本办法。

第三条　本办法所称快递，是指在承诺的时限内快速完成的寄递活动。寄递，是指将信件、包裹、印刷品等物品按照封装上的名址递送给特定个人或者单位的活动，包括收寄、分拣、运输、投递等环节。

第四条　经营快递业务的企业应当依法经营，诚实守信，公平竞争，为用户提供迅速、准确、安全、方便的快递服务。

第五条　通信自由和通信秘密受法律保护。除因国家安全或者追查刑事犯罪的需要，由公安机关、国家安全机关或者检察机关依照法律规定的程序对通信进行检查外，任何组织或者个人不得以任何理由侵犯他人的通信自由和通信秘密。

第六条　国务院邮政管理部门负责对全国快递市场实施监督管理。

省、自治区、直辖市邮政管理机构负责对本行政区域的快递市场实施监督管理。

按照国务院规定设立的省级以下邮政管理机构负责对本辖区的快递市场实施监督管理。

国务院邮政管理部门和省、自治区、直辖市邮政管理机构以及省级以下邮政管理机构（以下统称邮政管理部门）对快递市场实施监督管理，应当遵循公开、公平、公正以及鼓励竞争、促进发展的原则，规范快递服务，满足经济社会发展的需要。

第七条　邮政管理部门应当加强快递市场安全监督管理，维护寄递安全与信息安全。

第八条　快递行业协会依照法律、行政法规及其章程规定，制定快递行业规范，加强行业自律，为企业提供信息、培训等方面的服务，促进快递行业的健康发展。

第二章 经营主体

第九条　国家对快递业务实行经营许可制度。经营快递业务，应当依照《中华人民共和国邮政法》的规定，向邮政管理部门提出申请，取得快递业务经营许可；未经许可，任何单位和个人不得经营快递业务。

第十条　经营快递业务的企业应当依法在经营许可范围内从事快递经营活动，不得超越经营许可业务范围和地域范围。

邮政管理部门根据企业的服务能力对经营许可的业务范围和地域范围进行核定，并在快递业务经营许可证上予以载明。

第十一条　任何单位和个人不得伪造、涂改、冒用、租借、倒卖快递业务经营许可证。

取得快递业务经营许可的企业不得以任何方式将快递业务委托给未取得快递业务经营许可的企业经营，不得以任何方式超越经营许可范围委托经营。

第十二条　取得快递业务经营许可的企业设立分公司、营业部等非法人分支机构，凭企业法人快递业务经营许可证（副本）及所附分支机构名录，到分支机构所在地工商行政管理部门办理注册登记。企业分支机构取得营业执照之日起二十日内到所在地邮政管理部门办理备案手续。

快递业务经营许可证（副本）载明的股权关系、注册资本、经营范围、经营地域发生变更的，或者增设、撤销分支机构的，应当报邮政管理部门办理变更手续，并持变更后的快递业务经营许可证办理工商变更登记。

第十三条 快递企业进行合并、分立的，应当在合并、分立协议签订之日起二十日内，向颁发快递业务经营许可证的邮政管理部门备案。

备案应当提交以下材料：

（一）快递业务经营许可证；

（二）合并、分立协议；

（三）上一年度快递业务经营许可年度报告书。

合并、分立后新设立的企业法人经营快递业务的，应当依法取得快递业务经营许可。合并、分立涉及外商投资企业的，由国务院邮政管理部门会同商务主管部门另行规定。

第十四条 以加盟方式开展快递业务经营的，被加盟人与加盟人均应取得快递业务经营许可，加盟不得超越被加盟人的经营许可范围。被加盟人与加盟人应当签订书面协议约定双方的权利义务，明确用户合法权益发生损害后的赔偿责任。参与加盟经营的企业，应当遵守共同的服务约定，使用统一的商标、商号、快递服务运单和收费标准，统一提供跟踪查询和用户投诉处理服务。

第三章 快递服务

第十五条 经营快递业务的企业应当按照快递服务标准，规范快递业务经营活动，保障服务质量，维护用户合法权益。

（一）填写快递运单前，企业应当提醒寄件人阅读快递运单的服务合同条款，并建议寄件人对贵重物品购买保价或者保险服务；

（二）企业应当在承诺的时限内完成快件（邮件）的投递；

（三）企业应当将快件（邮件）投递到约定的收件地址和收件人（或者收件人指定的代收人）。

第十六条 经营快递业务的企业投递快件（邮件），应当告知收件人当面验收。快件（邮件）外包装完好，由收件人签字确认。外包装出现明显破损等异常情况的，企业应当告知收件人先验收内件再签收。企业与寄件人另有约定的除外。

对于网络购物、代收货款以及与用户有特殊约定的其他快件（邮件），企业应当与寄件人在合同中明确投递验收的权利义务，并提供符合约定的验收服务，验收无异议后，由收件人签字确认。

第十七条 经营快递业务的企业应当在营业场所公示或者以其他方式向社会公布其服务种类、服务时限、服务价格、赔偿、投诉处理等服务承诺事项。服务承诺事项发生变更的，企业应当及时向社会发布服务提示。

第十八条 经营快递业务的企业应

当遵循公平原则，以书面合同文本形式确定企业与用户双方的权利和义务。

对免除或者限制企业责任及涉及快件（邮件）损失赔偿的条款，应当在快递运单上以醒目的方式列出，并予以特别说明。

第十九条　在快递服务过程中，快件（邮件）发生延误、丢失、损毁和内件不符的，经营快递业务的企业应当按照与用户的约定，依法予以赔偿。

企业与用户之间未对赔偿事项进行约定的，对于购买保价的快件（邮件），应当按照保价金额赔偿。对于未购买保价的快件（邮件），按照《中华人民共和国邮政法》、《中华人民共和国合同法》等相关法律规定赔偿。

第二十条　经营快递业务的企业应当建立与用户沟通的渠道和制度，向用户提供业务咨询、查询等服务，并及时处理用户投诉。

经营快递业务的企业对邮政管理部门转办的用户申诉，应当及时妥善处理，并按照国务院邮政管理部门的规定给予答复。

第二十一条　经营快递业务的企业应当按照国家有关规定建立突发事件应急机制。发生重大服务阻断、暂停快递经营活动时，经营快递业务的企业应当按照有关规定在二十四小时内向邮政管理部门和其他有关部门报告，并向社会公告；以加盟方式开展快递业务经营的，被加盟人、加盟人应当分别向所在地邮政管理部门报告。

经营快递业务的企业在事故处理过程中，应当对所有与事故有关的资料进行记录和保存。相关资料和书面记录至少保存一年。

第二十二条　经营快递业务的企业应当妥善应对快递业务高峰期，做好业务量监测，加强全网统筹调度，及时向社会发布服务提示，认真处理用户投诉。

第二十三条　经营快递业务的企业对无法投递的快件（邮件），应当退回寄件人。

对无法投递又无法退回寄件人的快件（邮件），企业应当登记，并按照国务院邮政管理部门的规定和《快递服务》标准处理；其中无法投递又无法退回的进境国际快件（邮件），应当依照相关规定交有关部门处理。

第二十四条　经营快递业务的企业在从事快递业务的同时，向用户提供代收货款服务的，应当建立有关安全管理制度，与寄件人的合同中应当对代收货款服务的权利义务进行约定。

提供代收货款服务，涉及金融管理规定的，应当接受相关部门的监督管理。

第二十五条　经营快递业务的企业应当按照国家关于快递业务员职业技能的规定，加强快递从业人员的职业技能培训。组织符合条件的快递从业人员参加职业技能鉴定。

第二十六条　经营快递业务的企业不得实施下列行为：

（一）违反国家规定，收寄禁止寄递的物品，或者未按规定收寄限制寄递的物品；

（二）相互串通操纵市场价格，损害其他经营快递业务的企业或者用户的合法权益；

（三）冒用他人名称、商标标识和企业标识，扰乱市场经营秩序；

（四）违法扣留用户快件（邮件）；

（五）违法泄露在从事快递服务过程中知悉的用户信息；

（六）法律、法规禁止的其他行为。

第二十七条　快递从业人员不得实施下列行为：

（一）扣留、倒卖、盗窃快件（邮件）；

（二）违法泄露在提供快递服务过程中知悉的用户信息；

（三）法律、法规禁止的其他行为。

第四章 快递安全

第二十八条　任何组织和个人不得利用快递网络从事危害国家安全、社会公共利益或者他人合法权益的活动。下列物品禁止寄递：

（一）法律、行政法规禁止流通的物品；

（二）危害国家安全和社会政治稳定以及淫秽的出版物、宣传品、印刷品等；

（三）武器、弹药、麻醉药物、生化制品、传染性物品和爆炸性、易燃性、腐蚀性、放射性、毒性等危险物品；

（四）妨害公共卫生的物品；

（五）流通的各种货币；

（六）法律、行政法规和国家规定禁止寄递的其他物品。

第二十九条　经营快递业务的企业应当遵守《中华人民共和国邮政法》、《邮政行业安全监督管理办法》等相关规定，建立并严格执行收寄验视制度，加强生产安全和应急管理。

第三十条　经营快递业务的企业对不能确定安全性的可疑物品，应当要求用户出具相关部门的安全证明。用户不能出具安全证明的，不予收寄。

经营快递业务的企业收寄已出具安全证明的物品时，应当如实记录收寄物品的名称、规格、数量、重量、收寄时间、寄件人收件人名址等内容，记录保存期限应当不少于一年。

第三十一条　经营快递业务的企业接受网络购物、电视购物和邮购等经营者委托提供快递服务的，应当遵守邮政管理部门的规定，与委托方签订安全保障协议，并向颁发快递业务经营许可证的邮政管理部门备案。

第三十二条　经营快递业务的企业

设置快件处理场所，应当事先征询邮政管理部门及有关部门意见，并按照国家有关规定预留相关工作场地，其设计和建设应当符合国家安全机关和海关依法履行职责的要求。

第五章 监督管理

第三十三条　国家鼓励和引导经营快递业务的企业采用先进技术，充分利用交通运输资源，促进规模化、品牌化、网络化经营。

第三十四条　邮政管理部门应当结合邮政行业安全监督管理的实际，指导和监督经营快递业务的企业落实安全责任制，依法对经营快递业务的企业实施安全监督检查，并依照相关法律规定对妨害或者可能妨害行业安全的经营快递业务的企业进行调查和处理。

邮政管理部门应当加强对突发事件的管理。经营快递业务的企业应当定期组织开展突发事件应急演练。

第三十五条　经营快递业务的企业应当按照国务院邮政管理部门的规定，向颁发快递业务经营许可证的邮政管理部门提交年度报告书，全面、真实地报告有关情况。

第三十六条　国务院邮政管理部门建立以公众满意度、时限准时率和用户申诉率为核心的快递服务质量评价体系，定期评估测试快递行业服务水平，并向社会公告。

第三十七条　邮政管理部门指导评定机构按照“政府引导、企业自愿、客观公正、科学合理”的原则，对经营快递业务的企业开展等级评定，评定结果向社会公告。

第三十八条　邮政管理部门应当及时依法处理用户对经营快递业务的企业提出的有关服务质量的申诉，并自接到申诉之日起三十日内作出答复。

任何单位和个人有权向邮政管理部门举报违反本办法规定的行为。邮政管理部门接到举报后，应当及时依法处理。

第三十九条　邮政管理部门应当加强对经营快递业务的企业及其从业人员遵守本办法情况的监督检查。

邮政管理部门依法实施监督检查，可以采取下列措施：

（一）进入有关场所进行检查；

（二）查阅、复制有关文件、资料、凭证；

（三）约谈有关单位和人员；

（四）依照《中华人民共和国邮政法》的规定，查封与违法活动有关的场所，扣押用于违法活动的运输工具以及相关物品，对信件以外的快件（邮件）开拆检查。

第四十条　邮政管理部门工作人员应当严格按照法定程序进行监督检查。实施监督检查时，应当出示执法证件，并由两名或者两名以上工作人员共同进行。被检查单位及其有关人员应当予以配合，不得拒绝、阻碍，并对有关情况予以保密。

邮政管理部门工作人员对监督检查过程中知悉的被检查单位的技术秘密和业务秘密，应当保密。

第六章 法律责任

第四十一条 经营快递业务的企业违反快递服务标准，严重损害用户利益，由邮政管理部门责令改正，并处五千元以上三万元以下的罚款。

第四十二条 违反本办法第十条规定的，由邮政管理部门责令改正，并处五千元以上三万元以下的罚款。

第四十三条 违反本办法第十一条第二款规定的，由邮政管理部门责令改正，可以处一万元以下的罚款；情节严重的，处一万元以上三万元以下的罚款。

第四十四条 违反本办法第十四条规定的，由邮政管理部门责令改正，处五千元以上三万元以下的罚款。

第四十五条 违反本办法第十七条、第二十条、第二十一条、第三十条规定的，由邮政管理部门责令改正，并处以三千元以上三万元以下的罚款。

第四十六条 违反本办法第二十六条第一项、第五项规定的，分别依照《中华人民共和国邮政法》第七十五条、第七十六条予以处罚。涉及代收货款服务的，从重处罚。

违反本办法第二十六条第四项规定的，由邮政管理部门责令改正，对快递企业处以一万元以上三万元以下的罚款；对快递企业法定代表人或者负责人以及其他直接责任人员处以一千元以上五千元以下的罚款。

违反本办法第二十六条第二项、第三项规定的，由国家有关部门依法处理。

第四十七条 违反本办法第二十七条规定的，由邮政管理部门对快递企业处以五千元以上三万元以下的罚款；对直接责任人员处以一千元以上五千元以下的罚款；构成犯罪的，依法追究刑事责任。

第四十八条 邮政管理部门工作人员违反本办法第四十条规定的，依法给予行政处分；构成犯罪的，依法追究刑事责任。

第四十九条 拒绝、阻碍邮政管理部门及其工作人员依法履行监督检查职责的，依照《中华人民共和国邮政法》第七十七条予以处罚。

第五十条 公民、法人或者其他组织认为邮政管理部门的具体行政行为侵犯其合法权益的，可以依法向上一级邮政管理部门申请行政复议或者直接向人民法院起诉。

经营快递业务的企业逾期不履行邮政管理部门处罚决定的，由邮政管理部门申请人民法院强制执行。

第七章 附则

第五十一条 本办法自二零一三年 月 日起施行。

2.4.6 交通运输部《道路危险货物运输管理规定（征求意见稿）》

交通运输部《道路危险货物运输管理规定（征求意见稿）》

2012 年 5 月 18 日

第一章 总则

第一条 为规范道路危险货物运输市场秩序，保障人民生命财产安全，保护环境，维护道路危险货物运输各方当事人的合法权益，根据《中华人民共和国道路运输条例》和《危险化学品安全管理条例》等有关法律、行政法规，制定本规定。

第二条 从事道路危险货物运输活动的，应当遵守本规定。放射性物品、民用爆炸物品、烟花爆竹和军事危险货物运输除外。

法律、行政法规对特定种类危险货物的道路运输另有规定的，从其规定。

第三条 本规定所称危险货物，是指具有爆炸、易燃、毒害、感染、腐蚀等危险特性，在运输、储存、生产、经营、使用和处置中，容易造成人身伤亡、财产损毁或环境污染而需要特别防护的物质和物品。危险货物以列入国家标准《危险货物品名表》(GB12268) 的为准，未列入《危险货物品名表》(GB12268) 的，以有关法律、行政法规的规定或者国务院有关部门公布的结果为准。对列入《危险货物品名表》(GB12268) 的危险货物提出豁免申请的，有关单位应持国家有关部门出具的道路运输无危害证明，经交通运输部组织专家论证并批准后，可按普通货物进行道路运输。

本规定所称道路危险货物运输车辆（以下简称专用车辆），是指满足特定技术条件和要求，从事道路危险货物运输的载货汽车。

本规定所称道路危险货物运输，是指使用载货汽车通过道路运输危险货物的作业全过程。

第四条 危险货物的分类、分项、品名和品名编号应当按照国家标准《危险货物分类和品名编号》(GB6944)、《危险货物品名表》(GB12268) 执行。危险货物的危险程度依据国家标准《危险货物运输包装通用技术条件》(GB12463)，分为Ⅰ、Ⅱ、Ⅲ等级。

第五条 从事道路危险货物运输应当保障安全，依法运输，诚实信用。

第六条 国家鼓励技术力量雄厚、设备和运输条件好的大型专业危险化学品生产企业从事道路危险货物运输，鼓励道路危险货物运输企业实行集约化、专业化经营，鼓励使用厢式、罐式和集装箱等专用车辆运输危险货物。

第七条 交通运输部主管全国道路危险货物运输管理工作。

县级以上地方人民政府交通运输主管部门负责组织领导本行政区域的道路危险货物运输管理工作。

县级以上道路运输管理机构负责具体实施道路危险货物运输管理工作。

第二章 运输许可

第八条 申请从事道路危险货物运输经营的，应当具备下列条件：

（一）有符合下列要求的专用车辆及设备：

1. 车辆为企业自有，且数量为5辆以上（含牵引车）；

2. 车辆技术性能符合国家标准《营运车辆综合性能要求和检验方法》（GB18565）的要求，且技术等级达到行业标准《营运车辆技术等级划分和评定要求》（JT/T198）规定的一级技术等级；

3. 车辆外廓尺寸、轴荷和质量符合国家标准《道路车辆外廓尺寸、轴荷和质量限值》（GB1589）的要求；

4. 车辆燃料消耗量符合行业标准《营运货车燃料消耗量限值及测量方法》（JT719）的要求；

5. 配备有效的车载电话等通讯工具；

6. 自有或租借符合与经营范围、规模相适应的停车场地，停车场地应在企业注册地所在市域内。企业车辆数为5辆至10辆（含）的，停车场地面积不低于车辆正投影面积的1.5倍（若车辆为罐车，不低于车辆正投影面积的2倍）；企业车辆数为11辆至50辆（含）的，每增加1辆车，每辆车停车场面积不低于车辆正投影面积的50%；企业车辆数为50辆以上分，每增加1辆车，每辆车停车场面积不低于车辆正投影面积的20%。停车场地的设置与经营，不得妨碍居民生活和威胁公共安全。具有运输剧毒、爆炸品专用车辆的，还应当配备与其他设备、车辆、人员隔离的专用停车区域，并设立明显的警示标志；

7. 配备符合《道路运输液体危险货物罐式车辆》（GB18564）、《道路运输爆炸品和剧毒化学品车辆安全技术条件》（GB20300）等标准和“化学品安全技术说明书”、“化学品安全标签”有关安全要求的安全防护、环境保护、消防设施设备和应急救援器材；

8. 运输剧毒、爆炸品、易燃危险货物的，应当配备罐式车辆或厢式车辆、压力容器等专用容器；

9. 专用车辆应当安装使用具有行驶记录功能的卫星定位装置；

10. 罐式专用车辆的罐体应当经质量检验部门检验合格。运输爆炸品、强腐蚀性危险货物的罐式专用车辆的罐体容积不得超过20立方米，运输剧毒危险货物的罐式专用车辆的罐体容积不得超过10立方米，但运输符合国家有关标准的罐式集装箱车辆除外；

11. 运输剧毒、爆炸品、强腐蚀性危险货物的非罐式专用车辆，核定载质量不得超过10吨，但运输符合国家有关标准的非罐式集装箱车辆除外。

（二）有符合下列要求的从业人员：

1. 专用车辆的驾驶人员取得相应机动车驾驶证，年龄不超过60周岁；

2. 从事道路危险货物运输的驾驶人员、装卸管理人员、押运人员经所在地设区的市级人民政府交通主管部门考试合格，取得相应的从业资格。从业资格分为危险货物（爆炸品）、危险货物（剧毒）、危险货物（气体）、危险货物（液体）和危险货物（其他）。

3. 从事道路危险货物运输的专职安全管理人员经所在地设区的省级人民政府交通主管部门考试合格，取得相应的从业资格。

专职安全管理人员分为一级专职安全管理人员和二级专职安全管理人员。一级专职安全管理人员可在所有道路危险货物运输企业或单位从业；二级专职安全管理人员可在除剧毒、爆炸品之外的道路危险货物运输企业或单位从业；

（三）有符合下列要求的承运人责任保险：

1. 承运人责任保险是指由保险公司对被保险危险货物运输车辆发生道路交通事故造成驾驶员、押运员伤亡损失、第三者伤亡或财产损失、环境污染损失以及为消除环境污染而支付的合理、必要费用，在责任限额内予以赔偿的责任保险。

2. 运输剧毒、爆炸品的车辆，核定吨位10吨以下（含），每次保险事故保单总责任限额不低于30万元；核定吨位10吨以上，每次保险事故保单总责任限额不低于40万元；

3. 运输剧毒、爆炸品以外的危险货物的车辆，核定吨位10吨以下（含），每次保险事故保单总责任限额不低于20万元；核定吨位10吨以上，每次保险事故保单总责任限额不低于30万元。

（四）有健全的安全生产管理制度：

1. 安全生产责任制度；

2. 安全生产管理制度；

3. 安全生产作业规程；

4. 从业人员、车辆、设备及停车场地安全管理制度；

5. 有关安全生产应急预案。

第九条 符合下列条件的企事业单位，可以使用自备专用车辆从事为本单位服务的非经营性道路危险货物运输：

（一）下列企事业单位之一：

1. 省级以上安全生产监督管理部门批准设立的生产、使用、储存危险化学品的企业；

2. 有特殊需求的科研、军工、通用民航等企事业单位。

（二）具备第八条规定的条件，但自

有专用车辆的数量可以少于5辆（含牵引车）。

第十条 申请从事道路危险货物运输经营的企业，应当向所在地设区的市级道路运输管理机构提出申请，并提交以下材料：

（一）《道路危险货物运输经营申请表》（见附件1)，包括申请人基本信息、拟申请运输的危险货物范围（类别、项别、品名或剧毒等）等内容；

（二）投资人、负责人身份证明及复印件，经办人身份证明及其复印件和委托书；

（三）证明专用车辆、设备情况的材料，包括：

1. 未购置车辆、设备的，应当提交拟投入车辆承诺书。内容包括拟购车辆数量、类型、技术等级、总质量、核定载质量、车轴数以及车辆外廓尺寸；通讯工具和卫星定位装置配备；罐式专用车辆的罐体容积；运输剧毒、爆炸品、易燃危险货物的专用车核定载荷等有关情况；

2. 已购置车辆、设备的，应当提供车辆行驶证、车辆技术等级证书或者车辆技术检测合格证、罐式专用车辆的罐体检测合格证或者检测报告及复印件等有关材料；

3. 对常压罐体专用车辆，根据罐体容积和所运物质的密度，严格审核罐体载货后总质量与车辆载质量匹配情况；

（四）拟购买承运人责任保险的承诺书。内容包括拟购买的承运人责任保险范围和保险金额等有关情况；

（五）拟聘用专职安全管理人员、驾驶人员、装卸管理人员、押运人员的从业资格证及其复印件，驾驶人员的驾驶证及其复印件；

（六）具备停车场地、专用停车区域的证明材料；

（七）企业经营方案及相关安全生产管理制度文本。

第十一条 申请从事非经营性道路危险货物运输的单位，向所在地设区的市级道路运输管理机构提出申请时，除提交第十条第（三）至第（七）项规定的材料外，还应当提交以下材料：

（一）《道路危险货物运输申请表》（见附件2)，包括申请人基本信息、拟申请运输的物品范围（类别、项别、品名或剧毒等）等内容；

（二）下列形式之一的单位基本情况证明：

1. 省级以上安全生产监督管理部门颁发的危险化学品登记证明；

2. 能证明科研、军工、通用民航等企事业单位性质或者业务范围的有关材料；

（三）特殊运输需求的说明材料；

（四）经办人的身份证明及其复印件，所在单位的工作证明或者委托书。

第十二条 设区的市级道路运输管理

机构应当按照《中华人民共和国道路运输条例》和《交通行政许可实施程序规定》以及本规定规范的程序实施道路危险货物运输行政许可，并进行实地核查。

决定准予许可的，应当向被许可人出具《道路危险货物运输行政许可决定书》（见附件3），注明许可事项，许可事项为运输危险货物的类别、项别、品名或剧毒等，专用车辆数量及要求，运输性质；并在10日内向道路危险货物运输经营申请人颁发《道路运输经营许可证》，向非经营性道路危险货物运输申请人颁发《道路危险货物运输许可证》。

决定不予许可的，应当向申请人出具《不予交通行政许可决定书》。

第十三条 被许可人已获得其它道路运输经营许可的，设区的市级道路运输管理机构应当为其换发《道路运输经营许可证》，并在经营范围中加注新许可的事项。如果原《道路运输经营许可证》是由省级道路运输管理机构发放的，由原发证机关按照上述要求予以换发。

第十四条 被许可人应当按照限定的时间落实拟投入车辆承诺书。做出许可决定的道路运输管理机构已核实被许可人落实了拟投入车辆承诺书且专用车辆符合许可要求、罐体经质检部门检验合格后，应当为专用车辆配发《道路运输证》，并在《道路运输证》经营范围栏内注明允许运输危险货物的类别、项别、品名或剧毒等。其中对从事非经营性道路危险货物运输的，应当在其《道路运输证》上加盖“非经营性危险货物运输专用章”。

第十五条 道路运输管理机构不得许可一次性、临时性的道路危险货物运输。

第十六条 被许可人应当持《道路运输经营许可证》或者《道路危险货物运输许可证》依法向工商行政管理机关办理登记手续。

第十七条 中外合资、中外合作、外商独资形式投资道路危险货物运输的，应当同时遵守《外商投资道路运输业管理规定》。

第十八条 道路危险货物运输企业或者单位设立子公司从事道路危险货物运输的，应当向设立地设区的市级道路运输管理机构申请运输许可；设立分公司的，应当向设立地设区的市级道路运输管理机构报备。

第十九条 道路危险货物运输企业或者单位需要变更许可事项的，应当向原许可机关提出申请，按照本章有关许可的规定办理。

道路危险货物运输企业或者单位经许可后发生从业人员变更的，应当及时到原许可机关进行备案。

第二十条 道路危险货物运输企业或者单位终止危险货物运输业务的，应当在终止之日的30日前告知原许可机关，并在停业后10日内将《道路运输经营许可证》或者《道路危险货物运输许可证》

以及《道路运输证》交回原发放机关。

第三章 专用车辆、设备管理

第二十一条 道路危险货物运输企业或者单位应当按照《道路货物运输及站场管理规定》中有关车辆管理的规定，维护、检测、使用和管理专用车辆，确保专用车辆技术状况良好。

道路危险货物运输企业或单位和县级以上道路运输管理机构应当分别建立危险货物运输车辆技术档案和管理档案，并妥善保管。对相关内容的记载应当按照《道路货物运输及站场管理规定》执行。

第二十二条 设区的市级道路运输管理机构应当定期对专用车辆进行审验，每年审验一次。审验按照《道路货物运输及站场管理规定》进行，并增加以下审验项目：

（一）专用车辆投保危险货物承运人责任险情况；

（二）罐式专用车辆罐体质量检验情况；

（三）必需的应急处理器材和安全防护设施设备的配备情况。

第二十三条 禁止使用报废的、擅自改装的、检测不合格的、车辆技术等级达不到一级的和其他不符合国家规定的车辆从事道路危险货物运输。

除铰接列车、具有特殊装置的大型物件运输专用车辆外，严禁使用货车列车从事危险货物运输；倾卸式车辆只能运输散装硫磺、萘饼、粗蒽、煤焦沥青等危险货物。

禁止使用移动罐体（罐式集装箱除外）从事危险货物运输。

第二十四条 罐式专用车辆应当到具备道路危险货物运输车辆维修条件的企业进行维修。

第二十五条 用于装卸危险货物的机械及工、属具的技术状况应当符合行业标准《汽车运输危险货物规则》(JT617)规定的技术要求。

第二十六条 罐式专用车辆的罐体应符合《道路运输液体危险货物罐式车辆第1部分：金属常压罐体技术要求》(GB18564.1)、《道路运输液体危险货物罐式车辆第2部分：非金属常压罐体技术要求》(GB18564.2)等国家标准规定的技术条件。压力容器罐式专用车辆应当在压力容器检验合格的有效期内承运危险货物。

第四章 危险货物运输

第二十七条 危险货物托运人应当委托具有道路危险货物运输资质的企业承运。

危险货物托运人应当严格按照国家有关规定妥善包装并在外包装设置标志，并向承运人说明危险货物的品名、数量、危害、应急措施等情况。需要添加抑制剂或者稳定剂的，应当按照规定添加。

危险货物托运人托运危险化学品的

还应提交与托运的危险化学品完全一致的安全技术说明书和安全标签。

第二十八条 道路危险货物运输企业或者单位应当严格按照道路运输管理机构决定的许可事项从事道路危险货物运输活动，不得转让、出租道路危险货物运输许可证件。

严禁非经营性道路危险货物运输单位从事道路危险货物运输经营活动。

第二十九条 不得使用罐式专用车辆或者运输有毒、腐蚀性危险货物的专用车辆运输普通货物。

其他专用车辆可以从事食品、生活用品、药品、医疗器具以外的普通货物运输活动，但应当对专用车辆进行消除危险处理，确保不对普通货物造成污染、损害。

危险货物不得与普通货物混装。

第三十条 专用车辆应当按照国家标准《道路运输危险货物车辆标志》(GB13392) 的要求悬挂标志。

第三十一条 专用车辆应当根据所运危险货物的性质配备必需的应急处理器材和安全防护设施设备。

第三十二条 道路危险货物运输企业或者单位不得运输法律、行政法规禁止运输的货物。

法律、行政法规规定的限运、凭证运输货物，道路危险货物运输企业或者单位应当按照有关规定办理相关运输手续。

法律、行政法规规定托运人必须办理有关手续后方可运输的危险货物，道路危险货物运输企业应当查验有关手续齐全有效后方可承运。第三十三条 道路危险货物运输企业或者单位应当采取必要措施，防止危险货物脱落、扬散、丢失以及燃烧、爆炸、泄漏等。

第三十四条 专用车辆驾驶人员应当随车携带《道路运输证》。

第三十五条 道路危险货物运输企业或者单位应当聘用具有相应从业资格证的驾驶人员和押运人员；并根据运营需要，聘用具有相应从业资格证的装卸管理人员。

驾驶人员、装卸管理人员和押运人员上岗时应当随身携带从业资格证。

第三十六 条在道路危险货物运输过程中，除驾驶人员外，还应当在专用车辆上配备押运人员，确保危险货物处于押运人员监管之下。

第三十七条 道路危险货物运输途中，驾驶人员不得随意停车。

因住宿或者发生影响正常运输的情况，需要较长时间停车的，驾驶人员、押运人员应当设置警戒带，并采取相应的安全防范措施。运输剧毒化学品或者易制爆危险化学品的，应当向当地公安机关报告。

第三十八条 道路危险货物运输驾驶人员每日驾驶时间不得超过 8 个小时；连续驾驶 4 个小时应当停车休息至少 20

分钟；在 48 小时内，连续工作时间超过 10 小时（停车休息不超过 1 小时的，计入持续工作时间；停车休息超过 1 小时的，重新计算持续工作时间）应当至少连续休息 8 个小时；驾驶时间累积达到 50 个小时，应当休息至少 24 个小时。

第三十九条 危险货物的装卸作业应当遵守安全作业标准、规程和制度，并在装卸管理人员的现场指挥或者监控下进行。

装卸作业由危险货物托运人承担的，装卸管理人员可由托运人指派；由危险货物运输企业或单位承担的，装卸管理人员可由承运人指派，也可由托运人指派。

第四十条 严禁专用车辆违反国家有关规定和本规定超载、超限运输。道路危险货物运输企业或单位使用罐式专用车辆运输货物时，应确保罐体载货后总质量和车辆核定载质量相匹配。

第四十一条 道路危险货物运输从业人员必须熟悉有关安全生产的法规、技术标准和安全生产规章制度、安全操作规程，了解所装运危险货物的性质、危害特性、包装物或者容器的使用要求和发生意外事故时的处置措施。严格按照《汽车运输危险货物规则》（JT617）、《汽车运输、装卸危险货物作业规程》（JT618）操作，不得违章作业。

第四十二条 道路危险货物运输企业或者单位应通过岗前培训、例会制度、定期学习等方式，对从业人员进行经常性安全、职业道德和业务知识、操作规程的教育培训。教育培训的基本内容应包括：

（一）国家有关安全生产、危险货物运输管理的法律、法规；

（二）职业道德基本规范与企业从业能力要求；

（三）企业规章制度，岗位责任制度、岗位安全操作规程；

（四）企业承运危险货物的主要物理、化学特性及防护知识；防护器具、消防器材与个人防护用品的使用方法；

（五）应急预案培训及每年至少组织员工举行一次开展应急救援演练。

道路危险货物运输企业应建立从业人员学习、培训档案，每人每季度学习、培训的时间不得少于 20 课时，并做到一人一档。

第四十三条 道路危险货物运输企业或者单位应当加强安全生产管理，制定突发事件应急预案，配备应急救援人员和必要的应急救援器材、设备，严格落实各项安全制度。

第四十四条 道路危险货物运输企业或者单位应当委托具备交通运输部规定的资质条件的机构，对本企业或单位的安全管理情况每 3 年进行一次安全评估，提出安全评估报告。安全评估报告的内容和格式由交通运输部负责统一制定。

道路危险货物运输企业或者单位，

应当将安全评估报告以及整改方案的落实情况报所在地县级以上道路运输管理机构备案。

第四十五条 在危险货物运输过程中发生燃烧、爆炸、污染、中毒或者被盗、丢失、流散、泄漏等事故，驾驶人员、押运人员应当立即在现场采取一切可能的警示措施，向本运输企业或者单位和当地道路运输管理机构报告，说明事故情况、危险货物品名、危害和应急措施，并积极配合有关部门进行处置。运输企业或者单位接到事故报告后，应当按照本单位危险化学品应急预案组织救援，并向当地安全生产监督管理部门和环境保护、公安、卫生主管部门报告。

第四十六条 在危险货物装卸、保管、贮存过程中，应当根据危险货物的性质和保管要求，轻装轻卸，分区存放，堆码整齐，防止混杂、撒漏、破损，不得与普通货物混合存放。

第四十七条 道路危险货物运输企业或者单位应当为危险货物投保承运人责任险。

第四十八条道路危险货物运输企业的营运车辆异地经营（运输线路起讫点均不在企业注册地市域内）3个月以上的，应当向经营地县级以上道路运输管理机构备案并纳入管理。

第五章 专职安全管理人员管理

第四十九条 道路危险货物运输企业或者单位应当聘用具有相应从业资格证的专职安全管理人员。

自有车辆（挂车除外）小于30辆（含）的道路危险货物运输企业或者单位，应当配备至少1名专职安全管理人员；自有车辆在30辆至60辆（含）的，应当配备至少2名专职安全管理人员；自有车辆大于60辆的，应当配备至少3名专职安全管理人员，且超出部分每增加30辆，应当相应增加1名专职安全管理人员。

第五十条 专职安全管理人员应当承担下列管理职责：

（一）负责编制安全规则、制定安全生产规章制度和操作规程；

（二）保证安全管理所需资金投入；

（三）参加安全生产工作会议，对不符合安全生产的决策具有一票否决权；

（四）负责日常安全生产管理和定期安全评估工作；

（五）负责驾驶员每次运输作业的安全监督检查工作，了解驾驶员健康状况，禁止带病驾驶、疲劳驾驶；提示驾驶员在异常天气等影响安全的情况应采取的安全措施；检查和登记驾驶人员的行车记录，对不符合规定的驾驶行为提出警告和教育，对存在的安全隐患及时采取应对措施；

（六）参与驾驶人员、押运人员、装卸管理人员等从业人员的招聘和日常考核；

（七）负责从业人员的安全教育和培训工作，制定日常培训计划；

（八）负责车辆、设备管理工作，确保运输车辆和安全设施设备进行经常性维护和定期检测；

（九）负责制定事故应急预案和登记建档工作；

（十）配合相关部门及时采取突发事故的应急措施；

（十一）制止企业或单位不符合安全生产的行为；

（十二）企业或单位赋予的其他职责。

第五十一条 申请参加专职安全管理人员从业资格考试，应当具备以下条件：

（一）具有交通运输或者其他工程类专业大专以上学历；

（二）取得机动车驾驶证；

（三）具有从事3年以上货物运输等企业的安全管理相关工作；

（四）近3年内无负较大以上安全生产事故的责任。

第五十二条 拟申请参加专职安全管理人员从业资格考试的，应当向所在地省级道路运输管理机构申请，并提供符合第五十一条规定的证明材料：

（一）学历证明及复印件；

（二）机动车驾驶证复印件；

（三）从事安全管理相关工作的所在单位出具的工作经历证明；

（四）从事安全管理相关工作的所在单位出具的近3年内无负较大以上的安全生产事故责任的证明。

第五十三条 专职安全管理人员从业资格考试大纲、考试题库、考核标准、考试工作规范和程序由交通运输部统一组织编制。专职安全管理人员从业资格考试，由省级交通运输主管部门统一组织。

第五十四条 专职安全管理人员从业资格证件有效期为6年。专职安全管理人员应当在从业资格证件有效期届满30日前到原发证机关重新申请注册。

第六章 监督检查

第五十五条 道路危险货物运输监督检查按照《道路货物运输及站场管理规定》执行。

道路运输管理机构工作人员根据道路危险货物运输企业或单位上报的企业安全评估备案资料，采取抽查的方式对企业或单位进行现场查勘。

道路运输管理机构工作人员在实施道路运输监督检查过程中，对没有《道路运输证》又无法当场提供其他有效证明的危险货物运输车辆实施扣押的，按照《中华人民共和国行政强制法》执行。

第五十六条 道路运输管理机构工作人员在实施道路运输监督检查过程中，发现专用车辆有超载行为且具备安全卸载和储存条件的，应当要求驾驶人员或者押运人员到具备所运输危险货物储存条件的场所卸货。

道路危险货物运输从业人员资格证件在全国范围内通用。道路运输管理机构对异地注册的从业人员监督检查时，可以向原发证机关申请提供相应的从业资格档案资料；原发证机关应当予以配合。

第五十七条 省级交通运输管理机构的工作人员应当坚持公开、公正、公平的原则，对申请考试的专职安全管理人员进行资格审查，并按照相关规定颁发从业资格证书。县级以上交通运输管理机构应当对专职安全管理人员的从业活动进行监督检查。

第七章 法律责任

第五十八条 违反本规定，有下列情形之一的，由县级以上道路运输管理机构责令停止运输，有违法所得的，没收违法所得，并处违法所得 2 倍以上 10 倍以下的罚款；没有违法所得或者违法所得不足 2 万元的，处 3 万元以上 10 万元以下的罚款。构成犯罪的，依法追究刑事责任：

（一）未取得道路危险货物运输许可，擅自从事道路危险货物运输的；

（二）使用失效、伪造、变造、被注销等无效道路危险货物运输许可证件从事道路危险货物运输的；

（三）超越许可事项，从事道路危险货物运输的；

（四）非经营性道路危险货物运输单位从事道路危险货物运输经营的。

第五十九条 违反本规定，道路危险货物运输企业或者单位非法转让、出租道路危险货物运输许可证件的，由县级以上道路运输管理机构责令停止违法行为，收缴有关证件，处 2000 元以上 1 万元以下的罚款；有违法所得的，没收违法所得。

第六十条 违反本规定，道路危险货物运输企业或者单位有下列行为之一，由县级以上道路运输管理机构责令限期投保；拒不投保的，由原许可机关吊销《道路运输经营许可证》或者《道路危险货物运输许可证》，或者吊销相应的经营范围：

（一）未投保危险货物承运人责任险的；

（二）投保的危险货物承运人责任险已过期，未继续投保的。

第六十一条 违反本规定，道路危险货物运输企业或者单位未按规定维护和检测专用车辆的，由县级以上道路运输管理机构责令改正，处 1000 元以上 5000 元以下的罚款。

第六十二条 违反本规定，道路危险货物运输企业或者单位不按照规定携带《道路运输证》的，由县级以上道路运输管理机构责令改正，处警告或者 20 元以上 200 元以下的罚款。

第六十三条 违反本规定，道路危险货物运输企业或者单位、托运人有下列行为之一的，县级以上道路运输管理机构责令改正，处5万元以上10万元以下的罚款；拒不改正的，责令停产停业整顿；构成犯罪的，依法追究刑事责任：

（一）危险化学品道路运输企业或单位的驾驶人员、装卸管理人员、押运人员、未取得从业资格上岗作业的；

（二）托运人不向承运人说明所托运的危险化学品的种类、数量、危险特性以及发生危险情况的应急处置措施，或者未按照国家有关规定对所托运的危险化学品妥善包装并在外包装上设置相应标志的；

（三）运输危险化学品需要添加抑制剂或者稳定剂，托运人未添加或者未将有关情况告知承运人的。

第六十四条 违反本规定，道路危险货物运输企业或者单位，未根据危险化学品的危险特性采取相应的安全防护措施，或者未配备必要的防护用品和应急救援器材，县级以上道路运输管理机构责令改正，拒不改正的，责令停产停业整顿。运输货物属于危险化学品的，并处5万元以上10万元以下的罚款；运输货物属于危险化学品以外的其他危险货物，并处2万元以上3万元以下的罚款。构成犯罪的，依法追究刑事责任。

第六十五条 违反本规定，道路危险货物运输企业或者单位没有按规定对从业人员进行教育培训的，由县级以上道路运输机构责令限期整改，处1万元以上3万元以下的罚款。

第六十六条 违反本规定，道路危险货物运输企业或者单位未配备专职安全管理人员的，县级以上道路运输管理机构责令改正，可以处1万元以下的罚款；拒不改正的，危险化学品运输企业或单位处1万元以上5万元以下的罚款，危险化学品以外的其他危险货物运输企业或单位处1万元以上3万元以下的罚款。

第六十七条 违反本规定，道路危险货物运输企业或者单位、托运人有下列行为之一的，县级以上道路运输管理机构责令改正，处10万元以上20万元以下的罚款，有违法所得的，没收违法所得；拒不改正的，责令停产停业整顿；构成犯罪的，依法追究刑事责任：

（一）委托未依法取得危险货物道路运输许可、危险货物水路运输许可的企业承运危险化学品的；

（二）在托运的普通货物中夹带危险化学品，或者将危险化学品谎报或者匿报为普通货物托运的。

第六十八条 违反本规定，道路危险货物运输企业或者单位没有建立运输车辆技术档案的，由县级以上道路运输机构责令限期整改，处5000元以下的罚款。

第六十九条 违反本规定，道路危险货物运输企业或者单位没有定期进行企业或单位安全评估的，由县级以上道路运输机构责令限期整改，处5000元以下3万元以下的罚款。

第七十条 违反本规定，驾驶人员存在未执行驾驶时间、工作时间限制和休息时间要求的两次违规记录的，由原许可机关撤销驾驶人员从业资格许可，两年内不得重新报考从业资格考试。

第七十一条 违反本规定，对1年内违法超限运输超过3次的危险货物运输车辆，由原许可机关吊销其《道路运输证》；对1年内违法超限运输超过3次的驾驶人员，由原许可机关撤销驾驶人员从业资格许可，两年内不得重新报考从业资格考试；道路运输企业1年内违法超限运输车辆超过本单位危险货物运输车辆总数10%的，由原许可机关责令其停业整顿；情节严重的，吊销其《道路运输经营许可证》或《道路危险货物运输许可证》。

第七十二条 违反本规定，道路危险货物运输企业或者单位已不具备开业要求的有关安全条件、存在重大运输安全隐患的，由县级以上道路运输管理机构责令限期改正；在规定时间内不能按要求改正且情节严重的，由原许可机关吊销《道路运输经营许可证》或者《道路危险货物运输许可证》，或者吊销相应的经营范围。

第七十三条 违反本规定，道路危险货物运输企业或者单位擅自改装已取得《道路运输证》的专用车辆及罐式专用车辆罐体的，由县级以上道路运输管理机构责令改正，并处5000元以上2万元以下的罚款。

第七十四条 以欺骗、贿赂等不正当手段取得专职安全管理人员从业资格的，由执业证颁发机关予以撤销，当事人三年内不得再次申请报考。

第七十五条 专职安全管理人员有下列行为之一的，由原许可机关吊销其从业资格许可，当事人五年内不得再次申请报考；造成损失的，依法承担赔偿责任；构成犯罪的，依法追究刑事责任。

（一）准许他人以本人名义执业的；

（二）出租、出借、涂改、变造执业证和执业印章的；

（三）利用执业之便，贪污、索贿、受贿或者谋取不正当利益的；

（四）超出执业范围或者聘用单位业务范围从事执业活动的；

（五）交通运输部规定的其他违法行为。

第八章 附则

第七十六条 本规定对道路危险货物运输经营未作规定的，按照《道路货物运输及站场管理规定》执行；对非经营性道路危险货物运输未作规定的，参照《道路货物运输及站场管理规定》执行。

第七十七条 道路运输管理机构依照本规定发放的道路危险货物运输许可证件和《道路运输证》，可以收取工本费。工本费的具体收费标准由省、自治区、直辖市人民政府财政、价格主管部门会同同级交通主管部门核定。

第七十八条 本规定自2012年 月日起施行。交通部2005年发布的《道路危险货物运输管理规定》（交通部令2005年9号）同时废止。

2.4.7 2012年全国重点企业物流统计调查报告（物流业）

本次调查共收到1241家企业资料，有效报表1196家，报表有效率92%。其中，物流企业435家，占36%。

国家发展改革委经济运行调节局

国家统计局贸易外经司

中国物流与采购联合会

（2012年12月）

根据《社会物流统计核算与报表制度》要求，2012年4月至2012年12月，国家发展改革委、国家统计局和中国物流与采购联合会对2011年全国重点工业、批发和零售业企业物流状况和物流企业经营情况进行了统计调查。本次调查共收到1241家企业资料，有效报表1196家，报表有效率92%。其中，物流企业435家，占36%。

物流企业经营情况

2011年物流企业业务量和主营业务收入虽保持较快增长，但主营业务成本增速较高，主营业务利润及盈利水平下降明显。

（一）主要业务量较快增长，增速放缓

2011年物流企业主要业务量虽保持较快增长，但增幅有所放缓。物流企业货运量比上年增长11.3%，增幅同比回落8.1个百分点；货运周转量增长 7.8%，增幅回落9.7个百分点；配送量增长25.4%，增幅回落21个百分点。与此同时，装卸搬运量和流通加工量分别增长25.8%和 16.5%，增幅提高3.5和2.9个百分点。

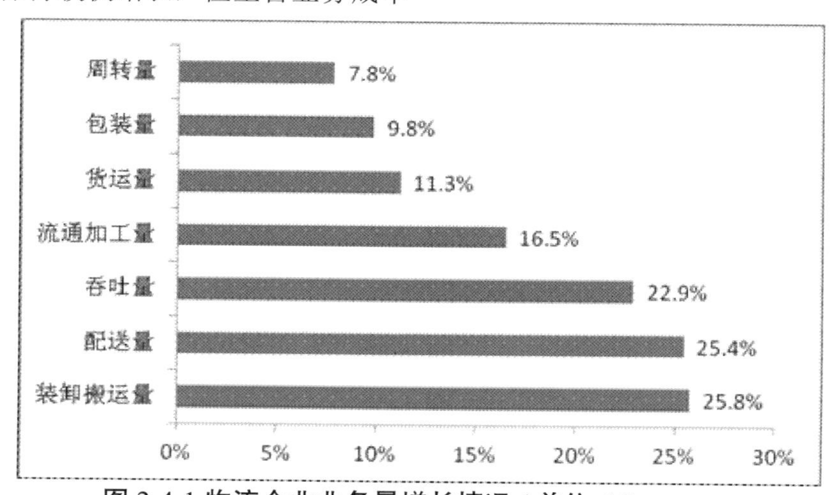

图 2-4-1 物流企业业务量增长情况（单位:%）

（二）主营业务收入保持较快增长

2011 年物流企业主营业务收入比上年增长 16.9%。其中，运输收入增长 9.6%；仓储收入增长 20.6%；配送收入和一体化物流业务收入分别增长 63.1% 和 78.3%。

运输收入增速低于主营业务收入 7.3 个百分点，但所占比重较大，直接影响主营业务收入增长 4.5 个百分点。

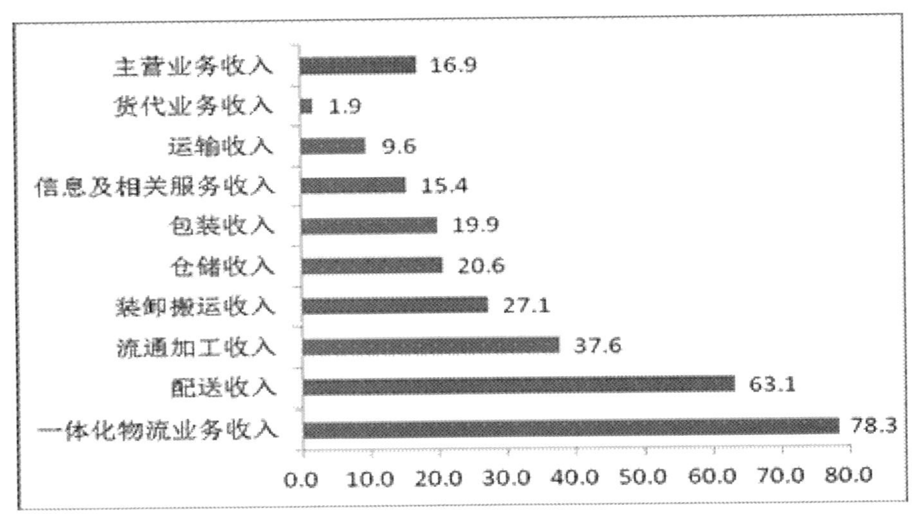

图 2-4-2 物流企业主营业务收入增长情况 (单位 :%)

从物流企业类型看，2011 年综合型物流企业主营业务收入比上年增长 23.9%，增幅同比回落 10.8 个百分点；运输型物流企业主营业务收入增长 8.8%，增幅回落 26.4 个百分点；仓储型物流企业增长 12.3%，增幅回落 9.9 个百分点。

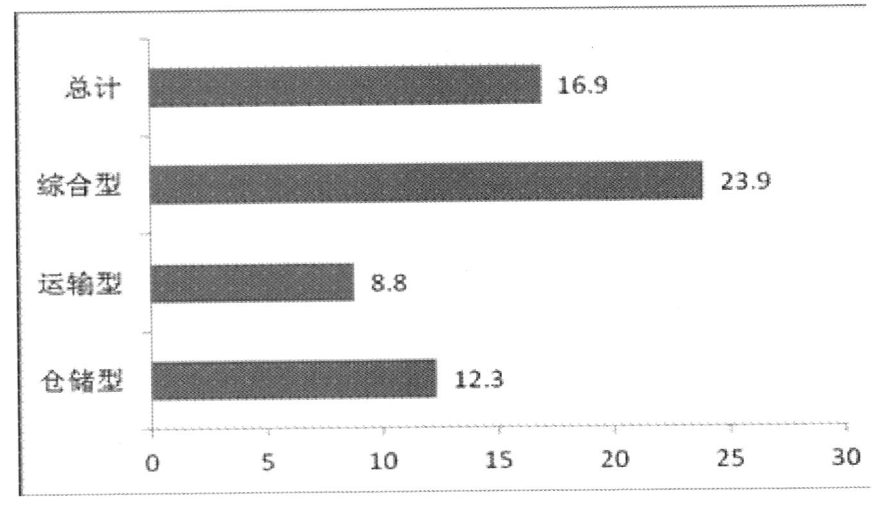

图 2-4-3 物流企业主营业务收入增长情况 (单位 :%)
(按物流企业类型分)

从登记注册类型看，2011 年内资企业主营业务收入比上年增长 18.2%；台港澳商投资企业主营业务收入下降 1.1%；外商投资企业主营业务收入增长 5.3%。在内资企业中，国有企业主营业务收入增长 15.9%；私营企业、有限责任公司主营业务收入增速均超 20%。

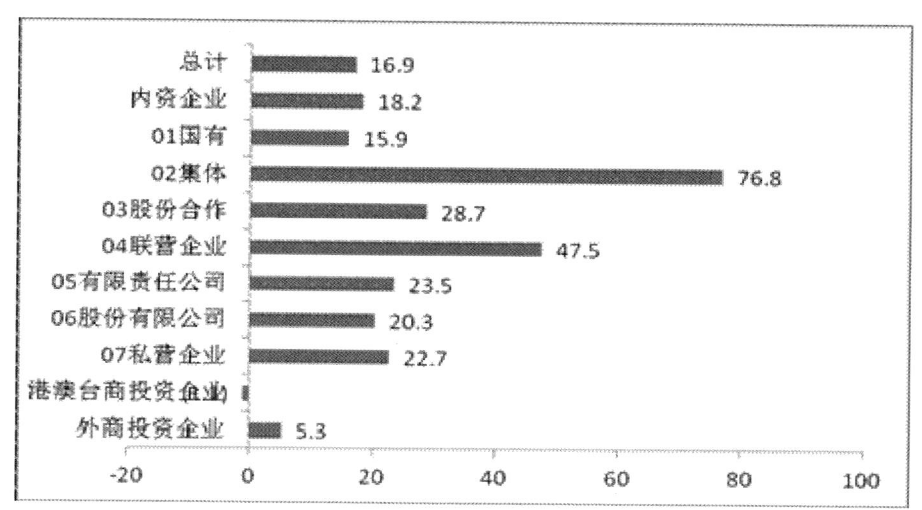

图 2-4-3 物流企业主营业务收入增长情况 (单位 :%)
(按物流企业类型分)

从登记注册类型看，2011 年内资企业主营业务收入比上年增长 18.2%；台港澳商投资企业主营业务收入下降 1.1%；外商投资企业主营业务收入增长 5.3%。在内资企业中，国有企业主营业务收入增长 15.9%；私营企业、有限责任公司主营业务收入增速均超 20%。

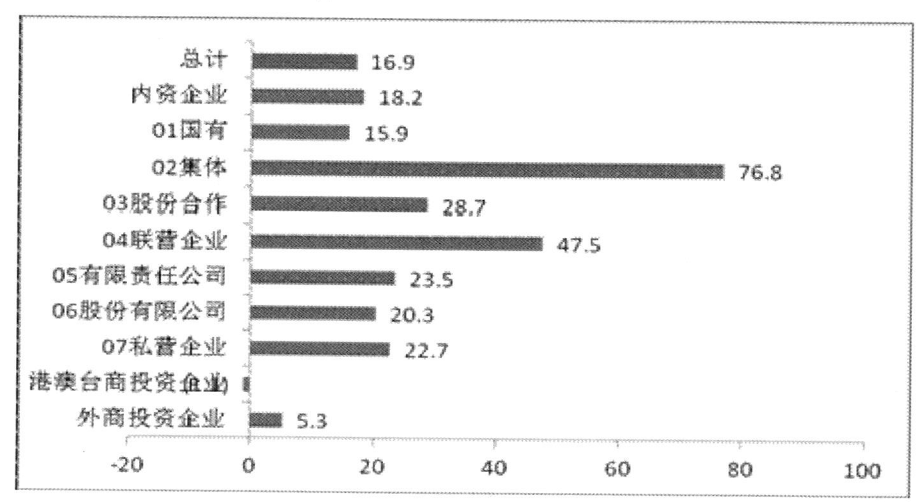

图 2-4-4 重点物流企业主营业务收入增长情况 (单位 :%)
(按登记注册类型分)

（三）主营业务成本快速增长

2011 年物流企业主营业务成本比上年增长 29%，增幅同比回落 2 个百分点。其中，运输成本增长 21.5%，增幅提高 2.3 个百分点；配送成本和一体化物流业务成本分别增长 56.6% 和 82.1%。

从物流企业类型看，仓储型企业主营业务成本比上年增长为 6%，增幅同比回落 15.6 个百分点；综合型增长 33.5%，增幅回落 8.4 个百分点；运输型企业成本增长 24%，增幅提高 2.1 个百分点。

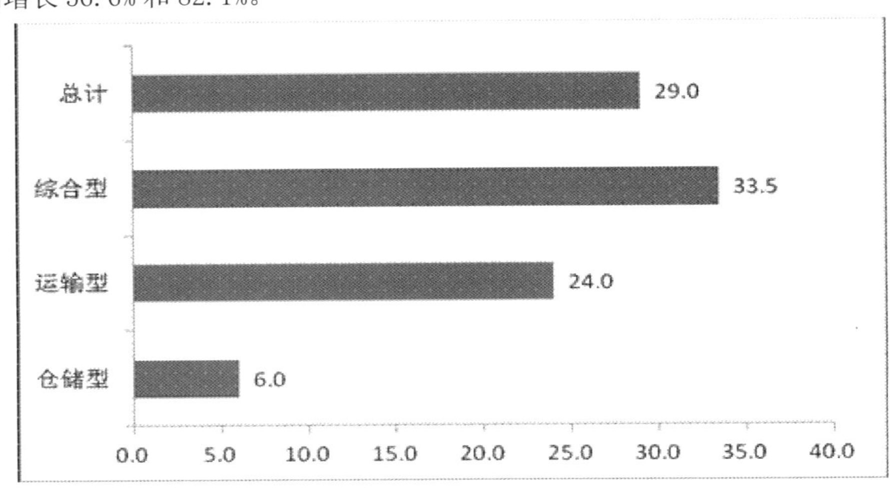

图 2-4-5 物流企业主营业务成本增长情况 (单位 :%)
（ 按物流企业类型分 ）

从登记注册类型看，内资企业主营业务成本比上年增长 31.2%；港澳台商投资企业增长 1.1%；外商投资企业增长 1%。内资企业主营业务成本增幅明显高于港澳台及外商投资企业。在内资企业中，国有企业增长 34.7%；股份合作企业增长 30.4%；有限责任公司增长 21.3%；私营企业增长 33.3%。

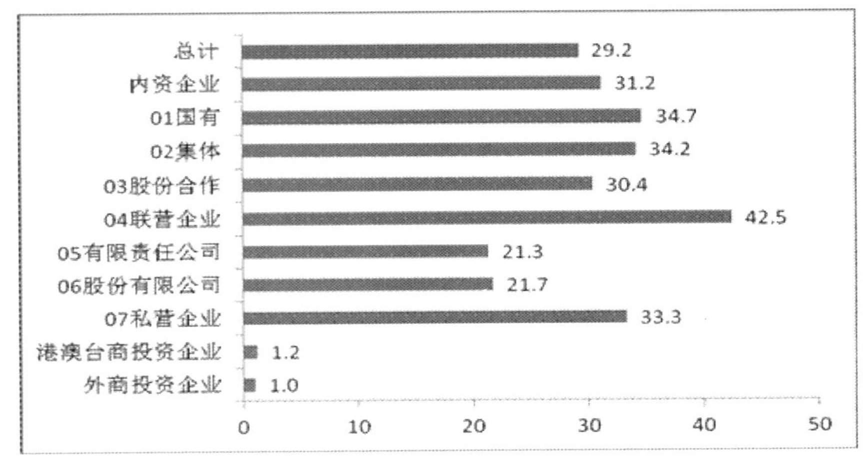

图 2-4-6 物流企业主营业务成本增长情况 (单位 :%)
（ 按登记注册类型分 ）

（四）企业资产规模持续扩大

2011 年物流企业资产规模比上年增长 14.3%，增幅同比提高 1.3 个百分点。

从不同资产规模分组情况看，资产大于 10 亿元的企业占物流企业数的 15.8%，同比提高 2 个百分点；资产小于 5000 万的企业占 38%，同比下降个 5.5 百分点。

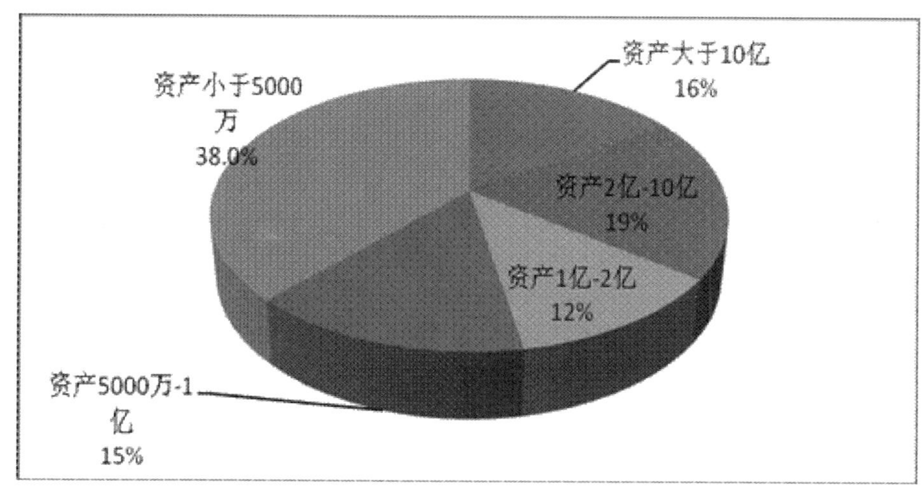

图 2-4-7 物流企业资产规模分布情况 (单位 :%)

（五）企业盈利水平明显回落

2011 年物流企业主营业务利润额比上年下降 40.1%。从物流企业类型看，2011 年仓储型企业主营业务利润额比上年增长 71.9%；综合型企业增长 9.7%；运输型企业下降 103.1%。在运输型企业中，道路运输企业主营业务利润额比上年增长 21.8%，增幅提高 5.8 个百分点，拉动主营业务利润额增长 2.0 个百分点；水上运输企业主营业务利润大幅下降 98.2%，影响物流企业主营业务利润下降 46.7 个百分点。

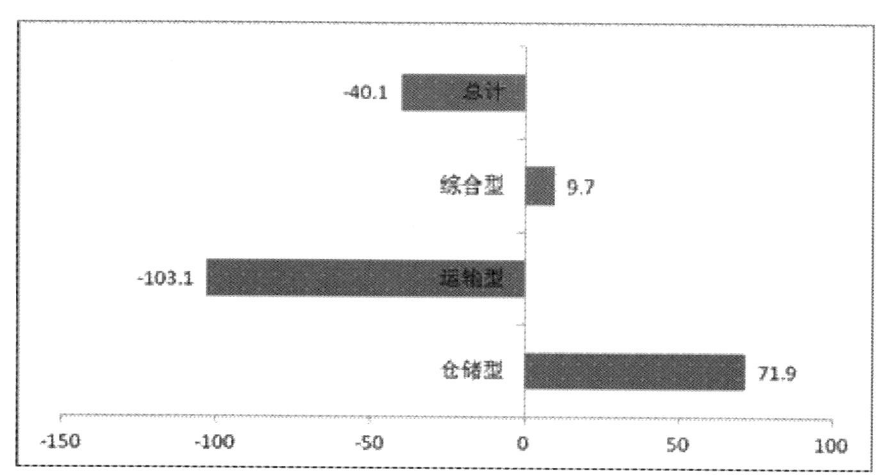

图 2-4-8 物流企业主营业务利润增长情况 (单位 :%)
(按物流企业类型分)

从登记注册类型看，内资企业主营业务利润比上年下降 47. 9%；港澳台商投资企业下降 16. 4%；而外商投资企业增长 21. 9%。在内资企业中，国有企业比上年下降 86. 4%；股份合作企业增长 13. 7%；有限责任公司增长 12. 9%；私营企业下降 1. 2%。与内资及港澳台商投资企业相比，外商投资企业虽主营业务收入增幅回落，但成本等各因素控制相对有效，主营业务利润实现较快增长。

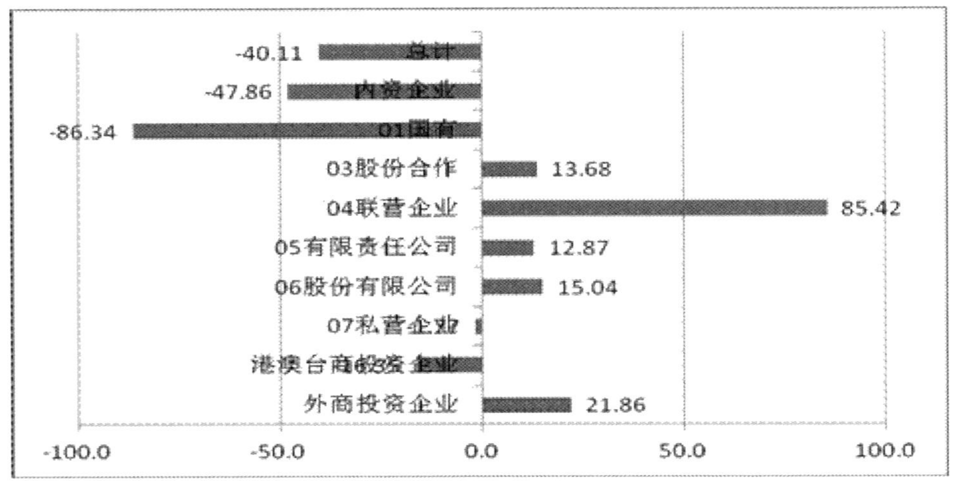

图 2-4-9 物流企业主营业务利润增长情况 (单位 :%)

（按登记注册类型分）

2011 年物流企业收入利润率为 5. 3%，比上年下降 6. 1 个百分点。

从物流企业类型看，综合型企业收入利润率为 13. 8%；仓储型企业为 8. 3%；运输型企业为 4. 2%。运输型企业中，道路运输企业为 5. 1%，；水上运输企业受水运大环境影响，收入利润率仅为 0. 2 %，大幅回落，成为影响调查企业利润率下降的主要因素；管道运输企业为 41. 6%。

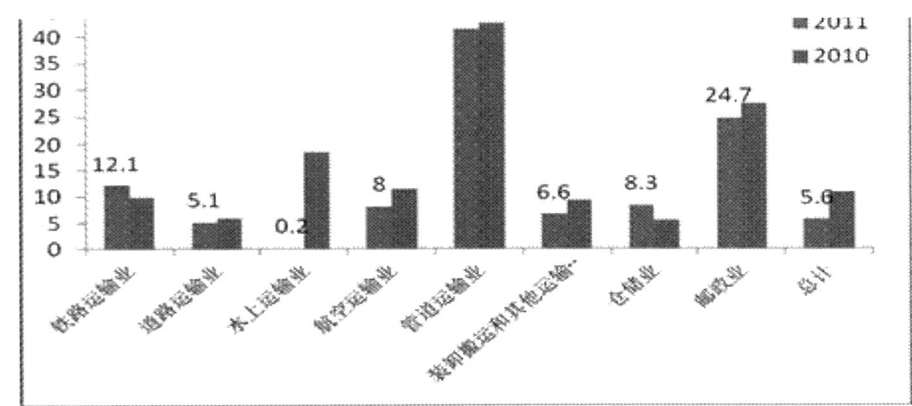

图 2-4-10 物流企业收入利润率情况 (单位 :%)

（按行业分）

2.4.8 关于减轻物流企业负担若干政策建议

关于减轻物流企业负担若干政策建议
中国物流与采购联合会 2012 年 11 月 2 日

今年以来，我国经济下行压力加大，物流业增速趋缓、成本升高、资金短缺和税费偏重等问题更加突出，物流企业普遍经营困难、效益下滑。为深入了解物流企业实际负担情况，收集反映企业诉求，进一步支持物流企业健康发展，中国物流与采购联合会面向会员单位、A 级物流企业开展了“关于减轻物流企业负担的调查”。

今年以来，我国经济下行压力加大，物流业增速趋缓、成本升高、资金短缺和税费偏重等问题更加突出，物流企业普遍经营困难、效益下滑。为深入了解物流企业实际负担情况，收集反映企业诉求，进一步支持物流企业健康发展，中国物流与采购联合会面向会员单位、A 级物流企业开展了“关于减轻物流企业负担的调查”。

在有效问卷中，按照企业所有制性质分，国有及国有控股企业占 59.3%；民营企业占 29.1%；外资和中外合资企业占 11.6%。

按照企业类型分，运输型物流企业占 12.4%；仓储型企业占 11.8%；综合型物流企业占 75.7%。

在被调查企业中，通过物流企业综合评估的企业占 61%。其中，5A 级企业占 18.5%；4A 级企业占 37%；3A 级企业占 32.4%；2A 级企业占 9.3%；1A 级企业占 2.8%。

调查显示，我国物流企业在税收、通行、用地、融资、用工等方面负担较重，企业成本增长速度快于收入增长，经营效益大幅下滑，直接影响到企业可持续发展、行业结构调整和产业转型升级。

现将有关调查情况汇总报告如下，并提出减轻物流企业负担的若干政策建议。

一、企业经营效益呈下滑态势

调查显示，2012 年上半年，被调查企业主营业务收入平均增幅为 18%，比上年下降 10 个百分点。报告主营业务收入同比增长的企业数由上年的 89% 下降为 67.5%。68.6% 的被调查企业主营业务成本有所增加，平均增幅达 20.7%，高于主营业务收入增长速度。

被调查企业主营业务收入规模

受收入下滑、成本上升影响，被调查企业经营利润大幅回落。调查显示，41.5% 的被调查企业主营业务利润同比减少，平均下滑 27.5%。企业收入利润率为

9.2%，同比降低2.8个百分点，是近年来的较低水平。

被调查企业主营业务利润水平（略）

二、物流企业负担依然较重

（一）税收政策有待全面落实

近年来，国家陆续出台了营业税差额纳税试点、营业税改征增值税试点和土地使用税减半征收等税收政策。调查显示，除营业税差额纳税试点取得积极成效外，其他税收政策还有待进一步完善和落实。

一是营业税差额纳税试点成效显著。在被调查企业中，营业税差额纳税试点企业占31.6%。调查显示，2012年上半年，试点企业平均减少重复纳税额274.5万元。其中，51.8%的企业减少重复纳税超过50万元，37.5%的企业超过100万元，12.5%的企业超过500万元，7.1%的企业超过1000万元。税收试点工作开展几年来，有效缓解了物流企业重复纳税问题，切实减轻了企业税收负担，受到普遍欢迎。

二是营业税改征增值税试点有待改进。在被调查企业中，参与营业税改征增值税试点工作的企业占18.1%。调查显示，2012年上半年，90.6%的试点企业实际缴纳增值税有一定程度的增加。与营业税体制对比计算，试点企业税负平均增加33.8%，其中交通运输服务平均增加119.7%。75%的企业税负增加10%以上，59.4%的企业税负增加超过20%，31.3%的税负增加超过50%，18.8%的税负增加超过100%。

对于税收增加的主要原因，86.5%的企业反映税率过高；70.3%的企业反映抵扣发票难以取得；67.6%的企业反映新增设备投资少。总体来看，营业税改征增值税试点工作有违物流“国九条”关于“切实减轻物流企业税收负担”的基本精神和《试点方案》提出的“改革试点行业总体税负不增加或略有下降”的指导思想。虽然一些试点地区实行了财政补贴政策，但是由于审核程序繁琐，实际执行困难很大。

三是土地使用税减半征收政策落实不够。在被调查企业中，17.5%的企业享受到土地使用税减半征收政策。调查显示，2012年上半年，享受政策的企业平均少缴纳土地使用税30.1万元。其中，58.3%的企业少缴土地使用税10万元以上，12.5%的企业少缴100万元以上。调查显示，仍有42.8%的企业认为该项政策没有达到减半征收目标。企业普遍反映，部分地区尚未启动该项政策落实工作，或对物流企业认定和政策执行人为设限，导致符合条件的企业无法享受该项政策。如，土地使用证名称必须与当地分公司名称相符，要求企业达到投资强度和税收额度，对于专业建造并出租仓储设施的企业，部分地区不给予物流企业认定等。还有的地区重新调整了土地级别，提高了土地使用税征收标准，导致政策减负效应大幅削弱。还有企业反映，部分地区将地价计入房产原值征收房产税，形成了房产占地实际上的重复纳税。

（二）运输成本和费用仍然居高不下

2011年以来，国家有关部门开展了收费公路专项清理工作，取得了一定效果。但企业普遍反映运输成本和费用仍然居高不下，物流企业道路通行负担仍处于较高水平。

一是燃油费支出压力较大。2012年上半年，被调查企业燃油费平均支出为1436.4万元，占企业运输业务收入的21.3%。68.2%的企业燃油费占运输业务收入10%以上，48.2%的企业占比20%以上，31.8%的企业占比在30%以上，11.8%的企业占比在40%以上。其中，运输型企业燃油费支出平均占运输业务收入的33.9%，部分干线运输和远洋航运企业燃油费支出占运输业务收入的近一半。

二是过路过桥费支出较高。2012年上半年，被调查企业过路过桥费平均支出841万元，占运输业务收入的12.6%。52.6%的企业过路过桥费占运输业务收入5%以上，35.9%的企业占比在10%以上，21.8%的企业占比在20%以上，10.3%的企业占比在30%以上。其中，运输型企业过路过桥费支出平均占运输业务收入的24.9%，部分大件运输、冷链运输企业过路过桥费支出占运输业务收入50%以上。

与去年同期相比，44.9%的企业认为过路过桥费变化不大，31.5%的企业认为过路过桥费不降反升，18%的企业认为有所降低，5.6%的企业认为降低较多。企业普遍反映，过路过桥吨公里收费标准提高，高速公路和国道从车型收费改为计重收费，汽车、大件等特种运输收费标准过高。

三是车辆进城通行费名目繁多。2012年上半年，被调查企业车辆进城通行费平均支出121万元，占运输业务收入的1.4%。部分专业配送、快递、冷链物流、汽车物流企业进城通行费较高，占运输业务收入3%以上。车辆进城通行费主要包括：配送车辆通行证办理费用、城市管理（建设）费、车辆进场费、停车费、特殊路段和禁区临时通行证费等。与去年同期相比，70%的企业反映车辆进城通行费变化不大，17.5%的企业认为有所上升，7.5%的企业认为大幅上升，还有5%的企业认为有所降低。

四是公路罚款问题依然突出。2012年上半年，被调查企业平均支付公路罚款89.8万元，占企业运输业务收入的0.6%。运输型企业公路罚款支出平均占运输业务收入的0.95%，部分汽车运输、大件运输企业公路罚款支出占运输业务收入的2%～3%左右。与去年同期相比，58.7%的企业认为公路罚款变化不大，20.6%的企业认为公路罚款不降反升，

15.9% 的企业认为有所降低，4.8% 的企业认为降低较多。企业普遍反映，道路限行线路过多、时段过长、设计不合理导致公路罚款成为常态，已经成为企业运输成本的一部分。尤其是部分地方路政执法随意性强，乱罚款现象仍然屡禁不止。

五是多项行政事业性收费尚未取消。根据国家取消部分涉企行政事业性收费的通知，部分道路运输收费应该按期取消。调查显示，57.5% 的被调查企业反映当地尚未取消二级维护检测收费，54.3% 的企业反映尚未取消综合性能技术等级评定（检测）收费，75% 的企业反映当地尚未取消公路超限运输赔（补）偿费，46.95% 的企业反映尚未取消特种设备运行牌照费，56.3% 的企业反映尚未取消汽车驾驶员培训行业管理费，25% 的企业反映尚未取消铁路专用线运输管理费。还有企业反映，铁路专用线维护费用和铁路道口看守费用、交通行业资格培训费用、特种作业人员年度培训费等涉企行政事业性收费尚未取消。

（三）物流用地仍然是行业发展瓶颈

随着我国城镇化加快，城市扩容改造加速，土地资源日益紧缺，物流用地急剧收缩，仓储设施短缺严重，将成为制约未来我国物流业发展的最大瓶颈之一。

一是物流用地价格持续上涨。调查显示，物流企业用地平均价格为 30.7 万元 / 亩，比去年上涨 10% 左右。其中，79.5% 的企业用地价格在 10 万元 / 亩以上，51.3% 的企业用地价格在 30 万元 / 亩以上，12.8% 的企业用地价格在 50 万元 / 亩以上。

与去年同期相比，调查企业中，48.8% 的企业认为用地价格变化不大，37.2% 的企业认为有所上升，14% 的企业认为上升幅度较大。企业普遍反映，物流用地资源稀缺、土地供应难以保障、建设规划难以落地、征地阻力日益加大，成为限制物流行业发展的瓶颈问题。一些物流企业不得不购买商业用地，导致投资成本大幅上涨，企业投资回收期大大延长，削弱了企业的市场竞争力。

二是仓库租金呈长期上涨趋势。被调查企业中，2012 年 6 月底租用的仓库平均租金为 0.96 元 / 平方米 • 天。其中，80.7% 的企业仓库租金在 0.5 元 / 平方米 • 天以上，42.1% 的企业仓库租金在 1 元 / 平方米 • 天以上，10.5% 的企业租金在 2 元 / 平方米 • 天以上。

从区域分布看，长三角、珠三角地区仓库租金普遍进入 1 元时代。从仓库类型看，保税、冷链、医药等专业化仓库租金普遍较高，部分行业超过 2 元。与去年同期相比，52.5% 的企业认为仓库租金变化不大，34.4% 的企业认为有所上升，11.5% 的企业认为上升幅度过大。企业普遍反映，随着城市扩容改造，原有物流仓库设施改作他用，而新增仓库设施受土地资源和投资周期影响严重短缺，导致城市周边仓库租金呈现长期上涨趋势。

三是城市建设配套费有所上升。2012年上半年，被调查企业城市建设配套费平均支出42.8万元，占主营业务成本的0.15%。其中，29.2%的企业城市建设配套费支出在10万元以上，12.5%的企业支出在100万元以上。

与去年同期相比，44.4%的企业认为城市建设配套费变化不大，38.9%的企业认为有所上升，5.6%的企业认为上升较大。部分企业反映，某些地区城市建设配套费中增加了地方教育税附加，或提高了城市建设配套费标准，导致企业各项费用支出有所增加。

（四）人力成本增长较快

2012年上半年，被调查企业人力成本平均支出2144万元，占企业总成本的30%。其中，74.8%的企业人力成本占企业总成本的10%以上，54.3%的企业占20%以上，41.7%的企业占30%以上，35.1%的企业占40%以上，25.8%的企业占比超过50%。部分船代、货代企业人力成本占比超过60%。与去年同期相比，企业人力成本平均增长20.5%。企业普遍反映，受政府社会保险监管力度加大、企业用工需求增加和“招工难”等多重因素影响，企业工资基数、“五险一金”标准、员工福利待遇等人力成本持续上升。

（五）融资环境没有实质性改善

在被调查企业中，78.2%的企业融资选择银行贷款，6.4%的企业选择民间借贷，1.8%的企业选择上市融资。银行贷款仍然是企业最主要的融资渠道。还有企业选择集团公司借款或内部委托贷款等方式。对于银行贷款融资，52.8%的企业反映实际贷款利率依然较高，28.1%的企业反映银行贷款不给现金而是使用承兑汇票，25.8%的企业反映银行贷款需要提供多重担保，15.7%的企业反映仍然存在存贷挂钩现象。还有企业反映贷款审批程序和手续复杂、实际融资成本高、资金使用限制多、强制搭售理财产品、贴现利率较高等问题。

对于上市融资，71.2%的企业认为门槛高，25.0%的企业认为发行成本高，1.9%的企业认为会计制度不完善，1.9%的企业认为税收制度不完善。

三、减轻物流企业负担的政策建议

为切实减轻物流企业负担，进一步做好物流“国九条”落实推进工作，结合调查问卷和我会专题调研，提出以下政策建议：

一是调整完善“营改增”试点政策。我们建议，在不改变试点方案基本框架的前提下，将“货物运输服务”从“交通运输服务”中剥离，纳入“物流辅助服务”，采用6%的税率（经测算，略高于营业税实际负担率），有效解决交通运输服务税负大幅增加的问题，也有利于促进物流一体化运作。同时，要逐步扩大抵扣范围，对于占有较大成本比例的过路过桥费、道路补偿费、保险费、房屋租金等纳入进项税抵扣范围。在当前过渡期，建议对增值税进项税采取加计扣除政策，对存量资产（非不动产）采取过渡性抵扣政策。我们强烈要求，在今后改革中，明确设立“物流综合服务”统一税目，执行统一税率、使用统一发票，以适应物流业一体化运作、网络化经营的需要。同时，积极创造条件，在解决试点中出现问题的基础上，尽快在全国全行业推行“营改增”政策。

二是切实落实土地使用税减半征收政策。我们建议，进一步明确物流企业认定范围。政策范围不仅仅局限于仓储型物流企业，凡是拥有仓储设施用地的企业均可享受该项政策。同时，应将专业建造并出租仓储设施的企业和提供仓储服务的仓库企业视同专业物流企业。对于企业享受政策不再设定附加条件和要求。凡是仓储设施占地面积在6000平方米以上的物流企业，且储存商品列入政策条文的，均可享受该项优惠政策。对于已经统一缴纳了土地使用税的专业物流企业，不再将地价再次计入房产原值征收房产税。此外，进一步明确政策执行实施细则，统一执行标准，减少和限制地方自由裁量权，使物流企业真正享受到政策实惠。

三是扩大营业税差额纳税试点范围。我们建议，在“营改增”尚未在全国推开的情况下，全面加快营业税差额纳税试点工作，放宽物流企业认定。凡是按照国家标准评估认定的A级物流企业，自动纳入税收试点企业范围。放宽试点企业纳税额限制，中西部地区物流企业可以在此基础上适当放宽。研究完善和扩大差额纳税试点办法，明确试点企业“所属企业”的范围，推行个体车辆税收代扣代缴制度。尽快研究解决仓储、配送和货运代理等环节与运输环节营业税税率不统一的问题，为“营改增”在全行业推开做好准备。

四是降低过路过桥收费标准。我们建议，进一步做好收费公路清理工作。撤并不合理收费站点，降低和统一全国收费公路计重收费标准，回购繁忙路段和收费即将到期的公路，禁止超过收费期限的公路继续收费，让公路回归“公益”性质，加强对收费公路的管理。修订《收费公路管理条例》，完善收费公路价格形成机制，规定收费公路还贷比例和期限，增强新建收费公路资本充实率，减少贷款比例。尽快制修订《大件运输管理办法》、《超限运输车辆行驶公路管理规定》，完善跨省综合协调机制，规范申报和审批程序，制定全国统一、科学合理的特种运输收费标准。全面取消涉企行政事业性收费，设立全国性的统一执法与处罚标准，推行交通与路政执法“互认”机制，坚决制止“乱收费”、“乱罚款”，并形成长效机制。

五是支持城市物流配送体系建设。我们建议，管理部门对城市配送车辆与普通货运车辆进行分类管理，将“限制所有货运车辆通行变允许城市配送车辆通行”，全面取消城市配送通行证，放开符合条件的配送车辆进城限制和通行限制，杜绝“客运车辆运输货物”问题。中等以上规模城市要将城市物流配送中心纳入城市总体功能布局规划，支持城市公共配送中心建设，完善城市物流配送服务网络。支持专业化的共同配送企业和城市配送车辆更新改造。加强城市配送停靠作业管理，规划建设配送专用卸货作业区域。开展城市物流共同配送工程，在用地紧张、交通问题突出的商业聚集区域推行共同配送方式。

六是加大物流用地保障力度。我们建议，出台物流用地强制性规划。抓紧制定全国性的物流园区发展专项规划，明确物流园区规划布局的基本原则和标准，严格相应的约束机制。实行严格的用途管制。把物流用地纳入城市总体规划。根据城市物流需求，确保物流园区、配送中心等仓储类物流设施的用地需要。对于既有物流用地，不得随意变更用地性质和规模，不得因为地价升高，强制物流用地无限度外迁。对新建物流设施用地做出硬性规定，只能用于物流服务活动，不得改变用途或转租。为有效减轻企业一次性投资压力，建议参照国外物流用地模式，推行租地建库方式。地方政府不再将土地50年使用权一次性出让给物流企业，而是采取租赁方式，即在适合建设物流设施的地区统一规划建设物流园区，土地属国有，用途为物流，企业可租地建库，政府可用租金调节供需。

七是开展物流产业基金试点。我们建议，积极推进物流产业基金试点工作。募集来自金融机构及大中型国有企业、民营企业及私人的多元化投资，按照“专家管理、组合投资、利益共享、风险共担”的原则进行运营，集中投资于符合规划的物流园区、物流中心、配送中心、仓储设施等物流设施建设和运营项目，通过兼并、收购、参股、控股等多种方式，提高物流设施的集中度和规范性，改变现有资源过于分散和持续短缺的局面，搭建覆盖全国的现代化物流服务节点网络，有效降低社会物流成本，提高物流运作效率。

八是优化物流企业融资环境。我们建议，金融机构要简化贷款程序、明确担保条件，限制承兑汇票的使用，取消存贷挂钩、搭售理财产品等附加条件，坚决制止收取除贷款利息以外的任何费用。适当增加金融机构面向中小微物流企业网络建设项目的贷款比重。对物流企业在股票上市、债券发行方面给予支持。降低企业准入门槛和股票发行成本，完善物流税收制度和会计制度，允许有发展潜力的物流企业发行长期债券，鼓励其推进股票上市。鼓励中小型物流企业在创业板市场发行股票融资。加大财政支持力度。对纳入城市建设规划物流基础设施给予优先贷款和财政贴息，支持物流服务节点网络建设。此外，要支持物流行业诚信体系和担保机制建设。

九是提高从业人员生活保障和职业技能。我们建议，提高物流从业人员生活保障，扩大社会保险覆盖范围。支持社会配套设施的建设，做好物流从业人员尤其是农民工住房、交通、医疗、子女教育、文化娱乐等配套设施的规划和建设。做好从业人员职业技能培训，加快高技能人才队伍建设，提高从业人员就业素质，重点解决岗位需求与从业人员技能素质不匹配问题，大幅提升工作效率，稳步提升人员工资水平。加强物流劳动力市场建设，规范从业人员求职、用人单位招聘和职业中介行为，促进劳动力就业的稳定与发展。

十是改革我国物流业管理体制。几年来的实践表明，没有一个专门的行政管理机构，物流政策难以落实。建议在下届政府机构改革中，参照能源和粮食管理体制，设立国家物流管理局。统筹协调全国物流业发展工作。各省市建立相应机构，承担相应职能。同时，加强物流业政策及法规体系建设，推动物流业立法工作。从国民经济行业分类、产业统计、工商注册、土地使用及税目设立等方面明确物流业类别，真正落实物流业的产业地位。

2.4.9 上海市交通运输和港口管理局《上海市停车场（库）管理办法》修订内容解读

上海市交通运输和港口管理局《上海市停车场（库）管理办法》修订内容解读

新修订的《上海市停车场（库）管理办法》（以下简称《办法）》）已由市政府常务会议审议通过，并以第 85 号政府令公布，自 2013 年 1 月 1 日起施行。

为了便于公众和相关行政管理部门及相关单位更好地理解新《办法》的有关内容，现就《办法》修改的背景、必要性、主要内容等方面作如下解读。

一、修改的背景及必要性

停车场（库）是城市静态交通体系的重要组成部分，与人民群众的日常出行密切相关。加强对本市停车场（库）规划、建设和管理，是改善城市停车环境，缓解“停车难”矛盾，提高综合交通管理水平的必然要求。2005年1月，市政府颁布了《上海市停车场（库）管理办法》。《办法》实施以来，对于规范停车场（库）经营和管理行为，促进停车行业的健康发展发挥了重要作用。截至2011年底，本市共有公共停车场（库）经营企业2032户、场（库）数量2137家、经营总泊位36.6万个，全年停放车次约为1.4亿辆次；本市在除崇明县外其他17个区的610条路段设置了道路停车场，道路停车泊位21750个，全年停放车次为1142.9万辆次，收费协管员2037人。

近年来，本市汽车保有量持续、快速增长，截至2011年底，全市汽车保有量193.7万辆，其中私人小汽车数量达到120万辆。停车需求也伴随着汽车数量的增长而增长，中心城区停车矛盾日益显现，对本市停车场（库）规划、建设和管理工作提出了新的要求。特别是在理顺中心城区停车管理体制、完善专用停车场（库）建设审核、明确公共换乘停车场（库）收费政策、推进停车资源错时利用等方面，都需要通过修订《办法》予以完善。

二、《办法》的主要修订内容

（一）理顺了市中心区停车管理体制。2005年11月，本市实施了城市交通管理体制改革，市中心区实施市一级管理，市中心区的陆上运输管理所被撤销，但明确静态交通领域可委托区交通行政主管部门具体实施。从2006年1月起，九个市中心区实际履行了停车场（库）管理（除行政处罚外）的职责。为此，《办法》第三条第二款规定，“区（县）交通行政主管部门按照规定职责，负责其管辖范围内停车场（库）的监督管理”，从而在全市范围内形成了停车管理的两级管理体制。

（二）完善建设项目配建停车场（库）建设的审核和验收制度。原《办法》只规定交通行政主管部门参与公共停车场（库）建设审核和规划验收，没有明确其对专用停车场（库）建设的相应职权。实践中，许多建设项目中的配建停车场（库）以专用停车场（库）名义上报，规避了建设审核环节，导致出现停车泊位配建不足、通道过窄等问题。对此，《办法》明确，交通行政主管部门全面参与公共停车场（库）和专用停车场（库）建设的审核和验收，填补了专用停车场（库）建设的审核和验收空白，以避免出现停车泊位配建不足等问题。此外，为了保证已建成停车场（库）严格用于停车用途，《办法》对擅自将停车场（库）挪作他用的行为设定了罚则。

（三）强化临时停车场设立和运营管理，避免对周围环境造成不利影响。本市中心区停车矛盾比较突出，利用临时性建筑空地、储备用地及居住区闲置土地等设立临时停车场，对短期性缓和“停车难”有一定的作用。但是，目前临时停车场设立无须经过规划、建设审批环节，且设施、设备比较简陋，易引发交通、噪声、消防等方面的问题，从而对周边居民正常生活造成不良影响。对此，《办法》针对性地作了三方面规定：一是利用闲置空地开设经营性临时停车场的，应当按照本办法规定办理备案手续；二是经营者办理备案手续前，应当对临时停车场的消防条件以及对周边交通、环境的影响进行评估，评估报告以及听取意见的情况应当在办理备案手续时一并向备案部门提交；三是明确经营者应当遵守公共停车场（库）停车服务规范中的有关规定。

（四）规范公共交通换乘停车场（库）建设和运营，缓解中心城区交通压力。目前，本市已建成包括6个公共交通换乘停车场（库）（以下称P+R停车场），在减轻中心区交通压力方面发挥了积极作用。由于P+R停车场前期投入较大，但执行较低的政府定价，具有一定的社会公益性质，需要明确财政补贴等相关政策，以促进其正常运营和持续发展。为此，《办法》明确，新建公共交通枢纽应当根据本市综合客运交通枢纽规划，配套建设P+R停车场。P+R停车场实行政府定价，并按照市交通行政主管部门和市财政部门的规定享受相应的财政补贴。

（五）推进停车资源错时利用，切实缓解“停车难”问题。目前，本市“停车难”不仅已成为一个交通问题，也已成为一个社会性问题，一些地方正在探索停车资源错时利用工作，但难度很大，成功案例较少。这一方面是由于该项工作涉及多方利益协调，操作比较困难有关，同时也与政府部门的政策方针、有效介入不足有关。为了有序、规范实施停车资源错时利用工作，《办法》针对两种类型错时利用作了专门规定：一是对住宅小区与商务楼宇等之间可能存在的停车位利用时间差现象，明确可实施错时利用的政策原则，并规定了市、区、乡（镇）三级政府部门的具体推进职责。市交通行政主管部门等有关部门负责制定停车资源共享工作的指导性意见；区（县）人民政府建立停车资源共享协调制度，制定停车资源共享计划；乡（镇）人民政府、街道办事处组织指导制定区域停车场（库）资源共享方案和签订共享协议。二是明确可根据街道社区的具体情况，利用道路空间资源开设时段性道路停车场，规定了具体操作程序：乡（镇）人民政府、街道办事处可以提出道路停车方案，经区（县）公安交通等管理部门同意后实施。

（六）完善法律责任，加大处罚力度。

针对停车执法，特别是道路停车执法难的问题，《办法》对法律责任作修改完善。一是删除了警告这一罚种；二是对驾驶员不按规定支付道路停车费、超时停车的，规定了责令补交停车费，并处以罚款。无法查实机动车驾驶员身份的，可以要求机动车所有人通知违法行为人在规定的时间内到指定地点接受处理。对仍不来接受处理的，应当将机动车驾驶员不按规定支付停车费的信息纳入本市个人信用征信系统；三是对擅自将单独建设的公共停车场（库）挪作他用的，规定由交通行政主管部门处以 3 万元以上 10 万元以下的罚款；四是增加了对道路停车场管理者不遵守相关服务规范的处罚。

2.4.10 专访上海市交通和港口管理局局长孙建平—— 推进内河高等级航道建设，打造水上高速公路

专访上海市交通和港口管理局局长孙建平
—— 推进内河高等级航道建设，打造水上高速公路

2013 年 6 月 27 日

【主持人】内河水运是上海国际航运中心集疏运体系和城乡综合交通系统的重要组成部分。国务院、上海市政府对加快内河水运发展高度重视，已将加快内河水运发展纳入国民经济和社会发展“十二五”规划，并于 2011 年先后出台了指导意见及其贯彻实施意见。本期访谈，我们邀请到上海市交通运输和港口管理局孙建平局长与大家在线交流。孙局长您好！

【孙建平】你好，主持人。

【主持人】据了解，上海市成立了分管副市长担任组长的内河水运发展领导小组，工作成效也逐步体现。请孙局长具体介绍一下 2012 年内河航道建设完成情况。

【孙建平】好的。上海管辖的内河航道共 2141.0 公里。其中，内河航道 196 条、2066 公里，黄浦江下游段（开放水域）航道 75 公里。至 2012 年底，全市内河Ⅲ级及以上高等级航道里程 152.0 公里，占全市内河通航里程的 7.1%。全市共有水路运输企业 263 家，水路运输服务企业 345 家，营运性地方运力 1478 艘，同比上升 1.6%；内河辖区港口经营单位 1327 户，共完成货物吞吐量 9819.0 万吨，其中危险品 177.6 万吨。

【主持人】孙局长，在基础设施建设、航道养护管理、船舶运力结构等方面都开展了哪些工作呢？

【孙建平】主要开展了九个方面的工作。

一是推进基础设施建设。根据2011年交通运输部与上海等沿长江七省二市签署的《“十二五”期长江黄金水道建设总体推进方案》（以下简称《推进方案》），上海承担着长江黄金水道主要支流航道，即本市内河高等级航道及配套港区的建设任务。规划到2015年，Ⅲ级（1000吨级）及以上内河航道达到220km，占全市内河通航里程比例提高到10%以上；基本建立“连接苏浙、对接海港”的上海国际航运中心内河集疏运体系框架。

“十二五”期间，上海有7条内河航道、2个内河港区建设列入《推进方案》，即按Ⅲ级航道标准整治杭申线、黄浦江（泖港段）、大芦线（大治河段）、长湖申线、苏申内港线（蕴东闸以东段）航道，按Ⅳ级（500吨级）航道标准整治平申线、赵家沟东段航道；按停靠1000吨级船舶标准实施芦潮港、外高桥内河港区一期工程。此外，完成赵家沟、大芦线一期（临港新城段）工程收尾工作。

二是加强航道养护管理。按照管办分离的原则，完善航道维护机制。我局负责内河航道维护计划编制、工程监管和竣工验收；同盛集团负责工程实施的代建。2011年度延续与2012年新增航道维护任务全部顺利完成，疏浚北沙港、练祁河、龙泉港等9条内河航道、疏浚土方140万立方米，共计改善航道75.5公里，提高了航道安全通过能力。

三是优化船舶运力结构。上海市注册的地方航运企业各类国内航运船舶共计1410艘，符合《推进长江干线船型标准化实施方案》有关拆解要求的本市老旧船舶共340艘。至2012年12月底，已核准拆解船舶24艘，共计4850总吨/6121载重吨；已有19艘老旧船完成拆解，总计4475总吨/5494载重吨。中央补贴资金累计预拨1030万元，地方配套资金1030万元，共计2060万元；并参加了交通运输部内河运输船舶标准船型指标体系研究，指导航运企业发展标准船型。

四是建立支持保障系统。积极推进内河水上搜救中心及闵行、嘉定、奉贤分中心建设，完善应急救助体系。苏申外港线、杭申线工程有关视频监控内容交工验收。开展本市内河首次交通、水务、环保、公安、青浦区等跨部门大型应急救助综合演练。《上海市内河社会应急响应力量征用补贴管理办法（试行）》已发布，鼓励社会力量参与水上应急搜救行动。内河交通事故应急救援专家组成员调整工作已完成。同时，摸清内河交通标志布设情况，并实施了交通安全标志设置、航标改造工程。

五是制定地方标准规范。依据国家有关法规、标准，编制了《内河航道信息化设施设置规范》和《内河航道工程设计规范》等地方标准，以及水上公共交通客运服务、港口设施建设工程设计审查和竣工验收、涉水工程通航安全影响论证审查等本市行业管理规范，加强水上客运管理，规范港口建设和通航影响论证工作；也组织开展了《上海市内河航道养护标准与考核指标体系研究》和《主要干线航道船流密度及货物通过量抽样调查研究》等专题研究，形成航道设施养护、管理和考核的行业标准，或作为内河航道规划、建设和管理的技术支撑。

六是扶持中小水运企业。针对一些中小水运企业规模小、融资难的问题，加强与有关部门的沟通和配合，规范和优化船舶登记业务流程，打造船舶抵押融资“绿色通道”，并帮助船东了解有关政策信息，去年已为19家船舶营运公司进行了145艘次船舶抵押登记，贷款金额达14.66亿元；按照国家有关规定，市财政、物价、交通、水务部门对本市小型微型水运企业免征货物港务费和船舶过闸费。

七是促进水上旅游发展。苏州河水上旅游2012年4月28日复航以来，至年底已有8艘旅游船投入运营，共接待游客12869人次，运力尚有富余。为促进其发展，我局会同市相关部门和沿河区政府，修订了《苏州河水上客运管理规定》，并组织编制了《苏州河水上旅游码头布局规划》，合理布局沿岸旅游码头，以“水陆联动”为特色，整合相关水上旅游资源，带动沿河地区转型发展，规划已广泛征求公众、沿河区政府和市相关部门意见，进一步完善后将上报市政府审批。同时，完成了区县水上旅游市场的调查摸底，协助企业申报开辟水路客运航线，加快区县水上旅游市场的开发和培育。

八是防治内河船舶污染。开展本市内河水域船舶污染防治工作、船舶污染防治应急能力规划建设研究，完善内河水域船舶污染物接收机制。为保护黄浦江上游水域环境，实行危险品运输船舶在长湖申线（太浦河）禁航的管理措施，并研发、推广环卫集装箱等标准船型，2012年通过内河水域垃圾326万吨，60.5%实现集装箱运输（约13.2万TEU)；在本市内河各主要通航水域设立船舶污染物规范接收点14个，初步拟定了船舶垃圾回收鼓励机制；通过在签证点设置航次投保点、加强对危险品船舶监管等措施，推荐内河船舶投保工作，截至2012年底，已有421艘船舶投保年度险，年保费超过240万元；同时，已设立了19个航次保险投保点，累计保费约385万元。

九是协调区域水运管理。发挥交通运输部、江苏、浙江、上海共同参加的港航联席会议、毗邻海事联席会议等机制作用，沟通、协调内河航道规划、建设有关事宜，探索长三角地区事故责任船员及违纪船员信息共享，并加强船员跟踪管理。制定了《关于进一步推进长三角地区交通运输区域合作的意见》，并对本市和江浙两省内河集装箱运输发展、船闸运行管理和文明样板航道创建等进行深入调研，推动解决内河集装箱运输发展中的问题。

【主持人】我们知道，过去五年上海市交通运输和港口管理局围绕打造“水上高速公路”、建立内河集疏运体系，推进内河水运加快发展做了很多工作。您能否介绍一下工作内容？

【孙建平】一是规划体系初步建立。本市完成了《上海市内河港区布局规划2007～2020》、《“一环十射”航道水系蓝线规划》和芦潮港、外高桥内河港区控详规划等多项专业规划，初步建立了涵盖港口与航道、由不同层位规划组成的规划体系。其中，内河主干航道和近期建设的港口、船闸和省界检查站等港航设施规划落地。

二是航道建设取得突破。至2012年底，苏申外港线、黄浦江（泖港段）航道整治工程完工，上海内河Ⅲ级及以上高等级航道里程达到152.0公里，比2005年增加70公里，占全市内河通航里程比例提高到7.1%；内河Ⅲ级及以上航道达标率从2005年的26.3%提升至2011年的49.0%，通过能力显著提升。

三是投资政策不断改善。交通基础设施建设投资向内河水运倾斜，至2012年底，交通运输部累计安排15.72亿元支持上海内河航道建设，并将进一步提高“十二五”期间补贴资金比例至工程费用的30～50%；内河航道建设前期动迁政策（市区分担比例）调整，市承担比例从原来的25%提高至75%，区承担25%，进一步调动区县积极性；内河航道纳入上海城市维护体系，燃油税返还资金和城市维护资金基本保障内河航道养护需要；建立了有资质的第三方核定工程前期动迁费的工作机制；大芦线西枢纽新建二线船闸从水利项目调整为航道建设项目，适用内河航道建设相关投资政策和推进机制。

四是法规体系逐步健全。《上海市乡镇渡口管理办法》《上海市小型客运船舶经营资质管理办法》和《上海港口设施建设工程设计许可实施办法》等法规、规范性文件颁布施行，提高了对乡镇渡口、小型客船、危险货物运输、中央补贴资金管理等行业管理法制化水平。港口管理体制改革和行政审批改革继续深化，区管航道上的港口岸线使用、通航影响论证等下放区县审批，并出台指导性文件。

五是水路运输平稳发展。随着上海经济社会快速发展和城镇化水平不断提高，内河货物通过量持续增长，2012 年达到 1.61 亿吨（不含长江、黄浦江巨潮港以下河段），比 2007 年增长 8.7%，年均增幅约 1.7%；内河码头泊位 1984 个，泊位长度 116.8 公里，港口吞吐量从 2007 年的 6896 万吨增长到 2012 年的 9819 万吨，年均增幅约 7.3%，保障了城市平稳有序运行和世博会成功举办。

六是信息网络框架形成。本市实现对浦东川杨河全程、黄浦江上游松江段、苏州河下游段的全程监控；海事巡逻车、巡逻艇和上海籍内河危险品船舶已安装 GPS，并实现长三角危险品船舶信息联网；内河航道地理信息系统、移动政务平台和航务管理中心数据库建成。

此外，内河航运信息化、生态护岸建设和跨黄浦江同三国道特大桥顶升关键技术等课题研究及其成果应用，提高了行业科技水平和创新能力。

【主持人】孙局长，内河航道建设目前面临什么样的形势？下一步工作思路是什么？

【孙建平】 2012 年，上海港完成 3252.9 万 TEU，上海港国际标准集装箱吞吐量连续三年位居全球第一，迫切需要按照 2009 年国务院《关于推进上海加快发展现代服务业和先进制造业、建设国际金融中心和国际航运中心的意见》，加快完善航运集疏运体系。

由于内河航道港口项目建设涉及面广，内容繁多，技术复杂，投资额大，需要进行深入的技术经济论证和多方反复协调，前期工作量大，有待于进一步加快推进；短时期内对地区经济促进不明显等因素，项目在推进中有的区积极性不高，往往存在征地动迁难、项目进度和投资难以控制、配套项目和设施建设脱节等问题。此外，由于规划及政策上的限制，还存在内外港未有效衔接、航道与港区建设脱节、集装箱运输发展跟不上航道建设进度等问题，使得建设投资效益得不到及时、有效、充分地发挥。

下一步优化集疏运体系的突破点在于：内河港区应与海港进一步有效对接，增强内河航运的竞争优势和集疏运功能，并推进航道、港口、船舶、支持保障系统等内河航运基本要素进一步协调发展。

【主持人】孙局长，2013 年的重点工作是什么？

【孙建平】一是加快重要航道和港区建设。加快大芦线（大治河段）、长湖申线和平申线、赵家沟东段等内河高等级航道建设。推进外高桥、芦潮港内河港区建设和运行。

二是推动内河集装箱运输“弃陆走水”。优化内河水运市场培育所需要的金融、保险以及法制等环境。出台促进长三角地区内河集装箱市场联动发展的政策，推动区域内河集装箱运输及相关服务市场一体化。鼓励建设内河集装箱运输公共服务点，形成适度竞争的市场。优化运力结构，继续推进长江干线船型标准化老旧船舶拆解工作，积极推广船型标准化、大型化、专业化。

三是促进内河水运产业发展。以贯彻落实交通运输部《关于完善管理促进国内航运业健康平稳发展的意见》为契机，维护港航及其相关服务业市场的健康和稳定运行。紧密关注行业发展态势，为中小困难企业提供多元化和个性化服务，扶持优质中小企业渡过难关。进一步发展船舶管理、船货代理、海事服务、船员服务以及航运交易、经纪、资讯、金融、保险和法律等衍生服务业，重点是大力推进并规范船舶污染责任保险。

四是强化港航行政管理职能。加强航运市场监管，引导合理配置运力，落实运价备案制度，完善航运业诚信管理体系，完善船舶港口服务业的市场准入和日常监管。持续推进“两型”港口建设，探索建立符合上海港特点的“两型”港口规范标准体系。完善港口危险货物作业安全监管，规范内河港口经营许可，加大无证经营内河码头整治。 加强水上交通安全管理和工程建设领域突出问题治理，提高安全质量监管水平，保持内河水域通航安全稳定的有序局面。

【主持人】非常感谢孙局长为我们介绍上海内河航道建设情况，本期访谈到此结束！再见。

（中国交通报）

第三篇　物流基础领域和基础设施

3.1 概述

3.1.1《2012年上海市国民经济和社会发展统计公报》（交通运输、仓储和邮政业部分节录）

《2012年上海市国民经济和社会发展统计公报》
（交通运输、仓储和邮政业部分节录）

全年实现交通运输、仓储和邮政业增加值895.31亿元，比上年增长5%。

全年各种运输方式完成货物运输总量94376.25万吨，比上年增长1.1%。（见表3-1-1）。

表 3-1-1 2012 年货物运输量及其增长速度

指 标	单 位	绝对值	比上年增长 / (%)
货物运输量	万吨	94376.25	1.1
铁 路	万吨	825.29	-7.0
水 运	万吨	50302.00	1.8
公 路	万吨	42911.00	0.5
机 场	万吨	337.96	-4.5

全年上海港口货物吞吐量达到 7.36 亿吨，比上年增长 1.1%。全年港口集装箱吞吐量 3252.94 万国际标准箱，增长 2.5%。集装箱水水中转比例达到 42.8%，比上年提高 1.7 个百分点。上海浦东、虹桥两大国际机场全年共起降航班 59.67 万架次，增长 4%。全年完成邮政业务总量 52.61 亿元，比上年增长 3.2%。

3.1.2《上海市 2012 年国民经济和社会发展计划执行情况与 2013 年国民经济和社会发展计划草案的报告》（2012 年国际航运中心建设内容节录）

《上海市 2012 年国民经济和社会发展计划执行情况与 2013 年国民经济和社会发展计划草案的报告》（2012 年国际航运中心建设内容节录）

2012 年，上海的国际航运中心服务功能进一步提升。国际航运发展综合试验区建设取得重要突破，启运港退税、洋山港保税船舶登记、期货保税仓单质押融资、国际中转集拼等试点启动实施，单机单船融资租赁试点顺利推进，租赁资产规模超过 25 亿美元。航运服务便利化水平不断提高，口岸进出口货物“通关单无纸化”全面推广，上海国际航运服务中心正式启用。航运集疏运体系进一步完善，上海港国际标准集装箱吞吐量连续三年位居全球第一，浦东机场货邮吞吐量连续四年保持全球第三；集装箱水水中转比例达到 42.8%，比上年提高 1.7 个百分点。

3.2 道路货运

道路货物运输是现代综合运输体系的基础，是国民经济的重要产业，也是重要的服务行业，在保障经济和社会发展、满足城乡客货运输需求、方便人民群众便捷出行等方面发挥了重要作用。2012 年，本市道路货运行业经营业户逾 3.7 万户，车辆总数达到 17.4 万辆。从整体看，经营业户平均车辆数为 4.6 辆 / 户，大多数经营业户为 1 户 5 车以下，是典型的经营主体多、企业规模小、运输组织松散。同时也为社会提供了大量就业岗位，2012 年本市道路货物运输从业人员约有 44 万人。行业市场化程度高，“多、小、散、弱”特点依旧。

3.2.1 行业发展基础

经营业户

1. 行业总体情况

至 2012 年底，上海道路货物运输经营企业 37456 家，较上年增加 2699 家，同比增长 7.8%。分车辆规模看，拥有 10 辆以下的经营企业据主导位置，其中 5 辆以下的经营企业 31474 家，5 ～ 9 辆的经营企业 2863 家，两者合计占道路货运总经营业户 91.6%；100 辆及以上的大型企业 180 家，占比 0.5%。

2. 分业态情况

（1）普通货运

分经营类型看，我国道路普通货运市场全面开放，因此普通货运经营业户数量最多，共有 36254 家，较上年增加 2535 家，同比增长 7.5%。按企业车辆规模分，普通货运行业高度市场化，但经营业户多为车辆数 9 辆及以下的小型企业，占普通货运行业全部经营业户 93.7%；100 辆及以上车辆规模化经营的大型企业仍为少数，仅占普通货运行业全部经营业户 0.4%。

（2）货物专用运输

货物专用运输经营企业 2932 家，较上年增加 321 家，同比增长 12.3%。按企业车辆规模分，车辆数 9 辆及以下的小型企业为主，占货物专用运输行业全部经营企业 75.4%，且数量增长明显，同比增长 15.3%；100 辆及以上规模的大型企业较上年减少 1 家，占货物专用运输行业全部经营企业 1.1%。

其中，单列统计的道路集装箱运输

经营企业 1479 户，较上年增加 71 家。分车辆规模看，9 辆及以下规模的小型企业 1000 家，较上年增加 59 家，同比增长 6.3%；10-99 辆规模的中型企业 451 家，较上年增加 12 家，同比增长 2.7%；100 辆及以上规模的大型企业 28 家，与上年持平。

分车辆数看，道路集装箱运输经营主体以 10 辆以下规模的小型企业为主，合计比重为 65.3%，50 辆及以上具有一定规模的大中型企业比重仅为 5%。分经济类型看，经营主体以股份制企业为主，占 74.6%；其次为私营、个体户，占 19.9%；国有、外资比重较小，分别占 0.3%、3.7%。

（3）大型物件运输

大型物件运输经营企业 153 家，较上年增加 31 家。行业处于稳步发展期，同比增长 25.4%，其中，以 9 辆及以下规模的小型企业快速发展为主，占大型物件运输全部经营企业 92.2%，同比增长 23.7%。

（4）危险货物运输

危险货物运输在行业管理部门的有效管控下，企业数量保持稳定，至 2012 年底共有经营性企业 266 家，较上年增加 4 家；非经营性企业 23 家，较上年增加 1 家。其中剧毒、放射、爆炸等三类高危企业 21 户。

分运输品类看，至 2012 年底，全市从事 1 类－爆炸品运输 7 家、2 类－气体运输 231 家、3 类－易燃液体运输 260 家、4 类－易燃固体及易自燃物质运输 173 家、5 类－氧化性物质和有机过氧化物运输 141 家、6 类－毒性物质和感染性物质运输 139 家、7 类－放射性物质运输 5 家、8 类－腐蚀性物质运输 195 家、9 类－杂类危险物运输 115 家。

运输车辆

1. 行业总体情况

至 2012 年底，上海道路货物运输拥有车辆 174481 辆，较上年增加 3286 辆。其中，大型、中型、小型车辆数量分别为 94063 辆、21791 辆、58627 辆，大型车辆较上年增加 8474 辆，中型和小型车辆较上年分别减少 1435 和 3753 辆，运力结构不断调整优化，向大型车辆发展趋势明显。车辆吨位合计 1698934t，同比增长 6.2%，其中大型、中型、小型运输车辆吨位分别为 1543781t、71963t、83190t，同比分别增长 7.5%，减少 5.4% 和减少 4.8%。

道路货物运输车辆运力连续 3 年保持快速增长态势；车辆平均吨位为 9.7t/辆，同比增长 4.2%。分车型看，大型、中型、小型车辆平均吨位分别为 16.4t、3.3t、1.4t。

2. 分业态情况

本市道路货物运输业逐步向专业化方向发展，其专用车辆数，主要是冷链运输车、大型物件运输车、集装箱车等以较快速度逐年增长。

（1）冷链运输

至2012年底，上海道路冷链运输拥有车辆3741辆，较上年增加588辆，同比增长18.6%。其中，大型、中型、小型车辆数量分别为920辆、1180辆、1641辆，分别较上年增加251辆，221和116辆。

车辆吨位合计13128t，同比增长31.1%，其中大型、中型、小型运输车辆吨位合计分别为6731t、3923t、24740t，同比分别增长46.3%，25.8%、7.7%。冷链运输运力保持快速增长态势，车辆平均吨位3.5t，同比增长10.5%。其中，大型车辆继续保持增长态势，平均吨位7.3t/辆，同比增长6.4%；中型和小型车辆平均吨位依然分别保持3.3t、1.5t，车辆向大吨位化发展趋势明显。

（2）集装箱运输

至2012年底，道路集装箱运输车辆19520辆，较上年增加297辆，同比增长1.5%。车辆吨位合计593156t，同比增长2.5%；集装箱38822TEU，同比增长1.8%。换算户均车数13辆，较上年下降1辆。

注：集装箱运输车辆数定义为1辆牵引头+1辆挂车=1辆集装箱运输车。

（3）大型物件运输

至2012年底，大型物件运输车辆555辆，较上年增加156辆，同比增长39.1%。车辆吨位合计17809t，同比增长37.5%。

（4）危险货物运输

至2012年底，危险货运车辆总计6019辆，较上年减少217辆。其中经营性5621辆，较上年减少255辆，同比减少4.3%；非经营性398辆，较上年增加38辆，同比增长10.6%。分户均车数看，2012年经营性户均车数21辆/家，连续两年有所减少；非经营性户均车数17辆，连续5年保持增长。

分吨位看，①大型车辆（4t以上）共4495辆，吨位合计88253t。其中经营性车辆4157辆，吨位合计80884t；非经营性车辆338辆，吨位合计7369t。②中型车辆（2t以上4t及以下）共642辆，吨位合计2049t。其中经营性车辆614辆，吨位合计1955t；非经营性车辆29辆，吨位合计94t。③小型车辆（2t及以下）共882辆，吨位合计1237t。其中，经营性车辆851辆，吨位合计1189t；非经营性车辆31辆，吨位合计48t。

从业人员

至2012年底，上海道路货物运输从业人员436394人，较上年增加8187人，同比增长1.9%。其中持证上岗224917人，同比增长5.9%，占从业人员总数51.5%。本市行业管理部门注重从源头上加强道路货物运输安全管理工作，要求从业驾驶员持证上岗，2012年持证上岗驾驶员208234人，占持证上岗从业人员总数92.6%。

危险货物运输作为重点管控对象，

要求驾驶员、押运员和装卸管理员全部持证上岗。2012 年持证上岗危险货物运输驾驶员 7846 人，押运员 8483 人，装卸管理员 354 人。

货运站场和堆场

至 2012 年底，全市道路货运站场共计 96 家，其中集装箱货运站 66 户，综合货运站 21 户，集装箱货运站和综合货运站兼有 9 户。

分地域看，市属站场 3 户，浦东新区 64 户，宝山区 26 户，奉贤区、崇明区、松江区各 1 户。

空箱堆场 77 个，总占地面积 428 万平方米。其中，有行业许可证的堆场 47 个，占总占地面积 75.2%；无行业许可证的堆场 30 个，占总占地面积 24.8%。

3.2.2 行业运行状况

道路货运总量

全市货运量增速持续走低，道路运输总体保持平稳发展。2012 年，上海道路货物运输实现平稳发展，但增速总体下滑。全年道路货物运输量 42911 万吨，同比增长 0.5%，增速较上年明显回落 3.9 个百分点；道路货物运输周转量 288.1 亿吨公里，同比增长 1.5%，增速较上年明显回落 5.3 个百分点。

分货类看，主要运输货种为钢铁、矿物性建筑材料、水泥和机械、设备、电器。其中，钢铁在全市道路货物运输量中占有重要比重，但增长乏力。全年钢铁运输量 9137 万吨，占全市道路货物运输量 21%，同比增长 0.5%。

水泥和矿物性建材分列全市道路货物运输量的二、三位，全年运输量分别是 7197 万吨和 5985 万吨，占全市道路货物运输量 17%，14%。从增长率来看，较上年同期基本持平。

粮食、机械设备电器和轻工医药产品较上年同期则出现了负增长，同比增长分别为 -9.6%、-4.6% 和 -8.6%，增速明显回落。

其他类货物是唯一一个增长率高于全市道路货物运输总体增长率的货运品类，全年运输量和周转量分别是 5246 万吨和 390853 万吨·公里，同比增长 15.9%，高于整体水平的 15.4 个百分点。

道路集装箱货运

1. 货运量

道路集装箱运量持续稳定增长，增速较上年同期下降明显。2012 年，全市道路集装箱运输量 1774.7 万 TEU，同比增长 1.4%，增速自 2010 年以来持续回落，比上年减少 5 个百分点；换算集装箱运输货重 16292.0 万吨，同比增长 1.4%，比上年减少 7.2 个百分点。

分箱型看，20 英尺和 40 英尺集装箱运输量分别为 575.3 万 TEU 和 586.4 万 TEU，分别占全市道路集装箱运输量 49% 和 50%。道路集装箱运输货重以 40 英尺集装箱占重要比重，全年运输货重 10772.5 万吨，占全市道路集装箱运输货重 65%。

2. 港口集疏运

道路集装箱运输作为上海港集装箱集疏运体系的主要运输方式，主要服务长三角、泛长三角、长江流域等地区。

（1）车辆进港次数

2012 年各月道路集装箱车辆进港次数基本保持稳定。2012 年 3 ～ 12 月 RF 卡在册车辆进港次数共计 8653467 次，其中，上海籍车辆 5860874 次数，外省籍车辆 2792593 次，两者比例基本稳定在 2:1。从每车月均进港次数看，上海籍车辆每车月均进港 33 次，外省籍 32 次，两者次数相近。

（2）车辆行驶里程

全年车辆日均行驶里程按月波动较大，全年年初（1 ～ 4 月）和年末（9 ～ 12 月）阶段波动特征明显，年中阶段（5 ～ 8 月）波动平缓的特点。另外，车辆日均行驶里程去年同期相比明显有所降低。

3.2.3 行业管理状况

法制建设

1. 完善道路货运业规章

2012 年交通运输部对《道路货物运输及站场管理规定》进行了修改，并发文公布。新修订的规定中对原有涉及“暂扣《道路运输证》等相关道路运输管理机构颁发的相关证件”的行政强制措施，按照转变管理方式、规范执法的思路修改为将违法证据“先行登记保存”，切实推进道路货运行业依法行政。

2012 年市交通港口局加强和规范本市道路危险货运行业管理工作，对《道路危险货物运输技术规范》进行修订并发文。

2. 进一步规范行政审批程序

2012 年初制定完成本市道路危险货物运输行业管理操作规范，作为今后实行道路危险品运输行业行政许可，行业监管的标准。道路集装箱行业根据驻沪备案管理规定，制定了简化备案具体实施办法和流程。

至 2012 年底，本市普通货运行政许可 1693 户，不予许可 17 户。危险品行业新开业 16 户，新增专用车辆 721 辆。

行业政策

为了应对道路运输业日益突出的矛盾和困难，切实解决合理调控运力增长，维护市场正常的竞争秩序，减轻经营者和从业人员负担，促进道路货运业健康稳定发展，2012年国家层面和上海地方均出台了相关政策，提供有力政策支持，引领行业发展方向。

1. 国家层面

2011年12月26日，国务院印发《关于进一步促进道路运输行业健康稳定发展的通知》（国办发〔2011〕63号），研究解决行业发展中存在的突出矛盾和问题，统筹道路运输行业发展规划，完善和落实相关优惠政策，建立健全运输价格与成品油价格联动机制，消化油价大幅波动对运输成本的影响，促进道路运输行业健康稳定发展。2012年2月21日，国务院印发《关于继续深入扎实开展“安全生产年”活动的通知》（国办发〔2012〕14号），深化交通运输安全整治，道路货运业中以危险品运输管理为重点，研究制订进一步加强道路交通安全工作的政策措施，完善技术标准和监管措施，全力以赴做好安全生产各项工作。6月12日，交通运输部《关于印发交通运输企业安全生产标准化相关实施办法的通知》（厅安监字〔2012〕134号），制定了《交通运输企业安全生产标准化考评发证实施办法》、《交通运输企业安全生产标准化考评机构管理实施办法》、《交通运输企业安全生产标准化考评员管理实施办法》。7月国务院下发《国务院关于加强道路交通安全工作的意见》（国发〔2012〕30号），从企业安全生产标准化建设、车辆动态监管、驾驶员培训考试和管理、加强隐患排查治理、完善应急救援机制等方面对道路货运安全工作提出明确要求。7月16日，交通运输部、财政部联合制订《公路甩挂运输第二批试点工作方案》（厅运字〔2012〕106号），进一步开展第二批公路甩挂运输试点，积极探索利用甩挂运输提高运输效率、集约利用资源和节能减排效益，增强对发展现代交通运输业和现代物流业的支撑作用。

2. 地方层面

7月16日，为贯彻落实国办发〔2011〕63号文件精神，上海市政府办公厅发布《关于进一步促进道路运输行业健康稳定发展通知的实施意见》（沪府办发〔2012〕42号），提出22条实施意见，明确行业发展要求、建设目标，落实相关扶持政策。5月19日，市交通港口局、市科委、市卫生局联合发布《关于进一步规范本市生物试剂运输管理工作的意见》。5月29日，为落实沪府办〔2011〕110号文件精神，市环保局、市交通港口局联合发布《关于进一步规范本市危险废物运输管理的试行意见》、《危险废物道路运输污染防治若干规定（试行）》，进一步规范本市危险废物专项管理。7月2日，市交通港口局发布《外省市驻沪道路货物运输备案管理规定》，以执行外省市驻沪道路货运备案，规范外省市驻沪道路货运经营者经营行为，维护本市道路货物运输市场秩序，促进道路货物运输业的健康发展。随后又发布了《外省市驻沪集装箱道路运输简化备案的通知》。

安全监管

2012年，本市交通运输各级管理部门切实履行安全生产和监督管理职责，加强重点行业监管，积极维护道路货物运输业稳定。

一是确立年审重点规范年审程序。2012年车辆年审重点是审核车辆行驶证使用性质需为“货运”或“危险品运输”，取消专业、非专业之分。至2012年11月30日，完成普通货运审验企业3979户，占应审户71.5%，车辆51682辆，占应审车辆92.9%；危险品运输审验企业279户，占应审户98.6%，车辆8837辆，占应审车辆99.8%。

二是做好重点行业维稳预警工作。道路集装箱运输行业管理部门加强与行业协会、骨干企业的通力合作，通过专访、座谈、现场检查等方式全面了解、摸排道路集装箱运输业动态，制订行业维稳应急预案和预警工作流程。全年共走访企业159家(次)，电话联系390余家(次)，召开各类座谈会30多次，成功化解不稳定事件2次，撰写行业动态专报65篇。道路危险品运输行业管理部门实行分区块责任管理制度，明确对违规情况严重企业加强针对性监管和约谈力度，对GPS监控平台异常超过5天的车辆进行上门查访。全年共进行上门监管453户次，单位约谈575户次，对13户运输企业发出整改通知。

三是强化重点行业企业安全生产责任。道路危险品运输行业作为监管重点，与业内企业签订安全管理责任书，明确企业安全管理的主体责任。同时，建立健全行业企业退出机制，研究实施行业推出的法律依据和操作流程，提出运输企业存在重大安全隐患的具体标准条件。另外，完善落实安全评估机制，明确安全评估项目和评分标准，落实规范运作方案；2012年完成214家企业的评估，对评估得分低于420分的37家企业的及时作出整顿、处置意见。

四是注重行业各级管理部门间配合加强联合监管。针对道路集装箱运输市场无序竞争现象突出问题，市交通执法总队、市运输管理处与上海港公安局开展联合执法，重点对不符合经营资质车辆进行执法检查，保障港区和堆场运营秩序。

五是注重利用技术革新保障车辆行驶安全。大型货运车辆规范车辆两侧防护栏安装、监测和执法监管。汽油、易燃易爆气体运输罐车研究利用专项经费安装防爆阻隔装置，用以防止危险品运输在途爆燃隐患。

运行管理

1. 本市道路货物运输行业稳步推进“营改增”试点

1月1日起，上海市作为首个试点城市，对交通运输业率先开展“营改增”试点。为配合试点工作开展，上海市财政局、国税局、地方税务局2月发布《关于实施营业税改征增值税试点过渡性财政扶持政策的通知》；同年4月，国家税务总局发布《营业税改征增值税试点地区适用增值税零税率应税服务免抵退税管理办法（暂行）》（2012年第013号）、6月份财政部、国家税务总局联合发布《关于交通运输业和部分现代服务业营业税改征增值税试点若干税收政策的补充通知》（财税〔2012〕53号）。道路货物运输属交通运输业，纳入此次试点范畴。市交通港口局根据试点实际情况，对货运出租、危险品运输、搬场运输、城市配送等企业进行专题研究，及时反馈信息，形成针对性措施，疏解由此产生的企业经营压力，切实保障本市道路货运企业有序稳步推进“营改增”。

2. 进一步规范道路集装箱市场运营秩序

围绕解决本市道路集装箱经营者最关心、反映最强烈的突出问题——供需失衡、竞争无序、价格扭曲，开展集装箱道路运输成本价格监测研究，厘清道路集装箱运输实际成本构成和成本水平，先行把握了实际运价与运输成本之间的缺口。研究制定道路集装箱运输业和集装箱堆场业规范合同文本，通过法律手段合理引导建立依法经营、诚实信用、公平竞争的市场秩序。

3. 多措并举加强港区集疏运环节治理

一是建立信息沟通机制，督促航运企业落实市府有关稳定集装箱运输服务市场的指导意见。二是严格集装箱道路运输资质审查，《国际集装箱道路运输营运车辆技术规范》和《集装箱道路运输经营技术规范》通过评审。三是协调推进洋山回程配载集装箱信息系统，指导编制洋山回程配载集装箱信息系统方案。四是制定上海港集装箱运输车辆进港证制度，配合港区RF卡管理，先行启动外省市驻沪集装箱运输车辆备案。同时加强专项执法检查，逐步清理无合法资质、无RF卡车辆进港，切实维护港区安全稳定运营。五是研究推动国际海运航线甩挂运输试点。在第一批3家试点企业跟踪了解基础上，制定第二批甩挂运输试点工作方案，确立佳吉快运、荣庆物流、康芸公司3家企业作为第二批试点企业，并通过《试点项目进展情况月报表》制度及时掌握工作进展。六是整顿集装箱堆场市场，公告有证照堆场名单并抄告市工商局和航运企业。七是推动建立堆场行业自律，指导行业签署自律公约，重点规范堆场收费和污、损箱认定等行为，建立交通运输行业协会监督、集卡分会和堆场专业委员会共同参与的第三方仲裁机制。

4. 利用信息化技术为集卡行业管理提供数据信息支撑

稳步推进道路集装箱运输行业监管信息系统建设，制定行业监管的各项基础和效能指标，做好"港运通"、"RF卡"、堆场信息化、GPS/GIS建设的数据交互需求工作，为行业管理提供数据信息支持。

5. 积极探索新能源车辆应用和发展

根据国家有关政策，制定《关于在本市推进新能源集卡试点的工作方案》，在本市道路集装箱运输行业探索使用新能源车辆CNG和LNG燃气汽车，大力发展绿色、低碳集卡运输业。

（上海交通港航发展研究中心）

3.3 港口航运

3.3.1 概述

2012年以来，面对复杂严峻的国际国内环境，本市交通港航系统认真贯彻落实市委市政府决策部署，坚持稳中求进的工作总基调，围绕"创新驱动，转型发展"工作总方针，积极应对外部复杂形势，加快港航转型升级，着力优化现代航运集疏运体系和现代航运服务体系，全面有效推进港航科学发展，确保港航运行平稳有序，为保持经济平稳健康发展提供了有力保障。

2012年，本市港航运行态势总体健康平稳，主要生产指标继续保持增长，但下行压力加大，增速有所放缓，个别指标出现下降，主要运行情况如下：

一是港口生产缓中趋稳，但增速明显放缓。全港货物吞吐量完成73559.0万吨，同比增长1.1%，创历史新高，增速较上年下降10.3个百分点，增速继2009年的1.8%后创历史新低；海港完成63740万吨，同比增长2.1%，占全港货物吞吐量86.7%；内河港完成9819.0万吨，同比下降4.9%；集团公司完成50237.5万吨，同比增长3.7%。外贸货物吞吐量保持平稳增长，完成35825.0万吨，同比增长6.1%；内贸货物吞吐量出现下降，完成37733.9万吨，同比下降3.2%。

目前上海港每月集装箱航班3156班，其中，远洋线559班，近洋线561班。全年上海港集装箱吞吐量保持小幅增长，完成3252.9万TEU，创历史新高，同比增长2.5%，在高位保持稳中有进的势头，连续三年保持世界第一，由于规模已达到历史高点，增速有明显放缓迹象，且增速明显低于新加坡港、釜山港、宁波-舟山港等港口；洋山港区累计1415.0万TEU，同比增长8.0%，增速较上年下降21.6个百分点，占全港比重为43.5%，较上年提升2.2个百分点，洋山港区服务长三角、长江流域乃至全国经济的能力进一步提升；全港集装箱水水中转比重达到42.8%，较上年提升1.7个百分点，其中，洋山港区水水中转比重为46.7%，得益于集团公司内支线水水中转业务的大力推动，洋山保税港区国际中转集拼业务正式启动，长江航运向班轮化、大型化、联盟化运作。

分货种来看，金属矿石吞吐量保持两位数增长，完成9393.3万吨，同比增长10.3%，成为全港吞吐量的主要增长点；外贸进口煤炭迅猛增长，完成1219.5万吨，同比增长85.6%，北方进口煤炭下降较为明显，全港完成煤炭及制品吞吐量11044.2万吨，同比减少0.8%；矿建材料、钢铁、水泥吞吐量均出现不同程度下降；粮食吞吐量保持较快增长，同比增长33.6%；全年滚装汽车运输完成1359.5万吨，同比增长14.9%，上海已成为全国主要的汽车进出口基地，市场份额占有全国份额45%以上。全年海港完成危险品货物吞吐量4283.2万吨，同比增长0.2%。

2012年随着邮轮公司加大中国市场投入，上海邮轮旅游进入旺季，邮轮业务量保持强劲增长，全港共接待国际邮轮靠泊180艘次，同比增长59.3%，其中母港邮轮128艘次，同比增长58.0%；国际邮轮旅客吞吐量完成35.0万人次，同比增长71.4%，其中母港旅客吞吐量达25.6万人次，同比增长85.5%。国客中心业务量出现明显萎缩，母港业务量仅为上年的一半，码头商业活动和免税品销售等多元产业发展态势良好，成为主营业务的有效补充。

由于全球经济形势持续低迷，航运业受到较大冲击，受此影响，引航艘次出现多年罕见的下降现象。全年完成引航67715艘次，同比减少2.4%。全年完成拖轮作业96072艘次，同比增长0.7%；完成理货吨34712万吨，同比增长2.9%。

二是水路货运和水路客运均保持小幅增长，但增速明显下降。全年全社会水路货运量完成50302万吨，同比增长

1.9%，增速回落25.4个百分点，在综合运输体系占比为53.3%，略有下降，其中，远洋、沿海、内河货运量分别完成17491万吨、30149万吨、2662万吨，分别同比增长9.5%、同比下降2.9%和同比增长8.2%，内河集装箱运量为11.8万TEU，同比增长96.3%，增长强劲，但总体规模较小，未来可期。三岛客运量完成356.2万人次，同比增长0.6%，业务量明显萎缩，较长江隧桥开通前下降了近三成；城市轮渡客运量完成7347.3万人次，同比下降5.6%，保持持续下降态势；浦江游览客运量达到331.5万人次，同比增长10.2%，保持较快增长；苏州河水上游览累计完成客运量13246人次。

三是国际航运市场持续低迷，航运市场持续面临货量增速放缓、运力严重过剩的被动局面。反映国际航运市场晴雨表的BDI指数平均值达到920点，同比下跌40.6%，航运公司经营普遍困难，部分公司年度亏损创下历年之最。集装箱运价有所恢复，大多数班轮公司仅能勉强维持年度收支平衡。上海二手船交易市场平淡，交易量下滑明显，船舶交易量累计完成229艘，同比下降20%；交易金额为23亿元，同比增长21%。航运企业呼吁上海加大航运业的政策支持力度，尽快完善航运企业经商环境：扩大启运港退税试点范围，完善“营改增”相关税收政策，加强自由贸易园区相关政策布局，进一步完善政策措施，吸引相关企业和人才在沪集聚等。

四是港航基础设施建设深入推进。洋山深水港区四期前期工程基本完成；内河航道、外高桥和芦潮港内河港区建设继续加快推进，水上高速公路建设提速。赵家沟航道整治工程、大芦线航道整治工程（临港新城段）、杭申线航道整治工程、黄浦江上游（分水龙王庙～大涨泾河口）航道整治工程建设累计完成工程投资29.4亿元、39.7亿元、6.9亿元、1.5亿元，工程累计完成率分别为101%、97%、53%、89%。

五是现代航运服务体系继续得到优化。第二批航运经纪试点工作继续加快推进，截至目前全市已有16家航运经纪公司成功注册；洋山保税港区船舶登记工作取得新突破；《航运标准合同系列（上海格式）》正式出版；波罗的海国际航运公会上海中心在沪成立；上海航运交易所又推出中国进口原油运价指数和中国进口干散货运价指数；综保区融资租赁业务规模扩大；上海将成立全国首个航运保险协会；航运保险运营中心增至5家，永安财险和阳光财险正式获批筹建。

尽管上海港航运行总体保持了平稳

发展态势，但也面临一些问题需要给予关注和重视：一是国内外经济形势复杂多变，港航生产面临的不确定因素增多，国际航运市场供需失衡的矛盾依然存在，航运“寒冬”需要政府和企业共同应对；二是航运企业、船员税费负担较重，亟须财税政策扶持；三是东亚港口竞争依然暗流涌动，周边港口货源分流压力加大；四是邮轮母港发展面临航线单一等巨大挑战，船供市场准入、邮轮用工机制、邮轮收费等需完善；五是现代航运服务业发展的政策亟须突破；六是港航业转型发展及节能减排等还需加大推进力度。

【十年布局牵手沿江十余港口合作共赢，上港集团的“长江战略”】

国际经济扑朔迷离，外贸出口形势严峻，这些年世界港航业进入了令人窒息的“寒冬”。同样是过冬，上海港的日子却过得不错：去年全港集装箱吞吐量达到 3250 万标准箱，连续三年位居世界第一大港。今年上半年，上海港的各项经济指标依然保持稳健增长，个别月份甚至创造了历史最好业绩。

逆势过冬，十年前开始谋划布局的“长江战略”功不可没。通过牵手沿江十余个枢纽港，一条长江经济链串起了“黄金水道”共同的航运梦。

溯流而上寻找机会

“长江战略”，简而言之，就是以长江为中轴形成纵深 500 公里范围内的大物流圈，通过资源再配置和优势互补，为上海港培育出一个集装箱箱源体系的“大后方”，实现上海港与腹地经济的共赢发展。

长江流域是上海港的直接货源腹地，上海港集装箱吞吐量的 90% 以上箱源来自长江流域后方腹地。离开了这块腹地，上海国际航运中心建设将“后继乏力”。

正是有了这样清醒的认识，上海港打破地域分割的传统观念，通过管理、资本和技术输出，溯流而上寻找机会。

2003 年 9 月，上海港集装箱股份有限公司、武汉港口集团有限责任公司合资成立武汉港集装箱有限公司，上海港集装箱股份有限公司占 40% 股份，标志着上海港与武汉港的合作进入了实质性阶段，迈出了上海港实施“长江战略”的第一步。当时的武汉港由于受长江航运萎缩影响，经济效益不佳，与上海港合作是一次转机，尤其是 2004 年 8 月开通武汉至上海直达班轮航线后，全年港口集装箱吞吐量突破 11 万标准箱，较上年增长了 40%。

“长江战略”首战告捷，九江、安庆、扬州、泸州、重庆等长江流域港口也纷纷表示出强烈的合作愿望。2004 年 10 月 28 日，满载 100 只集装箱的“渝集 618”轮，驶离重庆港九龙坡集装箱码头开往上海，成为重庆港与上海港联手进军长江集装箱运输业的首航，“长江战略”顺利在西部落子。

十年来，上海港先后与重庆、南京、芜湖、南通、宜宾、九江等港口结盟，一张涵盖长江主要运输节点的物流大网基本成形。

合作共赢迅速布局

如果仅凭上海港一厢情愿，要想在短时间内迅速布点长江流域，难！基于共赢的愿景，才能让合作充满吸引力，让港口间有了和谐的舞步。

长江沿线很多港口有地理优势，但缺资金、缺技术、缺管理。一位航运专家曾直言长江航线四大问题：一是船舶标准化程度低，船型复杂，缺乏性能良好的新型运输船；二是港口功能单一，结构不尽合理；三是支持保障系统的设施与装备水平低下，行业管理信息网络的建设仍处于初级阶段；四是管理水平较低，特别是集装箱运输信息化管理水平低，严重影响了运输效率。寻求合作突破，成为许多港口的迫切愿望。

正是看到了这种迫切需要，上海港以合作共赢为战略基础，迅速打开局面。以上海港与武汉港合作为例，新成立的合资公司规划在3年至5年内，为武汉港构建五大港区：以外贸集装箱、散货为主的汉阳港区，以旅游客运为主的汉口港区，以集装箱、散货为主的阳逻物流港区，以汽车滚装、燃油传送、服务沌口经济开发区为主的沌口港区，以液化气、危险品运输为主的左岭港区。武汉港借助上海的开发理念，有望在5年至15年内，成为华中航运中心和长江中上游最大的现代化枢纽港口。

上港集团董事长陈戌源表示，上海港与兄弟港航企业间，是互惠互利的关系，两者是目标一致的利益共同体，不是单向的“甲方帮助乙方”的关系。未来上港集团还将着力提高合资企业的信息化水平，推行EDI信息化工作，还要增设上海直达重庆、武汉的集装箱班轮。届时，不出5天，集装箱就能从长江口运抵重庆。对于重庆和武汉的出口企业而言，速度加快了，成本降低了，在国际市场上的竞争力也将得以增强。

创新转型保持优势

通过实施“长江战略”，近年来长江流域不少省市从上海口岸进出口的货物总量不断攀升。比如，湖北从上海口岸出口的货物总量中，集装箱量比重约占本省出口的98%；江西通过上海水运中转的集装箱总量，占本省口岸集装箱总运量的97%；湖南通过上海口岸进出口的集装箱量约占全省总量的40%；安徽通过长江从上海进出口的货物占全省进出口货物的25%。正是这些源源不断的腹地货源使上海港过起了“暖冬”。

然而，世界经济危机的阴影还未消退，国际航运业依然处于低潮，箱量已经达到一定规模的上海港只有坚持创新转型，才能保持优势。

为此，国际航运发展综合试验区在加快建设：国际航运业务营业税减免、特案减免税、期货保税交割、单机单船融资租赁等试点启动，航运经纪、航运金融、船舶交易和海事法律等航运服务业加快集聚。一系列影响深远的改革措施也正在展开：拓展保税区分销功能，支持区内企业同时从事国际贸易和国内贸易，实现两头辐射；拓展资金结算功能，创新外汇监管模式，适应企业离岸运作的新型国际贸易业态，这些创新无一不让市场惊艳。

摆脱单一的装卸功能，上海港自身也在转型。去年，上海海通国际汽车码头有限公司装卸汽车128.15万辆，其中外贸进口35.76万辆，比上年增长10.84%，成为国内最大的汽车滚装码头。与传统码头不同的是，这里还可提供外观喷漆、内饰改装、内部清洗等汽车服务，替客户进行底盘、喇叭声级、车速表、汽油和柴油排放、制动和转向系统、前照灯等方面的检测，被称为汽车业的“码头美容店”。

在陈戌源看来，这样的“另类码头”今后在上海港会越来越多，从单纯装卸业务转型为码头运营商，上海港正在为“长江战略”注入更多的活力。

（中国上海网）

【上海港：做大内河业务成为新的增长点】

世界经济复苏充满不确定因素、航运市场格局酝酿深刻变化、港口发展面临巨大挑战，这是世界港航企业面临的现状。上海港虽然在货物吞吐量和集装箱吞吐量两项指标中，坐上世界“第一大港”的宝座已有数年，但在世界经济整体不景气、港口产业又对世界贸易依赖性较强的大背景下，上海港在建设国际航运中心的道路上仍任重而道远。

“接内河”成新增长点

据上海国际港务（集团）股份有限公司董事长陈戌源透露，2012年前9个月，上海港集装箱吞吐量实现2422万标准箱，同比增长1.9%，预计全年可实现3250标准箱，保持世界第一的地位。迎难而上，实属不易。这种逆势而上的良好的发展态势，得益于诸多积极因素，包括水水中转比例提高、汽车滚装业务的长足发展、口岸建设的积极助推等。

上海港水水中转比例提高，内河业务的增多功不可没，已成为新的增长点。来自上海国际港务集团股份有限公司的统计数据表明，今年上半年，上海港以长江为货源的集装箱吞吐量增幅近6%，远远高于全港集装箱吞吐量增幅。这主要得益于长江船舶的大型化、班轮化和联盟化的趋势。

现在靠泊上海港的长江集装箱船都

是300标准箱及以上的船型，大型化趋势明显；所谓班轮化，以上海港为例，2011年内河班轮每月仅有4班，2012年上半年达到12班；所谓联盟化则体现在2012年上半年已经有部分船公司实行了相互之间互换舱位。从上述几点来看，长江支线的运营模式和国际干线班轮已经越来越接近。虽然现在箱量少，但发展趋势非常宝贵。

转型发展重要“生力军”

据估算，2012年上海港集装箱吞吐量增幅将保持在2%至3%的水平。其中，集装箱水水中转业务作出突出贡献。数据显示，2012年上半年上海港水水中转比例达到42.8%，同比增长将近1%；其中，洋山港水水中转比例达到47.6%，比全港数据高出5个百分点。

在建设上海国际航运中心的进程中，上海市委、市政府一直高度关注水水中转项目。2012年7月份上海市刚刚公布“十二五”规划，其中对上海港水水中转提出了明确的目标，即2015年水水中转的比例要达到45%。

2012年嘉兴地区从内河经黄浦江到上海港的水水中转箱量增加了74%，这是多年来未曾出现的。水水中转将成为上海港转型发展过程中重要的“生力军”。

港航企业“竞合”度难关

为应对严峻的港航形势，负责运营上海港的上海国际港务集团股份有限公司将着力点放在了四件事情上：练内功，促转型，合港航，建枢纽。其中的合港航，指的就是港口航运企业应谋求一种“竞合”关系，抱团取暖，共度难关。

一方面，航运企业与港口企业唇齿相依。上海港应力所能及地想航运企业之所想，提高港口效率，做好港口服务，尽力联合航运企业共渡难关。另一方面，港口之间应从“竞争”向“竞合”转变。港口企业具有共同的利益驱使，有互补的发展优势，合作在当前形势下更为紧迫。港口应以整个腹地市场需求与区域港口综合能力的适应度为标准，规划码头的类型、能力和定位，提升整个区域内港口资源的使用率。同时要充分考虑港口在区位条件、基础设施、集疏运状况等差异，增强自身核心竞争能力，实现互补性发展。

各港口寻求“突围”之路

形势逼人，时不我待，世界各大港口在困境中寻求“突围”之路。

转型路——港口企业将业务的触角伸向更广领域。上港集团已明确了集装箱码头、散杂货码头、港口物流和港口服务四大支柱产业板块。上港集团旗下的外高桥六期汽车滚装码头正朝汽车综合服务领域扩展。和记港口股份公司近几年向国际运输及物流服务相关行业扩展其业务范围，包括大型邮轮码头、机场运营、铁路服务以及船舶修理机械等。

转向路——欧美市场疲软，各港口将业务重点朝经济发力点区域转移或倾斜。迪拜环球港务集团将拓展码头投资业务的目标市场放在了印度、中国、中东等。中国市场是“兵家必争之地”，新加坡国际港务集团在中国投资的港口有大连、天津、福州、广州等；马士基码头公司的母公司 A.P. 穆勒－马士基集团在中国大陆 40 多个城市设立了 107 家分支机构和代表处，从事航运、物流、陆路多式联运、码头投资管理等业务。

扩张路—上港集团的三大战略（长江、东北亚、国际化）中，国际化战略的实施旨在培养和提升国际化运营能力，逐步形成辐射国内和国际两个市场的跨地区经营格局。迪拜环球港务集团近期在 9 个国家在谈判 10 项新的发展项目。鹿特丹港区则继续本港区扩张，拓展港口操作能力。

（《新民晚报》记者：金志刚）

3.3.2 港口货运

港口货物装卸

1. 全港货物吞吐量

2012 年，在全球经济放缓，外贸需求不足的同时，我国港口还承受来自国内经济转型的压力，特别是电力、钢铁、水泥、化工、矿建材料等资源消耗较大的行业增速明显放缓，有些甚至是负增长，导致对煤炭、铁矿、原油等大宗货物需求下降，再加上外贸形势较为严峻，集装箱运输增长回落，港口生产增速明显放缓。全年全国规模以上港口完成货物吞吐量 97.4 亿吨，同比增长 6.8%，增速较上年放慢 6.7 个百分点，明显低于 2009-2012 年 11.8% 的平均增速。

四季度，上海港货物吞吐量由三季度的“双降”局面扭转为企稳回升态势，完成 18596.1 万吨，同比上升 0.5%，环比上升 1.0%。全年累计完成货物吞吐量 73559.0 万吨，同比增长 1.1%，创历史新高，受国内外经济增速放缓的拖累及基数较大效应影响，增速较上年下降 10.3 个百分点，低于全国 5.7 个百分点，增速继金融危机时 2009 年的 1.8% 后创历史新低。其中集团公司完成 50237.5 万吨，占全港 68.3%，同比增长 3.7%，增速回落 9.4 个百分点。

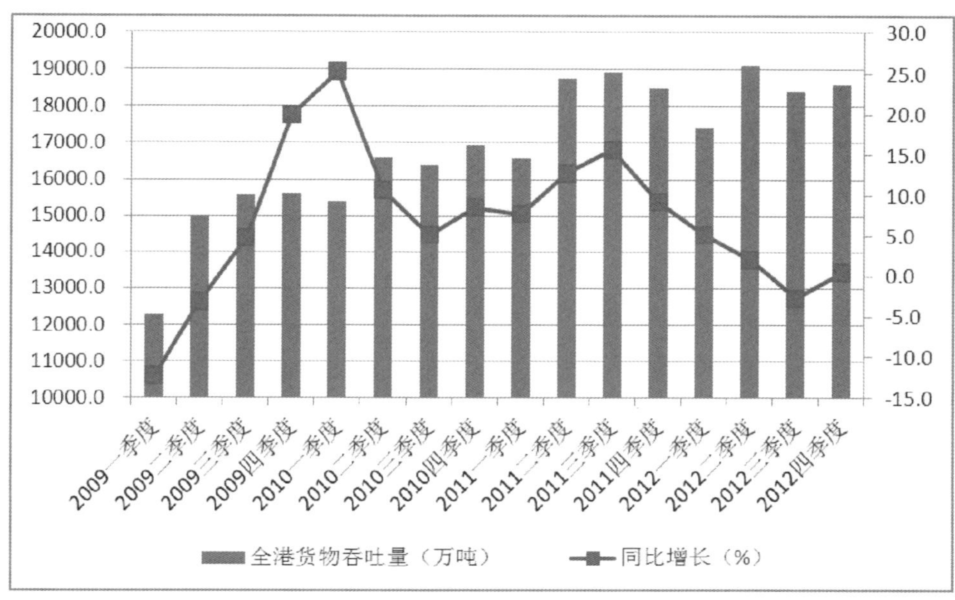

图 3-3-1 2009 年一季度 -2012 年四季度上海港货物吞吐量趋势图

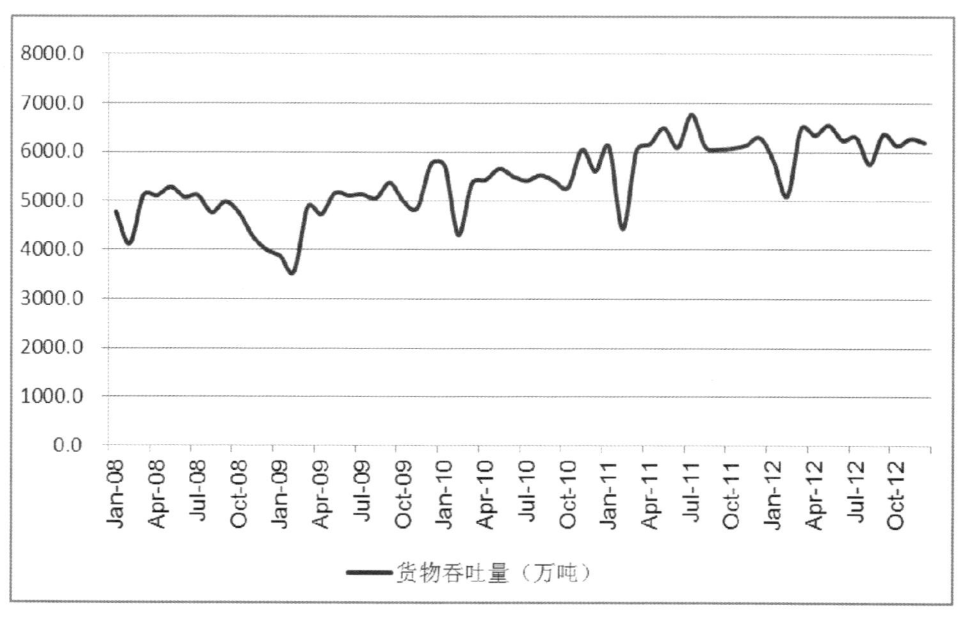

图 3-3-2 2008 年 1 月 -2012 年 12 月上海港货物吞吐量趋势图

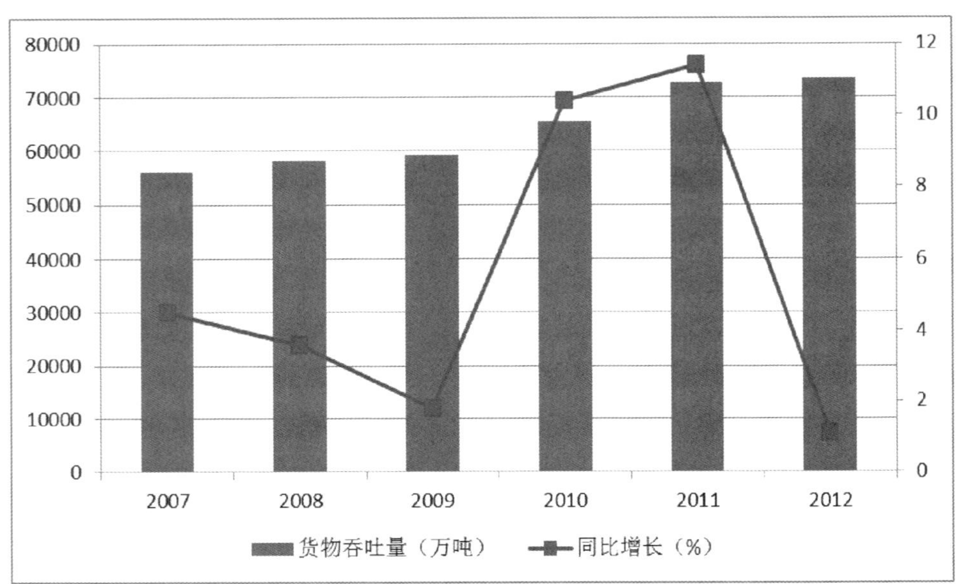

图 3-3-3 2007-2012 年上海港货物吞吐量及同比增长趋势图

月度来看，上海港 10 月、11 月继续受欧美圣诞采购季的影响，保持了小幅增长的态势，分别完成 6130.4 万吨、6275.4 万吨，同比分别增长 0.9%和 2.3%，在圣诞采购季结束后，货物吞吐量继续回落，12 月完成 6190.3 万吨，同比下降 1.6%，环比下降 1.4%。

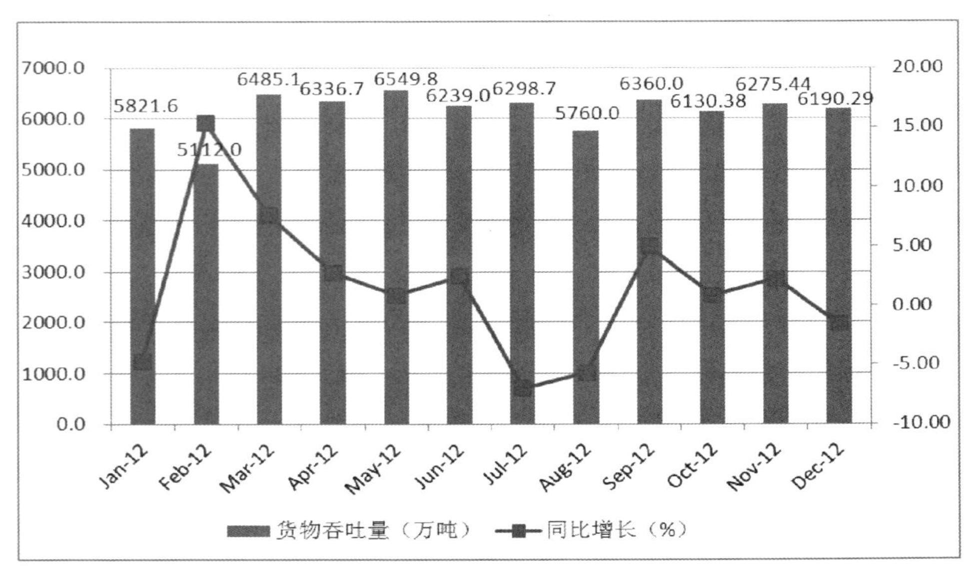

图 3-3-4 1-12 月上海港货物吞吐量及增幅对比图

从长三角港口对比来看，全年上海港货物吞吐量占长三角港口总量的19.6%，浙江省和江苏省港口分别完成13.2亿吨和17亿吨，增速分别为7.8%、6.1%，高于上海港6.7个和5个百分点。上海港增速在长三角港口中处于低位，仅高于温州港和常州港，两者分别增长0.67%和下降5.5%。尽管受到宏观经济下行和航运市场低迷的不利影响，但连云港港、嘉兴港、南京港、镇江港、苏州港、太仓港、泰州港仍实现了两位数增长，同比分别增长11.4%、14.2%、10.8%、14%、12.6%、19.6%、10.2%，货物吞吐量分别为18527.5万吨、6003.9万吨、19197万吨、13460.5万吨、42800.7万吨、12262.5万吨、13209.6万吨，其中，太仓港增长近两成，居长三角港口之首。宁波－舟山港以74401.4万吨的货物吞吐量位居榜首，并居全国第一，同比增长7.3%，增速比上海港高6.2个百分点。

表 3-3-1 2012 年长三角两省一市及全国港口货物吞吐量及增幅

地区	全年累计 / 亿吨	同比增长 / （%）
上海市	7.4	1.1
浙江省	13.2	7.8
江苏省	17.0	6.1.
全国	97.4	6.8

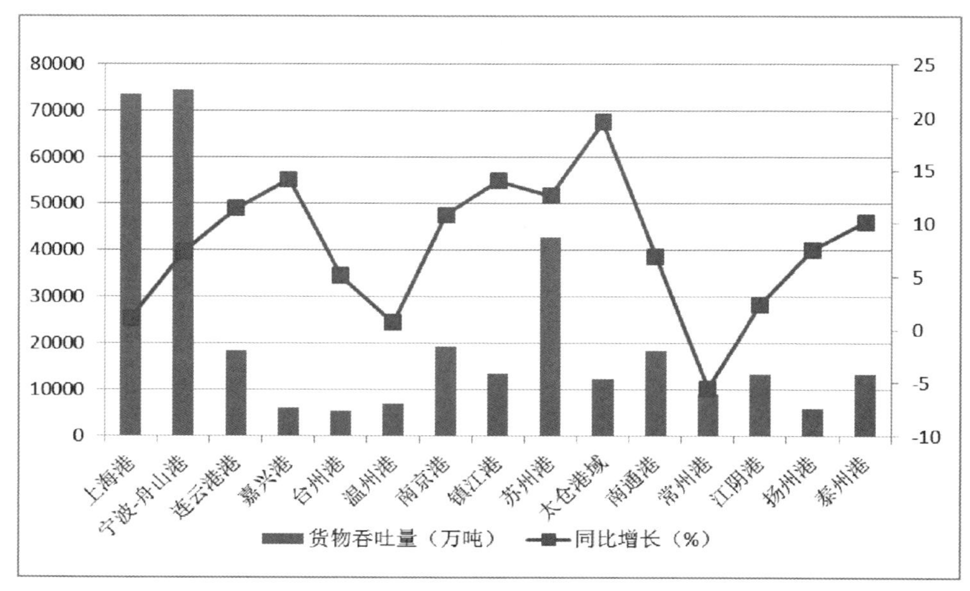

图 3-3-5 2012 年长三角主要港口货物吞吐量及增幅对比图

2. 海港和内河港货物吞吐量

2012 年四季度，海港货物吞吐量完成 15886.7 万吨，环比下降 0.3%，同比增长 1.5%，增速回落 6.8 个百分点，其中货主码头货物吞吐量为 3385.6 万吨，同比下降 0.8%，环比增长 2.6%；公用码头完成货物吞吐量 12501.1 万吨，同比增长 2.1%，环比下降 1.1%。2012 年，海港货物吞吐量累计完成 63740 万吨，同比增长 2.1%，增速下滑 8.8 个百分点，占全港货物吞吐量 86.7%，较上年提升 0.8 个百分点。其中，货主码头货物吞吐量为 13502.5 万吨，同比下降 3.5%；公用码头完成货物吞吐量 50237.5 万吨，同比增长 3.7%，拉动了全港货物吞吐量实现低位增长。

据统计，受房地产市场行政降温影响，全年本市商品房新开工面积 2724.05 万平方米，同比下降 25.2%，其中商品住宅新开工面积 1563.39 万平方米，同比下降 36.8%，使主要通过内河运输的矿建材料、水泥和钢材等需求显著萎缩，内河港货物吞吐量出现负增长。四季度，内河港货物吞吐量完成 2709.4 万吨，同比下降 4.8%，环比增长 9.2%；内河进出港船舶 186095 艘次，其中进港 93062 艘次，出港 93033 艘次。全年内河港累计完成吞吐量 9819.0 万吨，同比下降 4.9%，下降明显，占全港货物吞吐量的 13.3%，较上年回落 0.9 个百分点。从月度来看，近几年内河港货物吞吐量运行特点相似，呈现“中间高、两头低”的特点。

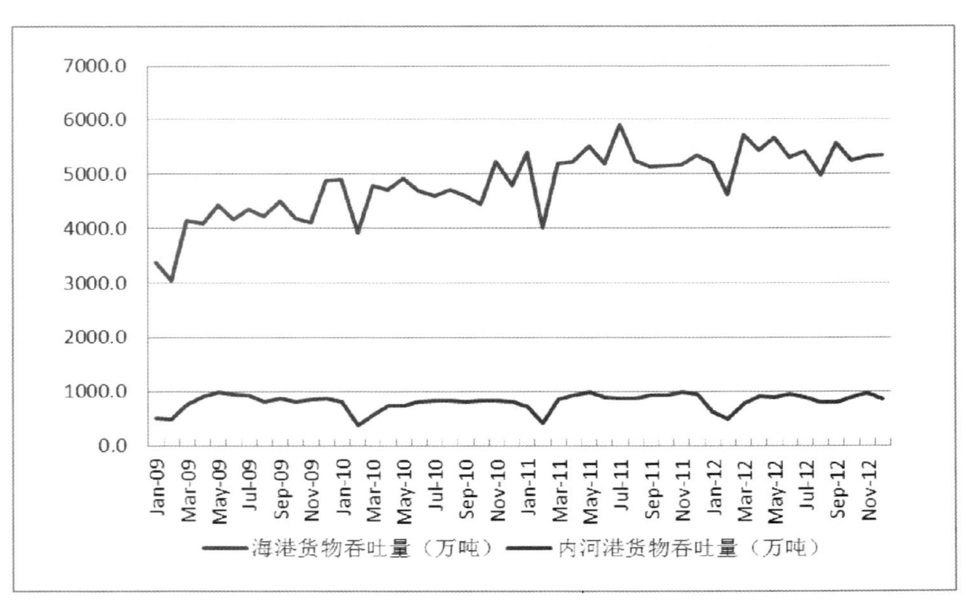

图 3-3-6 2009 年 1 月 -2012 年 12 月海港和内河港货物吞吐量趋势图

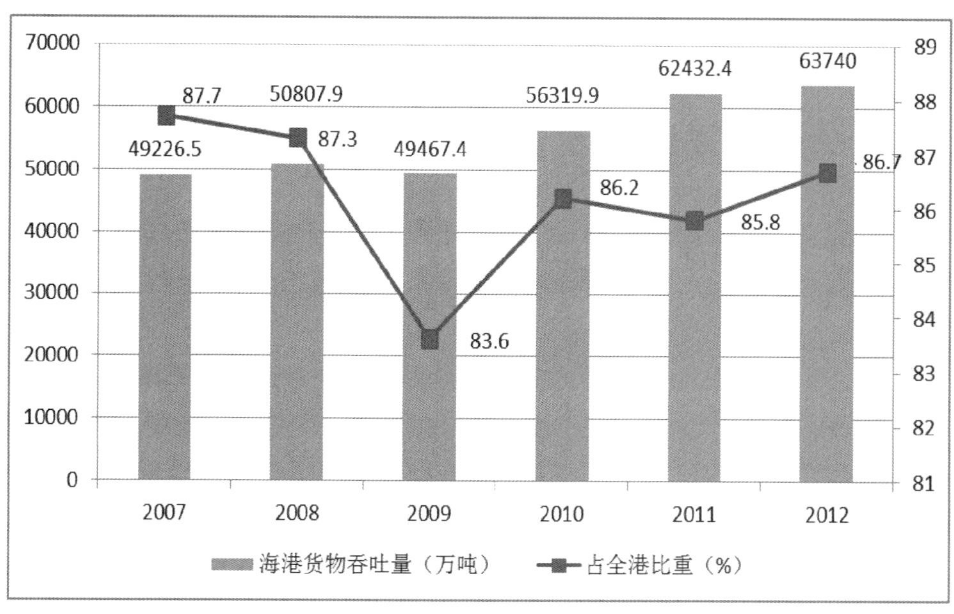

图 3-3-7 2007-2012 年海港货物吞吐量及占全港比重

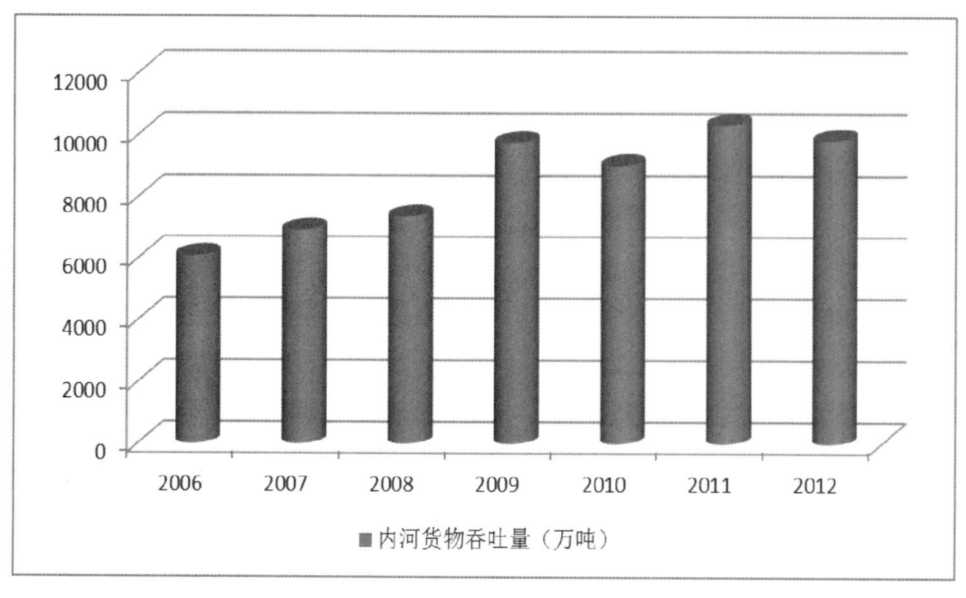

图 3-3-8 2006-2012 年内河港货物吞吐量

3. 进港和出港货物吞吐量

四季度，全港进港货物吞吐量完成11410.2万吨，同比下降1.4%，环比增长1.8%；出港货物吞吐量完成7185.9万吨，同比增长3.7%，环比下降0.3%。

2012年全港进出港货物呈现“进多出少”的局面，增速呈现“进降出增”的局面。全港累计进港货物吞吐量45150.8万吨，同比下降0.8%；累计出港货物吞吐量28408.2万吨，同比增长4.3%。海港进港货物吞吐量完成36593.1万吨，同比下降0.3%，出港货物吞吐量完成27146.9万吨，同比增长5.6%。其中海港货主码头进港完成11567.8万吨，同比下降4.5%，出港完成1934.7万吨，同比增长2.7%；海港公用码头进港完成25025.3万吨，同比增长1.7%，出港完成25212.2万吨，同比增长5.8%，进出港基本平衡。内河港进港完成8557.7万吨，同比下降2.9%，占内河港的87.2%，仍以矿建材料等物资输入为主，出港完成1261.3万吨，同比下降16.8%，进出港货物出现“双降”局面。

表3-3-3 2012年上海港进出港货物吞吐量

港口类别	进港	同比增长/(%)	出港	同比增长/(%)
全港	7.4	1.1	28408.2	4.3
海港	13.2	7.8	27146.9	5.6
内河港	17.0	6.1.	1261.3	16.8

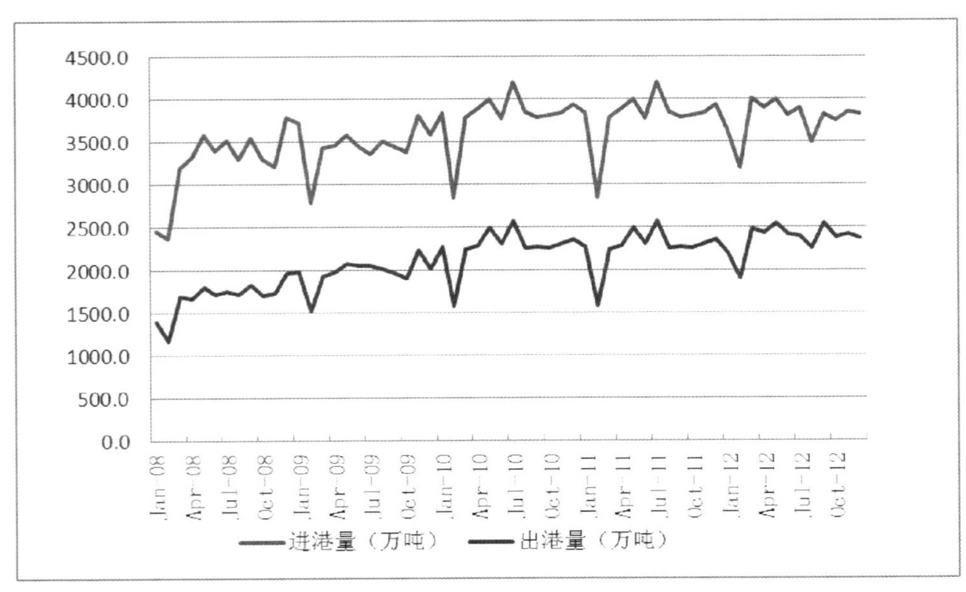

图3-3-9 2008年1月-2012年12月全港进港量和出港量趋势图

4. 外贸和内贸货物吞吐量

四季度，上海港外贸货物吞吐量继续下跌，完成8836.4万吨，同比增长2.2%，增速较上年下降了10个百分点，达到历史较低水平，环比下降1.2%；10月、11月、12月分别完成2834.3万吨、2923.8万吨、3078.3万吨。上海港内贸运输有所好转，内贸货物吞吐量完成9759.7万吨，环比增长3.0%，同比下降1.0%，降幅较第三季度收窄了5.6个百分点，呈企稳回升态势。

2012年全国规模以上港口完成外贸货物吞吐量30.1亿吨，同比增长8.8%，增速较上年放慢2.6个百分点；内贸货物吞吐量67.3亿吨，同比增长5.9%，较上年放慢7.1个百分点，近3年呈现大幅下滑走势。

全年上海港呈现“外增内降”的局面，上海港外贸货物吞吐量累计完成35825.0万吨，同比增长6.1%，增速较去年回落5.7个百分点，低于全国2.7个百分点，占全港货物吞吐量的48.7%，较上年提升3个百分点。其中，外贸出口完成15907.0万吨，同比增长3.1%；外贸进口完成19918.0万吨，同比增长8.5%，占外贸货物吞吐量的55.6%，外贸进口增速明显高于出口，可见外贸货物吞吐量增长主要受外贸进口拉动，这与二、三季度外贸大宗散货的大量进口密切相关。

上海港累计完成内贸货物吞吐量37733.9万吨，同比下降3.2%，其中进港内贸25232.8万吨，同比下降7.1%，出港内贸12501.1亿吨，同比增长5.9%。进港内贸货物的大幅减少造成内贸货物下降，这与宏观经济不景气及基建建设减少，房地产调控有很大关系。

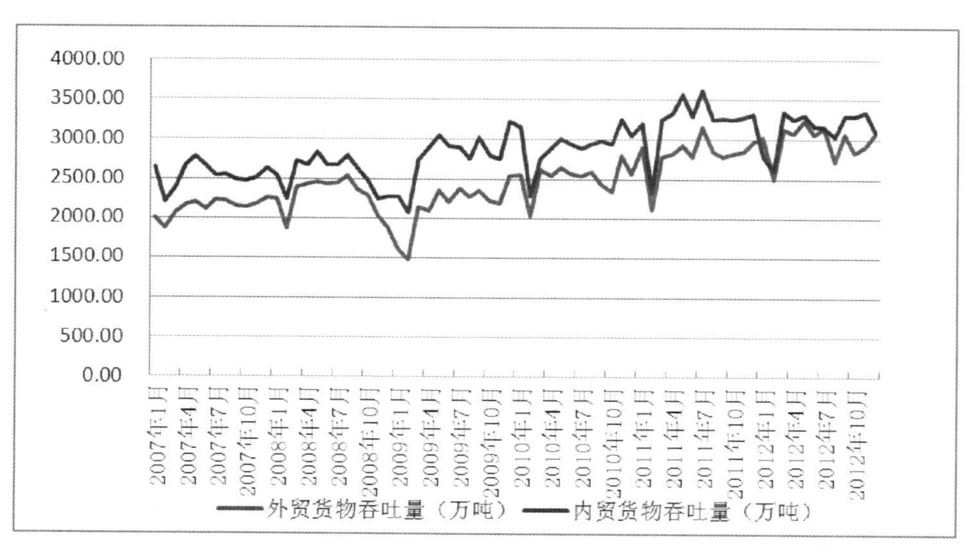

图3-3-10 2007年1月-2012年12月上海港外贸和内贸货物吞吐量趋势图

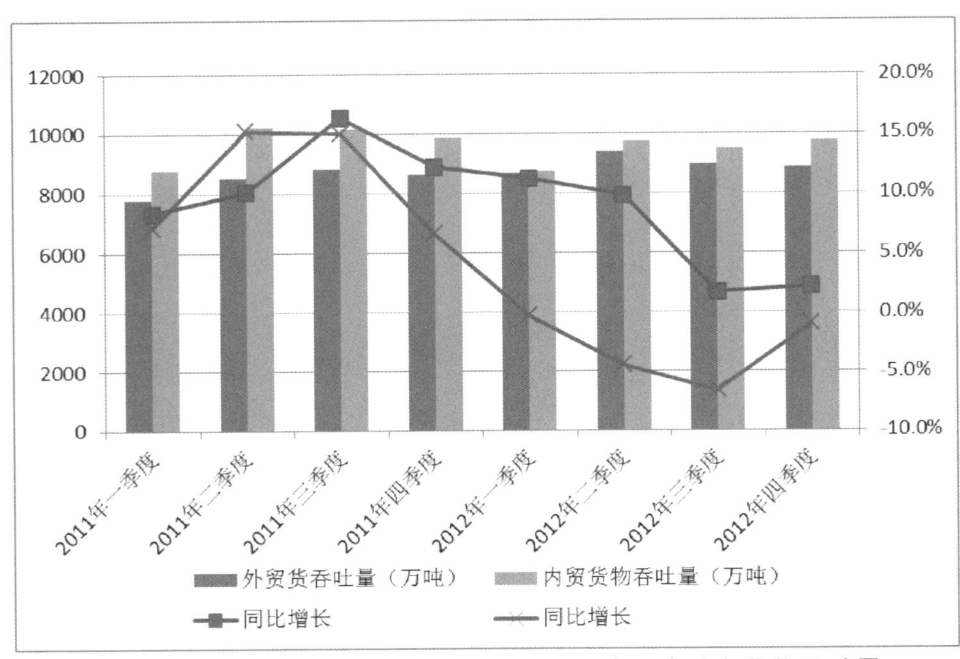

图 3-3-11 2011 年一季度 -2012 年四季度上海港内外贸货物吞吐量

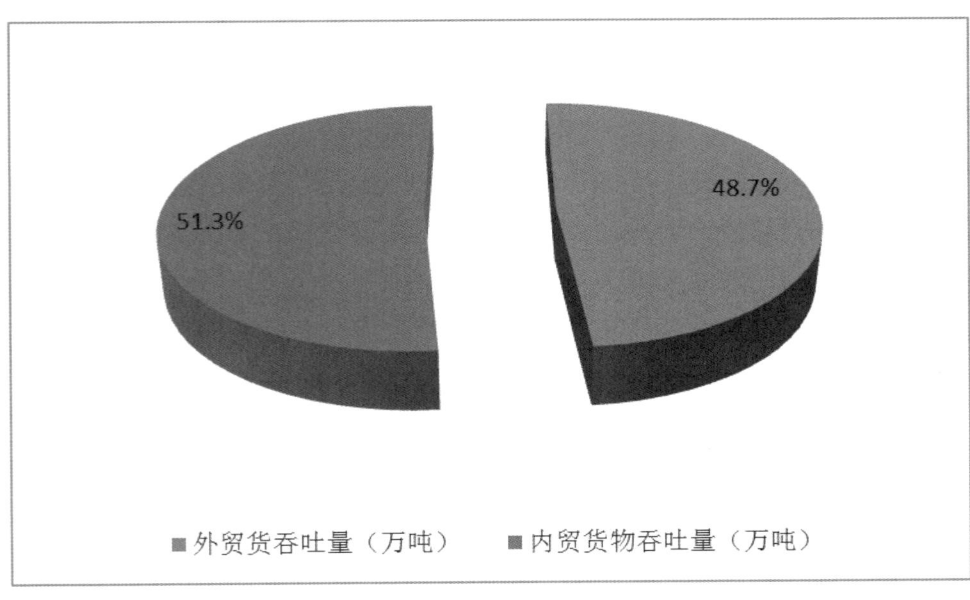

图 3-3-12 2012 年上海港外贸和内贸货物吞吐量占比

5. 集装箱吞吐量

2012 年全国规模以上港口完成集装箱吞吐量 17675 万 TEU，同比增长 8.3%，增速较 2010 年、2011 年分别放慢 7.5 个和 4.1 个百分点。其中，沿海港口完成 15747 万 TEU，同比增长 7.9%；内河港口完成 1928 万 TEU，同比增长 11.8%。全国集装箱吞吐量超过 500 万 TEU 的港口达到 10 个。

目前，上海港与世界上 200 多个国家和地区的 500 多个港口有着贸易往来，四季度每月有集装箱航班 3156 班，较三季度减少 86 班，其中：远洋线 559 班，近洋线 561 班，分别较三季度增加 9 班和 42 班。

四季度，上海港集装箱吞吐量完成 830.6 万 TEU，同比增长 4.3%，不同于以往年度，增速创年度高点，环比减少 0.6%。

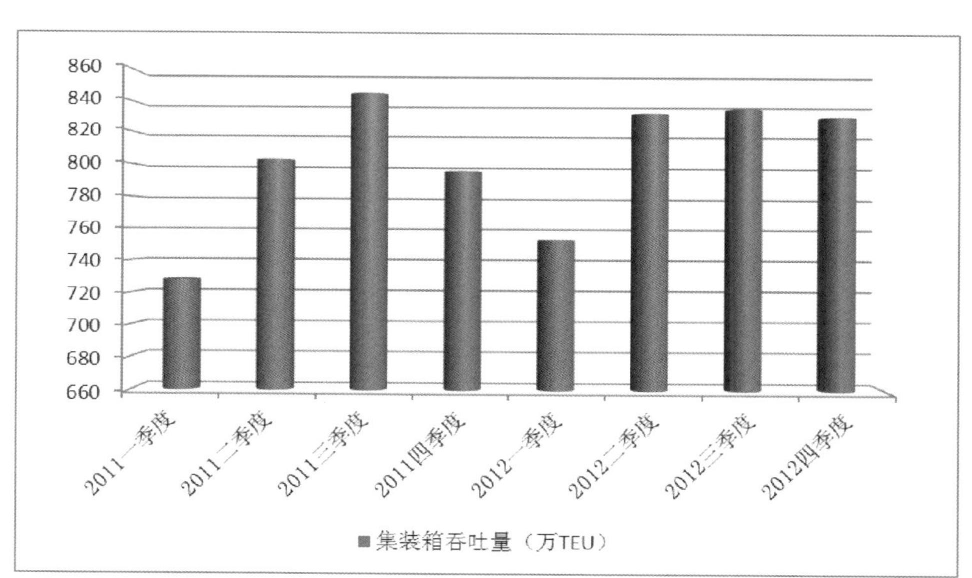

图 3-3-13 2011 年一季度 -2012 年四季度上海港集装箱吞吐量

全年上海港完成集装箱吞吐量 3252.9 万 TEU，创历史新高，同比增长 2.5%，继续在高位保持稳中有进的势头，由于规模已达到历史高点，增速有明显放缓迹象，增速较上年减少 6.7 个百分点，除 2009 年的负增长外，创历史新低，并低于全国 5.8 个百分点。受欧美圣诞订单增加及恢复遭台风影响的作业等多种积极因素的作用，全港集装箱吞吐量在 9 月份创单月历史新高，达 290.9 万 TEU。

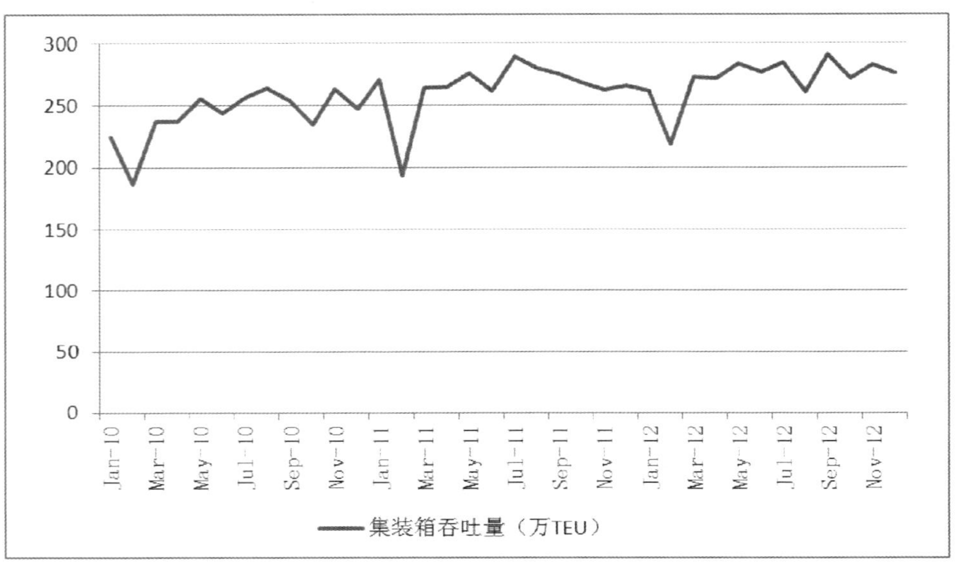

图 3-3-14 2010 年 1 月 -2012 年 12 月上海港集装箱吞吐量趋势图

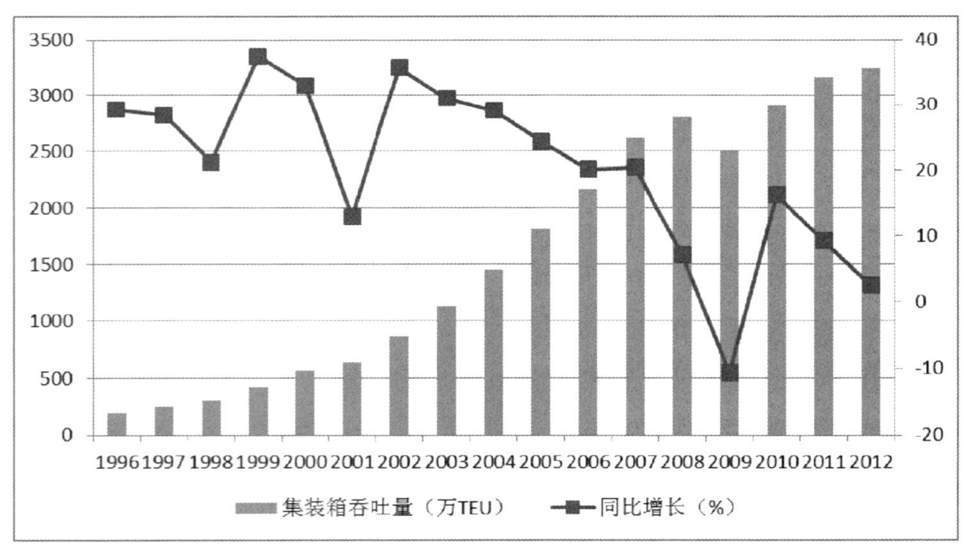

图 3-3-15 1996-2012 年上海港集装箱吞吐量趋势图

从国内外集装箱大港对比看，上海港集装箱吞吐量已连续三年保持世界第一，新加坡港口以 89 万 TEU 的差距紧追其后，完成集装箱吞吐量 3163.9 万 TEU，同比增长 5.7%，比上海高 3.2 个百分点。香港港口完成 2309.7 万 TEU，同比下降 5.3%，继续保持世界第三。深圳港、釜山港和宁波 - 舟山港分别完成 2294.1 万 TEU、1703.1 万 TEU、1608.3 万 TEU，同比分别增长 1.6%、5.2% 和 9.9%。

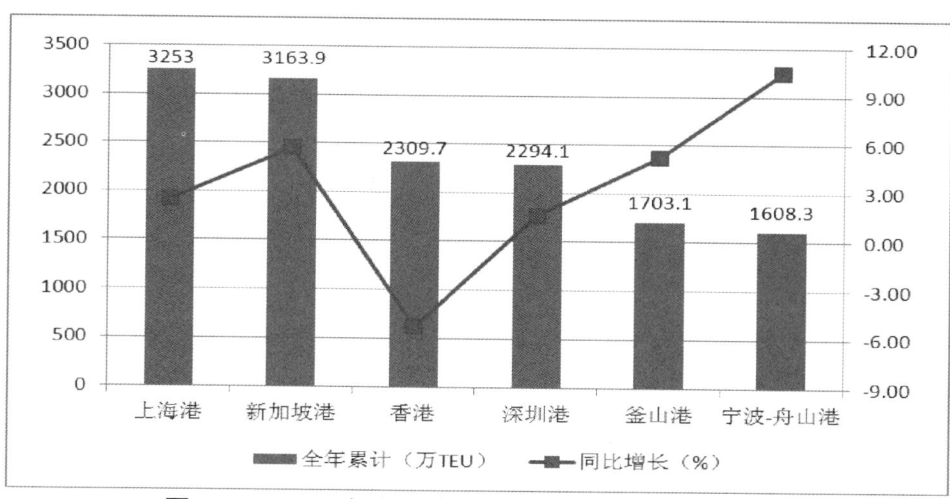

图 3-3-16 2012 年世界主要集装箱大港集装箱吞吐量

从周边港口对比来看，上海港集装箱吞吐量占长三角港口份额为 49.4%，较上年回落近 2 个百分点，显示上海港货源分流趋势放大。上海港增速分别低于浙江省和江苏省港口 8.6 个百分点和 9.3 个百分点，两省港口集装箱吞吐量仍保持了平稳增长，分别完成 1759 万 TEU 和 1571 万 TEU，同比分别增长 11.1% 和 11.8%。2012 年长三角不少港口增长强劲，嘉兴港、台州港、温州港、南京港、苏州港、太仓港、泰州港均达到两位数增长，分别为 45.9%、11.9%、10.0%、24.9%、25.2%、31.3%、13.7%，分别完成 75.1 万 TEU、15.1 万 TEU、51.7 万 TEU、230 万 TEU、586 万 TEU、401.5 万 TEU、13.7 万 TEU。这些港口的快速增长除了港口自身挖潜发展原因之外，其基数较低也是重要原因。其他港口保持了小幅增长或负增长。

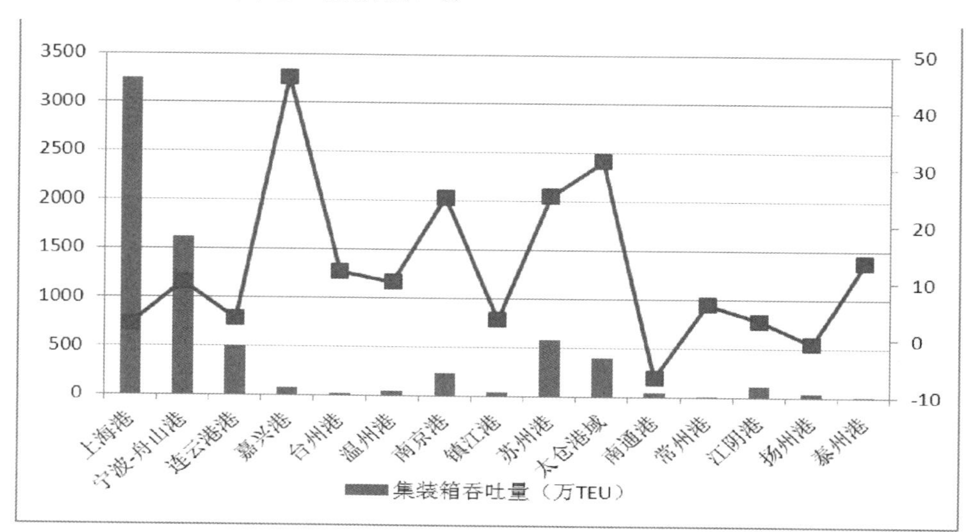

图 3-3-17 2012 年长三角主要港口集装箱吞吐量及增幅对比图

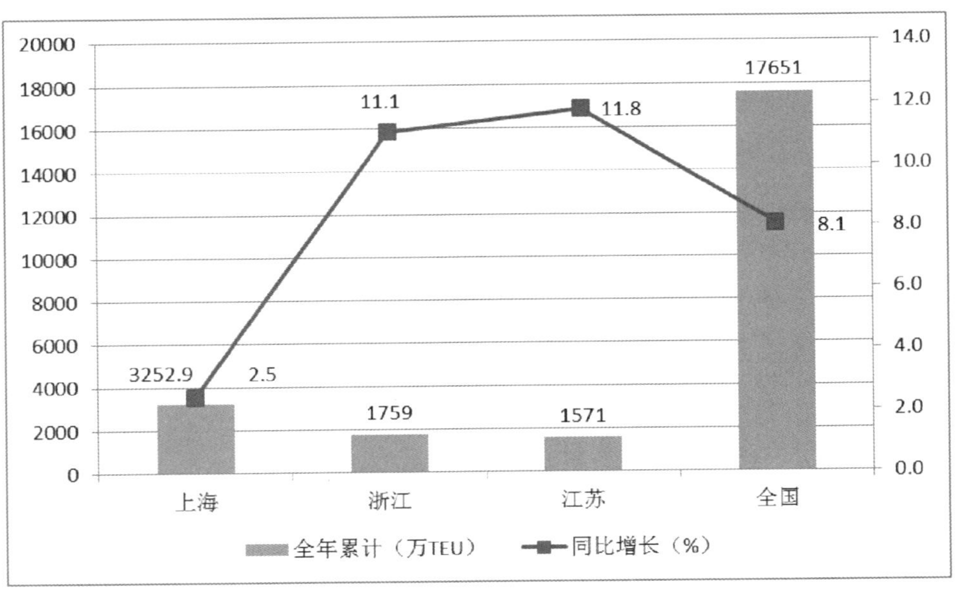

图 3-3-18 2012 年长三角两省一市和全国港口集装箱吞吐量及增幅对比图

四季度洋山港区完成集装箱吞吐量356.0万TEU，同比增长9.1%。全年累计完成1415.0万TEU，同比增长8.0%，增速较2011年回落了21.6个百分点，占全港比重43.5%，较上年提升2.2个百分点。显示洋山港区服务长三角、长江流域乃至全国经济的能力进一步提升。但洋山港集装箱吞吐量增速出现明显减缓，一方面受制于经济下滑导致全港集装箱运输需求增幅乏力的影响，另一方面也显示出上海港集装箱航线优化已基本完成。

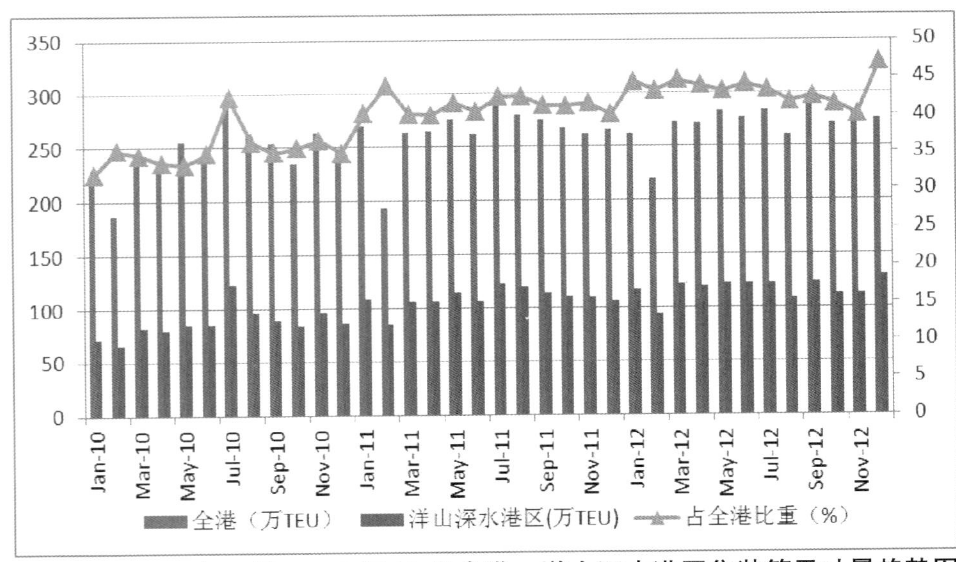

图 3-3-19 2010 年 1 月 -2012 年 12 月全港　洋山深水港区集装箱吞吐量趋势图

从空重箱完成情况来看，四季度上海港重箱吞吐量为589.3万TEU，同比下降0.4%。全年上海港集装箱重箱吞吐量累计完成2412.8万TEU，同比增长3.0%，占全港集装箱吞吐量比重74.2%，较上年提升0.4个百分点，空箱累计为840.2万TEU，同比增长1.1%。重空箱比例由2011年的2.82:1提升为2.87:1，显示运输结构在不断优化，运输组织水平进一步提高。

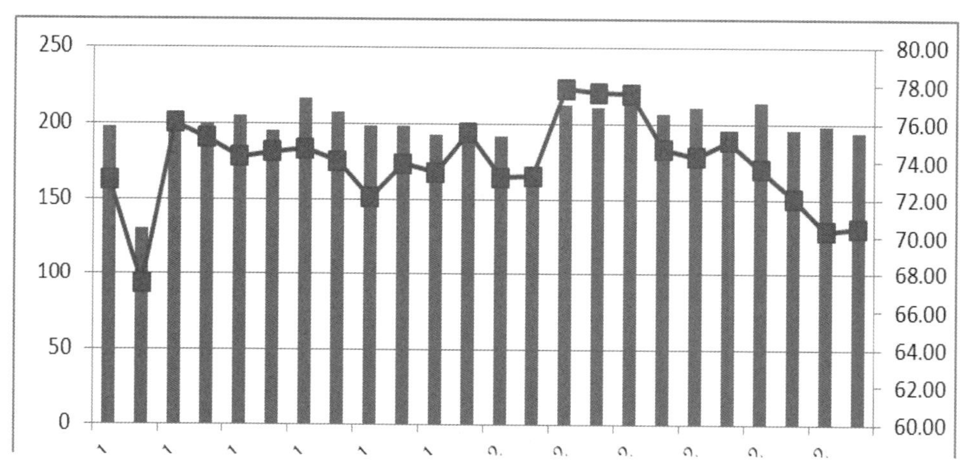

图3-3-20 2011年1月-2012年12月上海港重箱箱量趋势图

分航线来看，四季度完成国际出口298.4万TEU，同比下降0.3%，其中出口重箱291.4万TEU，同比下降0.4%；国际进口完成309.8万TEU，同比增长5.4%，其中进口重箱144.9万TEU，同比下降2.7%；内支线完成110.1万TEU，同比增长11.3%；内贸线完成112.3万TEU，同比增长7.5%。全年国际航线累计完成2389.4万TEU，同比增长1.5%，其中国际出口完成1218.6万TEU，同比增长0.5%，国际进口完成1170.8万TEU，同比增长2.6%；内支线完成426.5万TEU，同比增长5.1%；内贸线完成437.1万TEU，同比增长5.4%。国际航线、内支线、内贸线集装箱吞吐量分别占比73.5%、13.1%、13.4%。内支线和内贸线增长快于国际航线，但因所占比重较低，对全港集装箱整体增长拉动相对有限。

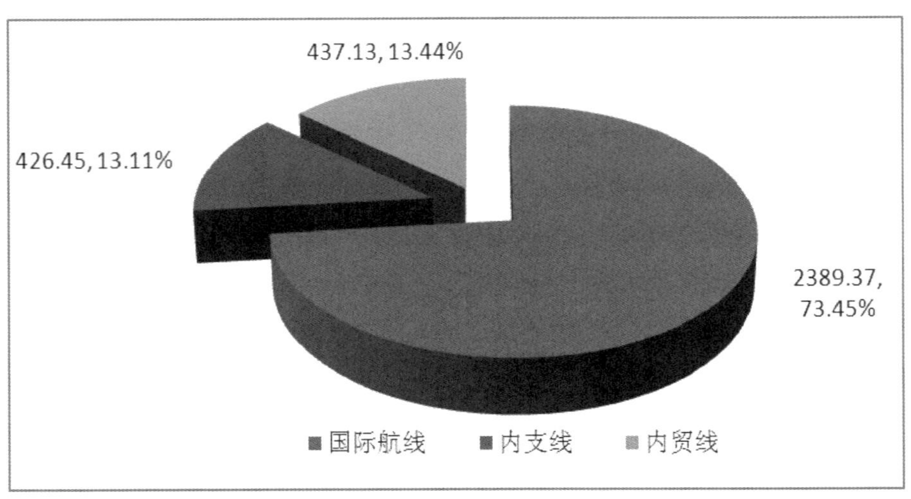

图 3-3-21 2012 年上海港分航线集装箱吞吐量

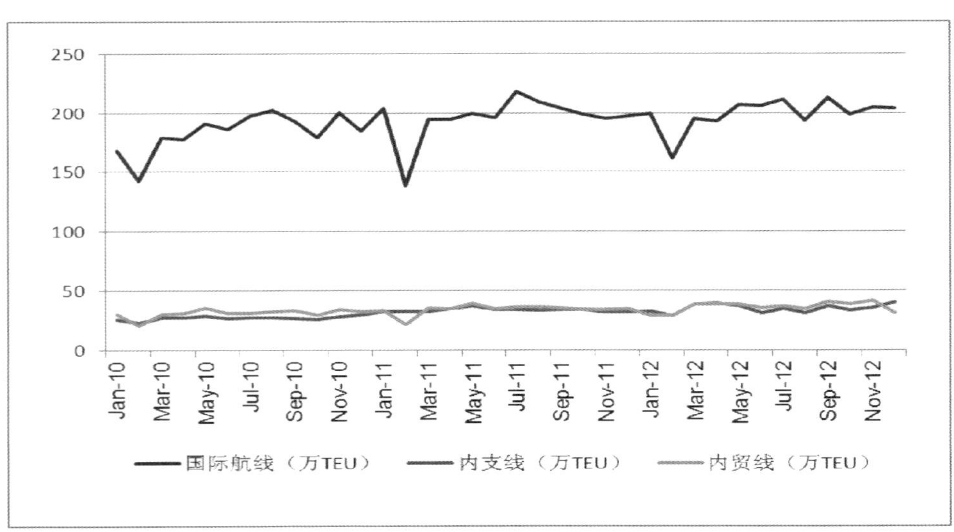

图 3-3-22 2010 年 1 月 -2012 年 12 月上海港分航线集装箱吞吐量趋势图

从水水中转来看，四季度上海港集装箱水水中转量为 370 万 TEU，比重为 44.5%，比上年同期高 4.2 个百分点，从 8 月起，水水中转比重持续上升。全年累计水水中转量为 1393.6 万 TEU，同比增长 6.8%，增速较上年回落 9.1 个百分点，水水中转比重为 42.8%，较上年提升 1.7 个百分点。其中，洋山港区水水中转完成 660.8 万标准箱，水水中转比例为 46.7%，高于全港 3.9 个百分点。

2012 年上港集团着力推进水水中转业务增长，成效显著。在促进内支线水水中转增长方面，上港集团高度重视长江内支线业务工作，努力推进长江航运向班轮化、大型化、联盟化运作，主要从三方面来强化对内支线的服务措施。一是推出并贯彻落实各项新的内支线管理举措，扩大支线班轮规模，强化规范运作。二是保障支线船舶装卸资源，缩短内支线船舶在港等泊时间。三是持续总结完善内支线调度与集团值班调度联合工作机制，提高干支线泊位安排的科学性和合理性。在各方共同努力下，全年试行支线班轮化运作的船公司达 12 家，开通了武汉、九江、南京、扬州至洋山的直达航线，上海港长江支线五定班轮密度达到每周 50 班，试点工作取得初步成效。全港内支线船舶因码头原因等泊时间超过 36 小时的占比不断减小。

在大力打造国际中转业务方面，加快推进国际中转集拼，目前洋山保税港区国际中转集拼业务已正式启动。

此外，为完善口岸集疏运体系建设，集团还不断深化内河港相关业务衔接沟通协调工作，持续开展相关内河港区域的业务推介和市场开拓工作，完善内河港地域的物流网络布局。同时跟踪启运港退税政策实施，紧抓政策试行的契机，有序筹划建立武汉货物集散中心。

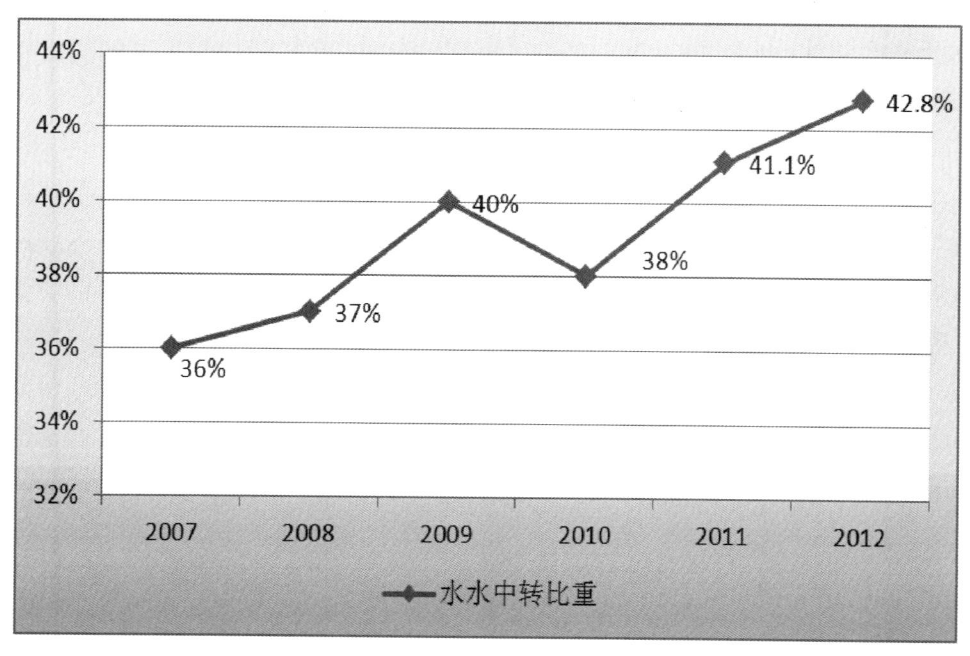

图 3-3-23 2007-2012 年上海港水水中转比重

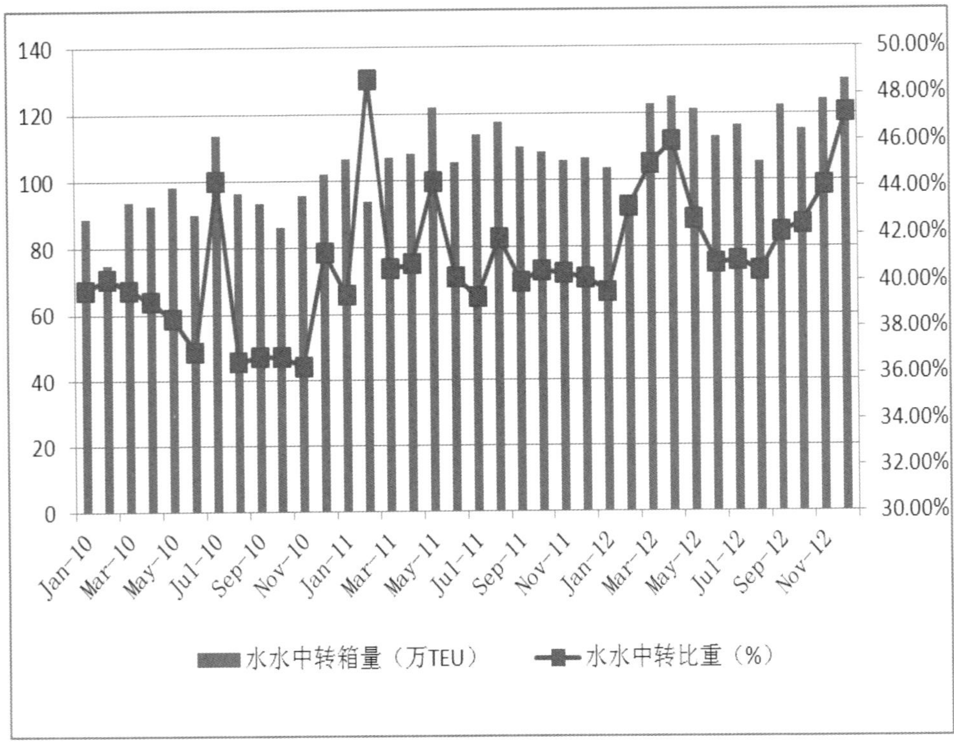

图 3-3-24 2010 年 1 月 -2012 年 12 月上海港集装箱水水中转比重趋势图

6. 分货类吞吐量

四季度，上海港金属矿石吞吐量保持着稳步增长，完成 2335.8 万吨，同比增长 10.9%。尽管钢铁产量下滑，但由于国际铁矿石价格较国内矿有一定优势，以及对基础建设投资的预期较强，钢铁厂及贸易商对进口铁矿石的积极性较高，铁矿石进口量保持稳定的增长。同时，上海港适时推出了减载加外港模式，开发部分新客户，进一步扩大了铁矿石业务量。全年累计完成金属矿石吞吐量 9393.3 万吨，同比增长 10.3%，仍为全港第二大货种，成为带动全港吞吐量的主要增长点。全年集团公司进口铁矿石 3407 万吨，同比增长 14.3%。

四季度，全港完成煤炭及制品 2870.0 万吨，同比增长 4.9%。2012 年全港完成煤炭及制品 11044.2 万吨，同比减少 0.8%。一方面是由于国内经济需求不旺，另一方面，与国内水电增长较大，对煤炭需求产生制约有关。同时，国内外贸煤炭价格倒挂形势及环保要求带动进口煤炭增长，挤压北方煤炭部分市场空间，外贸进口煤炭增长迅猛。全年全港外贸进口煤炭 1219.5 万吨，同比增长 85.6%，远高于全港其他各项指标。全年集团公司完成煤炭吞吐量 5318 万吨，同比减少 4.4%，其中，外贸进口煤炭完成 462 万吨，同比增长 115.9%，而北方进口煤炭完成 2352 万吨，同比减少 16.9%，外贸进口煤炭强劲增长和北方煤炭下降形成鲜明对比。

四季度，全港矿建材料、钢铁、水泥吞吐量分别完成 2038.1 万吨、1200.9 万吨、254.3 万吨，矿建材料和水泥同比分别下降 13.6% 和 6.9%，钢铁同比增长 1.3%，矿建材料吞吐量环比增长明显，环比增长 14.2%，钢铁和水泥环比分别下降 2.4% 和 4.5%。2012 年，全港矿建材料、钢铁、水泥吞吐量分别完成 7270.9 万吨、4850.8 万吨、949.7 万吨，同比分别下降 15.3%、2.7%、7.2%，受房地产市场调控影响明显。其中，内河港矿建材料、钢铁、水泥吞吐量分别完成 6428.2 万吨、966.8 万吨、756.84 万吨，分别占全港比重的 88.4%、19.9%、79.7%。

四季度，全港石油、天然气及制品吞吐量完成 671.7 万吨，同比增长 1.0%，2012 年累计完成 2690.9 万吨，同比下降 0.1%。

全年滚装汽车运输完成 1359.5 万吨，同比增长 14.9%（139 万标准辆，同比增长 17.8%），其中货主码头 688 万吨，自 4 月份停止业务；集团公司完成 135.88 万吨，同比增长 15.3%，上海已成为全国主要的汽车进出口基地，市场份额占有全国份额 45% 以上。

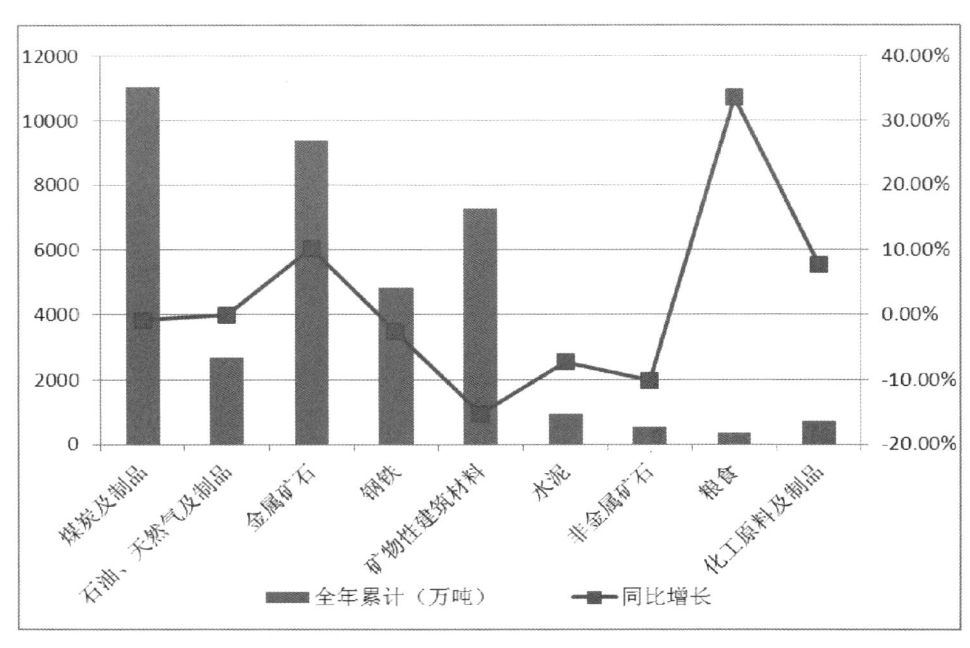

图 3-3-25 2012 年全港主要货种吞吐量及增幅对比图

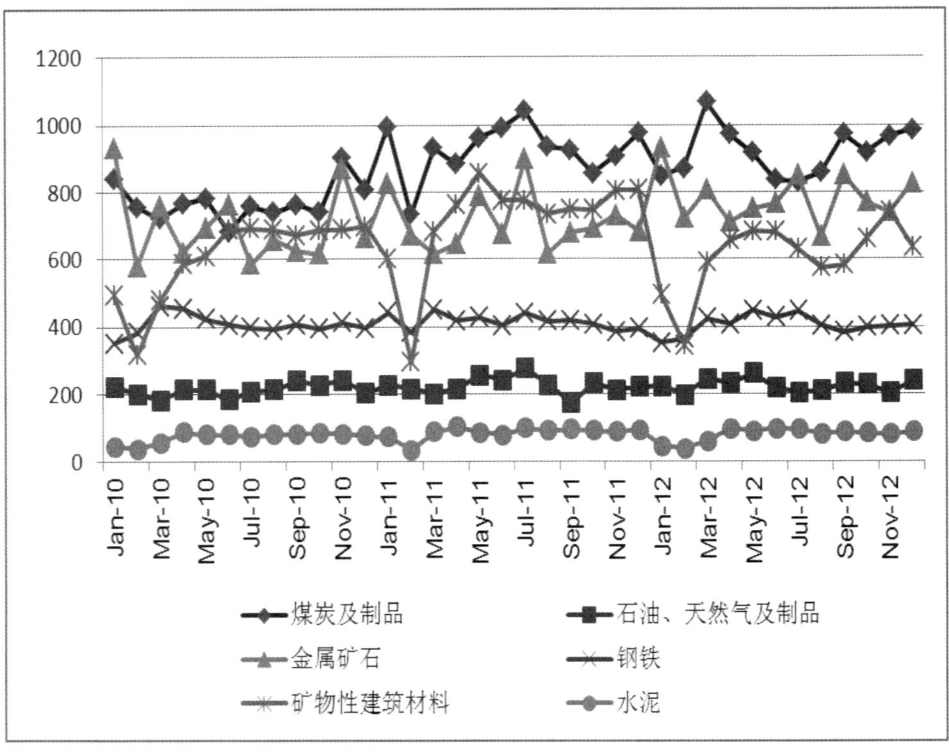

图 3-3-26 2010 年 1 月 -2012 年 12 月全港主要货种货物吞吐量

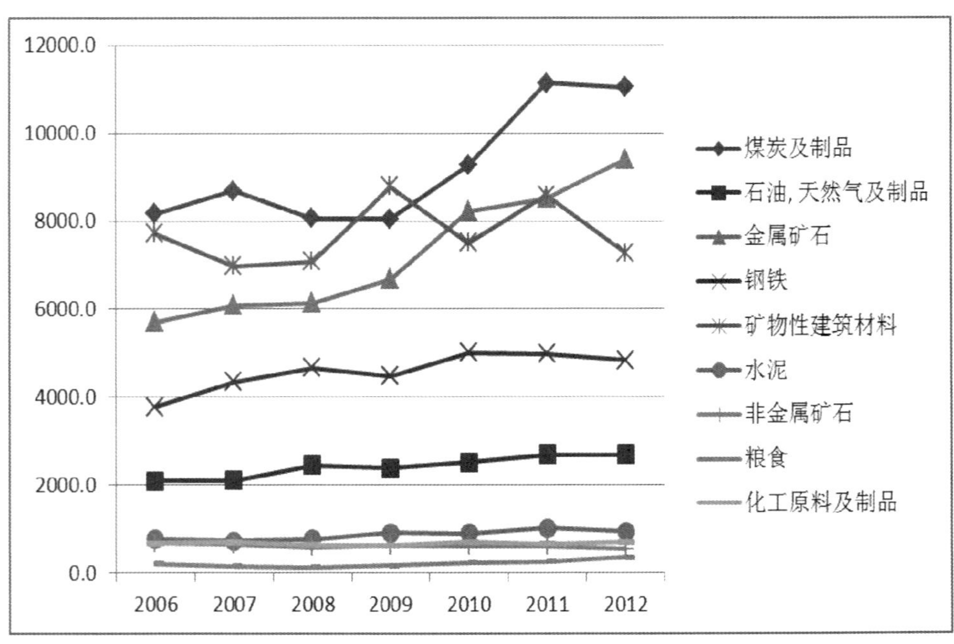

图 3-3-27 2006-2012 年全港主要货种货物吞吐量

总体看来，大宗商品中，仅金属矿石吞吐量增长率较高，同比增长 10.3%，其他货种同比均有下降。2012 年全港粮食吞吐量明显增长，累计完成355.5万吨，同比增长 33.6%，成为货物吞吐量增长新的亮点，主要原因是去年 3、4、6 月份以来国际粮食市场价格下降，国内外市场价格差增大，导致国际进口大量增长。

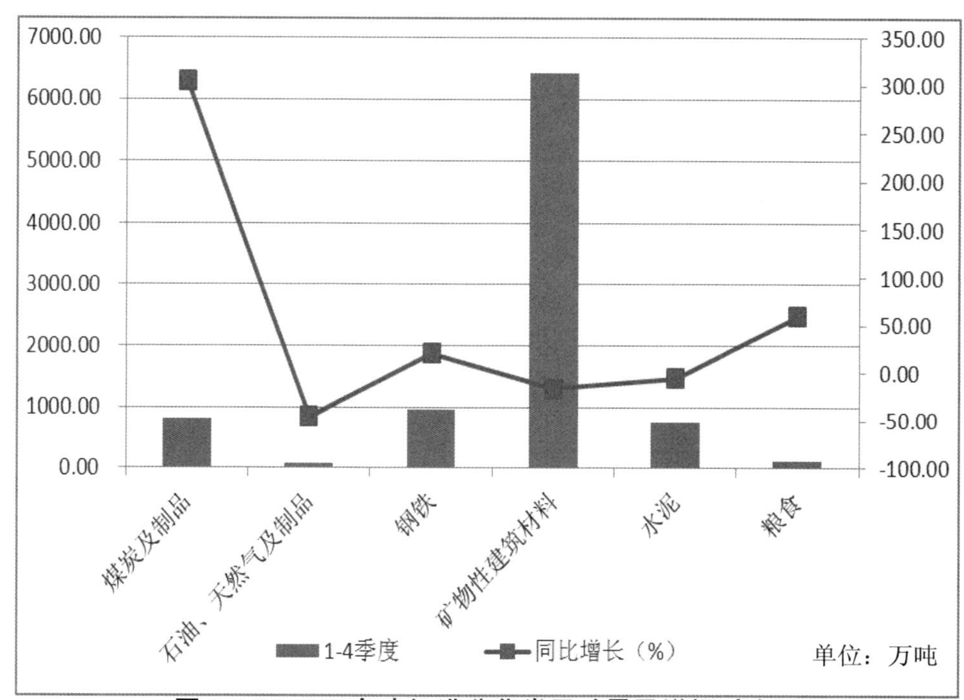

图 3-3-28 2012 年内河港分货类吞吐量及增幅对比图

7. 危险品货物吞吐量

四季度，上海港危险品货物吞吐量完成 1091.3 万吨，同比增长 3.7%，环比增长 3.2%。其中，货主码头完成 731.3 万吨，同比增长 4.0%，集团公司完成 360.0 万吨，同比增长 2.9%。

自 2011 年洋山申港国际石油储运有限公司投入运营以来，全港危险货物吞吐量有所增加，随着其运营趋于稳定，且全港能源类货物运输量受经济影响出现下滑，增速较 2011 年明显下降。全年海港累计完成危险品货物吞吐量 4283.2 万吨，同比增长 0.2%，增速回落 9.7 个百分点。其中货主码头完成 2869.8 万吨，同比下降 0.8%，集团公司完成 1413.4 万吨，同比增长 2.4%。内河港危险品完成 177.6 万吨，同比下降 29.9%。

引航

冬季是上海港受到北方寒潮大风影响的多发时段。2012 年四季度因大风大雾恶劣气象条件影响引航生产达 20 余日——其中主要是大风浪天气，占全年恶劣天气总数 66 日的三分之一左右，对四季度的引航生产产生了较大的影响。

四季度上海港引航站共引领 16921

艘次，占全年总艘次的 25.0%，较上年度同期减少 2.4%。在总艘次下降的情况下，300 米以上的船舶达 1427 艘次，比上年同期增加了 149 艘次，增长 11.7%，增幅明显。同时，吃水大于 10 米、12 米的重载船舶艘次均有增加。

2012年由于全球经济形势持续低迷，航运业受到较大冲击，受此影响，引航艘次出现多年罕见的下降现象。全年完成引航 67715 艘次，同比减少 2.4%。其中，上海港引领船舶 45892 艘次，同比减少 2.8%；进出长江船舶 23131 艘次，同比减少1.5 %；洋山分站引领9822艘次，同比减少 2.3%；船长 250 米以上 14897 艘次，同比增长 1.4%。吃水 11 米以上 7632 艘次，同比增长 8.4%。

尽管 2012 年的引航总艘次同比略有下降，大型化船舶数量却逆势增加，且增幅明显。这是因为年初以来长江口深水航道（-12.5 米）延伸段开通，进一步放大了进出上海港大型化船舶限制。2012 年，引航站引领长度 300 米以上超大型船舶达 5568 艘次，较上年增长了 16.3%。吃水大于 12 米超大吃水船舶 499 艘次，增幅达 53.1%。与此同时，受到船舶大型化及航道变迁的影响，上海港的通航密度增加，使得船舶操纵更为困难，引航风险进一步加大。

此外，特殊船重点船增多。2012 年，引航站引领的大型客轮明显增多，全年引领长度大于 160 米的大型客轮 238 艘次，同比增长 10.2%。化工品码头专区的金山地区船舶艘次大幅增加，引领船舶 335 艘次，同比增长 20.5%。

虽然引航总艘次出现小幅下降，但是尚未明显缓解多年以来持续紧张的生产压力。随着长江口深水航道延伸段开通，船舶大型化趋势日益明显，对引航服务和安全提出了更高、更严的管理标准和更精益化的管理要求。

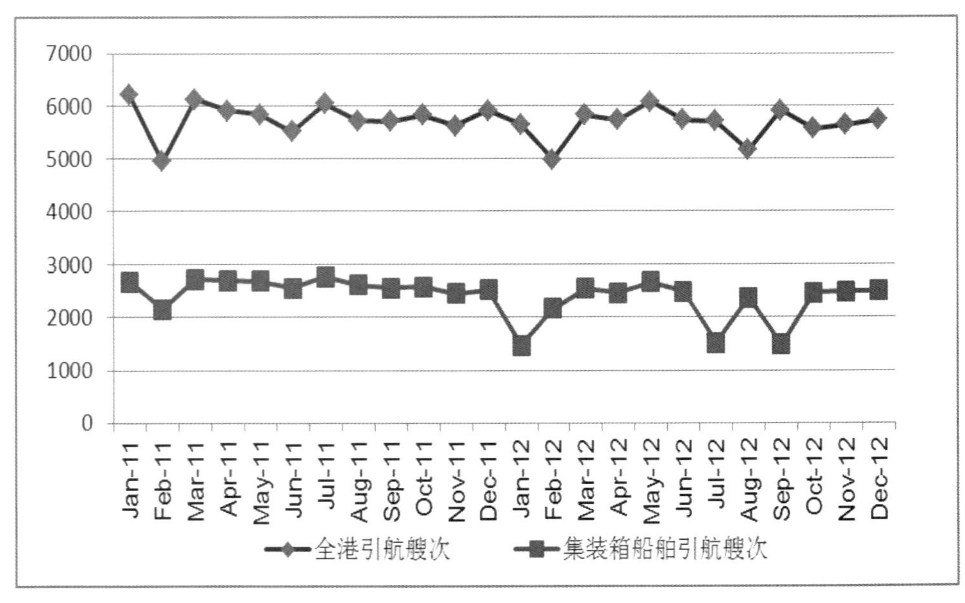

图 3-3-31 2011 年 1 月 -2012 年 12 月上海港引航艘次

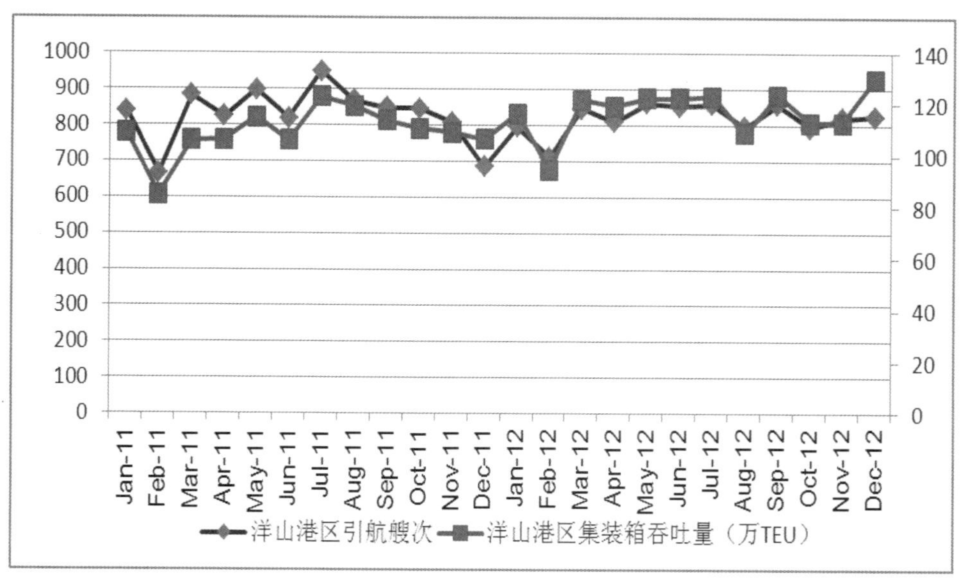

图 3-3-32 2011 年 1 月 -2012 年 12 月洋山港区引航艘次和集装箱吞吐量

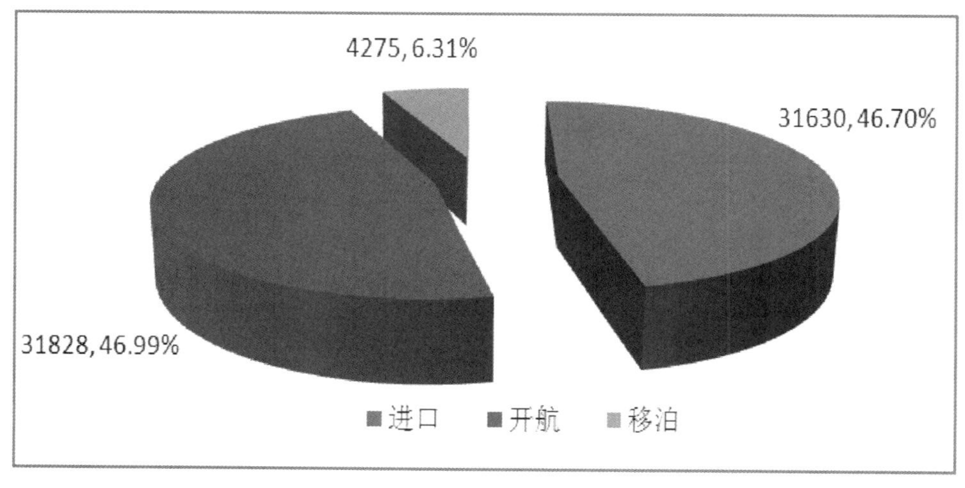

图 3-3-33 2012 年全港引航艘次 (按进出口分)

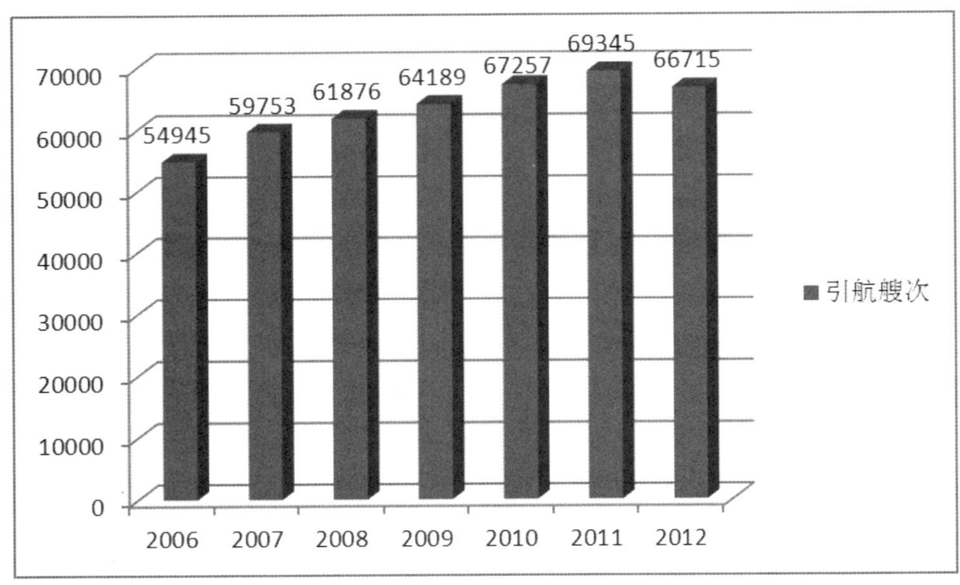

图 3-3-34 2006-2012 年上海港引航趋势图

拖带

四季度上港集团完成拖轮作业 24646 艘次，环比下降 0.3%，下降幅度收窄。全年完成拖轮作业 96072 艘次，同比增长 0.7%，增速较上年回落 4.2 个百分点。

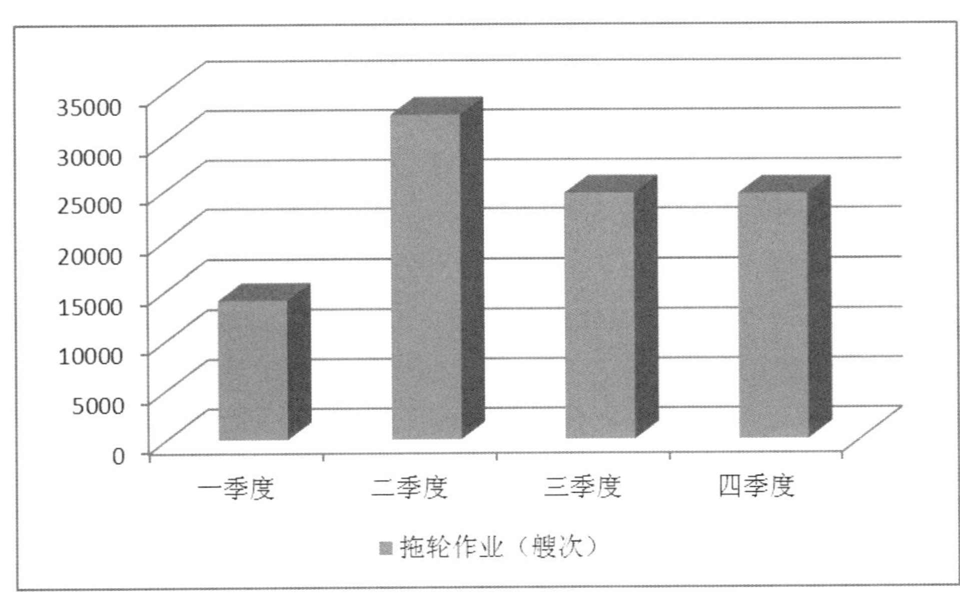

图 3-3-35 2012 年上港集团拖轮业务完成情况

理货

四季度上港集团所属外轮理货公司完成理货吨 8513 万吨，环比下降 3.2%；全年完成理货吨 34712 万吨，同比增长 2.9%，增速较上年回落 7.8 个百分点。

主要受国际航运市场低迷影响，理货业务量相应受到冲击，增速出现明显下降。

3.3.3 航运运行

船舶货运

四季度上海全社会水路货运量降幅收窄，完成 11388 万吨，同比下降 10.1%，环比增长 0.1%，水路货物周转量完成 4182.6 亿吨公里，同比下降 21.5%，环比下降 11.3%。全年全社会水路货运量完成 50302 万吨，同比增长 1.9%，增速回落 25.4 个百分点，水路货运量在综合运输体系中的比重为 53.3%，较上年减少 0.9 个百分点；完成货物周转量 20066.6 亿吨公里，同比增长 0.3%。

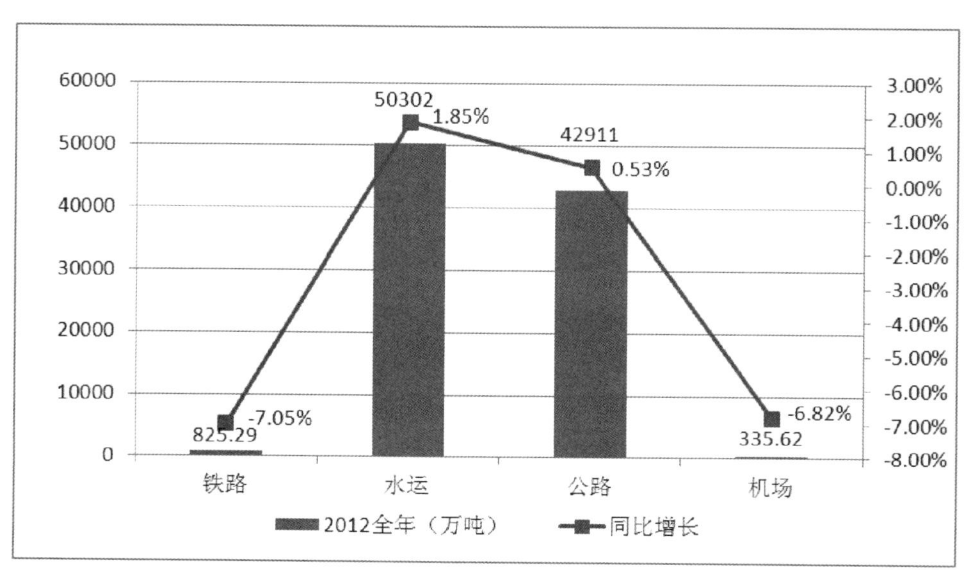

图 3-3-36 2012 年上海综合运输体系各运输方式货运量

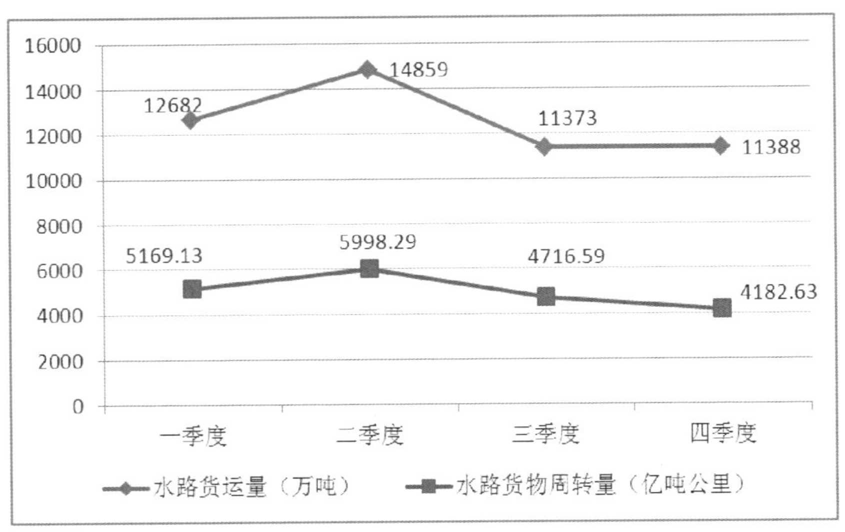

图 3-3-37 2012 年上海水路货运量 周转量季度统计

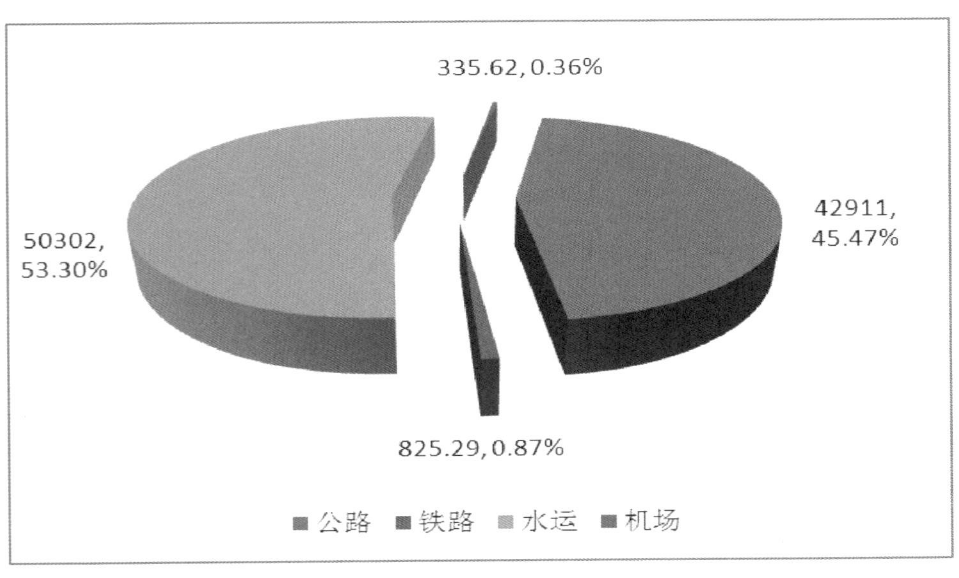

图 3-3-38 2012 年上海综合运输体系各运输方式货运量占比

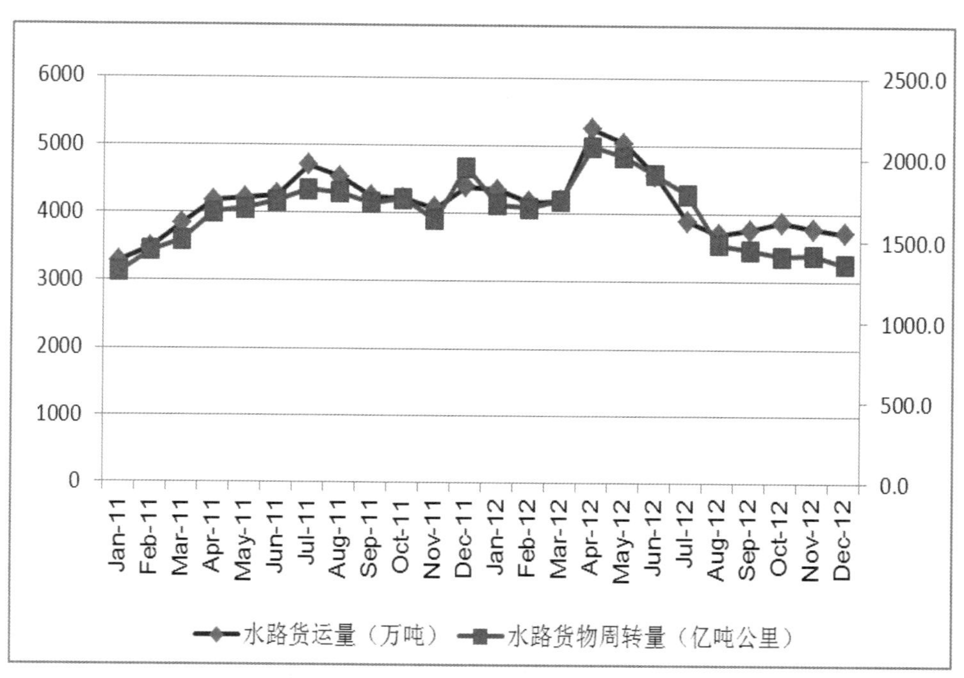

图 3-3-39 2011 年 1 月 -2012 年 12 月上海水路货运量趋势图

1. 远洋货运

2012 年，国际干散货运输市场陷入全面衰退，运力供需严重失衡，运价呈全线下跌态势，BDI 指数年平均值 920 点，同比下降 40.6%。国际集装箱运输市场有所改善，运价总体较上年有较大恢复，12 月 28 日，中国出口集装箱综合运价指数为 1113.58 点，较年初上涨 24.3%，全年平均值为 1170.90 点，较上年上涨 18.2%。当日，上海出口集装箱运价指数收于 1136.6 点，较年初上涨 16.5%，全年平均值 1253.6 点，较上年上涨 24.5%。上海出口至欧洲、地中海基本港市场运价分别为 1218 美元 /TEU、1104 美元 /TEU，分别较年初上涨 66.7%、46.4%，年平均值分别为 1382 美元 /TEU、1361 美元 /TEU，分别较上年上涨 59.0%、41.2%。

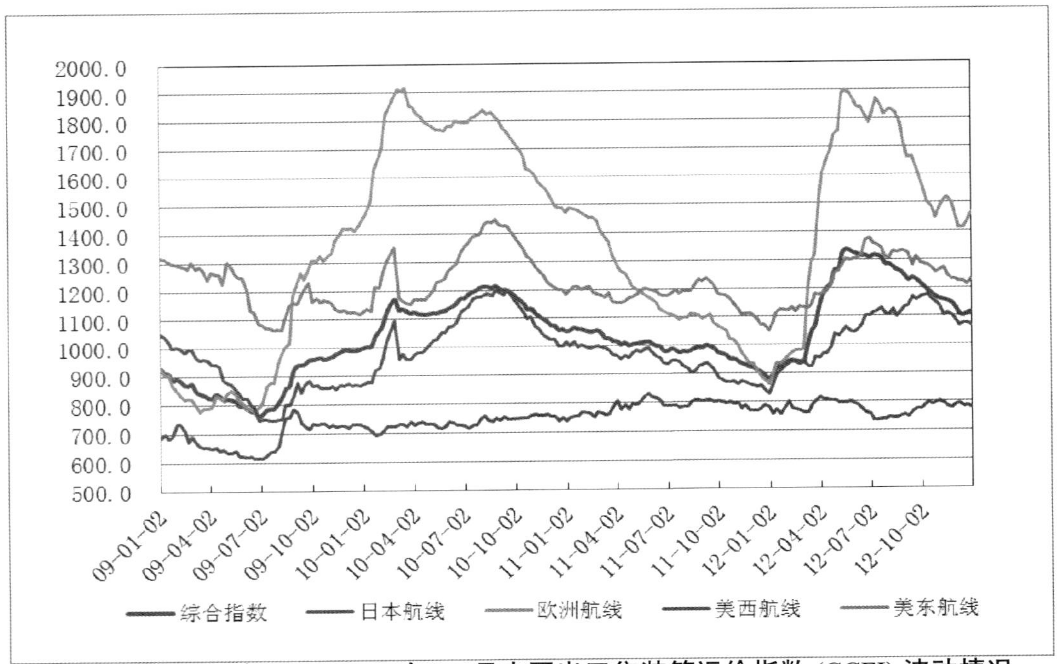

图 3-3-40 2009 年 1 月 -2012 年 12 月中国出口集装箱运价指数 (CCFI) 波动情况

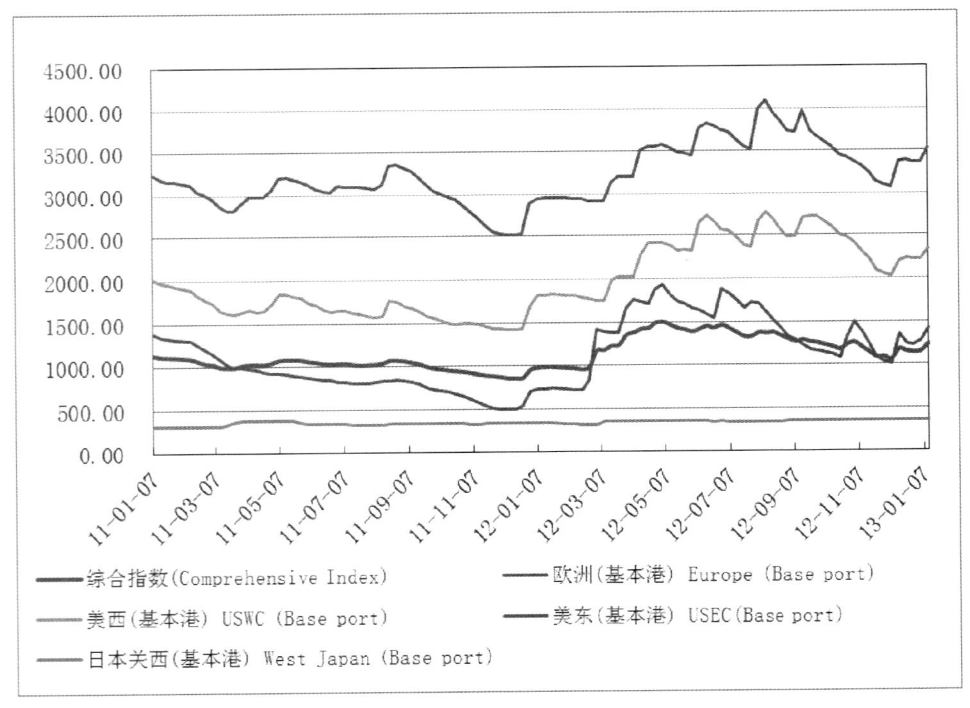

图 3-3-41 2011 年 1 月 -2012 年 12 月上海出口集装箱综合指数 (SCFI) 波动情况

四季度是集装箱航运市场的传统淡季，远洋货运需求下降，市场货量总体呈持续下滑态势。上海完成远洋货运量3793万吨，同比下降14.0%，环比下降6.9%；完成水路运输周转量3231.9亿吨公里，同比下降22.4%，环比下降15.7%。

全年上海完成远洋货运量17491万吨，同比增长9.5%，完成水路运输周转量16086.0亿吨公里，同比增长2.8%。远洋货运量占水路货运量的34.8%，较上年提升2.8个百分点，显示远洋运输在水路运输中的重要地位不断提升。

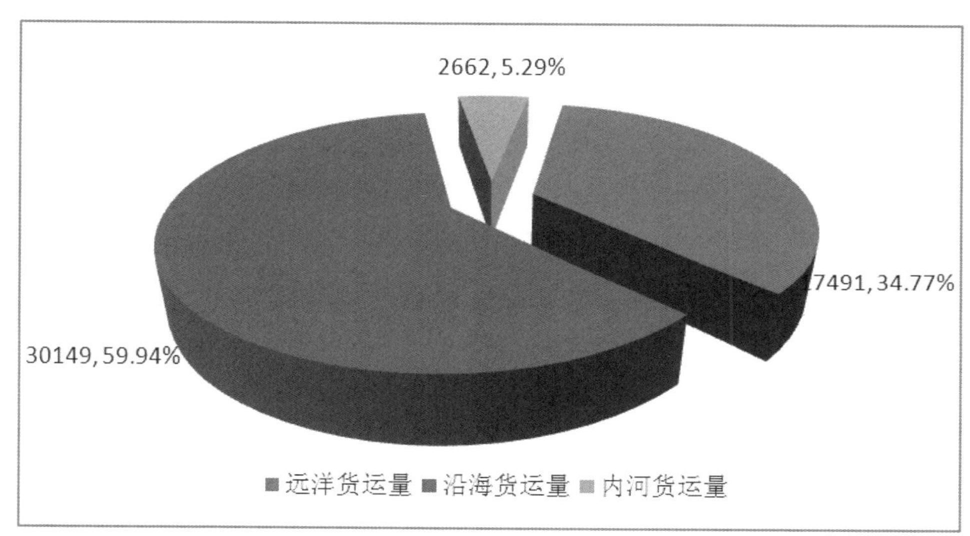

图 3-3-42　2012 年上海远洋、沿海、内河货运量及占比

2. 沿海货运

2012年我国经济总基调为“稳中求进”，经济增速有所下滑，钢铁、水泥等重工业全年也均呈低迷走势，工业发电、大宗散货商品需求总体面临较大压力，一定程度影响了国内水运需求。

由于运输供求矛盾不断加剧，国内沿海运输市场行情在上年低位运行的基础上持续走弱，凸显淡季很淡、旺季不旺的低迷态势，沿海散货运价水平基本在历史低位震荡徘徊。12月28日，上海航运交易所发布的中国沿海（散货）综合运价指数收于1055.2点，较年初下降7.1%；年平均值为1098.63点，较上年同期下跌近20%。受进口煤炭价格倒挂冲击，沿海煤炭运输市场异常低迷，全年中国沿海煤炭运价指数平均值为1195.43点，较上年下降23.8%；12月28日，秦皇岛至上海的煤炭运价收于26.6元/吨，较年初下降14.3%。

四季度，上海港沿海完成货运量6966万吨，同比下降12.7%，环比增长5.2%；沿海货物周转量完成939.9亿吨公里，同比下降19.7%，环比增长7.8%。

全年上海累计完成沿海货运量 30149 万吨，同比下降 2.9%，占水路货运量比重为 59.9%，较上年回落近 3 个百分点；完成沿海货物周转量 3931.8 亿吨公里，同比下降 10.4%。

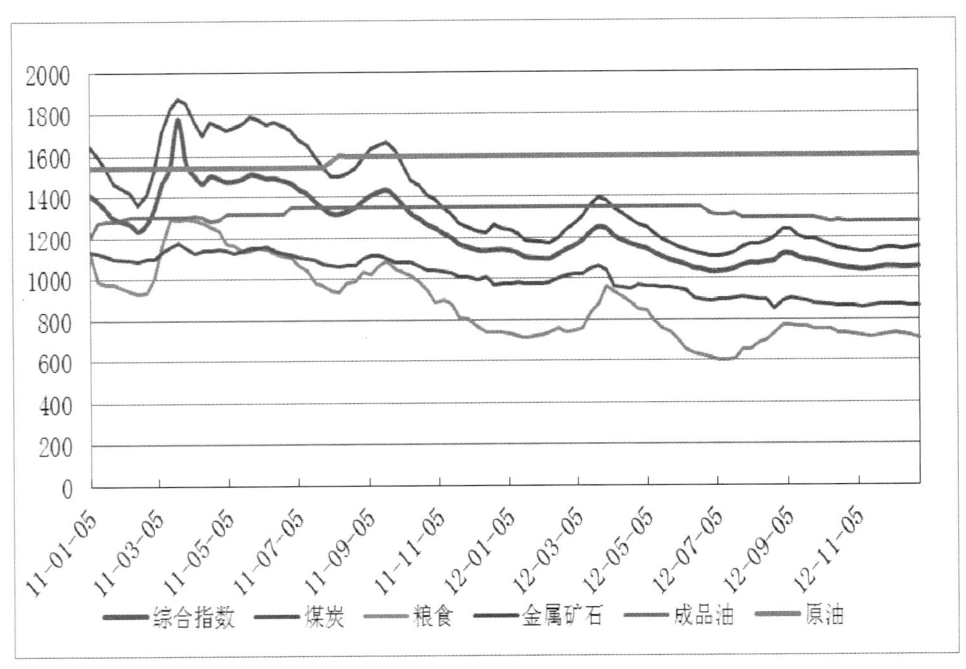

图 3-3-43 2011 年 1 月 -2012 年 12 月中国沿海散货运价指数走势图

3. 内河货运

四季度，内河运输需求继续下降，受房地产调整等因素影响内河水运缺乏增长动能，上海内河货运量完成 629 万吨，同比增长 9.2%，环比下降 7.6%，延续了 7 月以来的持续下降态势；内河货物周转量完成 10.8 亿吨公里，同比下降 10.9%，环比下降 13.5%。

全年上海港内河货运量累计完成 2662 万吨，同比增长 8.2%，增速较上年下降 30 个百分点，占水路货运量比重为 5.3%，基本与上年持平；完成货物周转量 48.9 亿吨公里，同比下降 6.3%。

2012 年，上海内河集装箱运量为 11.8 万 TEU，同比增长 96.3%。其中嘉兴港、湖州港和无锡港至上海港内河集装箱运量分别为 7.5 万 TEU、4.1 万 TEU 和 0.2 万 TEU。尽管内河集装箱运量规模较小，但增速强劲，未来可期。

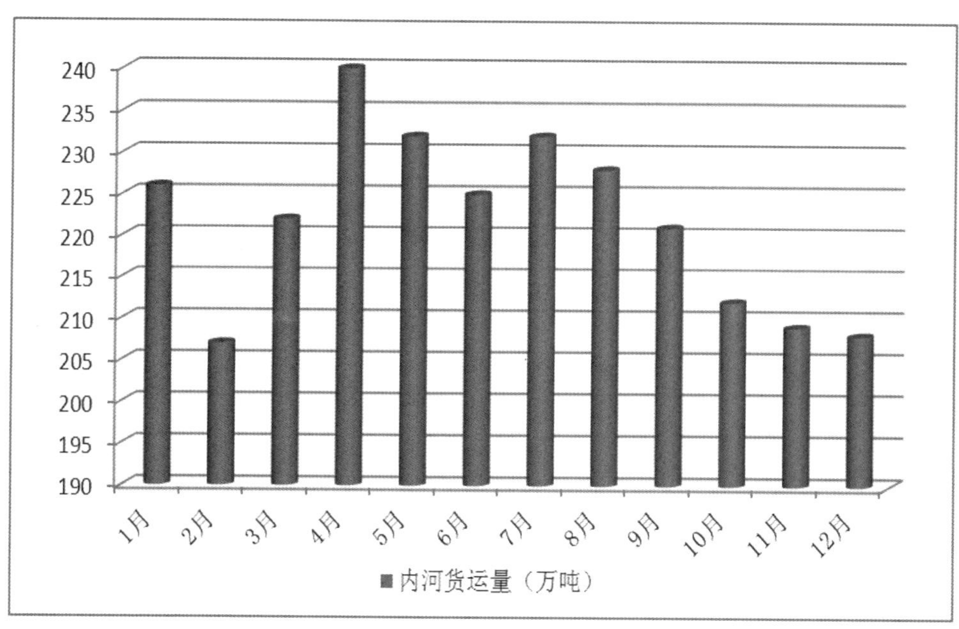

图 3-3-44 1 月 -12 月上海内河货运量

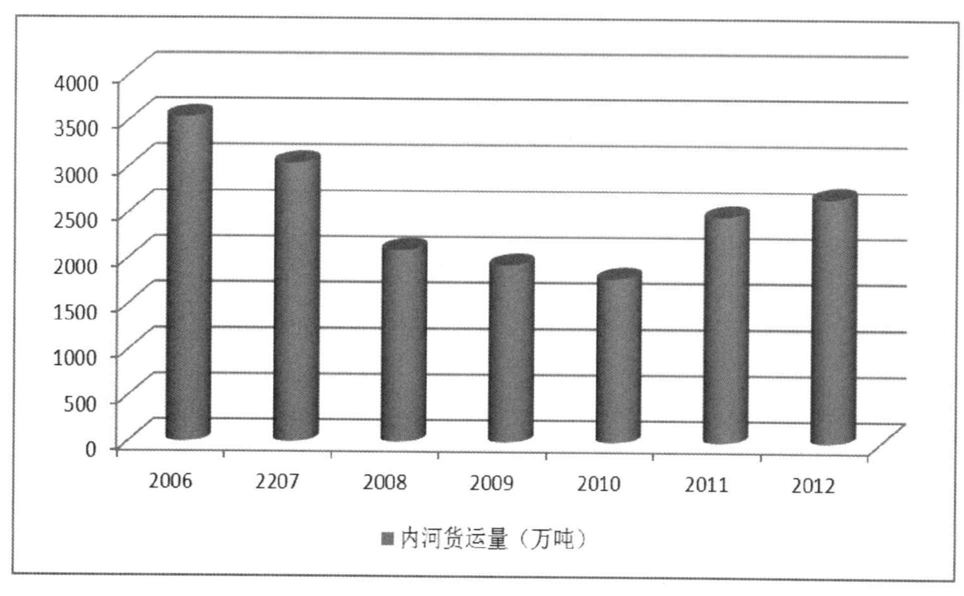

图 3-3-45 2006-2012 年上海内河货运量

航运企业运行状况

2012年，国际航运市场持续低迷，航运市场持续面临货量增速放缓、运力严重过剩的被动局面，BDI平均值为920点为该指数设立以来最为低迷的时期，而燃油成本、人力成本以及各类杂费支出却在不断上升，同时，货主船队规模却在不断增强，不断侵蚀原本就增量不足的市场货源，对国际航运市场造成了相应的影响和冲击，导致航运公司生存普遍日益艰难，部分公司年度亏损创下历年之最。油轮VLCC船东年平均收益为负；班轮公司加大运力收缩力度，除了并班、停航等临时性措施频繁实施外，一些长期性的航线撤线计划也陆续执行，班轮公司订造新船趋于理性，集装箱运价在船东共同努力下出现反弹，但箱量并未及时跟上，大多数班轮公司仅能勉强维持年度收支平衡。

此外，企业税负较重，一直是影响我国航运企业竞争力和持续发展的重要因素。目前国内航运企业的所得税、租船的营业税、船舶吨税和沿海船员个人所得税等，征收科目和税率都明显高于很多国家和地区，导致中外航运企业在税负成本负担相差较大，较大程度制约了我国航运企业在国际航运市场中的竞争能力和发展空间。在上海增值税试点改革过程中，航运企业也面临一些问题：

一是“即征即退”不退附加税费

增值税试点改革后，洋山注册企业开始执行增值税“即征即退”政策。由于“即征即退”只退主税、不退附加税费，相比原洋山港免征营业税政策，航运企业税收支出增加，税负明显上升。

二是“即征即退”退税周期较长事项

在增值税试点初期，由于税企双方都在经历转制过渡历程，因此“即征即退”周期跨度较大，退税曾一度处于停滞状态。经过上海市税务局的协调，在浦东新区税务局的全力支持下，从6月份起退税周期渐趋固定，航运企业基本可在45～60天收到退税款项。尽管如此，但仍需占用企业2个月的税款，合计金额0.9～1亿元，按年5.75%利率测算，资金占用成本年约550万元。

三是“即征即退”和“免抵退”不能同时享受事项

根据此次试点改革的相关政策，在洋山注册的企业可享受“即征即退”政策，从事外贸运输的企业可享受“免抵退”政策。然而在实际操作中，由于当前申报流程的限制，使得航运企业很难同时享受两项优惠政策。

因此，增值税政策还需要进一步完善，以期减轻航运企业负担，提高国际竞争力，同时航运企业要加快提升能级，加快转型发展。

受市场需求疲软，运价水平偏低，成本刚性上升，船队结构不均衡等影响，2012年中国远洋出现较大亏损。面对去年复杂的经营环境，中海集运力争航线效益最大化，使经营业绩取得了显著改善。同时，加强资产运营，出售了部分3～8年箱龄自有集装箱共约29.5万标箱（TEU）。该等集装箱是中海集运在资产价格低位时购置，不仅满足了公司过去几年的用箱需求，而且抓住二手箱市场价格较高时机进行出售，实现了较大增值。2012年中海集运实现扭亏为盈，实现归属于上市公司股东的净利润约5.2亿元。

面对持续低迷的航运市场，国家出台了若干政策刺激航运发展，如在上海试行启运港退税政策、试点“营改增”、建设自由贸易园区等。针对这些政策运行的实际状况，港口和航运企业提出了一些诉求和建议。

1.扩大上海启运港退税试点范围

目前启运港退税政策处于试点初期，对于启运港口、承运船公司和运输船舶都有明确的限制。《通知》规定，适用启运港退税政策出口货物的启运港仅限为：青岛前湾港、武汉阳逻港；承运船公司仅限为：上海浦海航运公司、中外运湖北有限责任公司；运输船舶仅限为：永裕016、永裕018、新滨城、向莲。由于限制较多，在操作执行过程中，有很多对于该项政策有迫切需求的客户难以享受到该政策，同时也给港口和船公司在该项业务上的资源配置优化造成不利影响，导致该试点政策难以发挥更多成效，不利于该项业务的进一步推行和规模化发展。

因此，建议在“两个中心”部际协调机制层面下，总结启运港退税试点的运行情况、操作难点和政策成效，研究进一步扩大启运港口、承运船公司的试点范围，使该项政策能够逐步深化，发挥规模效应，加快推动上海国际航运中心建设。

2.进一步完善相关税收政策，促进港口和航运企业健康快速发展

在本次增值税试点改革中，航运企业船舶自营和期租业务的适用税率由原营业税的3%上升至增值税的11%，考虑抵扣因素后，相当于将原3%的营业税率提高至4.5%，升幅达到50%。在洋山注册的企业开始执行增值税“即征即退”政策。由于“即征即退”只退主税、不退附加税费，相比原洋山港免征营业税政策，税负明显上升。而且“即征即退”退税周期较长，需占用企业2个月的税款，影响了企业的竞争力和持续发展。

据报道，江苏省在向财政部和国税总局争取后，将对交通运输物流业按照简易办法征收，增值税率定为3%，以解决部分企业税负增加问题。建议参照江苏省争取相关优惠政策，降低税率，帮助提高物流企业的市场竞争力。

同时，建议允许税改前的存量固定资产纳入抵扣范围，并允许航运企业按照船舶预计使用年限抵扣固定资产进项，

从而避免新船交付后进项大量留抵现象。

3. 加强自由贸易园区相关政策布局

2013 年 1 月 1 日起开始生效的的《上海市推进国际贸易中心建设条例》，提出鼓励贸易与金融、航运、物流、制造、会展等产业融合发展，探索建立符合国际惯例的自由贸易园区；在外高桥保税区推进国家进口贸易促进创新示范区建设；鼓励境内外企业在上海设立采购中心、分拨中心、营销中心、结算中心、物流中心、品牌培育中心等具有贸易营运和管理功能的贸易型总部；鼓励企业优化货物进出口贸易结构，促进加工贸易企业转型升级，增强上海口岸的集散作用，推动转口贸易和离岸贸易发展。

目前，上海在推动自由贸易园区政策落地方面走在全国前列，具有一定的先发优势。但由传统保税区向自由贸易园区转型已成为各省市的必争之势。上海、深圳、天津、成渝地区都曾向国务院及各部委提交了关于保税区转型自由贸易（园）区的建议，自由贸易园区政策在上海落地之前，建议有针对性地加强研究、宣传和推进扩大布局，在上海的自由贸易园区政策正式实施之后，预计其他省市很有可能将陆续获得相同政策，对相关产业的吸引力将受到影响。

4. 建议进一步完善政策措施，吸引相关企业和人才集聚

为吸引国内及全球船公司特别是大型船公司的总部、地区总部以及船公司经营管理核心机构到上海落户，建议进一步加强对航运企业的财税政策扶持：争取尽快推出税负较轻的船舶吨税制；减免租船经营的营业税；对航运（物流）企业投资设立配套的物流堆场、仓储征用土地价格等方面应给与特殊的优惠。建议对落户上海的重点航运公司给予一系列社会保险制度适当的优惠政策，如对企业年金、住房补贴、交通补贴等核定免税比例或免税基数等优惠，从而增加上海港对于航运企业的吸引力。

建议制订实施有针对性的航运人才引进政策。适当放宽航运人才入沪条件，特别是航运金融、航运保险、海事法规等现代航运服务业高层次人才。对从事艰苦、风险和特殊岗位的航运人才，如引航人才、打捞潜水员、船舶驾驶轮机人才等，开辟引进“绿色通道”。

3.3.4 基础设施建设

2012 年，本市港航基础设施建设深入推进，现代航运集疏运体系进一步优化。洋山深水港区四期前期工程基本完成，内河航道建设项目有序推进，外高桥内河港区和芦潮港内河港区工程稳步推进。

全年上海内河航道整治工程共完成46080万元，为年度计划的80%；累计完成77.4亿元，累计完成率达到91%。赵家沟航道整治工程、大芦线航道整治工程（临港新城段）、杭申线航道整治工程、黄浦江上游（分水龙王庙～大涨泾河口）航道整治工程建设投资分别完成17714万元、23026万元、4923万元、417万元，为年度计划的100%、80%、47%、100%；累计完成工程投资29.4亿元、39.7亿元、6.9亿元、1.5亿元，工程累计完成率分别为101%、97%、53%、89%。

表3-3-6 2012年内河航道整治工程建设完成情况（单位：万元）

项目名称	项目总投资	本年计划	本年完成	累计完成	本年完成率	累计完成率
赵家沟航道整治工程	291600	17714	17714	294035	100%	101%
大芦线航道整治工程（临港新城段）	410500	28625	23026	396888	80%	97%
杭申线航道整治工程	129626	10580	4923	68846	47%	53%
黄浦江上游（分水龙王庙～大涨泾河口）航道整治工程	16232	417	417	14514	100%	89%
合计	847958	57336	46080	774283	80%	91%

（上海交通港航发展研究中心）

3.4 航空货运

3.4.1 上海机场航空货运

2012年，上海机场航班起降架次、旅客吞吐量持续增长，货邮吞吐量同比继续回落；安全运行态势持续平稳，浦东、虹桥机场分别实现了第13、25个安全年；两场的硬件保障能力和服务保障软实力持续提升，浦东机场T1航站楼改造工程于12月正式实施，虹桥机场东片区规划及T1航站楼改造工程有序推进；航空枢纽建设不断推进。在全球机场协会公布的2012年上半年全球机场客货运排名中，浦东机场客、货运分别列全球机场排名第 19 和第 3 名，飞机起降量排名全球机场第 30 名。

表 3-4-1 2012 年上海机场货邮吞吐量生产指标表

分类	单位	全年完成量	同比增长 / (%)
浦东机场	万吨	293.82	-4.77
虹桥机场	万吨	42.98	-5.35
其中：国内航线	万吨	76.08	-6.86
国际航线	万吨	222.63	-4.43
地区航线	万吨	37.99	-3.36
全年货邮量合计	万吨	336.80	-4.84

（2013 上海经济年鉴）

3.4.2 加强航空枢纽建设战略合作

民航局与上海市政府于 4 月签署了关于加快上海民航发展的战略合作协议书；上海机场集团与联检单位合作开展转运中心 24 小时通关查验、机坪空空中转监管模式和冷链发展等课题研究，落实 72 小时过境免签政策实施准备，配合实施 24 小时直接过境旅客免办边检手续政策。

（2013 上海经济年鉴）

3.4.3 浦东机场货运争创第一工作启动

年内，上海机场集团编制完成浦东机场货运争创世界第一行动方案，着力推进货运发展由口岸自然增长向口岸加枢纽复合增长转变。研究建立货运管理基本标准，组建空港物流协会，提升了浦东机场的市场管理水平；支持与推进物流集成商、基地航空公司的建设和运营；机场集团与联邦快递签订建设上海国际快件和货运中心的协议。浦东机场成为全球首个同时吸引三大国际物流集成商入驻并建立转运中心的机场。

（2013 上海经济年鉴）

3.5 铁路货运

3.5.1 上海站铁路运输

上海铁路局设徐州、合肥、南京、杭州四个铁路办事处，有合久、合武、芜湖长江大桥、新长、浦东、萧甬、金温、皖赣、衢常、沪宁、宁杭、丰沛、海洋、宿淮、沪杭、杭甬、宁安、阜六、杭州枢纽、上海金山、京福客专安徽有限公司、沿海铁路浙江有限公司、沪昆客专浙江有限公司、金丽温铁路有限公司等24个合资铁路公司，运输业务辐射全国各地。2012年，全局客运经营指标全面增长，货运经营指标持续下降。年旅客发送量达33569万人，同比增长7.8%，占全国铁路旅客发送量17.9%，继续保持全路第一，其中上海市境内发送旅客6758.1万人，同比增长9%；年货物发送量24038万吨，同比下降2.8%，其中上海市境内发送货物量825.3万吨，同比下降7%。

（2013上海经济年鉴）

3.5.2 上海铁路启用货运电子商务平台

8月1日，铁路货运电子商务系统率先在上海铁路局进行试点，9月20日在全路正式启用。铁路货运电子商务系统是中国铁路办理货运业务的官方互联网商务平台，客户可通过系统自主查询铁路货运信息资讯，办理提报物流服务需求、申请铁路空车预订、查询需求受理状况、追踪铁路在途信息等业务。客户可通过计划预约功能预约一段时期内的运输需求，也可通过装车预订功能，对确定某天、某方向的运输需求预先进行运输订舱，还可通过“我要发货”提报快捷物流需求，同时客户还可登录系统提报“门到门”、“站到门”、“门到站”、“站到站”、仓储等综合物流服务。

（2013上海经济年鉴）

3.6 仓储业

2012 年我国仓储业发展回顾与 2013 年展望

现代物流报

2012 年，我国仓储业发展道路充满了艰辛，经济下行对仓储业的负面影响逐步加大。如果说 2008 年美国金融危机给我国经济造成影响属于外生因素的话，2012 年则是内生因素起主要作用，其中包括 2009 年的 4 万亿元投资、2011 年的货币供应紧缩和房产价格严控给仓储业带来巨大影响。

2012 年仓储业发展回顾

仓储企业生产经营基本稳定

根据中国物资储运协会对 67 个大型仓储企业的调查，2012 年样本企业生产经营基本稳定，实现主营业务收入 318 亿元，比上年增长 10.5%；货物吞吐量 7127 万吨，比上年下降 14%；期末库存量 468 万吨，与上年持平；货物周转次数 7.6 次，比上年增加了 0.2 次；利润总额比上年下降 35.5%。亏损企业 9 家，亏损面 14.4%。调查显示，样本企业经营呈现三个特点：一是受宏观经济增速放缓的影响较大；二是仓储企业应对经济下行的措施及时有效；三是认清了自身存在的问题是抗风险能力不强、业务开拓和创新速度缓慢、拥有土地的优势消磨了进取精神。

国家继续大力支持仓储业发展

2012 年 1 月，财政部、税总发布《关于物流企业大宗商品仓储设施城镇土地使用税政策的通知》，对大宗商品仓储物流用地的土地使用税减半征收（期限三年）。2012 年 12 月，商务部颁发《关于促进仓储业转型升级的指导意见》，要求仓储企业向多功能、一体化的综合物流服务商转变。2012 年 12 月 1 日，国务院印发《服务业发展“十二五”规划》，对现代物流业发展提出要求：“……形成一批集多功能于一体的专业化、综合性生产资料物流配送中心。完善物流基础设施和网络，统筹规划仓储设施发展，促进传统仓储企业向现代配送中心转变。支持物流园区等物流功能聚集区有序发展，规划建设一批重点物流园区。……重点布局建设一批口岸商贸物流中心，促进货运枢纽向物流园区转型，促进保税物流中心向分拨中心、配送中心和采购中心发展”。

此外，国家发改委正在拟定《全国物流园区规划》《物流业中长期发展规划》，并对列为重点的物流设施给予资金支持。

仓储企业业务结构发生变化

在经济转型的重要时期，仓储企业生产资料仓储业务增长速度下降，生活品仓储业务增速提高。主要生产资料如钢铁供大于求，阶段性增速降低不可避免。2012 年生产资料类仓储量下降 30% 以上，生活资料类吞吐量增加 34%，导致货场大量闲置，而库房缺口较大。样本企业 2012 年租用库房 98 万平方米，比上年增长 81%。此外，用于家庭储物的自助仓库也已出现。

仓储业在国民经济中的地位提高

各地方政府在制定本地发展规划时，都把物流园区规划放在重要地位，有的省市确定了物流园区的数量、规模、功能和名称。交通运输部“十二五”规划要求健全公路货运枢纽节点体系，提升物流组织能力；优化枢纽场站布局，与空、水、铁统一规划建设，与产业园区、商贸市场、口岸对接；在 196 个国家公路运输枢纽城市，建设 200 个左右的具有综合物流服务功能的物流园区公路货运枢纽。铁道部也在积极规划、改造铁路物流中心。

据一项针对银行行长的投资意愿调查，52% 的银行家愿意把物流业作为重点投资领域，排在投资意愿第二位。据国家统计局发布数据，2012 年仓储业投资 3120 亿元，比上年增长 28%，比全国固定资产投资增长率高 8 个百分点。

专业仓储设施建设提速

在综合物流设施发展的同时，专业仓储设施建设增长较快。主要表现在：医药、烟草、食品仓库规模大、技术新、性能好。此外，电子商务企业纷纷自建物流中心，苏宁、阿里巴巴、京东都在建设或规划建设自有物流基地。安得物流运营 400 万平方米仓库，准备建 16 个物流中心，已建成 6 个。邮政速递的南京航空速递物流集散中心，是目前我国最大的邮件分拣中心。许多快递企业在提升分拣中心的技术水平，顺丰速递杭州分拣中心已改为全自动分拣。

物流园区和物流地产依然迅速增长

据中国物流与采购联合会调查，截至 2012 年 6 月，全国物流园区数量为 754 个。与以前不同的是：规划的科学性、合理性有所增强，用地面积接近实际需要、关注集约节约使用土地。值得一提的是外资工业地产企业投资，无论国别还是企业都在增加。

仓储业发展仍然面临诸多困难和挑战

仓储设施总量不足。首先表现为租金攀升，其次是标准规范的仓库供应严重不足。主要原因仍是城市扩张，挤压仓库搬迁，而新的仓储用地又难以取得，加上建设周期长，导致库房供不应求。

物流园区和物流中心设计不合理、不好用。有 65% 以上物流园区被设计为商贸物流园，其最大的问题是物流功能被忽视、人货不分流，安全隐患多，房地产味道浓厚。

此外，仓储企业负担重、成本高、利润低，以及部分仓储企业诚信出现危机，也是我国仓储业发展中亟待突破的瓶颈。

2013 年仓储业发展展望

2013 年的经济形势将有较大变化，一是经济进入中速增长，仓储业将进入精细化发展阶段；二是铁路货运变革、电子商务、城市物流成为影响仓储业发展的重要因素；三是物流业进入供应链时代，高成本、高竞争、网络化是主要特点。尽管仓储业在 2012 年遇到巨大的困难和考验，我们对 2013 年的发展充满信心。这是因为，前进的路上充满机遇。

工业化、信息化、城镇化、农业现代化，给仓储业带来为全社会提供立体化服务的机遇

积极开展入厂物流、集中采购、原材料加工、产成品分拨、配送等业务，大力开展两业联动。积极参与城市共同配送体系建设，为民生服务。积极开展农资农产品双向物流活动。新四化的实现需要我们合理布局物流枢纽、物流园区、物流中心、配送中心、货运场站、收发站点等多种形式的仓储设施。

园区经济逐渐成熟，将产生集约效应

据 2012 年国土资源部国家级开发区土地集约利用评价报告，全国 341 个国家级开发区，平均每个占地 10.4 平方公里。341 个园区功能占地比例是：工矿仓储用地占 48.46%，住宅用地占 13.79%，商服用地占 19.04%，公共管理用地占 3.43%。我们历来主张，物流园区要搞物流，物流设施用地要占 50% 以上，要有足够的库房、货场、通道、保管和装卸设备。物流园区借鉴了经济园区的形式，有的已成为开发区的组成部分，它直接服务制造企业和流通企业，开展共同配送、库存管理、即时供应、加工组装、多式联运等活动，在提高物流效率、减少城市交通拥堵、降低碳排放等方面发挥更大作用。

仓储业发展有技术支持

自动化、机械化技术、信息技术的发展为仓储业发展提供技术保障。一些先进的物流企业狠抓信息化建设，把物流业务与信息化技术很好地融合在一起，大大提高了物流的速度，帮助企业在短时期内迅速扩大。物流信息化成为它们制胜的法宝。

物流企业信息系统正在向供应链的上下游延伸，与制造业和商贸企业的信息系统融合。在供应链业务环节上共享信息，减少重复录入、重复建网的浪费，实现协同式发展。

仓储业融入供应链

仓储业要融入供应链，必须让仓库迅速变为物流中心，物流中心要联网。与供应链上各种资源协同。物流企业、

商贸企业、制造企业、信息企业都是合作伙伴。发展多式联运，使用铁道部货运电子商务平台和铁路货物直达班列组织发运和公铁水联运。深度拓展核心客户需求，为其上下游服务。在民生物流上下功夫，发展快销品物流、电商物流、网售宅配、快递业务。同时对成熟业务进行优化，开展精益化管理和瘦身活动，以不断降低成本，提高服务能力。

综合保税区统一规范

2012年，国务院58号文《关于促进海关特殊监管区域科学发展的指导意见》，对110个各类海关监管区进行规范，要求新设立的特殊监管区统一名称为综合保税区。实行总量控制、按需设立、适度控制增量、整合优化存量原则。可以预见，保税区的发展将进入一个合理配置、协调发展、注重质量、提升效益、深化改革、加强监管的新阶段。

第四篇 区域和园区物流篇

4.1 长三角江苏省和浙江省2012年物流发展报告

4.1.1 2012年江苏省物流业发展情况及2013年展望分析

2012年江苏省物流业发展情况及2013年展望分析

江苏省发展和改革委员会

面对复杂严峻的国内外经济形势，2012年江苏省物流业总体上保持平稳增长，物流规模增速稳中趋缓，项目投资拉动力有所增强，服务体系进一步完善，模式创新加快推进，物流发展环境正在逐步优化。

一、2012年江苏省物流业发展情况

（一）物流规模平稳增长，增长速度稳中趋缓。

在一系列促进物流业发展政策措施推动下，江苏省物流业发展继续呈现平稳增长态势。2012年江苏省货物运输总量23.13亿吨，同比增长8.8%；货物周转量8474.6亿吨公里，同比增长12.8%；2012年规模以上港口货物吞吐量17.08亿吨，同比增长8%。初步测算，江苏省2012年社会物流总额将超过16万亿元，同比增长10%左右，增速预计比去年回落10个百分点以上。江苏省物流业增加值预计将突破3350亿元。物流业增加值占GDP的比重预计6.3%左右。江苏省社会物流总费用与GDP的比率15%左右。

（二）重点项目带动明显，民营投资日趋活跃。

2012年，江苏省累计新批5000万元以上物流项目94个，总投资454亿元。列入省“十二五”物流业发展规划的100个重点物流项目，83个已开工建设（其中8个项目已竣工），累计完成投资499.7亿元。其中2012年新开工项目17个，当年新增投资255亿元。总投资100亿元的沙钢玖隆钢铁物流园区已完成投资52.5亿元，部分加工仓储区已竣工投运。

民营投资更显活跃，2012年新批项目中61个项目为民营投资，总投资达268亿元，项目数和投资额分别占新批5000万元以上物流项目的65%和59%，泰州华东汽车城项目、徐州淮海环球商贸物流项目总投资超过20亿元。

（三）园区建设加快推进，集聚示范效应显现。

按照“布局集中、用地集约、企业集聚、功能集成”的思路，江苏省物流园区综合服务能力进一步提升，逐步成为物流体系的重要结点和物流产业发展的集聚地。一是重点物流园区建设加快推进。列入省“十二五”物流业发展规划的38个重点物流园区，计划投资729.9亿元，到2012年底累计完成投资227亿元。其中苏北物流园区建设呈加快之势，14家苏北重点物流园区到2012年底完成投资86.7亿元，超过计划投资额的1/3。大丰港现代物流园“十二五”已完成投资38亿元，占总投资的44.7%。二是园区集聚效应进一步体现。到2012年底，江苏省物流园区集聚各类企业超过2万家，入驻企业年经营性收入超过50亿元的物流园区达15个。无锡空港产业园集聚了普洛斯、德邦物流等一批国内外知名企业，2012年物流业完成营业收入超过42亿元，同比增加20%。围绕上海大众整车项目落户仪征汽车工业园，园区及周边集聚了16家汽车整车及零部件物流企业，总投资达9.45亿元。三是重点园区示范作用逐步增强。围绕主要交

通枢纽和产业集聚区，江苏省建成了苏州物流中心、苏州高新区保税物流中心、无锡西站物流园等一批综合服务功能全、资源整合能力强、运营效率高、区域辐射带动作用大的重点物流园区，成为物流业规模化、集约化、专业化发展的重要平台。

（四）港口物流平稳增长，保税物流能力增强。

据初步统计，2012 年江苏省规模以上港口吞吐量 17.08 亿吨，同比增长 8%，其中沿江港口吞吐量 12.7 亿吨，同比增长 9.3%；沿海港口吞吐量 2.17 亿吨，同比增长 15.7%；内河港口吞吐量 2.48 亿吨，同比下降 0.6%。江苏省规模以上港口完成集装箱吞吐量 1600 万标箱，同比增长 12.9%，完成外贸货物吞吐量 3.1 亿吨，同比增长 10.5%，其中苏州港完成集装箱吞吐量达 586 万标箱，增长 25.2%。

充分发挥综合保税区的独特优势，积极搭建保税物流平台，保税物流的政策效应持续放大。到 2012 年底，江苏省综合保税区、保税港区已达 9 家（2012 年批 4 家），保税物流中心 4 家。2012 年江苏省海关特殊监管区进出境货值达 1263.86 亿美元，同比增长 21.55%，占外贸进出口额的 21.47%。苏州市综合保税区全年进出境仓储或转口货物总值达 510 亿美元，增长 80% 以上。为拓展海关特殊监管区的功能优势，提高张家港保税港区的区域辐射力，张家港保税港区汽车整车进口口岸获得国务院批准，围绕整车进口的物流园区项目和规划正在有序推进。

（五）信息化水平继续提升，发展模式不断创新。

南京、苏州、宿迁等地充分利用物联网和新一代信息技术，加快公共信息平台建设，整合物流相关信息资源，努力实现物流资源共享、数据共用、信息互通。无锡江苏太运集团构建了智能物联网公共信息平台，通过物流信息交易、交易资质认证、物流感知、手机支付等四大系统，实现物流过程的网上操作和实时监控。连云港港口物流公共技术服务中心正式投入运行，口岸集装箱作业整体物流效率提高 15%，成本降低 10%。

图书、烟草、医药、钢铁、汽车等专业物流加强物流模式创新，营运规模均走在全国前列，涌现出一批勇于创新、供应链管理能力强、在全国有影响力的第三方物流企业。飞力达国际物流公司成功开发手机产业一体化供应链服务模式，为手机产业设计、品牌、代工、贸易等各类客户提供安全高效的一体化服务，2012 年业务量增长了 67%。苏州传化物流基地依托公路港一站式平台，建设运营近 300 条辐射全国的零担快运专线，日流动车辆 5000 多辆，整合社会车辆近 7 万辆，年承载货物量 1200 多万吨，实现了物流服务、物流载体和物流需求三大资源的有效集聚。

（六）物流政策加快完善，发展环境不断优化。

去年10月，江苏省获批开展营业税改征增值税试点，首次将“物流辅助服务”列入应税服务范围，并设置了6%的适用税率。试点政策使原有增值税纳税人可以抵扣的进项税额增多，税负有所下降。截至2012年底，江苏省共有15.03万户纳税人确认纳入试点范围，累计入库“改征增值税”19.96亿元。试点以来，江苏省总计减少纳税人负担约33亿元，减税面超过95%。通过“营改增”调整税收，减轻了服务业特别是生产性服务企业实际负担，将对促进物流业发展起到积极作用。

随着江苏省“十二五”物流业发展规划深入实施，促进物流业发展多部门合作协调机制正在逐步形成。2012年省发改、财政、交通等十二个部门联合研究出台了江苏省鼓励民间资本进入物流领域的相关政策意见，并在拓宽投入渠道、保证重点园区用地、降低税负负担、清理阻碍政策等方面陆续出台政策措施，努力为物流业加快发展营造良好的政策环境。

二、当前江苏省物流业发展存在问题

由于受国际、国内经济形势影响，江苏省物流总量增速趋缓，物流效率提高不多，企业效益有所下滑。

（一）社会物流总额增幅回落较大。

2012年，江苏省全社会物流总额增长约10.0%左右，增速回落幅度较大，大大低于“十一五”期间18.5%的年均增速，更低于2011年23%的增幅。2012年，江苏省经济发展领头羊——苏州的社会物流总额46300亿元，仅增长3%，比2011年大幅回落12个百分点。

（二）社会物流运行效率仍然偏低。

江苏省社会物流总费用与GDP比率居高不下，一直保持在15%左右，尽管比全国低3个百分点，但仍然高于发达国家水平，这将在一定程度上影响发展综合竞争力。苏北宿迁市的社会物流总费用与GDP比率高达18%，苏中扬州市比率为16.45%。

（三）物流企业经营难度有所加大。

去年，在经济下行压力加大的背景下，物流服务价格竞争加剧，运营成本不断增加，企业经营难度加大。加之物流专业化程度不高，社会物流需求未充分释放，制约了第三方物流加快发展。如扬州工业企业自有仓储占全社会仓储面积70%，但仅20%的原材料物流和15%的产品销售物流由第三方物流企业承担。

（四）部分重点项目建设进度偏慢。

列入江苏省“十二五”物流规划的100个重点物流项目，投资完成率仅为27.4%，除淮安、苏州、泰州、盐城四市投资完成率已超过40%外，其他均低于40%的正常进度，投资进度明显偏慢。到

2012年底还有17个项目尚未开工建设。

（五）“营改增”对货运运输企业影响较大。

“营改增”试点以来，不少物流企业特别是直接从事运输的物流企业反映税负不降反升，加上可抵扣的项目少，抵扣过程繁杂等因素，导致试点后运输企业实际税负大幅增加，有些企业税负增加2倍甚至3倍。如无锡德邦物流有限公司2012年9月份交纳营业税11.2万元，而10月份交纳增值税为47.2万元，实际税负比营业税税负增加3倍。为防止“越做越亏”，很多企业不愿新接业务。据苏州传化港估算，“营改增”后区内企业业务量下降约20%左右。“营改增”试点后，到非试点地区注册公司、开具外地发票等物流税源外流现象普遍。

三、2013年江苏省物流业发展展望

近年来，我国经济运行告别了过去长达30年高速增长，这也决定了物流业将步入“中速增长阶段”。综合分析明年物流业的发展环境，必须既要看到面临的有利因素，增强机遇意识；也要看到面临的风险挑战，积极主动作为。一方面，明年我国经济整体企稳，结构调整加快，城镇化快速推进。因此，可以预见明年物流业政策落实力度将进一步加大，民间资本投资物流领域的热度不断升温，物流市场继续平稳扩大，物流结构调整、物流企业兼并重组有所加快。另一方面，明年发达国家经济可能持续低迷，导致国际贸易需求锐减，加剧全球物流运力过剩与物流需求严重不足的矛盾；国内经济运行增速回调，物流成本上升，企业效益下滑等，增大了物流业发展难度。初步预测，2013年江苏省社会物流总额18万亿元、增长10%，物流业增加值3600亿元、增长10%，社会物流总费用与GDP的比率保持15%左右。

2013年，江苏省发展改革系统物流工作将重点突出以下五个方面：

一是继续推进规划引导。开展《江苏省“十二五”物流业发展规划》中期评估工作，编制完成江苏省物流园区发展专项规划，会同省有关部门研究提出保障重点物流园区和重点物流项目用地的实施意见，开展江苏省冷链物流规划的编制工作。

二是着力强化项目支撑。加快推进省重大物流项目建设进度，继续加快推进江苏省100个重点物流项目建设，开展“十二五”重点项目中期调整，加强对重点领域、重点项目在土地、资金等方面的政策支持。

三是加快物流业创新步伐。加快推进物流公共信息平台建设。推进物联网、云计算、托盘共用系统等新设备和新技术在物流领域的广泛应用。引导物流企业提升供应链管理能力，推动城市公共货运、共同配送等新型物流组织方式。

四是鼓励物流企业“走出去”。适应开放型经济发展的新形势，鼓励、引导物流企业“走出去”，在为江苏省企业国际化经营提供具有国际竞争优势的物流服务的同时，拓展物流企业的国际化经营空间，增创物流企业国际竞争合作新优势。

五是继续优化发展环境。继续贯彻落实国务院《关于促进物流业健康发展政策措施的意见》和省政府苏政办发（2011）171 号《关于促进江苏省物流业健康发展的若干政策措施》，把促进物流业发展的各项政策真正落到实处，为物流业发展营造富有竞争力的良好环境。

4.1.2 2012年浙江省物流业发展报告

2012年浙江省物流业发展报告

浙江省物流协会

一、2012年浙江省物流运行情况

2012 年浙江省物流业运行总体形势良好，继续保持平稳发展，为浙江省经济“稳增长、调结构”作出了积极贡献，为推动发展方式转变发挥了重要作用。

（一）社会物流总额持续增长

2012 年全省社会物流总额为 11.1 万亿元，增长 6.7%；物流业增加值为 3350 亿元，增长 9.1%，占全省 GDP 比重 9.7%，占服务业比重 21.4%。2012 年物流需求系数（社会物流总额与 GDP 的比重）为 3.21，表明随着浙江省经济社会发展目标的调整，物流需求逐步由快速增长向平稳较快增长转变，始终较好地支撑了宏观经济发展。

（二）货物运输和港口生产总体持续增长

2012 年全省完成货物运输量 19.11 亿吨、9183.3 亿吨公里，同比增长 2.9%、6.4%，其中：公路完成 11.34 亿吨、1525.6 亿吨公里，同比增长 4.4%、6.3%；水路完成 7.38 亿吨、7366.5 亿吨公里，同比增长 1.3%、7.0%；铁路完成 0.38 亿吨、291.3 亿吨公里；航空完成 45.8 万吨。完成沿海港口货物吞吐量 9.3 亿吨、集装箱吞吐量 1759.4 万标箱，同比增长 7.0%、11.1%。其中，宁波－舟山港完成货物吞吐量 7.4 亿吨、集装箱吞吐量 1617.5 万标箱，同比增长 7.2%、9.9%。

表一 2012 年物流行业货物运输量构成及增长情况

水路运输	货运量 / 亿吨	增速 /%	货运周转量 / 亿吨公里	增速 /%
	7.38	1.3	7366.5	7.1
公路运输	货运量 / 亿吨	增速 /%	货运周转量 / 亿吨公里	增速 /%
	11.34	4.4	1525.6	6.3
航空运输	旅客吞吐量 / 万人次	增速 /%	货邮吞吐量 / 万吨	增速 /%
	3201.4	6.5	45.77	7.9

（三）物流税收贡献突出

2012 年全省交通运输、仓储和邮政等物流领域实现税收 110.97 亿元，比上年增收 18.28 亿元，增幅为 19.73%，高于同期行业增加值增幅。分行业看，交通运输业、仓储业、邮政业分别入库地税税收 103.51 亿元、4.04 亿元和 3.42 亿元，分别增长 19.32%、26.65% 和 24.37%。从营业税指标看，交通运输业、仓储业、邮政业分别入库营业税 51.83 亿元、1.65 亿元和 1.17 亿元，分别增长 15.6%、9.28% 和 47.87%，行业呈现出较好的发展势头。

（四）物流园区、企业建设效益显现

《规划》中重点建设的 20 个物流园区取得明显进展，显现了良好的社会经济效益和集聚辐射效应。20 个重点物流园区累计完成投资 241 亿元，增长 68.9%；实现税收 6.58 亿元，增长 61.4%；营业收入增加 171.4 亿元，增长 58.3%，营业收入超 10 亿元的有 8 家，占 20 个重点园区总营业收入的比重为 40%；入园物流企业总数达到 2938 家，比上年增加 344 家。

《规划》重点培育的 100 家物流企业实现主营业务收入共 550.61 亿元，资产总额达到 1348.57 亿元。2012 年，浙江省共有物流法人单位 1.3 万余家。截至中国物流与采购联合会在 2013 年发布的第十五批 A 级物流企业名单，浙江省共有 A 级以上物流企业 339 家，占全国总数 16.8%。

表二 浙江省全国A级物流企业分布情况

A级物流企业／家	其中：3A级以上／家	其中5A级／家	
全省	339	253	8
杭州	59	51	6
宁波	113	76	1
温州	15	13	–
嘉兴	17	12	–
湖州	26	14	–
绍兴	13	10	–
金华	63	52	1
衢州	3	2	–
舟山	5	5	–
台州	18	14	–
丽水	7	4	–

物流行业就业人数明显增加。2012年全省物流从业人数超百万，其中货运从业人员为637674人。在89家商贸物流样本企业中，年末从业人员20825人，人均工资3.8万元；在23家仓储业样本企业中，年末从业人员4965人，人均工资3.1万元。

（五）标准化建设成效明显

据统计，浙江省共主导制定物流国家标准8项。其中《运输通道物流绩效评估与监控规范》、《药品冷链物流运作规范》等其他道路运输辅助活动国家标准3项；《国际物流责任保险国际货运代理人责任基本要素》等货物运输代理服务国家标准2项；《物流网络信息系统风险与防范》、《国际物流企业信用评价指标要素》等基础性物流标准3项。同时，积极开展国家级和省级物流服务业标准化试点。

表三 国家级　省级物流服务标准化试点一览

试点级别	试点项目名称
国家级（3 项）	金华市农副产品物流服务业标准化、浙江省杭州市物流服务标准化、浙江医药物流服务业标准化 3 项试点。
省级（17 项）	货物运输项目：危险化学品运输服务标准化、货物公路运输服务业标准化等 4 项；内河货物运输项目：内河集装箱运输服务标准化 1 项；货物运输代理服务项目：国际货运代理服务标准化等 2 项；仓储业项目：物流仓储管理服务标准化 1 项；快递服务项目：快递物流服务标准化试点 1 项；零售业项目：校园食品统一配送服务标准化等 2 项；其他物流项目：交通物流业 RFID 技术服务标准化等 6 项。

（六）物流信息化基本普及

浙江省物流业发展已基本实现信息化。一是物流企业信息化基本普及。规模以上物流企业基本建立了企业业务管理信息系统，部分企业建立了与客户信息系统对接的平台，形成了以供应链为基础的，高效、快捷、便利的信息平台，成为提高物流效率的关键工具。二是公共信息平台建设有序推进。自浙江省启动国家交通运输物流公共信息共享平台建设以来，目前已向社会提供物流业务企业间数据交换服务量累计达 3.8 亿条，日数据交换量稳定在 80 万条，平台链接用户已超过 10 万家，使用平台物流管理软件企业达 1 万余家。

（七）两业联动不断深化

随着浙江省工业化推进和产业升级，“主辅分离”、“非核心业务外包”等理念深入人心，工、商企业加快资源整合，采取了多种方式分离外包物流功能，与物流企业联动发展。一是分离设立。如恒逸化工、新安化工等制造企业将物流业务从主业中分离出来，成立了面向社会服务的物流企业；二是合资合作。如振石宇石物流、玉柴九龙物流等由制造企业与物流企业合资组建的物流公司；三是全面外包。如百世物流已经介入服装企业的各经销商库存管理、网上网下分销配送等业务，物流外包已进入供应链整合阶段。此外，在医药、通信、化工、汽车、冷链物流等细分领域，英特医药物流、中通通信等一批专业服务能力强的物流企业，经过市场锤炼，规模快速扩张。

（八）供应链服务能力增强

越来越多的物流企业在经营模式上寻求突破，向供应链上下游延伸，介入工商企业采购、加工、分销等业务，开展代理采购、供应商管理库存、分销执行、电子商务、信息咨询、金融服务为一体的供应链综合服务。如八方物流的橡胶供应链、绍兴集亚的危化供应链、余慈物流的小家电供应链等。“系统化方案设计、集约化资源配置、集成化高效运作、精细化客户服务、信息化运行掌控、专业化网络协调”等先进供应链管理理念正在浙江省物流行业中不断深化推广，物流企业供应链一体化服务能力不断增强。

二、2012年浙江省物流运行存在问题及建议

2012年受浙江省经济增速整体回落的影响，全年物流业发展存在以下几方面问题：

（一）物流整体运行放缓。社会物流总额增幅较上年回落18.1个百分点、物流业增加值增幅较上年回落10.2个百分点、公路货运周转量增幅回落了3个百分点、水路货运周转量回落18.8个百分点，海港口货物吞吐量增速回落3个百分点；受出口形势严峻影响，外贸货物吞吐量和集装箱吞吐量增幅较上年分别回落5.8和1.7个百分点；邮政行业汇兑业务累计完成1732.6万笔，同比下降17.8%。

（二）企业运行成本偏高。要素成本持续上涨，物流企业经营风险明显加大，主要体现在：人力成本上升，“招工难”问题越来越普遍；燃油价格高位运行，“营改增”试点后税率偏高和抵扣不足，企业税赋压力增加；企业汇款账期延长，仓库租金持续上涨，企业资金使用成本继续增加；物流用地紧缺，规划落实存在困难。

（三）发展方式有待调整。一方面，各设区市根据各自的行政区域、不同的经济、行业管理部门分别制定了一系列物流规划，但省和地方仍然缺乏专项物流园区建设规划，对物流园区的布局和建设没有形成全局性的指导意见。各地物流规划虽然起到了一定的统筹、协调和整合作用，但相互之间协同不足，功能布局不清，在定位上存在交叉，缺少专业化的物流园区布局规划，难以发挥物流集约化运作的效益，不利于有效整合各地资源，不利于物流园区的可持续发展。另一方面，物流企业依然存在“三多三少”（传统企业多、现代企业少，中小企业多、大型企业少，一般人才多、高端人才少）的现象，更缺少专业化、社会化的大型物流企业引领行业发展。从事传统装卸、储存、运输服务的企业依然占很大比重，无序竞争还比较严重。此外，“低碳经济”的要求已对“绿色物流”形成某种倒逼机制，物流行业运作模式

和发展方式亟待调整。

（四）管理体制尚需理顺。物流业涉及发改、交通、国土、工商、税务、运管、路政、消防、安全等多个政府职能部门，尽管物流业的产业地位在国家规划层面已经确立，但管理职能并未分解明确，部门间存在职能交叉，出台的政策有待形成合力。

2013 年，浙江省物流业将呈现增长速度放缓、规模扩张趋稳、结构调整加快、服务要求提高的态势。我们应以“稳增长、调结构、抓整合、促转型”为指导思想，着重做好以下工作：

（一）把握机遇，加快发展。一是要把握扩大内需特别是消费需求的战略机遇，在有效满足消费需求、降低流通成本、提高流通效率中发挥物流业更大作用。二是要把握产业转型升级的战略机遇，推动物流需求社会化和供应链一体化，带动制造业服务化。三是要把握新型城镇化的战略机遇，加强城市物流服务体系的改造和建设，促进城乡物流一体化发展。四是把握在浙江实施的“海洋经济、舟山群岛新区、义乌市国际贸易综合改革试点、温州市金融改革试验区”等国家战略发展机遇，推进“三位一体”港航物流服务体系建设，推进舟山港综合保税区建设，推进义乌市商贸保税物流中心、无水港等平台建设，推进金融物流发展创新。

（二）强化保障，推进整合。一是加大对物流项目用地支持。对纳入城市总体规划的物流园区等基础设施用地加强保障，在用地指标上优先考虑，不得随意变更用地性质和规模。推行租地建库模式，有效杜绝以物流园区建设名义圈地的现象，减轻物流企业一次性投资压力。二是加强对物流企业的金融支持。开发更多符合企业需求的金融产品，允许有发展潜力的物流企业发行长期债券，鼓励其推进股票上市。三是以联盟合作、兼并重组、内部整合等形式实现产业链上下游企业进行资源要素整合重组，优化业务流程，提升管理方式，外拓市场，苦练内功，开源节流，降本增效，增强产业活力和企业动力。

（三）调整结构，理顺体制。未来几年，伴随电子商务、快递物流、冷链物流、城市配送等与商贸服务业相关的居民消费服务需求的增加，专业化发展将成为物流行业的一种长期发展趋势。同时，食品、药品、快速消费品、农产品等的物流要求越来越高，倒逼企业降低运作成本，提高运作效率，调整业务结构，发展专业化、差异化的细分物流。从国民经济行业分类、产业统计、财政税收、工商注册、土地规划、法律法规等方面明确物流业类别，建立高效务实的行业管理体制，真正落实物流业的产业地位。

（四）科技创新，绿色发展。要密切关注新兴技术、新型能源、节能减排、物流信息化等领域科技发展的新动向，加强科技转化力度，提升企业信息化、自动化、智能化、绿色化水平。转变物流运作模式，重点加速推进综合运输体系建设，发展铁路运输，推进大宗货物重载化、高附加值货物快捷化和公铁、海铁联运，开发内河运输；优化公路运输，积极推广甩挂运输和多式联运，引导企业选用节能环保车辆，推进绿色发展。

【长三角内河集装箱运输发展合作机制日前正式启动】

由上海、江苏、浙江两省一市港航管理部门共同发起，内河集装箱运输及相关服务企业、协会和地市级港航部门共同参与的长三角内河集装箱运输发展合作机制于日前正式启动。

据介绍，长三角地区内河集装箱运输资源丰富，航道四通八达。合作制度将从四个方面合力推动长三角地区内河集装箱运输发展。

首先是加快基础设施联网建设，打通内河集装箱运输通道。优化苏、浙、沪地方水运规划衔接，探索建立科学、可持续的内河集装箱运输基础设施建设、运营、维护和管理机制。

其次是扶持市场培育和成长，改善内河集运市场环境。积极培育内河集装箱运输及其辅助业经营主体，鼓励投资主体多元化。大力扶持跨省市内河集装箱公共班轮运输业务，帮助内河集装箱公共班轮运输服务经营人逐步取得规模效益。完善内河集装箱运输服务产业链。

再次是强化安全监管，提升行业管理与政策服务水平。完善长三角地区内河海事监管合作，协调船员管理和服务，强化信息共享和监管联动，布局科学周密的安全监管和应急救助网络。推动建立长三角内河集装箱运输公共信息共享机制和平台。

最后是鼓励创新理念和技术，推动内河集运业可持续发展。研究提出优化长三角内河航道船舶通行标准的建议，研发和推广船舶与港口节能减排的标准和措施，推广应用内河船舶 GPS、RFID 技术、CCTV 视频监控和 AIS 系统等技术。协同提高预防控制船舶污染及其应急处置能力，确保长三角内河集装箱运输可持续发展。

（交通运输部网）

【长三角港口经济保持平稳增长】

2012 上半年长三角港口货物吞吐量 156194 万吨，同比增长 7.8%；集装箱吞吐量 3182.73 万 TEU，同比增长 8.28%。长三角港口在中国经济和港口航运发展中继续保持特别重要的地位和作用。

2012 上半年长三角地区港口经济运行情况

2012 上半年，由世界金融危机引发的欧债危机的影响不断扩大，发达经济体增长乏力，新兴经济体经济增速回落，中国经济在国际影响和宏观调控政策的作用下，基本实现了预定目标。港口经济运行比较平稳，并呈现低速增长局面；航运形势相当严峻，企业经营压力很大。

2012 上半年国内生产总值完成 227098 亿元，按可比价格计算，同比增长 7.9%。长三角地区上海、浙江、江苏经济转型取得显著成效，两省一市共完成国内生产总值 50725.44 亿元，同比增长 8.9%，高于全国经济增速，占全国比重为 22.336%。其中，上海市 9552.24 亿元，同比增长 7.2%；浙江省 15790.4 亿元人民币，同比增长 7.4%；江苏省 25382.8 亿元，同比增长 9.9%。

经济保持平稳增长，外贸增速回落

2012 上半年，中国外贸进出口总值 18398.4 亿美元，同比增长 8%。其中，出口 9543.8 亿美元，增长 9.2%；进口 8854.6 亿美元，增长 6.7%，贸易顺差 689.2 亿美元，扩大 56.4%。中国外贸进出口变化的主要特点：一是贸易方式结构持续改善，一般贸易比重提高，加工贸易放缓。二是贸易伙伴多元化进程延续，对欧盟、日本传统市场贸易增速几乎停滞，对新兴市场国家贸易增长平稳。三是贸易主体格局更趋合理，民营企业进出口增长较快，外商投资企业比重回落到一半以下。四是出口商品结构有所优化，机电产品出口增长较快，传统劳动密集型产品出口比重降低。五是进口商品结构良性变动，能源、资源产品和消费品进口快速增长。六是贸易价格条件有所好转，进口价格持续走低，部分大宗商品价格下跌。七是中西部省市的出口增速明显高于同期全国出口总体增速。

长三角地区出口小幅增长。浙江省进出口值为 1496.5 亿美元，同比增长 3.5%，进出口值居全国各省市第 5 位；江苏省进出口总额 2608.1 亿美元，同比增长 1.3%；上海市进出口总额 2144.88 亿美元，同比增长 3.2%。

水运需求平稳，水路货运较快增长

2012 上半年，全国水路运输总体平稳，货运量保持较快增长，增速同比稍有放缓。全国水路货运量 21.98 亿吨，同比增长 9.3%，同比回落 5 个百分点；水路货物周转量 39649.16 亿吨公里，同比增长 10.2%。

长三角地区水路运输在全国经济和水运中的地位和作用进一步增强。长三角地区水路货运量 9.1484 亿吨，同比增长 9.7%，占全国比重为 41.62%，同比提升 0.08 个百分点。其中，上海市 2.754 亿吨，同比增长 18.4%；浙江省 3.405 亿吨，同比增长 1.2%；江苏省 2.989 亿吨，同比增长 12.9%。水路货物周转量 17546 亿吨公里，同比增长 16.3%。其中，上海市 11168 亿吨公里，同比增长 19.5%；浙江省 3343 亿吨公里，同比增长 5.3%；江苏省 3035 亿吨公里，同比增长 24.1%。

港口货物吞吐量平稳增长，增速放

缓

2012上半年，全国规模以上港口货物吞吐量47.43亿吨，同比增长7.2%，增速同比回落5.8个百分点。其中，沿海港口32.75亿吨，同比增长8.4%；内河港口14.67亿吨，同比增长4.6%。

长三角港口货物吞吐量共156194万吨，同比增长7.8%，同比回落5.89个百分点，规模以上港口货物吞吐量占全国比重同比稍微上升，为33.82%。长三角港口在全国经济和港口航运发展中继续保持特别重要的地位和作用，有力支撑了区域经济乃至全国经济的持续健康发展。

上海市围绕优化现代航运集疏运体系和建设现代航运服务体系全面推进多项重点工作，各项工作成效显著，国际航运主业保持较快发展，航运服务体系建设进一步加快，航运金融、法律、人才建设等进一步加强。上海国际航运中心主体港口上海港货物吞吐量3.66亿吨，同比增长2.5%，增速同比回落7.8个百分点。其中，海港3.2亿吨，同比增长4.9%；内河0.46亿吨，同比下降3.9%。

上海国际航运中心南翼浙江省认真实施《浙江海洋经济示范区规划》和《浙江舟山群岛新区规划》，加快推进“三位一体”港航物流服务体系建设，加快港航发展方式转变，取得了明显成效。全省港口货物吞吐量46316万吨，同比增长7.1%，增幅同比回落1.4个百分点。

上海国际航运中心北翼江苏省认真实施《江苏沿海地区发展规划》，各项重点工作进展顺利，随着长江南京以下12.5米深水航道建设工程逐步加快，港口的地位和作用进一步提升，长江沿岸港口增长势头不减。全省港口货物吞吐量73333.85万吨，同比增长8.37%，同比回落9.3个百分点。

长三角地区各个港口货物吞吐量较去年同期相比，增长幅度明显下滑，个别港口甚至出现负增长的情况，增速最高的是苏州港太仓港区，增速为19%。长江沿岸港口镇江、苏州、泰州港的增长势头较好。

港口外贸货物吞吐量增速回落

2012上半年，全国规模以上港口外贸货物吞吐量15.15亿吨，同比增长13.6%，增速同比加快2个百分点。其中，沿海港口13.87亿吨，同比增长13.6%；内河港口1.31亿吨，同比增长13.6%。

长三角地区港口外贸货物吞吐量共52594.64万吨，同比增长14.55%，增幅加快1.6个百分点，占全国比重比去年同期有所上升，达到34.71%，上升1.4个百分点。其中，上海港1.81亿吨，同比增长10.8%；浙江港口1.866亿吨，同比增长13%；江苏港口1.584亿吨，同比增长 18.3%。

长三角地区港口外贸货物吞吐量虽保持稳步增长，但增速同比有不同程度回落。有 4 个港口增幅超过 20%，其中南京港增幅最大，达到 70% 以上，其次是扬州、南通和嘉兴港。但是浙江台州地区出现负增长。

集装箱吞吐量平稳增长，北翼增速明显回落

2012 上半年，全国规模以上港口集装箱吞吐量 8459.05 万 TEU，同比增长 8.8%，增速回落 2.4 个百分点。其中，沿海港口 7564.96 万 TEU，同比增长 8.7%；内河港口 894.10 万 TEU，同比增长 9.5%。

长三角地区港口集装箱吞吐量 3182.73 万 TEU，同比增长 8.28%，增速同比回落 5.41 个百分点，增幅低于全国平均水平 0.52 个百分点，占全国总量比重达到 37.6%。其中，上海港 1586.49 万 TEU，同比增长 3.6%，集装箱吞吐量继续保持世界第一；浙江港口 866.5 万 TEU，同比增长 15.73%，增速同比上升 3 个百分点；江苏港口 729.74 万 TEU，同比增长 10.74%，增速同比回落 9.7 个百分点。与去年同期相比，长三角地区集装箱吞吐量增长平稳，增幅超过 20% 的港口有四个，嘉兴港 34.82 万 TEU，同比增长 50.11%，在去年高速增长的基础上继续高速发展，苏州、南京、台州港的增速也在 20% 以上。但北翼的增速明显下降。随着南京以下 12.5 米深水航道工程的推进，上海国际航运中心北翼服务于长三角地区和长江流域经济发展的能力将进一步增强。

2012 年下半年港口经济发展形势展望

2012 年，世界经济不稳定、不平衡、不确定因素较多。总体上看，美国将继续保持缓慢复苏态势，欧洲的债务危机有所缓解但短期内难以彻底解决，外需将持续疲弱；中国外贸进出口货运量在经过 10 年的高速增长之后逐步走向平稳。消费还在稳步增长。因此，下半年中国港口经济仍将保持平稳运行，增速放缓。航运形势虽然依然严峻，但会逐步好转。预计全年全国规模以上港口货物吞吐量超 105 亿吨；外贸货物吞吐量将达到 30 亿吨；集装箱吞吐量 17600 万 TEU。

下半年，长三角港口经济运行总体保持良好态势，上海国际航运中心建设各项工作继续全面推进。预计长三角地区规模以上港口全年港口货物吞吐量将达到 33.26 亿吨；外贸货物吞吐量将达到 11.2 亿吨；集装箱吞吐量将突破 6800 万 TEU。上海港集装箱吞吐量仍将保持世界第一，有望完成 3300 万 TEU，上海国际航运中心的国际地位将进一步提升，国际竞争优势继续增强。

（航运交易公报）

4.2 园区物流

4.2.1 洋山深水港物流园区

依托洋山保税港区和临港产业园区，以建设“国际航运发展综合试验区”为契机，积极打造国际航运中心，大力发展“水水中转”和国际中转集拼分拨等功能，加快形成面向亚太的采购集拼和分拨配送中心，加快拓展贸易展示、大宗商品集散、离岸云海数据、检测维修制造等功能，形成保税功能与临港产业优势融合的港口综合型物流园区。

2011 年以来，洋山保税港区物流服务功能不断拓展。进口汽车保税展示成为国内综合保税区范围内启动最早、规模最大、影响最广泛的进口汽车保税展；上海集拼仓储物流有限公司相继开拓厦门、南京、大连、重庆、武汉等 8 个口岸的集货渠道；跨国公司亚太采购配送中心、供应链管理中心、有色金属集散中心以及大型航运企业逐步集聚，全年保税港区引进企业 112 家，超过前 4 年引进企业数的总和。69 家物流企业享受差额征收营业税的试点政策，洋山保税港区免征物流运输等环节的营业税近 16 亿元。

优点是“三区合一”：首先，是让准备由海路出入货物可以自由进出的“保税港区”，其次，是为这些货物提供仓储，转运，分包，拼箱，报关等服务的“保税物流区”；最后，是给进出港货物提供包装，检验乃至各种增值深加工的“保税加工区”。

从 2003 年 ~2009 年国家投资的 300 亿元资金，大部分都是用于洋山深水港区的建设。在保税区里现已建成 6 栋单层的物流中心和 8 栋双层的物流中心。在优惠政策方面，根据国务院《关于推进上海加快发展现代服务业和先进制造业建设国际金融中心和国际航运中心的意见》（国发〔2009〕19 号）中规定“对注册在洋山保税港区内的航运企业从事国际航运业务取得的收入，免征营业税；对注册在洋山保税港区内的仓储、物流等服务企业从事货物运输、仓储、装卸搬运业务取得的收入，免征营业税。”由于没有规定优惠的期限，所以对相关物流企业来说，每年 5.5% 的营业税就一直不用交了。（而且注册地与经营地可以分离）。另外，出台的“十二五”政策扶持意见还将包括，对新引进的货运代理，综合类物流服务，国际贸易，国际转口、国际采购、融资租赁、数据服务，航运类，展示贸易类的重点企业，其开办给予一定扶持；其实现的营业收入、利润总额形成新区地方财力部分二年内给予100%补贴，其余年度给予50%补贴。仅在今年第一季度，就有超过70家企业在园区内注册。

保税物流区做到物流服务的全覆盖，包括配送，中转，采购，加工和转口贸易，对进口货物进行分拣，分配或进行增值加工区外后向国内配送；对出口货物实行入区退税，进行分拆，集拼后，转运至其它国内外目的港。

紧邻物流园区的装备产业园区，综合产业园区等另外四大区域，都是以物流园区为核心，提供其他配套增值服务。以汽车产业为例，保税物流园区里面建立了进口高级轿车的保税展示区域（照片：保税展示区域），而在装备产业园区里引进了上海汽车的自主品牌“荣威”（年产7万辆）入驻，再吸引其供应商延锋伟世通，延锋江森等跟进，从而形成汽车整车，零部件和汽车相关服务等构成的完整产业链条。

上海自贸区的设立成为最近经济改革的热点话题，上海自贸区范围涵盖上海市外高桥保税区、外高桥保税物流园区、洋山保税港区和上海浦东机场综合保税区等四个海关特殊监管区域，包括了外高桥港、洋山港、浦东空港等三个枢纽港，总面积为28.78平方公里。洋山深水港区作为自贸区有巨大扩张潜力的唯一深水港区，发展前景更具确定性，同时会给洋山港物流园区带来巨大发展机遇。

4.2.2 外高桥保税物流园区

依托外高桥港区和外高桥保税区，积极打造国际贸易中心建设的重要服务支撑载体，大力发展为专业化进口贸易平台服务的航运物流枢纽功能，形成国际物流与进出口贸易紧密结合的区港联动型物流园区。

上海外高桥保税物流园区经国务院批准，于2004年4月15日由国家海关总署等八部委联合验收，正式封关运作，成为全国第一个“区港联动”项目的保税物流园区。封关运作五年来，在各级政府的支持和关心下，外高桥保税物流园区致力于国际采购、国际配送、国际中转和国际转口贸易四大功能的政策应用、功能创新、招商引资和营运服务，取得了良好的社会效益和经济效益，成为全国物流产业发展“先行先试”的示范区。2008年，物流园区累计引进物流企业24家，贸易公司56家，吸引外资2.8亿美元，全年实现进出区货值546亿美元，同比上升42.55%，均创下历史最高，在全国9个保税物流园区中各项经济指标名列前茅。

上海外高桥保税物流园区始终坚持以港口经济为导向，国际贸易为主体，现代物流为基础，充分发挥上海经济中心城市的龙头优势、国际港航的产业优势和保税物流的功能优势，始终坚持“统一规划、多家建设；功能定位、资源共享；适度超前、协调发展”的建设方针，构筑即按国际惯例，又有中国特色的现代物流发展平台，建立适合国际标准的营运模式。园区在未来三年内，力争实现“四个一”的发展目标，即：建成仓库和集装箱转运场地100万平方米，年集装箱综合处理能力100万TEU，引进100家中外物流企业，年进出园区货值1000亿美元，初步实现区港联动试点目标。

五年的开发运作使物流园区取得了显著成绩，也积累了一定的经验。但是，应对金融危机、突破发展瓶颈的形势依然严峻，创新管理模式，拓展发展空间的任务依然繁重：一是服务管理效率还有待提高，多头管理的现象依然存在，口岸监管依然是传统的货物监管模式，诚信体系建设缺乏标准化；二是信息化技术应用尚未形成集成式管理模式，统一信息平台的建设任务较重，信息平台的应用缺乏政策法规的支撑，各自为政的现象普遍；三是多式联运体系特别是水铁，水空和水水联运的集疏运体系尚未健全，物流营运成本居高不下；四是全国物流园区缺乏分类管理，政策的聚焦与区域经济基础不匹配，造成重复投资和同质竞争，尚未形成适合区域经济发展的产业布局和特色发展。

物流园区下一步的发展需要树立科学发展观，突破资源承载能力的制约，贯彻国务院关于调整和振兴现代物流产业发展的规划，依托上海金融和航运中心建设的国家战略，发挥浦东先行先试的综合配套改革试点优势，努力探索实践，争创发展优势：

一、功能定位、定向招商，大力发展国际物流

国际经验表明：一个国际枢纽港必然有一个成熟的物流园区，成为区域经济的助推器。上海外高桥港区、物流园区、保税区经过多年的发展，已经成为上海

国际贸易的门户。以外高桥港一至五期码头为主力的上海航运业的蓬勃发展，使外高桥港的吞吐量达到了上海港的70%以上，2008年的集装箱量达到1800万TEU，外高桥保税区外贸进出口货值626亿美元，占全市进出口总值的19.4%；外高桥保税物流园区进出区货值546亿美元，占全国保税物流园区总值的一半以上，初步形成了航港区“三位一体”的规模优势，从而为发展国际物流提供了空间。形成了进口分拨、出口采购、国内配送为支撑的国际物流配套发展，为区域外贸经济的飞速发展提供了保障。

建设国际物流平台的目的是营建跨国采购、分销和分拨中心，实现大容量的国际转口贸易，构筑大口岸、大通关、大流通、大辐射的平台。以国际惯例创建的保税物流园区，应当充分发挥保税运输、保税仓储、保税加工的政策辐射作用，以项目引进为载体，培育全球国际物流的枢纽中心。五年来，物流园区已经初步形成了国际采购配送中心的雏形，引进了日本最大的全球百元连锁超市大创产业（DIASO），酒业巨头三得利(SUNTORY)配送中心，美国工业零件ACE配送中心，日本汽车巨头尼桑(NISSON)零部件分拨中心等一批20余家国际物流企业。这些产业的集聚为物流园区国际物流的发展，监管体系的完善创造了条件。

随着国际物流在物流园区的纵深发展，物流园区政策与国际惯例的加速接轨已经成为当务之急，是进一步促进跨国工业和商业零售采购的营运商向保税物流园区移师，适应国际现代服务业的梯度转移，提高承接能力，建设国际物流大港的基础。

第一，发挥政策功能的辐射效应，解决区港联动的流程再造。现在虽然具备了区港连接的建设形态，但没有真正地连通内在一体化运作，一线二线仍是重复监管，通关单两次校验，与物流园区以外的港区并在一个关区仍然需要转关运输，成本高，效率低。因此需要通过政策应用和模式创新解决海空运直通，实施先进区后申报，先出关后交单等一系列保税运输和保税仓储相对接的营运模式。

第二，物流园区与港区之间系统循环，各自为政。国际码头的单证处理是以船名、航次和箱号为依据的提单管理模式，国内特殊监管区域是以品名、规格、数量为依据的货物管理模式，作为两者连接枢纽的物流园区要成为两种不同监管模式的纽带，为多种货物在园区拼箱、分拣、包装和增值服务创造条件。目前物流园区的单证操作依然沿用特殊监管区域的货物管理方式，对码头操作的业务不能识别，影响了国际转口、中转、集拼业务的开展。

第三，大力提倡诚信体系标准化建设。自由港的经验表明监管和诚信体系的建设是服务于物流经济发展的，鹿特丹和新加坡等港口，都有比较高效的管理流程和较为完善的诚信体系建设，国际物流快速整合的模式取决于完备的政策体系，完善的营运流程和完美的企业诚信体系，这三大要素提高了现代物流的开放水平，形成了监管、流程、运作、公开、透明、便捷、高效的营运环境。

二、产业融合，联动发展，提升先进制造业服务能级

物流产业调整和振兴规划中指出：2009—2011年的重点工作就是推进物流业与制造业的联动，以制造业与物流业的产业关联为基础，将制造业物流业务与物流企业的物流运作联合起来，进行产业协作的活动，以促进双方发展。五年来外高桥保税物流园区与制造业融合联动已经初具规模，为长三角、长江流域和东部沿海的大规模定制生产在原材料、零部件、半成品等方面提供了JIT供应链管理模式，在联动中形成物资、信息、资金等方面价值增值的过程，促进产业分工的快速发展，提高产业链和供应链整合运作的效率。同时，物流园区的出现也促进制造业对物流的分离外包，使保税物流对提高制造业的生产水平发挥的作用越发明显：

第一，保税物流能促进原料地和生产地相接近，满足一体化大规模的制造业生产，发挥制造业的产业集群作用，更好地承接国际现代服务业的转移；

第二，充分发挥保税仓储、保税运输、保税加工的政策功能，提供及时供应、适时生产、工厂零库存的供应链管理。促进现代物流服务和加工贸易价值链的延伸；

第三，为制造业减少外贸风险，根据生产订单对原材料进行批量采购，缓解境外远程采购对资金的压力，加快订单以后对原材料供应的速度。

随着世界制造中心向我国转移，国际贸易中无税产品的需求量日益增加，同时我国高新技术国产化的比例也同步增长，两者产品之间存在着人为的保税和非保税之分。然而从物流和制造业的融合需求来看是需要物流对制造业的全程服务，因此在保税物流园区可以对保税和非保税通过备案或登记的方式进行集成式的增值服务，满足制造业的需求，以便制造业及时订单，适时生产，创新适应物流运作的分类管理的监管模式。

三、突出重点，确定载体，服务“两个中心”建设

上海金融中心的建设需要以功能性项目为载体，逐步规范地开放金融、外汇和保险领域，完善金融市场体系建设。

期货保税交割是加大期货市场发展力度的重要机制，也是期货市场连接现货市场的重要渠道，这对于加快与制造业的联动和有色金属产业的融合发展十分重要。LME成立已有130余年历史，在全球范围内运作规范，标准统一，该项目的引进可以发挥海关特殊监管区域政策功能的优势开展期货保税交割业务，带动仓单流通、银行结算、质押保险、保证金业务等金融服务的产品开发和升级，引进一大批国际金融中介机构、保险机构、结算机构、专业银行，在上海金融中心建设中起到先行先试的示范作用。

一是提高开放水平，建设金融创新平台。30年的改革开放经验表明，只有“引进来、走出去”，逐步与国际惯例接轨，才能更好地服务经济、发展经济。充分利用世界贸易组织、自由贸易区和区域经济合作的平等机制，与国家和地区相互开放与现代物流相关的期货保税业务、分销配送业务、采购运输业务等领域。

二是发挥产业集群作用，优化产业结构，促进国际班轮集聚，提高港口的装卸规模，扩大物流增值服务的能级。中国制造中心的地位使得有色金属的进口量逐年上升，全球制造服务业的东移使LME期货保税交割仓库的布点近十年来向东南亚集聚，大多集中在新加坡、马来西亚和韩国，填补这一空白是发挥产业集群的有效途径。

三是选择合作载体，实现优势互补。上海期交所经过一段时间的发展，现在已经是全球第三大定价中心，在国际上的知名度也越来越高，处于新兴加接轨的增长期。两者之间的合作，必定能各自取长补短，相互促进，上海期交所可以借鉴伦敦130余年发展的经验，为国内有色金属行业提供更为完善的服务环境，走向更广阔的合作空间。

四是提高创新能力，增强企业竞争力。国内的有色金属生产企业具有良好的发展前景，如江西铜业、云南铜业和青铜峡铝业等，既能参与上海期交所的交易，也能开展伦敦金交所的业务，充分利用国际国内两个市场，在外高桥保税物流园区开展有色金属的仓储运输、实货交割和转口贸易等现代物流业务。

四、扩大功能、对外联动，提高物流领域对外开放水平

中国将在未来的五年内按照世贸承诺逐步取消对产品的进口限制，鼓励区域之间对等贸易的发展。根据物流业调整和振兴规划的要求，努力推进物流业对外开放和国际合作，充分利用世界贸易组织、自由贸易区和区域经济合作机制的平台，与有关国家和地区相互进一步开放与物流相关的分销、仓储、运输和货代等领域，开展物流企业之间的合资合作和交流，特别是对外联动，对等

贸易，相互之间各自取消壁垒，试点区域自由贸易的模式。

上海外高桥保税物流园区是全国首家批准的区港联动试点，具有对外联动的区位优势、功能优势和经济腹地优势，是试点对外联动的最优选择，应积极推进与东北亚日本、韩国，东南亚新加坡、马来西亚，欧洲的鹿特丹、汉堡，美国的东部西部等定点枢纽港区开展区域物流合作，探索对外贸易合作途径，运用国际贸易规则，国际货代规则，开展区域间的物流业务。例如上海和日本之间36个小时的快航班轮，如果能够在外高桥和日本横滨大阪之间各自选择一个无税区开展对等贸易和物流运作，将大大增加对时间和成本要求比较高的食品和鲜活海鲜的进口，提高上海乃至整个长三角地区的生活水平。区域之间的合作交流，提高商品和信息的流通速度，实现两地之间无税产品的流动是提高物流对外开放能级的有效路径。

对外联动，不仅是保税物流服务航运中心发展的必然途径，也是拓展金融中心业务的重要载体，成为银行、保险、外汇借鉴国外先进经验，有序开放的创新平台。目前在金融中心建设宏观背景下，区域之间的对等联动可进行金融业务的先行先试，实现既能出功能效果，又遵循逐步放开的原则，促进区域经济的共同繁荣，更好地服务两个中心建设。

开展对外联动，提高物流对外开放水平首先要解决信息平台的国际接轨问题。目前新加坡是国际中转的枢纽港，其应用的海港网、贸易网申报模式及其鹿特丹的企业自行申报模式都是国际上已经推崇的信息监管平台，他们大多具有管理集成、信息共享、一门服务等特点，国际上大型跨国物流企业也熟悉这些操作规则，是政策应用、标准化操作流程和企业诚信体系建设于一体的信息应用平台。国内的信息平台目前还没有统一的开发主体，各个监管部门独立开发，相互不能共享信息，没有互相接入的端口，难以形成政府监管、企业自管、社会共管的监管体系，这是当前物流行业成本高、效率低的重要原因，应在条件具备的区域如上海外高桥、深圳等地进行试点，逐步推广，形成物流运作和开放的管理体系。

技术、管理和人才的集成创新；二是口岸监管一体化：建立适合开放型物流监管体系，建立口岸单位统一的信息平台，适应国际物流多样化、综合性、及时性的特点，提高口岸监管效率，突出公开、透明、效率、服务的口岸形象。三是开发经营一体化：围绕转变经济发展方式为目标，优化产业结构，提升产业能级，构筑航港区一体化的运作模式，营造产业集群的政策环境、投资环境和服务环境，更好地承接国际现代服务业的转移，全面提升我国现代物流业的发展水平。

4.2.3 浦东空港物流园区

浦东空港物流园区。依托浦东机场综合保税区和空港产业园区，积极打造国际航空物流枢纽的主要服务载体，积极推进国际快递、国际中转等高技术含量、高附加值、高时效性的航空物流服务，形成航空产业与物流业联动发展的航空口岸型物流园区。

浦东空港物流园区成为国际知名物流企业亚太分拨中心。DHL 北亚航空枢纽和 UPS 洲际转运中心等外资物流。截至 2010 年底，上海浦东、虹桥国际机场已形成 5 条跑道、4 座航站楼的规模，可保障高峰日 2400 架次起降。两机场旅客吞吐量和货邮吞吐量由“十五”期末的 4134 万人次和 221 万吨增长到 2010 年的 7188 万人次和 371 万吨。已有 81 家国内外航空公司开通上海定期航班，国内外通航城市达到 219 个；浦东国际机场连续三年货邮吞吐量位居全球机场第三，基本确立国际航空货运枢纽地位；2010 年浦东国际机场旅客吞吐量位列国际机场协会（ACI）全球排名第 20 名，首次进入前 30 名排行榜。

2012 年浦东机场国际货运航班数量已突破 3.6 万架次，与 2010 世博年基本持平。这是自 2008 年起，上海浦东机场的货运量连续四年排名全球第三（前两名分别为香港国际机场和美国田纳西州孟菲斯机场），在亚太地区增长最快。据了解，目前浦东机场国际货运航线和纯国际货运航线分别达到 112 个和 38 个，实现全国 58% 的国际和地区航空货运航班经由浦东机场进出国境。据 2012 年统计数据，浦东机场国际货邮航班量排名第一位的是中国货运航空公司，达到 6819 架次，占浦东机场国际货运航班总数的 18.5%；其后是美国联邦快递公司及 UPS 联合包裹航空公司，分列二、三位，达 2877 架次和 2330 架次。近期，联邦快递（FedEx）又宣布，在每周 68 架次航班进出基础上扩大航班规模，在浦东机场建设全新的上海国际快件和货运中心。加上已建成启用的联合包裹（UPS）上海转运中心、敦豪速递（DHL）北亚枢纽，浦东机场将成为全球首个同时吸引国际物流“三巨头”入驻并建立转运中心的国际机场。

空港物流园区系空港或邻近空港周边地区以为航空物流服务为主，包括为货主提供仓储（含保税仓储）、包装、分拨、加工（含保税加工）、信息与贸易、航空运输等服务的物流基地。其基本功能是为航空物流业提供低成本、高效率的运作平台。具体包括：1、快速通关；2、国际电子商务；3、货物的分拨集散；4、简单加工（含保税加工）；5、商品展示（含保税展示）；6、国际联运和国内中转等等。在发达国家与地区，空港物流园区已成为航空物流业的重要的服务基地，是推动航空物流业迅速发展的重要的基础条件。在中国，航空物流业发展尚处于起步阶段，空港物流园区的开发建设也相应处于起步阶段。

在过去的30年中，全球的航空货运量已上涨了3倍多，航空物流呈快速趋势。近年来，世界航空货运需求呈现加速增长趋势，货运增长率几乎达客运的2倍。据ACI和空中客车公司的预测，至2010年，世界航空货运年均增长率将达6.43%，大大高于航空客运的增长速度；其中，亚太地区将是货运增长最快的地区，到2015年，亚太地区航空货运量将占到全球货运量的一半以上。航空物流的快速发展，一方面与经济全球化进程加快，各国经济联系日益增多密切相关；另一方面也与航空物流的功能和特点适应当代经济快速发展的需求相关。首先，航空物流使得货物的全球化快速流动成为可能。其次，航空物流能够有效地带动相关产业的发展。航空物流条件对药品、信息技术等产品价值高、重量轻、体积小、时效要求高的行业具有重要的意义，甚至可以促进这些行业形成临空城中的支柱产业。再次，航空物流与其他物流方式的有效结合能够确立一个城市的枢纽港地位。当航空物流与其他陆路物流（包括铁路和公路）和水上物流形式有效地衔接起来，并在流程、服务等方面形成统一的系统，其产业价值和市场潜力将被最大限度地发挥出来。

4.2.4 西北综合物流园区

西北综合物流园区。进一步加大传统陆路货物集散功能的调整升级力度，积极打造城市商贸配送物流的标志性载体，大力发展保税物流中心、陆上货运交易中心、大型城市超市配送等平台功能，积极推进物流总部经济、商务会展、教育培训等服务功能，不断拓展铁路班列运输、北虹桥临空物流等服务功能，进一步推进落实桃浦生产性服务业功能区规划，推动货运停车场向更具市场经济性的综合货运枢纽搬迁，形成具有国际化城市物流服务特点的物流园区。

截至2012年。陆上货运交易中心依托道路货运公共中转平台，开通上海到全国80多个城市的回程专线，同时开设全国首个定班专线联盟市场，末端分拨配送可到达全国地县级城市。省际道路货运中转业务覆盖全国九大物流区域、21 个全国性物流节点城市、11 个区域性物流节点城市。物流平台等新型业态发展迅速。陆上货运交易中心 56135 平台有网上注册会员 3 万多家，每日发布有效物流供求信息 60 万条、有效运价行情 14 万条，日均访问量 35 万人次；通过平台交易的货盘总货值超过 188 亿元，运费总额超过 14 亿元；平台物流服务收入达 1.3 亿元。运用 RFID 电子标签等先进技术，实现物流精细化管理。

一、依据和条件：

1. 优越的区位与交通优势

上海西北综合物流园区地处上海市普陀区桃浦镇，是上海西大堂的门户，具有三纵四横的交通优势，被交通部列为全国 45 个公路主枢纽之一。它位于上海市外环线两侧，南临 312 国道和沪宁高速公路，北面沪嘉高速公路和 204 国道横贯东西。南北向的外环线、祁连山路和真北路，把 312、204、沪嘉高速、沪宁高速连接成四通八达的快速干道公路网络。从园区经外环线至虹桥国际机场只需 10 分钟，至吴淞集装箱码头仅 20 分钟，周边公交线路云集，地铁 11 号线（真南路、祁连山路路口）近在咫尺。同时，铁路沪宁线、沪杭环围线、南何支线穿越园区，为公路与铁路的多式联运创造极好的条件，已成为上海市区西北部陆、海、空交通的一个结合地区。

2. 传统的物流基础市场

至 1999 年底，桃浦地区已有货运配载企业 614 家，仓储近 60 万平方米，有 11 个可停放 3 千余辆车的停车场，已初步形成了货运配载和传统物流产业的市场和网络，为现代物流发展打下了坚实的基础。周边地区物流业需求旺盛，比如长征地区以物资贸易和流通的发展，真如地区以日用品消费和轻工业品的物流配送的发展，也为上海西北综合物流园区的形成打好了基础。

3. 潜在的物流市场需求

更主要的是，园区所属的普陀区是连接江苏省、长江流域及北方各省市的门户，现已建成各类市场 175 个。中山北路的钢材市场、汽车市场、化工市场已成气候，沪西水果批发市场、曹安蔬菜市场、铜川水产市场国内闻名，交易量分别占全市交易总量的 1/2 和 1/4；桃浦地区已经形成了有相当规模的桃浦城市工业示范区、新扬民营工业园、祁金都市型工业园区和外资企业为主的李子园工业园区等工业园区，周边的宝山区、嘉定区的十几个工业园区，年工业产值 100 亿元以上，其大量产品和原料需要运输；上海三大超市（华联、联华、农工商）配送中心、麦德龙、家乐福、乐购等大型超市的配送中心都集聚在此。强大的工业生产和市场基础必然要有先进和大型的物流市场相配套，以形成完善的物流功能向全国辐射。

二、规划与运作：

在上海市政府（2001）42号文件明确了上海西北综合物流园区的规划定位以后，我们按照"政府搭台、企业唱戏、总体规划、分步实施、完善功能、搞好服务"总的思路进行园区的规划建设。

"十五"期间：

我们按照"高起点、高标准"和"总体规划、分步实施"的原则，园区总体规划8平方公里，按照市场的需求和成熟一块开发一块的原则，确定了"一个中心(陆上货运交易中心)、二大基地(未来岛物流科技基地和槎浦物流基地)"的开发建设思路，三大板块共占地4600亩。经过五年规划建设，园区投资12亿人民币用于基础设施建设，动迁农户1104户，修建交通干道12条，实现了水、电、气工程的配套。到目前为止，园区已建成占地1600亩的未来岛物流基地和占地3000亩的槎浦物流基地，引进美国普洛斯、日本佐川急便、远成物流等国际国内知名物流企业59家，建成华联超市、农工商超市、家乐福超市等大的物流配送中心七个，每年进出园区的货物1.98亿吨，园区的税收从2001年的3100万元增长到5.8亿元人民币，初步呈现了社会效益和经济效益的逐步增长，开始承担上海"陆港"物流的主体功能，在长三角地区乃至全国起到了良好的示范作用。

"十一五"期间：

园区在"十五"期间开发建设已初具规模、形成框架的基础上，"十一五"期间对园区的规划建设提出了："突出陆港个性、增强三个能力"的总要求，重点做好以下工作：

1. 增强三个能力：

第一：增强辐射能力：要通过园区保税物流中心和陆交中心载体的建成，扩大园区的辐射能力，成为上海市内配送和长三角、全国、乃至亚太地区的物流集散基地；

第二：增强整合能力：园区要从上海"陆港"的整体布局出发，从建立现代物流网络的要求入手，做到物流信息的整合、物流资源的整合、物流企业的整合、物流节点的整合、物流功能的整合；

第三：增强服务能力：园区要按照建设"物流超市"的思路，以为园区物流企业服务为宗旨，通过发展物流商务、培训、办公、展示、加工等项目不断提高和完善园区的服务水平。加强园区管理，打造西北物流品牌。

2. 完善园区功能：

一是陆上货运交易的功能。

新建的陆上货运交易中心规划建设四大平台：物流公共信息平台即（www.56135.com）、城市配送平台、公共中转平台、交易平台。设置150个席位的主交易大厅，引入全国大中城市的一流货运企业，形成与150个城市之间的定班货运专线，建造3万多平方米的公共中转平台，80个装卸口和30多条传输流水线，可迅速解决到港货物的中转、集运、分拨，并通过对上海现有货运服务资源的整合，为来沪货物完成终端配送。这是继空港、海港建成后，上海为实现全程物流提供的一个终端基础平台——陆港基地，它将为上海完善全方位物流供应链添上关键的一环。

二是物流保税的功能。

B型保税物流中心是园区“十五”重点工程之一，并列入市经委“十一五”重点推进项目，是园区发展国际物流的功能性项目。保税中心一期17万平方米主体工程电力、通讯、照明、安保、绿化、道路等后续配套设施建设已基本完成。经国务院批准，国家海关总署、税务总局、财政部、外汇管理局等四个职能部门已于2008年12月26日正式批复同意设立上海西北物流园区保税物流中心。另外，在批准文件下达之前，我们本着“两条腿走路”的工作思路，保税中心已与北芳储运公司签署2.8万平方米仓储租赁协议，可确保中心开业后尽快出形象、出效益。

三是物流科技和总部的功能。

以市科委规划的物流信息产业园为抓手，集聚一批物流科技产业公司，并带动全国其他物流科技公司的进驻，推动先进物流技术的研发和产业化。未来岛按照园区总体功能布局要求，以物流信息产业园的启动为标志，正在规划建设占地241亩的物流科技产业基地。目前，“小环岛物流科技产业、总部基地”的规划已经过专家评审，物流信息产业大厦和美国达科电子公司（DAKTRONCCS）两个项目已破土动工建设，进展良好。2012年6月份，“鑫盛科技苑”的开工建设，对物流科技公司的进驻提供良好的物质条件，逐步形成物流科技、咨询、中介、软件开发、培训等综合的服务体系。9月12日，“航天电器技术研究院”项目正式签订，标志着上海西北综合物流园区发展总部经济和高新技术产业又有了新的举措。

3. 加强联动发展：

按照物流节点有效对接和网络运作的要求，上海西北综合物流园区与海港、空港物流园区及专业物流基地组成了联盟，成立了上海物流园区专门委员会，并与长三角及全国相关地区物流园区进行了初步的对接，以园区内远成物流公司公铁联运和陆交中心的城市专线运输为抓手，逐步形成和拓展上海西北综合物流园区与上海海、空物流节点以及长三角物流节点的联动和发展。

三、特征和效果：

上海西北综合物流园区是上海市政府在“十五”、“十一五”期间规划的四大园区之一，依托桃浦、江桥的陆路货运枢纽，以市内外物流集散功能为主要内容，结合保税物流中心建设，建设集货运配载、仓储配送、公铁联运、信息服务、流通加工、展示交易等物流服务于一体的陆路口岸型物流园区。园区的主要任务是承担上海国际大都市商品货物的配送和省际货运的配载，并具有传统物流与现代物流相结合；制造业生产与物流服务相结合；市内配送与省际配载相结合；郊区城市化的推进与新兴产业发展相结合；商业贸易与物流服务相结合；国际、国内，国有、民营等多种所有制和多种模式的物流实体共同发展的明显特征。在园区内，既有国际国内知名的日本佐川急便、香港招商局物流、远成物流等第三方物流公司的引领，又有华联物流中心、上海医药物流中心、农工商物流中心等第二方行业物流实体的运作；既有北芳物流公司等现代物流供应商的经营，又有美国普洛斯等物流地产业的开发；既有陆交中心和上海物流信息中心等先进的物流功能的启动，又有上千家货运配载公司的存在。

应该讲，园区在“十五”期间已基本实现了仓储、运输、配送、停车、交易等基本功能和服务，初步形成了物流中心和物流企业集聚的局面，达到了物流规模化运作的效果。在“十一五”期间，根据市场的需求和发展，我们正向物流科技、信息、交易、总部、保税等高端物流功能和冷链、危险品、应急等特殊物流领域发展，拓展更多、更广的增值服务功能。

通过几年的开发建设，园区已经和正在形成以下效应：

1. 集聚效应

园区建设以来，已开始出现二大物流领域的集聚。

一是现代化超市配送中心的集聚：目前，园区已建成和正在建设的有华联超市一期、二期配送中心 4 万平方米，台湾乐购超市配送中心 2 万平方米，农工商配送中心 10 万平方米，西班牙迪亚天天配送中心 2 万平方米，法国家乐福配送中心 2.6 万平方米，德国麦德龙配送中心 4.5 万平方米以及上海烟草量化物流配送中心 6 万平方米，以及普洛斯物流基地 4 万平方米。

二是现代医药物流中心的集聚：目前，园区已建成和正在建设的有上海医药物流中心 2 万平方米，占地 80 亩，重庆太极医药物流公司三期工程 8800 平方米，上海安康药业物流公司 8000 平方米，武汉九州通医药物流公司 9200 平方米，园区将成为上海乃至华东地区集医药行业的信息、交易、配送为一体的现代物流营运基地。

2. 示范效应

引进先进的服务理念和业态。日本佐川急便先进的“宅配便”的物流理念与上海大众合作后，已经将日本新型服务业态引进了上海，开展了向我国 190

个城市实行“门对门”的小件物流服务，并继续将这种服务业态向周边地区扩散。

促进传统物流企业转型。园区内的北方停车场、万隆停车场等企业已开始成立物流事业部，按照现代物流理念，进行了业务流程的信息网改造，开展了除停车以外的物流增值服务内容，逐步向现代化物流企业转型。

3. 科技效应

上海交大、同济大学、华东师大等重点院校在园区建立物流科技的研发基地和试验基地。电子智能标签正在园区建设演示中心，交大研发的物流卫星定位系统GPS新产品已在园区部分物流企业中试用，同济大学有关专家正谋划在园区建立现代物流信息网站，园区正在建设3万平方米的“上海物流信息产业园”，并已启动了2000平方米的“上海科创中心未来岛分中心”，引进了物流信息公司和物流软件开发公司20家。

4. 联动效应

几年来，园区共接待国内外物流考察团139个，接待各类物流企业、园区近百家，成功举办了欧洲物流协会与园区的高级论坛。其中，北京空港物流园区、无锡、常州、苏州、合肥、昆明、四川、杭州等地物流园区都与上海西北物流园区结成了友好合作单位，将园区开发建设的实践和体会为其他地区提供了很好的借鉴，并表示在今后全国物流网络的建设中加强联盟、优势互补。

第五篇 口岸物流篇

5.1 综合概况

5.1.1 2012年上海口岸进出口特点分析

《2012年上海市国民经济和社会发展统计公报》
（交通运输、仓储和邮政业部分节录）

2012年，上海口岸累计进出口总值继续保持1亿美元以上规模，较上年下降0.7%，贸易顺差1969.1亿美元，增长6.9%。全年口岸进出口呈现以下特点：

一、对东盟、拉丁美洲等新兴市场进出口保持增长，对欧盟和日本进出口下降

2012年，上海口岸对欧盟进出口

2155.3亿美元，下降8%，其中出口1248.9亿美元，下降12.9%，进口906.4亿美元，下降0.3%。同期，对美国进出口1785.3亿美元，增长2.2%，其中出口1405.6亿美元，增长3.4%，进口379.7亿美元，下降2.3%；对日本进出口1380.7亿美元，下降4.2%，其中出口662亿美元，增长3.2%，进口718.7亿美元，下降10.2%。对上述三大市场合计占同期口岸进出口总值的50.3%。此外，上海口岸对东盟和拉丁美洲分别进出口1191.4亿美元和665.9亿美元，分别增长2.3%和6.1%。

二、河南和天津企业进出口大幅增长，江浙沪企业进出口略有下降

2012年，江苏企业经上海口岸进出口3983.2亿美元，下降1.6%，其中出口2611.9亿美元，增长0.5%，进口1371.3亿美元，下降5.2%。同期，上海企业经上海口岸进出口3935.8亿美元，下降0.6%，其中，出口1922.4亿美元，下降2%，进口2013.4亿美元，增长0.7%；浙江企业经上海口岸进出口1078.6亿美元，下降2.6%。此外，河南和天津企业分别经上海口岸进出口109.3亿美元和37.9亿美元，分别增长39.8%和41.5%。

三、私营企业进出口仍保持较快增长，外商投资企业进出口出现下降

2012年，外商投资企业经上海口岸进出口6646.1亿美元，下降3.3%，占同期上海口岸进出口总值的62.8%。其中出口3722.9亿美元，下降2.3%；进口2923.2亿美元，下降4.5%。同期，私营企业进出口2233.3亿美元，增长9%；国有企业进出口1529.2亿美元，下降1.9%。

四、劳动密集型产品出口小幅下降，主要工业原材料进口量增价跌

2012年，上海口岸服装、纺织品、家具、塑料制品等9类劳动密集型商品合计出口1275.6亿美元，下降0.8%。机电产品中集成电路和电话机分别出口259.7亿美元和168.8亿美元，分别增长38.9%和49.9%。同期，口岸进口值居前4位的工业原材料均呈现量增价跌态势。其中，未锻造铜及铜材和初级形状塑料进口量分别增加22.4%和3.1%，进口平均价格分别下跌8.9%和6%；铁矿砂和棉花进口量分别增加13.7%和52.6%，进口平均价格分别下跌24%和16.8%。

五、逾七成为上海本地报关，转关运输所占比重微幅提升

2012年，在上海海关报关并经上海口岸进出口的货物总值为7936.5亿美元，下降1.6%，占同期口岸进出口总值的75%。其中出口4880.2亿美元，下降1.8%，进口3056.3亿美元，下降1.2%。同时，在异地海关报关并经上海口岸进出口的转关运输货值为2641.5亿美元，

增长 1.8%，占口岸进出口总值的比重由上年的 24.3% 提升至 25%。其中，在南京海关报关进出口 1925.1 亿美元，增长 0.2%，为口岸最大的转关运输关区；在武汉海关报关进出口 128.9 亿美元，下降 2.7%；在重庆海关报关进出口 114.8 亿美元，增长 9%。

六、水运口岸中洋山港区口岸，航空口岸中浦东机场进出口保持增长

2012 年，在水运口岸中，洋山港区口岸进出口 2719.6 亿美元，增长 1.4%；外高桥港区口岸进出口 3607.9 亿美元，下降 3.5%；吴淞港区口岸进出口 430.7 亿美元，下降 5.2%。同期，在航空口岸中，浦东机场口岸进出口 3049.1 亿美元，增长 2.5%，其中出口 1443.5 亿美元，增长 4.3%；进口 1605.6 亿美元，增长 0.9%。

（中商情报网）

【上海市国际货运代理行业协会 2012 年度工作报告】

【概况】上海市国际货运代理行业协会成立于 1992 年 7 月，协会以“指导、服务、保护、协调”为宗旨。现有会员 520 家，定期出版《信息交流》（半月刊），创建协会 www.siffa.org 网站。

2012 年是协会成立二十周年，也是协会换届改选之年。协会以总结二十年历程和做好协会换届改选工作为契机，在总结二十年历程中，增强服务意识，扩展服务领域。在实施组织协会换届改选工作中，增强会员单位的民主和参与意识，提升协会的凝聚力和号召力。

【总结二十年历程，做好换届改选工作】自 1992 年 7 月成立自今，协会走过来二十个年头，为能全面回顾二十年光辉历程，全面总结二十年工作，于 2012 年下半年起，着手编印《创新服务 转型发展》上海市国际货运代理行业协会二十周年巡礼纪念册，并以“协会概况”、“引领示范”、“企业风采”、“文化展示”和“大事记”五个篇章组成。通过这五个篇章，即展示辉煌历程，又展望行业美好前景，即有企业创新管理和转型发展的典型实例，又有企业文化建设的丰硕成果。充分展现行业企业创新服务转型发展的真实历程，激励企业勇于创新，不断进取的精神，坚定团结奋进、再创辉煌的信心。

2012 年又是协会换届改选之年。为保证协会换届工作的顺利进行，协会秘书处根据会员大会的决议，在年初制定工作计划后，遂一完成协会理事会四年工作报告；聘请第三方会计事务所对协会财务状况进行审计；开展新一届理事、常务理事的民主推荐；协商新一届会长副会长人选，并于 2012 年 10 月 23 日召开第五届理事会第六次会议，汇报筹备进展情况，审议通过工作报告、财务报告、理事、常务理事推荐名单，同意新一届会长、副会长候选人。在第五届理事会

第六次会议的基础上，协会主动与市商务委、市社团管理局汇报筹备情况听取意见。并按相关规定上报本协会换届改选的相关表格与材料。在征得各管理部门同意的基础上，于2012年12月20日在上海青松城举行本协会第六届一次会员大会暨一次理事会，选举产生新一届理事90名，常务理事30名，副会长9名，中外运华东有限公司总经理王林当选为新一届会长，顺利完成了换届改选工作。

【积极反映行业意见，努力维护企业利益】2012年是国家营业税改征增值税试点实施之年。为能全面了解“营改增”对企业的实际状况及企业反应，协会多次走访会员企业听取意见。在汇总各类企业反映的基础上，利用市政府召开的营改增工作情况交流会，先后就全局性问题，如增值税发票开票限额过低，支付海外代理费如何抵扣等一系列问题，及时表达行业诉求，并得到了政府有关部门的高度重视。

近年来，中小货代企业融资难始终是行业发展的瓶颈。为能改变现状，协会利用各种机会呼吁解决中小货代企业贷款难的问题，积极推动银行转变抵押贷款的融资模式。在银行成功推出货代保理业务后，协会继续与多家银行保持联系，掌握企业融资情况，介绍货代企业营运模式，为多家企业获得信贷支持创造条件。

积极参加上海市口岸巡访评议活动。在及时参加口岸巡防评议团组织的集中巡防和常态随访的基础上，还充分发挥行业协会与会员企业联系广泛的特点，收集货代企业在口岸通关中遇到的各种困难和诉求，主动与查验监管部门进行沟通，为进一步优化口岸通关环境，提升上海口岸通关服务水平建言献策。

【开展行业培训，提高从业人员素质】努力做好培训工作是协会服务会员和行业的重要职责。2012年协会围绕企业经营和提升内部管理的要求，先后举办“营业税改征增值税以及未来国际物流发展趋势”、“美国海关ACE申报平台新政通报会”、“ 最高人民法院《关于审理海上货运代理纠纷案中若干问题的规定》解读”、“无船承运业务与提单使用”、“通关环节单证差错的信息化解决之道” 等9次培训讲座，共有850多人次接受培训，为货代企业综合服务水平的提高和企业风险防范能力的提升创造条件。

同时，协会继续与各社会培训机构合作，开展国际货运代理从业人员资格证书和国际航空货运销售代理上岗证的培训，不断满足会员企业拓展业务的实际需要。

【加强对外交流，促进行业发展】协会积极组织会员企业报名参加由国家商务部和北京市人民政府联合主办的“中国北京服务贸易交易会”以及在厦门召开的由中国国际货运代理协会与WCAF联合主办的“中外货代物流企业洽谈会”，努力为会员企业搭建对外交流的平台。随后又应河南省商务厅的邀请于2012年7月协会组织部分会员企业赴郑州市考察交流，在考察期间，参加了“2012中国郑州国际航空物流对接会”，考察了郑州航空港区、郑州新郑综合保税区、河南保税物流中心等，让上海企业实地了解扩张中西部业务的可能性，为会员企业加强与中西部企业合作创造条件。

【倡导企业诚信，推进行业诚信体系建设】继续开展一年一度的货代企业信用等级评估活动。2012又有17家会员单位被评定为货代行业信用等级A级（含A级）以上诚信企业，并按《管理办法》将评定的A级以上企业分别在《中国航务周刊》及协会网站上公示，积极发挥诚信企业的示范作用。

积极配合上海市商务委开展上海国际物流（货代）行业重点企业的评审工作。在协助上海市商务委完善评审标准和管理办法的基础上，按照市商务委的委托，在行业内广泛宣传开展上海市国际物流（货代）行业重点企业认定评审工作的意义， 随后认真仔细地做好企业申报材料的初审工作，并对照标准提出推荐名单报市商务委。2012年18家会员单位荣获“上海国际物流（货代）行业重点企业”称号。随后根据市商务委的布置，组织历年上海市国际物流（货代）行业重点企业进行上海市服务贸易发展专项资金申报工作，2012年又有18家企业获得市财政补贴。

2012年下半年协会在市商务委的组织指导下，开展了2012年度全国先进物流企业的评选推荐工作，15家会员单位荣获全国先进物流企业称号。

（上海市国际货运代理行业协会）

5.1.2 上海港2013年上半年国际航行情况

从上海边检部门获悉，2013年上半年，作为上海国际航运中心建设两大核心港的洋山港和外高桥港，整体指数出现小幅下滑，但外高桥港的国际航行船舶吞吐量仍居全国首位，洋山港各项指标也居高水平。

据边检部门统计，今年上半年，外高桥港共出入国际航行船舶10809艘次，人员13.6万人次，同比2012年上半年基本持平，与2012年下半年相比，则分别降了 2.85% 和 3.4%。洋山港上半年共出入国际航行船舶 4729 艘次，人员 11.2 万人次，同比 2012 年上半年下降了 4.23% 和 3.18%，与 2012 年下半年相比，则分别降了 3.23% 和 3.11%。

（新闻晚报）

5.1.3 2012 年上海海关监管报告

2012 年上海海关监管报告

为推动上海现代物流业发展，支持国际航运中心建设，上海海关认真总结近年来的工作经验，2012 年不断健全工作机制和方法，积极采取了一系列务实有效的举措。

一、不断加强实际监管，助推物流业发展

（一）加强对进出境运输工具监管。

根据现有机构设置和监管实际，对不同种类的运输工具分别适用不同层级的监管模式，明确各部门监管职责。组织各海运现场海关开展关于对进出境国际航行船舶登临检查专题培训，建立健全日常登临检查制度。联系上港集团在业务现场安装“上海港调度监控系统”，并跟踪使用情况。围绕进出境运输工具海关监管以及与之相关的其他海关监管事项进行讨论研究，形成相关条例。

（二）开展监管场所专项治理行动。

做好货运类监管场所专项治理工作，推进监管场所达标建设，加大对监管场所的清理和规范力度，研究下发《上海海关关于进一步加强货运类监管场所规范管理的通知》。2012 年 5 月起，组织开展“上海关区监管场所规范化治理专项行动”，对前期规范化治理情况开展全面检查，随机选取 209 家场所进行抽查复核，复查比率高达 80% 以上。

（三）做好舱单管理相关工作。

做好清理进出口超期待核舱单核销核查工作，确保全年进出口舱单核销率在 99% 以上。认真梳理和总结新舱单系统切换试点经验，做好新舱单系统扩大试点切换基础工作，积极配合总署做好新舱单 V1.01.11 系统更新内容测试。参加总署监管司关于新舱单管理专题研讨会，多次与技术部门、亿通公司等部门就新舱单系统切换放行信息系统改造召开专门研讨会，为新舱单系统试点切换做好相关准备。

另外，上海海关还积极做好承运海关监管货物运输企业年审工作。已完成对上海海关注册登记的承运海关监管货物的运输企业年审共510家，运输车辆8492辆，其中集卡3941辆，厢式车3551辆，驾驶员10270人。

二、完善海关配套措施，发挥上海政策优势

（一）积极配合和落实启运港退税政策试点工作。

积极参与启运港退税集中工作，分别就海关与国税部门的数据交换等内容编写业务需求和任务书以及相关系统测试进行了重点讨论。2012年8月1日启运港退税政策试点正式启动实施，自启运港退税政策试点实施以来，试点企业各项业务开展平稳顺利，货物和货值逐步提升，截至2012年底，从青岛启运至洋山保税港区的货物共计1577批，2017个TEU；从武汉启运至洋山保税港区的货物共计2064批，4431个TEU。此项政策使上海作为“准离境港”具备了与境外先进港口竞争的同等条件，将极大增强上海的国际航运枢纽功能，吸引更多的出口货物通过上海中转，有利于提升上海对沿海、沿江腹地经济的集散效应和辐射带动能力，加快上海现代物流网络体系建设，推动出口集拼、分拨配送等物流增值服务发展。

（二）继续实施“陆改水”作业模式改革。

为切实降低企业物流成本，进一步提升上海港综合服务水平，上海海关与上港集团共同研究探索开展了“两港联动（陆改水）”业务。“两港联动（陆改水）”作业，将原先直接通过陆路运输至洋山保税港装船出运的货物，改为通过陆路运抵外高桥港区，再以水上“穿梭巴士”驳运至洋山保税港出运，以水路集疏运优势弥补公路集疏运不足，充分互补外高桥港的货源组织优势和洋山港的航线资源优势。自2009年年底始，上海海关对洋山保税港区出口货物试点了“两港联动（陆改水）”作业模式改革。2010年，试点范围从原先的外高桥港区四期码头扩大至二期码头，改革规模效应逐步体现。2012年1～12月，该业务模式共受理出口货物 20888批，共计货值15.67亿美元。

（三）支持上海拓展国际中转业务。

国际中转集拼是指对国际、国内货物进行分拆、集拼后，转运至境内外其他目的港，是世界各大自由港的主体功能产业。拓展国际中转，是发展上海现代物流业，建设国际航运中心的一项重要内容。目前，上海有洋山、外高桥两大集装箱港区，大部分沿海沿江内支线和所有国际近洋航线都挂靠外高桥港区，洋山港区则以挂靠国际远洋航线为主，不利于发展国际集拼业务。为了解决外高桥港区和洋山港区之间的物流问题，上海以水上短驳的形式开通了“海上穿梭巴士”航线，但需进入洋山保税港区进库、拆箱的集装箱无法转运，用于水

水中转集拼的国内外货源无法运至洋山保税港区内，导致开展国际中转集拼业务受到很大制约。为此，上海海关开拓创新，通过对上海的口岸货物与保税货物实行同步监管的政策，进一步完善了海关特殊监管区域与口岸的一体化运作。2011年底，“海上穿梭巴士”将承运范围由普通货物拓展至保税转关货物。目前，此项业务运转顺利。

（四）积极推进上海国际快件转运中心建设。

随着UPS、FEDEX、DHL国际物流“三巨头”先后在浦东国际机场建立转运中心，其分散于亚洲各地的包裹快件将集中运至上海进行分拣处理，然后运往世界各地，这将大大提高浦东机场的国际货物中转量，提升上海空港辐射能力。近期，上海海关将从把握企业需求、调配监管资源、制定配套措施等方面入手，积极推动快件转运中心建设，进一步发挥上海国际航空枢纽港的功能集聚效应，助力上海转型发展。

（五）延伸空运货物服务中心。

海关还将空运货物服务中心服务链延伸至保税物流园区，实现浦东国际机场和保税物流园区的无缝链接，支持企业开展高附加值配送业务。目前已有德州仪器、山高刀具、佳能光学等多家国际知名企业入区设立分拨中心，并带动区内多家保税物流企业经营规模扩大。加快建设张江高科技园区空运服务中心，实现区港联动。

三、深化业务改革，不断提升通关效率

（一）不断深化区域通关改革。

2012年8月，上海海关已与全国所有直属海关建立了区域通关合作机制，区域通关改革在全国实现全覆盖。研究落实“属地申报、口岸验放”通关模式适用范围放宽至一年内无走私违规记录、资信良好的B类生产型出口企业，扩大改革辐射面。2012年，上海海关办理的区域通关进出口业务为12.18万余票，货值299.61亿美元，可在上海各海空运口岸适用“属地申报、口岸验放”通关模式的本地及外地企业已达22984家。

（二）切实做好转关工作。

优化跨区转关监管流程，落实“应转尽转”、“应转快转”，对守法企业实行跨关区“属地申报、口岸验放”，充分了解进出口企业的实际需求，进一步提高转关效率，提升物流速度，服务企业。进一步加强与汽车出口转关的启运地海关的联系配合，对于得到启运地海关（属地海关）认可的相关出口企业，凭商务部门颁发的有效的《出口许可证》办理汽车（包括整套散件及二类底盘）出口转关监管手续。2012年，共监管转关货物222.24万票，货运量4229.85万吨，108.52万TEU。

（三）巩固通关改革成果。

分类通关在全国率先实现关区报关单全覆盖，在此基础上继续完善改革措施，大力推动“由企及物”管理理念，使高资信企业真正享受到快速通关。面向企业开展广泛宣传推广，全力以赴扩大通关作业无纸化改革试点规模，及时解决试点过程中出现的各种问题，通关无纸化日放行票数不断刷新纪录。17890家企业年内完成签约手续，放行通关无纸化报关单20.3万票，货值129.3亿美元，试点规模居全国12家试点海关首位。

四、加大服务企业力度，优化物流服务环境

航运中心的全球竞争已由成本差异竞争转向以服务为核心的质量竞争，而海关自身服务水平的提升对于改善上海整体物流服务环境，促进物流行业由规模外延扩张向以服务为核心的内涵扩张具有重要意义。

一是建立主动服务企业通关的高效互动工作机制，为部分企业量身定做便捷监管模式，针对跨国公司在沪设立物流配送中心提供各种综合性、个性化物流监管和相关配套服务，降低物流成本。近年来，上海海关与宝钢等多家大型企业签订合作备忘录，直面企业的通关诉求，与企业进一步加强合作交流。

二是主动加强与地方政府、口岸管理机构的协作，努力实现对企业的“一站式”服务。上海海关与浦东新区联合共建“海关网上申报系统”，扩大完善了企业网上注册和换证等服务功能，成为全国首家由海关和地方政府共同开发建立的进出口货物收发货人注册和换证业务网上办理平台，企业办事时间由7个工作日缩短至4个工作日。积极推进上海口岸通关环境的整体改善，2011年以来，上海海关分别与上海边检总站、上海出入境检验检疫局、上海海事局、上海国际港务（集团）股份有限公司、上海机场集团有限公司等口岸单位签署了合作备忘录，广泛深入地开展联系合作。

三是在全国率先实行“5＋2天”通关服务体系，改善物流服务环境。提供诚信企业优先通关、卡口“7×24小时”无休作业服务，保证港口物流系统运作的顺利进行，坚持“应转尽转、应转快转”，确保物畅其流。

四是推进政务公开，提高执法透明度，在上海海关门户网站上建立“网上政务服务大厅”，将“外网政务大厅”与“内网应用服务平台”进行对接，实现网上在线服务，方便企业办理海关各项手续。建立“12360”海关统一服务热线，为社会提供业务咨询、通关协调等公共服务创造条件，畅通关企之间沟通联系的渠道。进一步丰富对外宣传的渠道和形式，广泛宣传海关政策，帮助企业及时了解和掌握各项作业要求。

五是积极参与浦东机场和北外滩通关服务中心建设，建立上海外高桥保税

区海关事务服务中心，推动上海外高桥保税区空运货物服务中心，使企业能更便捷高效地办理通关商贸事务。

五、深化海关科技应用，提升物流运作信息化水平

近年来海关通过加大科技投入，致力于改变传统的手工作业方式，提升海关通关系统自动化水平，对物流监控实行信息化管理，进一步整合跨区域物流通关信息网络，提高基于现代信息技术的现代物流服务效能。

一是发挥信息科技在口岸通关环节中的提速作用，深化贸易便利化。在分类通关中由计算机自动完成审核、放行等操作。大力支持地方电子口岸建设，推动上海电子口岸与长三角以及长江流域地方电子口岸的互联互通和信息数据资源共享，率先在全国海关实现电子支付系统整体切换，全年实现电子化支付2988.19亿元，占税收总额80.5%。

二是会同检验检疫部门启动通关作业无纸化的改革试点，逐步实现纸质单证向电子化单证的转变。企业办理通关手续时只需要向海关发送报关单电子数据，不再需要递交纸面单证。自2012年4月23日起将上海口岸所有出口法检商品及部分企业的进口法检商品纳入此项试点，通关手续得到进一步简化，口岸物流效率大幅提升。

三是开展海运出口货物放行信息电子化试点，于2012年3月启用“上海关港信息交互平台”，港务部门仅验凭海关发送的电子放行信息办理货物出运手续，企业无需再将经海关签注的纸面单证送达港区，减轻物流企业负担。目前，上海海运口岸97%的出口集装箱货物已实现了放行电子化，口岸物流速度显著提升。

四是推进航运信息化建设，应用快件通关管理系统和物流在线检查系统，将快件通关程序全部纳入计算机管理，通过条形码实现对快件自动扫描、高速动态称重、联网式X光检查和联网自动分拣，配备运输工具GPS定位监控等设备。

五是完善海关视频化监管手段，加快推进监管场所视频监控系统与海关联网工作，进一步提升海关对监管场所的科技化、集约化管理水平。开发应用快件监管仓库管理和卡口信息联网系统，建立起覆盖快件进出境全过程的物流监控系统，实时提供快件动态物流信息，大大降低了企业物流成本。安装大型集装箱检查设备（H986）和大量X光机检查设备，在查验环节尽可能推行非侵入式（NII）查验，以顺应国际集装箱物流强劲增长的态势。

（上海海关）

5.2 上海“海陆空邮”口岸大格局进一步完善

上海“海陆空邮”口岸大格局进一步完善

中华人民共和国上海车站海关2013年6月25日在此间揭牌，上海“海陆空邮”口岸大格局进一步完善。

2013年4月底，上海站铁路口岸通过国家验收正式对外开放。上海海关据此设立车站海关，取代原上海海关驻车站办事处，全面承担起上海站铁路口岸“沪港专列”旅检通关、铁路杨浦站国际联运货运监管以及上海普陀、闸北两区的海关管理职责。

上海车站海关设立后，上海海关关区对铁路客货运等陆路运输的监管将得到进一步加强，有利于上海国际经济、金融、贸易和航运中心建设。

据统计，2012年，通过上海口岸运营的国际铁路多式联运货运量比2009年增长了252%，货值增长294%。2011年“沪渝铁路直通项目”在上海落地，以上海西北物流园区保税物流中心为枢纽，利用沪渝铁路将上海和重庆两地的特殊监管区域连接为一体，一条有望与长江“黄金水道”相媲美的货运通道正在形成，上海口岸通过铁路对内地经济的集聚辐射效应进一步增强。

上海站铁路口岸还是中国境内第一个直通香港的长途铁路客运口岸，目前年进出境旅客超过10万人次。

作为上海“海陆空邮”口岸大格局的重要组成部分，上海铁路检验检疫局日前也正式挂牌成立。

上海是全国规模最大的对外贸易口岸以及最重要的人员进出境口岸之一。在水运口岸领域，上海拥有杭州湾北岸、洋山深水港区、长江上海段和黄浦江区域四大开放水域，共有88个开放码头、288个泊位；航空口岸有上海虹桥国际机场（包括公务机基地）和浦东国际机场。作为口岸功能的延伸，上海还有松江、金桥、漕河泾、闵行、青浦、嘉定等出口加工区，有外高桥保税区、洋山保税区和上海西北物流保税中心等。

（新华网）

5.3 《中国沿海主要干散货运输市场2012年回顾与2013年展望》年度报告摘要

5.3.1 2012年中国经济回顾与2013年展望

一、2012年中国经济回落幅度已经放缓，年末趋稳

截至2012年第三季度，我国国内生产总值达到35.35万亿元，年度累计同比增长率达到7.7%，较二季度下滑0.1个百分点。虽然自2010年第二季度开始的经济下行态势仍在发展，但从截至2012年11月的经济指标来看，市场需求增速已呈现出趋稳态势。主要表现在：投资增长趋于稳定、消费增长稳中略升以及出口增长已恢复到10%左右。受其影响，企业订单水平将有所恢复，去库存活动将结束，企业生产将逐步增加，经济下行过程已基本触底。预计未来将呈现稳中略升态势，全年GDP增长率有望略高于7.5%。

二、2013年中国经济保持稳定缓慢增长，GDP增速预计回升

受国际贸易保护主义加深，以及世界经济复苏缓慢的影响，中国进出口贸易将面临严峻挑战。但新召开的第十八次全国代表大会确定了新的经济发展路线，转变经济发展方式、依靠内需拉动国内经济以及对战略性新兴产业的关注都将保证2013年中国经济的稳定发展势头。预计2013年中国经济将保持稳定增长，GDP增速回升至8%以上。

5.3.2 2012年中国沿海干散货运价回顾

一、沿海干散货运价大幅下跌，运力过剩仍在持续

2012年沿海干散货运价加速大幅下跌，全年呈现“M”型走势，总体运价低位震荡，波动幅度同比明显缩小，“淡季不淡，旺季不旺”的特征更加显著。其中运力过剩是制约运价回升最主要的因素。

截止至2012年11月16日，上海航运交易所发布的中国沿海散货综合运价

指数（CBFI）全年平均值为 1104.84 点，同比下跌 19.25%，跌幅加大 13 个百分点。且年内运价指数方差同比减少 53.8%，波动幅度明显缩小。

二、沿海煤炭运价低位徘徊波动趋缓

2012 年沿海煤炭运价大幅下挫，旧版运价指数全年均值 1569.71 点，同比下跌 23.40%，跌幅加大 14.90 个百分点，全年呈现“M”型走势，震荡幅度同比明显缩小，“淡季不淡，旺季不旺”的特征更加明显。其中，4～6 月，在沿海煤炭运输需求大幅缩减与运力高速增长的压力下，沿海煤炭运价连续十三周大幅下跌，逐步逼近 2009 年最低值。7～8 月，受夏季煤炭需求转暖、台风滞留大量运力等因素的影响，沿海煤炭运价开始反弹上涨，但 9 月之后再次下跌。

2012 年，华北—华东航线煤炭运价大幅下挫，运价跌至保本线附近；而华北—华南航线煤炭运价也大幅下挫，总体呈现“M”型走势。

三、沿海矿石运价震荡下跌，形势持续低迷

2012 年，受我国整体宏观经济增速放缓、下游钢铁需求不振影响，沿海铁矿石运价在较小的幅度内持续震荡波动，不断小幅走低，运价指数全年均值 935.54 点，同比下跌 15.51%，跌幅加大 12.92 个百分点。全年形势持续低迷，即使 2012 年第三季度在煤炭和粮食运输市场运价普遍上涨的情况下，沿海铁矿石运价仍旧持续低位，逆市低位震荡下行。

2012 年铁矿石价格震荡走弱，市场观望情绪浓厚，铁矿石期货盘常常有价无市，多数钢厂对矿价把握不准，再加上钢材市场的持续低迷不振，钢厂铁矿石库存持续低位，铁矿石采购显得特别谨慎，多以随采随用的形式补库，因此运价在一个小的范围内不断震荡走弱。

四、沿海粮食运价受煤炭市场拉动下跌

2012 年，在猪市回暖，饲料等下游行业刚性需求增长的带动下，粮食运输需求表现较好，沿海粮食运量表现平稳。但受沿海煤炭市场下挫拉动，沿海粮食运价继续下跌，运价指数全年均值 743.14 点，同比下跌 27.98%，跌幅加大 14.13 个百分点，整体下跌幅度与沿海煤炭下跌情况相仿。

沿海粮食运价季节性波动明显，在新粮上市和陈粮处理等季节性因素到来之时，运价均有明显的波动，2012 年第三季度出现持续上涨的行情。

5.3.3 2012年中国沿海主要干散货运量回顾

一、沿海干散货运量大幅回落

2012年世界经济继续维持“弱增长”格局，全球贸易增速不到前20年均值一半的水平。在此大环境下，中国多个行业生产出现过剩，我国大宗散货、原材料的需求力度增速明显回落，沿海干散货运输需求整体走弱。从全年来看，2012年沿海干散货运量前低后高，总量出现多年来罕见的下滑，且季节性特征有所减弱，波动幅度明显减小。

二、沿海煤炭运量大幅萎缩，动力煤进口量猛增是主因

工业用电量增速回落，进口煤量大幅增加，火力发电量占发电量比例不断下滑，三大因素拉低沿海煤炭运输需求。2012年1-11月，全国主要沿海港口内贸煤炭发运量累计55711万吨，同比下滑5.57%，增速大幅下滑31.47个百分点。其中北方七港内贸煤炭发运量累计50262万吨，同比下滑3.29%；全国重点煤炭铁路运量153726万吨，同比下滑2.16%。

（1）中国动力煤进口量猛增，成为沿海煤炭运输需求下降的主要原因。2012年国际大宗商品价格普降，国际煤价从年初100美元/吨开始一路下跌，下半年在85美元/吨左右的低位震荡，跌幅达15%以上，且跌势仍在继续。因此，国际煤炭价格相对国内煤炭价格的优势明显，国内发电企业争相进口动力煤，直接对沿海煤炭运输需求造成了巨大压力。中国海关统计数据显示，2012年1～11月，中国动力煤累计进口20609.70万吨，同比飙升27.44%。其中，3～8月进口煤累计同比增速均保持在45%以上，单月进口量均在2000万吨以上。

（2）水力发电市场份额大增，直接影响电煤需求。2012年5月份以来，我国西南地区进入雨季，大部分省市出现连续降水，全国平均降水量比常年偏多11.2%，因而2012年前11月水力发电总量占总发电量的比例回升至15.96%，水电来水情况大好，抢占了火电市场6%的市场份额。另外，新能源占总发电量比也首次突破5%，达5.24%，而火力发电量则为3.1万亿千瓦时，占总发电量78.79%，较往年减少了2至3个百分点，占比有明显的下降。

（3）国内经济增速整体放缓，运输节点煤炭库存持续高位。2012年以来，我国经济增速不断下降，社会用电需求增速处于历史低位。2012年1～11月份全社会用电量45028亿千瓦时，同比仅增长5.1%，其中第二产业用电32642亿千瓦时，同比增长3.4%，增速放缓8.63

个百分点，占全社会用电比下降1.15%。在此影响下，截至2012年11月，秦皇岛港年均煤炭库存量为711.94万吨，同比增长6.2%；广州港年均煤炭库存量为282.9万吨，同比增长10.8%；2012年1～11月，全国电网平均煤炭库存共增长10.6%，而月度耗煤量却逐月下跌，累计跌幅高达29.2%。

三、沿海矿石运量增速放缓，钢材市场过于低迷是主因

2012年1-10月，全国主要沿海港口内贸铁矿石出港量累计1.71亿吨，同比出现明显萎缩，同时月均环比增幅仅为0.8%，年内内贸进出港量走势保持平稳，旺季不旺特征明显。

（1）钢材需求和价格齐跌，成为沿海矿石运输需求下降的主要原因。2012年1～11月份全国房地产开发投资完成额累计64772亿元，同比增长16.70%，增速放缓11.21个百分点。房地产企业新开工房屋面积14.6792亿平方米，同比减少8.50%，出现多年以来的首次下降。

在此影响下，钢材价格持续下跌，截至2012年11月30日，普钢综合指数为3902.60点，全年累计下跌515.0点，幅度达11.62%。后期在需求的支撑下，仅有短暂反弹走势，但全年依旧跌多涨少。在铁矿石价格同涨不同跌的背景下，2012年1～9月，中钢协80家会员企业累计亏损55.28亿元，从全国钢铁行业来看，销售利润率同样下降，9月仅0.82%，同比下降1.5个百分点，为所有工业行业最低。

（2）粗钢产量同比增速明显下滑，影响沿海铁矿石运输需求。受钢材下游需求疲软以及钢材价格走弱的影响，2012年1～11月，全国生铁产量60337.6万吨，同比上涨4.06%，增速回落3.53个百分点；全国粗钢产量65112.8万吨，同比上涨3.01%，增速回落6.93个百分点；全国钢材产量87334.2万吨，同比增长8.17%，增速下降2.23个百分点。

（3）铁矿石供给增速放缓，铁矿石进口量回升。2012年1～11月，矿石供应16.932亿吨，同比增长3.50%，增速放缓15.51个百分点。加之国际矿价的持续下跌使得进口矿优势显现，供应占比由2011年的34.14%上升至35.95%，抢占了部分原矿产量的市场份额，削弱了沿海铁矿石的运输需求。

（4）港口和钢厂处于库存消化阶段，港口现货随采随用。国内大型基础设施建设投资大幅放缓，多数大型钢铁生产企业鉴于钢材需求走软以及原材料囤货较多而减少了对铁矿石的采购。因此，钢厂库存后期一路走高，港口库存则持续降低，大部分钢材通过选择港口现货，随采随用，以保持生产。截止至11月16日，全国主要港口铁矿石库存全年已下降10.8%，至8531万吨。

四、沿海粮食运量季节性明显，玉米价格稳中趋弱

2012年1～10月，全国主要沿海港口内贸粮食出港量累计3887.46万吨，其中1月和9月的内贸吞吐量较高，分别达723.5万吨和695.7万吨，6月的内贸吞吐量最低，仅为512.3万吨。2012年沿海粮食运输需求的季节性波动较为明显，年初较高，一路走弱，但后期发力，全年呈V型发展。

（1）国外玉米价格高企，北方粮食供给充足，成为沿海粮食运输需求的主要支撑因素。2012年夏天国外玉米主产区自然灾害不断，美国中西部产区发生了自1956年以来最严重的旱灾，玉米价格连续上涨，因此诸多贸易商积极拉运我国北方粮食。据中国粮油信息中心预测，中国玉米产值有望创下历史最高纪录2.01亿吨，同比上涨4.3%。另据国家统计局数据显示，2012年全国夏粮和早稻产量分别为12995万吨和3329万吨，同比分别增长2.8%和1.6%，其中夏粮产量增长保持平稳，早稻产量增速有所下滑，但总体谷物供应保持平稳增长。

（2）生猪价格不断走低，生猪存栏量高企保证饲料加工业的粮食需求。随着2012年初我国生猪、猪肉价格不断下滑，以及玉米价格的不断攀升，生猪养殖企业的利润水平有所下滑，造成了我国生猪存栏量连续多月维持高位。虽然后期存栏量同比增速有所放缓，但饲料加工业对玉米仍然存在一定需求。

（3）玉米深加工行业产能过剩，行业全年玉米需求前高后低。由于各省不断支持投产淀粉、酒精等深加工产业，该类企业的产能发展过快，导致后期企业因大量亏损而放缓了深加工的步伐，玉米需求有所下滑，价格也有所下跌。而多数企业为拉动销售，不得不下调销售价格，但这也使得玉米深加工企业的经营亏损幅度进一步增加。

（4）港口库存季节性波动明显，粮食需求旺季贸易商积极性较高。2012年广州港口玉米库存均值为29万吨，同比增长2.3%，波动性相对2011年有所缓和，库存高涨和低谷的维持时间较长，全年库存呈大“M”型波动，粮食需求旺季贸易商积极性较高。

5.3.4 2012年中国沿海干散货运力回顾

一、2012年沿海干散货运力维持高位，但增速已明显放缓

受近年来航运市场的持续低迷影响，航运企业和货主都普遍意识到市场运力过剩的严重问题，有意控制运力的增长，因而使得沿海干散货船舶运力增速有所放缓，但目前市场上的运力保有量仍维持在高位，航运企业、船厂等利益相关方的利润普遍遭到挤压。

截至2012年9月30日，从事国内沿海运输的万吨以上干散货船（即除去集装箱船，重大件船等特种船之外的普通货船，下同）共计1595艘，4816万载重吨，较2011年末净增95艘，529万载重吨，运力增长幅度为12.34%。其中，2012年前三季度投入营运的新建船舶合计为498万载重吨，同比有明显减少，全年新建船舶数量同比将减少10%以上。新建船舶的绝对数量和增速都有所放缓。

二、沿海干散货船队向低龄化、大型化发展

由于大量新船投入营运，老旧船舶交付船厂拆解，沿海万吨以上干散货船的平均船龄逐年降低。截至2012年第三季度，船龄在18年以上的老旧船舶仅为303艘，1187万载重吨，占总船队数量的24.7%，同比下跌4个百分点。

同时，随着新建船舶的单船规模逐年扩大，沿海干散货运输船队的平均吨位也有所增加，截至2012年第三季度，沿海干散货运输船队的平均吨位为3.0万载重吨，同比增加了0.16万载重吨。

三、沿海运输相关企业运力结构有所调整，亏损面有所扩大

（1）中海发展单船载重量不断上升，平均船龄逐年降低。截至2012年6月，中海发展共拥有散货船舶122艘，807万载重吨，平均船龄为14.1年，同比下降1.7年，总运力位列国内沿海干散货船经营者之首。2012年上半年中海发展新增干散货运力10艘，183万载重吨，处置老旧船舶5艘，22万载重吨。

（2）宁波海运调整船队结构，增强海运主业竞争力。2012年上半年，宁波海运新增2艘4.75万吨级散货船“明州55”轮和“明州57”轮，第3艘4.75万吨级散货船“明州59”轮也已于8月12日投入营运。处置2艘高油耗、高维修成本和高安全风险的老旧船舶“明州3”和“明州28”轮，使船队结构得到优化。

（3）长航凤凰大量出售船舶，改善企业的负债情况。早在2012年初，长航凤凰就计划通过产权交易所挂牌出售船舶467艘，2012年9月长航凤凰再次发布公告称，拟以0元转让13艘船舶资产和33.07亿元的相关负债，转让的13艘船舶中，11艘已转为固定资产，另外2艘在建，这其中包括9艘5.8万吨、4艘4.5万吨级船舶，共70.2万吨，相当于其远洋运力的40%左右，且基本都是新船。

（4）企业营业收入同比下降，营业利润集体转亏。截至2012年6月，中海发展共完成干散货货运周转量1606.05亿吨千米（即867.2亿吨海里），同比增长19.3%，实现营业收入人民币28.20亿元，同比下降3.0%；长航凤凰完成货运周转量472.81亿吨千米，同比增长14.63%，实现营业收入11.05亿元，

同比减少 9.62%；宁波海运完成货运周转量 127.83 亿吨千米，为上年同期的 85.35%，实现海运主营业务收入 3.87 亿元，同比下降 23.13%；中昌海运完成货运周转量 45.9 亿吨千米，同比增长 39.37%，实现营业收入 1.46 亿元，同比增加 1.72%。

5.3.5 2013 年中国沿海干散货运输市场展望

一、2013 年沿海干散货运输需求将有所好转，增幅在 8% 左右

随着各国刺激经济政策的推出，特别是 QE3、QE4 和欧洲宽松量化政策的实施，大宗商品的交易或将增多，加之中国国内经济形势稳定增长，新一届领导人上任等利好因素大于利空，预计 2013 年国内 GDP 增速将在 8% 至 8.5% 之间。进口煤炭和粮食减少的可能性较大，预计 2013 年沿海运输需求较 2012 年略有好转，运量增速在 8% 左右，且全年走势前低后高。

（1）沿海煤炭运量将有增长，增幅在 9% 左右

2013 年中国国内经济形势稳定增长，水电对火电的替代效应可能减弱，这些因素将推动 2013 年的中国煤炭需求回升，预计 2013 年国内电煤需求有望达到 19 亿吨以上，同比增幅在 5% 至 6% 左右。2013 年进口动力煤占比将有所下降。预计 2013 年沿海煤炭运量将前低后高，增长的幅度约为 9%。

实体经济将有好转，煤炭下游用电需求有所增加。我国现整体经济形势基本趋稳，领导人更换做出“有利于经济稳定”的承诺。2012 年 6 ～ 8 月份批复的铁路、高速铁路等基建项目也将在 2013 年 5 月左右陆续动工，投资的增加将在一定程度上拉动我国的实体经济。

水力发电或将减少，火电占比小幅上升。2012 年全国平均降水量为 1999 年以来最多的一年，专家预计 2013 年降水量将有较大幅度回落。同时，国家投资的中国新能源发电机组将在 2013 年发挥较好作用，加之 2012 年下半年开始天然气开发进程明显加快，2013 年新能源占比将上升至 6.5%。预计 2013 年能源消费增速将高于 2012 年，呈现前低后高的走势，全社会用电量增速约为 6.5%，预计 2013 年火电占比将回升至 80% 左右。

煤炭行业产能过剩仍然存在，国内煤价存在一定下跌风险。国际方面，2012 年国际煤价暴跌，一方面是国际经济低迷，但更主要的原因是美国页岩气对美国本土煤炭形成了巨大冲击，美国煤炭企业加大出口，加剧全球煤炭供给过剩。国内方面，目前国内在建和建成煤矿产能为 45 亿吨以上，而全国煤炭消费在 40 亿吨左右。产能供大于求使短期内煤炭市场宽松的形势不会改变。因此，2013

年新增产能是否能够迅速释放与煤炭价格具有很大的关系。

煤电价格并轨，电力企业拟提升中长协量，为2013年煤炭运输市场增加不确定性。一方面，发改委该政策的落地尚需要一定时日，且又对电煤价格并轨在合同时间上进行了限制，故该政策的实施或将在2013年下半年有实际效果。另一方面，当前重点煤炭和市场煤炭的价格差距在50元/吨以上，一旦煤电并轨，电厂对进口煤炭的采购将完全依赖于国内外煤炭价差，进口煤下跌空间依旧有，国产煤炭受成本因素限制价格接近谷底，价格再下跌便面临众多产能关闭局面。因而，不确定性大大增加，或许该因素将成为2013年国内煤炭需求变化的最主要因素。

（2）沿海铁矿石运量温和回升，增幅在5%左右

预计2013年沿海铁矿石运量将温和回升。2013年粗钢消费将会达到或超过7.5亿吨，同比增长4%以上，铁矿石成品矿需求11亿吨左右，增幅在4%以上。与此同时，进口矿石需求占比仍在60%左右，将达到7亿吨左右，二程矿运输全年有望呈现前低后高态势，全年沿海铁矿石运量增幅约为5%。

基础建设项目需求集中释放，成为钢材需求增量的主要来源。从2012年5月以来，国家发改委等有关部门连续批复基建项目以刺激经济。这些项目多属于交通项目，尤其是城市轨道交通与高速铁路项目，其钢材消耗强度较高，所需要的机械设备使用与物流量更大，由此构筑钢铁需求的坚实基础。其中9月初以来，国家发改委批复项目总投资额就超过5万亿元，10月全国铁路基建投资达到698亿元，同比增长了2.4倍，预计2013年铁路基建投资有望超出5000亿元，大大高出2012年水平。这些项目经过6～8个月的滞后期，将从2013年开春之后逐步施工，对钢材市场形成实质性需求，后期对于钢市的拉动将更为明显。

新领导层上台和经济转型推进，投资拉动钢材产量大提速。2013年是中央到各个地方换届的一年，“稳增长”和“推改革”是两大基调。故2013年从中央到地方很可能将集中出台诸多新的经济政策，其积极的一面多于消极的一面，这些政策对于钢铁市场的拉动效应也是比较明显的。同时，2013年是“十二五”规划的评估年，按照以往规律，每五年规划的评估年投资增速较快，加之2013年城镇化率的进一步提高以及基础建设项目需求集中释放，将带动投资和消费的增长，因此，2013年内钢材需求的恢复性增长势必引发国内铁矿石需求的相应提速。

世界贸易风险犹存，钢材出口增速预计回落。新一年内，由于欧洲危机、美国财政悬崖等因素影响，联合国与其他世界经济组织纷纷发出警告：全球经济出现二次衰退风险依然存在，甚至显

著上升，再加上中日岛屿纠纷，外部需求环境严峻，充满不确定性。这就使得中国钢材消费增长呈现外弱内强的格局。预计2013年钢材出口量5500万吨左右，增速同比明显回落，甚至有可能下降。钢材的间接出口，汽车、船舶、机械设备、家用电器等产品出口情况会更差一些。

矿石供应产能过剩，随采随用模式或将成为主流。

（3）沿海粮食运量或将继续增加，增速超过10%

预计2013年国内粮食供给占比上升，粮食刚性需求继续增长，沿海粮食运量或将继续增长，增速有望超过10%。

刚性需求或将继续平稳增长，成为粮食运量的稳定基础。饲料方面，需求总量以平均每年5%～6%的速度刚性增长，牲畜由散养模式逐渐转为规模养殖对玉米所带来的需求远远大于每年的5%～6%的刚性增长幅度，总增幅接近10%。玉米深加工方面，由于2012年深加工企业出现普遍亏损，2013年收采工作将变得谨慎，高位抢粮、囤粮动力不足，但仍保持一定的刚性需求。综合分析，2013年中国对玉米需求增长量大约在1000万吨的水平，稍高于2012年增速。

进口粮食量或将萎缩，国内供给提升沿海粮食运量。2013年受国际玉米价格偏高影响，进口玉米量将出现一定幅度下降，国内玉米供给比例可能继续增加。受此影响，沿海粮食运量或将有所增长，但由于国内粮食种植面积有限，沿海粮食运量并不会出现大幅增长。

种粮成本增加，新粮上市或许高开低走。国内粮食种植劳动力成本刚性增加，刘易斯拐点已经出现，人口红利逐渐消失，且种子、化肥等各种投入年年增加，种粮成本提高幅度平均在10%以上。玉米供应的紧张或许使得2013年年初玉米价格高位。但过高的玉米价格将会促使产量区玉米的大规模种植，后期价格会有适当下降。

南美、北美以及中国的极端天气是粮食供应的最大不确定性。

二、2013年沿海干散货运力维持高位，但增速明显放缓

预计2013年中国沿海干散货船运力增速将明显继续放缓至6%附近，这标志着市场已在发挥调节作用，国内沿海干散货运力过快增长的势头已经得到了初步遏制。但由于前期积累的船舶数量较大，因而市场总体运力仍将继续保持高位，运力过剩局面继续存在。

主要上市公司削减运力，优化船舶结构

主要上市公司中，一部分将继续通过拆解旧船、建造新船等方式不断优化运力结构，降低平均船龄和提升船舶质量，借机抢占沿海干散货运输的市场份额；另一部分将继续通过出售部分船舶获取短期现金流，减轻企业负债压力，积极争取市场中的生存机遇。

中海发展2012年下半年及以后交付53艘船舶，共计471.82万载重吨，其中，2013年将再交付15艘，106.54万载重吨，船舶交付速度居沿海运输企业之首。但大部分的船舶订单都是在2007年和2010年签订的，2012年新签订的订单只有一份，包含2艘4.75万载重吨的散货船，总造价达36030万元，预计2013年9月底之前交船。

长航凤凰在近几年的大量出售船舶之后，船舶订单交付量大大缩减。截至2012年上半年，未交付船舶订单约10艘，共计51.1万载重吨左右，其中，2013年将再交付3艘，11.8万载重吨。

另外，宁波海运和中昌海运的半年报中尚没有新增订单以及2013年预计交付的情况，中昌海运也已开始进军船舶疏浚业市场。

沿海运输市场运力增幅放缓，运力水平依然维持高位

除排名前列，市场份额较大，资金雄厚的沿海运输企业外，多数中小型沿海运输企业的新增订单量都有所减少，船舶运力增长速度逐渐放缓。但与此同时，货主和其他类型的投资主体正在逐渐成为船舶订造的主力，这些企业的船舶运力将继续增加。该类新型运输企业的出现将进一步增加沿海干散货运输市场的不确定性。因此，预计2013年中国沿海干散货船运力将继续维持高位，但增速将明显继续放缓至6%附近。

三、2013年沿海干散货运力过剩或有所缓解，CBFI在1100至1400点之间

2013年全球经济将有所好转，但恢复缓慢；国内经济利好因素增多，但国家对增长幅度“促进”和“控制”两手抓；沿海运力增幅收窄，但总运力仍处于过剩的高位。如上文预计，2013年沿海运量增长将略高于GDP增速，在8%左右，而沿海运力增速逐步收窄，全年新增运力幅度在6%左右。因此运力过剩将略有缓解。另外2013年新涨价因素不多，加之翘尾因素较低，预计全年通胀温和、前低后高，CPI在3%左右，非食品价格涨幅或在1.7%左右。基于此，本报告预计2013年沿海干散货运价将上涨7%～8%，沿海干散货运价指数（CBFI）将保持在1100至1400之间。

2013年沿海干散货总体运价前低后高，前期矿石运价可能领涨于整体沿海市场，煤炭和粮食可能后期发力，第四季度或将有较大涨幅。其中，煤炭和粮食将保持一贯的高度联动性。分市场方面，沿海煤炭运输市场在上下游均高库存的影响下，运价相对平稳增长，增幅有望达9%左右；沿海矿石运输市场波动可能性较大，受港口库存高位、钢厂采购方式等不确定性因素影响，将在震荡中上行，涨幅在5%左右；而沿海粮食运输市场的季节性波动可能较大，运价增幅将同步于沿海煤炭运价，涨幅在10%左右。

5.3.6 2012年中国沿海干散货运输市场热点问题探讨

一、全球航运市场陷入低谷，经济刺激计划难再催生航运繁荣

2012年，国际干散货海运贸易量同比上涨4.12%，世界干散货船队同比增幅为12.15%，船队运力增幅虽有明显放缓，但增长速度相对于运量来说仍然较快，以致BDI指数达到了2000年以来的最低水平，全年均值仅为904点。鉴于全球干散货运输市场二手船交易疲软、新造船舶交付量下降、废船拆解速度放缓、船舶利用率下降等多项特征指标表现疲弱，预计全球干散货运输市场的强势复苏至少需等至2015年。且尽管美国再次推出新一轮的货币宽松政策（QE4），但市场已然对此产生抗体，指望依靠经济刺激政策再次催生航运业的繁荣的可能性微乎其微。

二、电煤价格并轨拓展煤炭采购半径，但短期内影响有限

2012年12月21日，国家发改委发布《关于解除发电用煤临时价格干预措施的通知》，决定从2013年1月1日开始，解除对电煤的临时价格干预措施，电煤由供需双方自主协商定价。目前，双轨制效用减弱、矛盾凸显，合同兑现率较低，因此亟须制度改革。但鉴于2012年以来市场煤价已经跌至合同煤价附近、国内煤炭产业产能过剩严重以及重点合同煤影响范围有限等因素，预计该政策在短期内对国内煤炭价格的影响程度有限。而对于沿海煤炭运输市场而言，取消重点电煤合同后，煤炭价格随行就市，电力企业可以更加自主地按市场规律，采购质优价廉的电煤。因此，电煤价格并轨将导致火电企业的采购半径放大，预计将对沿海煤炭运输以及进口煤炭二程船运输的货量有所刺激，但影响程度仍然有限。且长期来看，电煤价格并轨的影响尚难确定，需要根据未来规则的执行情况以及经济形势来确定。

三、燃油税收新政激增船东成本，沿海运输企业积极寻求成本转移

国家税务总局于2012年9月27日和11月6日先后发布第46号《关于催化料、焦化料征收消费税公告》和第47号《关于消费税有关政策问题的公告》，根据这两个公告，催化料、焦化料将征收每升0.8元的消费税，且消费税的征缴范围扩大到所有液态石化产品，并以石脑油1元/升或燃料油0.8元/升的税率进行征收。此次新政影响最大的是调和油市场，将大幅提高调和油的成本，而目前国内船舶主要使用的正是调和油。因此，燃油税收新政的实施将激增内贸船东成本，使目前普遍亏损的沿海干散货船东雪上加霜。

四、国产铁矿石税收有望减半，但对沿海运输市场影响有限

目前国内铁矿类企业负担过重，缴纳税种包括资源税、增值税、燃油税和土地使用税等十余项，综合税率在25%左右，高于相似行业水平，也高于国外同行业10%左右的水平，尤其是资源税过高问题由来已久。2012年11月，据诸多权威媒体称，工信部经过较长期的调研，对国内铁矿类企业的减税方案已经成型，将会同财政部、国务院减轻企业负担办公室一起上报方案，并积极争取通过，有望实现铁矿类企业综合税负率减半，幅度可能在10～15个百分点之间。一方面，减税政策的落地有利于增加国内矿企的利润，降低进口矿石价格，能在一定程度上降低国内钢厂对国外矿山的依存度，增强国内企业在国际市场上的话语权。另一方面，减税无法改变中国铁矿石资源总量匮乏、品位低下、开采难度大的根本局面，进口铁矿石仍将在成本上占有绝对优势，中国对铁矿石进口的高度依赖性不会发生根本改变，再加上减税能否推行、何时推行及推行的效果等都有待中央与地方的博弈。由于当前钢厂产能严重过剩，减税能否改善钢厂经营状况也值得商榷。因而，预计即使2013年减税政策落地，对沿海铁矿石二程矿运输市场的影响也相对有限。

（上海国际航运研究中心）

5.4 上海综合保税区

5.4.1 2012年上海综合保税区经济发展情况综述

2012年，在市委市政府、区委区政府的正确领导下，在市、新区有关部门、驻区各职能部门和开发公司的大力支持下，上海综合保税区紧紧围绕“5+2+2”重点工作，以“功能创新、联动发展”为主线，深化先行先试，强化招商引资，加快产业升级，打造总部经济，发挥“区区联动、产城联动”综合效应，努力克服国内外经济波动影响，促使区域经济整体保持较快增长态势：据统计，2012年上海综合保税区投资企业完成经营总收入12849.72亿元，比上年增长12.8%。其中以国际贸易、航运物流、技术服务等为主体的第三产业完成经营收入12071.07亿元，比上年增长14.1%，所占比重从上年的93.1%提高至93.9%；以先进制造业为主体的第二产业完成经营收入778.65亿元，占6.1%。这些投资企业共实现利润总额464.53亿元，比上年增长12.9%，吸纳从业人员26.90万人，比上年增长8.8%。

2012 年上海综合保税区主要经济指标完成情况（分区域）:

指标名称	单位	上海综合保税区合计		洋山保税区		外高桥保税区		浦东机场综合保税区	
		2012 年	增长/（%）	2012 年	增长/（%）	2012 年	增长/（%）	2012 年	增长/（%）
经营总收入	亿元	12849.72	12.8	938.56	73.6	11889.31	9.7	21.85	75.2
商品销售额	亿元	10998.09	13	296.4	19.5 倍	10700.39	10.2	1.3	266.5
物流企业经营收入	亿元	4041.39	4.8	626.47	20	3393.37	2.2	16.55	61
其中物流业务营业收入	亿元	816.86	18.1	626.47	20	173.84	9	16.55	61
航运及航运服务收入	亿元	849.16	19.8	626.47	20	202.25	15.8	20.44	68.6
工业总产值	亿元	727.78	2.4	-	-	727.78	2.4	-	-
进出口总额	亿元	1130.52	14.5	93.15	58.3	1018.47	10.4	18.89	217.8
其中：进口额	亿元	867.1	15.1	54.58	87.9	800.5	11.1	12.01	205.3
出口额	亿元	263.42	12.7	38.57	29.4	217.97	8	6.88	242.3
税务部门税收	亿元	428.96	11.8	26.06	27.3	401.85	10.8	1.05	61.6
海关部门税收	亿元	998.28	8.5	387.08	16.3	607.09	3.4	4.11	590.5
新增注册企业	家	788	53	296	116.1	415	20.6	77	126.5
合同外资	亿美元	16.16	92.0	1.11	18.1	14.64	104	0.41	36
内资企业注册资本	亿元	56.26	-45.5	28.07	-68.1	26.61	116.1	1.58	-43.8
港区集装箱吞吐量	万标箱	2951.3	2.5	1415	8	1536.3	-2.2	-	-
期末企业从业人员	万人	26.9	8.8	1.76	79.6	25.05	5.7	0.09	64.9

（上海综合保税区经济发展统计公报）

【上海综合保税区物流企业经营收入小幅增长】

物流业是上海综合保税区经济结构中县有竞争优势的产业。2012年综保区努力创新物流业务模式，不断提升物流运佛效率，加快亚太分拨中心培育进程，促使产业间联动、区域间联动水平进一步提高，特别是洋山保税港区和机场综保区物流业务规模迅速扩大，克服了周边区域分流物流业务以及国际物流持续低迷的不利影响，推动物流企业经营收入实现小幅增长。2012年上海综合保税区完成物流企业经营收入（含分拨企业分拨货值）4041.39亿元，比上年增长4.8%。

1.外高桥所占比重大、洋山和机场发展快

外高桥保税区物流产业发展相对成熟。已经形成分拨业务和第三方物流业务共同发展的格局，完成物流企业经营收入3398.37亿元，比上年增长2.2%，占综保区84.1%；洋山保税港区在航运市场逐步回援和物流业务快速发展的促进下，完成物流企业经营收入626.47亿元，比上年增长20.0%；浦东机场综保区在重点企业业务遥快速增长的带动下，完成物流企业经营收入16.55亿元，比上年增长61.0%。

2.分拨业务经营规模大，物流业务营业收入增长快

虽然外高桥通过自营型保税仓库开展分拨业务的分拨企业发展趋势出现分化，但部分分拨企业不断整合物流、贸易业务，努力做大做强，由于此类企业的经营收入中包含了分拨货值，因此收入规模仍保持较高水平。2012年综保区分拨企业完成经营收入3224.53亿元，比上年增长1.9%，占综保区物流企业经营收入79.8%。为众多贸易、加工企业提供物流配套服务的仓储、运输、货代业务则保持快速增长的态势，完成物流业务营业收入816.86亿元，比上年增长18.1%。

3.货物进出区规模进一步扩大

物流功能的拓展深化有效提高了货物周转能力和物流运作效率，促使货物进出园区更加频繁，物流业务规模进一步扩大。根据各驻区海关统计，2012年综保区所含区域合计完成进出境备案（指“一线”：海关围网区域与境外之间）货值达到961亿美元，比2011年增长15.2%；视同进出口（指“二线”：海关围网区域与国内一般区域之间）货值910亿美元，比上年增长6.9%。

4.保税物流业务继续加快发屈

上海综合保税区积极发挥保税政策优势，提升进口分拨和出口配送功能，增强与一般贸易、加工贸易的融合发展和服务作用，进一步扩大保税物流业务规模。据上海海关统计，2012年上海综合保税区物流货物进出口额达到886亿美元，比2011年增长15.5%，占综保区

进出口额78.4%，所占比重比上年提高0.7个百分点。此外，2012年上海综合保税区物流货物进出口额占上海市保税物流业务的比重达到80%，占金国保税物流业务的比重达到21%。

（供稿：上海综合保税区管委会）

5.4.2 中国（上海）自由贸易试验区功能先行先试

来自上海综合保税区管委会的《上海综合保税区运行情况》材料显示，2013年上海综保区将推进国际贸易结算中心、融资租赁、期货保税交割功能、扩大保税船舶登记试点规模、研究建立具有离岸特点的国际账户等十项功能先行先试。

一、十项功能先行先试

深化国际贸易结算中心试点运作。

经国家外汇管理局批复同意，作为全国唯一试点区域，综保区于2010年10月启动国际贸易结算中心试点，截至2012年年底，试点企业已扩大到50家，累计完成贸易结算额100亿美元。2013年，将进一步完善试点企业运作，扩大试点业务规模，并深化研究国际贸易结算中心试点项下企业发展的业务需求及功能拓展。

融资租赁功能全面发展。

融资租赁作为上海航运金融服务功能的重要创新突破，于2010年6月在上海综保区正式启动，截至2012年年底，已陆续引进融资租赁项目90个，租赁资产规模超过43亿美元，租赁标的物包括35架民航客机、26艘远洋船舶以及飞机发动机、挖掘机、医疗器械等大型设备。今年将继续做大融资租赁产业规模，强化融资租赁主题招商，积极引进租赁业界内最具影响力和最具规模的“航空母舰”类项目，力争年内融资租赁项目累计达到150家。同时，探索推动综保区融资租赁品牌化、多元化、规模化发展。

以期货保税交割功能促进大宗商品产业集聚。

期货保税交割功能作为全国首家试点，于2010年12月落户洋山保税港区，并于2012年4月启动了保税仓单质押融资功能试点。期货保税交割功能拓展有效促进了综保区大宗商品产业的快速增长，2012年综保区铜及制品进口额106亿美元，增长50%，占全国进口总量的30%。洋山保税港区新引进大宗商品龙头企业60家，2012年新增商品销售额223亿元。今年将进一步加大洋山大宗商品产业培育力度，集聚国内外大宗商品龙头企业，争取2013年洋山保税港区大宗商品销售额达到400亿元。同时，有计划、有步骤推出有色金属洋山价格信号。

扩大保税船舶登记试点规模。

2012年3月洋山保税港区率先启动

了保税船舶登记业务，并于2012年10月试点运作了国内首单保税船舶登记业务。已改进和完善了相关登记流程及操作细则，出台了降低企业登记费用的相关举措，逐步形成常态化运作机制，下一步将进一步加大宣传推介力度，着力扩大保税船舶登记数量，促进中资方便旗船舶的回归，建设具有国际影响力的洋山保税船舶登记港。

推动机场区港一体化迈出实质性步伐。

机场综保区于2012年11月底在国内率先启动区港一体化试点，开展保税货物与口岸货物同步运作。年内将实现机场综保区保税与口岸货物同步运作常态化，并推动跨国公司相对独立运作保税与口岸业务，探索建立机场综保区国内跨关区便捷转关常态化运作机制，逐步形成与国际先进空港类似的通关物流环境。

做大洋山保税港区国际中转集拼业务。

2012年12月在洋山保税港区陆域仓库完成了国际中转集拼首单试点，在全国率先实现了境外货物与国内货物的整合拼箱操作。今年将着重推动港务集团加快建设洋山岛域中转集拼中心，打造“陆岛联动”的国际中转集拼基地，完善业务操作流程和通关监管模式，逐步推动洋山保税港区国际中转集拼规模化发展，进一步提升洋山国际中转枢纽港地位。

全面推进亚太营运商计划。

以新加坡等国家为竞争对象，在总结多种类型实体性总部发展经验的基础上，于2012年12月启动了亚太营运商计划，推动首批20家跨国公司统筹贸易、物流、结算功能，进一步集聚经济要素、扩大辐射半径、提升资源调度能力，逐步发展成为实体运作的亚太地区总部。今年将与这20家企业完成战略合作协议签约工作，搭建全国首个海关监管系统与企业内部数据互联互通的信息化监管平台，提升非贸易项下税务出证的便利性，并研究制定个性化财政支持政策。

探索“前店后库”联动模式。

在机场综保区创新海关、检验检疫保税货物监管模式，实现日上免税行区外实体店与区内保税仓库的联动运作，打造上海首个具备保税展示、免税和完税销售功能的综合试验店。同时，创新保税货物区外展销的监管举措，在森兰区域建立大型高端消费品购物中心，开展保税展示和销售活动，打造重要的进口高档消费品集散地。

试点全球维修检测业务。

2012年9月国家质检总局在上海挂牌“全国入境再利用产业检验检疫示范区”，在综合保税区打造全球检测维修中心。将推动首批10家企业启动试点全球维修检测业务，并探索洋山保税港区船用零部件维修分拨功能，进一步拓展机场综保区波音维修模式，扩大飞机保税维修业务，逐步促进全球维修检测在综保区的高端化、规模化发展。

研究建立具有离岸特点的国际账户。

根据企业需求，推动外汇创新从经常项下向资本项下拓展，探索建立具有离岸特点的国际账户，逐步满足企业在转口贸易中的结算便利需求、境外套期保值需求和境外融资需求；推动将跨国公司总部外汇资金集中运营管理试点延展到综保区，解决区内跨国公司境内外资金结算和资金统一管理的合理需求。

二、综合保税区物流服务功能不断拓展

一是期货保税交割试点规模化运作。

依托期货保税交割和保税仓单质押功能，综合保税区大宗商品进出口快速增长，全年综保区铜及制品进出口额130亿美元，增长55%，其中铜及制品进口量占全国的30%。洋山保税港区2012年新增大宗商品龙头企业33家，累计达到53家，2012年新增商品销售额200亿元，已初步形成大宗商品产业的集聚规模。

二是机场综保区启动保税货物与口岸货物同步运作。

2012年11月30日机场综保区空运货物服务平台成功完成国内首单口岸货物和保税货物同步运作，标志着机场综保区区港一体化运作实现突破。

三是国际中转集拼功能启动运作。

2012年12月12日至19日进行了国际中转集拼试单运作，首单境外货物经外高桥港区转运洋山保税港区，在洋山国际中转集拼中心内与国内出口货物组合拼箱后再发往境外，走通了国际中转集拼功能全流程，在全国率先实现对国际集装箱货物的二次集拼和中转运输，标志着洋山保税港区国际中转集拼业务已正式启动运作。

四是跨国公司亚太分拨配送中心逐步集聚。

洋山保税港区加快建设“国际航运发展综合试验区”，集聚了近60家通信及电子产品、汽车及零部件、高档食品、品牌服装的分拨配送中心，基本形成了面向欧美的分拨配送基地、大宗商品产业基地、面向国内的进口食品、服装、汽车基地以及供应链枢纽基地。机场综合保税区“临空服务创新试验区”初现雏形，重点发展空运亚太分拨中心、融资租赁、快件转运中心等临空功能服务产业链，已有德州仪器、山高刀具、索尼、爱马仕、戴尔、意法半导体等20余家全球知名跨国公司产品分拨中心入驻机场综保区。

三、加快完善口岸物流贸易服务功能

不断完善口岸通关便利化措施，提高口岸通关效率和竞争力。继续推进洋山保税港拓展水水中转集拼功能，探索

国际中转集拼功能，加快期货保税交割业务实质运作。依托港区在贸易模式、外汇管制、保税仓储等方面的优势，叠加“航运 + 贸易”“期货 + 现货”“国际 + 国内”“完税 + 保税”的功能，积极探索建设大宗商品集散平台。

（大智慧阿思达克通讯社）

5.4.3 中国（上海）自由贸易试验区建设与物流发展

上海综合保税区要加快向自由贸易试验区转型，要使洋山和临港地区得到大力发展。发展靠什么？要靠旺盛的人气，没有人气的集聚就谈不上发展。

从我国的实际来看，人气聚集的方法有两个：一是发展客运，“人来客往”自然就有了人气；二是发展贸易，“商贾云集”必然意味着人气的聚集。当年的上海大达码头，虽然只有几百米的浅水岸线，但由于拥有去苏北的轮船航线四条，客流量就达到二百万左右，这里的人流用“水泄不通”来形容一点也不为过，周边的商店营业额家家在同行业中名列前茅。后来由于结构调整，客运线全部从大达码头撤出，大达码头专营货运，虽然客运码头搬迁不过五百米，但大达码头附近人气一泻千里，附近的商店一年后基本纷纷关门。同样，当年保税区成立初期，组织百万市民看外高桥，其中一个节目就是到那里的保税市场，购买便宜的国外商品，到保税区一趟，既能参观有些神秘的保税区，又能买到进口商品，于是每天到保税区的络绎不绝，人气极为旺盛，现在这个节目由于种种原因取消了，当年的壮观人气也就不复见了。

在将来可能的自由贸易园区里，利用客运聚集人气可能首推现在的浦东空港综合保税区，而利用洋山紧靠码头，运输便利的独特优势，完全可以在那里发展贸易。要向自由贸易园区转型却没有发达的贸易，这是不可理解的。以香港的发展为例，香港虽是弹丸之地，但货物进出自由，商业极其发达，人们称其为商港，一点也不过分，发达的商业贸易，是确定香港地位的一个重要因素。发展商业贸易，对我们来说，仍有许多机会。现在每年国内很多人出境后带回大量进口商品，有关部门想方设法对他们进行围堵，殊不知上有政策下有对策，道高一尺魔高一丈，围堵总是消极行为，实际上与其围堵，不如我们自己去正确引导这一部分消费，或者说将这部分生意“抢”过来自己做。就我国当前形势来看，发展经济既要靠“投资拉动”和“出口拉动”，更要靠增进内需拉动消费。

从现在的实际情况看，商务环境是发展贸易的最首要的条件，上海港现在的中转贸易发展势头良好，就是得益于保税港区的有利政策。因此从大贸易的角度看，可以考虑从以下几个方面入手来加大加快贸易的步伐。

1. 坐商：所谓坐商就是参照香港的商业模式，利用现在的条件建造贸易大楼。可以先开辟各类生产资料市场这样的优势项目。现在世界著名的500强企业中有不少在洋山都有仓库，比如比尔卡特的发动机，产品全球著名，客商也是遍及全球。他们的总部在昆山，但物流公司设在洋山保税区内，还有重铲商卡尔玛组装点也在洋山。为这些生产商直接提供窗口，对他们而言真是求之不得的好事。同时，还可以在洋山港，建造类似于香港海港大楼一样生活资料贸易建筑，位置应该是靠近路口的地方，可以借鉴当初保税区国际商品市场的经验，组织人员来消费，目前通往上海保税区的地铁班次与当初开通之际不可同日而语，洋山港通地铁也是指日可待。这样便利的交通目前只是运送上班人员，实在太可惜了，上下班时车内水泄不通，过了这个时候却是空空荡荡，十几分钟才开一班。洋山港，临江开通地铁后要有饱满的客流，一定要通过贸易来带动客流，带动消费。流量永远是关键的指标，流量才能带来潜在客户，流量才能变成成交客户，流量才能最终化成利润。

2. 网商：电子商务已经成为日常销售中所不可代替的手段。物流园区、物流中心、配送中心以及仓库货场等物流基础设施，资金投入量大、回收周期长，具有较强的公益性和公共性，企业自有资金难以独立支撑。从国际发展经验看，物流基础设施作为国家综合竞争力的基础条件，是公共财政支持的重点之一。目前从洋山港和临江地区的实际情况来看，仓库场地的利用率还是不够理想的，而电子商务最迫切需要的就是仓库场地，如果进行结构调整将这些地区的电子商务商与仓库业主联合起来，利用保税区内的仓库场地开展网购，设立保税免税网站，甚至于互联网站（目前可限在上海，以后可视情况扩大），大力开展电子商务，让物流业真正动起来。前途是十分光明的。

3. 掌商：这是利用手机，通过正在蓬勃发展的移动互联网来做生意。“十二五”规划中明确提出将移动互联网列为电子产业发展的重点。网商的发展目标就是客户走到那里，服务跟到那里。淘宝网去年销售量的19%是通过移动互联网来完成的，这个比例现在是越来越大。如果我们的洋山港，临港地区，保税区能够成为移动互联网的主要商品基地，那么它的商机也不可估量的，采用互联网给这些地区带来的将是一次历史大规模产商业价值的迁移。

无论是坐商、网商还是掌商，他们如要成功，还应具备几个必须的条件，它与现在普通贸易相比必须要有差别，利用这样的“差”才能构成利润。这种“差”应该体现在四个方面：

一是优惠的政策差别。在尽可能的范围内可以享受免税，享受优惠税率，享受保税待遇，享受通关优先等等政策，要让供应商和购货者感觉在这里能得到一种特别的便利，享受到一般贸易所无法享受的待遇。

二是新品的时间差别。在这里供应的产品应该是最先进的，通俗地讲就是应该是时尚的，如果只能供应过时货，就没有优势可谈。要形成这样一种概念，要进国外最先进的生产资料在这里可以办到，要知道国外时尚的是什么，从这里也能一目了然。

三是货物的价格差别。这里有个数据，2008 年八佰伴全年销售额为 33 亿，而其最后一天的大促销营业额达到 4 亿，2011 年最后一天销销售额达到 7.7 亿，为什么一天可以等于一个多月的营业额？那就是促销让利。如果能将商场开在临港地区，开在保税区，进口货物的价格能参照香港模式，或者是比其稍稍贵一点，但低于区外的商场价，而且综合计算下来也比到境外购买划算，那么就会有很大的优势。数据显示，75％的上海消费者偏爱直接打折，66％的受访者表示最不满意商场在促销期间在商品价格上虚做文章，要给客户实实在在的实惠，才会吸引越来越多的人来消费。

四是商品的质量差别。商品一定要真材实货，绝对不能卖假货。有数据表明，中高收入消费者是百货商场中高档品牌的主力消费群体，但是调查显示，因受消费观念、生活方式等因素的影响，这一群体对大规模的促销活动并不敏感。月收入在 1 万元以上的受访者中，表示不会受商场促销活动影响的占 75％，83％的受访者会在非促销期购买不打折的商品。专家认为，中高收入消费者品牌忠诚度较高，消费意向较为坚定，受促销影响小。上海现在提出在机场外开辟免税商店，我感觉完全可以在保税区、临江地区或者洋山保税港区做篇这方面的大文章。长年的让利，长年的品质第一，对拉动上海内需真的是很大的贡献。

贸易的发展一定会带来物流的发展，如何适应这种变化是物流业转型的新课题。物流不再是简单的运输加仓储，它更需要的是针对不同的客户有不同的运作、财务、客服的要求，物流操作个性化，物流在整个经济运行链条中的作用将更加显著，物流行业要充分认识到这一点，及早做好各方面的准备工作。

（浦东新区现代物流业行协来稿）

5.5 外高桥保税区

5.5.1 外高桥保税区国际贸易基地示范效应不断凸显

国际贸易是外高桥保税区经济发展的核心功能，也是产业融合联动发展的联接点。一年来，保税区继续坚持以开放型经济发展为核心，加快改革创新、先行先试，以建设“国家进口贸易促进创新示范区”为抓手，不断提升贸易便利的国际化水平，充分发挥对外窗口和对内福射的作用，保使保税区的国际贸易规模日益扩大，为上海国际贸易中心建设做出了重要贡献。据上海海关统计，2012 年外高桥保税区投资企业完成进出口总额 1018 47 亿美元，比 2011 年增长 10.4%，占全市进出口总额 23.3%，所占比重比上年提高 2.2 个百分点，在全市外贸进出口整体下滑的严峻形势下保持两位数增长。其中进口额 800.50 亿美元，比 2011 年增长 11.1%，占全市进口额 34.8%，所占比重比上年提高 3.2 个百分点；出口额 217.97 亿美元，比 2011 年增长 8.0%，占全市出口额 10.5%，所占比重比上年提高 0.9 个百分点。由于进口额高于出口额，实现进出口贸易逆差 582.53 亿美元，净增 64.03 亿美元，是上海国际贸易实现逆差的主要支撑因素。

一、从事进出口业务的企业数量持续攀升

在我国较为严峻的外贸形势下，保税区投资企业依托区内贸易便利化环境和国际贸易结算、亚太分拨中心等新型贸易模式的开拓，继续保持了活跃的对外经贸往来，吸引了越来越多的投资企业直接开展进出口业务。据统计，2012 年保税区直接开展进出口业务的投资企业达到 3368 家，比 2011 年增长 1.3%，净增 42 家。其中以一般贸易方式从事进出口业务的企业增加较多，达到 2399 家’比 2011 年增长 5.9%，净增 133 家，占进出口企业数量 71.2%，所占比重比 2011 年提高 3.1 个百分点；以保税区物流货物方式从事进出口业务的企业数量有所回落，为 1907 家，比上年减少 36 家，占进出口企业数量 56.6%，从进、出口业务来看：保税区直接开展进口业务的企业达到 3068 家，与 2011 年基本持平；直接开展出口业务的企业达到 2291 家，比 2011 年增长 5.3%，净增 115 家。

二、保税区与世界各国保持紧密经贸往来

据统计，2012 年外高桥保税区与 193 个国家和地区发生了进出口业务往来，不仅与欧美、东亚等传统贸易伙伴的进出口额持续攀升，而且与发展中国

家经贸往来得到巩固与提升。全年与保税区进出口业务往来超过10亿美元的国家和地区达到21个，比2011年净增2个，这些国家和地区合计完成进出口额914.19亿美元，比2011年增长11.8%，占保税区进出口总额89.8%。保税区与8个国家和地区进出口额均已超过40亿美元，居前五位的分别是日本129.85亿美元、马来西亚124.28亿美元、美国89.78亿美元、韩国68.77亿美元和德国48.09亿美元。保税区与发展中国家越南、哥斯达黎加进出口额呈现倍增态势，分别完成25.37亿美元和13.36亿美元，比2011年增长348.9%和206.01%。

（上海综合保税区经济发展统计公报）

5.5.2 外高桥保税区物流货物进口额占主导地位

1、在保税区开展物流货物进口业务活动的企业数量为1801家，全年完成进口额631.01亿美元，比上年增长11.0%，占保税区进口额78.87%，继续占据保税区进口贸易主导地位。

2、加工贸易进口额连续第二年呈现回升势头，全年完成35.18亿美元，比上年增长18.5%，占保税区进口额4.4%，所占比重比上年提高0.3个百分点。

3、保税区采用一般贸易方式开展进口业务的企业数量增加较多，达到2029家，比上年增长4.7%，净增92家。一般贸易进口额全年完成130.64亿美元，比上年增长9.9%，占保税区进口额16.3%。

4、外商投资企业作为投资进口的设备完成进口额2.26亿美元，比上年增长14.8%，占保税区进口额0.3%。

（上海综合保税区经济发展统计公报）

5.5.3 外高桥保税区物流企业经营收入小幅增长

保税区作为立足国内、面向世界的重要国际物流平台，努力创新物流业务模式，不断提升物流运作效率，加快亚太分拨中心培育进程，促使产业间联动、区域间联动水平进一步提升，克服了周边区域分流物流业务以及国际物流市场持续低迷的不利影响，推动物流企业经营收入小幅增长。据统计，2012年保税区从事物流业务的800家企业完成经营收入3398.37亿元，比上年增长2.2%。

一、分拨企业经营收入规模较大

分拨企业是保税区物流企业的一种特殊类型，具有集贸易、物流等多种功能于一体的综合优势。这类企业主要依托保税物流功能，运用现代物流的管理措施和手段，通过自营型保税仓库对自有的商品货物，进行采购、仓储、拼拆、简易加工、包装、分拨配送等一系列营销活动。目前，分拨企业发展呈现两种不同趋势：一是进一步做大做强，不断整合物流、贸易业务并向亚太范围拓展；二是将物流业务外包给第三方物流企业，退出自营型分拨企业行列。据统计，2012年保税区500家物流分拨企业完成经营收入（含分拨货值）3224.53亿元，比上年增长1.9%，占保税区物流企业经营收入94.9%，是保税区完成物流企业经营收入的主体。

二、物流业务营业收入稳步增长

以提供第三方物流服务为主的仓储企业和运输及货代企业是保税区物流业重要的组成部分。这类企业主要依托保税物流功能，利用保税仓库及专用运输工具，为客户（他人）提供仓储、 运输、货代、配送及供应链管理等“一条龙”物流外包服务。其服务对象不仅包括跨国公司在保税区投资的贸易企业（占28.4%）和加工企业（占 12.57%），还包括跨国公司在国内其他地区的投资企业（占59.1%）。据统计，2012年保税区300家从事第三方物流业务的企业完成物流业务营业收入173.84亿元，比上年增长9.0%，其中运输及货代企业完成102.52亿元，比上年增长8.5%；仓储企业完成71.32亿元，比上年增长9.7%。

三、保税物流功能持续发挥主导作用

保税物流功能是保税区最具竞争优势的基础功能，特别是在物流功能拓展和通关效率提升的促进下，越来越多的企业通过保税物流功能开展进出口业务，促进了保税区物流货物进出口额的持续增长。据上海海关统计，2012年保税区物流货物进出口额达到775.95亿美元，比上年增长10.2%，占保税区进出口额76.2%。其中保税区物流货物进口额631.01亿美元，比上年增长11.0%，占保税区进口额78.8%；保税区物流货物出口额144.94亿美元，比上年增长7.1%，占保税区出口额66.5%。此外，2012年外高桥保税区物流货物进出口额占上海市保税物流业务的比重达到71.3%，占全国保税区保税物流业务的比重达到45.3%。

四、货物进出保税区总量多、金额大

保税区物流业务保持较大规模，货物周转较为频繁。根据保税区海关统计，2012年外高桥保税区进出境备案（指“一线”：外高桥保税区与境外之间）货值达到599.53亿美元，货物量344万吨；保税区视同进出口（指″二线”：外高桥保税区与国内一般区域之间）货值达到504.42亿 美元，比上年增长5.7%，货量310万吨。调查显示：保税区货物流向上海的占40.2%；流向“长三角”周边地区的占22.8%；流向国内其他地区的占14.5%；流向国外的占22.5%。

（上海综合保税区经济发展统计公报）

5.5.4 外高桥保税区充分发挥浦东开发开放功能平台作用

外高桥保税区作为浦东开发开放的功能承载区之一，从发展之初就锁定了成为国内开放度最大、“距离”国际市场最近的功能区的目标。保税区的建设和发展牢牢把握了对外开放的根本方向，坚持塑造与国际惯例接轨的投资发展和贸易便利化环境，大规模吸引了以外商投资为主体、以跨国公司为主角、以国际贸易业务为主导的贸易投资企业，形成了贯穿进出口贸易、转口贸易、贸易结算、贸易营运管理、加工贸易、国内贸易、服务贸易、离岸贸易、交易市场、物流服务、采购配送、代理服务、贸易技术服务、保税仓储、展示、运输等系统的贸易产业链集聚发展环境，形成了面向国际和国内两个市场的高端贸易服务平台。

2013年7月3日，国务院总理李克强主持召开的国务院常务会议原则通过了《中国（上海）自由贸易试验区总体方案》。会议强调，在上海外高桥保税区等4个海关特殊监管区域内，建设中国（上海）自由贸易试验区，是顺应全球经贸发展新趋势，更加积极主动对外开放的重大举措。会议强调，要进一步深化改革，推动建设具有国际水准的投资贸易便利、监管高效便捷、法制环境规范的自由贸易试验区，使之成为推进改革和提高开放型经济水平的“试验田”，形成可复制、可推广的经验，这有利于培育我国面向全球的竞争新优势，构建与各国合作发展的新平台，拓展经济增长的新空间，打造中国经济“升级版”。这标志着以上海外高桥保税区为代表的中国（上海）自由贸易试验区建设已经上升为国家战略。

2013年8月22日，国务院正式批准设立中国（上海）自由贸易试验区。试验区范围涵盖上海市外高桥保税区、外高桥保税物流园区、洋山保税港区和上海浦东机场综合保税区等四个海关特殊监管区域，总面积为28. 78平方公里。建设中国（上海）自由贸易试验区的主要任务是探索我国对外开放的新路径和新模式，推动加快转变政府职能和行政体制改革，促进转变经济增长方式和优化经济结构，实现以开放促发展、促改革、促创新，形成可复制、可推广的经验，服务全国的发展。

实现五大功能平台的跨越式发展：

1. 跨国公司地区总部平台

跨国公司地区总部具有投资、经营管理、销售、研发、资金管理、人力资源管理等多种功能，具有很强的辐射作用。跨国公司地区总部可以通过城市功能提升、产业带动、人才集聚、技术进步、消费扩大和税收贡献等效应促进所在地经济的发展。近年来，发达国家实施再工业化战略调整，跨国公司全球和区域性投资整合日趋频繁，全球产业转移从加工制造业扩展到了生产性服务业等服务领域，地区总部、结算中心、营运中心等对加工制造和贸易物流产业链的形成、转移、集聚等整合控制作用更加突出。大力引进跨国公司地区总部，将促进地区总部功能的集中和升级，鼓励跨国公司通过地区总部将其中国乃至亚太地区的销售、管理、资金管理、支持服务等功能整合起来，为上海带来货物流、资金流、信息流乃至大量的人才，对上海的“四个中心”建设和城市功能的转型升级产生推动作用。

21世纪以来，尤其是2008年金融危机以后，跨国公司将全球战略重心从欧美市场向以中国为核心的亚太新兴市场转移的趋势日益明显。随着跨国公司对华直接投资的持续增加，加之中国内地巨大的市场容量，中国实际上已经被跨国公司作为一个独立的区域发展，甚至已成长为与北美、欧盟、日本比肩的世界主要目标市场。出于对中国及亚太地区生产、市场协调的需要，跨国公司迫切需要在中国设立地区总部，以提高管理效率和降低交易成本，这给上海吸引跨国公司地区总部带来重大机遇。

鼓励和支持跨国公司设立地区总部是上海积极利用外资、扩大对外开放的重大举措。2002年7月，在商务部的关心和支持下，上海市政府发布了《上海市鼓励外国跨国公司设立地区总部的暂行规定》，在全国率先开展吸引跨国公司地区总部的试点工作。2008年7月7日，上海市人民政府发布了新的《上海市鼓励跨国公司设立地区总部的规定》，进一步巩固、完善和落实总部经济政策，为跨国公司地区总部的创造更宽松、更便利的发展环境，以进一步促进上海总部经济的集聚。2012年8月8日，上海市人民政府发布了《关于〈上海市鼓励跨国公司设立地区总部的规定〉的实施意见》，细化了鼓励跨国公司地区总部提升能级、整合业务、拓展功能的各项政策。截至2012年9月底，上海已累计吸引跨国公司地区总部393家，成为中国内地跨国公司地区总部最集中的城市。

从2006年起，公司开始培育和发展以销售管理中心为核心的跨国公司地区总部，以顺应跨国公司业务功能整合和国际服务业梯度转移的趋势。外高桥保税区内的跨国公司地区总部依托政策优势，加快对国内业务的统筹力度，在不断扩大经营规模的同时也逐步提升了自身在跨国公司集团内部的地位，从而获得了订单销售、资金结算、供应链集成等更多经营管理职能，并出现业务范围由中国区向亚太其他地区拓展的趋势，成为外高桥保税区开放型经济发展的引领力量。

公司的跨国公司地区总部平台战略在促进经济发展、推动产业升级、强化稳商留商等方面已经发挥出重要的作用，有力提升了自由贸易试验区的综合竞争力。

2. 亚太分拨中心平台

分拨中心是指由在境外注册的公司设立的以投资或者授权形式，对在一个国家以上的区域内的上游供应方与下游用户，经储存、保管、分拣、装卸、搬运、配载、包装、加工、单证处理、信息传递等处理后，进行统一调度与配送的设施和机构，并且是该地区履行管理和服务职能的唯一总机构，具有采购和销售的全球覆盖、订单流、资金流、信息流和货物流的全球整合、综合运作成本和效率的全球最优的三大特征。

亚太分拨中心功能的兴起，使外高桥保税区逐步成为跨国公司在亚洲地区的重要货物集散中心；分拨中心功能的兴起，也使得以跨国公司为主导的集信息、订单、仓储、物流、运输、配送、售后服务为一体的现代物流运作模式最早在我国从理念落地到了实践；分拨中心功能的兴起，同时也促成了外高桥保税区海关“分批出区、集中报关”监管模式的国内首创，推动了海关在建立风险管理制度的同时，发展适应现代物流需要、具有保税区特色的“整进零出”、“集中定期报关”等高效监管模式和流程；分拨中心功能的兴起，也加深了外汇部门对保税区构建宽松的外汇管理环境需求的认同。

2013 年 3 月，国务院总理李克强视察上海外高桥保税区时，提出了“立足内需，面向世界，深耕亚太”的要求。外高桥保税区在打造总部经济吸引跨国公司地区总部的过程中，定位于发展现代服务业，着力吸引以承担跨国公司区域性物流分拨配送中心为主的实体性地区总部，进而带动国际贸易、国际金融结算等的发展，将保税区培育成为面向长三角和面向亚太地区的配送中心，使外高桥保税区成为跨国公司在东北亚乃至亚太地区的重要贸易节点和物流环节，即亚太分拨中心。

外高桥保税区内的亚太分拨中心主要依托保税物流功能，运用现代物流的管理措施和手段，通过保税仓库对商品货物进行采购、仓储、拼拆、简易加工、包装、分拨配送等一系列营销活动。其做大做强、不断整合物流、贸易业务并向亚太范围拓展的趋势日益明显，因而公司进一步加强亚太分拨中心平台建设势在必行。

3. 专业物流平台

2009 年 3 月及 2011 年 8 月国务院先后发布了《物流业调整和振兴规划》（国发（2009）8 号文）和《关于促进物流业健康发展政策措施的意见》（国办发〔2011〕38 号），强调加大对物流基础设施投资的扶持力度，对符合条件的重点物流企业的运输、仓储、配送、信息设施和物流园区的基础设施建设给予必要的资金扶持，进一步拓宽融资渠道，我国物流业发展面临新的形势和机遇。

现代物流与国际贸易、先进制造是保税区经济的三驾马车。外高桥保税区内集结了 800 家物流企业，包括全球、日通、UPS、近铁、DHL、TNT、Expeditor 等全球知名的第三方物流企业和 SONY、东芝、康明斯等知名跨国公司自营物流企业，区内仓储面积达到了 226 万平方米。2012 年，外高桥保税区作为立足国内、面向世界的重要国际物流平台，努力创新物流业务模式，不断提升物流运作效率，促使产业间联动、区域间联动水平进一步提升，克服了国际市场持续低迷的不利影响，推动物流企业经营收入上涨，实现经营收入 3,398.3 亿元，同比增长 2.2%。根据海关统计，2012 年，外高桥保税区物流货物进出口额达到 775.95 亿美元，同比增长 10.2%，占外高桥保税区进出口额的 76.2%。

伴随着国际贸易和先进制造业的发展，区内物流产业正逐步由“点状分布”向“网络布局”、由“独立运作”向“功能联动”、由“普适型”向“专业化”转型发展，在为保税区经济发展做出重大贡献的同时，已经成为众多中外企业发展国际贸易、加工贸易重要支撑和上海服务长三角区域、服务长江流域、服务全国、面向世界的重要载体。调查显示，外高桥保税区货物流向上海的占 40.2%；流向“长三角”周边地区的占 22.8%；流向国内其他地区的占 14.5%；流向国外的占 22.5%，物流枢纽地位显现。

保税物流功能是外高桥保税区最具竞争优势的基础功能，在物流功能拓展和通关效率提升的促进下，专业物流平台的进一步建设将为中国（上海）自由贸易试验区的发展奠定坚实基础。

4. 高端现代服务业平台

现代服务业是伴随着信息技术和知识经济发展而产生，用现代化的新技术、新业态和新服务方式改造和提升传统服务业，创造需求，引导消费，向社会提供高附加值、多层次、知识型的生产服务和生活服务的国民经济新领域。现代服务业具有现代与传统的交融性、要素的智力密集性、产出的高增值性、供给的多层次性和服务的强辐射性等特点，它广泛渗透在国民经济和社会发展各个领域。加速发展现代服务业，是上海加快推进国际经济、金融、贸易、航运中心建设的战略目标、推动经济增长方式转变以及主动服务全国的重要抓手，是体现上海城市综合服务功能的重要载体。

2011 年 10 月 21 日财政部、商务部与上海市政府签署上海现代服务业综合试点合作协议，在浦东新区、虹桥商务区及浦江沿岸进行国家现代服务业综合试点。试点以来，上海现代服务业获得进一步发展，2012 年，上海第三产业增加值占 GDP 比重首次突破 60%，成为上海经济结构转型升级、进一步加快现代服务业发展的一个重要节点。2013 年 7 月，国务院常务会议原则通过《中国（上海）自由贸易试验区总体方案》，明确提出要扩大服务业开放。

外高桥保税区作为一个综合性的产业园区，通过多年的发展已经形成以技术服务产业（包括研发、数据、软件、维修等）为主体，金融、咨询等商务服务等相结合的高端现代服务业平台雏形。随着跨国公司产业转移和保税区投资企业的升级转型，以技术为核心、以外包为特征的研发、软件、维修等现代服务产业亟须公司提供相应平台支撑。中国（上海）自由贸易试验区的建设过程中，公司将重点围绕产业融合和先行先试，根据我国服务业发展需要以及自由贸易试验区功能定位，积极打造金融服务、航运服务、商贸服务、专业服务、社会服务等领域高端现代服务业平台。

5. 功能性贸易平台

在经济全球化的背景下，特别是在应对金融危机的过程中，中国作为一个贸易大国，积极推进进出口贸易平衡发展已成为推动我国宏观经济平衡发展和促进经济转型的一项重要举措。公司紧扣国内“扩内需、促进口”的政策导向，充分发挥“进口货物保税、免税及滞后纳税”的政策优势以及专业化贸易服务平台的功能优势，逐步培育发展创新性和引领性的新型业务，丰富向自由贸易试验区发展的功能内涵，深化拓展展示交易功能，形成融进出口贸易、保税展示交易、分拨配送和物流服务为一体的综合性市场交易服务功能。在此基础上，公司通过展示与交易相结合，逐步由提供展示服务向增加交易机会、降低交易成本的服务创新转型；通过综合与专业相结合，逐步由综合市场向专业服务平台转型；通过外贸与内贸相结合，逐步由单纯进出口服务向产业链服务转型。

公司通过对保税区内进口产品构成的深入分析，搭建了酒类、钟表、化妆品、医疗器械、药品、工程机械、机床、汽车、保健品等功能性贸易平台，并定制了一系列具有行业特色的贸易便利化功能政策，取得了良好效果。据《上海综合保税区经济发展统计公报》统计，2012 年外高桥保税区完成进口额800.50亿美元，比2011年增长11.1%；上海市进口企业排名前十位的重点企业中有四家是外高桥保税区内企业，并且均入围全国进口企业百强行列。

近年来，外高桥保税区内汽车及机床进口额持续高速增长，为满足相应行业专业客户的需求，公司须进一步加强功能性贸易平台的建设，致力于拓展销售渠道，缩短贸易链，降低交易成本，增加贸易机会，积极扩大进口，打造进口商品的集散中心和直销中心，将平台建设成为集展示推广、物流仓储、监管创新、销售服务于一身，集聚进口产品和专业贸易主体的重要载体。

（上海综合保税区经济发展统计公报）

5.6 浦东机场综合保税区

5.6.1 2012年浦东机场综合保税区经济发展情况

上海浦东机场综合保税区于2009年7月3日由国务院正式批准设立，2010年4月2日开始一期1.60平方公里的封关运作。2011年12月28日完成二期1.99平方公里的封关验收，实现园区整体封关运作。2012年，机场综合保税区积极推进核心功能拓展与运营环境优化，加快特色产业集聚与培育，区域经济呈现快速发展态势。据统计，2012年浦东机场综合保税区新增注册企业77家，比上年增长1.27倍，区内投资企业完成经营总收入21.85亿元，比上年增长75.2%；进出口总额18.89亿美元，比上年增长2.2倍；税务部门税收1.05亿元，比上年增长61.6%。

（上海综合保税区经济发展统计公报）

5.6.2 全球最大硬盘制造商落户上海

机场综保区分拨产业集聚效应初显

2013年8月30日，希捷全球分拨中心在浦东机场综合保税区启动，这也是自由贸易试验区正式获批后，浦东机场综保区首个启动运营的分拨中心项目。

依托浦东机场航空枢纽，上海浦东机场综合保税区创新优化物流分拨功能，营造便捷高效的物流运作环境，受到跨国公司分拨中心的青睐。

跨国公司青睐机场综保区

此次设立在浦东机场综合保税区的全球分拨中心由畅顺达物流负责运营。作为国内知名的物流企业——畅顺达目前在浦东机场综保区内已拥有5000平方米的仓库，经营保税仓储、国际航空、海上陆路运输代理等业务。

希捷全球事务部高级经理EdwardTing透露，此次设立的分拨中心，将承担希捷在中国东部、南部工厂制造的移动硬盘等产品的运输业务，在此分拨之后再发往全球各地。“浦东机场综合保税区有着得天独厚的地理位置和运营环境，这为我们迅速将产品供应到全球各地提供了便利。”EdwardTing表示。

以贸易便利化为例，浦东机场综保区将继续探索监管制度创新，推进区港一体化发展，逐步形成符合国际惯例的物流通关环境，使浦东机场综保区成为亚太物流分拨中心集聚区，全球物流分拨中转的重要枢纽。

事实上，自2010年9月启动运营以来，浦东机场综合保税区就为发挥区港一体的物流运作优势与效益，大力推进物流功能创新与优化做了一系列努力。

机场综保区办事处主任何建敏介绍，针对空运物流特点，浦东机场综保区推出了国内跨关区便捷转关的物流新模式，建立总运单与分运单货物直通入区的物流新通道，首创“区港一体”保税货物与口岸货物同步运作，试点无纸报关、分送集报、整体预检验等通关便利措施。

“上海自贸试验区将在海关检验检疫、外汇管理等方面带来制度性创新，有利于跨国公司对全球业务的调配，会使跨国公司将营运中心、财务结算中心都集聚于此。这也将推动上海国际物流等高端服务的发展，我们也将迎来新的机遇。”畅顺达国际物流公司总经理潘红斌表示。

（浦东时报）

5.6.3 海关登记注册企业满100家

2013年8月的热浪中，位于东海之滨的上海浦东机场综合保税区迎来了封关运作以来的第100家海关登记注册企业——上海电气沪一租赁有限公司。在进出口贸易增速不断下滑的大背景下，机场综保区海关以高效便捷的保税物流为基础，精心打造“融资租赁特别功能区”的名片和不断革新的理念，赢得企业青睐。

物流效益显著

“利用区港一体地理优势，发挥好机场综保区的物流效益，是综保区海关成立之初的基本宗旨。”机场综保区海关相关负责人称，自正式运作以来，综保区海关便紧贴企业希望提高物流运作效率的实际需求，推进优化园区物流创新工作。

其间，机场综保区海关大力推进跨关区空运便捷转关，试点进境分运单普通货物直接调拨入区、口岸货物与保税货物同步运作等创新物流模式，为企业节省3至4个小时的物流时间；同步推出分送集报、预约加班等通关服务，以“随到、随验、随走”为标准，实实在在为保税物流企业“提速、减负、增效”，优化区域投资运作软环境。

“机场综保区高效的物流模式使我们总公司下定决心将在这里设立亚太第二大分拨中心，并以此为基础拓展东南亚国家的业务。”2013年5月入驻区内的山特维克物流（上海）有限公司负责人钱进表示，预计公司在园区的业务量将扩大三倍，年销售额将超过20亿元。

海关业务统计数据显示，入驻机场综保区的保税物流企业数量三年来一直保持高速增长，2012年同比更是增长数倍。目前，德州仪器、戴尔电脑、爱马仕、飞利浦医疗器械、希捷硬盘等国际知名厂商均已将各自的亚太分拨中心落户机场综保区。

“融资租赁”成名片

在保税物流的基础上，“融资租赁特别功能区”是机场综保区的重要战略定位。为了打造便捷的融资租赁业务监管流程，机场综保区海关在各环节可谓下足功夫。

据介绍，机场综保区每一家新的融资租赁企业都会收到海关编制的《海关业务指导手册》，同时，企业办理进出口收发货人登记注册的时间已经缩短至3到4个工作日。在通关环节，机场综保区海关为不同租赁类型的飞机制定了相应的申报模式，企业可以根据航空行业特点提出建议，提前做好每架飞机的底账备案。而通过监管模式的优化，飞机也可以顺利实现“落地申报”，便捷通关。

对此，已在区内投资注册了20家单机单船租赁（SPV）项目公司的交银金融租赁公司负责人李玲表示：“目前业务开展得很顺利，海关关员多次在凌晨时刻为我们的飞机实施无缝监管，还能为我们的大型发动机提供上门服务、个性化查验。”

目前，区内共有融资租赁企业63家，占企业总数的六成，产业集聚效应逐步显现。

为企业量身定制服务

自机场综保区业务运作以来，每年的入驻企业数量增长迅速——从2010年的2家、2011年的12家到2012年的57家，2013年1至7月又新增入区企业30家，同比增加1.7倍。

为何机场综保区能够吸引越来越多

的企业入驻？上述机场综保区海关相关负责人给出的答案是：创新。

以今年以来落地的航空维修和保税展示等项目为例。机场综保区海关结合企业需求，提前介入、主动引导，积极跟踪项目进程，开展专题课题研究，深入企业调研实际需求，量身打造出“提供预约通关、落地随查、上门查验”等多套个性化通关监管服务，顺利实现航空高端维修业务和高端消费品保税展示业务的入区。这不仅为园区创造了新的业务增长点，也使得机场综保区成为国内首个拥有航空维修功能的综合保税区。

“创新既是机场综保区对企业源源不断的最大吸引力，同时也对海关的服务能力提出新的要求。”该负责人表示，综保区海关将一如既往地重视企业新需求、新模式，根据项目特点制定专门的监管方案。

（浦东时报）

5.6.4 物流分拨产业规模初显

据来自上海综合保税区的消息，戴尔全球零备件分拨中心2013年6月21日落户上海浦东机场综合保税区。

21日落户的戴尔全球零备件分拨中心，由DHL正式运营。戴尔方面表示，看好中国市场前景，此次在浦东机场综合保税区开业运作的戴尔全球零备件分拨中心，将承担整个亚太地区戴尔零备件产品的物流分拨业务，并逐步整合扩展欧美等地区的零备件分拨业务，最终为全球客户提供戴尔零备件物流分拨配送服务。

上海浦东机场综合保税区依托浦东国际机场航空枢纽优势，正全力打造贸易便利化环境。据介绍，目前其区内入驻企业220家，引进合同外资2.62亿美元，内资45.04亿人民币。2013年1至5月机场综保区实现进出境货值9.5亿美元，同比增长54.5%，已经初步形成了空运分拨中心、融资租赁、航空配套服务、国际贸易与保税展示等四大核心功能产业。

上海浦东机场综合保税区的空运分拨中心集聚发展，旨在吸引国际空运增量，打造区港一体化临空功能服务先导区，助推浦东机场国际航空枢纽港建设。据称，浦东机场综保区针对空运物流特点，不断推出无纸报关、分送集报、区港直通以及总运单货物先进区后报关，分运单货物入区报关并联操作等便捷通关措施，物流运作模式不断丰富，区域运作环境持续提升，吸引越来越多的跨国公司选址浦东机场综保区设立亚太乃至全球分拨中心。

数据显示，截至2013年6月，浦东机场综保区已成功引进20余家全球知名跨国公司产品分拨中心，主要集中于工业零部件产品、消费电子产品、医疗器械产品、进口高端商品等四大类，物流分拨产业规模集聚效应初显。

（中新网）

5.7 洋山保税港区

洋山保税港区产业规模集聚效应初显

在招商引资新增企业不断投产和功能创新逐步形成生产力规模的推动下，洋山保税港区航运物流企业和大宗商品企业的集聚效应开始显现，产业经济规模迅速扩大。据统计，2012年洋山保税港区有300余家独立法人单位开展经营活动，这些投资企业共完成经营总收入938.56亿元，比2011年增长73.6%。其中来自航运物流业务收入626.47亿元，比2011年增长20%，占66.7%；来自贸易业务的销售收入296.40亿元，比2011年增长19.5倍，占31.6%；来自于开发公司的房产收入以及租赁企业等其他业务的营业收入15.69亿元，比2011年增长281.8%，占1.7%。

一、从事水上运输业务的企业收入持续增长

航运业务量的提升推动了运输企业业务收入持续上升。2012年洋山保税港区从事运输业务的投资企业完成营业收入530.99亿元，比上年增长17.7，其中从事水上运输业务的航运企业完成营业收入507.40亿元，比2011年增长14.0%，占洋山航运物流业务收入81.07%。主要是从事远洋运输的中远集装箱运输有限公司达到343亿元，比2011年增长22%；上海泛亚航运有限公司和神华中海航运有限公司分别完成61亿元和43亿元。此外，从事陆路运输的优通、精准德邦等企业物流业务快速发展，合计完成营业收入23.59亿元。

二、码头公司业务收入逐步增长

港口货物量的增加促使码头企业收入继续稳步增长。2012年洋山保税港区的货运港口企业完成营业收入55.72亿元，占洋山航运物流业务收入8.9%。其中两家码头公司上海盛东国际集装箱码头有限公司和上海冠东国际集装箱码头有限公司分别完成22.4亿元和19.6亿元，合计比2011年增长3.87%。此外，企业注册地址已迁到洋山的上海浦东国际集装箱码头有限公司也完成收入9.1

亿元。

三、运输代理业务收入实现快速增长

2012年洋山保税港区从事货物运输代理及相关服务的企业收入增长较快，完成营业收入28.78亿元，比2011年增长176.77%。其中达飞物流（中国）有限公司完成7.5亿元，比2011年增长12.2%；上港集团长江港口物流有限公司和上海外轮理货有限公司分别完成7.0亿元和6.8亿元，合计净增13.0亿元。

四、仓储业务收入稳中有升

功能拓展的深入和投产企业的增加，推动仓储物流业务较快发展。据统计，2012年洋山保税港区陆域区域进出境备案（指“一线”：洋山保税港区陆域与境外之间）货值达到95.19亿美元，比2011年增长62.7%；视同进出口（指“二线”：洋山保税港区陆域与国内一般区域之间）货值达到55.98亿美元，比2011年增长13.6%。从事仓储物流业务的投资企业完成营业收入10.35亿元，比2011年增长1.5%，其中深水港物流和进才物流分别完成3.8亿元和1.1亿元。

（上海综合保税区经济发展统计公报）

第六篇 制造业物流篇

6.1 钢铁物流

当前，世界金融危机推动的全球格局重组促使中国经济结构加速调整，与此同时，也使我们的外贸出口遭受严重冲击。稳增长，调结构，注重发展实体经济，是我们国家的当务之急，也是一项基本国策。钢铁业是国民经济全局的基础性产业，在产能过剩、持续房地产调控和高铁项目调整等多重因素的影响下，钢铁业的市场呈现不景气的困难局面。其中钢铁物流产业出现的严重问题，无疑使钢铁业市场雪上加霜。在供应链上相对脆弱的钢贸行业在投资调整过程中首当其冲，在银行业紧缩信用这样一个大背景下，更加危机重重。不解决钢贸企业信心危机的问题，就不可能有我国钢铁产业健康快速的调整和可持续发展，更不可能解决钢铁物流企业的深层问题。

据悉，随着国内经济下滑加速，钢铁业 2013 年 1 至 5 月利润下降了 56.9%，全行业面临亏损。而下游施工企业拖欠货款，应收账款周期被拉长。双重挤压之下，钢铁物流企业资金链紧张，而去年以来，融资成本不断上涨儿成压倒钢贸商的“最后一根稻草”。

另据统计，2012 年上海钢铁物流企

业在各银行的贷款余额达1600亿元，钢铁物流企业作为主发起人的担保公司在保余额为298亿元。但相关调研发现，伴随着经济下滑、风险加大，银行方“雨天收伞”的自保行为加剧了资金困局。今年仅半年时间，银行顺周期收缩信贷并提高风险对价，上海和苏州两地贷款规模分别压缩了23%和31%，致使行业出现了严重的流动性不足。

（上海市流通经济研究所）

6.1.1 上海市钢铁产业“十二五”发展规划中物流部分节录

上海市钢铁产业“十二五”发展规划中物流部分节录

一、“十一五”发展回顾

（一）发展成效

5. 产业链不断延伸，钢铁服务业取得长足发展

积极推动钢铁产业链由钢铁制造向上、下游两端延伸，延伸发展与钢铁相关的贸易流通、仓储加工、物流配送、技术研发、工程设计、结构安装、节能环保以及融资担保、教育培训、电子商务、期货交易、交易市场、信息咨询、会展旅游等生产性服务业，初步形成供应链、技术链、资源利用链交织的产业协同和配套能力较强的生产性服务业体系。

（二）问题瓶颈

上海钢铁生产性服务业企业多而规模小，集中度低，市场竞争力和技术含量总体不高。

二、“十二五”发展环境和趋势

“十二五”时期，国内外产业发展格局出现深度调整，内外环境发生深刻变化，上海钢铁产业发展面临重大转型，需在结构调整中实现提升发展。

（一）国际环境和趋势

三是钢铁产业与现代生产性服务业的融合将进一步强化，越来越多的钢铁企业沿产业链上下游延伸发展，以提升战略资源的控制能力与贴近服务用户的能力。

（二）国内环境和趋势

钢铁产业市场需求整体趋缓，但战略性新兴产业催生钢铁产业新需求。“十二五”时期，中国钢铁产业将逐步进入一个在国家严格控制新增产能条件下与微利时代相适应的相对低速增长的发展阶段。

（三）上海环境和趋势

“十二五”时期，上海将以“创新驱动、转型发展”为主线，加快向服务经济、创新经济和低碳经济转型，这对上海钢铁产业提出发展新要求。

加快向服务经济转型，对上海钢铁产业发展提出延伸服务、拓展空间的新要求。上海要强化宝钢总部经济的功能，提升高端制造能力，同时延伸发展钢铁贸易、加工配送、电子交易、工程技术服务等服务业，并增强对“长三角”地区的辐射。同时积极推进宝钢集团参与中国钢铁产业的战略重组，形成跨地区、多基地、超大规模的发展格局。

三、“十二五”发展思路和目标

（一）“十二五”指导思想

深入贯彻落实科学发展观，按照上海建设“四个中心”、加快形成服务经济为主产业结构的战略目标，以“减量、增效、调整、发展”为主线，加强与国家战略性新兴产业的对接，进一步优化产品结构，聚焦精品钢材，加快推进钢铁新材料产业化，突出高端发展、创新发展、融合发展、低碳发展，加快改造优化提升上海钢铁产业，进一步拓展新型工业化道路，切实提高自主创新能力，并进一步向服务和绿色的方向转型，努力做到研发最先进、精品最集中、服务最发达，提升产业核心竞争力，引领我国钢铁产业由大到强。

（二）“十二五”发展原则

——资产重组与完善布局相结合。营造良好的发展环境，推进宝钢集团跨地区、跨所有制、跨行业的兼并重组，以及以“长三角”和“珠三角”为重点的全国布局，推进宝山地区成为全国钢铁服务业主要基地。

（三）“十二五”发展目标

上海钢铁产业努力形成精品集聚、技术领先、低碳发展、服务先行、数字化经营的新型产业体系，成为我国传统制造业走新型工业化道路实现转型升级的典范；宝钢集团成为引领我国钢铁产业由大到强的世界一流钢铁企业。

5. 产业融合目标。形成钢铁制造与服务深度融合的高效服务体系，形成服务上海、辐射“长三角”和全国的现代钢铁生产性服务业中心。推进宝钢集团成为全国钢铁行业信息化和工业化融合、数字化经营的典范，至2015年，实现企业核心业务流程的信息化全覆盖。

四、“十二五”发展重点和布局

（二）空间布局

加强钢铁生产性服务业功能区建设。整合制造、港口、货场、运输等优势资源，完善精品钢加工配送基地、船板加工配送中心、大型仓储基地、钢铁电子交易中心等服务业功能，建设国际钢铁总部经济集聚区，以钢铁物流、商务服务、金融服务、综合配套为支撑，促进上海钢铁生产性服务业发展。

五、“十二五”发展主要任务

（一）实施技术领先战略，突破关键核心技术

三是促进技术链延伸和深化，推进工程技术、金属深加工、资源开发、生产性服务业等相关产业技术的产业化。

（三）深入推进节能减排，实现绿色低碳生产

推进绿色钢铁产业链建设。在供应链两端着力推进废钢回收加工业务和车船、家电拆解业，以及重钢结构、钢结构住宅业务等绿色钢材使用领域的产业发展；

（四）推进钢铁制造与服务融合，促进生产性服务业发展

大力推进钢铁制造的服务先行，强化钢铁价值链两端，依托宝钢集团发展集矿产资源的投资开发、国内贸易和物流于一体，拥有强大独立经营能力的钢铁企业总部经济。

创新发展钢铁贸易和金融服务。建立钢铁现货交易和钢铁物流配送等紧密结合的钢铁交易所，打造国际化的钢铁交易中心。大力推进金融业与钢铁产业的融合，融入上海国际金融中心的体系建设，充实金融服务功能，开发产融结合新路径，为钢铁企业与配套生产服务企业提供一流的金融解决方案。

（五）加强信息化建设，打造数字化钢铁企业

坚持信息产业与钢铁产业互动发展，推进信息技术应用，使数字化成为新型钢铁制造业的核心竞争力，打造数字化钢铁企业。

推进物联网等信息技术在钢铁产业应用。研究物联网技术，探索RFID、GPS、CDMA、GPRS、EDI等物联网技术在钢铁生产企业及钢铁物流企业的应用，提高跨行业的供应链协同效率，降低物流成本。

六、“十二五”发展政策保障

（五）完善钢铁生产性服务业政策

将钢铁生产性服务业作为上海服务经济的重要组成部分，研究制定促进钢铁物流、加工配送、融资担保、技术服务以及管理咨询等方面切实可行的发展政策。

充分发挥上海钢铁服务业协会引领行业、协调及与政府沟通的作用，逐步组织制定和完善各类钢铁生产性服务业特别是物流领域的行业规范和标准，营造规范诚信的市场环境，促进钢铁服务业的健康有序发展。

（张志坚）

6.1.2 2012（第一届）中国钢铁物流高峰论坛召开

2012年9月27日，2012（第一届）中国钢铁物流高峰论坛在上海虹桥宾馆召开。论坛旨在建立一个中国钢铁物流行业的沟通平台，加强相互之间的交流，并形成长效机制，推动中国钢铁物流产业再上一个新台阶。

2012年9月27日，2012（第一届）中国钢铁物流高峰论坛在上海虹桥宾馆召开。论坛旨在建立一个中国钢铁物流行业的沟通平台，加强相互之间的交流，并形成长效机制，推动中国钢铁物流产业再上一个新台阶。

逾300名来自政府主管部门、钢铁物流行业协会、上期所、钢铁流通企业、钢铁现货电子交易平台、钢铁物流园企业、钢铁仓储企业、金融机构等高层及行业精英参加本次论坛。

论坛由上海钢联电子商务股份有限公司副总裁虞瑞泰主持，上海钢联电子商务股份有限公司总裁朱军红首先致辞。

中国银联股份有限公司岳宁在演讲中指出了银联在线支付的多种优势，包括，多支付渠道、高工作效率、低运营成本。

支付平台为买方企业提供了跨行支付功能，交易商无须限制在一家银行开户；通过支付平台提供的对账功能，可以大大减轻财务人员的工作量，而且资金对账、收款凭证开具都可由系统自动完成，财务人员通过简单操作就能完成以前复杂繁琐的工作；银联作为专业化的跨行清算转接组织，降低了交易商和交易市场通过单家银行进行跨行划汇的费用，减少了资金支付成本。

“银联在线支付平台针对钢铁交易市场的解决方案在一定程度上节省了交易市场和企业用户的资金成本、时间成本和人力资源成本。”

中国铁建中铁物资集团有限公司副总经理唐建勇分析了钢铁流通业在持续发展的同时，出现的一些新情况、新问题。但他认为我国钢铁流通行业目前的现状，在给行业发展带来前所未有的压力的同时，也给行业转型升级提供了机遇。

钢铁物流行业的集中度依然偏低，企业市场影响力普遍较低，目前社会上对我国钢铁流通行业评价最多的还是“小、散、乱、弱”。

据不完全统计，目前全国各类钢铁流通商已超过20万家，但年营业收入亿元以上的法人企业不到5%，年营业收入500万元以下的法人企业占60%以上，年销售能力达到1000万吨的企业更是凤毛麟角，绝大多数企业钢材销售量在10万吨以下。

由于在我国钢铁流通市场基本上还

处于分散、割裂、封闭和无序竞争状态的情况下，所以资源整合对于企业的运作起着举足轻重的作用。

提出了包括客户资源、能力资源、信息资源三大方面的整合。优化资源配置，有进有退、有取有舍，才能获得整体的最优。

惠龙港国际钢铁物流股份有限公司董事长施文进讲述了惠龙港在钢铁物流业的发展，并紧跟形势，大力发展电子商务。

惠龙港国际钢铁物流基地在全国钢材市场融资难、关门跑路现象严重的情况下，企业发展逆势上行，入驻企业融资规模总量增加5%左右，交易量、税收和吞吐量全面提升，今年入驻企业总数增加了近20户。

这样的发展离不开施文进对于选址、集散平台、加工平台、分销平台、进出口平台、融资平台等的科学规划。不仅如此，惠龙港还紧跟时代变化，大力支持信息化功能建设。

“信息化不做，想做现代化物流基地是不可能的”。惠龙港的信息化随科技的发展不断提升，在实践中不断完善。

信息化的建设一定要根据自己的仓库、工作流、管理流走个性化道路。信息化一定要根据基地的大小量身定做，还需注重管控风险，提高效力这两点。

惠龙港在做信息化建设的同时，还不断发展电子商务平台。在施文进看来，电子商务是打破时间限制、对象限制、区域限制的新型交易方式，通过不断的培养，让参与交易的多方风险更安全可控、服务更优、综合成本更低。

中储发展股份有限公司副总经理刘起正简单介绍了中储20多年来5个阶段的发展。同时，表达了自己对于未来的钢铁物流业的忧虑。

我国目前比较大型的钢铁物流企业不多，主要集中在钢铁基地周边，大多数是露天堆场。呈现出机械化程度低、业务功能单一、缺乏规范管理、市场竞争力弱等状态。

“钢铁物流企业下一步可能同样面临能力过剩，加快我国钢铁物流企业的转型升级已经刻不容缓。”

钢铁物流企业的转型主要通过两个方面，一方面要向钢铁物流市场方向升级，形成了信息流、资金流、商流与物流高度集成的综合服务商业模式。另一方面，有条件的企业要根据自身不同情况向钢材以外的品种去转变，如快速消费品、冷链物流、电视购物等。

上海市工商业联合会钢铁贸易商会仓储专业商会会长王志国演讲的题目是“诚信是钢材仓储企业立足之本”。

“企业经营讲究实实在在的精神”。多年的从业经验最重要的一条经验就是讲“诚信”、重“规范”，这也是王志国和他的企业一直相信并坚持体现一个基本的理念。

不管在任何时候，不搞违规的虚假质押或重复质押，成为他从过去到现在引以为豪的一点。王志国认为，只有规范经营，以诚信为本，一个企业才能在市场经济复杂的大环境下，不迷失自己的方向而生存。

目前困难的市场形势面前，我们要强化管理更要注意自己的“内功修炼”，也就是要更好地做到诚信经营，诚信是钢材仓储企业的立足之本。

小组讨论认为，钢铁物流企业自身的不诚信，以及部分企业被“绑架”、“逼良为娼”是导致钢材重复质押现象出现的原因。他还表示，由于还未到最后的还款期限，所以这种现象并未全部显现出来，预计到年底会有更大的爆发，同时，情况会更为糟糕。

这种现象的产生，完全是一个“利”字，部分小型的钢铁物流企业存在故意为之的情况，通过重复质押套资金、套贷款获利。他表示，将来这种现象有会越来越少。但目前而言，还没有爆发出来的这一块还是很大的，还会有不断暴露类似事件的可能。

从钢贸商、银行工作人员、仓库工作人员三个方面全面分析该现象产生的原因。钢贸商贪图小利，缺失基本的风险意识；银行工作人员审核工作不到位，风险意识不强；仓库工作人员顶不住诱惑都直接导致了这种钢材重复质押的情况。

这种情况其实早就已经出现，但在此前市场稳定的情况下，周转正常，各个企业都能如期归还贷款。因此，这种现象就不易暴露。

对于这种现象的后续发展，这种现象会越来越少。“选择合适的仓库很关键”，在货物安全的问题上，一定要小心，选择合适的、放心的、能承担风险的、规范管理的仓库。

信息的不对称、不透明造成了有空子可钻的情况。同时，企业的信用管理意识不够，风险管理意识不强。贾路表示，除了企业自身提高信用管理、风险管理之外，信息透明度的问题主要还是通过政府部门来解决。

上海高达星软件系统有限公司的高达软件，目前已经和100多家大型供应链、物流、电子交易中心结成战略伙伴，在钢铁物流园、供应链、电子商务方面有全面的解决方案。

让所有的信息透明起来是大势所趋。高达期望将钢铁物流园打造成四个中心，即：钢铁交易集散中心，钢铁信息、价格中心，钢铁现代物流中心，钢铁增值服务中心。这四个中心又通过搭建专业化分工与协作平台、搭建担保融资平台、搭建电子商务平台、搭建仓储运输平台、搭建深加工服务平台这五个平台来支撑。

上海百营钢铁集团有限公司的董事长崔建华表示，钢铁贸易企业要取得生存和发展，必须转型，向流通服务型企业发展。

现在钢铁流通企业的竞争已不完全是为争夺客户，而是能够为客户提供专业化和一体化的服务。在钢铁产品金融属性越来越强，钢厂产能过剩和萎靡市场需求的情况下，除了强化、抓住盈利钢材品类的贸易和加工配送，还要站在客户角度思考，真正做到为客户提供最佳供应链解决方案，为客户创造价值。

沧州渤海新区大陆桥国际物流有限公司总裁赵旭分析了钢铁物流企业面临的挑战与多重困境，对于钢铁物流企业未来的发展提出了自己的见解。

钢铁物流企业面临的挑战简单概括为“三难、两大、一高、一小”。即：投资大、风险大、融资难、成本高、盈利难、收益小和发展难。

有数据显示，仓储型物流企业的收入利润只有 2.5%，资产利润率不足 1%，而与之对应的是高的人力资源成本、高税负和高的运营成本。因此，持续盈利能力是考验物流园区发展的重大课题。

钢铁物流园主要面临经营模式单一、业务过度金融化、没有创新商业模式、没有合适的管理人才的困境。

对于以上困境，提出“三求”，即“求变”、“求新”、“求合”，通过这三个方面的改变达到“三效”的目的，即“效益”、“效力”、“效果”。

“货物安全是影响物流服务的重要因素，是客户物流的基础需求之一”。钢铁大宗商品的由于价值较高，货物的安全性尤其重要，而社会物流资源的零散性和不规范性，存在相当大的安全隐患，因此健全的安全管理体系和行之有效的执行，是提升客户服务的有力保障。

保障货物的安全需要建立健全安全的管理制度、机制。通过建立健全的安全生产责任制，安全体系和安全管理网络物流过程的全覆盖，安全管理的全员参与来完善管理制度。

在物流服务的新模式中，物流企业要提供一体化供应链服务。通过整合社会物流资源，推行物流作业标准，完善信息化建设，不断拓展和细化物流服务网络，为给客户提供更加一体化、低成本、高效的物流服务。通过完善配送加工中心的建设，引进先进的剪切、加工和包装设备，为客户提供供应链的增值服务。

小组讨论，上海钢联电子商务股份有限公司董事长朱军红、上海百营钢铁集团有限公司董事长崔建华、上海高达星软件系统有限公司总经理夏国庆、沧州渤海新区大陆桥国际物流有限公司总裁赵旭参与了本次讨论。

夏国庆指出“信息化离开了传统产业就没有了意义”，如今任何一家企业都已经无法离开信息化的设备。但是夏国庆指出，如何用好信息化才是关键。硬件设备都是一流水平，如软件跟不上，合力很难产生。

赵旭结合此前自己的研究与实践表

示，钢材市场并不是没有盈利的机会。很多企业并没有深入去研究，没有思考哪些可以形成利润面、盈利点。

赵旭提出了“生态园区”的概念。他指出，在生态园区里有一条价值链，通过不同的业务、不同的服务项目组成这个价值链，在价值链的上端是如何满足客户的需求，为客户创造价值，正是这些服务成为了园区创造价值的利润面、赢利点。

目前，各大钢厂也将物流园区制定为其副业的一部分。针对于这种现象，崔建华表示并不担心，钢厂的物流园区，钢材品种相对单一，而普通的钢铁物流园区整合了各种等级、不同钢厂的钢材可以满足客户不同质量的需求。

在讨论中朱军红对电子商务提出了自己的看法，他认为，“电商的本质是提升服务，带来更多的合作。”并表示，至今的电子商务只停留在概念层面，与其说电子商务，不如说商务电子化。由于内外部环境还没完善，还没真正进入到电商时代。目前的电子商务仍停留在大量的商务信息服务，散落在各个点上的信息服务。

最后一位上台演讲的是上海钢联电子商务股份有限公司钢铁物流事业部副总经理陈健。陈健就钢铁物流企业的竞争力做了全面的分析。

根据《第三次全国物流园区（基地）调查报告》显示，2012 年全国物流园区共计 754 家，比 2010 年增长 39.6%。运营的 348 家，占 46%；在建的 241 家，占 32%；规划的 165 家，占 22%。

陈健指出，目前投入运营的企业占总量的一半都不到，将来这方面的供给将会越来越多。园区若没有竞争力，再便宜的租金也很难吸引到客户。而竞争力，也不单只是价格优势，不然只会陷入到恶性竞争。

他还指出，目前，真正的增值服务较少，部分企业呈现出规模大、投资大的态势。但普遍存在经营模式同质化、管理体系落后、技术手段缺失等问题。

陈健表示，具备加工业务的物流企业，无论从经营业绩，可分配利润，还是纳税几个经济指标上都是要优于一般商贸型和仓储物流型；具备加工业务的物流企业，在总资产周转率方面明显高于其他类型企业，而商贸型市场的短期偿债能力要明显优于其他企业。

至此，2012（第一届）中国钢铁物流高峰论坛的会议内容全部结束。

随后是晚宴环节，最激动人心的是“钢铁物流园百强榜”将正式启动，同时还将举行“2012 年度中国最具发展潜力钢铁物流园”、“2012 年度中国最具人气钢铁物流园”的颁奖仪式。

据悉，“钢铁物流园百强榜”是由上海钢联电子商务股份有限公司联合全球著名信用评级机构“Creditreform 信用改革联合会”共同评定，对 2000 多家从事钢铁物流园或钢材市场进行调查从而评选出一大批诚信度高、社会评价度高、资产优秀的钢铁物流园。

惠龙港国际钢铁物流基地、江西钢城、青岛华储钢材市场、上海长桥钢材市场经营管理有限公司、苏州广力钢市等22个企业获得“2012年度中国最具人气钢铁物流园”称号。

北京钢金钢铁物流园、营口锦冠现代物流园股份有限公司、信阳钢材物流交易中心、万和国际钢铁产业园区、中国长江金属交易中心、上海铁闵钢材市场经营管理有限公司等30家企业获得“2012年度中国最具发展潜力钢铁物流园”称号。

（阿里巴巴钢材资讯）

6.1.3 现代钢铁物流园发展模式探讨

现代钢铁物流园应是集钢材仓储、加工配送、钢材交易、钢材集散、电子商务、银行信贷、期货交割、海关监管、金融物流、网络传播等多功能于一体的物流中心、加工中心、信息中心、金融中心。目前我国钢铁流通业正处于产业转型的关键阶段，建设现代钢铁物流园区是提高钢铁供应链效率的需要。在现代钢铁物流园建设中，政府、钢铁企业和钢铁物流园都发挥着极其重要的作用，只有找准角色定位，才能更好地促进现代钢铁物流的发展。

功能模式转变揭示发展趋势

我国钢铁物流园的发展大体上经历了三个主要阶段。

第一阶段是“庭院”模式（钢材市场模式）。政府划出地块，进行简单场地平整，之后卖给一家或者几家企业，由这几家企业对外出租。一般一家经营者会自建一座办公楼（小平房），前面一块堆场，一个看门人。经营者之间各自独立，相互联系不多，所卖产品差异不大，彼此之间是一种竞争关系。在这一阶段，园区除买卖钢材外，还具备一些简单的加工功能（切割、弯曲、焊接等）和配套服务功能（小商品、小饭馆等提供后勤服务）。这样的钢铁物流园几乎在中国县级及以上的行政区都有。目前新疆、内蒙古和东北等地区还有一定数量的“庭院”模式钢铁物流园，例如新疆奎屯钢铁物流园、赤峰同兴钢材物流园等。

第二阶段是“商铺+堆场”模式。政府划出地块，一般交给一家大型企业做土地一级开发，之后分功能区出售给二级开发商，由二级开发商租给经营者。一般经营者租用一个商铺作为办公和接待场所，同时另租一块可以自用或公用的堆场。与“庭院”模式相比，“商铺+堆场”模式实现了办公区和仓储区的分离，同时仓储区多集中管理，配备先进的视频监控设备，告别了传统的看管模式；结算方式由原来的单独结算向统一结算过渡。园区的功能也逐步完善，例如工商、税务、银行、担保机构、保险机构等均进入园区提供服务。目前，我国在环渤海经济圈有较多“商铺+堆场”模式的钢铁物流园，例如天津北方钢材物流园、环渤海钢铁物流园等。此种模式是目前我国最主要的钢铁物流园模式。

第三阶段是“钢贸大楼+电子商务”模式。此阶段的钢铁物流园已经成为政府招商引资项目，政府在用地规模、建设指标等方面给予优惠，并允许部分土地进行商业开发。在管理模式上，“钢贸大楼+电子商务”模式与“商铺+堆场”模式基本相似，但在业务操作上有所突破，实现了期货与现货交易的结合、线下与网上交易的结合、商务服务与金融服务的结合，而且仓单质押、联保、互保等服务得到完善，逐渐体现了现代钢铁物流园的特色。华南（国际）钢铁物流交易中心、天津金属物流园、郑州六合钢铁物流园等是此种模式的典型代表。

找准各方的角色定位

据统计，如果按符合具有仓储、加工、配送、交易、结算等功能来划分，目前我国已有2000多家钢铁物流园。尽管我国钢铁物流园已经不断向更高级别迈进，但园区的功能仍不完善，特别是在园区增值服务方面与国外先进园区相比仍有差距。建设现代钢铁物流园、构建现代钢铁供应链系统，需要政府、钢铁企业和园区各自找准角色定位。

政府做指导者、监督者

目前，有少数地方政府为了将钢铁物流园项目立为县重点、市重点、省重点甚至国家重点项目，要求开发企业扩大园区规模、加大总投资额、提高园区建筑外观档次等，而忽略了当地钢铁流通量、仓储量的实际需求。这样，企业为了达到盈利的目的，会向政府申请一些支持条件，比如土地价格优惠、允许商业配套与住宅开发等，最后真正搞钢铁物流的土地面积只占原来规划面积很小的一部分。在这种情况下，钢铁物流园只是一个“噱头”，对于政府是形象工程、政绩工程，对于开发企业是“圈地运动”。对此，政府在钢铁物流园建设中应起到指导者、监督者的作用。

钢铁企业主导者或是参与者

钢铁生产企业在钢铁产业链上一直处于领导地位，目前一些钢铁企业为了新增盈利点，大力建设发展钢铁物流园。一些钢铁企业获得了成功，取得了较好的成绩。但是，也有一些钢铁企业，实力不强，却在钢铁物流园建设中既想拥有自己的实体物流运作平台，又想建立仓储和加工配送中心，并搭建电子商务交易系统和融资平台，试图集储运、加工、贸易、信息、融资于一身，凭一己之力提供整个产品供应链的全部服务。这一部分钢企在建设钢铁物流园中定位不准，虽然投入了大量的资金和精力，但也很难做到对产品供应链的高效整合。因此，对于钢铁企业来说，有实力的可以将钢铁物流园做大做强，实力较弱的可以参股园区建设，把主导园区开发与运营的任务交给钢贸企业或者第三方物流企业。

钢铁物流园起“衔接平台”的作用

现代物流与传统物流本质的区别在于系统思想和IT技术的充分应用。只有建设高度信息化的现代物流平台，才能使供应链战略得以实施。

钢铁物流园作为钢铁产业供应链中重要的一环，将起到“衔接平台“的作用：一是要向上游原料生产企业靠近，在原材料供应物流环节上，发挥产地资源优势和物流配送优势，统筹资源配置，力争做到集采集供，完成对原材料产供销物流的整合；二是要向终端用户渠道靠拢，尽量减少采购环节，最大限度地为各级客户降低采购成本和资金成本。作为钢铁物流园的运营者，要充分明确园区的重要作用，为钢铁企业及其上下游企业提供实体物流运作平台、信息交换平台、交易结算平台、资本运营平台。

（网友生意社）

【钢铁物流园缘何鲜有成功者】

2012年以来，中国钢铁企业生存状况更趋恶化，钢铁行业亏损面进一步扩大。上半年中钢协钢铁企业累计实现利润仅为23.85亿元，同比大幅减少545.49亿元，减幅95.81%；企业亏损额达142.48亿元，亏损面达到33.75%。销售利润由2012年同期的3.06%，降到仅为0.13%。在钢铁行业微利甚至负利时代，一些钢铁企业在守住主业的同时，开始谋求转型。

近几年，《钢铁产业调整和振兴规划》、《物流业调整和振兴规划》以及投资“4万亿”拉动内需等政策的相继出台，似乎为钢铁企业转型找到了新的突破点，兴办钢铁物流园的热情迅速高涨。据中国物流与采购联合会物流园区专业委员会近日发布的《第三次全国物流园区（基地）调查报告》显示，2012年，全国物流园区共计754家，比2010年增长39.6%。其中，运营的有348家，占46%；在建的241家，占32%；规划中的有165家，占22%。而另据有关方面调查，2012年，全国重点大中型钢材专业市场共有483家，钢材市场、物流园区的总数达到1200家。

钢铁物流园作为新兴产业开始崭露头角，但时至今日，真正成功有效运转的却寥寥无几，“假物流，真圈地、真圈钱”的钢铁物流园更是被媒体炒得纷纷扬扬。自2009年以来，受政策推动，在建和待建的钢铁物流园区已超过百家，但很多企业被指是在借建“钢铁物流园”之名，开展“五个一工程”（圈一块地，盖一排楼，卖一些房，招一批商，赚一笔钱）。如果创建钢铁物流园一开始目的就不纯，当然是建不好物流园的，更谈不上品牌效应。但是撇开这一因素，在笔者看来，钢铁物流园不成功的因素主要还在自身。

首先，定位模糊。钢铁企业在钢铁产业链上历来已久的“老大”地位，使得众多钢铁企业在物流园的创建中既想拥有自己的物流平台，又想建立仓储加工配送中心，还想组建电子商务交易网站，试图集产、工、贸、运等于一身，凭一己之力在整个产品供应链中一竿子插到底。这反而使钢铁企业自身在物流园的定位模糊，什么都想做，又什么都做不精。直接的负面效应是，钢铁企业既投入了大量的资金和精力，影响了自身的生产研发，又很难做到产品供应链的高效整合。

其次，重复建设日趋严重。从河北钢铁集团的曹妃甸物流园区、中国五矿集团投资的兰州钢铁物流园区项目到宝钢资源（国际）有限公司参与投资建设的黄骅港物流基地，目前中国大型钢铁企业都已经在筹划及兴建物流园区项目。这些企业利用钢材资源优势，把钢铁物流作为“副业”，大兴土木，钢铁物流园的建设规模越来越大，占地几百亩、上千亩，投资几百亿元的不在少数。值得一提的是，这些钢铁企业兴建的钢铁物流园并不是单纯服务于自身企业，它们面向整个社会，吸引其他钢企与钢贸商进驻。然而，越来越多的钢铁企业拥有了自己的钢铁物流园区，谁又会入驻其他园区呢？各自为战和无序竞争开始充塞本行业，导致竞争加剧。

三是，“软实力”建设被忽视。作为生产服务行业，现代化的钢铁物流园，可以有效降低企业经营成本，提升产品的附加值和竞争力，延伸产业链条。对于商贸物流企业自身而言，在新竞争格局的形成中，企业将不再局限于过去的地段、配套、交通等硬件方面的实力，而是向更多的“软实力”方向扩散，如一体化运作、专业化服务、网络化经营、信息化管理等。但目前，中国很多钢铁物流园的各项服务尚不到位，对于看中“园区的服务和配套是否完善、健全”的生意人来说，这些新兴园区很难吸引他们。

钢铁物流发展空间很大，目前中国钢产量与物流量的比例为 1 ∶ 5，即每生产 1 吨钢需要 5 吨物流量。按照规划，预计在“十二五”末期中国钢铁消费达到 7 亿～ 8 亿吨，这意味着，需要 35 亿～ 40 亿吨的钢铁物流量。从草莽生长到优胜劣汰这是市场经济发展的趋势，钢铁物流行业在未来几年内应制定出整体规划，物流园区建设也应找准定位，赢得市场。

（大河网）

随着上海海通洋山汽车码头有限公司正式成立并落户洋山保税港区，标志着上

6.2 汽车物流

6.2.1 汽车物流在物流业发展过程中得到重视和落实

随着上海海通洋山汽车码头有限公司正式成立并落户洋山保税港区，标志着上海海通国际汽车码头有限公司及其股东方上海港务集团、上海汽车集团、日本邮船株式会社和华轮威尔森与上海同盛物流园区投资开发有限公司及其投资方上海的深度合作，为搭建洋山保税港区汽车贸易平台创造了物流条件。洋山码头的意义不仅在于洋山深水港具备了汽车滚装能力，同时使海通码头整车服务得以延伸。洋山码头将利用自身区位优势及洋山保税港区政策优势，探索新的服务产品，为客户提供新的物流服务价值。

上海洋山深水港海通汽车船码头竣工以来，首艘滚装船日前靠泊，显示码头具备汽车滚装能力。2011 年 7 月，上海海通国际汽车码头公司、上海同盛物流园区投资开发公司合作，签约成立上海海通洋山汽车码头有限公司，为搭建洋山汽车贸易平台创造了物流条件。作为合资方的上海海通国际汽车码头公司，由上港集团、安吉汽车物流、日本邮船、华轮威尔森瑞典中区码头公司、上海汽车工业香港公司共同合资。此次靠泊洋山港的“布鲁塞尔”轮，总吨34960吨，计划在洋山卸除汽车436辆。上海海事部门表示，将根据洋山口岸发展需要，推出相关具体举措，服务于洋山保税港区汽车贸易，促进口岸服务功能升级。

“三港三区”联动，首个实质性功能拓展项目——进口汽车保税展示平台日前在洋山保税港区正式启用。据了解，洋山保税港区作为中国唯一的“国际航运发展综合试验区”，享有在监管模式上先行先试的优惠政策。此次正式运行的进口汽车保税展示平台拥有“免税展示”的功能，即汽车厂商可不交纳汽车进口税，直接在洋山保税区内进行展示。按照规划，上海综合保税区下一步将积极探索综合性保税展示新平台——“国家级机电展示交易中心”，通过该交易平台形成贸易、资金、信息及物流合一，为上海建设国际航运中心和国际贸易中心做出有益尝试。

6.2.2 上海汽车物流发展的经验和做法调研报告

现代汽车物流发展的过程是从物流成本中心到利润中心，再发展到服务中心，最终发展成为战略中心的模式。随着整个汽车工业的崛起，本市汽车物流业近年来发展迅速，汽车厂商对企业物流管理的重视、物流企业自身内部对现代物流运作的渴望与迫切，使得目前本市汽车物流企业无论从物流运作的规模化、网络化还是服务的功能、范围和综合实力都得到了质的提升。具备物流供应链体系策划能力和物流管理能力的汽车物流企业已成为本市汽车物流市场真正的主流。

一、上海通用汽车有限公司建设物流供应链一体化的做法

随着产品市场的不断拓展，上海通用汽车有限公司的零部件业务也由国内市场延伸至海外市场。目前，上海通用汽车有近 15000 种零部件，其中国产零部件近万种，主要分布在江浙沪等 10 余个省市的 170 多家国产零部件供应商。如果每家供应商单独向各个工厂送货，势必大大增加成本，也不利于零部件的运输管理和质量控制，更会带来由各自送货引起的交货延误和运输失控，最终将导致整个零部件供应物流的非精益化运作。为实施异地化零部件实时、精益、高效配送，建立采购、运输、入厂一体化物流体系，上海通用汽车物流部以构建快速、有效的物流运作模式为目标，在近 8 年的生产实践中逐步探索出了一条适应中国国情、积极有效的物流管理和运作模式，充分体现了物流运作的及时性、准确性、高效性和低成本性，形成了在国内领先、在国际上具有竞争力、有通用特色的物流一体化管理体系，并逐步明确了上海通用汽车在汽车物流上的战略目标：

在整车物流方面：

1. 以整车物流为突破口，建立起全国性的物流资源；

2. 实施 JIT 的配送方式；

3. 进一步实现降本增效。

在供应链管理方面：

1. 形成整合客户的企业物流供应链管理；

2. 以零部件为突破口；

3. 实现配合生产计划的原辅料供应链管理；

4. 提高供应商自身的服务水平。

在全国性的物流业务方面：

1. 逐步建成全国性物流网络平台；

2. 增强企业物流服务的竞争能力；

3. 有效的管理与实践成为企业利润的源泉。

上海通用汽车实现供应链管理一体化的措施主要是进一步整合分散的汽车物流供应链，通过信息技术集成来提高物流效益。具体包括：

1、运输一体化——循环取货（Milkrun）

上海通用汽车零件运输商众多，运输情况复杂，运输过程难以受控，长此以往，势必难以真实体现零件运输成本，并造成零件库存不均衡、空箱周转缓慢。为了彻底解决这个难题，上海通用汽车在我国汽车行业中率先引进循环取货

（Milkrun）的物流理念。经过五年来的磨合和发展，充分证明了MR的运输方式可以实现配载，同时达到高装载率和高频次。

2、物流运作一体化——RDC、CC、LOC

上海通用汽车的零部件拉动方式主要包括DD（供应商自送）以及JIT（及时供货）两种模式。通过这两种模式的相互补充，供应商可以通过网络从DD/JIT系统中获得订单需求和需求时间，实现供应商和工厂间的直接拉动。同时，排序物料则通过JIT送货，由供应商将零部件送至RDC、CC，并在其中重新整合、排序，从而实现线旁零库存。

3、入厂物流一体化

（1）零部件再分配中心（RDC）

RDC是上海通用汽车于1998年委托上海通汇汽车零部件配送中心为SGM提供生产及项目零件配送服务的外包仓库之一。其占地面积86163平方米，库区面积34560平方米；配送零部件种类包括国产件1968种、CKD零件4542种；平均每天接受CKD零件集卡120辆，约2400木箱；平均每天接受国产件卡车308辆，约18000标准箱；平均每天开木箱1100余只、再包装标准箱8000箱；平均每天发往SGM949车，发运上线零件26000箱。

（2）零部件集散中心（CC）

上海通用汽车于2003年合同签约上海通汇汽车零部件集散中心外包异地生产（上海通用东岳，北盛）零部件集散、台湾裕隆出口整车零件以及对加拿大出口发动机集散业务。集散对象主要包括：上海通用东岳，上海通用北盛，台湾裕隆、加拿大CAMI发动机。入厂物流方面的一体化管理，适应了上海通用汽车每天的生产节拍，并由此大大降低了运输成本，提高了工作效率。

（3）空箱管理一体化（CMC）

上海通用空箱管理中心（CMC）的建立，主要是基于企业业务快速发展以及供应链不断延伸的需要。同时，东岳汽车以及发动机异地生产、出口及内销发动机项目的料架回收利用、Milkrun循环取货业务的不断扩大也需要周转的空料箱料架拥有统一的管理模式。多工厂料箱料架的一体化管理，进一步体现了空箱的拉动原则，提高了空箱管理的效率，降低了空箱遗失率。

（4）海外物流一体化——第三方物流（3PL）

随着生产规模的扩大，为了更好地利用海外供应商的资源，上海通用汽车制定了“利用外部资源，低成本扩张，打造SGM全球物流体系”的海外物流战略，实施从海外零件上取货、集货、包装和海空运输到上海SGM的全局物流规划：

1. 推广整个海外的“直接采购+集货”操作模式；

2. 探索海外Milkrun、返程空载车、快递等灵活的物流运输模式；

3. 建立“海外物流运作 + 海空运输 + 内陆入厂物流一体化规划和管理”的概念，从物流的源头解决问题。

海外物流一体化管理可以充分利用海内外厂商和物流公司的需求、技术和经验，通过合作的方式发展物流，并和其他海外厂商共享、共同规划和管理物流服务，以达到规模效应，降低上海通用汽车海外物流成本和管理难度。

与此同时，上海通用汽车还致力于发展海外 4PL（第四方物流）——以欧洲和大洋洲 CC 为起点和中心的整体海外物流业务，涉及多方海外物流操作：CC 业务承包商、Inbound/Outbound 运输承包商、包装承包商和海关清关业务承包商等。

上海通用汽车的发展目标是：在目前海外物流发展的基础上，致力于将现在欧洲和大洋洲 3PL 的角色，逐渐发展成为上海通用汽车在欧洲和大洋洲的 4PL 提供商的角色，利用国外先进经验和技术为上海通用提供世界级的物流承包服务。

通过引进一体化物流体系管理技术，上海通用汽车的整体运作能力大大增强。到目前为止，零部件集散中心发送 CAMI 零部件的不准确数为零，循环取货、入厂零件配载中心配送至三大基地六大工厂的平均准确率达 99.5%，运输准点率达到 99.5%，同时运输货损率为零。

二、上海大众汽车有限公司建设现代物流的主要经验

1. 开发应用仓储管理专用系统

仓库是物流的核心，仓储管理水平的提高，可以使生产计划和供应计划的制定具有更加可靠的依据，同时也可以降低库存量，减少仓储费用，从而降低物流成本。

上海大众主要通过开发应用仓储管理专用系统来加强仓储管理水平。这一系统对零部件入库、库位管理、大包装改小包装、提取相应零件、装车等各个环节都起着指导和控制作用。

它不仅为操作工人提供具体的操作指导信息如零件号、零件名称、数量、仓库存放位置以及使用工位等，同时，条形码技术的使用，也保证了信息采集的准确、及时和方便，并使得对零部件的跟踪管理成为可能。而企业内部的计划、财务等相关部门也可以在系统里随时了解库存的准确信息、入库情况、库位使用情况以及仓库里的零部件的质量情况，以对自身工作起到积极的指导和促进作用。

目前，上海大众正计划将仓储管理系统延伸到车间生产现场，一方面使工人可以根据在线零部件库存情况，将车间的实际需求信息通过系统直接发送到仓库，以减少劳动强度，提高生产效率；另一方面，仓储管理系统可以根据库存情况，按先进先出原则使用仓库里的零部件，并自动更改库存信息，从而提高仓储管理效率。

2. 涉及应用生产信息和控制系统

针对汽车物流信息量、物流量以及所涉及的资金量巨大的特点，上海大众根据汽车工业和企业自身特点，开发了生产信息和控制系统，在生产计划、供应计划、仓储管理、零部件上流水线、生产控制等各环节都设计了相应的系统或模块，并和其他物流系统、财务系统以及销售系统建立接口。这一系统可以从订单管理系统接收生产计划，在各车间对生产计划的贯彻和实施进行指导和控制。

生产信息和控制系统不仅使多品种、多选装件、多颜色的柔性生产方式成为可能，而且为工人提供了必要的操作信息，降低了出错概率，提高了生产效率，并节约了生产场地。同时，也理顺了工作流程，提高了信息的准确性和及时性，降低了库存量和物流成本，从而提高了全公司的运营效率。

3.“拉动式”生产

所谓“拉动式”生产方式，就是将传统生产过程中前道工序向后道工序送货，改为后道工序根据自身的实际需求向前道工序取货。在汽车生产企业，这种生产管理方式由整车订单开始，计划部门根据订单情况和市场预测制订生产计划，生产计划下达后，各部门（包括物流、车间等）严格按照计划组织生产和物流。从整车装配出发，每个工作中心按当时对零部件的需要，向前一工序提出要求，发出工作指令。这样反工序逐级“拉动”前面的工作中心，甚至“拉”到供应商，从而带动整个供应链上的物流。上海大众的“拉动式”生产，主要通过“看板”机制来实现。每个生产过程通过电子看板确认下一个“顾客”是否有需求，有了需求才进行生产。同时，生产车间根据生产线旁的零部件库存情况，通过“看板”系统向备料仓库发送要货指令，备货仓库则根据接收到的要货指令进行备料，并由生产车间到备料仓库取料。“拉动式”生产的要点是如果没有需求，一定不生产额外的产品，从而杜绝了超量或额外生产，消除了无效劳动和浪费，以达到消除额外库存、降低库存量、实现零库存的目的。

同时，亦可减少库存资金，降低物流总费用，获得“第三方利润”。

在企业内部进行“拉动式”生产的同时，上海大众也将这种生产方式实施于企业与供应商之间。企业的各生产车间通过物流系统向供应商直接发出要货指令（即需求信息），供应商则根据接收到的需求信息组织生产和物流。从而使整车制造厂能将库存转移到供应商，达到降低库存直至实现零库存的目的。而供应商由于从整车制造厂得到了准确的需求信息，可以有效组织生产和物流运作，也减少了自身的原材料和零部件库存，减低了生产和物流成本，获得经济效益。

4. 订单式生产

针对汽车市场逐步由卖方市场向买方市场转换的态势，上海大众逐渐开始按订单而不是按库存货预测来组织生产。顾客的个性化订单被接收之后，计划部门对顾客的订单进行分类和整理，根据工厂的生产能力和供应商的供货能力制订最合理的生产计划和供应计划，并将生产计划下达到各部门、将供应计划分发给各供应商。各部门按照生产计划组织生产和物流，供应商则根据供应计划组织其自身的生产和物流。订单式生产是企业优化供应链、增强对顾客反映能力的一种有意义的方式，它能够充分了解、捕捉与满足顾客的真正需求，使生产线上的每一辆车都对应一个特定的顾客，实现了产品与顾客的一对一直接联系。它使企业不必采购订单所不需要的零部件，从而降低了零部件的库存量，减少了库存费用，创造了经济效益。另外，由于不会生产多余产品，也避免恶劣企业产品积压，减少了流动资金占用。

5. 即时供货

即时供货时世界汽车工业物流发展的一个趋势，德国大众目前有十几个模块采用即时供货，大大减少了零部件的库存，降低了库存费用，创造了“第三利润”。即时供货的基本原理是以需定供。汽车工业的即时供货主要由即时供货供应商或他们的物流服务商按照整车制造厂装配车间生产线上车辆装配次序和每一辆车的车辆识别号（ID-Nr）等信息，直接将生产所需要的模块送到生产线上。

上海大众汽车有限公司通过采用即时供货方式，减少了库存量，降低了物流费用，并取得了很好的经济效益。到2002 年6 月底，上海大众PASSAT B5车型有50 个总装零件采用即时供货方式。

三、安吉天地汽车物流有限公司发展汽车物流的主要举措

安吉天地汽车物流有限公司是由上海汽车工业销售有限公司（SAISC）和国际著名跨国集团——TPG 集团下属和荷兰天地物流控股有限公司（TNT Logistics Holdings B.V）各出资50%组成的汽车物流合资企业，是中国首批“5A级物流企业”之一。公司主要从事汽车、零部件物流以及相关物流策划、物流技术咨询、规划、管理、培训等服务。安吉天地多次获得上海通用、上海大众、上汽通用五菱等颁发的“最佳供应商奖”与“优秀供应商奖”。

安吉天地以为汽车行业客户提供涵盖整个供应链的一体化物流服务为主业，业务范围包括从国内外的零部件集货，到入场运输、厂内配送、商品车库存及发运、售后零部件仓储运输等全方位的服务。公司拥有8 家专业化运输公司、34 家仓储配送中心、188 万平方米仓库面积，年整车运输能力超过100 万辆，并在沈阳、烟台、重庆、柳州、青岛等地建立了合资公司与区域物流中心，物流网络遍及全国各省市地区。作为国内领先的第三方汽车物流供应商，安吉天地致力于为客户提供“一体化、网络化、

技术化”的物流解决方案，通过引入 TNT 的全球运作经验，以国际先进的物流技术与供应链设计、管理能力为客户提供低成本的零部件物流服务。

1. 零部件入场物流

安吉天地为客户提供供应商取货、运输、物流中心运作，生产线供货、空料箱管理等全过程服务，包括零部件 CKD/SKD、预装配、排序、配料、改包装等内容，并可拓展至海外供应商集货、国际货运、报关等物流操作。

安吉天地的入厂物流集货与运输以 MILKRUN 方式为主，JIT、JIS、DD 多种运输模式配合，采用高频少量的要货模式，最大限度地减少运输工具与人员，降低客户的零部件库存。同时，该公司还为客户设计了先进的物流中心，通过 WMS（仓库管理软件）、条码与 RF（无线扫描）等技术，实现透明化库存控制；通过时间窗模式，保证收发货的及时性，减少装卸等待时间；

通过提高物流中心的设计和管理能力，提高从收货、上架到拣货、配料、出货等一系列操作的效率与准确性，并提供改包装、排序、预装配等服务，减少操作人员，提高仓库与设备利用率，直接降低客户运作技术。安吉天地的 LINE-FEEDING（生产线喂料），为客户将零部件从物流中心或直接运输中配送到生产线旁，使客户集中于核心生产过程；而通过 WMS，安吉天地可以根据客户的生产计划，对每个物料进行自动补货，实现拉动式的均衡供货。此外，厂内物流配送方式有效的减少了生产线旁的零部件库存空间；条码化管理与无线扫描提高了送货的准确性；先进的 LINE-FEEDING 运作模式则可以有效减少操作人员与设备，降低差错率，提高客户的生产效率。

2005 年安吉天地实现近 300 家供应商的入厂运输，并建立起国内领先的入厂 IT 系统，包括 TMS（运输）、WMS（仓储）、与 GPS 系统，实现客户的条码管理，并通过对客户的仓储优化，为客户下降成本超过 1500 万。

2. 零部件售后物流

安吉天地已具备大型售后物流仓库的设计、管理、配送和优化能力。在仓储的设计、管理方面，该公司根据客户的经销状况和历史数据，采用 MAP&MARKET 软件，分析仓储与运输的最佳平衡点，确定最佳仓库位置和运输路线。在配送方面，该公司覆盖全国配送网络可以

为超过 600 家维修站提供配送服务。公司使用 MATRIX TMS 系统对售后物流配送进行透明化管理和监控，制定运输计划和配送路线，保证运输准时、高效。同时，该公司的仓库管理依照国际先进的“精益仓储”概念进行操作，使用零部件 ABC 分类法加快库存周转，使用特制包装、自动货柜、每月库位调整等方法提高仓储空间的利用与操作效率。目前，安吉天地已经引入了先进的

“Crossdock”中转库模式，可在全国范围内依照客户配送需要建立精益化的“Crossdock”以降低运输与仓储成本。在优化方面，该公司通过调整，将客户原有的零部件总库变成一个多功能中心，通过对各种类型的汽车配件的调研分析，采用不同的管理方法，既加快了周转效率又降低库存，极大地提升了客户的整体售后物流能力。同时，公司还为客户设计了分区域中心配送的全国网络，采用周订单的配送形式，改善了售后服务质量，使客户的销售量7 个月增长了71%。

3. IT 解决方案

安吉天地长期以来一直对物流信息系统的建设极为重视，每年投入大量资金进行研发。公司已开发并投入使用的具有自主知识产权的系统有整车运输（TMS）、仓储（WMS）管理系统，GPS系统、网上业务操作系统、3D 轿运车配载演示系统等，零部件入厂与售后物流则引进了目前世界先进的 MATRIX 系统进行物流信息化管理，对提升企业整体物流能力起到重要作用。目前，安吉天地利用 IT 技术发展现代汽车物流的措施主要有：通过整车运输、仓储管理系统，全面管理和调度全国的运输与仓储网络；通过整车 3D 轿运车配载演示系统，辅助运输调度，进行汽车适载检验；通过 Call Center（电话中心）、GPS 与网上业务操作系统，为客户提供透明化与人性化的服务平台，经由电话和互联网，客户即可随时获取所有订单信息，享受“一切尽在掌握”的物流服务；通过零部件 MATRIX 系统，为客户提供路径优化、时间窗控制、精益仓储等技术支持，提高运输及仓储资源的利用率，降低成本，使物流成本透明可控。

安吉天地汽车物流有限公司认为，在社会分工不断深入的背景下，物流配送功能必将从制造企业中剥离出来，把物流管理的部门功能委托给第三方物流系统管理，从而降低成本、减少投资，将资源集中配置在核心事业上，促进汽车产品的开发与产品质量的提高，是世界汽车物流发展趋势，第三方物流模式将成为未来主导型物流模式。

（北京海参论坛）

【汽车物流未来的发展方向】

数据显示，一般商品加工制造的时间不会超过 10%，而九成以上的时间都是处于仓储、运送、包装和配送等物流环节，其中汽车行业亦是如此。所以，提高物流效率，降低物流成本，对于已经从卖方市场进入到买方市场，利润逐渐摊薄的汽车行业也就变得尤其重要。

然而，我国汽车物流行业尚在起步阶段，“降本增效”这项工作说来容易做来却难。在日前举办的第十届中国国际汽车物流会议上，中国物流与采购联合会汽车物流分会执行副会长、中国汽车流通协会常务副会长兼秘书长沈进军，就针对我国车市和物流如何相互促进和发展谈了他的看法。

洞察车市特点潜在动力凸显

汽车物流是集汽车零部件及整车的运输、仓储、包装、保管、搬运、改装及物流信息于一体的综合性管理。而降低物流成本，也已成了汽车产业的第三利润增长点。那么，对于车企和汽车物流企业而言，应该如何有效把握这一利润增长点呢？

对此，沈进军认为，企业必须分析当前中国汽车市场的现状和特点，对汽车市场的未来作出准确判断，才能深入剖析汽车物流行业今后的发展方向。

沈进军指出，2012 年我国新车销售达到 1930 万辆，二手车交易量完成 480 万辆，进口汽车 113 万辆，出口汽车则为 101 万辆。而由此展开来看，2012 年的汽车市场又表现出了三大特点：

第一，价格战空前。汽车开始比拼价格，比如某些品牌为了提高市场占有率，不惜采用价格战，降价一度达到几十万元。只是，他们没有想到，一开始主机厂的主动降价，到了最后竟一发不可收拾，直到“连累”经销商被迫让利，价格战战火已空前燃起。

第二，经销商库存高筑。沈进军表示，去年汽车经销商的库存情况达到了空前高度，直接造成前者财务成本激增。据中国汽车流通协会根据上千家 4S 店数据做的每月库存系数显示，2012 年 2 月库存系数高达 2.32，6 月则为 1.98，不仅超过 0.8 和 1.2 之间的合理库存系数，更是突破了 1.5 这一警戒线。虽然进入 2013 年 1 月、2 月后，库存系数降到非常良好的状态，但却仍在不断增长中。

第三，经销商网点渠道过密。对此，沈进军认为，这是影响中国汽车市场、经销商行业发展以及汽车产能布局的一个重大问题。2012 年，各大主机厂在渠道建设方面的速度，超出汽车生产速度 20% 以上。在某个城市里面，一些品牌的网点甚至超过 25 家。所以，不难发现，去年车市中最惨烈的现象就是，同一品牌在同一区域的自相残杀。

不过，面对 2012 年车市呈现出的上述特点，倒也不必过于紧张。因为，未来汽车物流的发展，主要依赖中国汽车市场的大环境。若要实现健康、可持续发展，就须在如下四方面挖掘自身动力，为日后汽车物流的发展制造巨大需求。

首先，车市将来可以充分发挥金融杠杆的作用。沈进军指出，中国的汽车消费信贷及融资租赁比重仅仅占到中国汽车销售的 15% 不到，但在国外，包括在北美、欧洲等地，该数字都高达 70%~80%。因此，充分发挥金融的杠杆作用，对于扩大销售、促进消费是有利的。

其次，需要搞好二手车流通。2012 年，我国二手车交易量仅是 480 万辆，与美国市场有很大差距，这也正是中国市场的上升空间所在。数据显示，2012 年，北京二手车市场给予新车销售的贡献度达到 60%。所以，沈进军认为，如何搞好二手车流通，提高二手车交易量，对新车销量的增长大有裨益。

再次，需要加大报废更新的政策支持力度。这一点，则需政府出台一系列政策。沈进军介绍说，2012 年之前，我国汽车市场始终处在一个卖方市场，人们更关注的是如何提高产能、扩大产量、保证供给，一句话说就是重生产、轻报废。一些专家也认为，到了 2015 年，我国汽车保有量将超过美国。只是，这也明显表明了，人们对汽车报废的忽视。打个比方，如果美国市场每年 1000 多万辆新车投入生产，那其同时也会有 1000 多万辆的旧车报废淘汰。故而，才能形成良性市场。而我国在这方面缺口很大，即便每年政府拿出 10 亿元作为补助，可仍远远不够。

第四，我们需要努力开拓农村市场。当前，中国汽车市场已然开始形成买方市场，开始慢慢走向成熟。而中国城市汽车保有量及道路状况的发展空间已经非常有限，但广阔的农村市场却潜力无穷。中央一直提出让农民致富，这对农民使用的致富工具——商用车来说，无疑商机无限。

面对巨大需求汽车物流给力

如上所述，汽车市场将会继续平稳、健康发展，这对汽车物流企业而言，就必须把握其所带来的诸多机遇。对此，沈进军认为，必须提升整车物流的关键能力，也就是更好地在竞争中求合作。

他认为，未来既会有汽车物流企业之间的内部竞争，又会有铁路、水运等替代行业崛起对公路运输日益逼近的威胁。而国际物流企业的大举进入，也会让汽车物流企业产生蜕变以及生存的危机感。但也正因为此，整车物流的本土化特征，将为汽车物流企业的内部整合、互惠、互补带来部分缓冲。

因此，竞争与合作，其实是矛盾的统一。沈进军笃定，中国的整车物流企业一定会在残酷的经营现状面前，理性地寻求生存和发展的出路；顺应汽车物流市场求变、求精的趋势，在竞争中寻求合作；在合作中通过培养自己的核心竞争力，真正地学会做强做大。

另外，从以整车生产商为核心的产业链来看，汽车物流业务运作主要包括了零部件的采购物流、入厂物流、整车与备件的销售物流，以及废弃物的回收物流等四大环节，这四个环节也亟须平滑衔接。尤其是零部件入厂物流，既要与汽车制造厂的生产节奏相匹配，又要协调庞大的供应商群体，最能体现汽车物流的复杂性和专业性。

为此，沈进军分析称，随着汽车工业生产的全球化以及竞争的加剧，汽车物流未来发展方向将着重体现在如下两个方面：

一是供应链方式下的全球采购物流和模块化供应体系。随着汽车行业分工逐渐向纵深方向发展，零部件的生产和配送功能逐渐从制造企业中剥离，整车企业和零部件企业的分工模式逐渐呈现专业化。而伴随着整车和售后物流体系的社会化，供应链采购模式是由供应商通过及时了解整车制造厂的生产需求和发展规划预测未来需求量，并制定相应的生产计划和送货计划。也就是说，零部件产业的模块化供应将成为主流，在整条供应链上，零部件供应厂商的角色不再停留在传统的样品加工商，而是会更多地参与到汽车厂商的生产设计当中，与整车制造商形成强强联手。

二是精益生产方式下的零部件入厂物流。由于汽车工业生产本身的复杂性，汽车生产既要防止生产延迟，又要最小化存货，因此汽车行业必须推行精益生产方式，连续不断地向生产线准时供货。这就要求零部件入厂物流能根据生产节拍，将上万种零部件准确地运送到消耗点。为实现及时生产，今后的零部件入厂物流会采用更多的“直送工位”方式，制造商与供应商之间建立信息通道，并将精益生产方式依次向下游的供应商顺延，以实现整条供应链的及时供货。

沈进军更是着重提到，库存管理对汽车物流成本的影响非常重要。20世纪70年代丰田针对汽车物流，包括汽车制造前的零配件配送等，提出知名的“零库存”理念，眼下在国内仍然没有全面发展起来。目前，国内汽车物流领域能够做到“零库存”的汽车和物流企业很少，库存积压依然是推高汽车物流运营成本的原因之一，也是汽车行业需要直面的一道难题。

但是，很少并不代表没有。以大众汽车为例，其在库存管理上就颇有独到之处。据悉，大众体系采用的办法是善用钢材仓库，后者虽然放在大众，但库存量却记入钢厂的库存。而且，无论车企是自己的仓库还是租用仓库，如此方式，库存都会算在钢厂上，从而做到了“零库存”。

按照沈进军的判断，今后汽车物流必然会向精益物流方向发展，并将不断提高供应链水平。“其不单单是企业之间的竞争，同时还在于供应链的优化组合。”沈进军如是说。

（互联网）

6.3 装备制造业物流

6.3.1 发展高端物流业是提升装备制造业竞争力的一个有效途径

世界经济发展的经验表明，随着装备制造企业生产组织方式的变革、专业化分工和市场竞争的加剧，装备制造业与高端物流业的联动、协同发展成为基本趋势。二者的融合、互动成为推进产业持续提升竞争力的源泉。作为装备制造业基地，辽宁装备制造业近些年来发展很快，在国内产业格局中处于核心地位，但从总体来看，仍处于全球产业链的低端。其中一个重要原因，是相对于装备制造业发展的规模和速度，为其提供配套服务的高端物流业发展相对滞后。如何推进高端物流业和装备制造业的联动发展，成为加快提升装备制造业竞争力的重要环节。

服务于装备制造业的物流业可以简单地分为低端物流业和高端物流业两个部分。低端物流业主要是为制造企业提供产品集散服务，即仅仅是商品运输的功能，这也是目前多数物流企业与制造企业的主要合作模式。而高端物流业要求从售后环节向生产和采购环节延伸，通过网络化、信息化、电子商务等现代管理手段，为装备制造企业提供专业的包括原料及零部件、产成品全过程的咨询、检测、推荐、采购、仓储、配送、技术服务等一站式外包服务。

特别是可以为企业提供零部件采购的咨询建议、整体采购方案、网上视频采购、配送至车间等高端服务。

高端物流业能够促进物流企业与生产企业的无缝链接，真正实现生产企业的“零库存”管理，有利于制造企业将原料及零部件采购、仓储、商品集散等非主导业务分离出来，减少资金占用，降低运营成本，这至少可以为企业降低 3% 至 5% 的运营成本，甚至可以达到 10% 以上。

除此之外，物流企业还可借助自身优势，开发企业闲置设备流通和改造等业务模式。

装备制造企业目前正由原来的分散布局走向集聚式发展，这为高端物流业发展创造了更广阔的市场需求和发展空间。产业集聚带来物流量的集聚和成本的节约。在一个集聚区内，物流企业可以建设集中的服务设施（如仓库），为企业提供快捷、高效的配送服务，降低企业运作成本。目前国内物流业总体上尚处于商品集散的低端起步阶段，能够满足于装备制造业发展需求的高端物流业基本还是空白点，谁能率先进入，建立起完善的高端物流服务体系，谁就占有了先机。另一方面，高端物流业具有规模效应，企业越大，运行成本越低，越有利于提高服务质量，赢得更多客户。同时也要认识到，服务于装备制造业的高端物流业是一种专业物流，对物流企业的要求比较高，必须对这个行业有充分的了解。

在装备制造业集聚区建立专业物流园区，创新服务模式。辽宁装备制造业主要集中在沈阳的“沈西工业走廊”和大连的“两区一带”地区，但目前还没有一家物流企业可以真正为区域内企业提供专业化的高端物流外包服务，这与辽宁装备制造业基地的地位很不相称。应通过对选址、规模等进行前期调研，重点在这两个装备制造聚集区合理布局集零部件采购、咨询检测、仓储配送等功能于一体的专业物流园区，逐步把辽宁打造成全国装备制造业物流外包中心。物流园区的规划和建设要具有战略性和前瞻性，应从地区装备制造和物流业发展现状的实际出发，加强装备制造业集聚区物流资源整合，推动一体化高端物流管理模式的应用和发展，为装备制造企业提供高端的、一站式的外包服务。

积极引进和培育专业物流外包企业，推进企业做大做强。加快推进高端物流业发展的路径有两方面：一是引进国内外高端物流外包企业，如上海市引进全球500强的工业品分销商固安捷；二是积极培育本土物流企业，如深圳市培育一站式供应链管理模式的物流企业怡亚通。辽宁应有针对性地开展招商引资工作，吸引诸如美国普洛斯、丹麦马士基、日本邮船等世界100强物流企业投资。值得注意的是，服务于装备制造企业的高端物流业，具有专业化、个性化的特点，必须充分了解区域装备制造原料、零部件的情况，在积极引进国内外物流企业的同时，更要注重培育本土高端物流企业。一些企业长期从事装备制造原料、零部件的销售、配送业务，对行业发展在宏观和微观上都能够准确把握，具有从事专业外包服务的良好基础和把企业做大做强的潜力。高端物流企业应立足本地装备制造业集聚区，体现规模优势，逐步把企业建设成为跨区域、跨国界的大型企业集团，达到服务全国、走向世界的目标。

给予专业物流企业在用地及投融资等方面的政策支持，吸引风险资金进入。建议将加快发展高端物流业纳入区域发展规划中，在项目审批、立项、土地利用、税收减免、融资扶持等方面予以倾斜。针对物流企业缺少固定资产、难以用房地产进行抵押贷款的问题，应把物流业作为投融资政策支持的重点产业，针对融资机构扶持物流企业出台一些政策，比如开发应收账款抵押、仓储物品抵押等融资政策。政府部门和物流协会凭借其公信力，成立针对物流企业的专业担保机构，积极引导商业银行在防范资金风险的前提下，放宽物流企业贷款融资条件。同时，允许物流企业将融资费用全部列入财务费用在税前扣除，以减轻其税收负担。针对高端物流企业在大型专业物流设备引进和IT系统平台建设等方面的资金需求，予以重点项目投资补助、贷款贴息等方面的支持。设立装备制造物流园区专项发展基金，对于纳入城市总体布局规划、具有发展潜力的物流园区和物流项目给予优先贷款和贴息。建议对龙头物流企业在政策、资金等方面给予重点支持，可考虑将这类企业列入现代物流业与装备制造融合试点单位。创造有利于物流业大发展的经济环境，为企业吸引风险投资基金创造条件。

建立装备制造产品信息全国统一编码，加快物流配送标准化建设。目前，不同行业装备制造产品信息命名、描述、分类和编码不一致，导致物流采购和销售不通畅，严重影响高端物流企业运行效率与运行质量，成为发展装备制造高端物流业的重要制约因素。建立服务于制造业与物流业联动发展的信息化标准“装备制造业物流产品溯源信息编码”，并逐步推广到全国，为加快装备制造业物流配送工作奠定基础。政府应做好装备制造产品标准化战略规划工作，制定标准化总体框架，确定标准化发展的方向和重点。与国家行业管理机构、行业协会、标准化监管部门等密切合作，制定并实施行业内部各种设施、机械设备、专用工具等的统一信息编码。作为一种过渡，在推广初期可实行老编码和新编码共存的模式，逐步实现信息集成应用和信息资源共享。

6.3.2 上海重型装备制造业要向服务型制造转变

上海重型装备制造业向服务型制造转变

随着生产技术的不断发展和技术进步的节奏加快，制造业的产业链正在发生深刻变化。与传统的产业链相比，从制造业的研发设计到市场营销，这两端越来越成为价值链的高端。这说明，随着以客户为中心的时代来临和产业分工的高度专业化，服务环节在制造业的价值链中的作用日益明显，研发、采购、存储、物流、营销、融资和服务，已经成为产品价值的重要来源。

目前，在发达国家，生产型服务业已成为现代服务业的主要组成部分，许多国际跨国公司的主要业务已经由单纯的制造业向服务业衍生和转移。在全球制造业总值中，美国制造业占 19%，居第一位；中国制造业占 15.6%，居第二位。但是，中国制造业多数企业处于产业链中低附加值的底部，或只是服务外包型加工贸易，生产性服务业相对落后。美国服务型制造业占全部制造企业的 58%，而中国只占 2.2%。

这些年来，上海装备制造企业在实现生产型制造向服务型制造转变上已率先取得显著成绩。2009 年，就全市来说，19 个生产性服务业功能区重点监测的 770 家企业，生产性服务业营业收入 3450 亿元，增长 8.2%。在这方面，发展空间和潜力还很大。例如，近年来，节能环保服务业不断壮大，重点推进新技术研发、节能环保一体化综合解决方案提供、节能环保设施运营合理等，形成节能环保的评估、咨询、检测等节能环保服务体系。

要把上海建设成为“四个中心”，从产业形态上来看，必须建立以服务经济为主的产业结构。而要形成服务经济为主的产业结构，其前提是加快第二、第三产业融合发展、共同发展。“十二五”期间，上海重型装备制造企业应当顺应装备制造业发展趋势，从简单加工向自主研发、品牌营销等服务环节延伸，用品牌、渠道、商业模式等核心优势资源，将整个产业链组织起来。

重型装备制造企业要实现四个转型，即向集工程设计、产品开发、设备制造、工程成套和技术服务为一体的总集成总承包转型；向加快自主创新和构建技术创新体系，形成核心技术转型；向金融服务、设备租赁、专业服务等新型服务转型；向连锁经营、品牌经营等现代营销方式转型。中小企业要努力向规模化和专业化发展，改造现有业务流程，形成核心业务和核心技术，将依附于生产过程的部分服务环节加以分离，培育一批为制造业服务的生产型服务企业，通过扩大服务更好地满足客户需求，增强企业市场竞争力。

另外，我们要把起源于文化的创意产业，更广泛地转化为以产业为背景的创意产业，包括设计创意、功能创意、开发创意等，有条件的可以将其与制造部门分离，逐步形成一个由无形资产、知识产权等资源组成的创意产业群，创造新的GDP、税收和就业岗位，淘汰和替代一部分受资源和成本制约的制造业，这是优化上海重型装备制造业结构，增强重型装备制造业竞争力的一个重要方向。

实施制造业与服务业的融合发展

一是在制造业与传统服务业中找到最佳切入点，找到能够获得较大盈利空间的商业模式；二是制造业能力必须很强，这是发展生产性服务的基础；三是必须要有较强的信息技术支撑，这是生产性服务业的神经网络。也是决定能否提高生产性服务业效率和做大规模的前提；四是我们要注意借鉴跨国公司发展生产性服务业的成功经验，有计划、有重点地发展具有装备行业特点的生产性服务业。加快建设成为集工程设计、产品开发、设备制造、工程承包和技术服务为一体的装备集团、要围绕工程承包、设备成套、研发设计、金融服务、电子商务、现代维修六大领域，积极探索生产性服务业的发展模式和盈利模式，促进产业链向高盈利、高增长领域延伸。

（朱代炼）

第七篇　商贸物流和其他物流篇

7.1 冷链物流

上海地区冷库规模、分布及服务条件

一、冷库规模分析

中国冷库的市场需求空间巨大。目前，在全国目前的消费品市场上，肉制品、乳制品、水果蔬菜、冷饮、生鲜配送及主食冷冻食品等都相当兴旺，易腐食品消费平均增长率 8%，其中肉制品产量以每年 5% 左右的速度递增，以牛奶为主的乳制品消费年平均增长率在 10%-20% 之间，速冻食品和乳品的增长率超过 20%。食品规模随着人们生活水平的提高而不断扩大，这些易腐食品均离不开冷链物流，多种生鲜品行业都对“冷链”物流产生新的需求，冷链物流具有广阔的市场前景，中国冷库市场需求巨大。

据普洛斯策划估计，上海冷库总量，全部冷库用来存储肉、奶、鱼、速冻食品满足率也达不到 60%，说明目前上海冷库总量供应不足，冷库供需仍有缺口。2009 年以来，上海冷库容量年平均增长率 30% 以上。2011 年上海冷库有 362 万立方米，约合 80 万吨（这里吨和立方米是用统计密度计算的），但冷库出租率一致保持在70%以上，说明虽然上海冷库供应增长较快，但投资总体上是理性、稳定的。综上所述，上海的冷库供应仍有较大的增长潜力，预计未来10至20年后能达到平衡。

二、冷库分布情况分析

上海冷库重新布局，偏重大型化储备功能。

上海原有冷藏库主要分布在市区及黄浦江沿岸。由于市政规划和世博会，从90年代以来，已拆除冷藏库多家，上海食品冷链布局随着全市六大物流基地建设稳步推进，上海西北（江桥）的冷链物流中心、洋山深水港物流园区的低温配送中心、闵行地区的冷链物流中心、奉贤地区的水产冷链物流中心等均在建设和规划中，冷库布局整体偏重大型化储备功能，忽略集中理货集中配送功能。目前全市5000家连锁超市、313家大卖场、5600家便利店等的冷链商品销售持续增长，预计上海市冷冻冷藏食品年消费量将以10%以上速度增长。随着产销渠道的变革，越来越多的大型连锁零售企业、医药企业、日化企业和大型食品生产企业，需要独立的物流运作，以提高响应速度和供应质量。

大型零售终端占据市场渠道主体地位，以门店配给为目标的现代冷链物流中心建设开始兴起。据中国仓储协会冷藏库分会刘龙昌会长估计，未来上海的冷库将由储藏型向物流型转变，由单纯的冷藏服务转向配送+库存性冷库服务。

市场集中度过高。

由于上海冷库投资密度高、回收期长、资源消耗大、不易收获、季节性强，再加上长期以来投资主体单一，上海冷库市场的集中度一直较高。2008年，上海最大的十家冷库企业占市场份额64%。

除了冷库市场集中度高，还存在供给结构不合理。

目前，上海冷库市场主要有两种类型：土建冷藏冷库、组合式冷库。土建冷库一般为多层，缺少低温穿堂，存储成本低，存取效率低，属于传统冷库类型。据中国仓储协会冷藏库分会的数据分析显示，2008年上海土建冷藏冷库占有85%的市场份额，目前占比约在70%左右，并呈现持续下降趋势。而组合式冷库具有更高的存取效率和更快的建设速度，是目前的发展趋势，2008年占有13%的市场份额，2011年已经上升至30%，发展迅速。

三、服务条件分析

第三方物流服务较少，多为企业自建服务。由于冷库市场存在高投资、重资产、技术含量相对较高的特性，进入壁垒高，第三方物流由于其营运特点和经济实力原因，无力或不愿自建冷库。

大型储备型和配送型冷库是趋势，配送+库存性冷库服务将成为主流。

目前，上海地区的冷库企业可提供冷藏储备服务、配送服务、分拣、包装等其他增值服务。近百年来，中国的冷库都是由政府建造，所建冷库多为行业冷库，设施陈旧，存储和配送功能弱，现有冷藏冷库设施处于更新换代期。由于是新兴市场、非专业性、退出困难、土地获得壁垒高，再加上中小企业资金能力不足，目前上海配送型冷库数量不足，处于发展期。因此，上海冷库发展向着大型储备型和配送型两极发展，适应市场需求的配送型、多温度、多品类适应性的组合式仓库成为市场的新宠，“配送＋库存”型冷库服务模式将成为趋势。

（中投公司项目咨询报告）

上海地区冷库造价、运营成本、市场租金分析

一、上海地区冷库造价分析

一个完整的冷库工程的报价包含多个方面，首先需要技术人员根据客户要求，在勘测完场地之后，对设计方案和图纸进行计算和估价，最终得出冷库的预算费用。费用通常包含以下几个方面：求，在勘测完场地之后，对设计方案和图纸进行计算和估价，最终得出冷库的预算费用。费用通常包含以下几个方面：

图表　冷库工程造价分析

指标	具体内容
库体费用	如库体的聚氨酯板、梁／柱加强、顶和底等
机组费用	冷却压缩机组对于冷库来说是非常重要的部分
配件费用	冷库门、冷风机、冷却水塔、水泵、管道、储液罐．分离器、线路、开关等．
杂费	运输、化霜排水系统、人工等费用

具体的冷库造价与品种、体积等客户具体需求点有关。

比如一个8m×4m×3m的房间的冷库设计，把它整个作为冷藏保鲜肉类，用来储藏已经速冻完毕的肉类，和把这个房间分成2m×4m×3m的预冷间

和 6m×4m×3m 的储藏间，或者是分成 2m×4m×3m 的速冻间和 6m×4m×3m 的储藏间等等，各种情况下的造价是截然不同甚至是差异极大的，这还不包括机组配置等的因素，误差大的时候可以达到 2 倍甚至更多。现在冷库设计行业的行情一般是勘测完场地并根据客户要求完成了设计之后再报价，同时为了避免客户担心，勘测场地、设计和报价都是不收取费用的。

为了科学估算冷库的容积，需要根据自己的产品设计相应的吨位数，进而换算出相应的内容；或者根据自己规划的内容，换算出相应的冷库吨位数。

活动冷库吨位 = 冷藏间的内容积 × 容积利用系数 × 食品的单位重量

长 × 宽 × 高（m^3）活动冷库冷藏间的内容积 = 库内

不同产品系列的冷库，吨位与容积的换算标准如下：

冻肉，1m^3 容积 =0.4t

冻鱼，1 m^3 容积 =0.47t

鲜蛋，1 m^3 容积 =0.26t

鲜蔬菜，1 m^3 容积 =0.23t

鲜水果，1 m^3 容积 =0.23t

冰蛋，1 m^3 容积 =0.6t

机制冰，1 m^3 容积 =0.75t

不同大小的冷库，其容积利用系数如下：

500 ～ 1000 m^3，容积利用系数 0.4

1001 ～ 2000 m^3，容积利用系数 0.5

2001 ～ 10000 m^3，容积利用系数 0.55

10001 ～ 15000 m^3，容积利用系数 0.6

二、上海地区冷库运营成本分析

2011 年，上海地区冷库的平均耗电量为 0.37kwh/m^3 • day，最高的一家公司为 1.17 kwh/m^3 • day。（注意，这里平均耗电量 = 总用电量 /（冷库总吨位数 × 运营天数）。这一数据虽有一定的代表性，但单个冷库的运营成本之间仍有差异，这主要与对冷库的设计、运营管理、冷库利用率、使用的系统等有关。

冷库的设计直接决定冷库的运营成本。

冷库建设成本很高，是一个庞大的系统工程，它关系着企业未来的发展，所以在进行设计建设时一定要给予充分的重视，要从战略层面的高度进行考虑，而且企业高层一定要参与决策。

冷库的运营管理直接影响冷库的运营成本，科学管理可以降低冷库的运营成本。

比如有的企业不规范管理，只在低峰时期开冷库，自然就会减少用电量，但是由于冷库内温度波动超过一定限制（中国的严格规定为 1℃上下，一般为 4℃上下），对食品品质、保鲜性等会有损害，可能会损害食品的口感，若是温度低于冰点，还可能会破坏食品品质。

冷库是用于食品冷冻和冷藏，并保持一定低温的特殊建筑物，地坪、墙壁和屋顶都敷设有一定厚度的防潮气层和隔热层，以减少外界热量的传入，同时，为了减少吸收太阳的辐射热，冷库的外墙表面一般都涂成白色或浅色。由于冷库建设具有以上特点，所以，除了在设计和建筑施工要以严格的隔热性、密封性、坚固性和抗冻性来保证建筑质量外，在日常使用管理中，也应该根据相关冷库建设方案，实行科学管理，保证安全生产，以达到延长使用寿命，降低生产成本，节约维修费用，提高企业经济效益的目的。

库房的利用率高低直接影响冷库的经济效益。利用率低，相对单位重量货物耗冷量就会增加，并且干耗增大，运营成本就会提高，所以应采用坚固包装、货架等，尽量码高，提高库房利用率；货物不满时，如果货物贮藏特性相同或相近，又互不影响，可短时间混存。

如何控制和降低冷库的经营成本是当今行业发展重中之重。在机器设备的运行管理中，要围绕“油、氟、水、电”做文章；在库房管理中，要严把“冰、霜、水、门、灯”五关；在质量管理中，采用先进工艺和技术，提高产品质量，其中制冷系统蒸发压力及温度和冷凝压力及温度是主要参数。应根据实际条件和系统变化，不断调整和控制运行参数，使其在经济合理的参数下运行，可保证机器设备和贮藏产品的安全，充分发挥设备效率，并节约水、电、油等。

三、上海地区冷库租金分析

（1）上海地区冷库租金

2011 年，上海地区冷库的平均市场租金平均 3 元 /m^3 • day，20% 上下浮动，出租率约在 70% 以上。这一数据虽有一定的代表性，但单个冷库的租金、出租率等仍有差异，这主要与冷库的定位、品种设计、客户策略、运营管理等有关，有的冷库前期做过大量的客户调研、市场分析，在设计品种、定位时已经有了一个稳定的客户源，再加上后期良好的运营管理策略的保障，达到平均的出租率是可以保障的。但很多冷库在建设时，并未做过良好的客户调研、市场分析，品种涉及不仅合理，冷库设计简单，大都为单层货架式，货物装卸机械化程度不高，服务不到位，就有可能造成货物的耗损和破坏，长此以往，很容易形成恶性循环：价格低了，服务肯定差；服务差，其租金价格自然就上不来，出租率就无法保证。

（2）与周边地区对比分析

保税仓库租金方面，江苏（苏州及昆山）地区的保税仓库租金继续呈上升趋势，但相比上海的租金价格仍有相当竞争力。截至今年一季度末，上海保税区仓库租金为 1.29 元 /(m^2 • day)，江苏为 0.97 元 / (m^2 • day)。

非保税仓库的租金水平在上海、江苏和浙江存在着更为明显的差异。截至一季度，上海为 1.20 元 /(m^2 • day)，比江苏、浙江两地分别高出28%和33%。值得关注的是，新兴的电子商务企业对租金的承受能力较强，依然在上海周边郊区安营扎寨。其中嘉定作为通往江苏地区的门户，以其独特的地位优势和便利的交通基础设施，正成为最重要的物流中心，天猫、京东商城纷纷在在嘉定北区拿地自建高标准的区域配送中。

（3）、浦东机场区域物流仓库租金将放缓

目前，在长三角区域的上海、江苏以及浙江三地，未来的高标准非保税区仓库供应量主要来自于维龙、嘉民、安博以及普洛斯这四家国际物流仓储开发商。普洛斯、维龙和安博的土地开发位置相对分散，而嘉民的土地开发位置集中在上海浦东机场，未来该项目可租赁面积将达到19.25万m^2。届时，加上普洛斯在浦东机场的华立物流园以及合庆物流园项目，浦东机场区域物流仓库总的租赁面积可达46.66万m^2。这意味着未来不久浦东机场将成为浦东除外高桥及临港（洋山港）外第三大物流中心。由于可供应面积较大，将使该地区的租金涨势放缓，同时也将使得该区域招商竞争达到白热化。

（中投公司项目咨询报告）

上海冷链物流服务方式及服务内容分析

冷链物流有多重服务方式，在此，可把上海冷链物流的主要服务模式分为几大类：

运输模式、仓储型、交易模式、区域配送和供应链型五种服务模式，对于每种物流服务模式及其内容分析如下：

图表 上海冷链物流服务方式及内容

服务模式	模式内容	服务内容	发展历史和趋势
运输主导型物流服务模式	运输主导型物流服务模式是拥有适当的运输设备（火车、轮船、飞机等）、运输设施（货运站、港口、机场）、必要的装卸设备等的物流企业为社会提供专业运输服务的物流服务模式。	运输主导型物流服务模式的内容既包括点到点的货物运输、也包括多式联运（物流企业在多式联运中发挥主导作用还包括物流企业根据客户需求所进行的JIT运输等，在服务实际操作过程中，物流企业可以联合其他物流企业共同完成运输任务。	运输模式，说通俗点，就是开着车给人拉货挣钱，是最早的物流服务模式，运输型模式的发展趋势，是运输网络化，建立全国的运输网络。

运输仓储一体化	是拥有适当的仓储设备（货架）、仓储设施（仓库）以及必要的装卸和拣选设备等的物流企业为社会提供专业仓储服务的物流服务模式。	服务内容既包括货物的保管服务，也包括适当的加工包装以及流通服务，服务提供商有的是典型的仓库资产开发商，有的是开发兼运营。	一些传统的纯粹以冷库出租为主营业务的仓储型公司，开始涉足分拣、装备等业务，以仓储服务作为切入点进入物流市场，这也是运输模式的一种趋势。
运输主导型物流服务模式	运输主导型物流服务模式是拥有适当的运输设备（火车、轮船、飞机等）、运输设施（货运站、港口、机场）、必要的装卸设备等的物流企业为社会提供专业运输服务的物流服务模式。	运输主导型物流服务模式的内容既包括点到点的货物运输、也包括多式联运（物流企业在多式联运中发挥主导作用还包括物流企业根据客户需求所进行的 JIT 运输等，在服务实际操作过程中，物流企业可以联合其他物流企业共同完成运输任务。	运输模式，说通俗点，就是开着车给人拉货挣钱，是最早的物流服务模式，运输型模式的发展趋势，是运输网络化，建立全国的运输网络。
交易模式	交易就是批发市场，它也是一种物流的组织方式，是我们国家生鲜农产品主要的产业方式和交易方式。	依托批发市场，服务供应链园区，按照功能分区，有展示区，有生活区，这个是上海目前冷链物流交易模式的一种发展趋势。	最早的是地摊式的，后来是发展成一个大型冷库中间包含很多商铺；再后来是分区式，一边是交易，一边是卖菜的；再慢慢逐渐向供应链园区发展。
区域配送	区域配送模式，是随着连锁餐饮的发展来配套产生的，连锁业没有同材同配那是无法成为连锁的。	配送这种业务最早是连锁零售业和连锁餐饮业自己用的，以前是企业自用物流，走向社会化以后开始为别人服务，相应的配送中心就成为共同配送的仓库。	共同配送的理念。
供应链模式	这种供应链模式是实力雄厚的大企业的选择，也是目前上海冷链物流发展比较先进的和有生命力的一种模式。	以供应链整合优化为核心，为客户提供透明化的温控供应链服务。	以前做物流的公司，现在纷纷把名字改为供应链公司，因为他们非常有远见地看到了供应链模式将是冷链物流企业主流的模式。

无论是运输模式、仓储模式、交易模式还是区域配送模式，大家共同的奋斗目标都是要为客户提供宽温度带、一体化、信息化、透明化的温控供应链服务，所以供应链模式是目前上海冷链物流发展共同的奋斗目标，也是目前上海及中国冷链物流商业模式发展创新的主流方向。

（中投公司项目咨询报告）

上海冷链物流产业链发展趋势分析

随着中国经济的快速发展，冷链物流已经逐渐渗透到我们社会生活的方方面面。尽管目前还和发达国家有一定的差距，但随着《物流业调整和振兴规划》、《农产品冷链物流发展规划》、《物流国九条》等一系列政府文件的出台，政府对冷链物流的发展有了前所未有的重视。冷链物流不再仅仅是企业自己的事情，而是已经列入政府工程，“十一五”期间上海物流业增加值占到服务业增加值25%，物流业已经成为服务业的支柱产业。近年来随着居民消费水平的提高，全社会对生鲜食品的品质提出更高的要求，上海生鲜食品的产量、流通量逐渐增加，这必将预示着上海的冷链物流业进入了发展的快车道。综上，上海冷链物流将会呈现出以下发展趋势：

1. 向现代冷链物流模式体系方向发展

随着国家及上海市系列促进冷链物流发展法规、政策的出台，冷链物流这一项复杂的系统工程，必将向构建完整、高效的现代冷链物流体系方向发展。在国家政策、法规、制度等方面的弹性激励与刚性约束下，必将出现政府宏观指导、统筹规划，企业热情参与，从而有效降低供应链物流的总成本，实现“从生产到消费”的供应链一体化的现代冷链物流新模式。

2. 冷链物流设施设备的现代化水平将会明显提高

在未来的冷链物流领域里，国内冷链物流基础设施建设将快速发展，主要表现在冷库设施建设、冷库技术水平提高和冷藏车辆多元化发展等方面。一批符合地区经济发展需要的现代化冷藏库和冷链物流配送中心逐步建立，适合农户建造使用的微型冷库将快速发展，果品蔬菜恒温气调库迅速发展，低温库比例将进一步增加。铁路冷藏车将定位于深冷、高品质货物的中长途运输以及低附加值冷藏货物的长距离运输，将会使用机冷车、气调保鲜车和适应大批量运输的冷藏集装箱等装备。在公路冷藏车将会出现两极分化的趋势：一种是小吨位、针对短途和小批量运输的，主要满足城市配送中心的需要；另一种是大容量、大吨位的，主要满足长途运输的需要。

3. 全产业链趋势

与普通物流相比较，冷链物流的设

备技术造价高，必然加大企业经营成本，而这种成本最终又会传导给终端消费者，从而抬高消费品价格，但高昂的价格往往不能被普通消费者所接受。为此，从高端食品做起，或许能够成为冷链物流发展的一个突破口。

与此同时，打造系统的物流网络，变分散为集中，也将大大提升冷链物流的管理效率，并降低运营成本。整合上游（原料、生产）企业与中游（仓储、运输）、下游（配送、销售）企业的布局分配，规范冷链物流行为，建立冷链产品的批发交易、商情网络平台和运输系统等才能提高冷链物流企业的竞争力，构建全程一体化的无缝冷链体系，最终形成完整的产业链条。未来，“冷链生产、冷链配送、冷链销售”的全程冷链将是上海的发展趋势。

4. 多元化趋势

上海初步形成多种所有制的冷链体系。近年来大型国企和外资企业开始进入冷链物流市场。民营资本也纷纷投资于上海，服务模式来看，第三方冷链物流开始启动。从发展环境来看，2007 年上海在全国比较早提出了食品冷链物流行业地方标准和食品冷链物流技术管理培训，2009 年选择了豆制品、中式半生品菜肴作为试点建设项目，效果明显。

目前，上海更加注重涉及民生冷链物流的发展。从基础设施来看，“十一五”期间，上海加大了生鲜食品冷链基础设施投入运营，规范运营管理，冷库保有量和冷藏车辆增长率分别达到 60% 和 100%，冷库结构进一步开始优化，开始向多品种、低温化发展。上海地区的冷库企业可提供冷藏储备服务、配送服务、分拣、包装等其他其他增值服务，储藏型冷库处于更新换代期，配送型冷库处于发展期。

5. 加快基础设施建设

加紧建设和投资开发冷链基础设施建设成为当务之急。不断普及卓有成效的全国性冷藏供应链配送网络系统，建立和完善现代流通网络，降低流通交易费用和损耗，在有条件的地方开展农超对接，逐步完善冷链系统，提升利润水平，减少相应损耗，避免浪费，进而间接推动配送产品产值的提升，促进冷链物流产业升级。

未来，上海冷链物流基础设施建设将快速发展，主要表现在冷库设施建设、冷库技术水平提高和冷藏车辆多元化发展等方面。冷库的发展趋势主要表现在：一批现代化冷藏库和冷链物流配送中心逐步建立，适合农户建造使用的微型冷库将快速发展。

上海冷链物流运输从生产企业到加工业再到批发市场，每一个环节都分布散乱，虽然瓶颈和问题很多，但是上海市已经认识到发展冷链物流产业的重要，所以正不断营造产业发展氛围，完善产业发展环境，建立健全规整制度，旨在推动上海冷链物流产业得以健康有序地发展。

（中投公司项目咨询报告）

上海冷链产业市场培育周期及产业支撑要素研究

一、上海地区冷链产业培育周期

冷库建设一般前期的投入会很大，投入时间会较长，需要较厚的资金背景支持。上海地区的一般冷库，从前期做定位、客户分析、市场预测，到实际投入资金、设备进行基础建设，到市场营销投入，到能达到盈亏平衡点或者非亏损运营状态下时，到收回成本，至少需要八九年时间。这还和自己的营销策略、运营管理能力等有关，若是运营管理的不好就需更长时间。

二、上海地区冷链产业支撑要素研究

产业支撑二级指标包括商业环境、城市基础条件和基础设施建设三个子要素。下面，对上海市冷链产业布局的关键支撑要素进行系统研究，主要从交通、资金、科技、政策、文化、消费习惯几个方面展开。具体说明：

图表　上海市冷链物流产业支撑要素

支撑要素	具体说明
交通基础	上海是全国最大的综合性交通枢纽，航空、公路、海运和长江航运十分发达，便利的水陆空交通条件为上海地区冷链物流产业的发展打下基础。上海地处长江入海口，万里海疆线的中央，从地理上看，以上海为中心200公里半径内的扇面，辐射了苏南经济带、甬杭经济带，是中国工业、农业、商业最发达地区（即长江口经济圈）之一；1000公里半径扇面内拥有山东、江苏、安徽、湖北、江西、浙江、福建等中国经济大省，拥有经济影响力度扩散的绝对距离优势。
资金基础	作为一个综合性的金融中心，上海拥有雄厚的资金实力，而且上海地区资本市场活跃，各种投融资机制完善，为发展冷链产业提供完善的资金文撑。
技术基础	上海科技先进，信息化水平较高，汇集了众多高端技术企业和科研院所，而且高校云集，可以提供丰富的技术人才支持，为发展冷链产业提供强有力的技术支撑。
消费基础	陆着经济全球化趋势加强及人们饮食习惯、消费观念的变化，越来越多的食品、农产品企业开始受到关注，人们对冷链产品的需求也正在快速增长。
政策基础	近几年上海市政府对冷链物流发展重视，冷链物流已作为－个重要新兴产业被推上政府政策层面。
文化基础	上海还拥有良好的海外文化包容性和雄厚了人才资源，一个国际化企业很容易在上海扎裉发展，国际物流巨头中的UPS、DHL、维龙、嘉民、安博以及普洛斯等纷纷入住上海，来自于这几家物流仓储开发商，给上海及长三角地区现代物流业带来强大的推动力。

（中投公司项目咨询报告）

上海冷链产业产业媒介及营销模式研究

目前，上海冷链物流行业主要有四种运作模式：3PL冷链物流模式、以加工企业为主导的自营冷链物流模式、以大型连锁经营企业为主导的自营冷链物流模式、物流地产模式。

下面，简单解释这几种模式及其对应的代表供应商案例，并分析代表供应商经营模式的优势和劣势。

一、3PL冷链物流模式

“第三方经营”模式是指独立于冷链产品生产商、加工商、批发商和零售商以外，提供专业化物流服务的业务模式，能通过全程监控冷链物流，整合冷链产品供应链的方式，为冷链物流需求方提供高效完善的冷链方案。

夏晖物流是典型的3PL冷链物流企业，拥有从美国进口的制冷设备及5～10吨温度控制车辆，可以实现全程温度控制和自动化管理。夏晖物流主要为麦当劳提供一站式综合冷链物流服务，业务主要包括运输、仓储、各环节的信息处理、存货控制、产品质量安全控制等，夏晖物流根据麦当劳店面网络的分布情况建立了分拨中心和配送中心

(1) 经营优势

冷链物流产业专业化、现代化的领头人。作为第三方冷链物流企业的代表，夏晖物流拥有现代化的冷库配送系统，常温库容量2000吨，冷冻库容量1100吨，冷藏库容量超过300吨自备5～20吨的温控汽车40辆，开发出食品全程自动检测监控系统。企业无论是在软件管理方面还是硬件设施建设和配套方面，夏晖物流都走在行业的前列利用现有的物流资源优势，夏晖物流可以与更多的跨行业大客户开展业务，提升自己的市场定位，突破对单一餐饮业提供服务的限制，向零售业和加工业等行业延伸。

(2) 经营劣势

随着物流业的快速发展，夏晖冷链物流将面临更加激烈的市场竞争。一方面是与同类型第三方冷链物流企业的竞争，另一方面是与逐渐转型为第三方物流企业的自营物流企业竞争。同时，随着食品安全问题受重视程度的提高，为确保食品安全和质量，市场对物流企业硬件设施和设备提出的更高要求也是一大挑战。虽然夏晖在软件、硬件方面都具有一定的优势，但是为迎合市场对高质量物流服务的需求，夏晖冷链应该投入更多的人力、物力、财力来发展壮大企业实力，确保不断提高市场竞争力。在食品供应链体系中要综合考虑食品安全管理和全程质量监控问题，为市场提供高效、完善的冷链物流解决方案，以在第三方冷链物流企业发展不成熟阶段取得先发优势。

二、以加工企业为主导、“产供销一体化”的自营冷链物流企业

“产供销一体化”模式是指某一市场主体，负责冷链产品从生产、加工、物流到销售全过程的经营模式。物流公司整合自有物流资源建立多家便利店以控制销售终端，进而建设物流配送中心，实现冷链物流向原料供应商的延伸，形成“产供销一体化”的自营冷链物流模式。

光明冷链物流是真正意义上的以加工企业为主导的“产供销一体化”的冷链运作模式。2003年，光明乳业整合集团下属物流部门成立上海冷鲜物流有限公司，建成5个区域物流中心，21个销区物流中心，6个转运物流中心，在18个大中城市分布1200多家专业便利店。

(1) 经营优势：“产供销一体化”的冷链舞者

为支持自身的主营业务，光明乳业多年来一直在不断完善它的冷链物流．光明充分整合和利用自身企业长期积累的冷链物流设施、人才管理经验等资源，为上海冷鲜物流有限公司向第三方物流企业的转换打下了坚实基础光明。“产供销一体化”的物流运作模式效率高、环节少、市场灵敏度高、信息反馈及时，有利于对冷链物流的全程控制，实现对质量安全的全程跟踪；有利于冷链各环节的有效沟通和信息化对接，对市场需求的变化能够作出及时迅速准确的反应。

(2) 经营劣势

光明乳业的“产供销一体化”物流模式适用范围较窄，低温生鲜食品易发生变质，物流辐射半径特别是配送半径相对较小，不利于企业的长期发展。光明物流应向第三方物流方向发展，尽早实现从企业物流向物流企业的转换和成为物流企业和食品行业内冷藏物流的“航空母舰”的最终发展目标。凭借强大的冷链配送能力，2011年6月底光明物流已经拿到了第三方物流的经营执照，开始为两家外资食品企业提供配送服务，在充分利用自身物流资源的同时为客户带来经济效益，形成了双赢局面。

三、以大型连锁经营企业为主导的自营冷链物流模式

以大型连锁经营企业为主导的自营冷链物流模式是指，冷链企业通过小批量、多批次、多品种配送，确保生鲜食品的质量安全，形成了大型零售商独自兼营以配送环节为主的冷链物流模式，联华超市股份有限公司是这种模式的典型代表。

联华超市股份有限公司于2000年建成联华生鲜食品加工配送中心，总投资6000万元，建筑面积35000平方米，年生产能力20000吨，是国内目前设备最先进规模最大的生鲜食品加工配送中心，为其下属的3609家连锁经营店铺提供冷链物流服务。

(1) 经营优势

联华冷链是优良企业形象的树立者。联华以自身过硬的冷链物流，树起了联华生鲜食品的优良品质和品牌形象。联华生鲜加工配送中心，以实现支持生产、保障销售、满足需求为目标，把生鲜食品冷链物流的标准化、规范化运作贯穿于生鲜经营的整个产业化流程之中，不仅体现了联华生鲜食品的生产能力和物流水平，而且发挥出越来越大的辐射效应。

以联华冷链为代表的这种物流模式，有利于实现产品质量、加工和管理的标准化，能够有效控制和减少店铺的存货和损耗，具有规模质量优势；有利于提高生鲜食品物流效率，确保生鲜食品在整个供应链上始终处于低温状态。联华冷链以便捷的运输、先进的技术、优质的服务为建设良好的企业形象做出了贡献，产生了很好的社会效益和经济效益。

(2) 经营劣势

联华生鲜加工配送中心的冷链物流，并非该连锁经营集团的主营业务。生鲜食品是其连锁经营配送中心内众多品类中的一部分，但在该业务中物流、销售、采购易形成各自为政、条块分割的局面，供应链节点企业之间时常出现竞争大于合作的情况，造成物流交易费用上升，冷链部分环节脱节等问题。联华生鲜加工配送中心与供应商及店铺对接时，各方更多的是关注自身业务的利益，三者难以协调一致。针对这种情况，建议联华冷链尽可能完善管理上的配套制度和设施，将冷链管理直接反应在每个生产环节中。同时，也要考虑向第三方冷链物流型企业发展，在完成企业内部物流作业的基础之上，利用开展第三方业务为企业带来更多的经济效益。

四、“物流地产”模式

“物流地产”模式即普洛斯模式，就是按照客户的需求，完成从市场调研、设计到施工的全部过程，将建成的仓储设施交付客户，同时提供后续的管理服务。美国普洛斯集团是全球最大的物流配送设施和服务的投资开发商，其最早将“物流地产”的概念引入中国。

国内地产公司参与物流设施建设，通常关注的并不是物流产业本身，而是附属的配建用地，以建设物流园区或仓储配送中心的名义，低价格获得土地。物流部分和专业公司合建，交由专业公司管理；配建用地部分独自开发，获取利益。

（中投公司项目咨询报告）

【抢“生鲜”冷链或成未来快递业务新增长点】

随着各路电商纷纷尝试生鲜购、水果购，冷链运输也不知不觉地来到了我们的身边。2013年9月9日，顺丰速运旗下全球美食优选网购商城对外宣布，华东、华南仓库正式投入使用，配送范围扩至全国37个主要城市。与此同时，杭州、上海、无锡等11个城市还开通了生鲜商品配送。这厢，顺丰风风火火地扩大自己冷链食品的配送范围，那厢联邦快递也新推出了一项“冷藏运输包装选项”，做起了医疗保健的冷链服务。

跟着冷链物流市场这块“蛋糕”的规模越来越大，冷链物流也被徐徐细化。有数据显示，冷链宅配近年的增速在100%以上，是物流业的下一个增长点。事实上，目前冷链物流企业主要在供货商与销售网点之间进行物流配送，冷链宅配业务占比极少。中国冷链宅配没有一个现成的赢利模式可借鉴，都是在摸着石头过河。而要达到欧美等成熟市场的水平，更是有很大的晋升空间。

各大物流加大冷链投入

这一次顺丰优选的华东、华南仓库投入使用之后，顺丰优选的常温配送范围扩至杭州、北京、上海、广州、深圳、天津、苏州、武汉、南京等37个主要城市。与此同时，杭州、上海、无锡等11个城市还开通了生鲜配送，即冷链服务。据顺丰优选方面透露，目前为了完整冷链服务，顺丰已经在一部分普通的快递车里，安装了冷冻柜，“一般一个冷冻柜可以装下6～7个和鞋盒差不多大小的包裹。”另外，包裹里搭配的冰袋也是顺丰整个冷链的一部分，但凡是送到顾客手里的冰袋，顺丰都不会进行收回。而关于这一部分的成本问题，顺丰优选方面并没有给出明确回答。

无独有偶，就在顺丰大刀阔斧地扩大自己冷链配送范围之后，联邦快递也新推出了一项“冷藏运输包装选项”，做起了医疗保健的冷链服务。该项服务可为需要温度控制在2～8℃的货件提供96小时的冷藏环境。目前，该服务已在澳大利亚、中国大陆、中国香港、印度尼西亚、日本、韩国、马来西亚、新西兰、菲律宾、新加坡、中国台湾、泰国和越南等13个亚太区市场投入使用。据联邦快递相关负责人介绍，该项服务不仅仅局限于医院与医院之间的使用。“如果有机构、个人需要特殊的药品运输，或者医院与患者之间需要这类运输，都可以和我们联系。”

而为了配合这个服务，联邦快递还推出了一款，由第三方公司提供专利技术的“冷藏箱”。该冷藏箱中有一个激活按钮，按下后无需使用凝胶包或干冰就可以实现在五分钟之内将温度调节至4℃，且可以循环使用。“用完之后，我们会进行回收。”不过和顺丰一样，联邦快递方面并没有具体透露这个冷藏箱的制造价格。

冷链热原因：生鲜电商竞争力

2013年的“烧烤夏日”，也使冷链成为电商圈“热气蒸腾”的主题：今日，

1号店在北京正式推出生鲜品类，运营频道命名为“1号生鲜”；京东的“自营”生鲜频道也初定在9月上线；而7月2日，天猫已试水生鲜配送；7月底，苏宁易购也以“阳澄湖大闸蟹”开启了其涉足生鲜网购的大幕……大型电商正在把生鲜电商作为战略热点。

生鲜背后，是对电商们一整套复杂供应链体系的考量，而冷链物流才是生鲜电商的真正竞争力所在，但是冷链物流的发展，也离不开生鲜电商的成长。“冷链其实一直在某些特殊的行业内存在，只不过生鲜、水果品类的食品购物，让冷链为普通消费者所熟识。”著名电商观察员鲁振旺表示，正是电子商务带动了冷链的发展。

“就像目前顺丰的冷链服务主要是服务于顺丰自己旗下的顺丰优选网站。可以说，顺丰在运用自己旗下的优选的订单来带动它冷链的发展。”此外，鲁振旺觉得，目前冷链的发展仍处于和电子商务融合的阶段，“虽然，目前部分其他网站的订单，也会用顺丰的冷链物流来配送，但那类订单毕竟还比较少。顺丰冷链目前还处于一种前期融合状态。而且国内还有其他物流公司在做冷链。冷链在电商行业的具体形态还不明显。”鲁振旺说。

另外他表示，并不是每一家快递公司做冷链都可以成功的。“其实，不难发现，冷链运输的货品基本都比较高端。如果一家物流公司没有稳定客户群，随意发展冷链是比较危险的。”

（青年时报）

【上海郑明现代物流】

郑明集团始建于1993年，首家公司为上海海申建筑装潢工程有限公司。上海郑明现代物流有限公司由郑明集团物流事业板块整合而成，于2011年5月正式成立。其自1994年成立的上海郑明汽车运输有限公司始，主要从事常温物流、冷链物流、汽配物流、医药物流等。公司已经与众多国内外知名企业建立了长期、稳定的战略合作关系。公司注册资金5300万元，目前员工逾1000人。郑明集团于2011年12月成立上海郑明国际物流有限公司，励志由初始的单一公路运输承运人发展成为集海陆运输于一体国内领先的专业供应链解决方案提供商。

1. 企业文化

服务宗旨：心系所托，物畅其流。

经营理念：服务至上，以人为本；市场驱动，客户导向；共创联盟，持续发展。

发展方向：通过与国内及国外众多优秀企业进行业务互通，建立完善的业务信息平台，逐步发展成为多元化经营、一体化的大规模专业第三方物流供应商及供应链管理公司。

2. 管理架构

上海郑明现代物流有限公司在价格和管理上采取先进的RM管理方法，在运能定量情况下，将首先保证合作伙伴的业务流程，提供完全的核心技术和力量，同时提供有吸引力和适当的服务价格。

3. 主要合作伙伴

主要客户：

上海郑明现代物流有限公司在全国各地设有仓储基地，并配备庞大的专业运输车队，在上海、江苏南京、仪征、安徽芜湖、马鞍山、广州、北京、呼和浩特、沈阳、重庆、成都、郑州、武汉、西安等地拥有大型物流中心。并与国内多家优秀承运商拥有战略合作关系，拥有充足车辆资源，除公路运输以外提供仓储、分拣、包装、配送等多样化服务，确保客户需求最大化，随时掌握相关信息。现有主要客户见下表。

客户名称	主要产品	服务方式	服务区域	年业务量
飞利浦照明	电子	汽运	全国	12000m^3
索谷电缆	电力设备	汽运	全国	10000t
一电电缆	电力设备	汽运	全国	4000t
飞和电缆	电力设备	汽运	全国	33000 m^3
浦东电线电缆	电力设备	汽运	全国	8000t
大众	汽配	汽运	全国	12000t
通用	汽配	汽运	全国	12000t
小糸车灯	电子	汽运	全国	11000t
宝洁	快消	汽运	华东	12000t
乐百氏	饮料	汽运	市区、全国	6000 m^3
洁云	纸类	汽运	全国	8000 m^3
上汽配套公司	汽配	汽运	市区、全国	100000t

主要物流供应商

上海郑明现代物流有限公司在行业内逐年成长，吸引众多物流供应商建立长期稳定的合作关系。如，上海安吉物流、上海招商物流、上海中外运物流、长沙汽运公司、重庆巴蜀物流、广州东陆物流等知名物流企业。

（郑明集团）

【郑明现代物流获1.2亿元投资】

凯辉私募股权投资基金及中法基金2013年8月20日宣布，共同完成对上海郑明现代物流有限公司的投资，投资总额为1.2亿元人民币。这是中法基金自去年成立以来的第二笔投资，也是该基金对中国企业的首笔投资。

上海郑明现代物流有限公司成立于2011年5月，其前身为1994年成立的上海郑明汽车运输有限公司。目前公司拥有1000多辆运输车辆，并在全国各地设有仓储中心，服务网点遍及全国大多数重要城市。通过20年的不断积累，公司已经与众多国内外知名企业建立了长期战略合作关系，其客户包括麦当劳、肯德基、光明、蒙牛、伊利、雨润、哈根达斯等。

中法基金由中国国家开发银行旗下国开金融有限责任公司和法国信托储蓄银行作为平等出资人于2012年9月发起成立，由凯辉私募股权投资基金负责管理。中法基金I期规模1.5亿欧元，旨在促进中法两国中小企业发展和推动两国经贸合作。

国开金融有限责任公司总裁张旭光表示，作为保证食品质量和食品安全的关键环节，冷链物流行业关乎国计民生。希望通过这项投资来推动中国的冷链物流行业发展。

法国信托储蓄银行旗下的法国主权基金副总裁Daniel BALMISSE表示，冷链物流行业在中国刚刚起步，市场空间非常大，目前尚无特别突出的企业，郑明很有机会在这样一个蓝海市场中脱颖而出，快速成长为市场的领导者。

（中国证券报）

7.2 快递物流

2012年上海快递业发展报告

上海市邮政管理局

一、2012年上海快递行业发展概况

上海市邮政管理局深化邮政改革，优化发展环境，促进快递转型升级，推动各项工作全面开展，取得了显著成绩。上海快递业在近年来加快实现“四个率先”、加快建设“四个中心”的过程中，形成了市场开放、主体多元的良好环境，战略地位日益突出，已经成为了全国快递服务的竞争高地和市场风向标。

行业总体规模日益增长。2012年，上海市规模以上快递服务企业业务量完成6.0亿件，同比增长46.4%；业务收入完成182.9亿元，同比增长50.1%。截至2012年底，依法在上海地区经营的快递企业共1401家，其中，取得上海市邮政管理局颁发的快递业务经营许可证企业1103家，取得国家邮政局颁发的快递业务经营许可证并在上海市邮政管理局备案的企业154家。取得上海市邮政管理局颁发的快递业务经营许可证企业下属经营网点备案144家。各类快递企业通过立足上海、辐射长三角、服务全国、对接国际，推进了全市快递服务协调较快发展。

快递总部经济效应日益凸现。全国十大民营快递公司中，申通、圆通、韵达、中通、百世汇通、国通等六家在上海设立了全国总部，PS、FedEx、TNT、DHL等国外快递公司的中国区或华东区总部也设在上海，成为全国快递企业总部聚集最多的城市。

快递服务与网购服务日趋紧密。快递服务与网购相互依存、互为支撑，业务合作日趋紧密，呈现出互利共赢的良好局面。电子商务所形成的快递业务已经占据申通、圆通、韵达、中通（以下简称“三通一达”）等大型快递企业业务量的50%～70%。2012年快递业务量峰值屡创新高。以2012年“11.11”网购业务促销期为例，“三通一达”日快件量均超过500万件。“三通一达”在“11.11”网购业务促销期全网总快件量就达到了3000万件，几乎占全国“11.11”网购业务促销期快件量的一半。全市“11.11”当天快件业务收入就高达13.9亿元。快递行业的快速发展对提升上海的城市综合竞争力、满足经济发展和人民生活需求、扩大社会就业发挥了积极作用。

二、2012年上海邮政管理局对上海快递业的管理扶持工作

（一）加快优化行业发展环境

2012年，上海市邮政管理局在邮政

业规划、立法、政策出台上都有了显著成效。一是与市城乡建设和交通委员会、市发展和改革委员会联合印发了《上海市邮政业发展“十二五”规划》。全面开展《规划》宣贯工作，逐家指导企业健全完善自身“十二五规划”。将本市邮政业发展“十二五”规划相关内容纳入本市现代化服务业、现代物流业发展“十二五”规划，完成专项规划的有机衔接。二是全面推进《上海市实施＜中华人民共和国邮政法＞办法》制定工作。《上海市实施〈中华人民共和国邮政法〉办法》9月26日由人大表决通过，12月1日起正式施行。三是贯彻中央领导、上海市领导、国家邮政局马军胜局长等领导就上海快递业发展做出的重要批示精神，结合落实三位副市长联合主持召开的三次市政府专题会议要求，深入调研制约快递发展的各项瓶颈问题。会同上海市建设交通委拟草，市府办公厅转发了《关于促进上海市快递业健康发展若干意见》。

（二）全面培育总部经济

2012年，上海市邮政管理局着重加强能力建设，着重处理企业经营突发事件，着重寄递渠道安全管理，着重突出人才建设，全面培育本市快递行业总部经济。一是开展规范化营业场所建设。在申通、圆通、韵达、中通等四家民营快递企业的300余家门店开展快递营业场所规范化建设试点工作。二是做好快递旺季服务保障工作。建立了全市快递企业生产指挥协调（应急）工作小组，与18家规模以上网络型快递企业签订了《上海市快递企业节假日及业务旺季服务保障工作任务书》，经受住了2012年“双11”等网购促销业务规模大幅上升、单日业务量较上年同期增长80%的考验。三是规范突发事件处置流程，妥善处理了星辰急便·鑫飞鸿华东转运中心停运事件、CCES公司因重组发生的网络停运事件、民航快递与华驿物流合作纠纷引发的不稳定事件，得到市政府充分肯定。四是强化安全监管。多次联合相关部门对快递企业进行联合检查，督促企业建立健全安全制度，完善内部治安防范工作机制、落实快递企业收寄验视制度，保障了“十八大”期间上海寄递渠道安全有序。五是加大职业技能鉴定工作力度。全年共组织完成6040人的快递业务员职业技能鉴定考试工作。

（三）完善常态长效监管

强化市场监管常态管理。依法做好经营许可常态化管理工作。全年共向239家在沪经营快递业务的法人企业核发了《快递业务经营许可证》，并做好快递业务经营许可年度报告审核工作。强化市场执法检查力度。开展快递服务质量专项执法检查行动。全年共出检459人次，检查企业375家，查处不规范行为的企业152家，处罚19家，取缔1家，对133家企业下达了整改通知书，维护了快递市场经营秩序。强化消费者权益申诉渠道。2012年共受理消费者申诉13243件，处理网上局长信箱198件、人民来信来访105件。答复人大、政协意见和提案共4件。配合上海市“12345”市民服务热线，完善消费者申诉处理流程，加强消费者投诉处理力度。

（四）完善省级以下邮政监管体制

自2012年1月起，根据《国务院办公厅关于完善省级以下邮政监管体制的通知》（国办发〔2012〕6号）、中央编办《关于省级以下邮政监管机构设置人员编制的通知》（中央编办发〔2012〕3号）、中共中央组织部《关于完善邮政管理体制组织人事工作有关问题的通知》（组通字〔2012〕20号）等文件精神，上海开展了完善省级以下邮政监管体制工作，设置组建了6个跨区域的邮政监管派出机构，其中浦东邮政管理局管辖浦东新区；黄浦邮政管理局管辖黄浦区、虹口区、杨浦区、静安区和长宁区；宝山邮政管理局管辖宝山区、闸北区和崇明县；青浦邮政管理局管辖青浦区、嘉定区和普陀区；松江邮政管理局管辖松江区、闵行区和徐汇区；奉贤邮政管理局管辖奉贤区和金山区。通过完善邮政监管体制，建立政府依法监管、权责关系明确、上下运转通畅的邮政管理体制，为维护邮政通信与信息安全，保障邮政普遍服务，促进我市邮政业发展提供体制保障。这6个邮政监管派出机构的建立将进一步增强本市快递服务监管力量。

三、2013年快递业工作要点

（一）转变行业发展方式，进一步优化行业发展环境

全面实施“十二五”规划，推动规划主要任务的落实和重点工程的实施，开展“十二五”规划中期评估，扎实开展邮政转型升级工程、普遍服务建设工程、快递转型升级工程和邮政业安全与监管工程建设，着力提升行业服务能力和水平。

全力推进修改后的《中华人民共和国邮政法》、《上海市实施〈中华人民共和国邮政法〉办法》、《关于促进本市快递业健康发展的若干意见》等法律、法规、政策的宣传贯彻，切实落实具体条款，出台上海市快递车辆通行标准等配套措施。

进一步细分统计数据到市地一级邮政监管派出机构，进一步拓宽统计范围到所有许可的快递企业、分支备案机构，进一步加强邮政业经济运行分析、研究。

（二）鼓励快递企业做大做强，培育上海快递总部经济

推动能力升级。规范市场管理，优化适合快递总部经济的发展环境。加快

推进快递企业等级评定工作，加快培育优秀骨干企业，建立快递行业诚信管理体系。推进低中级快递业务员职业技能鉴定工作，开展高级快递业务员职业技能鉴定工作。

推动服务提升。推动快递业规范化营业场所建设，发挥标杆典型的引领作用。推动落实《快递服务》国家标准和《快递业务操作指导规范》，督导企业规范操作流程、提高服务质量。引导企业细分市场，调整完善产品结构，提供多层次、多样化和个性化的产品体系。继续开展“快递服务专项整治”活动。

推动做大做强。大力推进行业标准化工作。引导快递企业加大生产处理设备和自动分拣设备的投入；鼓励引导有条件的企业加强航空运力、揽投能力建设。加强快递园区、大型分拣中心、航空快递中心等基础设施建设。支持有条件的快递企业走出去，开拓国际市场。

（三）强化邮政安全监管体系，建立市场秩序常态监管机制。

紧紧抓好市场监管。严格审批流程，依法做好新申请经营快递业务企业的受理、已办理经营业务许可证的企业的变更工作和快递企业年度报告工作。加大执法检查力度，建立本市两级查处无证经营和“冒牌”经营行为的市场监管体系。加强与工商、公安等有关部门的协调，联合执法，强化执法效果。妥善处理消费者的投诉、申诉。做好快递码号资源管理工作。

紧紧抓好安全保障。推进安全生产监管工作，推动寄递企业提高安全生产水平，坚决遏制重特大安全事故的发生。配合国家邮政局开展省级安全监管平台的建设工作。进一步落实《寄递渠道治安检查工作规定》。重点加强对寄递渠道的安全检查，督促企业执行收寄验视制度和禁寄物品规定。加强应急保障建设，及时妥善处置行业内发生的各类突发事件，强化事故调查与处理。

紧紧抓好旺季服务。继续做好快递旺季的服务保障工作。加强应急指挥管理，建立健全快递业务旺季服务保障应急机制；加大对企业薄弱环节的指导力度，探索建立快递准时率通报机制，形成旺季服务保障长效机制，督促企业加强组织管理，合理调配资源，做好旺季服务保障工作。

四、2012 年上海快递业重大事项、事件

【快递企业生产指挥协调（应急）工作小组第一次会议召开】

1 月 9 日，上海市邮政管理局李惠德局长组织召开了快递企业生产指挥协调（应急）工作小组第一次会议。市国有、民营快递企业代表共十余人参加了会议。会议对刚刚过去的“11.11”和“12.12”快递服务旺季期间业务量变化情况和所

采取的应对措施作了交流总结，并针对即将到来的春节期间上海地区快递旺季的服务保障工作，提出“三个保证”的工作要求：保证上海地区网点全部正常运营；保证全网业务高峰时有足够人员进行支撑；保证春节专项运营保障资金到位。

【上海启动完善省级以下邮政监管体制实施工作】

3月1日，国家邮政局“完善省级以下邮政监管体制实施工作动员电视电话会议”上海分会场会议在上海市建设交通委召开。时任上海市政府副秘书长尹弘、建设交通工作党委书记许德明、上海市邮政管理局局长李惠德、上海市编办、市建设交通委、市公务员局、市财政局、市发改委、市法制办等领导或相关负责人出席，上海市邮政管理局班子成员及完善省级以下邮政监管体制实施工作小组成员，共计三十余人参加会议。会后，尹弘副秘书长在上海分会场召开贯彻落实电视电话会议精神现场会，对上海市“完善省级以下邮政监管体制实施工作”进行了部署安排。

【上海市邮政管理局妥善处理星辰急便鑫飞鸿快递公司华东地区停止运行事件】

3月初，星辰急便鑫飞鸿快递公司华东地区停止运行，引起社会反响，上海市邮政管理局立刻成立了局领导为组长的处置小组，现场处理、多方协调，妥善处理了滞留快件的转运投递工作，并做好消费者投诉、申诉工作，有效防止了事态的进一步扩大。

【上海市邮政管理局推进上海市快递营业场所规范化建设】

2013年3月起，上海市邮政管理局在全市启动“快递营业场所规范化建设试点工作”，选取申通、圆通、韵达、中通四家重点快递企业作为首批试点企业，开展以门店形象统一标准、操作区客服区严格区分、员工穿着统一、服务标准规范为主要内容的规范化建设。试点工作共分三个阶段宣传动员阶段（2012年3月底前）、组织实施阶段（2012年4月至8月中旬）、经验总结阶段（2012年8月下旬）；涉及以上四家企业共300余家网点。

【《上海市邮政业发展“十二五”规划》印发】

4月1日，上海市邮政管理局与上海市城乡建设和交通委员会、上海市发展和改革委员会联合印发了《上海市邮政业发展“十二五”规划》。规划提出主要目标是，到2015年，上海邮政业业务收入（不含邮政银行收入）达到477亿元，年均增幅22.1%。其中快递服务收入达412亿元，年均增幅25%以上；新增就业岗位5万个。对邮政普遍服务、快递服务提出了“十二五”发展目标。规划制定了上海邮政业十二五期间的六项主要任务、七项重大工程和七方面保证措施。

4月9日下午，上海市邮政管理局与上海市建交委联合召开《上海市邮政业发展“十二五”规划》宣贯新闻记者通气会，新华社、人民日报、中央电视台、上海电视台、上海广播电台、解放日报、文汇报、新民晚报等14家中央及上海媒体参加并作了报道。

【《快递服务》系列国家标准施行】

《快递服务》系列国家标准（下称《标准》）于5月1日起开始施行，填补了我国快递领域国家标准的空白。《标准》根据经营范围的不同，细化了快递服务组织的最低从业人数要求，新增了加盟企业管理和国际业务代理相关规定，还专门增加了对国际快递服务时限的相关要求。细化了对快件验视和封装的要求，增加了无着快件等处理规定，并特别针对快件是“先签后验”还是“先验后签”，明确给出了答案。此外，标准还以较大篇幅，新增了国际快递在各服务环节的具体要求。5月4日，上海市邮政管理局召开专题会议，部署开展《快递服务》系列国家标准宣贯工作，并通过市内主要新闻媒体，对《标准》进行了深入解读，促进市邮政业提高对《标准》的理解和掌握能力，扩大《标准》社会知晓度。

【上海市政府召开专题会议研究扶持本市快递业发展】

5月10日，时任上海市常务副市长杨雄和副市长艾宝俊、沈骏召开专题会议，研究本市快递业发展工作。上海市政府副秘书长周波、尹弘和市经信委、市建交委、市发改委、市商务委、市科委、市政府法制办、市公安局、市交警总队、市交通港口局、市规土局、市工商局、市住房局、市民政局、市人保局、市财政局、市地税局相关负责人参加了会议。上海市邮政管理局局长李惠德参加会议。会议听取了市经济信息化委、市建设交通委、市邮政管理局就近期贯彻俞正声书记4月关于快递业发展的批示精神、落实前次关于快递业发展的市政府专题会议要求的汇报，明确建立上海市扶持快递业发展工作协调小组，由市建交委牵头，市邮政管理局、市经信委配合，与会其他各相关部门参与，并要求尽快出台扶持相关意见。

【国家邮政局在沪举办快递企业高级管理人员研修班】

5月17日至19日，国家邮政局在上海举办快递企业高级管理人员研修班，讲授国家邮政业“十二五”规划、快递服务国家标准、快递产业发展政策和市场监管、快递产业发展现状与趋势、快递服务合同管理等内容。全国18家规模以上快递企业高级管理人员60余人参加了培训。

【妥善处理希伊艾斯快递有限公司部分地区网络阻断事件】

7月初，希伊艾斯快递有限公司部分地区发生网络阻断，引起社会反响。上海市邮政管理局提高对事件重要性的认识，采取积极措施，突出重点、注重实效，妥善处置，强化处理消费者投诉，协调做好稳定工作，防止了事态进一步扩大。

【国家邮政局马军胜局长在沪召开快递企业提高服务质量调研座谈会】

7月12日，国家邮政局马军胜局长在沪主持召开快递企业提高服务质量调研座谈会。邮政EMS、申通、圆通、韵达、中通、上海顺丰、全成、众通、东方万邦等企业负责人参加了座谈。会议通报了全国快递业发展的情况和目前快递服务存在的问题，与各企业就网购快递服务、快递业营改增税改、客户服务合同、加盟商管理等问题进行了讨论。国家邮政局市场监管司副司长王丰及办公室相关处室负责人，上海市邮政管理局班子全体成员和相关处室负责人参加。马军胜局长在沪期间会见了上海市副市长沈骏，并调研了本市快递营业场所规范化建设推进情况。

【上海市政府再次召开专题会议推进本市快递业发展扶持政策出台】

7月25日，时任上海市常务副市长杨雄、副市长艾宝俊、沈骏主持召开上海市市政府专题会议，推动本市快递业发展若干意见制订。时任上海市政府副秘书长周波、肖贵玉和市建交委、市发改委、市经信委、市商务委、市规土局、市公安局、市人社局、市交通港口局、市住房局、市财政局、市地税局、市工商局、华东民航局、机场集团相关负责人参加了会议。上海市邮政管理局李惠德局长参加了会议。会议听取了市建交委、市邮政管理局关于本市快递业发展若干意见制订情况的汇报，对部分条款进行了协调修改，并提请市政府常务会议、市委常委会议审议，为《关于促进本市快递业健康发展若干意见》的出台奠定了基础。

【印发《上海市完善省级以下邮政监管体制工作实施方案》】

7月31日，由上海市邮政管理局代拟的《关于印发<上海市完善省级以下邮政监管体制工作实施方案>的通知》（沪府办发〔2012〕50号）由上海市政府办公厅向各区县人民政府、市政府各委办局下发。该文本经2月3日、6月28日时任上海市副市长沈骏先后两次召开市政府专题会议研究，并报经7月9日市政府常务会议、7月20日市委常委会议审议通过。据此，本市成立了上海市完善省级以下邮政监管体制实施工作协调小组，上海市副市长沈骏、市政府副秘书长尹弘分别任组长、副组长，市政府办公厅、市建设交通工作党委、市编办、市公务员局、市邮政管理局主要领导任副组长，成员包括市建设交通两委、市公务员局、市编办及市邮政管理局相关领导。

【落实安排上海市邮政业十八大期间寄递渠道安保工作】

8月21日，上海市邮政管理局会同市公安局、市寄递物品安全监管办公室召开上海市邮政业"十八大"期间寄递渠道安保工作动员大会。会议通报了近期上海市邮政管理局对快递企业执行收寄验视制度和禁寄物品规定暗查情况，部署安排了"十八大"期间上海寄递渠道安保工作。与会企业代表签署了《寄递渠道安全工作任务书》。市邮政企业、规模以上快递企业参加了会议。同期，上海市邮政管理局会同市寄递物品安全监管办公室、市公安局治安总队联合开展了快递企业执行收寄验视制度情况专项检查。

10月25日，上海市邮政管理局会同上海市寄递物品安全监管办、市公安局治安总队对邮政公司、圆通、汇通、韵达、顺丰、Fedex等各类寄递企业的网点和分拨中心进行了收寄验视、生产安全等情况检查，特别是对寄往北京的快件进行了重点检查。

10月30日，上海市邮政管理局组织召开了市邮政业十八大期间寄递渠道安保工作再动员大会。市邮政公司、EMS、"四通一达"、顺丰、FEDEX、UPS等25家规模以上企业安全责任人以及市寄递物品安监办、市公安局有关负责同志参加了会议。

【上海市人大常委会全票通过《上海市实施〈中华人民共和国邮政法〉办法》】

9月26日，上海市十三届人大常委会在市政府会议厅召开第三十六次会议，会上对《上海市实施〈中华人民共和国邮政法〉办法》（以下简称《办法》）进行了表决。会议听取了上海人大法制委委员会委员王观锠所作的上海市人民代表大会法制委员会关于《上海市实施〈中华人民共和国邮政法〉办法（草案）》（修改稿）修改情况的报告，全票表决通过了《办法》。上海局李惠德局长列席参加了会议。《办法》将于今年12月

1日起施行。《办法》的出台健全完善了上海邮政业地方法律体系，为上海邮政业的发展进一步夯实了法律基础。

【妥善处理民航快递与华驿物流合作纠纷引发的不稳定事件】

10月初，民航快递与华驿物流合作过程中因纠纷而引发了不稳定事件。上海市邮政管理局采取多项措施突出重点、注重实效，妥善处置，有效防止了事态进一步扩大。总结几次处理突发事件的经验，形成了一套处理突发事件的应急机制：一是密切关注事态发展，成立以局领导为组长的处置小组；二是及时向国家邮政局、市委市府报告，在其指导下做好相关工作，重点关注妥投滞留快件，组织做好对快件的转运投递工作；三是第一时间敦促有关公司立刻公开发布客户致歉书；四是做好对该事件的监控工作，多途径多方面了解事件发展情况，向相关部门通报目前事态进展情况，并与当地公安、稳定部门进行沟通，协调做好稳定工作；五是安排上海“12305”消费者申诉热线增派值班人员进行24小时值班，接受消费者投诉、申诉；六是开展现场检查和严肃查处，安排执法队员对群众所举报的加盟网点扣留快件事件进行现场检查执法，保护消费者权益。上海市委副秘书长姚海同、市政府副秘书长薛潮等对此予以肯定。

【上海出台《关于促进本市快递业健康发展若干意见》】

11月2日，上海市政府办公厅印发了《上海市人民政府办公厅转发市建设交通委、市邮政管理局关于促进本市快递业健康发展若干意见的通知》（沪府办〔2012〕112号）（以下简称《若干意见》）。

《若干意见》的拟草过程历时1年多。在市委市府和国家邮政局的指导下，经杨雄常务副市长和艾宝俊、沈骏副市长三次市府专题会议讨论，并经8月6日市政府第148次常务会议、市委常委会第10次会议两轮审议，上海市邮政管理局与市建交委多次调研、协调、修改，形成最终印发文本。

《若干意见》主要内容共提出了十三个方面的针对性政策措施：一是加强政府指导；二是发展总部经济；三是支持人才引进；四是加强用工培训；五是健全网点覆盖；六是方便注册登记；七是规范车辆通行；八是规范政府采购；九是严格安全管理；十是发挥协会作用；十一是提升信息化水平；十二是拓展业务领域；十三是探索破解难题。《若干意见》的出台解决了以往制约快递业发展的瓶颈问题，进一步为上海快递服务健康发展创造了良好环境。

【加强快递业务旺季服务保障工作】

11月网购促销、快递业务高峰期，

上海市邮政管理局专题部署要求各企业加强组织调度，建立应对机制，加大安全生产力度，加强信息沟通，认真执行并完善信息报告和值班制度，局主要负责人带队到各快递企业总部现场指导，确保旺季期间寄递渠道安全畅通。

2012 年“11.11”网购业务促销期间，“三通一达”日快件量均超过500万件。“三通一达”在“11.11”网购业务促销期全网总快件量达3000万件。上海市“11.11”当天快件业务收入高达 13.9 亿元。

【上海市邮政监管派出机构成立大会召开】

11 月 15 日上午，“上海市邮政监管派出机构成立大会”在上海市展览中心召开。时任上海市副市长沈骏、国家邮政局副局长赵晓光到会讲话，并为新成立的上海市浦东邮政管理局等 6 个本市省级以下邮政监管派出机构揭牌。时任上海市城乡建设和交通工作党委副书记、上海市城乡建设和交通委主任黄融，上海市邮政管理局局长李惠德出席会议并致辞。会议由上海市城乡建设和交通工作党委副书记朱铁民主持。国家邮政局办公室主任韩瑞林在主席台就座。上海市黄浦邮政管理局局长郑小鹏代表全市 6 个邮政监管派出机构作了表态发言。市建设交通党委、市建交委、市邮政管理局、市编办、市公务员局等本市完善省级以下邮政监管体制工作协调小组成员单位，以及市政府相关部门负责人和各区县领导、区县有关部门负责人邮政企业、各大快递企业负责人、员工代表等，共计 300 余人出席了会议。新华社上海分社、东方卫视、上海广播电台、解放日报、文汇报、新民晚报等 13 家媒体对成立大会进行了采访，并纷纷在显著位置或重要时段予以了详细报道。

（上海市邮政管理局）

【国家邮政局与上海市政府签署合作协议】

2013 年 6 月 28 日，国家邮政局局长马军胜和上海市人民政府副市长姜平在上海分别代表国家邮政局和上海市人民政府签署了《关于加快推进上海快递总部经济建设与发展合作协议》（以下简称《协议》），提出建立促进快递业发展的合作机制，加快建设上海快递业总部经济，以更好地满足上海日益增长的快递需求。国家邮政局副局长赵晓光出席签字仪式。

马军胜局长在致辞中表示，上海是我国最大的经济中心之一，正在向建设国际经济、金融、贸易和航运中心目标迈进，为快递服务提供了良基沃土。市委市政府高度重视快递服务的发展，出台施行了《上海市实施〈中华人民共和国邮政法〉办法》、《关于促进本市快递业健康发展的若干意见》等法规文件，推进了上海快递法律政策环境持续优化完善。目前，上海已经成为全国快递服务最发达、快递企业总部聚集最多的城市，也是全国快递服务的竞争高地和市场风向标。

马军胜表示，作为邮政管理部门，国家邮政局将一如既往地支持上海市发展快递服务的各项工作，并将和上海市人民政府加强合作，共同促进上海快递业的持续快速健康发展。他要求国家邮政局各相关部门、上海市邮政管理局，加强和上海市人民政府有关部门、相关区政府的沟通与协调，建立和加强合作会商机制、信息通报和交流机制，共同把《协议》规定的合作内容落到实处，取得实效。

截至2013年上半年，依法在上海地区经营的快递企业共1512家。申通、圆通、韵达、中通、百世汇通、国通等多家民营快递企业在上海设立了全国总部，UPS、FedEx、TNT、DHL等国外快递公司的中国区或华东区总部也设在上海。上海全市快递行业近年来年均增长率保持在35%～50%。2012年，全市规模以上快递服务企业业务收入完成182.9亿元，业务量完成6亿件，全上海2300万人口人均快件量25.3件，为全国平均水平的6倍多。2013年1月-6月，上海市规模以上快递服务企业业务量累计完成4亿件，同比增长57.67%；业务收入累计完成110亿元，同比增长35.48%。据不完全统计，上海各大快递企业解决当地就业近10万人。

在国家邮政局的支持下，上海市加快推进上海快递业和快递“总部经济”发展。本次签约就加快推进上海快递总部经济建设与发展相关事宜进一步予以了细化、拓展和落实。《协议》提出建设与小康社会相适应的现代快递服务，围绕上海加快实现“四个率先”、加快建设“四个中心”、加快推进上海快递总部经济的建设与发展的指导思想。明确了为上海现代服务业转型升级服务、提升快递服务能级水平、引领全国快递服务发展等政策环境建设、发展定位、产业发展等方面的合作目标。

《协议》确定了包括法律政策、发展规划、国际航运中心建设、总部经济、发展方式、能力建设、行业监管、人才队伍、综合交通等在内的9个方面的重点合作内容。《协议》预计，到“十二五”末，总部在沪的快递企业年业务收入将超过千亿元；到2020年，将培育出1个年业务收入超千亿元、2～3个年业务收入超五百亿元，总部在沪的、具有较强国际竞争力的大型快递企业或企业集团。

国家邮政局办公室、政策法规司、市场监管司、上海市邮政管理局、中国快递协会的相关负责人参加签字仪式。

（国家邮政网）

7.3 电商物流

7.3.1 物流电商与电商物流齐头并进

伴随着电商企业竞争的白热化，支撑电商发展的重要环节——物流快递，相对发展滞后的问题日益凸显。为了能抢先占领市场，很多电商企业开始尝试自己创建物流体；快递企业也加码电商服务，希望能从产业链上分得更多的蛋糕。

第三方物流向外延伸

电商的快速发展，直接带动快递行业的增长。据国家邮政局统计，上半年，全国规模以上快递服务企业业务量累计完成 38.4 亿件，同比增长 60.6%；业务收入累计完成 629.8 亿元，同比增长 34.5%。

“四通一达”（申通、运通、圆通、中通、韵达）加上顺丰，这些主力快递公司的市场份额加在一起超过了 75%。近日有消息称，圆通快递已在全国范围内开通代收货款业务，全网 6000 余个营业网点将提供相关服务。

物流企业正加紧对三四线城市进行布局。据了解，目前“四通一达”及顺丰快递已覆盖到县，由县到镇的末端物流配送模式尚处于摸索期。

华泰证券最新报告指出，未来随着电商物流在三四线城市的区域化整合，末端物流配送模式将逐渐清晰，广大三四线城市及乡村消费者的网购体验将会有所提升。伴随着这一趋势，三四线城市的网购规模将迎来高速增长期。

电商加码布局物流

在电商 6 月的疯狂大促销中，订单爆仓致使快递再一次变“慢递”，迫使电商企业再一次重新审视快递业。

为了快速抢占市场，电商也开始加码布局物流。从易迅的“一日三送，晚间送货”，到京东“一日四送”的“极速达”，再到 1 号店推出的“一日六送”的“准时达”，更加上阿里巴巴“中国智能物流骨干网”大动作，电商巨头们在物流上频频布局。前两日，华南电商领军企业唯品会又推出 6 元的底单价，要与物流供应商共进退。

近日，电商又开始加快布局生鲜市场的物流运输。苏宁易购对外宣布，将进入生鲜电商领域，首先选择大闸蟹这个独特品种作为敲门砖，从 7 月底开始上线。在 7 月的大闸蟹配送中，苏宁与养殖商户直接合作，采用特供模式。

除了苏宁易购，天猫也正式对外宣布试水生鲜冷链物流。此外，沃尔玛旗下电商网站1号店在上海宣布，继今年4月初进军生鲜品类上线“1号果园”后，自营蔬菜也已正式上线。

近日，中粮集团宣布，早在2008年就投资创办的食品类B2C电子商务网站——中粮我买网，已获PE/VC投资，金额达数亿元人民币。

“是选择电商企业自己做物流，还是选择交给第三方物流公司做？究竟哪种方式更有效率？主要看物流的规模和专业化程度，如果电商自己做物流，可以做到效率很高，并且还能为其他的企业提供服务，这也是一种发展方向。”北京工商大学教授何明珂告诉中国证券报记者。

（中国证券报）

7.3.2 垂直电商压价“替罪羊”：中小物流挣扎破产边缘

网传的顺丰快递月入过万元，对于很多快递从业人员来说只能是一个尴尬的讽刺。

“我们的人员、油料、租金等成本每年上升15%～20%，但与五年前相比，每票订单的价格却下降了50%。”7月10日，一家落地配（本地物流配送）负责人对记者表示，由于电商行业价格战导致的整体不盈利，作为供应商的物流企业生存状态亦不断恶化。

当电商企业之间频频以价格战讨好消费者之际，物流供应商则成为电商企业削减成本的替罪羊，成为其价格屠刀的靶心。华南一家电商物流企业负责人向记者透露，有些签了年度合同的电商，甚至在一年内要求物流供应商降价三次，“目前每单3元的情况在业内比比皆是，三年来整个行业至少有20%企业黯然退出”。

对此，唯品会（NYSE：VIPS）主管物流业务的高级副总裁唐倚智在接受记者采访时表示，电商和快递物流是互为依靠的唇齿关系，当前电商平台对物流供应商的疯狂压价，不仅让物流企业挣扎在破产边缘，从长远来看也将让电商行业的物流瓶颈愈加突出，“整个产业链都在涸泽而渔”。

每单最低仅2元

随着中国电子商务市场的不断发展，电商物流行业也随之壮大。唐倚智对记者表示，根据所服务电商类型的不同，电商物流也主要分为两大阵营，即服务淘宝、天猫等平台型电商的三通一达，以及服务于垂直电商的落地配。在此之外，京东、易迅、亚马逊等电商平台的配送还采取了自建的模式。

唐倚智表示，从成本来看，这三种物流模式的成本从高到低依次为：三通一达、自建快递、落地配。他举例说，一件从广州到西安的包裹，三通一达的价格约在18～20元，落地配的价格约为9～10元。

“相对于三通一达来说，落地配的日子差太远了。”前文提及的落地配负责人表示，拥有全国配送网络的三通一达，坐拥天猫、淘宝的巨大体量，并得到后者的规范、扶持，维持着较高的客单价。

当然，着眼于区域市场经营的落地配，由于相对于三通一达的价格优势，以及可以代收货款，并根据客户要求定制柔性化流程等特点，则成为唯品会、当当网、麦考林等垂直电商的不二选择。

事实上，在国内电商企业中率先盈利的唯品会，就由于采取落地配模式，得以实现物流成本的不断降低。唯品会财报显示，其2012年一季度物流成本占总营收的比例为16.7%，这一数字在此后的四个季度分别降低为15.2%、13.9%、12.5%和12.1%。

“相对于电商平台来说，落地配的议价能力很弱。”上述落地配负责人表示，全国落地配企业众多，大多数的员工在几百人左右，日订单量在1万单左右，基本上要仰仗电商的订单划配，否则就很难生存下去。

该人士对记者称，作为业内率先盈利的企业，唯品会并不是价格战打得最厉害的，还有个保底价，而行业内部分知名电商甚至一年压三次价，每单最低压到2元，根本收不回成本，“今年一季度我们就被迫调价一次”。

尤其是自2012年以来，垂直电商本身的竞争愈加激烈，募集资金更加苦难，削减运营成本的挑战加重，物流供应商的日子就更苦。

行业内一家规模较大的落地配企业已经经历两轮融资，本计划启动上市进程，但在当前的经营状况下，只得暂时作罢。

广州一家物流企业负责人对记者表示，落地配行业几年前日子还不错，现在普遍不盈利，除了一些报社发行队伍出于增值考虑的进入，三年来行业几无新进入者。

除了不盈利，落地配企业还面临现金流紧张的尴尬，由于要为电商企业代收货款，很多落地配处于负现金流运营状态。

至于京东、一号店等拥有自建物流的电商，则把60%～70%最具成本效益的配送留给自己，剩下的“鸡肋”则留给落地配。

唯品会涨价逻辑

唐倚智认为，从成本角度考虑，落地配是目前电商物流中不可或缺的环节，其成本不仅比三通一达低，也比电商自建物流更有效率。

“一个三四元的订单，物流公司难以盈利，还必须承担退货运送成本等额外开支，叫苦不迭。”唐倚智表示，物流供应商利润的缺失，最终将影响电商的配送服务质量，这种紧张关系最终也必然会出现双输的后果，一方面物流业在电商的压制下挣扎求存，另一方面电商进入自身非专业的物流业，亦可能由于投资过大而失败收场。

上述落地配负责人也对记者表示，更多落地配企业由于生存艰难而退出市场后，供需关系总有逆转的一天，而落地配的再补充供应有较长的滞后效应，这将让困扰电商的物流瓶颈更加突出。

“从这个角度来看，唯品会日前提出的对第三方配送保价，是一个着眼于长远的考虑。”该落地配负责人认为，三通一达和淘宝此前几年也遭遇过这种互相埋怨的时代，但后来淘宝方面采取了一系列规范、扶持的措施，体现了行业领头羊的前瞻和大气。

该人士认为，作为垂直电商的代表，唯品会目前的做法也让落地配企业看到了这种前瞻。唯品会在近日举行的物流商大会上宣布对第三方物流配送进行保价，确定每单最低运价为 6 元。唐倚智对记者表示，唯品会还将与物流商签订长期合作协议（有别于一年一签的合作模式），并为重点合作的中小物流商提供资金周转方面的解决方案。

“作为上市公司，这种保价策略确实会对物流成本带来挑战。”但唐倚智认为，这里面有算大账和算小账的分别，也有眼前利益和长远发展的分野，“唯品会现在每天的订单超过 10 万个，而且还在迅猛增长，我们不想哪天出现无快递可用的局面”。唯品会副总裁马晓辉向记者强调，此次对落地配的保价费用由唯品会公司承担，成本不会转移到用户身上，而从唯品会的角度来讲，该举措除了优化供应链，也有提升用户体验的目的。

即使是从综合成本来看，唐倚智也相信，保价策略多出来的物流成本，会很容易被由此带来的口碑提升和销量增加而摊销掉。

“现在整个垂直电商行业仍在不断压缩落地配的价格空间。”前文提及的落地配负责人对记者表示，唯品会此举至少让物流企业对未来的合作和成本控制有了明确的预期，减少了大家经营时的恐慌。

（21 世纪经济报道）

7.3.3 电商同质化 物流将是下一个比拼核心

不论是卖书起家的当当网，还是做家电发迹的苏宁和京东，到最后都变成了无所不容的大百货电商。

近日，苏宁易购开卖生鲜，易迅也进军百货，国内电商同质化竞争倾向加剧。电商观察人士表示，同质化将引发更加凶猛的价格比拼。

电商跨界卖生鲜

2013 年 7 月 27 日，武昌的万小姐在网上闲逛时发现，苏宁易购新上架了江苏“阳澄湖大闸蟹”提货券，并支持全国下单配送。随后，记者上网一查，果真如此，苏宁易购武汉区域相关负责人也向记者证实了这一消息。“目前苏宁易购上线的‘大闸蟹’产品，是打算在今年 9 月提货高峰期时，开通门店自提和送货上门两种生鲜配送方式，并借此试水整合苏宁的冷链物流配送系统。”该负责人表示，“后期肯定会拓展其他生鲜商品，但具体细节目前总部还没有透露。”在此之前，天猫、京东、顺丰、1 号店等电商也推出了生鲜业务。

而近期玩跨界的电商并非苏宁易购一家。本月开始，主营 3C 数码、通信产品的易迅网也一改家电电商的形象，高调杀入百货领域，并和 1 号店拼起了百货品类促销。

易迅网运营总监潘彪告诉记者，为了进一步扩大市场规模，食品和快销品将是易迅下半年在品类扩张上的主要突破口，到今年年底，预计将引入 1500 家一二线中高端精品百货品牌。

同质化引发价格战

放眼当下国内电商企业，似乎不管做什么品类起家的电商都奔着大百货的方向而去。做家电出身的京东、苏宁、易迅如此，做图书起家的当当网、卓越亚马逊也是，连做食品的 1 号店和做物流的顺丰也都齐刷刷地做起了百货。

出身各异的“专业选手”都变成了同质化杂家。在人有我亦有的市场环境下，同样的商品如何争宠消费者？价格成了首先被考虑的因素。

电商观察人士鲁振旺表示，国内电商成立之初，都是相安于自己的专业领域，卖书的卖书，倒腾家电的倒腾家电，井水不犯河水。“但是，当电商纷纷都做全产业大百货后，在经营领域上难免有交集，也就有了竞争和摩擦，因此才有了‘双十一’，‘8•15’和‘6•18’这样大规模的全行业价格战。”

“不过，虽然都是全品类电商，但是各家还是有自己的核心竞争力。例如当当的图书、亚马逊的电子图书、京东的3C产品、1号店的食品，每家电商都有自己做得比别人专的领域。”鲁振旺表示。

物流将是下一个比拼核心

“不过，价格战也不会无底线无节制。”鲁振旺表示，几乎所有行业在经历野蛮生长期后，都会经历一次充分的洗牌，而当利润空间被压缩到盈亏临界点时，后台服务就会成为下一个比拼的核心。

鲁振旺表示，电商平台之间的比拼，做到最后其实就是物流和供应链的竞争，之所以要争着进入生鲜这样对冷链物流要求较高的领域，就是为了在竞争中不落于人后。他称，消费者在网上购物都会有一个兴奋时间段，如果物流配送的时间过长，消费者的兴奋期一过，就难有购物的快感，如此一来，物流糟糕的电商也将失去用户的黏性。

（南方新闻网）

7.4 医药物流

【九大医药流通企业携手共筑“冷链”】

就在顺丰巨资进军冷链物流，1号店、天猫、京东和苏宁易购等电商巨头展开一场由“生鲜”引发的“冷战”之际，医药流通企业也为之心动且行动。

日前，中国医药商业协会联合国药控股、九州通、华润医药、哈药集团等9家药品流通企业成立温度敏感性药品流通安全试验室（下称“试验室”），并计划于3年内制订医药冷链标准。按照规划，该试验室将从2014年起，进入试验阶段，为期1年，2015年为标准制订与验证阶段，成果鉴定将于2016年上半年完成。

近年来，国家食品药品监督管理局和卫生部等相关部门一直在为修订新版《药品经营质量管理规范》（GSP）征求意见。2012年底，《冷链物流分类与基本要求》、《药品冷链物流运作规范》两项国家标准相继出台。而在今年6月1日起正式实施的新版 GSP 也着重强调了医药冷链的管理和提升。有分析人士预测，至 2014 年，医药冷链市场价值每年将会增长 10%。中国医药冷链这个原本“散、小、乱、弱”的市场必将得以重新洗牌，挑战来临的同时，也将带来更多商机和进步。

现实情况是，目前医药物流并不冷链运输。据了解，医药冷链的投资一般较高，不少药品流通企业为了实现利润最大化，自然不愿意使用成本极高的冷链系统。就发达国家而言，医药流通企业要保证 25% 以上的毛利率才能够保持健康发展，而目前我国医药流通企业的毛利率一般都不足 10%，行业利润的低下更加剧竞争的无序。“在这种情况下，一些大的医药生产公司宁愿花高成本自建物流中心，也不愿意采用第三方物流的方式。”上述分析人士表示。

记者昨日分别采访了参与本次试验室建设的几家上市药企，其中九州通、上海医药、华润医药、哈药股份等医药流通龙头都已建立了自己的医药冷链系统。哈药股份表示，公司旗下设有专门的医药物流公司，而集团下设的生物工程公司因配送血液制品、疫苗等特殊药品的需求，也建有自己的冷链物流系统，以保证药品在配送过程中的品质。上海医药证券部人士则向记者表示：“公司以上海医药分销控股为核心开展自己的医药分销业务，并通过集团旗下 40 多家子公司和 30 多家的物流中心形成全国性的分销网络。冷链物流是公司针对生物制品配送设置的非常重要的一环。”

对于此次携手中国医药商业协会共研医药冷链之策，九州通医药流通部门负责人告诉记者：“公司早前已经拥有自己的物流配送平台，并建设了相应的冷链系统。此次试验室成立后，公司主要承担冷链物流环境和设备等检测工作，对公司物流业务短期内不会有大的影响。我们旨在为整个医药冷链行业制定更为完善、健全的行业标准。”

（上海证券报）

第八篇 物流设施与装备、标准与技术、信息化篇

8.1 物流设施与装备

8.1.1 第二届 JOC 全球集装箱航运峰会上海开幕

伴随上海成为全球最大的集装箱港口，来自于中国内陆地区、通过上海港发往世界各地的集装箱货量与日俱增。新版上海出口集装箱运价指数（SCFI）的发布，也引起了业界关于如何优化中国内陆至上海港的集疏运体系、泛太平洋航线、亚洲线等一系列问题的热烈讨论。

2012 年 6 月 4 日，第二届 JOC 全球集装箱航运峰会于上海市虹口区喜来登三至酒店举行。本次会议由物流情报和 UBM Global Trade 共同举办，为期两天，旨在为航运市场各组成部分提供一个表达观点、相互交流的平台，有助于进一步规划 2012 年及今后的发展。

6 月 4 日上午 9 点，会议准时开始，物流情报战略高级副总裁 Peter Tirschewell 担任本次会议主持人，并做开幕致辞，欢迎各界专家到访。

随后，上海市虹口区副区长张锡平发表讲话，指出目前航运和金融由融合的态势，上海国际航运中心有望成为全球最重要的市场之一，虹口北外滩也将成为最具前景发展的区域。

交通银行首席经济学家连平博士发表开幕演讲，连博士分析了目前全球经济发展情况以及其对全球集装箱航运的影响，关键在于对集装箱航运需求的影响，即多少需求将转化为运力配置及其对运费率水平的影响。最后，连平博士就综合经济前景，指出全球集装箱经济完全复苏将于2013年下半年到2014年左右。

马士基航运北亚区首席执行官Tim Simith就巴拿马运河扩张项目队全球物流以及供应链的潜在影响提出自己的看法。他指出“新巴拿马型”集装箱船可以将运河集装箱流量增加到目前的三倍，对全球集装箱运输和海事贸易也将产生深远影响。此次会议汇聚了全球各地区专家，各专家就目前航运界情况提出自己的观点，并对未来集装箱发展趋势做了预测。

（汪涛）

8.1.2 首个产品物流分拨中心落户浦东机场

2013年5月26日，瑞典高科技工业集团山特维克对记者确认，在中国设立的首个产品物流分拨中心CDC（中国物流分拨中心）于上海浦东机场保税区正式启用。

“具体数目不方便透露，但这是一笔大投资，也是公司中国市场战略的重要组成部分。”山特维克全球高级副总裁Annika Roos在接受记者专访时介绍，“之前，山特维克在欧洲、北美和新加坡已经设立了物流点，加上中国的物流点，将构成山特维克的全球物流体系。”

据了解，山特维克之前没有专门针对单个国家的物流中心点，CDC却成为一个例外。“毋庸置疑，该中心的建立就是为了应对中国市场越来越庞大的需求，对接中国的客户。”Annika表示，“这是集团公司在中国的重要战略之一。”

Annika的表态并不意外。山特维克集团CEO奥洛夫·法克赞德去年10月底就曾对记者介绍，过去十年，该公司在中国业绩的平均增速超过25%，“目前，已跃升为山特维克第四大市场”。就工业刀具市场看，中国航天、航空、化工等行业的持续发展，将产生庞大的需求。“比如，一架飞机的制造，就需要磨损掉上千个以上的刀片或钻头。”山特维克有关人士对记者介绍。

不过，记者此前在和部分物流企业和

跨国企业交流时发现，相对于上海，他们更宁愿选择上海周边的港口或城市作为自己的物流中心，如杭州萧山机场或宁波的北仑港等。

对此，Annika解释，除了满足中国市场对标准品刀具和非标准品刀具的巨大需求外，还有一个原因是“浦东机场保税区在税收等方面的优惠政策”，另外，该公司“95%的产品都要通过飞机运输，以最快的速度送到客户手中”。

上海综合保税区管委会副主任王辛翎也确认，上海综合保税区一直全力支持跨国公司面向中国、亚太乃至全球的空运分拨中心、物流供应链企业在机场综保区集聚发展。

（中国物流设备网）

8.1.3 58家起重机研制参加上海大型起重机械监控管理系统推进会

大型起重机械安装安全监控管理系统是国家质检总局、国家安全监管总局为贯彻落实《关于进一步加强企业安全生产工作的通知》（国发〔2010〕23号）有关要求而实施的重点工作。该系统通过监视、控制、管理等手段，实现操作安全控制、危险临界报警、现场实时显示和数据记录保存、运用视频和音频技术实时显示和记录工作状态、事后回放、远程监控等功效，充分体现了现代物联网信息管理技术在起重机械上的具体运用。按照两部门印发的《关于印发的通知》（国质检特联〔2011〕137号）的计划，在“十二五”期间，以公路建设、铁路建设、电站建设、船舶修造等行业（领域）为重点，逐步在新制造和在用大型起重机械上安装安全监控管理系统，强化大型起重机械技术安全管理和控制，促进现场操作标准化和规范化，预防起重机械坍塌等事故发生。

2011年3月，两部门协调相关标委会组织有关科研、设计、制造、使用、检验等单位制订并上报安全监控管理系统国家标准，2012年3月，《起重机械安全监控管理系统》（GB/T28264-2012）国家标准批准发布。目前在28家造船门式起重机、架桥机等单位已全面展开试点、验证工作，为进一步完善相关标准及后续工作提供技术支撑和依据，有的已进入实际生产使用阶段，取得阶段性成效。

会上相关单位汇报和交流了大型起重机械安装安全监控管理系统前期示范试点情况，与会人员现场观摩上海振华重工大型造船门式起重机安装安全监控管理系统后的实际使用情况，会议总结了该系统自试点以来取得的成绩及存在问题。

（中国物流设备网）

8.2 物流标准

邮政业标准化管理办法

国家邮政局

《邮政业标准化管理办法》于2012年10月9日经第8次部务会议通过，自2013年1月1日起施行。

第一章 总 则

第一条 点为规范邮政业标准化工作，加强行业标准化管理，促进邮政业健康发展，提高服务质量和水平，依据《中华人民共和国标准化法》、《中华人民共和国邮政法》、《中华人民共和国标准化法实施条例》，制定本办法。

第二条 在中华人民共和国境内从事邮政业标准的制定和修订、实施、监督、管理及相关活动，适用本办法。

第三条 邮政业标准化工作应当遵循统一管理、分工负责、共同推进的原则。

第四条 国家邮政局依法主管邮政业标准化工作。

国家邮政局标准化管理部门归口管理邮政业标准化工作，组织拟定邮政业标准体系、标准化发展规划和年度计划，组织起草邮政业国家标准和制定、修订邮政业行业标准，统筹安排使用年度标准化专项经费，组织开展邮政业国家标准和行业标准的宣传、培训、贯彻和监督检查工作，指导省、自治区、直辖市邮政管理局的标准化工作。

国家邮政局相关业务部门负责本业务领域的标准化工作，研究提出本业务领域标准制定和修订项目建议，配合国家邮政局标准化管理部门起草本业务领域国家标准、行业标准，具体负责本业务领域标准的实施和监督检查工作。

省、自治区、直辖市邮政管理机构和按照国务院规定设立的省级以下邮政管理机构负责组织本辖区国家标准、行业标准的宣传、培训、实施和监督检查工作，按本办法规定负责企业标准备案工作。

全国邮政业标准化技术委员会承担邮政业标准化工作的技术管理工作。

第五条 邮政业标准化工作应当纳入邮政业发展规划和年度计划。

第六条 快递等相关行业协会按照规定程序参与邮政业国家标准和行业标准的制定、修订工作，反映行业会员单位的意见和要求，指导会员单位执行邮政业标准。

邮政企业、快递企业应当贯彻执行邮政业标准化工作的有关要求，建立健全标准化制度。[注]

第二章 标准的制定范围与类型

第七条 邮政业标准分为国家标准、行业标准和企业标准。

第八条 对邮政业需要统一的下列技术与服务要求，应当制定国家标准或者行业标准：

（一）通用的术语、符号、代号（含代码）、标识、邮政编码编制规则等要求；

（二）邮政普遍服务和特殊服务的服务质量、服务流程、服务设施及其工程技术规范等要求；

（三）快递服务的服务质量、服务流程、服务设施及其工程技术规范等要求；

（四）邮政业使用的信封、封装用品、寄递单式等用品用具的技术要求；

（五）通用设备及车辆的技术要求以及检测方法等；

（六）信息化建设的通用技术要求；

（七）按照国家关于标准化的相关规定应当制定国家标准或行业标准的其他技术与服务要求。

行业标准在相应的国家标准公布实施后，自行废止。

第九条 下列要求，不得制定为邮政业国家标准或者行业标准：

（一）季节性操作规范、应急管理等临时性要求；

（二）只在单一企业内部适用的技术及服务要求，但本办法第八条第一款第（二）项规定的要求内容除外；

（三）只适用于单一行政区域的技术及服务要求；

（四）职业技能规范、操作指南、管理要求、工作办法、指导意见等。

第十条 邮政业技术与服务要求没有国家标准和行业标准的，邮政企业和快递企业应当制定企业标准。已有国家标准、行业标准的，鼓励邮政企业、快递企业制定更为严格的企业标准，在企业内部适用。

第十一条 符合下列情况之一的事项，可制定邮政业标准化指导性技术文件：

（一）技术尚在发展中，需要有相应的技术性文件引导其发展或者具有标准化价值，尚不能制定为标准的事项；

（二）采用国际标准化组织、万国邮政联盟及其他国际组织技术报告的项目。

邮政业标准化指导性技术文件在相应的国家标准或者行业标准实施后，自行废止。

第十二条 邮政业国家标准和行业标准分为强制性标准和推荐性标准。其中，下列国家标准和行业标准应当制定为强制性标准：

（一）邮政普遍服务标准；

（二）邮政行业安全作业、管理及安全设施标准；

（三）保障人体健康，人身、财产安全的邮政业其他技术与服务性要求的标准和法律、行政法规规定强制执行的标准。

强制性标准以外的标准是推荐性标准[注]。

第三章　国家标准和行业标准的制定程序

第十三条　邮政业标准实行立项公开征集制度。任何单位和个人均可以提出国家标准和行业标准立项建议。

全国邮政业标准化技术委员会于每年9月30日前受理下一年度国家标准和行业标准立项建议。

第十四条　全国邮政业标准化技术委员会应当对收集到的标准立项建议进行初审，提出书面初审意见，并于每年10月31日前，连同标准立项建议报送国家邮政局标准化管理部门。

对拟立项的国家标准，由国家邮政局审核同意后，上报国务院标准化行政主管部门申请立项；对拟立项的行业标准，由国家邮政局审议批准后予以立项。

第十五条　国家邮政局标准化管理部门应当选择具备相应技术能力的单位承担邮政业国家标准、行业标准的起草工作。全国邮政业标准化技术委员会对标准起草全过程进行跟踪指导。

标准起草单位应当在广泛调研、深入研讨、试验论证的基础上，按照有关要求起草标准征求意见稿及编制说明。

第十六条　标准征求意见稿及编制说明应当在经全国邮政业标准化技术委员会初审后广泛征求意见。征求意见可以采取书面征求意见、座谈会、论证会等多种形式。征求意见的范围应当包含有关部门、行业协会、企业及相关生产、科研、检测单位和用户等。

全国邮政业标准化技术委员会统一组织全国范围的意见征集工作。各省、自治区和直辖市邮政管理机构配合做好本行政区域的意见征集工作。

对涉及面广、关系重大的标准，全国邮政业标准化技术委员会应当报国家邮政局标准化管理部门，在国家邮政局政府网站上公开征集社会各界的意见和建议。网上征求意见的期限不少于一个月。

第十七条　邮政业国家标准和行业标准由全国邮政业标准化技术委员会负责技术审查。

标准起草单位根据意见征集情况对标准征求意见稿修改后形成标准送审稿，提交全国邮政业标准化技术委员会。

技术审查可以采用会议审查或者书面审查方式。强制性标准的审查必须采用会议审查。技术审查应当符合《国家标准管理办法》和《行业标准管理办法》的规定。

第十八条　对全国邮政业标准化技术委员会审查通过的标准，标准起草单位应当根据审查意见对标准送审稿进行修改，及时形成报批稿。

标准报批稿经全国邮政业标准化技术委员会复核后，报国家邮政局标准化管理部门审核。

第十九条 邮政业国家标准和行业标准，须经国家邮政局局长办公会议审议。审议通过的国家标准，由国家邮政局报国务院标准化行政主管部门批准、发布；行业标准由国家邮政局发布，并报国务院标准化行政主管部门备案。

第二十条 邮政业国家标准和行业标准发布实施后，全国邮政业标准化技术委员会应当根据技术进步情况和行业发展的需要适时进行复审。复审结果须以书面报告形式报国家邮政局标准化管理部门。复审周期一般不超过五年。

第二十一条 邮政业标准化指导性技术文件的制定程序，参照邮政业国家标准和行业标准的制定程序执行。

第二十二条 邮政业国家标准和行业标准的对外解释工作，由国家邮政局负责，其中涉及国家标准的解释须报请国务院标准化行政主管部门批准。

第二十三条 邮政业国家标准或者行业标准编制内容或者编制程序不符合本办法规定的，不得以标准的形式发布，不具备国家标准或者行业标准的效力[注]。

第四章 企业标准的制定

第二十四条 邮政企业和快递企业应当按照本办法第十条的要求，制定企业标准。

第二十五条 邮政企业、快递企业制定企业标准应当遵照《企业标准化管理办法》的规定执行。

第二十六条 国家规定应当制定企业标准的，邮政企业和快递企业应当在企业标准发布后三十日内，报邮政管理部门备案。在省、自治区、直辖市范围内经营业务的，应当报所在地的省、自治区、直辖市邮政管理机构备案；跨省、自治区、直辖市经营或者经营国际业务的，应当报国家邮政局备案。

第二十七条 邮政企业和快递企业在报备企业标准时，应当附送标准文本及编制说明等材料。

第二十八条 邮政管理部门应当在每年3月1日前公布上一年度备案的企业标准目录。[注]

第五章 标准的实施与监督

第二十九条 邮政管理部门应当加强本业务领域、本地区标准的实施管理与监督检查。

第三十条 快递等相关协会、有关单位应当开展国家标准、行业标准的宣传和培训。

第三十一条 邮政业强制性标准一经批准发布，必须贯彻执行，不符合强制性标准的产品和服务，禁止生产、销售和提供。

第三十二条 鼓励邮政企业、快递企业自愿采用推荐性标准。推荐性标准一旦被企业采用，应当在企业内部严格执行。

邮政业用品用具、通用设备及车辆等生产企业应当在产品或者其说明书、包装物上标注所执行标准的编号、名称。

邮政企业、快递企业应当在包裹详情单、快递运单等寄递单式上标明或者在服务承诺中声明所执行标准的编号、名称。

第三十三条　鼓励符合邮政业国家标准或者行业标准的产品，向经国务院认证认可监督管理部门批准的认证机构申请产品质量认证。

第三十四条　快递等相关协会在开展企业等级评定、服务质量评比等工作中，其评定指标应当与标准相衔接。

第三十五条　国家邮政局可适时组织行业协会或者第三方专业机构评估邮政业标准实施效果，并发布评估报告。

第三十六条　邮政企业、快递企业应当通过内部监督检查、内部等级评定等方式，加强标准化建设，推动企业标准化实施工作。

第三十七条　国家邮政局以及省、自治区、直辖市邮政管理机构和按照国务院规定设立的省级以下邮政管理机构应当对企业执行标准化相关管理规定的下列事项开展监督检查，并定期予以通报：

（一）企业执行标准的总体情况；

（二）企业执行强制性标准的情况；

（三）企业自愿采用推荐性标准的情况；

（四）企业标准制定、实施、备案的情况。

第三十八条　国家邮政局根据国家有关规定，推荐技术水平高、实施效果显著的标准参加国家科技进步奖和中国标准创新贡献奖等评选活动。

第三十九条　对违反本办法规定，拒不执行邮政业强制性标准的，依据有关法律法规的规定予以处罚。

第六章　附 则

第四十条　本办法自 2013 年 1 月 1 日起施行。

注：

2012 年 6 月 29 日，经国家标准化管理委员会批准立项，由全国物流标准化技术委员会技术归口的《冷链物流分类与基本要求》(GB/T 28577-2012) 国家标准正式发布。据悉，本标准由西安交通大学、中国物流技术协会、北京邮电大学、天津大学、中国科学院数学与系统科学研究院、山东荣庆物流有限公司、贵州灵智农业集团有限公司等企业院校作为起草单位共同完成编写。《冷链物流分类与基本要求》国家标准计划于 2012 年 10 月 1 日起正式实施。

2012 年 12 月 1 日由国家质检总局、国家标准委发布的《食品冷链物流追溯管理要求》(GB/T28843-2012) 国家标准正式实施。

2012 年 12 月 1 日由国家质检总局、国家标准委发布的《食品冷链物流追溯管理要求》(GB/T28843-2012) 国家标准正式实施。该标准规定了食品冷链物流的追溯管理总则、建立追溯体系的要求，以及追溯信息采集、追溯信息管理和实施追溯等管理要求。标准适用于预包装食品从生产结束到销售之前的运输、仓储、装卸等冷链物流环节中的追溯管理。

8.3 物流信息化

8.3.1 大数据应用潮起三大领域2万亿蛋糕静待分享

大数据是继云计算、物联网之后IT产业面临又一次颠覆性的技术变革。权威数据显示，2012年大数据对全球IT开支直接或间接推动达960亿美元，而到2016年，这一数字预计将达到2320亿美元。据国内有关机构初步预算，未来中国大数据潜在市场规模有望达到近2万亿元，将给IT行业开拓了一个新的黄金时代。

分析人士指出，大数据时代来临，行业变革才刚刚开始，未来前景广阔。就目前发展来看，国内对大数据的应用领域还较为狭窄，主要集中在金融、物流、公共等三个领域。本版特对以上三大领域运用大数据的现状和前景进行梳理和分析，并发掘相关龙头股投资机会，供广大投资者借鉴参考。

公共领域：交通司法等行业领衔大数据运用

大数据将给各行各业带来变革性机会，但真正大数据运用仍处于发展初级阶段。据美国麦肯锡咨询机构在其一份关于大数据研报中指出，大数据已经对美国健康医疗、欧洲的政府公共管理、个人位置数据、美国的零售业及制造业等五个部门产生了重大的经济影响，其中在公共管理领域，每年产生约2500亿美元（约合1.54亿元人民币）的潜在价值。

据市场研究中心统计分析发现，目前我国在公共领域对大数据的运用主要集中在电力行业、智能交通、电子政务、司法系统等四个方面。

电力行业：大数据对该行业的应用主要体现在智能电网上，通过获取人们的用电行为信息，智能电网能够实现优化电的生产、分配以及消耗，有利于电网安全检测与控制（包括大灾难预警与处理、供电与电力调度决策支持和更准确的用电量预测）、客户用电行为分析与客户细分，电力企业精细化运营管理等多方面，实现更科学的电力需求管理。该领域A股龙头上市公司主要有：电科院、理工监测、远光软件、天玑科技和华胜天成等。

智能交通：交通运输部今年7月份下发通知，将对公共交通信息化应用系统建设、相关支撑系统建设、数据资源与交换系统建设提供资金支持。在政策利好支撑下，可以从以下三方面掘金智能交通领域。一、从事城市交通系统建设、高速公路信息化建设等领域的上市公司，例如银江股份、易华录、中海科技、皖通科技和捷顺科技；二、智能交通发展必需的视频监控设备供应商，例如大华股份、海康威视和迪威视讯等；三、提供导航地图、地理信息系统软件建设的内容提供商，例如：四维图新、超图软件和数字政通等。

电子政务：通过政府信息化，大数据能够提高政府决策的科学性和精准性，提高政府预测预警能力以及应急响应能力，节约决策的成本。以财政部门为例，基于云计算、大数据技术，财政部门可以按需掌握各个部门的数据，并对数据进行分析，做出的决策可以更准确、更高效。另外，也可以依据数据推动财政创新，使财政工作更有效率、更加开放、更加透明。目前为政府信息化提供服务的上市公司有：天玑科技、太极股份、立思辰、数字政通等。

司法系统：公安市场大规模的信息化和装备投资产生了海量的非结构化数据，公安的实战应用是大数据的重要应用领域。该领域大数据类上市公司有：华宇软件、美亚柏科等。美亚柏科在公安市场的电子大数据领域具备强大的综合实力。公司业务包括电子数据取证、电子数据鉴定、网络舆情分析、数字维权、公证云、搜索云以及取证云服务。今年8月份公司发布公司称，拟使用超募资金5854.80万元收购珠海新德汇51%的股权。珠海新德汇是国内公安刑侦市场信息分析软件和设备的领导厂商，主要面向刑侦、经侦、检察院和海关等行政执法部门提供行业信息的采集及分析的软件、硬件及服务，核心产品包括标准化信息采集系统、情报信息分析软件、网上作战平台、信息整合处理清洗技术服务等，此次并购增加美亚柏科在司法领域海量数据处理和分析能力。

金融领域：中科金财等7只股票受关注

大数据所带来的社会变革已经深入到人们生活的各个方面，日常的出行、购物、运动、理财等等。金融业面临众多前所未有的跨界竞争对手，市场格局、业务流程将发生巨大改变。宏源证券表示，未来的金融业将开展新一轮围绕大数据的IT建设投资。

据悉，目前，中国的金融行业数据量已经超过100TB，非结构化数据迅速增长。分析人士认为，中国金融行业正在步入大数据时代的初级阶段。优秀的数据分析能力是当今金融市场创新的关键，资本管理、交易执行、安全和反欺诈等相关的数据洞察力，成为金融企业运作和发展的核心竞争力。

目前，以大数据为代表的新型技术将在两个层面改造金融业。宏源证券表示，一是金融交易形式的电子化和数字化，具体表现为支付电子化、渠道网络化、信用数字化，是运营效率的提升；二是金融交易结构的变化，其中一个重要表现便是交易中介脱媒化，服务中介功能弱化，是结构效率的提升。

伴随着大数据应用、技术革新及商业模式创新，金融业中的银行和券商也迎来巨大的转变。此外，腾讯、阿里巴巴等互联网企业也在凭借其强大的数据积累和客户基础，进军金融业，开拓新的盈利点，这也成为金融产品在线销售的一大推动力。

从银行业来看，业内人士表示，互联网环境改变了金融客户的行为习惯，并且促进交易信息透明化，交易成本显著降低。此外，交易行为和信息数据的掌握方拥有更多的话语权。在互联网技术的推动下，金融行业、互联网行业之间的界线日渐模糊，行业融合日渐深入。

数据显示，2012年年末，四大行网银客户数量已经超过了4.3亿户，招行个人电子银行交易替代率达到了90.66%。交通银行电子银行分流率现已超过76%，而三年前的这一比例还在50%。

从证券业来看，分析人士认为，互联网证券并不是传统证券行业在互联网上的外延化扩张，它将会借助网络技术打造出新的网络证券模式，颠覆性地改变券商的传统经营模式。

光大证券分析认为，在大数据的冲击下，券商现有的业务将各有进退。经纪业务首当其冲，将最先面临转型压力。另外，投行通道中介重要性逐渐衰弱，历史上作为投行收入核心的IPO业务利润贡献度将有所下降。还有，券商资管的下一个爆发点在于集合理财业务、资产证券化和信用业务。大数据将进一步加深资管业务的精细化和专业化，助力这些板块获得新的突破。

总之，随着大资管时代的来临，证券、基金等金融机构迫切需要打通渠道通路，平衡渠道体系格局，低成本高效率的网络渠道有助于帮助证券、基金实现这一目标。

在A股市场中，服务于金融业方面的大数据公司主要有，中科金财、银信科技、同花顺、荣科科技、华胜天成、东华软件和南天信息。

中科金财是国内领先的高端IT综合服务商，公司主要面向数据中心、银行影像和IT服务管理三个细分市场，为企业、政府、银行等客户提供解决方案。

荣科科技主营业务为IT服务，公司主要针对金融、社保医疗、电力、电信、交通运输及政府部门等重点行业用户提供数据中心集成建设与运营维护服务。分析人士认为，公司加大研发储备，社保医疗市场前景广阔。

值得关注的是，8月2日南天信息发布公告称，公司拟合计出资1275万元对海捷科技增资扩股，海捷科技是一家专门从事商业智能领域（BI）、数据仓库领域、数据库领域的专业咨询、项目实施、软件开发、系统集成的专业软件公司。长江证券表示，并购大数据公司，将增强南天信息主业优势。公司的核心业务系统（OFP CoreBanking）推出至今，先后在中国建设银行、中国银行、民生银行、光大银行、交通银行、中国邮政储蓄银行、城市商业银行、农村信用社等多家金融机构成功推广使用，具备一定客户基础，本次并购大数据公司则有望形成客户和技术的互补效应，夯实公司在金融业务建模、高端咨询等领域的优势，并创造进一步延伸目标客户群的可能。

物流领域：中储股份等龙头股亲密接触大数据

物流是贯穿经济发展和社会生活全局的重要活动。信息化正在全面渗透和融合到物流活动中，成为现代物流最重要的核心特征和时代特征。经过多年努力，尽管我国物流信息化取得了重要进展，但仍存在诸多问题。在此背景下，工业和信息化部在今年年初发布了《关于推进物流信息化工作的指导意见》。《意见》提出，到“十二五”末期，要初步建立起与国家现代物流体系相适应和协调发展的物流信息化体系，为信息化带动物流发展奠定基础。

数据显示，2012 年全国社会物流总额达到 177.3 万亿元，物流总额约是 GDP 的 3.4 倍。与 1991 年相比，我国物流总额增加 58 倍。2012 年，我国物流业增加值达 3.5 万亿元，年均增幅为 4.5%。分析人士指出，当前整个物流业尤其是电商领域已呈现爆发式增长，若应用大数据分析技术，仓储运输的空间将被系统化布置，物流车行程路径将被最短化、最畅化定制，未来运营成本将进一步降低。

今天，当大数据时代到来的时候，国内物流行业规则能否因此改变，应当拭目以待。因为大数据试水物流行业，游戏才刚刚开始。

在国外，亚马逊早在 2009 年就推出大规模数据集并行计算的技术——MapReduce，并实现了云计算与大数据的结合，成为其打造庞大帝国的重要力量。而在国内由阿里巴巴集团牵头的物流项目“中国智能骨干网”日前正式启动。阿里联合了银泰集团、复星集团、富春集团、顺丰、申通、圆通、中通、韵达组建了一个新公司，名为“菜鸟网络科技有限公司”，马云任董事长，银泰集团董事长沈国军任 CEO，建成一张能支撑日均 300 亿元网络零售额的智能物流骨干网络，让全国任何一个地区做到 24 小时内送货上门。马云在 A 股市场上掀起一股风潮，大物流概念被投资者追逐。

业内人士指出，现阶段的我国物流产业做得很辛苦，单价低，整体物流成本仍然很高；虽然景气度在持续提升，上市公司 2012 年的净利润增速仅为 1.5%。

放眼国外，其物流成本下降源于社会化分工背景下的大规模外包、服务的标准化、行业的快速整合以及信息技术的大范围使用。马云的“大物流”可能会给物流行业带来又一个高速发展的机遇，相关的物流概念股会中长期受益，中储股份、象屿股份、恒基达鑫等都可关注。

中储股份，拥有核心竞争力的国内第一大仓储物流企业。公司拥有完善的物流资源和现代化的物流网络，物流基地占地总面积650万m2。覆盖全国、历史成本低廉、重置成本高昂的物流网络和物流资产及40年经营所形成的良好品牌，构成了中储股份在物流行业的核心竞争力。安信证券预计，公司2013年综合物流业务利润将在2010年基础上翻一番，2010年至2013年物流业务年复合增速达到30%左右，驱动力量将主要来自扩大规模、提升收费、优化结构、创新业务模式等，给予“买入-A”评级。

象屿股份，大宗商品采购分销及综合物流服务商。大宗商品传统的贸易方式正逐渐向供应链管理的方式转变，从简单的赚取行情差价转向更注重于管理计划性，信息技术服务，资金、物流等综合配套服务。公司具有丰富的大宗商品采购分销管理经验，拥有强大的信息技术服务能力和资金优势，通过持续的业务模式创新，为客户创造增值服务。

恒基达鑫，华南沿海化工物流服务龙头。公司是专业的第三方石化物流服务提供商，业务辐射国内石化工业最发达的珠三角地区和长三角地区，是华南沿海地区规模最大的石化产品码头之一和仓储设施最好、规模能力最大的石化产品仓储基地之一。2013年6月份，公司收购嘉盛投资77%股权，可实际控制嘉盛投资，利用嘉盛投资的约16.7公顷土地，预计可建设40万m3石化液体储罐，可拓展公司在长江下游地区的市场。兴业证券认为，考虑到未来两年内公司有珠海三期一阶段、扬州扩建等项目逐步投产，业绩保持稳定增长的概率较大，预计2013年至2015年每股收益分别为0.63元、0.74元、0.82元，短期内估值较为合理，给予“增持”评级。

积极拥抱大数据时代

文字、声音、图片以及用户的行为习惯和关系网络构成了互联网上这些庞大的数据资源，伴随着国内外互联网、移动互联网的大爆发，数据量也相应地剧增，而越发成熟的云计算带来的计算能力革命，使得对于这些大数据资源的挖掘处理以及商业变现成为可能。大数据的时代正扑面而来。

大数据向传统行业延伸

大数据的发展从以Google、Amazon、Yahoo！为代表的互联网大公司，蔓延到越来越多的创业公司以及金融、电力、电信等各种传统行业，这些公司和行业在不同的维度进行数据挖掘和分析，创造出更多的商业模式和经济增长点。同时，包括美国在内的诸多国家，都将大数据管理上升到国家战略层面，从国家层面通盘考虑其发展战略。

从目前国内外大数据发展历程和趋势来看，掌握海量有效数据和具有强大数据处理分析能力的公司和企业将走在大数据发展的前沿。为了掌握更多数据，各大企业均在抢占互联网入口，包括移动浏览器、搜索引擎、操作系统、应用商店等。在数据处理分析上，包括Cloudera、拓尔思、中科嘉速等综合处理公司，天玑科技、荣之联等数据中心建设和维护公司以及从事信息安全类的启明星辰等公司。

当前，关注企业级大数据解决方案的IBM、Oracle等公司已经提供了商业化的产品；基于自己业务和互联网特点的Google、百度、腾讯、阿里巴巴等公司都在构建自己的大数据体系；同时，一些研究机构或者学术机构，也开始投入更多的经历从事相关理论和实际研究。“大数据”中的数据主要包括“在线”大数据和“离线”大数据，虽然从事大数据研究和开发的公司及研究单位对于这些数据有不同的业务逻辑，但是大的处理技术基本类似，包括数据采集、导入和预处理、统计和分析、挖掘。

大数据商业模式初步形成

大数据在国内外各大企业中已经有了成熟和广泛的应用。作为中国最大的电子商务平台，淘宝有海量的商业数据，现今淘宝面临数据量大、内容多样、维度丰富（涵盖近百个不同行业的商品维度，五级商品类目体系、近十万个品牌）、源数据质量不高（非法交易、恶意评价、用于自定义属性）等问题。对于淘宝面临的挑战，分布式存储计算、实时计算、实时流处理、基于云计算的数据挖掘、数据可视化和数据产品实践等是应对大数据浪潮的关键技术。

对于中国最大的搜索公司百度，凭借入口优势，拥有了中国最大的消费者行为数据库，覆盖95%的中国网民，日均响应50亿次搜索请求，搜索市场占比达67%。百度副总裁王湛介绍，百度已经建成了包括百度指数、司南、风云榜、数据研究中心和百度统计在内的五大数据体系平台，帮助企业实时了解消费者行为、兴趣变化，以及行业发展状况、市场动态和趋势、竞争对手动向等信息，以便适时调整营销策略。

腾讯是在大数据时代下，最令人期待和遐想的一家互联网公司。腾讯更加完整地记录了人们在互联网上的行为轨迹和社会属性。根据腾讯披露的信息显示，截至目前，腾讯拥有超过8.254亿QQIM活跃账户，6亿的空间用户，5.4亿微博注册用户和5亿微信用户。这些海量信息汇聚在一起，就能够获取到用户的兴趣爱好、归属地、社会关系链等一系列有价值的信息。然后，利用大数据和关系链，腾讯就能为用户筛选、推荐最适合他的内容。

雅虎作为一个老牌互联网企业，在大数据领域有着深厚的技术积累和影响力。雅虎有全球最大的Hadoop集群，大约25000个节点，主要用于支持广告系统和个性化新闻系统。而且雅虎也是Hadoop开源社区最主要的贡献者，贡献率超过70%。另外，雅虎也非常注重在大数据其他领域的投资，其在中国刚刚收购了大数据分析公司智拓通达，完成了新CEO梅耶尔上任以来的首次真正意义上的海外收购。

随着大数据在各个企业扎根应用，相应的商业模式也慢慢浮出水面。

在大数据时代，营销将会更多地依赖海量的数据，从而更精准地找到用户。根据来自不同平台的数据作进一步挖掘和分析，找到这些数据相对应的人群，再将这些群体进行个性化的分析、总结，并以此展开个性化的营销服务。

通过海量的数据，还可以给用户提供更好的、更具个性化的服务。国内最大的门户新浪最近推出了新版的首页，最显著的变化，就是增加了一个“猜你喜欢”的栏目。新浪通过对微博上海量数据进行收集、挖掘，然后给每个用户推荐个性化的新闻。

（56135网站）

8.3.2 《推进物流信息化工作的指导意见》出台

近日，工业和信息化部出台《推进物流信息化工作的指导意见》（以下简称“《意见》”）。《意见》中提出，将大力推进物流相关信息服务业和信息技术创新与发展。《意见》的出台将充分发挥信息化支撑和引领现代物流发展的重要作用，促进经济发展方式转变和产业结构优化升级。

弥补电商短板迫在眉睫

我国电子商务“十二五”规划指出，电子商务发展正在进入密集创新和快速扩张的新阶段。“十一五”期间，我国电子商务保持了持续快速发展的良好态势，交易总额增长近2.5倍。日前，工业和信息化部信息安全协调司副司长杨春燕透露，到2015年，我国电子商务交易额或将达到18万亿元。

一直以来，在电子商务三大领域中，C2C和B2C领域增长势头最为迅猛，但市场比例却并非最大。根据《2012年第三季度中国B2C市场季度监测》数据显示，

2012 年第三季度中国 B2C 市场交易规模达到 1296 亿元。而早在 2011 年，C2C 市场交易规模就已达到 2310 亿元。但要达到“18 万亿元”的整体市场规模，仅仅靠 B2C 和 C2C 市场明显分量不够。电子商务“十二五”规划预计，2015 年 B2B 交易规模超 15 万亿元，占总交易额的 83.3%。

由此可见，B2B 市场才是支撑我国整个电子商务市场的重中之重。然而令人担忧的是，相比发展势头迅猛的 B2C 和 C2C 市场而言，B2B 市场一直处于缓慢增长状态。“发展放缓的重要原因是物流信息化发展滞后”，工业和信息化部信息化推进司董宝青副司长一语中的地指出，“物流一直处于当前电子商务产业链中比较薄弱的环节，尤其是在工业电子商务领域。推进物流信息化已经迫在眉睫。”

扩大试点企业范围

《意见》的出台旨在加强电子商务物流环节的信息化建设，无疑将为 B2B 电子商务带来质的飞跃。董宝青副司长表示，推进物流信息化将促使电子商务链条在信息化条件下进行再造和使链条中的企业对自身发展方向进行重新考量。

《意见》指出，将以应用带动技术创新和产业发展，通过政策和资金支持，带动信息服务企业、电子商务企业、电信运营企业、软硬件厂商和系统集成企业积极参与物流信息化建设。重点支持一批物流信息服务企业创业、创新和做大做强。支持以信息化带动供应链金融等服务创新。

“2013 年，工业和信息化部将加强在电子商务领域物流信息化的工作力度，”董宝青透露，在加强扶持力度方面，2012 年已有 10 家电子商务企业和 10 家物流企业成为示范企业。接下来，要在今年再推出一大批试点企业，这些试点企业将得到工业和信息化部两化深度融合专项基金的支持。

近日，20 家试点示范企业的负责人出席了“工业电子商务和物流示范企业经验总结”会议上并作出工作汇报。会上，企业代表表示，发展物流信息化已经成为推动产业升级和提升同行业竞争力的有效途径。回顾 2012 年物流信息化所取得的成果，东方钢铁电子商务有限公司相关负责人感慨地说，“利用物流信息化手段，使我们钢铁行业客户用三个月走完了过去十年要走的路。”

通过发展物流信息化，不仅促进工业电子商务平台服务商和工业企业转变传统模式，向行业纵深方向发展，更切实提高了企业物流环节的效率，提高了行业共享服务、加强了产业链平台合作。“‘两化’深度融合，加强电子商务领域物流信息化建设，将对供应链起到再造作用，直接影响产业链的方方面面。”董宝青副司长总结道。

为通信企业转型注入“正能量”

《意见》中强调，将大力支持 TD-

SCDMA等移动通信技术和北斗导航等全球导航技术在物流管理中的应用。支持利用软件即服务（SaaS）、平台即服务（PaaS）、云计算等技术，开展物流信息技术服务平台建设试点，提高物流信息化关键共性技术研发、推广和应用水平。这对于处于通信行业各个链条的企业而言，无疑是明确的“利好”信号。

对此，董宝青副司长指出，就通信领域而言，本身就是物流行业的重要组成部分，在通信领域已形成专业的物流体系。《意见》的出台对很多专注于通信的物流企业起到了正能量作用。而对通信企业本身来讲，《意见》的出台将为其带来更广阔的市场空间。当前，运营商处于转型阶段，角色要由“通信专家”转向“信息专家”。转型的关键环节就是要大力开拓信息服务和应用服务，而物流领域正是为运营商提供了一个巨大的服务与应用的新市场。

三大运营商对此都作出了积极反馈，他们认为《意见》的出台将促进物流领域通信应用需求和通信服务市场规模的扩大。近年来，运营商已经在物流信息化领域做了很多探索性工作，尤其是在物流平台上的探索，然而成功的案例却并不多见。在董宝青看来，其主要原因在于运营商需进一步加强产业链的合作。“运营商要争取进入到产业链的合作中来，加强与产业链中合作伙伴的合作。”

推动物流信息化，将使运营商传统的以“人”为主要对象的模式转化为以“物”为对象的模式。“‘人’的需求是有限的，但‘物’的需求是呈几何倍数增长的。但扩大需求的同时，对运营商供给能力也提出了很高要求、对其服务转型提出了很大挑战。”董宝青如是说。

对此，工业和信息化部电子商务与物流信息化领域特聘专家霍云福也指出，对电信运营商来说，物流信息资源开发利用，可能是运营商业务创新的重点。下一步的基础设施建设，应该不仅仅把主要精力放在传统的通信基础设施上，而是更进一步考虑到物流信息服务。如果忽略了这一点，不仅将来会制约物流信息化发展，也会成为运营商下一步拓展业务的瓶颈。运营商做物流信息服务大平台比较有优势，但是要认清自有优势，整合优质资源建设平台，而不是单打独斗。

尽管各方有着积极反馈，但董宝青认为当前物流信息化推进依旧存在难点。一方面是意识上的，各地政府和企业一把手对物流信息化的重要性尚需提高；另一方面是缺少专业人才；此外，当前各行业物流信息化标准较为混乱，很多行业“为了标准而标准”，导致标准并不适用于实际工作。对此，董宝青倡导要做“有生命力的事实标准”，需要行业组织和龙头企业起到带动作用，“相信《意见》出台后会对各个行业的电子商务政策以及标准起到积极正面的推动作用”。

（史蕾）

8.3.3 2012年中国物流信息化应用高峰论坛举行

2012年5月，在上海浦东新区经济与信息化委员会指导下、上海浦东现代物流行业协会的支持下，由畅享网主办、上海市浦东新区信息化协会协办的“2012年中国物流信息化应用高峰论坛”将在上海举行。届时，将邀请政府及业界权威专家，解读物流行业发展机遇及国际行业发展经验；展示物流行业信息化创新技术；分享行业信息化应用成功经验及成果，共同探讨中国物流行业信息化建设途径。

而现代物流中的重点是多种运输方式的衔接，物流装备和信息技术的先进和试用还有就是物流服务的升级，转型发展。这是三个重点，现在发改委做交通运规划的时候，建高速公路和建高铁，基础设施建设已经不是重点了，重点是综合运输体系和为大物流服务的体系的构建，信息服务的构建，还有高层次的服务内容的提供。

1. 上海海事大学物流研究中心副主任杨斌发言：中国物流的黄金十年我们看现在物流企业面临成本方面有很多刚性成本有很多制度成本也有具体的运营成本。但是从刚性成本和制度成本这两部分看，其实是不太容易下降的。因此物流业一个黄金十年的来到，有赖于政府部门在刚性成本和制度成本这两部分中为我们的物流企业创造更加好的条件。比方说对新的营业税改增值税，营业税改增值税的结果目前来看，虽然我们官方讲持续了几个月减税20个亿，但是广大的物流企业实际上还是有非常多不同的意见。很多企业交的税其实是在显著的增加。比如说上海作为第一批试点，它的营业税没有办法缓缓举扣，而且还牵扯到开票和付款的周期问题，所以很多物流企业的税收实际上是加重的，并没有减轻。

因此在我们制度成本降低的时候，是要采取一个深入的研究和逐步的推进。因此我们认为中国物流很有可能在未来5到10年进入一个黄金发展期，伴随着中国经济增长质量的提高，发展模式的转变，物流业应该说前景是非常看好的。

下面第二个议题是物流企业发展一些战略思考，这也是从资本市场的角度看的，通过分析很多上市公司的一些运营情况，盈利情况，他的净资产收益率，重要的参数看物流业的发展。对专业型的物流企业我们认为仓储型的企业比较看重集中度。运输货载类的企业关键在于网络的营建和兼并整合的政策。对于网络型的企业就是高集中度和深一体化是一个双核性的核心的动力。

对于供应链兼容性的企业很多贸易商正在转型成为分散市场中的生产组织者，也是成为了一个供应链型的服务商。这是各种类型的物流企业他们的趋势。

在一个仓储企业，有一个专门做化工仓储的，它是专门做化工储灌的，他在全球的储罐和相关服务占到了整个市场的10%，也是通过大市场这么一个市场份额的占比提高我的集中度。会使这种企业获得非常稳健的增长。运输货载的企业它的典型特征是轻资产和资源整合。对于这种类型的企业往往来讲，不应该追求拥有资产的数量，而应该追求的是控制资产的数量。也就是说用自己少量的核心资产加上强大的信息技术来控制大量的社会上分散物流资产。为客户提供一体化的物流服务，是这一类企业发展方向和目标。

快递型企业是我们交通物流板块中成长性最好的企业也是最有投资价值的产业，从它的净资产收益率看，应该说快递企业远远优于其他类型的物流企业，这个我们也是看到精确的产品定位，很好的效益和规模效益，这是快递企业核心的部分。

也有一些企业是重资产的，尤其是在我们中国的市场上，一些国外的先进理念引进以后，但是在中国市场上完全没有资产来运作物流，通过物流信息服务整合资源运作物流，这是遇到很大的困难，应该说是有困难的。比方说我们一些化工物流企业，一开始在上市的时候是一种供应链整合型的上市企业，但是这几年也明显感觉到从它的年报看并不理想，规模并没有取得很大的进展。原因就是说中国人传统观念中认为资产你要有资产，我才相信你有能力。

很多重资产的企业也是在提供综合的物流服务，这样来取得比较好的发展。

另外一个类型的企业是采购代理商和贸易商转型成为供应链的管理者，实现一个华丽的变身。比方说我们利丰是一个典型的企业，它从原先传统的代理采购纯贸易的企业已经转变成了一个供应链管理者和供应链综合服务信息，并且取得非常好的业绩。

这是我们从资本市场分析看到各种类型的物流企业，他们的一些发展战略和策略，或者是一些趋势。作为一个小结有这么几点我认为大家去把关物流行业。

第一个物流行业的趋势是从传统的功能服务向管理服务的延伸，就是我们以前提供运输，仓储，装卸，包装传统工作服务。现在开始向管理服务延伸。

第二个方面是物流行业的深度集成和整合，这种继承和整合有两个方面，一个是横向的，一个是纵向的。横向的就是同种类型的企业进行合作。为客户提供更加优质的某一种类型的服务。纵向是指的不同类型的企业在供应链上分工不同的企业进行合作，对客户提供整合的供应链一体化的服务。

第三个是物流业，信息业和金融业取得非常好融合的发展。

第四个，物流业和电子商务业在双重举措，比方说阿里巴巴，原来致力于建立自己的物流网络，还像顺风也在建立自己的电子商务网站。

最后是物流业和制造业的深度的两业联动。大家知道制造业，我刚开始也给大家看了数据，制造业原材料和产生品占了社会物流的 90% 以上，那么对于我们物流企业发展来讲，要处理好拥有和控制的关系这一点我不再展开了。我拥有什么样的资产，拥有什么的人力资源，拥有什么样的技术，我能控制供应链上其他哪些资产？这是我们要处理好的关系。

还有一个重要的理念是为客户实现传统的服务价值，转向为客户共同创造新的增值服务价值。这是我原来只是提供运输服务只是提供装卸服务，比如说我们的船公司，我们的码头，但是我现在要给你提供更多的更丰富的装卸服务，要延伸我的产业链。比如说我现在可以给你提供金融服务，这是我们一个非常重大的理念。

第三个就是把物流服务做到客户的实物，物流企业必须要摆脱在一个低层次的市场上这种恶性竞争的态势。要把握住客户的需求，提升自己的服务，使自己成为客户一个战略合作伙伴而不是一个简单物流功能。

第四个是智力劳动创造物流价值。也就是说现在搞物流不是靠体力，也不是靠资产，而是靠脑袋。下一个层面的物流靠的是文化和知识。这是我们目前觉得是处在一个创造物流价值的时候。

下面简单分享一下第三点上海市“十二五”物流规划。“十二五”物流规划我们讲有几句关键的话给大家了解一下。就是有四个中心相匹配的具有全球物流资源配置和控制功能的国际物流重要物流枢纽和亚太物流中心之一，成为物流货币资源的中转集散中心，物流企业资源的集聚发展中心，物流要素资源的交易配置中心。这是我们上海市“十二五”提出物流业发展的主题目标。提出了货物资源的集聚，提出了企业资源的集聚，提出了要素资源的交易配置。

“十二五”期间上海物流业发展的格局是五大重点物流园区，五个专业物流基地。这一共 10 家有 4 家是，外高桥物流园区，浦东空港物流园区，还有深水港，还有邻港的装备制造业物流基地。浦东可以说不光是上海也不光是中国可能是全世界物流资源最好，最集聚的区。

下面我就讲一下今天的主题是物流信息化。物流信息化我们讲信息技术是三新，计算机，通信和控制技术。物流信息技术我们是认为物流过程中的信息采集和传输，存储，处理，共享与服务的信息技术的总称。我们认为包括分类编码，识别，交换，传输，空间频技术，优化技术，模拟技术，角色支持技术，这些技术我们认为都是物流信息技术。物流信息化的目标实际上是五个二。我们以前讲四个A，现在是讲五个二。在正确的时间，正确的地点，正确的人或者是正确的信息做出正确的举措。这是我们物流信息化一个目标。

在这里面我就看到了当前第一个热点比如说物联网，物联网强调三层结构，最底层是实现平台的感知，上面是互联互通，还有我们最关注是智能的应用。物联网实际上是一个庞大的产业体系，为什么我们温总理非常重视这个，我们看到在物联网产业体系中，通信模块厂家，终端设备厂家，网络服务提供商，中间链平台提供商，软件开发商，应用提供商，系统咨询公司和系统服务商，每一种类型都有世界级的大企业在做这方面的研发和推广。

物联网三要素中，我们知道是传导感知，传输通信和运算规律，实际上在物流行业中，面向物流行业的应有解决方案还是第一要务。我们往往是出来一个技术就讲技术，但实际上我们创新三个步骤第一步是应用创新，第二部才是基础创新，第三部是服务创新。

我们现在讲技术很多，但是应用很好的方案还比较欠缺的。物流行业中常见的物流技术，我就不展开讲了。大概现在有一个技术是北斗，希望大家可以关注。以后大家如果做项目，做应用，你还用今天的做法可能不会得到政府的支持，北斗有一个非常大的发展。

第二个热点是云，云我们讲信息的公用电网，在2005年提出来有云的概念实际上比尔盖茨在1995年提出来物联网的概念，这是他个人对IT的认识和发展。以后我们像使用计算资源，使用存储资源就像用电一样方便。这是我们人类的理念，我们再看云也是一个非常热的领域，现在世界上提供云计算解决方案和运用产品的公司也是非常之多。每一家公司有非常准确的市场定位。

云计算三个层面，基础设施服务，平台服务，软件服务，对于中国市场讲大型企业，往往是侧重于建设自己的私有云，而小型企业往往对公有云有需求，这是中国的特点。如果照搬美国的模式想把美国的公有云的理念推广到中国的大型企业是非常非常困难的。

美国戴尔通过云计算实现了转IT执行下的日不落戴尔，他有两个中心分别设在中国和美国，是全年7×24小时运作。这是戴尔的协同云实现了对供应链多层次，多模式，多流程的帮助。

第三个热点我们认为是知识规划和商务智能达到指挥物流，这是我们刚刚完成的项目我们帮上海市化作的采购物流的优化。由于时间关系就不讲了。

这是中国时报跟商务系统也是中国采购金额来讲最大的电子商务网站。我们把智能化管理商的管理策略通过对他ERP数据，对他物流系统的数据进行分析来制定供应商的采购份额一个确定。我们帮他们开发供应商管理信息系统。实现智能化的不同现状和原因分析以及决策，这个就不展开了。他一年采购大概是不到200个亿，这是我们刚才做的仿真技术在物流上的应用。三维仓库的设计，智慧物流和公共性平台，我们就看到了这是政府的非常大的关注。政府非常着急，就是物流行业比较小，散，乱，希望通过平台来规范提升。而且也不断地做，我就不展开了。

我强调一下政府应该做的是平台至平台，上面这个平台应该是市场运作的，政府应该做的是包括新闻体系，包括基础性的数据交换，包括一些认证，包括支付，包括一些基础信息服务，这些应该由政府来做。现在在政府这方面是缺位的，缺位的原因是因为管物流的政府实在是太多了，自己都协作不好。

这是我们智慧物流专题的调查，我们做智慧物流的时候上海市一个关注就是怎么样提高上海市物流资源的利用率，包括车辆和仓储，我们调查下来上海市物流车辆空载率是37.66%，如果按照一天24小时是64.48，按天的话是19.74%，不同运作模式下车辆空载率是不一样的，比如说我是做快递的，我是做订单运输的，我是做鲜货品还是普通货物的，还是做危险品的，它这种空载率和闲置率的情况都不一样。也就是说在我们上海市马上上跑的车其实有将近40%是空车。

刚才就是说信息化里面怎么帮助我们物流企业和相关货币企业在物流和供应链角度是如何提升呢，这最关键的是三驾马车，一个是订单管理系统，一个是仓储管理系统，还有一个运输管理系统。这个系统我们也做过广泛的调研，市面上有很多传统的软件，为什么这些软件已经产生那么多年，但是我们的企业还觉得是说我们的信息化还是不够好，不够优。近几年我们在再回到市场具体分析后就可以看到有这样一些问题的所在。

2.IBM中国智慧物流解决方案中心资深顾问王莉春：第一个问题是说中国的物流行业其实它存在多种业态，第一个大企业其实很少，大的更多是属于国企，或者是非常大型的企业，但是大部分物流企业是属于中小型的企业，第二个问题是说人力，我们大部分物流的费用，其实也分布在中小企业里面。第三个问题是说人才的结构。实际在物流过程中确实是这样子，像物流企业里面专业的人才还是非常匮乏的。前一些天有老板跟我讲我真的很想找，但是我就是找不到合适的，这些问题其实对我们物流信息化提出的要求更高。首先它要求应用非常灵活和非常简单，其实对我们做信息化来说，越复杂越难都不是问题，但是你要简单好用这就是一个非常大的挑战了。

第二个就是说大家都很务实，特别是做物流的是最务实的，你不用讲愿景，也不用讲蓝图，就是看到什么时间我可以看到这个订单，这对我们信息化的企业也是提出更高的要求。

存在第二个问题我们刚才讲到整个供应链，其实是一个生态系统，在这个生态系统里面我们涉及比他们广，但是这信息化其实不是一个企业一个点上的问题。你做好点，你内部是做得很好的，但是从供应链的角度看，每一个环节都涉及物流。物流就把这个棒一个一个往下传，通常说我们这样一个企业很重视，但是在我们做交接棒这一瞬间，很多事情就不共享了，就脱节了。所以产生了风险，就产生了各种各样的问题。

所以我们做信息化的角度要考虑一定是生产系统，而不是某一家企业，但是这个也需要政府，行业协会，包括大家对这个企业一起做才可以解决这样一个我认为比较大的行业问题。

第三个问题是说我们传统的软件为什么还不能满足当前这些客户的需求，这里面其实是一个成本和质量的问题。对于物流业务来说，其实我们每一天发快递也是说你要快，你要好，要最短的时间给我送到。我们提出很高的服务要求，就是对于物流服务的要求，对企业来说也是一样的，我要做供应链完全符合我的要求，按照我的时间给我送到。但是物流的过程有很多可变的因素。我们对物流服务的质量提了很多要求。但是另外一方面我们又在拼命的加快这个物流的成本。对于成本和服务质量怎么样均衡，这是存在第一个问题。

第二个问题对于我们物流软件提供商来说也是这样子的，一方面客户说你这个软件服务要好，要好用，还要让我这样一些公司的员工特别是年纪稍微比较大的员工可能看这个不是很熟，你也要让他能很好地用起来。这样子对于我们物流软件也是提出比较高的要求，同时成本也很高。

怎么样进行这样的博弈，在这个博弈中间怎么样进行平衡，这实际也是我们一直思考的问题。然后就是说看到我们也做一个广泛的社会调研，我们总结说以什么样的方式才可以解决这些问题呢？那我们就要做一个智慧物流的，这里面我们首先强调就是说以云的方式提供服务，这样企业可以大幅度地降低成本，但是云的方式还不单指各个企业，各个环节关联起来，可以达到是说整个物流信息的可视。但是可视的基础上企业之间可以进行协作。其中我们看到大量物流的环节不管是仓库还是在运输公司，特别是内部运输这些操作是通过传真，电话，包括 MSN，QQ，纸面的方式，大量人工的交流方式来完成的动作。我们想是说通过物流信息的可视化带动企业的协作，让企业的运作体现你的高效。

同时让你组建一个信息，有了一个数据就可以从优化的角度和供应链进行进一步的优化。因此我们就在宁波也建设了这么一个智慧物流云平台。那 IBM 其实对企业供应链服务有端到端的解决方案。包括从物料的供应计划到你的采购，还有你面对的生产以及你的营销，特别在物流这一块我们还可以做一个物流运作管理系统。他可以帮助企业，可以是第三方的物流公司，帮助这样的企业做他物流信息化。从物流信息化的纬度以优化的形式帮助建立一些运输订单可以优化成以价格为主导的，提供端到端的解决方案。

这样的方案还带来什么样的价值呢？首先第一个以企业为中心，为企业建设一个相应的合作的社区。比如说我们货流企业在这个平台上可以跟供应商，你的客户，你的合作伙伴可以很好地进行交互和协作。对于物流这一块你在这个平台上可以使用这个平台上广泛的用意，可以去选择符合你要求的供应商进行相应的物流协作。

第二点就是说到时候这些信息都有了以后我们就可以分析和优化技术带来一个实实在在的成本，这些都是看得见摸得着可以用数字说话的东西。

第三点是通过精细化管理方式进行风险的管控。我们知道在整个供应链环节里面涉及的企业很多，涉及的部门环节都很多，我们企业的管理者怎么样进行风险的管控，在这个上面可以通过很多的比较灵活自如的方式。比如说预警，业务规则各种方式进行风险管控。

第四点这个其实就是品牌带来的价值，企业一直在 IT 上投资甚少更加关注你的核心业务让你的物流业务可以非常便捷地进行快速的增长。这是我们在物流云平台上给客户做实施的办法，这里面我们可以看到实施的周期和传统软件不同，在这里面主要是跟企业进行业务上的探讨，然后通过 CASE 的方式，让企业可以享受到非常高质量的信息化的服务。

这里面我们可以看到是说从用户的角度怎么考虑一个 RI 的投资回报率，从 IT 的纬度首先来说云平台上这个 SAAS 的服务都可以快速地进行上线，就是我刚才讲的实施周期比较短，很快可以享受这样的服务，很快可以看到投资回报。

还有你可以快速进行资源的整合，这样对你企业来说有一个相应的社区，可以跟你的供应商，你的客户，你的合作伙伴，你的承运商有很好的资源整合，这是非常好的信息交互和虚拟选择。

同时还有定价模式的样板软件，你要投入在硬件建机房，还要做项目实施再来做运维，整个服务我们作为企业要投入。而这个就需要定位服务的方式，就像不同的装备定位一下，按月付费，按年付费，根据企业的业务情况可以做选择。那整体的成本投入相对来说比较低。更大的优势是说作为一个SAAS的服务，它生命周期并没有一个开始和结束，它永远都是在不断地更新，升级和迭代。那你作为一个用户，就随时可以享受到在这个行业里面大家提到的最先进的应用。

从业务绩效来说也有这样的分析，这个客户其实是我们在美国这个平台已经运营了十多年，那我们通过统计的话可以看到从不同的纬度，总体上可以达到15%到52%成本的节省。这里面比较重要的是然后节省比较多是优化。其实优化在供应链里面是非常重要的角色，虽然我们要做基础设施的建设，但是我们做这些最终目的都是为了优化我们的业务，能够降低我们的成本，同时可以扩展我们整个服务的对象，服务的质量和服务的办法。其实这些我们也跟SCC这些专家有讨论过，在这个模型里面也提到一个数字是说企业目前很多企业80%的精力都投入到就是20%的基础设施建设中。但其实你要在这个供应链整体优化里面，80%的利润提升实际上是从优化的角度。对于优化这个角度可能觉得它太高深了，我第一步还没有走出去我还是要在基础设施。其实你在这个云的服务上你很快就会走出第一步，你可以迈上第二步，是对你的企业进行优化。

3.EMC行业解决方案高级技术顾问单勇给大家分享的是EMC在大数据方面一些相关的解决方案是如何做延伸和挖掘。大家知道现在处在一个大数据时代，在大数据时代里面我们一个核心就是数据，数据作为我们每一个企业一个最核心的资产，我们不仅仅是要把它做存储下来，保护好，而且怎么样发掘，分析以及更好地运用。所以说今天我们会更多的是贯彻在一个数据存储方面，提供核心数据方面相关的方案。

首先我介绍一下EMC公司，EMC公司去年的销售额是200亿美元，EMC公司是一个正处于快速增长期的一家公司，目前讲跟在座物流行业一样都是属于一个成长型的过程中。目前EMC在全球每一年增长额在20%到30%。现在全球我们接近5万名员工，市值接近600亿。在存储备份，信息安全，包括虚拟化等等方面都是业界的第一。

我们来看一下EMC从2003年开始，在2003年以前EMC是一个企业级存储的一家公司，专注在存储一些研发，产品销售。在2003年以后，EMC不断地做一些技术的革新和潮流的发展。每一次革新都有在存储业界的前面，比如说在2003年EMC收购了VMware这一家公司，当时的VMware只是一家年销售额只有一千万美金的，但是现在VMware已经成为整个虚拟化市场上无可争议的市场领导者。现在VMware三个公司已经超过500亿。在2003年以后因继续收购了IC，专注于信息安全更好的保护数据，为了防止泄密等等。接下来在2009年之前，EMC会在整个云计算之旅过程中会做全面的转型。你会发现EMC在收购RSA等几家公司都是发生在2009年和2010年前后。这个过程正是EMC从云计算到大数据这方面转型的过程，如果大家比较了解这几家公司的话就会发现EMC是一家专注于做大数据的公司，因为现在我们谈的数据已经不是以前的GB或者是TB，对这个数据的存储和管理必然会带来很多的挑战，很大的挑战就是存储。而TB正是针对我们的大数据可以有效地把握把这些重复的数据合并成一类，在实施调用的时候可以并发在一起，这是基于TB的解决方案。

在WMare正迎合了我们现在谈的分布式处理的一个数据库平台架构的核心团队，这在我们几年前要谈到像谷歌，像我们现在谈的淘宝，阿里巴巴，他们为什么把关于数据库的平台慢慢转向分布式部署，就是因为看到未来数据的发展和我们计算处理能力的提高，会带来单一的平台满足未来大数据增长的要求，所以提出这种分布式互动管理。而它正是基于这样的平台进行的。在业界是占领导地位的，而XtremIO呢，我们知道另外一个概念，它是针对文件系统的分布式处理，大家比较熟悉的是hadoop，这几年基于hadoop开源的结构分布式文件系统，分布式处理这样一个平台的架构，已经在很多行业如火如荼地开展了。而EMC收购的XtremIO，正是整合了分布式文件系统一个核心的产品。它可以集你一个文件系统来面对多个结点，几百个甚至是上千个结点的架构。

所以这样一步一步地来转型，使EMC可以一步一步步入前列，当然EMC在过去8年在研发上的投入也超过了一百亿美元，但是在企业的并购方面也投入140多亿美元。一方面是企业开发，一方面是我们的企业收购。而EMC在国内我们现在目前有20多家公司，有2500多员工，而且在国内我们会有三家研发中心。其中在上海第一家，目前在北京和成都还有另外两家，我们的研发中心不仅仅是针对中国市场，这是我们项目在全球6个最大研发中心之一，现在已经超过一千人的规模。在上海我们有两栋楼接近一千人。主要是做我们的存储研发基地，云计算的基地，包括信息制度，商务智能以及中国实验室，全球的技术中心和发展中心为客户提供服务。

我们现在来谈一下大数据，现在对我们这个时代现在数据量并不是用TB或PB来衡量，我们更多谈的是全球数据量已经超过1个ZB，一个ZB这个在数据的量上相当一百多万个PB，目前这个数据存量已经达到了一个ZB的存量。但是在未来8到10年，这个数据量还会增加的10倍。这个数据的产生和分析存储挖掘是我们现在很多企业面临的问题，不仅仅是物流行业。

我们在整个传统上大家会谈的比较多是我们结构化数据，比如说我们会基于很多的数据库，ERP 等等，产生企业的核心应用，这些应用会带来的数据从我们的业务需求，产生我们的数据。这一部分数据我们需要去存储，存储问了以后我们需要对它做一些保护，这个保护方式有备份，有克隆，有镜像等等。这样数据库一份变成两份，三份，四份甚至是更多。在保护的基础上我们必须对它企业内部的业务做一些数据的分析。一些商务智能的分析，这些分析会抽取不同业务部的数据形成我自己的数据仓库。这时候我的数据又多了一份，而随着我信息商务智能分析的数量越来越多，我的数据量在这个里面会越来越累积。

完了之后我们发现很多数据的质量不是那么尽如人意，我们需要做一些数据的筛选，形成一些高质量的数据，针对高质量的数据做一些数据的挖掘。这些数据挖掘的过程除了提供一个企业的经营决策以外，还会挖掘出一些新的需求或者是针对这个行业发展需求内，我们会挖掘新的需求，这个新的需求反过来又推动了我新的数据产生，这是一个循环的过程。在这个过程里面会发现我们的数据量是不断的膨胀，当然这中间也会产生各种各样的需求。比如说结构化数据，非结构化数据是集中于文件，当然还有很多半结构化数据，这些数据混合的数据类型都是在我们企业内部不管是你私有云也好，公有云也好，混合云也好，都是我们未来整个架构平台的搭建。

所以说针对这些数据我们第一谈，在这个大数据的平台上我们首先叫大数据的存储，是要存放这些数据，而我们的大数据的存储和我们传统的存储又选了概念，就是传统的存储我可能一台存储设备放在这里，我可以扩展到一百块盘，两百块盘，三百块盘，1500 块盘，这时我的性能也会相应的提升。但是，它满足不了我们未来大数据的增长，以及我并行处理得要求。所以大数据的平台下面我们需要做是一个横向扩展而且可以自动扩展的架构，这个自动扩展不仅仅是我的容量要增加。而且我的处理能力，我的性能，我的存储量，我的 IO 要随着我的容量增加并行的提升。

这是我们大数据一个很大的特点。另外我们现在谈论大数据至少是以 TB 级来谈，就是说我们企业未来可能管理的数据会达到 TB 级，接下来会往这个方向去发展。另外对这个数据的管理，存储，扩展性能各方面是有整个架构自动优化和管理的，不需要企业增加更多的管理人员参与。另外一个就是说我们现在把这个大数据存储下来了，我怎么去分析和应用它，这是我们下面要谈的基于企业一个数据分析的过程。

传统的我们的商务智能也好，数据仓库也好，BI 各种方面，我们的分析主要是停留在相对比较简单或者是说比较一般化或者是大家有这种同质化的过程。现在需要更多是以配置化的，而且主动做一些市场决策类型的支撑这方面的应用。这需要我们更好的一个分布式的平台的支撑。

现在我们简单谈一下针对这几个方面我们在大数据的管理，分析，挖掘以及整个数据仓库下所进行的改变。首先我们看一下基于这种业务智能的分析我们谈到 BI 这方面，现在我们更多做的比较多是针对历史数据的汇总，回顾，然后做一些相应的报表。对一些实时性的数据我们可能实效性不够，另外对未来的预测或者是趋势的分析可能还没有做得很深入，当然这个原因有很多方面。一个方面是我的数据源不够充足或者是数据源的整理不够完善。另外，还有一个是跟企业内部的业务和业务之间的结合互联，包括数据的共享传输没有达成一个整体。我们把业务层面整合完以后我们就把所有应用之间的数据可以做一些调查，比如说我在分销系统或者是物流系统可以查到我物流的情况。我在下单的时候就可以实时地看到哪仓库的库存情况。我可以去实时调货，这在一些物流的用户之间可能比较明显，每到一些节假日或者是一些促销期，可能物流业的业务会激增，但是这时候资源普遍十分紧张，无论是人力还是车辆，或者是我的货物。这时候我们在下单的时候就可以实时的把订单下的量核实汇总，定位到每一个仓储。我们要针对每一个地区仓储条件的不同，下单量多少来及时做一些资源调配，满足用户的一个实时的体验。也就是说可以提高我快速的响应。

之前我们做到这么一个实时的分析和实时的结果是做不到的，或者是在数据量大的情况下是没有办法处理这么多并行的情况。而在现在通过大数据手段，新兴的智能工具，针对结构化，自动化数据的结合可以实现这么一个实时的调动。

除了这个实时的分析以及我们销售预测等等趋势分析，这些方面以外我们现在更多是针对我们数据仓库的建模或者是数据仓库的实现怎么把我的数据真正有效的数据抽取进来形成我实时分析的库。在这里面我是更多实现架构的可行性，比如说我工作分布式处理的架构，通过把结构化和非结构化的数据做一个完整的结合，把他们合成一个库形成它完善的查询。

另外在这个基础上我们实现架构的扩展，如果说我的数量不够增加货物端的数量，这样对于很多信息和物流企业会面临不同的业务信息，数据类型的一些挑战。把这些业务类型和数据类型的挑战整合到我所有资源池里面，这样对企业来讲是容易做出相应的决策。在数据仓库和整个智能分析，两方面结合情况下我们可以带来另外一个在这个完善基础上我们可以谈论数据的质量。在整个企业里面你谈到数据里面我相信有很大一部分数据它的准确性和价值是得不到保障的。我们怎么去从这么庞大的数据里面，筛选出真正对我们决策有核心价值的数据，这是我们接下来在这个平台基础要去完善的。

这部分数据在筛选出来以后我们又要通过相应的手段保证这些数据的价值和准确会因为我时间的推移，或者是业务的变更而下降。这样给我们的企业经营提供更准确，更有效的几率。

最后一方面在整个架构里面谈的是云计算，其实云计算和大数据他们没有一个先后或者是一个主次关系，他们是一个相辅相成关系。有了云计算会产生更多数据的交互，而大数据推动云计算往前的发展，云计算的好处使得我们可以在这个企业一个私有云也好，还是我们更加大的公有云平台上我们提供一个自助的数据分析服务，我们可以自动添加我们需要的模块和需要的资源以及我需要的存储空间和数据的加载过程。来实现我们整个架构的平台的管理。

下面我简单介绍一下案例，就是我在劲霸男装的案例，它是基于它的ERP分销，CRM，WMS，PLM等等有九大业务系统统一的企业私有品牌，这个企业自主品牌是在它整合了这九大业务系统的基础之上去实现的。也就是说它首先把这个应用之间的关联性以及它实时的交互性做到一个完美的结合。在这个基础上，使得这些数据可以在业务系统之间得到共享和交互。重要的交互就带来一个问题，就是我时间企业对它商务分析要求更高，比如之前我在ERP系统里面，我得到我相应的数据我没有办法很快的调用到我的仓储系统或者是我分销系统里面数据。而在他整个大的数据整体以后，各个业务模块可以查到我的仓储情况。所以说它很多明细的查询，要求就出来了，这些要求是以前没有的。

它没有把这个企业内部做集中、整合之前很多数据是没有办法提供的，所以说很多明细数据是没有办法查的，现在有了这个架构以后，这些就变为可能。然后用户开始考虑怎么去做，这方面有更深层次的客户，所以这是我们做的几部分，一部分是云平台的搭建，使得他现在在整个私有云的平台上，上线任何一个系统时间不会超过三天，最近他WMS系统上线用了大概两天的时间。原来需要购买9台服务器现在只是在云系统部署完成，而且是整个业务部门和IT部门一个电话沟通就可以实施了。

第二个是它业务切换时间，由原来十分钟现在缩短到十秒，几乎可以做到一个准时的业务切换，没有任何的物理故障，会及时地进行切换。它的管理成本和采购成本都降低了 30% 和 50%。另外在他应用系统都放在 EMC 的分布存储上通过相应的手段比如说分层，技术，优化，扩展技术使得它的性能得到有效的提高。而且通过这些手段使得存储池是一个弹性的。

首先资源动态清楚，性能高清晰动态去增长，所以更好满足它的要求。另外通过基于重复数据删除这样的技术使得他的数据量在备份之后会缩减 90% 以上，就是说他这么大数据现在已经有十几倍数据现在就需要两个小时。

最后一个是我讲所有业务系统整合以后给他带来就是 BI 的压力重，他本来这一期项目里面没有考虑 BI，做这个项目完成以后会发现 BI 的压力很大，需要搭建新的数据架构来实现我的业务分析。基本上上线以后，它的效率比原来提升了 60 倍到 40 倍，这是用户比较满意的。这是它一个架构我不仔细去谈了。

所以 EMC 在大数据的方案里面我们分了这样几个层次，从存储到应用，到分析，到提供，在每一个层面都有相应的解决方法，在存储方面我们有 MirrorView、Database 等等这些针对大数据的存储和管理的平台。在结构化和非结构化应用平台上我们实时的分析架构，比如 Greenplum，它有结构化的产品和非结构化的产品。也就是说我可以用 Greenplum 一个平台来支撑我的数据库和文件系统结构化和非结构化整合在一个平台完成。再上升至 XCB 实现我基于应用的管理布局，替换。

下面我再花几分钟的时间介绍一下 EMC 业务联系性的方案，其实我们前面谈大数据带来一个问题就是大数据的保护，它其实保护我们有很多方式。数据保护，联系保护等等。而现在我们谈的是如果我的数据存储宕机或者是数据丢失使我的业务中断？ EMC 的回答是不需要的。在这个解决方案里面创建一个真正的不间断的应用平台，也就是说我们的物流行业订单也好，如果是停机的话对企业带来的损失是不可估量的，在这种情况下，我们业务连续性可以保证我们用户在主机，网络，存储任何一个部件出现故障的情况下业务中断，甚至说我整个机房全部瘫痪，我另外一个机房是可以实时接管的。它的实现是我们通过虚拟化的引擎把双模的数据中心完全打通，实现统一的数据中心，统一的资源调配，我任何一个数据都有备份，而且是实时同步的，对于服务器来讲或者是主机应用讲我组成它根本是透明的，但是我这个换到另外一份直接会到另外一个上面上，不需要任何的员工干预它会自动实现。现在这个解决方案有三个版本，一个是基于本地的，有基于异地的，两个数据中心之间的，比如说一百公里的，我们有一个新的研发基于双核式中心，还有更远距离的超过 100km 甚至是上千公里的，以及下一步，我们还有一个基于大的公有云的平台架构。

我们简单看一下行情，本地可以做业务的不间断的业务迁移，可以使得数据在存储之间实时的迁移而不需要中断。这些所有存储平台都有虚拟化来管理，这对用户来讲只需要一个系统管理链可以管理几台，几十台的存储平台。在方案另外一个版本里面可以支持到双性中心之间的架构，就是把本地的扩展到异地，两个通讯之间我可以做业务的不间断的迁移。同时还要提供业务，没有任何一个单独的，整个数据中心瘫痪他的业务会全部迁移到另外一个结点上。另外一个是跨结点的可移性。针对这种双模数据中心的解决方案，EMC 目前在国内有几十个案例，比如说更新我们在青岛的政府云计算的项目里面，实施了青岛到下面郊县的，中间有 150km 的双核的数据中心，上面运行都是虚拟化的平台，任何一个服务器的宕机我的虚拟机可以迁移到另外一个服务器上去。任何一个存储的瘫痪都可以把业务直接转移到另外一个结点上执行，它的数据永远都是双份甚至是多份的。

最后我总结一下 EMC 在云计算大数据的解决方案，他这里面分了两点，一个是企业应用一个是大数据应用，他们对应的存储平台是不同的，企业应用更多面临是 VMware 的存储的云平台，对大数据我们是有一个弹性的结构。而对数据的保护是通过我们一整套完整的备份恢复归档的解决方案帮助企业提供。这两者之间可以通过虚拟化引擎，通过信息安全管理，服务套件管理结合起来，在这个之上启动分布式数据分析平台提供大数据的分析和划分。当然我们在整个 EMC 产品线和解决方案不止这么多。

（畅享网）

第九篇 物流衍生专业服务

9.1 供应链管理

9.1.1 供应链管理调查报告：三因素定成败

2013 年 5 月 27 日，平安银行等机构在深圳发布 2012 年中国供应链管理调查报告，总结 2012 年中国供应链管理的“六大发现”，呼吁各界关注供应链管理的“成本、融资与供应稳定”等关键问题，并就加速中国供应链管理行动提出了建立和健全供应链管理组织、培养和储备供应链管理的专业人才、加快供应链电子商务的应用和加大对信息化技术投入等建议。

一、调查背景和概况

在中国经济增速趋缓，外围经济形势不明朗，发达国家发起“再工业化”战略行动重塑全球产业分工和供应链布局情势下，为调查和掌握中国主要制造与流通行业供应链管理状况和面临的挑战，促进中国供应链管理的认识深化与行动加速，平安银行联合中国经营报、北京中物联物流规划研究院、中华商务网、现代物流报、华南理工大学供应链整合与创新服务研究所及精确市场研究集团等一批长期致力于供应链及其相关领域研究、实践或理念传播机构，在中国物流与采购联合会首席顾问丁俊发教授、中国社科院工业经济研究所金碚教授和供应链运营与服务领域权威学者赵先德教授倡导与指导下，共同发起了“2012年中国供应链管理（金融）调查”活动。

调查自2012年4月至9月间进行，历时半年。参与调查的821家企业，涉及机械（14%）、电子（14%）、化工（14%）、医药（13%）、零售（12%）、煤炭（5%）、钢铁（5%）、汽车（5%）及其他（18%，包括房地产/建材、金融、物流、广告等）等多个行业，以制造业和流通行业为主。同时，这些企业分别位于供应链中不同的环节：有原材料和零部件的供应商，有处于中游的制造企业，也有处于供应链下游的零售商和分销商。企业的规模既有大的核心企业，也有依附于核心企业的上下游中小企业。

本次调查问卷涵盖了企业的基本信息、采购、生产与物流、客户与销售、金融产品和服务、企业信息化成熟度等五大部分。为能准确了解企业各部分信息，接受访问的人员分别在企业中担任不同的角色，有公司负责人、财务负责人、供应链管理人员、IT负责人及市场销售负责人等。

二、六大关键发现

九成五企业感受到成本压力

2013年一季度GDP同比增长7.7%，低于此前市场预期的8%。在宏观经济增速趋缓的环境下，企业同时又面临着不断攀升的原材料和劳动力成本，日益白热化的行业竞争等问题。“以前控制物流成本差不多在百分之一，超过百分之一是不合理的；现在的（物流成本）要高很多了，最近两年显著增加了公司的负担。药价在降，运营成本也在升高。油价上涨，人力资源成本上涨，还有原料成本也在上涨。”某上市制药公司的财务主管一语点出了目前国内多数企业所面临的困境。

59%的受访企业认为，公司所处行业的竞争非常激烈。其中，周期性行业如钢铁、煤炭行业由于产能过剩，政策调控等原因，竞争较其他行业尤为激烈。企业明显感受到成本压力，有95%的受访企业认为成本是非常重要（47%）或比较重要（48%）的考虑因素。大型企业的竞争压力和成本压力较中小企业明显。成本压力也可从企业去年的净利润率得到印证。有15%左右的受访企业去年处于亏损的状态。中小企业比大型企业亏损的比例要高。

表 9-1　大中小型企业的竞争　成本压力及利润率比较

	大型企业	中小型企业
行业竞争非常激烈	71%	54%
成本非常重要	62%	41%
2011 年亏损	11%	16%

银行仍是企业融资的主渠道；供应链融资采用比例低，但前景广阔

金融海啸过后，国内企业尤其是众多的中小民营企业仍面临着流动性短缺的问题。2012 年发生在江浙一带的民营企业老板跑路潮就折射出民营企业的生存现状。调查发现，面对资金压力，企业目前融资方式主要还是以信用借款为主，其次分别是担保借款和供应链融资。三类融资方式的获取渠道仍以银行为主，民间个人和机构方式获取融资占有一定比例，但远非主流，而通过物流公司和网络平台等方式获取融资的比例更微。中小型企业通过民间个人和机构、物流公司及网络平台等方式获取融资的比例相比大型企业要高，这也一定程度上说明传统的银行信贷资源对中小型企业来说还是相对稀缺。除了银行等金融机构之外，也有相当一部分企业以延展或缩短账期、提供预付款、赊销等方式帮助上下游解决资金短缺问题，这种互助方式一定程度上有利于供应链社区的稳定和长远发展。

英国首相卡梅伦最近颁布了一项政府供应链金融法案，以鼓励和倡导英国的大型企业去帮助供应链上的中小企业，解决他们融资难和成本高的问题，保护就业市场。整体上来说，国内企业采用供应链融资服务的比例相对较低，与发达国家的数字相比差距较大。使用供应链融资服务的企业仅占被访企业的 30%；煤炭和钢铁行业是开展供应链融资最为活跃的两个行业。有 28% 的企业正在研究和考虑各种供应链融资方案；余下的 42% 尚无开展实际行动。大型企业在开展供应链融资方面较中小型企业活跃：有 45% 的受访企业正在积极采用供应链金融方案，降低上下游的供应链融资成本。参与供应链金融的企业当中，应收账款融资和存货融资占居主导地位，而预付账款融资次之。企业在选择供应链融资服务银行时，考虑的前三位购买因素分别是贷款利率、贷款额度和银行的品牌，说明资金成本仍是企业的首要关注因素。

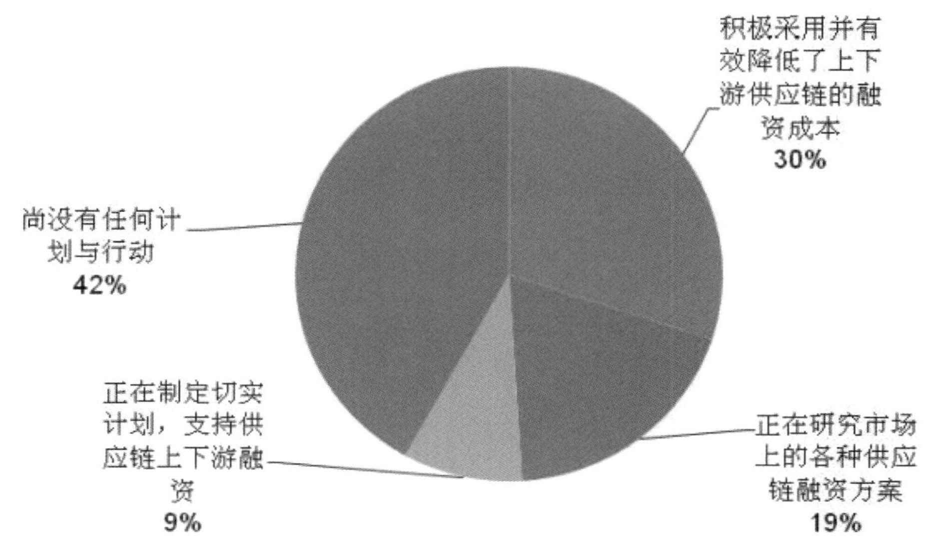

图 9-1 是否采用供应链融资服务

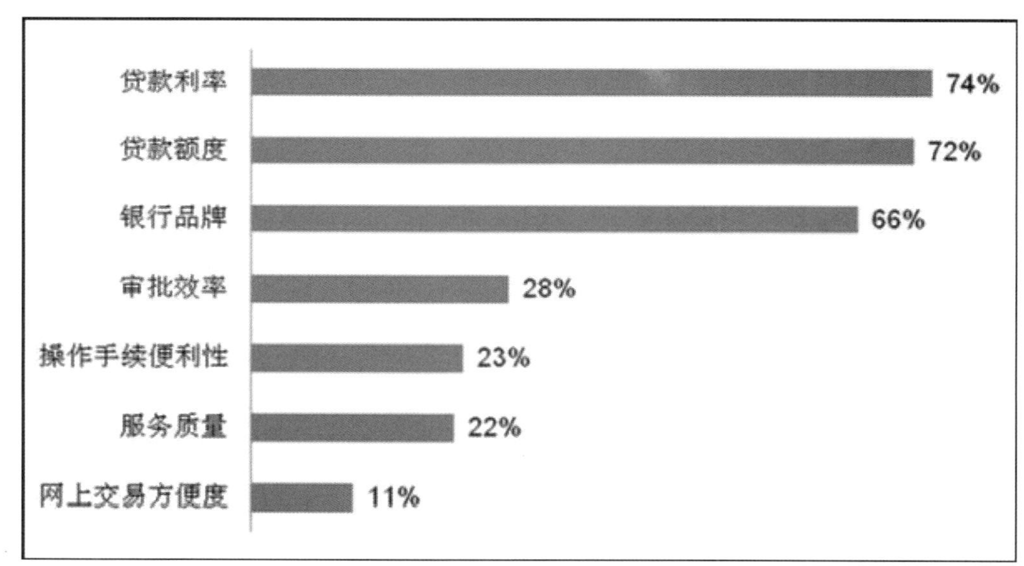

图 9-2 选择供应链融资服务的购买因素

调查同时显示，我国开展供应链金融的实体环境已相当具备，发展前景广阔：以大型企业为核心的供应链上下游社区规模大，并且合作稳定；同时，在上下游开展合作共赢方面，大部分企业已形成共识。75% 的受访企业认为公司建立的上下游供应链体系需合作共赢；同时在产品设计和业务流程设计上都希望与供应链合作企业开展广泛的合作。

供应稳定至关重要

2011年日本大地震和泰国洪水造成汽车行业和电子行业的零部件短缺，由此带来的巨大损失，也正促使企业重新审视和积极应对供应链运转中的相关风险。据报道，美国波音公司当时约有35%的在制梦幻者飞机受到了日本地震的影响。地震过后，波音也因此在考虑建立一套新的供应商系统去减少自然灾害对日常运营的冲击。

总体来说，由生产所需原料、零部件断货，不能足额供货，不能按时供货等原因引起的供货风险成为影响企业供应链管理的最主要风险，其次为与生产安全、运输安全，产品本身的安全性等相关的安全风险及受政策法律法规、环保要求等影响的政策风险，环境风险的影响相对较小。但煤炭行业和钢铁行业将政策风险列为与供货风险同等程度的影响要素。的风险要素排名与影响供应链管理的要素基本一致。不过在医药行业中，安全风险被列为影响客户关系管理的首要风险要素。

地缘政治、经济、金融市场的风险因素时刻存在。日本地震和泰国洪水带给我们的警示是，企业需要去识别和监控供应链中的各种风险，并采取风险缓释措施来加以应对。受访企业的数据显示，有超过一半的企业已经开始在风险识别，风险规避或风险监控上有所动作；有38%的企业已开始进行思考如何管理风险；只有不到一成的企业还未进行任何动作。大型企业在风险管理机制建设方面要远远领先中小型企业。大型企业在风险识别、规避或监控上开展行动的比例占受访企业的75%左右，而中小型企业的比例仅约为47%。

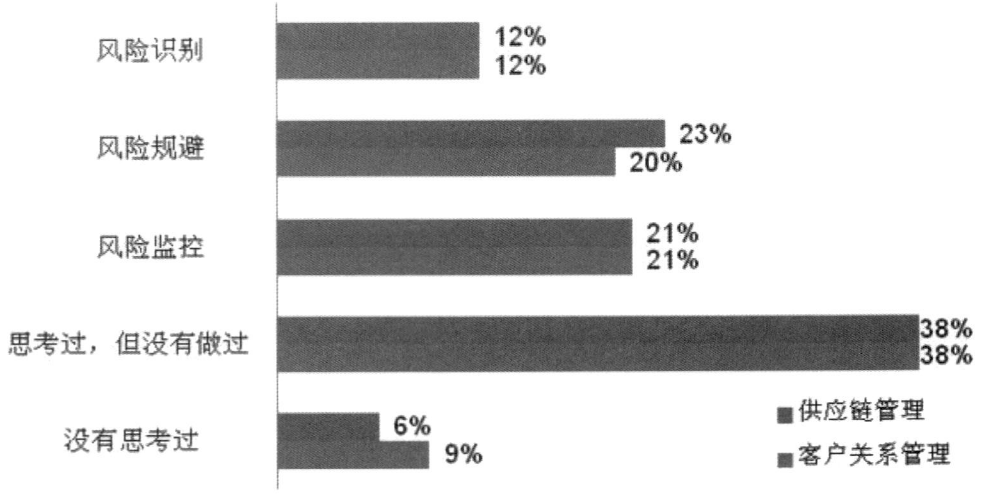

图9-3 有无开展风险管理机制

物流可视化亟待提升

供应链可视化是指利用信息技术，对产品在供应链流转环节中所产生的数据进行采集、加工和传递，供应链成员企业据此做出快速反应和决策。无论是企业内部可视化，还是企业所在供应链上下游的可视化对提升供应链各成员的反应速度、决策质量及风险管理能力等至关重要。

调查显示，只有46%的受访企业采用了ERP或核心业务系统支持供应链管理流程。同时，大部分企业未能直接在上述系统中看到货物在途信息，而另需登录到物流企业的网站查询。总体来看，整个物流过程中的信息透明性一般，有70%的受访企业只能看到部分数据或由于缺乏系统支持，看不到数据；同时，能看到的部分数据存在更新不及时、不准确等现象。某大型超市集团的采购人员就反映，“我们也有系统，只是及时性不强。我们会等他们（物流公司）发好货之后一天两天才知道，有一个时间差，而不是一发货我们马上就知道。真的非常需要知道运输的情况，特别是到夏天，或者是有一些热销产品，比如说电风扇，空调，这些季节性商品，我们要的货怎么还没到。不到这个生意就没有了，人家不买了。物流在途，比如说我拿货或者人家运货两到三天甚至一周的时间货在什么地点我只能靠手机电话询问…”

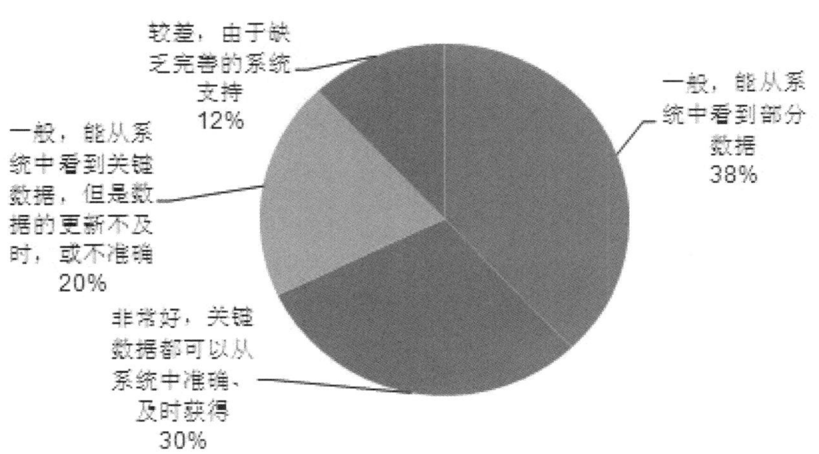

图 9-4 整个物流过程中信息的透明性

在上下游的协同方面，企业与其上下游之间的数据供给相当部分还采用纸质文件、电子邮件等比较原始的方式，而通过系统接口方式的仅占25%左右，一定程度上影响了上下游信息的共享与可视化。

八成企业外包物流运输

外包正在世界范围内蓬勃发展。企

业通过将经营过程中的相关活动，交由专业化的外部资源来完成，从而达到降低成本、提高效率、集中发展核心竞争力的目的。

中国作为低成本国家（LCC，即LowCostCountry），长期以来为跨国公司制造业务的外包目的地之一。但这一趋势正在改变。受人民币升值、劳动力成本上升及运费上涨等影响，中国制造外包的成本指数也正同步上涨。根据AlixPartners的《2011年美国制造外包成本指数》报告，中国已成为制造业务外包目的地中成本最高的国家，远超罗马尼亚、印度、越南、墨西哥等国家。

调查发现，大部分受访企业（约69%）在生产制造方面选择无外包或小部分外包；全部外包的企业占到约6%。煤炭和汽车行业的外包比例较高。例如，汽车行业约49%的企业会选择将大部分的制造业务外包出去；医药和化工行业的无外包情况比较多。

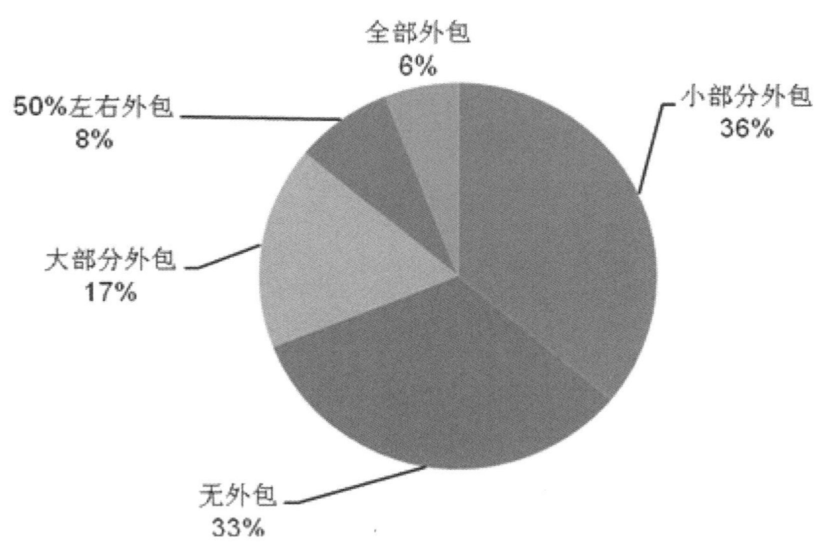

图 9-5 制造业务外包

企业库存外包方面，71%的企业选择了无外包或少部分外包，只有4%的企业选择了全部外包。采用零库存方式的企业更少，只有2%，且主要是集中在汽车、电子、机械设备和零售。

相反，企业物流运输的外包程度较高，有将近82%的企业将该部分业务外包给第三方物流公司；只有7%的公司选择了无外包。物流运输外包程度最高的行业为钢铁行业，接近全部外包；其次是汽车和电子行业。通过外包，企业也一定程度上降低了物流成本，节约了大量的资本开支，提高了运营效率。物流的及时配送率很高，92%的企业认为他们的产成品能及时配送到最终客户/经销商的比例为90%以上。从另一个侧面说明，我国的第三方物流已达到一定水平。

体制是根本制约

阻碍供应链管理水平提升的因素很多，而体制性因素是首因，这其中包括企业高层对供应链管理的认知度和重视度；供应链管理组织的设置；专业人才的引进和培养及专项资金的投入。加拿大供应链部门委员会最近发布的《2012年供应链部门战略人力资源研究》报告指出，对供应链的认知度和理解程度不高；新入职员工的专业技能特别是领导力不足；员工离职率高等因素正使加拿大的供应链部门面临前所未有的挑战。

调查显示，企业高层对供应链管理的熟悉程度一般。79%的受访企业高层对供应链管理的熟悉程度停留在熟悉或比较熟悉两个状态，而只有10%的企业高层对供应链管理非常熟悉。汽车行业的高层管理者对供应链管理的熟悉程度相对较高。

多数企业（72%）没有在企业内部设置供应链管理部门。这一结果表明，企业内部缺乏统一协调和组织计划、采购、生产、销售等活动的专职部门，以快速应对客户需求。大型企业已设置供应链管理部门的比例占受访大型企业的44%，该比例比中小企业高出一倍。调查同时也显示90%的企业缺少供应链管理方面的专业人才，暗示我国在供应链管理专业人才的培养和引进方面有待加强。资金投入方面相对不足，有专门的资金与拨款的受访企业仅占14%，必要时才投入或资金不足的占了53%。大型企业相对中小企业在专业人才引进和资金投入上较为领先。

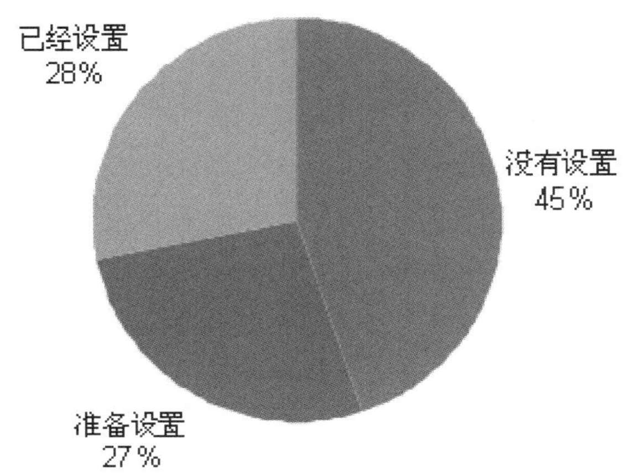

图9-6 供应链管理部门设置

三、行业间供应链管理差异与行业景气度强相关

开展此次专题调查的目的之一，在于了解我国主要制造业供应链管理与运行现况，以期针对不同行业提出更具针对性的管理提升、效率增进的建议。本次调查发现，不同行业间的供应链管理存有较大差别，并显示了与该行业景气度的强关联性：

受宏观整体环境低落和产能过剩的影响，钢铁和煤炭两大周期性行业在刚刚过去的2012年明显感受到成本、资金、竞争等多种压力，经营上举步维艰。通过调查发现，钢铁和煤炭行业在供应链管理方面有待提高。相比其他行业，两大行业的企业高层对供应链管理的熟悉程度不足；供应链管理专业人才缺乏；供应链管理部门设置缺失的比例较高。

整体而言，汽车行业在客户管理、订单管理、物流管理以及信息化技术应用等方面都体现了较高的水平，供应链管理成熟度高。例如汽车整车制造商通过运用准时有序的交货模式（JIT/JIS），显著降低了库存成本。

零售最为贴近客户和市场，有着天然的优势去了解客户需求，了解客户购买、付款、退货等行为，并积累海量数据。零售行业也正在利用这一得天独厚的优势，调查显示，该行业对商业智能系统（BI）的应用比例在所有调查行业中最高。

电子行业产品的生命周期较短，需要整条供应链具有高度的信息透明性和快速反应能力，以避免商机流失和产品过期等带来的损失。调查数据显示，电子行业的信息化程度很好地契合了这一需求，相当数量的企业使用ERP系统整合企业内部供应链流程，并通过EDI与上下游进行数据交换。

与此同时，调查也发现大型企业和中小型企业在供应链管理中存在差异：在竞争压力和成本压力方面，大型企业的感受要比中小企业明显；在融资渠道上，与大型企业相比，中小企业通过民间个人和机构方式、物流公司及网络平台等方式获取融资的比例较大型企业高；在供应链风险管理机制的建设方面，大型企业迈出的步伐比中小企业快，大型企业在风险识别、规避或监控上开展行动的比例占受访企业的75%左右，而中小型企业的这一比例仅约为47%；组织管理方面，大型企业也较中小企业领先，大型企业高层对供应链管理的熟悉程度处于熟悉或比较熟悉两个状态的比例较中小型企业多，大型企业已经设置供应链管理部门的比例达到44%，是中小企业比例的一倍；在外包方面，大型企业制造业务的外包程度较中小企业高；同时与中小企业相比，大型企业的信息化和可视化程度较中小企业高，如大型企业在ERP或核心系统及商业智能类系统的应用方面较中小企业普及，系统模块所支持的供应链各环节较中小企业全面，等等。

四、建议从组织、人才和技术方面强化供应链管理

中国企业无论在供应链管理组织、人才培养，还是供应链的可视化、风险管理及供应链金融等方面，与发达国家相比差距明显。我们从本次供应链管理调查中看到了国内企业在组织、成本、融资、风险、可视化、外包等方面的现状和困境，建议从组织建制、人才培养、信息技术应用等方面加以强化。

1. 建立和健全供应链管理组织

供应链管理涉及企业内部采购、销售、财务、物流等多个职能部门，同时协同上游供应商与下游客户的决策与流程也跨越了企业的产权边界。如此复杂而重要的管理活动，需要顶层设计和管控。建议核心企业设立首席供应链管理官和专业的供应链管理部门，面向市场统筹协同计划、采购、生产、销售、物流等供应链管理目标与活动，推动企业与上下游之间的协同作业，放眼供应链全局优化供应链，以系统最优替代个体最优，创造各方共赢的局面。

2. 培养和储备供应链管理的专业人才

供应链管理人才缺失是一个全球化的问题，近年来蓬勃发展的电子商务和供应链金融，进一步扩大了供应链管理的人才缺口。供应链管理这一新兴应用学科的人才培养，需要进行大量的理论与实践的相互印证。鼓励多学科交叉、产学研结合培养是加速培养供应链管理专业人才的可行选项。我们建议对应供应链“商流、物流、资金流、信息流”四流，鼓励管理学、金融学、物流管理、信息工程等学科下设供应链管理专业（硕士），面向“商流、物流、资金流、信息流”四流中其他三流专业的本科学生招生。鼓励多主体参与的协同性服务创新研究和实践，如复旦大学与平安银行在2010年开展了供应链金融领域的合作，开设了全国首个供应链金融课程、设立了第一个供应链金融专业硕士方向、第一个供应链金融奖学金，开展供应链金融风险管理、定价、交叉营销等多方面课题研究等，成效斐然。另一方面，国家相关部委和行业协会也可在各自的职责范围内联合推动供应链管理理论知识和专业技能的培训及执业资格考试，培养供应链方面的专业人才，提升供应链从业人员的专业水平。

3. 加快供应链电子商务应用和加大信息技术投入

国家《电子商务十二五发展规划》提出了“到2015年，大型企业的网络化供应链协同能力基本建立，部分行业龙头企业的全球化商务协同能力初步形成。经常性应用电子商务的中小企业达到中小企业总数的60%以上”的电子商务规划目标。大型企业是电子商务的主力军，实力雄厚的大型企业采用自建供应链管理平台实现供应链电子商务，并通过其

对上下游的影响力，带动上下游和产业群的电子商务应用。在国内，越来越多中小企业利用第三方电子商务平台开展在线销售、采购等活动，随着在线 B2B 商务技术的日渐成熟稳定，大中型企业也可以考虑采用外包、在线租用第三方电子商务平台服务的轻资产方式，提高生产经营和流通效率。在美国，有不少大的零售商和制造商，通过第三方的供应链云服务平台，连接供应链的上下游。例如 Coach，Kohl’s 等公司在使用贸易卡（TradeCard）平台提供的服务，而不是通过自建的方式去运营供应链协同平台。

为此，我们要同时提升企业的信息化水平，加大企业的信息化投入，国家也可适时推出鼓励企业科技投入的政策，给予相关企业一定的财税补贴。我们在调查中发现，企业在可视化、自动化方面的不足，很大程度上归结于企业的信息化水平低下。多数企业，尤其是中小企业，缺乏有效的系统去覆盖和支持供应链的相关业务流程，大部分业务仍然依赖于传统的手工方式，由此造成供应链作业成本的上升和运作效率的低下。通过适度的 IT 软硬件投入，企业可提升内部的信息化程度，同时借助于企业与企业之间系统的对接、企业与第三方平台和电子政务平台的对接，可提升供应链上下游信息的透明度、各成员的决策能力和速度及企业管理、驾驭风险的能力。

另外，标准化是供应链信息化中一个不能回避的话题。就商品编码而言，企业，物流公司，银行等各方现时对同样商品的识别表达和编码根据不尽相同。各方系统的对接，实现物流、资金流、信息流的交互与共享的一个前提条件是实现商品编码的统一。同时，系统与系统之间的对接和平台与平台之间的交互也涉及接口、传输协议、数据类型等标准问题。在行业内部及行业与行业之间无法做到统一的情况下，我们应该鼓励从事不同标准间的数据传输和交互的中间型平台的孵化和培育。政府部门和行业协会也应推动制订行业化的标准，并在推广应用方面发挥更大的作用。

（中国电子银行网）

9.1.2 物流企业转型必须融入供应链

我国的物流企业毛利润已经从 12 年前的 30% 降到现在的不足 10%，出现这种情况的原因除了中国物流企业要承担高额的税收之外，物流企业的人力、物力、油价等成本的大幅度增加也是导致毛利率锐减的重要因素。就目前全球经济低速增长的情况来看，对物流企业来说接下来要做的是如何让自己融入到整个物流供应链里，将成为接下来物流企业继续发展动力所在，否则物流企业发展已经十分乏力，后劲不足。

2011 年前十个月，物流企业成本增速比收入高 1.4%，成本的增加使得企业的毛利率不断的下降至 9% 以下。预计今后一个时期，增长速度放缓，规模扩张趋稳，结构调整加快是我国物流业发展的总基调。就中国物流行业来说，转型将是这个行业发展的重点。因为只有转型才能解决物流行业盈利空间缩小的问题，同时巨大的成本压力以及高额的油费、税收等，都严重制约这企业的发展，如果仅凭收取运输费、管理费来维持企业的利润几乎是不可能的。

任何企业之间的竞争说到底都是供应链之间的竞争，当前中国企业面临着物流量增速放缓、运力过剩、港口货量不足、仓储空置率高等问题，而这些问题的最终解决办法就是让物流企业融入到供应链里去，将企业上下游连接起来，积极融入利润率较高城市物流领域。随着电子商务爆炸式的发展，对物流的需求也增长迅速，物流企业加强与商贸企业的融合也是势在必行。

据尚普咨询发布的《2013-2017 年中国餐饮业特许经营市场调查报告》指出，面临着中国物流行业的利润率不断下降，在整个经济形势增长压力巨大的背景下，物流企业想要改变业绩不断下滑的现象也是困难重重，如何在接下来的一段时间内使得中国物流企业面临的这种情况有所改善，那就只有转型。2013 年将是我国物流业经营模式创新的一年，为了更好的发展壮大，中国的物流企业向上下游延伸将成为不可阻挡的趋势，物流企业将不断的开展代理采购及分销业务，物流业也将会融入到制造业，与制造业联动发展，网络购物的发展使得物流快递与电子商务的联合也成为趋势。

（《中国经济网》）

9.1.3 工程机械行业供应链管理的六大趋势

在经历了前几年的飞速发展之后，2011 年下半年以来，随着国内经济的持续低迷，工程机械行业也随之进入低谷期。市场环境的不断变化，使得工程机械行业制造商的供应链也呈现出新的发展趋势。由于供应链的管理对每个企业来说都是非常重要的课题，因此，本文对目前工程机械行业供应链管理方面呈现出的六大趋势进行总结，以期为工程机械行业企业在今后面对供应链的全面竞争时有一些启示。

工程机械行业供应链管理的六大趋势

1. 由产品竞争转向供应链整体成员的竞争

以往各个品牌的竞争更关注于产品方面，对产品的价格、质量、渠道、服务网点、商务条件、旧机残值和零配件价格等因素关注更多。而从目前的趋势来看，企业应更加关注于供应链各成员企业的整体竞争，供应商（供应部件质量、所用零配件对整机的影响、综合整机质量及配件质量等）、主机制造商（生产响应、新品推出、产品差异化、生产过程质量控制、综合成本、品牌及商务支持等）、代理商（服务网点、服务及时性与便捷性、购买渠道、商务条件及促销手段等）、物流商（物流价格、配送服务质量及物流一体化等）构成整个供应链的每一个部分都是企业在供应链竞争中取得成功的关键。从现实情况来看，若产品竞争局限于一地一时的竞争，那么企业所取得的成果也仅仅是战术上的胜利；而整个供应链成员企业的竞争则是长周期、综合性的胜利，是战略上的胜利。因此，目前各个品牌开始对整个供应链进行分析，找出薄弱环节并进行加强，以期建立长期的竞争优势。以行业内的龙头企业为例，柳工目前成立了中信物流，通过建立物流公司取得竞争优势；临工则通过对主要供应商的扶持，建立上游供应资源竞争优势。

2. 以客户需求为导向的一体化发展方向

企业竞争的最终目标是扩大市场份额、获取利润，现阶段工程机械行业已进入到白热化的竞争阶段，各企业必须以顾客的满意度提升为首要任务，从市场反馈到供应链环节的改进，满足客户需求并获取竞争优势。特别是目前工程机械行业新产品推出及更新换代较快，各企业必须紧跟市场趋势，这就要求各企业在深入市场时不能仅仅局限于销售部门和市场部门，其他各个部门，如生产、研发、采购、技术和质量等部门也需要对市场进行深入了解，直接听取用户及代理商等渠道的意见和建议，力争以最直观的形式来把握客户的实际需求。以行业内的企业为例，厦工连续几年来进行的“同心圆”活动，要求在淡季阶段，各个主要部门直接参与到市场走访活动中，最直接地了解厦工产品在客户中的反响。

3. 以信息化为手段，实现供应链整体高效运作

以信息化为手段，计划协同管理为基础，实现供应链整体高效运作，是工程机械行业供应链管理的内在需求。信息化手段的提升主要表现在：生产计划的同步性、VMI 库存、JIT 生产以及市场预测准确性等方面，当然通过电子数据

交换加快信息流动，在准确性、及时性、可控性、完整性及标准化方面也起到了不可替代的作用。信息化在制造商企业的应用可帮助供应链达到更低的成本、更好的质量以及更高的可靠性。

4. 由公司层面进行操作性采购和物流对接

目前，众多知名企业纷纷进行“集采分购”式的供应链管理模式，由公司层面统一进行物流商及供应商的准入、整合及管理，由各成员单位进行操作性采购和物流对接。这需要企业把采购分为两个部分：“采（Resourcing）”，主要应用于供应商准入、供应商选择、供应商考核、供应商评估及供应商认证等环节，着眼于对供应商资源的管理；“购（Purchasing）”，主要应用于计划、订货、运输、入库、检验、售后及退货处理等环节，着眼于日常与供货方的对接与配合。各个品牌进行“集采分购”模式的另一个重要因素为多元化，目前，行业内的知名企业基本上都建立起了多元化的竞争格局，不再满足于某一个领域内的竞争，纷纷按工程机械综合竞争进行布局，然而在这一过程中，不可避免的是随着产品系列增加而来的往往是供应商数量的成倍增长，新进入的供应商良莠不齐，短时间内很难进行甄别与优选，给各企业带来了大量的供应链管理成本。所以，为了控制供应商数量，企业应当保持供应链的上游质量，把供应商资源管理放在公司层面，促进各产品系列的优质供应商共享。

5. 培养核心上游供应链企业

企业与供应链各成员单位之间的关系应由竞争转变为合作，对核心的上游供应链企业进行培养，予以支持并进行长期合作。目前采取的主要方式有：通过对内外资源的优化配置和要素的共享运用，实现协同效应；共同提升制造商、供应商、物料商之间的合作效率并减少浪费，提升客户反应能力；分担风险，使供应链各成员单位能够共同抵御风险，协同发展；提高生产柔性，能够更快速地适应市场变化与技术更新；通过制造商对供应商的指导与支持，充分发挥供应链各成员单位的核心竞争力，创造竞争的整体优势。

6. 强化供应链的细节管理

加强对供应链的重视，向供应链要效益，强化供应链的细节管理、内部流程以及跨企业间的合作是目前供应链发展的另一大趋势。在行业上升阶段，各个品牌以争夺市场份额为主要任务，同时，销量的迅速上升和需求的扩大，使各个制造商以扩充产能、满足市场需求为中心，在供应链环节的精细化管理及成本控制方面要求不是太高；而在市场低迷的状态下，各个品牌能够拥有较多的时间和精力，对供应链从粗放式管理向精细化管理进行梳理，加强供应链环节的细节管理，控制并优化供应链成本。

从实际情况来看，供应链已经成为影响工程机械企业发展至关重要的一个因素，供应链的竞争优势不是短时间内能够完成的，需要一个体系化与长期化的积累，各个厂家需要及早进行转型准备，打好供应链提升基础，为以后的供应链竞争进行铺垫。

（杨文龙）

9.1.4 供应链面临转型挑战

让我们先来看看 IBM 公司 2009 年度首席供应链官调查的结果，全球 400 多位供应链高管认为在全球视野下的供应链管理中主要存在五方面挑战：

在成本控制方面，传统的成本降低方式对企业已经不再有效，增加供应链柔性也许能够帮助企业找到其他降低成本的方法。

在供应链可视性方面，由于缺乏相应的支持以及协同意愿，供应链可视性受到了限制。

在风险管理方面，流程、数据和技术被视为目前供应链风险管理的路障，然而它们也是完善风险管理的重要支撑。

在持续增长的客户需求方面，客户对供给和需求的精确同步提出了更高要求。

在全球化方面，虽然全球化对于企业来说是一个正面因素，但前置期（从发出订货单到收到货物的时间间隔）、配送和质量仍是供应链最大的挑战。那么，是否有一套供应链策略管理方法，能够符合您所在企业的供应链发展需求？探究这些问题之前，让我们回归到中国企业独特的商业环境来看。与国外企业不同，中国企业在供应链方面面临的挑战主要集中在成本、客户服务、供需协同、可视性和信息化建设等方面。

经过全球金融风暴后，当今中国企业供应链管理面临的诸多挑战。在集团集中采购方面，集团不同业务单元各自采购，不利于形成集中采购规模，也不利于整合上游供应资源，从而有效降低采购成本。采购物资分类、供应商分类，根据不同的物资采用有效的采购策略，推进集中采购，构建集团统一的采购平台，可以提高采购组织的效率，加强对供应商管理，提高供应商服务水平。

在需求与供应协同方面，随着外部市场多变和业内竞争加剧，企业面临对市场的准确预测，并根据市场条件不断调整供应计划的挑战。加强对市场的细分、客户的洞察，从而提高需求预测的准确性，与供应计划能力有效协同，有利于企业平衡成本和服务水平，提高对市场的快速响应。

在精益生产与运营方面，原材料和人工成本的持续增长给企业的制造成本带来巨大挑战，这种挑战也促使许多企业开始着手实施精益生产方案，利用六西格玛和JIT（准时生产方式）来优化流程，提高生产效率和产品质量，减少制造误差，降低售后保修期内的设备维护成本或售后服务成本。

在物流和客户服务方面，物流配送服务体现了企业重要竞争力，随着市场竞争的加剧，如何在合理的物流成本下及时准确地将商品送达客户，给企业的仓储物流管理提出了新的挑战，配套的客户服务直接关系到客户的评价和忠诚度。

在供应链信息化建设方面，国内企业供应链信息化建设初步跨过初期的ERP建设，正在向更高更复杂的情况升级，封闭性的信息系统越来越难以支撑高速增长的互联互通的业务发展需要。企业亟须通过信息化建立全供应链绩效的可视化，提升企业的合规和风险管理能力。

因此，企业应该将供应链管理提升到公司运营战略层面，持续不断地提升供应链管理水平和供应链效率，降低物流成本，提高客户服务水平，并将供应链打造成企业的核心竞争力之一，完成供应链转型。

（万联网）

9.1.5 专家对话：应通过完善供应链理顺零供关系

商务部内贸流通专家、北京工商大学教授洪涛指出，“新国十条”以及国务院相关措施的出台，表明我国政府部门高度重视零售行业，再度明确了零供关系的重要性，为引导社会重新审视零供关系奠定了很好的基础。这将带来积极的变化，零供关系将有望迎来新的发展契机。但真正解决零供关系仍需时日。

2012年12月26日，国务院总理温家宝主持召开国务院常务会议，研究确定了降低流通费用的10项政策措施。其中第三条提出要清理整顿大型零售企业向供应商违规收费和恶意占压供应商货款，制定零售商供应商公平交易管理的法规。

国务院办公厅今年1月11日发布《关于印发降低流通费用提高流通效率综合工作方案的通知》。其中第三条提出要强化零售商供应商交易监管：清理整顿大型零售企业向供应商违规收费，规范促销服务费。制定零售商供应商公平交易管理的法规。零售商向供应商的收费项目、收费标准、服务内容、限制条件等，须与供应商协商确定，并在醒目位置明确标示。零售商不得向供应商收取标示以外的任何费用，不得对交易条件相同的供应商制定差别收费标准。零售商收到供应商货物后应及时付款，禁止零售商恶意占压供应商货款。成立零售商、供应商相关行业组织。规范零售商供应商工作人员行为，严厉打击商业贿赂。

通过完善供应链理顺零供关系

2006 年商务部即出台了《零售商促销行为管理办法》、《零售商供应商公平交易管理办法》。2009 年 3 月 1 日，商务部颁布《零售商供应商交易行为规范》。2011 年 12 月~2012 年 9 月底，商务部、国家发改委、公安部、税务总局、工商总局五部委在全国集中开展清理整顿大型零售企业向供应商违规收费工作。这些都说明政府高度重视解决零售商与供应商之间存在的问题。

零供关系并非单纯依靠政府出台政策就能全部解决，必须通过完善供应链才能理顺。重点在于建立一种长期的、正常的零供合作关系、竞争关系。分歧与矛盾是客观存在，政府不宜过多干预企业行为。政府的职责在于约束不规范的零供行为，如店大欺客或者客大欺店。

流通业是一种劳动，应该得到社会尊重，既要尊重生产劳动，也要承认流通劳动；未来，生产与流通二者联系将更加密切，零供关系不可能消失；零供之间有矛盾很正常，新矛盾新问题总会出现，要在发展中不断解决新问题。订立永久性、一成不变的合同是不可能的，应让双方在对立统一中不断发展。

除了零供关系，也需要处理好零售业与金融业的关系，零售商与供应商之间以及零售业与批发业的关系，零售商与贸易商、政府、消费者、股东的关系。

这些关系处理不好，就无法解决零售业转型升级的问题。政府不应过度放大零供矛盾。市场经济就是要反对垄断，保护竞争。政府职责在于创造一个公平交易的市场竞争环境。

要规范市场更应尊重市场规律

零售物流与信息系统专家、中国商业联合会专家钟升也认同上述观点。他认为，零供之间的矛盾已经上升至一个社会性问题。近几年，零供之间矛盾冲突不断，甚至影响到社会物价水平，如以廉价商品见长的超市反而变成“贵市”，这已经损害了消费者的利益。

“与其说零供之间出现矛盾，不如说整个产业链出了问题。零售商的运营成本费用已经不再是过去简单的进销差价所能涵盖的了。”他说。

钟升同时指出，零供关系原本不是一个问题，而是市场经济发育过程中产生的一种自然现象，只是零售行业经营的不规范加剧了矛盾。

“通道费等是中国从计划经济向市场经济转型期间，零售行业发展‘过渡期’的自然产物，是市场经济发展催生出来的矛盾及问题。随着市场的规范化进程加快，相信这些问题也将得到解决。”

他说，超市通过采取各种营销方式，与供应商共同创造利润，零售商自然要多分一点。如果政府硬性规定哪些费用可以收哪些不能收，就有些过于武断。所以对通道费等不要人为一概否定或者打压取缔。“一方面应该规范市场，让商家自律；另一方面应该尊重市场规律。”“在商超领域，店大欺客和客大欺店均是客观事实。不能为纠偏店大欺客现象就默许客大欺店现象存在。这也不符合政府管理部门的公平、公正、公开管理原则。”

洪涛分析，政府部门应当允许正常的收费，同时坚决打击不规范不合理的收费，例如商业贿赂。

实际上，近年来，一些大型外资零售企业也在不断积极探索改善零供关系，比如探索建立新型供应链，与农产品供应商建立协议流通，与工业品供应商建立长期供货协议。超市发已经宣布设立零供关系协调的绿色通道。物美集团也做了大量努力，相关的行业协会也在发挥作用。

（国际商报）

【逆向物流正向控制】

近些年来随着环保法规约束力度的强化，以及居高不下的退货率对企业利润的影响，越来越多的企业意识到构建逆向物流系统的重要性。美国物流管理协会的资深专家、南佛罗里达大学教授詹姆斯·司多克对逆向物流的描述很精辟：“公司对退货如何处置已成为一项标新立异的竞争战略，并正成为提高效率的全新领域。”因此，国内外许多知名企业把逆向物流战略作为强化其竞争优势，提高其供应链整体绩效的重要手段。

从字面上看，逆向物流就是物资的逆向流动，它与传统意义上的物流（即正向物流）的运作起始点完全相反，但前者绝不是后者的简单逆行。综合各家观点，现代逆向物流可表述为以市场和顾客为导向，物资从产品消费点（包括最终用户和供应链上客户）到产品来源点的物理性流动。它与顺向流动无缝对接而成为整个物流系统的有机组成部分，使原来的单向的企业物流变成完整循环的物流网。

逆向物流在目前突出表现为退货逆向物流和回收逆向物流。退货逆向物流是指下游顾客将不符合订单要求的产品退回给上游供应商；回收逆向物流是指将最终顾客所持有的废旧物资回收到供应链上各节点企业。

在构建企业的逆向物流体系时，要充分考虑自身实力和成本收益问题，通常有3种选择，独立自建、与其他企业联合建立、外包给第三方逆向物流公司。

企业独立自建逆向物流系统的模式适合于比较广泛的回流物品，包括产品退货、维修和召回、报废品的回收处理、包装材料的循环使用等。一般来讲，需要建立独立逆向物流系统的企业，其回流产品数量较大、回收价值较高、对环境的潜在危害也比较严重。同时要注意由于逆向物流具有结构复杂、时空分散的特点，决定了其规划、操作和控制变得更加困难和复杂，且往往会使整个逆向物流的绩效变差，这种独家经营运作模式虽然可以降低交易成本，但增加了库存成本、运输成本，且需求响应迟缓，所以选择这种战略时必须慎重，绝不能贸然行事。

诸如废旧家电、报废金属器皿、塑料制品等回收价值较高的废旧物品，有些在回收之后经过简单修理就可以进入二手市场，有些经过拆解之后可以作为零件重新使用，因此对于生产企业来说，废旧物品可以作为重要的零部件或原料来源，其中蕴藏着巨大的商机。另一方面，如果这些废旧物品不经过适当处理，很可能对环境产生巨大破坏，特别是一些塑料橡胶制品、含有重金属的废旧电子产品等，而这往往是单个企业不愿或不能负担的。在这种情况下，同行的多家企业可能通过合资等方式建立面向各合作企业甚至于整个行业、专门从事逆向物流的企业。

在政府管制的条件下建立联合的逆向物流系统，不仅可以减轻单个企业的资金压力，更具有专业优势而且可以保证该企业运作过程中的原料来源问题，容易实现规模经营。近来摩托罗拉、三星、诺基亚、海尔等几家国内外手机厂商联合有关机构，在北京发起“移动电话环境保护行动”，承诺对污染的手机及配件进行回收处理，或许会成为手机厂商联合建立逆向物流系统的开始。

企业逆向物流外包这种模式，通过第三方物流企业专业化的运作，可以大大提高逆向物流管理效率，并可节约成本，减少时间和资源的消耗并能降低风险。从理论上讲，这种模式具有极大的可行性。由于大部分中小企业无力投资进行逆向物流系统建设，缺乏从事逆向物流的专业知识、技术和经验，第三方物流的专业化运作就显得更具优势。据报道，国际物流巨头如UPS、联邦快递等公司已经进入我国并专门提供逆向物流管理服务。

国外一些有远见的厂商，逐渐认识到了废旧物品回收行业的巨大商机，专门为生产企业提供逆向物流服务。在芬兰，以回收利用废旧金属起家的芬兰库萨科斯基公司，专门为大量使用电子设备的客户提供全套产品逆向物流服务，根据不同客户需求，制定产品回收计划并签订回收协议，定期回收废旧物品。目前该公司每年回收处理超过1万吨废旧家电和电子产品，占芬兰每年回收处理总量的50%左右。

当今高速发展的工业化进程，日益

逼近的资源枯竭，严格的环境管制，日益激烈的市场竞争，使逆向物流成为企业的必然选择。据估计，我国的逆向物流成本约占物流总成本的20%以上，而逆向物流几乎还是空白，因此，我国逆向物流业有着广阔的发展前景。

无论何时，企业生存与发展必须靠供应链上每个节点，包括其上游供应商和下游顾客。倾听顾客呼声，同时适应时代和社会发展，建立及时的产品召回制度，使用再生材料，响应环保需求，这些都能为企业创造战略优势，创造新的利润增长点，最终实现企业和社会可持续发展赢得先机。

（中国质量报）

9.2 物流金融和税收

9.2.1 物流金融概念的界定及其意义

现代物流发展离不开金融服务的支持。物流金融作为一种全新的理念，超越了金融行业与物流 企业 之间单纯金融服务的联系形式，大大提高了两者的整体效率，对金融业、物流业及企业都产生了深刻的影响 。尽管当前一些金融机构和物流企业已经进行了一定的探索和实践，但对物流金融运作发展模式的探讨尚有欠缺，学术界也未形成完备的理论 体系框架，致使物流金融在我国物流企业和金融机构之间未能大范围实践和推广。

1. 对物流金融概念的界定

物流金融是近几年才在我国流行起来的。关于物流金融的概念， 目前学术界主要有以下三种提法：一是认为物流金融从广义上讲就是面向物流运营的全过程， 应用各种金融产品，实施物流、商流、资金流、信息流的有效整合，组织和调节资金运行效率的一系列经营活动。从狭义上讲就是物流供应商在物流业务过程中向客户提供的结算和融资服务，这类服务往往需要银行的参与。二是认为物流金融是指在供应链业务活动中金融工具使物流产生的价值增值的融资活动。三是认为物流金融是指物流业与金融业的结合，是金融资本与物流商业资本的结合，是物流业金融的表现形式，是金融业的一个新的业务领域。依笔者看来，以上三种观点虽然在认识上存有分歧，但共同之点是显而易见的，即从不同的角度强调了物流与资金流的整合。

因此，从供应链的角度，物流金融的概念可以分为广义和狭义两种。广义的物流金融是指在整个供应链管理过程中，通过应用和开发各种金融产品，有效地组织和调剂物流领域中货币资金的运动，实现商品流、实物流、资金流和信息流的有机统一，提高供应链运作效率的融资经营活动，最终实现物流业与金融业融合化发展的状态。狭义的物流金融是指在供应链管理过程中，第三方物流供应商和金融机构向客户提供商品和货币，完成结算和实现融资的活动，实现同生共长的一种状态。

物流金融作为物流业和金融业的有机结合，不仅是金融资本业务创新的结果，也是物流业发展壮大的需要，更是经济 发展的必然。因此，根据现代金融理论，可从三个方面理解和把握物流金融的概念。

首先，整个供应链的有效运转需要金融业的大力支持。据资料显示：2006年， 中国物流总费用是3.8万亿，其中运输费用为2.10万亿，占物流总费用的54.7%；保管费用为1.23万亿，占物流总费用的32.1%；管理费用为0.50万亿，占物流总费用的13.2%。物流业固定资产投资为12 169亿，其中 交通 运输9 775亿，仓储投资470亿，批发业固定资产投资1 827亿，配送、加工、包装业用固定资产投资58亿，邮政业固定资产投资40亿。如此大规模的资金投入，几乎都是靠商业银行提供。如果没有银行业的鼎力支持，物流业的迅速发展将难以想象。

其次，金融机构金融服务业务创新更需要参与物流供应链的实际运作。主要表现在信用贷款、仓单质押、权利质押、信托、贴现、融资租赁、保险、有价证券的交易和担保业务中。对金融机构而言，物流金融不仅降低了信息不对称产生的风险，成为客户与金融机构的“黏合剂”，而且也为新兴的金融衍生品提供了销售平台，成为金融机构业务创新的重要形式。由于物流业与金融业的结合，金融机构可以利用其在融资活动中的特殊地位和信用，通过有效的供应链管理，全面了解物流企业库存商品的规格、质量、原价和净值、销售区域、承销商、库存的变动状况和充分的客户信息，由物流服务供应商作为担保方进行操作，利用保单、提单和仓单质押等业务可使物流企业从银行融资。

再次，供应链管理的效率有赖于物流金融的发展。“零库存”是供应链管理追求的理想目标，也是提高供应链运行效率的关键。但在实际运行中，库存在所难免，且多为不合理库存，使得交易成本增加，运行效率降低。而存货占用资金又常常使企业陷入流动资金不足的困境，严重制约了企业发展。过多的库存商品与过低的资金周转率，使企业大量占用银行资金，也使银行面对大量不良资产而束手无策。物流金融的提出和物流金融业务的应运而生，解决了供应链上相关企业因资金不足而产生的困难，拓宽了供应链上相关企业发展的空间，提升了供应链的运作效率。因此，物流业与金融业的结合，不仅代表了一种全新的理念，而且也使金融业开辟一个新领域。

2. 物流金融的发展提高了供应链的运转效率

按照美国物流协会发布的最新供应链管理概念，供应链管理既涉及渠道伙伴供应商、中间商、第三方物流服务供应商和客户之间的协调合作，又包括了对涉及采购、外包、转化等过程的全部计划和全部物流管理活动。从供应链管理的概念可以看出，它包括了上述过程中的所有实物流与资金流活动，也包括了整个生产运作，可见，供应链是物流管理在深度和广度方面的扩展。所以，供应链运作和管理效率的提高，对于许多物流企业乃至整个生产企业的生存发展都是至关重要的。而物流金融的结合与发展，能够有效提升供应链运作和管理的效率，增强供应链的竞争力，进而推动现代物流业的迅速发展。

（1）物流金融是实现供应链协调发展的关键

相对发达国家而言，我国物流业水平低下的一个深层次原因是没有推进商品流、实物流、资金流和信息流的一体化。大量的资金搁置在供应链的各个环节中，既影响了供应链的顺利运转，又导致了物流运作的资金成本居高不下，更使得物流企业因资金紧张而无法对信息系统、操作系统进行必要的技术改造。而物流金融的发展，为物流业和金融业同时提供了商机，这主要表现在：

首先，现代物流业是一个以供应链一体化为核心的社会大系统，涉及到社会经济生活的多个方面，而物流金融业务的发展，创造了多行业相互交叉发展和运作的领域，这既为物流业和金融业走向差异化和个性化经营提供了可能，同时也为金融产品的创新提供了运作平台。

其次，物流金融的发展为商业银行完善现代结算支付工具，增加中间业务收入创造了机会。由于物流与金融的结合，产生了许多跨行业的服务产品，相应也就出现了对许多金融衍生品的需求，如汇兑、银行托收、汇票承兑、贴现、网上支付、信用证等结算工具，这必将增加商业银行的资金结算、资金查询、票据承兑等中间业务，同时物流企业在运营过程中会产生大量稳定的现金流，商业银行可以利用自身特有的创造存款货币优势，为物流企业提供高效的理财服务，从而获得相关收益。

再次，在发展物流金融的同时，也为商业银行开发了新客户，尤其是培育了优质客户。商业银行作为资金流动的枢纽，在同物流企业建立长期稳定业务关系的同时，还可以提供延伸服务，拓展与物流企业相联系的上下游优质企业，使得生产企业、物流企业、零售商或最终消费者的资金流在银行体系内部实现良性循环，从而得到较好的投资收益。

物流金融的出现不仅提高了金融业和物流业各自的效率，而且为整个供应链的协调发展提供了条件。就供应链而言，商品从生产到消费的整个供应链过程中都存在着大量的库存，虽然合理的库存可以满足消费者的需求，但在市场竞争日趋激烈的今天，供应链上的企业纷纷视库存为一大负担。因为大量的库存意味着有大量的流动资金被占用，资金运作效率降低，交易成本增加，企业其他交易活动也无法正常进行。所以，供应链上的企业都想尽办法以降低库存。而他们所采用方法的最终结果都只会让其上游或下游企业承担负担，对于整个供应链来说库存并未减少而只是转移。

而物流金融业务的开展，物流企业就能充分利用创新的金融产品和金融手段盘活这部分资金。对第三方物流服务供应商而言，既壮大了自身的实力，又提高了企业一体化服务的水平和竞争能力；对供应链上其他企业而言，不但降低了企业的融资成本，拓宽了企业的融资渠道，而且降低了企业原材料、半成品和成品的资金占用率，加速了资金的周转；同时也降低了采购成本，提高了企业的销售利润；对金融机构而言，可以帮助金融机构扩大贷款规模，降低信贷风险，甚至可以协助金融机构处置部分不良资产；对整个供应链而言，整合了资源，提升了供应链的竞争力。

（2）物流金融能破解中小企业融资难题

作为供应链上的两个等量反向流，实物流与资金流之间的协调运作不仅可以促进供应链的良性发展，而且可以有效支持中小企业的融资活动。然而由于市场环境的瞬息万变以及交易规则的多样化，加上中小企业存在着信用体系不健全的问题，实物流与资金流的运作常常出现不和谐。如供应链上下游企业之间的三角债问题，以及中小企业与商业银行之间出现的想借借不着和想贷不敢贷的尴尬局面，都体现了实物流与资金流不相匹配的矛盾。而物流企业通过库存管理和配送管理，对客户的信息有比较充分的了解，可以作为客户与金融机构的“黏结剂”，在金融业务中发挥特殊的作用。因此，通过发展物流金融，以资金流盘活物流，以物流拉动资金流，使两者相互促进、实现一体化发展，是提高我国企业整体效率的有效途径。同时，在实际操作中，由于物流企业在供应链中的特殊地位，能清楚地了解到商业银行不易掌握的有关信息，如企业库存产品的动态信息等。这为物流企业向商业银行提供担保，或由商业银行统一授信于物流企业的融资服务提供了可能性。这样不仅使中小企业盘活了流动资金，商业银行降低了业务风险，而且物流企业可以与上下游企业和商业银行建立长期稳定的合作关系，不断提升在客户心目中的地位和信誉度。

（3）物流金融的开展能有效控制金融风险

长期以来，如何有效控制放贷风险一直是金融机构面临的一大难题。在经济活动中，不管融资企业的产权和经营权如何变化，商品的流通渠道是不变的。因此，掌控企业实时物流活动的第三方物流服务供应商，就成为协助银行控制风险的最直接、最有效的合作者。第三方物流服务供应商通过发挥自身业务优势，为商业银行了解质押物的一系列信息，并接受其指令控制质押物的进出库，可以有效控制由于信息不对称给商业银行造成的放贷风险。

另外，物流企业也可以先替购货商向供货商预付一部分货款，待购货商提货时交付全部货款，再由物流企业将另一部分货款交给供货商。这样不仅使供购双方放心，而且物流企业也可以充分利用资金流动的时间差，从事贷款业务。商业银行作为资金的供给者，在同物流企业建立长期合作关系的同时，还可以将服务延伸拓展到供应链上其他优质企业，实现资金流的良性循环。

就完善信用机制来讲，如果信用机制不完善，整个供应链就会中断，管理效率就会降低。一般而言，经济社会中的信用机制是由信用监管体系、企业自律体系和社会信用体系相互作用、相互促进形成的。而物流金融业务就是通过第三方物流服务供应商的实力和信用，控制了供应链运作的风险，促进了中小企业的诚信和自律，由此保障了金融机构资金的安全性、流动性和盈利性。因为金融业、物流业、中小企业的这种业务联系在很大程度上是以信用和自律为基础的，物流业承担信用监管的职责，中小企业承担信用还贷的职责，金融机构承担信用放贷的职责，因此，物流金融的发展必将有效促进信用机制的完善。

（万联网）

9.2.2 物流金融正具发展潜力

物流业的发展内生金融需求

物流业的发展内生金融需求，良好的金融发展水平又为物流业的发展提供更多机遇。传统的晋商贩运生意与票号业务，以及近年来愈发红火的物流金融不断表明物流与金融存在着不可分割的内在联系，两者共同发展，同时两者又互相补充，为各自发展创造机遇。

物流对金融的促进作用表现在：物流的发展促进金融工具的创新，网络银行是现代物流出现后金融电子化的最新产物，同时基于物流业务的各种质押、保兑方式层出不穷；物流的发展推动金融制度创新，由物流发展推动网络金融发展，使得银行业、保险业、证券信托业的发展逐渐呈融合趋势，传统分业经营的边界越来越模糊，这正是金融制度创新的具体体现；物流发展推动金融监管创新，混业趋势与我国现行的分业监管不相一致，面对发展变化了的金融展业实际情况，如何加强风险管控是现代物流提出的新课题。

物流业在不断发展的同时也需要金融部门的大力支持，金融对物流的促进作用主要表现在：金融发展对物流的保障作用，通过金融市场高效配置资金，可以为物流业的基础设施建设提供更多资金来源，金融渠道的畅通可以保证物流过程中产供销的有效衔接，金融工具和结算体系保障物流企业资金的正常周转；金融对物流的支持作用，现代物流力求满足不同批量、不同规格、不同地区的需求，当顾客来自各地时，如果相关金融服务没有延伸到各地，那物流企业的成本就会扩大，开拓市场的动力就会受阻；金融对物流的监督作用，金融机构为了保证资金安全，必然监督企业加强内部核算和风险管控能力，帮助企业实现“零”资金运营的科学营销。

良好的金融支持日益成为物流业发展的必要条件。如何更好地发挥金融对物流产业的支持需要了解物流产业的现状及金融支持中存在的问题，方能对症下药，达到目的。

金融支持物流业应量体裁衣

目前，金融支持物流业发展存在以下问题：

第一，物流业现状分析。从市场结构来看，某地市物流企业数量众多，有的企业，在细分的市场中寻找自己的市场定位，但物流企业规模化、集中度还有待提高。从市场行为分析来看，价格竞争与非价格竞争并存，价格竞争行为开始向非价格竞争行为转变。从市场绩效分析来看，物流业 2009 年、2010 年的整体盈利能力较 2008 年有所下降，营业利润率下降的幅度较大。从资产负债率看，产业的偿债能力在不断优化。产业的偿债能力变差。从产业内部结构来看，中小企业经营过程中经常会有资金盈余并适当向下游企业提供信用。大企业利用规模优势逐步降低成本，技术进步以大企业为典型，中小企业则更加注重货物运输过程中的损毁情况，货损率呈降低趋势。

第二，金融支持物流中存在的问题。金融机构在支持大企业和小企业方面存在着不同的问题。大企业面临的最大困难是如何更有效率或者以更低的成本进行融资。而就目前某地市大银行情况看，由于央行紧缩货币供给，存款业务成为各银行激烈竞争的领域。基于存款业务的个人理财业务逐渐成为各大行经营重点。而受贷款权限和贷款额度的限制，各大行贷款积极性不高，近10年来贷款额度环比增长率总体呈下降趋势，贷款业务停留在事后监督层次，没有深入到企业主动为企业制订资金解决方案。

中小企业面临的主要问题有以下几方面：一是中小企业融资时的首选仍然是银行，致使第二梯队银行信贷资金供不应求，提高贷款标准的办法又使部分中小企业资金需求得不到满足。二是这类资金需求得不到满足的中小企业一般也不会轻易向新型金融机构或民间资本融资。三是融资平台欠缺，央行某地市分行2011年3月份召开的银企洽谈会上达成的贷款合同明显高出平时水平。可以看出银行供给与企业需求之间存在着结构性矛盾。四是融资工具利用不够，尽管本地金融市场能够提供的融资工具有中小企业集合债券、短期融资券、中期票据、中小企业集合票据等7种，但真正被中小企业利用的只有融资担保，融资租赁和中小企业集合债券鲜有利用。五是融资渠道窄，融资渠道只有银行。六是调查发现制约中小企业日常运营的首要因素是货物损失，市场上现有的保险产品不能满足物流企业的保险需求。

关注物流金融的潜力

未来一段时间是物流业充分发展的时期，针对某地市在金融支持物流业方面存在的不足可以做如下分析：

一是目前本地金融市场上初步形成了大银行与中小银行分工合作的局面。大银行应充分利用债券市场和银行间同业拆借市场，借助金融工具创新来应对信贷资金短缺的局面，应在个人理财基础上注意企业理财服务，真正意识到物流金融对银行未来发展的重要性。

二是中小企业资金需求量大，而中小银行实力有限。作为地方金融市场的管理者，人民银行的分支机构应进一步完善中小企业信用档案建设，总结项目的经验教训，切实发挥该项目支持中小企业融资的积极作用。作为融资工具的提供商，各商业银行在实际经营过程中应融地方特色于一般化的融资工具中，贴近实际，真正推出适合企业特点，能为企业接受和熟练使用的融资工具和模式。各新型金融机构和民间资本市场是金融体系的有机组成部分，如何发挥它们的积极作用值得进一步研究。不过有一点可以肯定即规范化是新兴金融机构继续发展的前提。

站在产业融合的角度上，物流金融应该是金融对某地市物流业的真正支持，也是金融有效参与地方产业结构调整的一个突破口。

（中国人民银行太原中心支行）

9.2.3 物流融资的界定及操作方式

概念界定：融资时的增值服务

物流与金融的最佳结合点莫过于物流融资。现阶段，物流融资的概念相对还很模糊。从融通资金的方向来看，物流融资既可以指物流企业为自身融通资金，又可以指物流企业为其他企业融通资金。在物流企业为其他企业融通资金的情形下，按物流企业在融资过程中所扮演的角色，又可以分为物流企业直接提供的基础性融资服务和物流企业间接提供的增值性融资服务。

当前，很多业内人士已详细探讨了物流企业该如何为自身融资的问题。这种探讨对物流企业，尤其是对中小物流企业如何融资而言大有裨益，但这种融资行为更具有一般企业融资的共性，因此完全没有必要冠以“物流融资”的称呼。至于物流企业直接向客户提供的基础性融资服务，在我国现阶段，还存在一定的法律障碍。按照我国法律规定，专门经营基础性融资服务的机构只能是以银行为主的金融企业，一般工商业企业并不能染指金融业务。当然，也包括不能收购金融企业。在国外，UPS 公司通过收购美国第一国际银行（First International）并将其改造成 UPS 金融部门（UPS Capital），以此为基础向客户提供金融服务属于个案，应另当别论。因此，本文界定的物流融资，仅限于物流企业在客户融资过程中间接地提供辅助性增值服务的方式。笔者认为，物流融资是物流企业服务功能的拓展和升级，它具有使资金流这一环节不断增值的功能。

质押监管：物流融资小试牛刀

在国内，物流企业提供的质押监管服务主要发生在仓单质押业务领域。仓单质押是以仓单为标的物而成立的一种质权，是传统储运向现代物流发展的一个延伸业务。质押监管业务是指出质人（货主）以合法占有的货物向质权人（一般为银行）出质；作为质权人向出质人授信融资的担保，监管人（保管人，一般为物流企业）接受质权人的委托，在质押期间按质权人指令对质物进行监管的业务模式。近年来这项业务受到了生产企业、物流企业、银行的广泛关注。

我国《合同法》第 385 条规定：“存货人交付仓储物的，保管人应当给付仓单。”所谓仓单，是指保管人在收到仓储物时向存货人签发的表示收到一定数量的仓储物的有价证券。根据我国《担保法》第七十五条的规定，仓单质押为权利质押之一种。仓单是物权证券化的一种表现形式，合法拥有仓单即意味着拥有仓储物的所有权。也正因为此，转移仓单就意味着转移了仓储物的所有权。

仓单质押贷款业务的基本模式便来

源于上述法律规定。货主把货物存放在物流企业的仓库中，取得仓单后凭此向银行申请贷款，银行根据质押物品的价值和其他相关因素向客户企业提供一定比例的贷款。物流企业所提供的服务就是接受银行的委托，对货物的流动性进行监管，及时向银行提供质押监管信息，以便银行随时掌握货物流动的信息。

说到底，在仓单质押业务中，物流企业除了保管者以外，还扮演了信息提供者的角色。正是因为有了物流企业的参与，银行才可以放心地贷款给货主。此项交易实现了银行、货主和物流企业的三赢。相对于传统的物流服务功能而言，质押监管使物流企业在“资金流”的环节上增值。

融资租赁：物流服务开疆拓土

如果说质押监管是物流融资在“货”的方面小试牛刀，那么，融资租赁就是物流融资在“库”的方面开疆拓土。融资租赁相对于质押监管而言，更具大手笔。

当一些货物对仓库的现代化和智能化程度要求较高，但同时货主限于实力不能自主建造仓库时，普通的仓库租赁便不能满足这些货主的需求。实践中，物流企业通过提供融资租赁等一揽子的解决方案来满足这些货主的需求。

所谓融资租赁，是指由出租方融通资金为承租方提供所需设备，具有融资、融物双重职能的租赁交易，它主要涉及出租方、承租方和供贷方，并有两个或两个以上的合同构成。在融资租赁方式下，首先是由货主提出关于仓库需求的招标方案，然后是物流企业投标，中标后便进入融资租赁方案的实施阶段。物流企业与货主签订融资租赁协议，筹资时与银行签订贷款协议。签订该贷款协议是物流企业以在建工程做抵押的融资行为，属于物流企业为自身融资，不在本文探讨范围之内。因此，这一阶段真正的物流融资是指物流企业在为货主提供物流服务的同时，提供仓库租赁服务，集融资与融库于一体。

融资租赁之所以具有融资功能，在于此时租赁行为相当于货主通过物流企业筹得资金后建成仓库，并将仓库所有权抵押给物流企业，货主按期交纳的租赁费可以视为按期还款。租赁期满后，仓库的所有权一般也要转移给货主企业。因此，融资租赁被人们形象地称为“借鸡生蛋、卖蛋买鸡”。

在物流融资租赁情形下，还应该注意融资租赁期与物流服务期一般要保持一致。之所以这样安排，是由于融资租赁的仓库大多是根据货主的个性化需求建造的。也许，这种仓库对其他货主并无用处。如果物流企业与货主企业合作期满但融资租赁尚未到期，一旦货主企业重新招标淘汰该物流企业，此时物流企业还拥有该仓库的所有权将面临着不得不闲置的风险。只有将租赁物所有权及时转移给货主企业，才更加符合交易各方的利益。

（现代物流报 齐艳铭）

9.2.4 融资租赁：上海生产性服务业的重要领域

在国际上被称为“朝阳产业”并形成巨大规模的融资租赁业，在我国曾经有过繁荣时期，但因各种原因逐渐衰落。2007 年经银监会批准，交行上海分行等一批银行率先开展融资租赁业务，外国的融资租赁公司也纷纷入驻和建立，中国的融资租赁业务有了恢复性增长。但与此同时，上海的融资租赁规模低于全国平均水平，这与上海要在 2020 年建成国际金融中心的目标极不相称，与建成上海服务型国际性大都市的目标不相符合。

融资租赁因其直接为生产服务，是生产性服务业的重要领域。而现代服务业又是上海产业结构中的薄弱环节。因此重视融资租赁的发展，不仅将极大推进上海国际金融中心的建设，有利于推动上海现代服务业的发展。

一、融资租赁在现代服务业中的突出地位

众所周知，现代服务业分为生产性服务业和消费性服务业。其中生产性服务业（ProducerServices）是 1975 年美国经济学家布朗宁和辛格曼在对服务业进行分类时最早提出的概念，是指为保持工业生产过程的连续性、促进工业技术进步、产业升级和提高生产效率提供保障服务的服务性行业。它直接为制造业配套服务，是从制造业内部生产服务部门分离出来，非终端性消费的服务行业。它依附于制造业企业而存在，贯穿于企业生产的上游、中游和下游各环节。目前生产性服务业已成为许多西方发达国家的支柱产业，在世界经济发展和国际竞争中的地位日益显著。

我国要大力拓展六种生产性服务业，分别是现代物流业、国际贸易业、信息服务业、金融保险业、现代会展业、中介服务业。而融资租赁就是金融保险业中的一个重要行业。

（一）融资租赁的生产性服务业性质

融资租赁作为金融保险业中的重要行业，其生产性服务业的性质更为突出。融资租赁是以融物为形式的融资交易活动，主要为大型机械设备、卫星通信系统、石油输出管、石油钻井台等资金密集型设备提供融资服务，近代进一步发展到精密仪器、尖端科研设备、基础设施等的融资服务。融资租赁直接为生产服务的性质，决定了它是生产性服务业中的重要行业，在现代服务业务中占有重要地位。

第一、直接为企业采购设备提供便捷的融资服务。生产设备是再生产的首要生产要素。但是由于大型的资金密集型设备所需要的资金是巨额的，很多企业往往由于担保、押金、财务状况不佳

等原因无法获得银行贷款，从而影响生产的正常进行。而融资租赁直接以租赁设备为抵押，按期支付租金，迅速及时地获得所需设备投入生产。根据我国规定，租赁期满以后租赁物所有权归承租人所有。因此企业在不影响财务状况的前提下即可添置固定资产设备投入运行，获得最快最便利的服务。

第二、帮助企业有效回避利率汇率风险。由于银行贷款存在极大利率风险，利率汇率的大起大落往往使企业承受较大损失。相反融资租赁的租金是固定的。虽然在租金测算中需要考虑汇率利率因素，但总体上能排除各种不确定因素，尤其是能够排除重大的政治经济事件带来的不确定性，回避利率汇率风险，确保企业经营效益的相对稳定性。

第三、帮助企业加快技术进步和升级换代。融资租赁企业购买的设备往往是最先进的和一流的设备。因此融资租赁能加快企业技术改造、技术进步的步伐，尤其是提高升级换代的速度。这对于中国产业结构调整和优化具有更为重要的意义。

（二）生产性服务业在现代服务业中地位的上升趋势

根据国际现代服务业发展的规律，与制造业和消费性服务业相比，生产性服务业无论是产值和就业比重都呈现出不断上升趋势。

据相关资料表明，经过几十年的发展，发达国家服务业收入占国民经济总产值（GDP）的70%，而生产性服务业已经占服务业收入的70%。在主要国际性大城市，消费性服务业比重不断下降，而生产性服务业比重明显上升。以纽约、伦敦和东京为例，1950年生产性服务业占产值比重为25.8%，到1987年已上升到46.1%，而消费性服务性则从40.4%下降到23.8%，制造业比重从29%下降到10.5%。1 生产性服务业的就业比重的趋势更为明显。纽约的这一比重从1977年29.8%上升到1987年的37.7%。2 以至于经济学家们认为，纽约20世纪70年代经济高速发展得益于强大的生产性服务业。

以上可知，正因为融资租赁具有明显的生产性服务业的性质，而生产性服务业在现代服务业中又有不断上升趋势，因此融资租赁作为仅次于银行贷款的第二大业务，在现代服务业中具有突出的地位。

二、上海融资租赁业与全国各地区的差距

上海的重要发展战略是国际性大都市，因此发展现代服务业应成为首要任务，即把上海建成为全球提供经济、贸易、金融等服务的国际服务性城市。其中融资租赁应成为发展上海现代服务业的重要突破口和上海金融业的强势行业。但是现实情况是上海融资租赁不仅落后于

国际大城市，甚至落后于国内其他城市。

（一）上海融资租赁业与国内主要城市的差距

经济改革以来中国的融资租赁业经历了兴旺与衰落，近年来得到振兴与发展。到2009年底国内融资租赁机构共132家，主要集中在北京、上海、天津、杭州等28个城市。根据初步预测，2010年底中国融资租赁业务总量将超过6000亿，比去年增长60%以上，2013-2014年间，中国融资租赁业务总量将达到2万亿元。但是在全国融资租赁大发展同时，上海与其他城市的发展存在着明显差距。

首先融资租赁公司数量排名，2009年底北京地区达34家，居国内第一，上海第二位，31家，天津14家，排第三；行业实力排名，天津第一位，上海第二，而且差距很大。天津融资租赁公司注册资金共172亿元，是上海的三倍多。原因是天津融资租赁企业数目虽少，但企业注册资金大，行业实力较强。在中国融资租赁十强企业排行榜中，天津占4家，且位居前六位；最后业务总量排名，2009年底天津10家融资租赁总部公司共完成合同余额约830亿元，比上年增长168%，占全国的22.4%，继续保持全国领先地位。融资租赁业务登记的地域分布来看，累计登记量排名前4位的省市依次为福建省、上海市、北京市和江苏省，四省市的登记笔数均超过1000笔，上海仍然位居第二位。

（二）上海生产性服务业与国内其他城市的差距

作为生产性服务业的重要领域，融资租赁业的发展相对缓慢，一定程度上拖了上海现代服务业的后腿。

改革以来上海正在从一个工业城市向服务性城市转变，服务业有了快速发展。1996年上海服务业占GDP比重在全国排名，曾经落后于北京、广州、深圳和杭州之后为第五位，到2005年逐渐超过深圳、杭州，位居第三位。但是上海作为国际金融中心，服务业多年来发展仍然相对缓慢，一直处于北京广州之后第三位。

而北京不仅完成了以工业为主导向以服务业为主导的产业结构的重大转变，目前已提出在2010年完成以生产性服务业为主导的产业结构转变。2009年北京生产性服务业实现增加值5878.9亿元，比上年同期增长9.8%，高于第三产业增加值增速2.3个百分点；占北京生产总值的比重达到49.5%，比上年提高1.3个百分点；占第三产业增加值的比重已经达到65.3%。4 而上海还处于工业为主导向服务业为主导的转变阶段。

三、上海发展融资租赁业的优势

鉴于上述状况，2009年上海市政府工作报告中明确指出，应“着力推动融资租赁市场发展”，把融资租赁作为上海重要的生产性服务业来发展。2010年

6月27日上海综合保税区融资租赁项目（spv）正式启动，标志着上海融资租赁业务有了重大突破，上海综合保税区将成为融资租赁的重要集聚地。

上海发展融资租赁业主要具有以下优势：

（一）强大的制造业产业发展基础

上海是我国的老工业基地，改革以来产业结构出现了重大调整，形成了“三二一”的三次产业结构格局。但是上海仍然拥有强大的先进制造业的科研技术力量和产业基础。到目前为止上海产业结构中飞机、轮船、汽车、工程机械、大型设备等行业占很大比重，需要融资租赁来配套资金。

上海正在建设大飞机制造基地，仅这一产业的投入将达到6000亿元以上。加上飞机发动机制造的投资等，现有的飞机融资租赁规模巨大。尤其是据有关部门预测，未来20年内中国约新增干线飞机2822架，其中将有1830架飞机以租赁方式引入，涉及金额1460亿美元。如以上海30%的市场份额计算，上海飞机的融资租赁额将达到486亿美元。

其次上海已成为世界第一大的集装箱货运港口，各类船舶制造和出口的吞吐量日益增长。船舶融资市场方面，全世界每年新船合同造价约 5000亿美元，中国需求规模为1500亿美元，上海造船业占全国30%以上，是发展船泊融资租赁的重要市场。

其他如上海的轿车制造业已接近年产100万辆，中型大型客车的产能还有极大空间，汽车租赁的空间广阔。此外核电站、数码机床等装备制造业对融资租赁的需求十分可观。

总之，上海强大的先进制造业既是生产性服务业发展的重要基础，也是发展融资租赁业的优越条件。

（二）高新技术、基础设施对融资租赁的强大需求

国际上科研机构、医疗系统的高端仪器设备、精密医疗设备等都通过融资租赁获得资金。因此上海融资租赁又具备这方面的强大优势。

上海集聚了以张江、漕河泾等为代表的高新技术国家级开发区。张江高科技园区已形成了信息服务、微电子设计和研发服务的产业集群。漕河泾开发区在1100多家国内外企业中，集聚了一大批高附加值和高新技术企业，并在高新技术产业领域已成为跨国公司转移高科技、高附加值加工制造、研发中心和其服务外包业务的重要承接基地。这些高新技术园区的尖端设备精密仪器对融资租赁具有很强的市场需求，是上海发展融资租赁的有利条件。

此外国际上很多政府的基础设施建设都运用融资租赁方式，如英国的市政建设包括发电厂设备等，均采用融资租赁。上海虽然在市政建设方面取得重大成就，但是作为国际性城市的建设，未

来的任务依然繁重，资金的缺口依然庞大，特别需要融资租赁的形式。

（三）上海国际金融中心的地位和金融环境

由于上海金融中心的地位的确立，大量金融机构集聚上海，为发展融资租赁业务创造了极其有利的条件。除了专业的外资和内资融资租赁公司以外，大量的信托投资公司、商业银行都可以从事融资租赁业务。

尤其是经国务院批准，2010 年 6 月上海综合保税区成为全国第一个开展飞机、船舶单机单船租赁业务的综合性 SPV 项目运作平台的地区，这是上海发展融资租赁业的重大突破和优势。交通银行、招商银行等纷纷建立飞机船泊单机单船 SPV 项目公司，并将扩大到机车、石油钻采设备、发动机等大型设备的租赁项目。SPV 特殊项目公司作为金融创新手段，能够有效隔离融资租赁和银行、融资租赁公司、信托投资公司等金融机构的风险，并保障融资机构、承租人等各利益相关方的权益，其发展潜力巨大，上海综合保税区已经吸引了近 30 余艘船泊和 10 多架飞机及地铁等大量设备租赁储备，将迅速成为上海融资租赁的集聚地。

（四）具有强大的生产性服务业功能区的集聚效应

上海近几年生产性服务业功能区迅速建立和发展，到目前已建立上海西郊、金桥、张江集电港、张江高科技、康桥、南汇、桃浦、长征、市北、莲花、漕河泾开发区、浦江国际节能环保园、智力产业园、南翔智地、仓城、浦江源、华新、国际化工、丽洲等 19 个生产性服务业功能区。这些功能区的建立，为吸引融资租赁公司的入住提供了有利的外部环境，近期如上海市北生产性服务业功能区已开始引进融资租赁公司。

四、上海发展融资租赁业的障碍与对策

（一）大力增强企业、事业单位和各级地方政府的金融租赁意识

长期以来国有企业、事业单位与地方政府习惯于资金的财政调拨或银行贷款方式，对多种市场化融资渠道并不熟悉，尤其是对融资租赁的作用、性质了解甚少。不久前上海市政府有关部门为推广融资租赁业务，召开全市性融资租赁业务洽谈会。结果融资租赁公司来了不少，可是企事业单位来的寥寥无几异常冷清。因此当前急需要通过各种途径，如媒体、培训班等大力宣传这一融资方式，真正做到企事业单位和地方政府对融资租赁人所皆知。

值得重视的是，有必要大力宣传融资租赁物所有权性质。目前融资租赁在中国开展不起来的原因之一，许多单位对租赁物的所有权不了解，认为租赁物是他人的财产，不愿使用这种融资方式。

根据美国财务会计准则委员会在

1976 年颁布的 FAS31，规定融资租赁交易中，租赁物应作为承租人的资产入账，其相应承担的义务应确认为负债。这一会计准则不仅为大部分国家接受，而且与 1982 年被国际会计准则吸收进 IAS17。中国财政部按照国际惯例，于 1985 年发布《关于国营工业企业租赁费用财务处理的规定》等有关文件中规定，承租人以融资租赁方式租入的资产视同自有固定资产入账。此外我国有关融资租赁物资产所有权的处理方式是租赁期内归出租人所有，租赁期满以后归承租人所有。因此需要大力宣传融资租赁物的财产属性，消除企业的顾虑，积极推广这一融资形式。

（二）尽快制订对融资租赁各方的优惠政策

融资租赁的经济意义极其深刻。其中最重要的，由于融资租赁购买的设备往往是最先进的一流的，因此将加大促进我国技术革命的步伐，加速产业结构的升级。但是由于融资租赁的租金需要考虑期限、利率汇率风险等各种因素，租金额也可能比较昂贵，或者等同于银行贷款，因此企业在选择融资租赁还是贷款的时候，政府制订的融资租赁优惠政策将起到决定性作用，需要尽快出台相关政策。

1. 承租方优惠政策

第一、快速折旧政策。对从事融资租赁而购买设备的企业，实施快速折旧政策。折旧额高于法定折旧额，降低财产所有人应税利润，使企业享受节税的待遇。美国在 1954 年的税法，1962 年的《固定资产管理法》，1971 -1981 年实施的《加速折旧法案》以及 1981 年的《经济复兴税法》等，均规定了融资租赁企业可享受快速折旧待遇，鼓励企业融资租赁。

第二、租金补贴政策。运用直接租金补贴刺激企业接受融资租赁方式。例如日本政府为了鼓励卫星通讯、冷冻、冷藏等设备制造等特殊行业的发展，对设备承租人发给补助金，以补贴部分租金。

2. 出租方优惠政策

对从事融资租赁业务的商业银行以及专业融资租赁公司，应给以关税、增值税等各种减免税待遇。其中投资税减免曾经对美国融资租赁业发展产生重大影响。1962 年开始凡是美国企业购买固定资产设备，在购入后第一个纳税年，可按一定比例申报应纳所得税抵免，7 年以上可享受设备投资额 10% 的最高投资抵免。但是一般企业在投资当年没有应纳所得税，无法享受这一待遇，相反从事融资租赁业务的租赁公司或商业银行的盈利水平比较高，可以享受设备投资者这一待遇，并将其得到的好处部分地转让给无法享受这一待遇的承租人。上海可考虑出台地方性融资租赁优惠政策，推进这一业务的开展。

（三）统一金融租赁业监管机构尽快出台融资租赁法

目前融资租赁行业按照出资人性质由银监会、商务部等分别监管。如由银监会监管的大型金融租赁公司共 14 家，资产约占全国金融租赁市场份额的 50%。商务部监管外资租赁公司 103 家，内资租赁公司 43 家。多头监管必然会带来管理中的矛盾和混乱。90 年代中国融资租赁业之所以开始衰落，大量融资租赁公司倒闭破产，最少只剩下 19 家融资租赁公司在惨淡经营，其重要原因就是多头管理，导致这一行业经营极度混乱。因此可考虑在上海市政府金融办公室设立专门融资租赁小组，以协调上海地区融资租赁管理机构关系。

注：

1. 俞文华．战后纽约、伦敦和东京的社会经济结构演变及其动向［J］．城市问题.1999 年第 2 期．

2. 姜之杰等．论 20 世纪七八十年代纽约产业结构的转型［J］．东北大学学报.2001 年第 2 期．

3. 参见中国人民银行征信中心融资租赁系统官方网站 (www.pbccrc.org.cn) 2009 年 7 月 20 日．

参考文献：

1. 克里斯．布比耶．租赁与资产融资［M］．北京：中国金融出版社，2009.

2. 姜仲勤．融资租赁在中国 - 问题与解答［M］．北京：当代中国出版社，2008.

3. 邢人才．国际租赁概论［M］．大连：东北财经大学出版社，1993.

4. 胡红专．我国融资租赁业的现状、问题和发展思路［J］．中国金融.1999.10.

9.2.5 物流业融资租赁需强化法制环境探讨

近年来，融资租赁业务逐渐在物流行业兴起，备受中小物流企业追捧。然而就在该业务风靡一时的同时，与其相关的纠纷也时有发生，其风险亟待引起重视。

前不久，有媒体称海航集团大新华物流等 6 家公司因融资租赁纠纷被起诉，总标的额高达 6 亿元。尽管大新华物流相关负责人表示，目前已与相关租赁公司基本达成和解，正在等待最终民事调解书。不过由于该案件涉及企业众多、资金额巨大，在行业内引起较大的反响。

据了解，仅 2011 年一年全国新生融资租赁一审案件就达 2808 件。高企的案件数目，广泛的社会影响，充分暴露出了物流行业融资租赁业务法制建设不足的弊端所在。

备受欢迎

融资租赁在我国始于 20 世纪 80 年代，近些年得到快速发展。所谓融资租赁，是指出租人根据承租人对租赁物件的特定要求和对供货人的选择，出资向供货人购买租赁物件，并租给承租人使用，承租人则分期向出租人支付租金，在租赁期内租赁物件的所有权属于出租人所有，承租人拥有租赁物件的使用权。

在物流行业，船舶、飞机以及各种机械设备的融资租赁开展较为广泛。而这一服务模式之所以备受物流行业推崇，与当前整个行业的融资大环境是分不开的。

目前，中小物流企业融资的基本特征是融资渠道狭窄，银行贷款仍然是中小企业融资的主渠道。然而由于物流企业自身的积累和信用问题，以及我国目前的融资政策对物流企业尤其是对中小物流企业条件比较苛刻，导致物流企业从银行贷款融资难成为行业发展的一大瓶颈。效益好的中小企业，越来越成为金融机构争夺的客户，状况并不十分好的中小企业或者受到冷落，或者因担保、抵押条件不足而被拒之门外。

而融资租赁从其本质上来说是以融通资金为目的的，它在一定程度上能帮助企业解决资金不足的问题。需要添置设备的物流企业只需支付少量资金就能使用到所需设备进行业务运营，相当于为企业提供了一笔中长期贷款。“融资租赁业务市场化程度较高，业务创新能力较强，受监管的程度相对较弱，它丰富了物流企业的融资渠道，解决了物流企业融资难的问题。融资租赁不需要企业一次投入全部资金即可获得先进的技术设备，从而提高自有资金的使用效率，使中小企业及时实现技术、设备的更新改造。”

融资租赁服务在物流领域增长得很快，它最重要的特点是可以解决物流企业抵押物不足、现有融资方式过于单一的缺陷，用租赁的方式向物流企业提供最直接、非常实用的金融支持，所以值得在物流行业内推广应用。

对于广大物流企业来说，融资租赁确实能够为其缓解资金压力，促进企业增收，但同时也使企业面临着很大的风险。如租赁物瑕疵导致合同履行不能、承租人欠租金等，以致由此引发的纠纷不断。根源何在？

法律法规的缺失是关键

据了解，目前我国还没有一部专门的关于融资租赁的法律，只有一些相关的规定散见于其他法律条文中。如《中华人民共和国合同法》、《最高人民法院关于审理融资租赁合同纠纷案件若干问题的规定》、《关于规范国内船舶融资租赁管理的通知》等，缺少国家层面对融资租赁业务的定义和法律的规范。例如，现行条件下，租赁公司对租赁物的保护很难对抗善意第三人，因为没有一个权威的受法律保护的登记机关来专门从事登记，更没有明确的法律条文进行规范。“物流业融资租赁纠纷的不断发生，在法律法规上确实存在着‘空白地带'，对于容易产生纠纷点的规范、出现问题后的补救以及赔偿等较细的问题缺乏明确统一的规定或指导，相关的权利义务约定不明确，以致出现问题后出租人（租赁公司）、承租人（物流企业）相互之间推脱责任，产生矛盾纠纷自然是在所难免。”

目前融资租赁纠纷绝不只是涉及合同问题。行业发展和案件处理中的困境之一就是如何解决租赁物上的物权纠纷，而法律方面却是一个盲区。“租赁物一般属于动产，现行法律对动产物权的归属一般是采取‘谁占有、谁所有’的传统法原则。在融资租赁交易中，租赁物的所有权属于出租人，但却由承租人占有、使用。在当前法律环境下，出租人没有合适的路径向世人宣示自己对于租赁物的所有权。如今融资租赁纠纷越来越多，法院在处理这类纠纷时，仅仅依据《合同法》明显是不够的。亟须出台一部专门的融资租赁法加以规范。”

监管乏力也是一个重要因素

先来看政府层面的监管。据杨沁河介绍，融资租赁行业的政府监管属于多头监管，主要由两个部门负责，银行系统下的融资租赁公司由银监会监管，非银行融资租赁公司则由商务部监督管理。不同的监管部门，就会有不同的监管模式，其监管倾向和力度自然是不同的。同时由于多头监管，融资租赁业没有统一的声音，对行业缺乏统一的规定，以致公说公有理，婆说婆有理，纠纷自然不断。“另外，融资租赁在产品风险控制上，最大的问题是设备实物的产权管理和流动性控制。这个领域对应的产权登记部门，目前有的是车管所，有的是铁路部门，管理不一。产权登记部门对融资租赁公司的产权抵押或转移目前还有很多不尽如人意的地方，导致风险控制问题成本高、效率低，所以亟须在强化监管上做文章。”

当然还有行业、企业内部的监管。据了解，银行所办的融资租赁公司监管力度相对大一些，那些非银行如设备厂家所办的融资租赁公司，为了推销它的设备，往往疏于监管，对贷款单位、承租单位的信用审查放得过宽，粗枝大叶，为一些不法分子的不法行为如拖账、赖账、携款潜逃等提供了赖以滋生的土壤。

完善法规

显而易见，要想有效地遏制融资租赁纠纷，规避相应的法律风险，完善法律法规是当务之急。

事实上，国家有关司法部门早已充分认识到了问题的严重性，从2004年全国人大财经委成立融资租赁法起草组开始，对于融资租赁立法的讨论工作就一直没有停止。但在立法过程中，由于牵涉到众多行业主管和综合管理部门，各部门协调不畅，在涉及本部门的监管和处理时有不同看法，不容易协调，以致融资租赁法的制定目前基本处于停滞状态。

为了完善相关司法工作，2012 年以来，最高人民法院民二庭先后赴上海、天津和内蒙古等地，开展了审理融资租赁纠纷和起草融资租赁司法解释的调研。司法部门起草融资租赁司法解释，其目的便是把目前司法实践中的纠纷进行分类、提炼，明确相关的裁判规则，以平衡当事人之间的权利和义务，同时通过裁判规则本身来影响融资租赁当事人的交易行为，间接达到规范融资租赁市场的作用。如今，融资租赁司法解释稿已经进行到了第五稿。

不过，虽然司法解释稿涉及融资租赁合同效力、合同的履行和租赁物的公示、合同的解除等多个方面，其中也涉及试图解决租赁物的登记问题，但是有关租赁物登记的条文仍存在一定的局限性。比如要求“第三人未按照其行业主管部门的要求在信贷征信机构进行融资租赁交易查询，主张构成善意取得的，人民法院不予支持”。如果第三人没有行业主管，在实践中就不具有操作性，这些都需要进一步修改。

融资租赁司法解释的制定问题

司法解释的制定需要着重注意两个问题：一方面是注意各方利益的均衡，要充分听取出租人、承租人、出卖人，以及与融资租赁交易相关的第三人等多方交易主体的意见，在各方权利配置中找到一个最恰当的平衡点；另一方面须注意司法解释制定的科学化和规范化。

“完善物流领域融资租赁的法制环境，还需要多方共同努力。目前亟须完善法律法规的建设，加快融资租赁法的制定，对法律法规中不完善的地方进行调整，使融资租赁有法可依；相关政府部门当加大对融资租赁公司设立及经营的监督管理，并对物流企业的融资租赁业务提供政策支持及专业化的指导；同时物流企业应当加强自身信用建设，提高自身的企业形象，充分合理地利用融资租赁带来的机遇，实现企业技术、设备及时地更新改造，进而不断发展壮大自己。”

（中国行业研究网 http://www.chinairn.com）

9.2.6 浅谈交通运输业营业税改征增值税问题研究

营业税改征增值税作为我国财税体制改革的重要内容，受到广泛的关住。本文将基于笔者对上海试点地区的实证考察，以交通运输业为视角，研究“营改增”政策的实施情况。首先介绍了我国交通运输业的征税状况、“营改增”

的背景；其次结合实际调研内容，总结了“营改增”对交通运输企业的影响，分析了企业在税制改革后遇到的困难；最后提出交通运输业“营改增”税制改革的完善发展途径。

一、交通运输业征税状况

（一）我国目前交通运输业征税状况

第一，《中华人民共和国营业税暂行条例》规定交通运输业属于营业税税目，包括陆路运输、水路运输、航空运输、管道运输、装卸搬运，适用的营业税税率为 3%，计税依据为全部营业额。第二，2012 年 1 月 1 日起，我国在上海市开展交通运输业和部分现代服务业“营改增”试点。2012 年 8 月起，试点范围进一步扩至 10 省市，并将逐步扩展到全国。增值税是以商品或劳务在流转过程中产生的增值额为计税依据而征收的一种流转税。我国增值税采取差额抵扣的方式，即根据销售的商品和提供的劳务，按规定的税率计算出销项税额，在扣除取得商品或劳务支付的进项税额，差额即应缴纳的增值税。

（二）交通运输业“营改增”背景

1. 对交通运输业征收营业税弊端

(1) 交通运输企业不能开具增值税专用发票，接受运输服务的企业只能根据运输发票就支付运费的 7% 进行抵扣，从而造成我国增值税抵扣链条的中断。(2) 由于营业税是对收入全额进行征税，不能抵扣成本和费用中所含的已纳增值税额，从而造成重复征税，加重纳税人负担，不利于纳税人在公平税负的基础上展开竞争。重复征税导致企业采取“大而全，小而全”的经营模式，分工粗，效率低，不符合市场经济的发展规律。(3) 长期以来征收营业税使得很多交通运输企业会计账簿混乱，财务核算不符合规范。同时由于营业税不能抵扣进项税额，很多企业对技术研发、设备改造方面投入不足，不利于节能减耗，环境保护，也不利于交通运输行业的整体发展。

2. 交通运输业特点决定其具备改革基础条件

(1) 交通运输业是国民经济中专门从事运送货物和旅客的社会生产部门，是先行于国民经济发展的基础行业，与生产流通密切相关。(2) 运输费用目前已纳入增值税进项税额抵扣范围，运输发票已纳入现行增值税管理体系，改革基础较好。

二、交通运输业营业税改征增值税产生的影响

（一）“营改增”对企业税负的影响

据上海市统计局的统计数据，在上海营改增政策实施初期，交通运输业小规模纳税人基本全部实现减负，一般纳税人税负有所增加，据上海市统计局的一项调查结果显示，有 58.6% 的交通运输业一般纳税人税负增加。据测算营改

增后运输业实际税负由原2%左右提升到4%左右，究其原因是部分进项税额无法抵扣，相关配套措施未落地。随着一系列配套措施的出台，试点初期存在的问题得到基本解决，从上海财政部门公布的数据来看，2012年上海市交通运输服务试点一般纳税人实际缴纳增值税53.1亿元，与按原营业税方法计算的营业税额相比，减少税收0.8亿元。交通运输业行业税收增加幅度呈“逐月下降，渐趋平缓”的特征。

（二）“营改增”后试点企业面临的主要问题

1. 税率增幅较大

试点政策规定一般纳税人由原3%的营业税改为11%的增值税，税率上升8个百分点，增幅较大。

2. 可抵扣进项税额较少

交通运输企业营业成本主要包括油料消耗、过路过桥费、人工成本、场地租金、保险费等。

(1) 固定资产。试点政策11%的税率主要考虑交通运输企业购置固定资产可抵扣数额较大，但调研中发现固定资产抵扣数额大，但使用周期长，一般陆路运输所用的卡车要使用8年以上，轮船、飞机等会使用得更久，所以企业并不经常购置固定资产，并且试点政策从公布到正式实施间隔时间较短，有些企业刚刚购置完固定资产，造成试点政策实施当年可抵扣进项税额较少。

(2) 油耗。目前虽然企业可办理油卡根据使用情况开具增值税进项发票，但实际执行过程中，一方面由于可使用油卡的加油站如果距离较远，在运输过程中司机往往选择较近的加油站先进支付油费。另一方面及时可以使用油卡，但企业需预先在油卡中垫付大量资金，并且司机要开具增值税发票需要持有公司营业执照、单位介绍信、税务登记证、身份证明等文件资料，但一个公司里往往有多个司机在跑长途，很少能让司机带齐上述证件。

(3) 修理费、汽配费。对于长途运输而言，由于业务是在全国范围，故障也经常发生在运输途中，所以多数情况是寻找附近修理厂进行修理，而很少使用公司预先购买的配件，但长途运输道路沿线通常是一些小型维修场所，无法开具增值税发票，并且可开具增值税发票的场所维修费用相对较高，企业也很少选择。(4) 占企业成本较大的过路过桥费、人工成本目前并不能开具增值税发票，也是造成企业可抵扣进项税额较少的重要原因。

3. 企业增值税专业知识缺乏

由于增值税对会计核算要求较高，但交通运输业长期以来征收营业税，使得企业缺乏增值税的专业知识，无法短时间内根据国家政策规划企业经营策略，进行纳税筹划达到节税目的。一些企业存在财务会计不符合规范，账簿混乱，无法正确计算应纳税额，正确区分可抵扣的进项发票等问题。

（三）上海营改增试点在全国推广的意义

上海市根据“营改增”政策实施过程中出现的企业税负增加的问题制定了相应过渡性财政扶持政策，设立了营业税改征增值税改革试点财政专项资金，对税收负担增加的企业给予财政扶持。针对交通运输业出台包括“营改增”后税负增加累计超过5万元以上的企业可以申请返还税负增加额的70%、对外省市运输无法开具增值税专用发票的燃油、配件等费用已实际支出额进行抵扣等配套措施，保证了营改增工作的顺利进行。“营改增”上海模式在全国起到了积极的示范效应，通过了解试点地区的营改增政策的执行过程中企业面临的实际困难，总结营改增政策的不合理之处，有利于在全国范围内推进营改增税制改革顺利进行。

三、交通运输业“营改增”法律制度发展完善

（一）进一步扩大试点地区

进一步扩大试点地区，直至扩展到全国交通运输业，由增值税取代营业税，是我国税制改革的最终目标也是根本的发展趋势，将试点地区进一步扩大并逐步扩展到全国范围，既有利于我国增值税税收体制的完善，又可以避免试点地区产生的“税收洼地”效应，减小税制改革对非试点地区交通运输业及上下游相关行业的影响，促进我国经济的平稳发展。

（二）进一步完善相关税收法律法规及配套措施的建设

1. 税率设计方面

从国际上看，各国实行增值税的税率基本可归类为基本税率（标准税率）、较低税率（优惠税率）和较高税率三档。对于交通运输业，各国普遍采用基本税率和较低税率，部分国家对交通更运输业设置为零税率，主要适用于出口商品与劳务，也有一些国家对公共运输实行零税率。从我国试点地区的情况来看，交通运输业“营改增”试点后企业税负普遍上升很大程度上是由于试点政策设置的税率没有经过严格实证测算从而设置过高造成的，有关部门应分析总结试点地区试点企业的数据进行测算，规定出更加合理的增值税税率。另外，也可以参考国外的经验，设置差别税率，对公共交通领域征收低税率或零税率，以促进我国公共交通的发展。

2. 放宽一般纳税人标准

试点政策以年销售额500万元为界作为区分一般纳税人和小规模纳税人的标准，标准过高造成小规模纳税人规模大，征管不到位等问题。而小规模纳税人由于仍然不能自行开具增值税专用发票，数量过多仍不利于我国增值税抵扣

链条的完整性，难以实现真正意义上的税制改革。同时小规模纳税人由于其财务账簿不健全，发票管理等不规范，数量过多也会加重国家核定征税负担，还会引发一系列违法违规开具增值税发票的犯罪现象。因此，合理划分两类纳税人的划分标准，逐步扩大一般纳税人范围，才能保证增值税抵扣链条的广泛延伸。

3. 进一步完善相关配套政策

(1) 交通运输业“营改增”的顺利进行离不开一套完善的配套措施，如上海市政府针对税负不降反升的企业出台了配套的过渡性财政扶持政策，设立了营改增试点财政扶持资金，按照新税制规定缴纳的增值税比按照老税制规定计算的营业税确实有所增加的试点企业为扶持的对象。这可以在一定程度上减轻由于税制变化对企业的影响，保证企业的良好发展。在“营改增”试点范围逐步扩大的情况下，值得其他试点地区参考借鉴。

(2) 完善增值税抵扣链条。科学的进项税额抵扣机制是增值税的灵魂所在，扩大增值税的征税范围，保持增值税抵扣链条的完整性是解决问题的关键。国家应尽快出台相关政策，把占企业成本较大的过路过桥费、油费也纳入增值税抵扣链条中。

(三)完善税收征管环境，加强税收征管水平和宣传

1. 发挥专业中介组织和专业人士的作用

随着营业税改征增值税的不断推进，产生的必然趋势是中介组织的发达。针对交通运输业目前财务账簿混乱、企业内部专业人才缺乏的现象，国家可以出台政策充分发挥注册税务师、注册会计师、税务律师等中介组织中专业人士的作用，规范企业的会计核算，加强交通运输企业建账建制。

2. 加强国家的监督管理

交通运输业作为“营改增”试点行业，由于政策颁布实际那较短，相关法律法规不健全，使一些纳税人利用法律法规的漏洞进行避税，形成一些灰色地带，这就需要国家加强监督，及时出台措施进行规制。

3. 加强税收征管水平

交通运输业原来由地税局征收营业税，改征增值税后由国税局负责征收，加上交通运输企业本身数量多、规模小、流动性强、税源难以掌控，国家更应该完善税收征管环境，提高税务人员业务素质，加强税收征管水平。

4. 加强宣传引导

增值税本身是一个优良的税种，但由于其计税方式相对复杂，所以有关部门应加强税收政策的宣传解读，利用网络、媒体等多种方式培养纳税人的纳税意识，提高纳税人的业务水平和专业素质。也应引导企业积极进行纳税筹划，

制定适应国家税收政策的企业发展战略，合理节税。

“营改增”税制改革的初衷在于实现结构性减税，促进产业结构的优化调整。但在实际执行过程中却造成很多交通运输企业税负不降反升的现象，这一方面是企业自身不能适当进行纳税筹划，制定适当的发展策略，但更重要的是我国制定的税收政策存在一定问题，缺乏实证研究测算、税率设置不合理、增值税抵扣链条不完整等原因。本文通过对上海交通运输企业实证考察中反应的一些问题进行分析和总结，以期对我国营业税改征增值税税制改革的发展完善提出一些参考意见。

（《法律教育网》）

9.3 物流公共交易和服务平台

9.3.1 分析第三方物流与供应链管理之间的关系

20 世纪 90 年代以来，经济全球化的浪潮和不断深化的信息技术更新导致了企业之间竞争的加剧，经济的自由化和管制的放松带来了物流市场的开放，既给企业带来了广阔的发展机遇，也给企业带来了巨大的挑战。新的竞争环境体现了企业竞争要素的改变，导致了企业管理模式的转化，于是一种新的管理模式———供应链管理就应运而生。

一、供应链管理模式下企业物流需求特征分析

与传统的企业管理模式相比，供应链管理模式对企业经营思想的转变，对企业物流管理提出了更高的要求。为了达到物流系统化的目标，供应链企业的物流管理呈现出以下新的特征：

1. 信息的开放性

基于 Internet/Intranet 的开放性的供应链管理信息系统，使供应链上的企业都能及时掌握到市场的需求信息和整个供应链的运行情况。每一环节的物流信息都能透明地与其他环节进行交流与共享，为物流需求方和物流服务商之间进行信息交换提供了一个低成本的交易平台，使得物流需求方在选择物流服务商时，可以更大范围地选择合适的对象，减少盲目性，大幅降低物流成本。

2. 合作的互利性

供应链管理将众多企业以供求关系为纽带连接在一起，相互之间由于新产品和新技术共同开发、数据及信息交换

与共享、市场机会共享、风险共担等激励因素而连在一起，要求各成员企业在共同利益的基础上，实现资源互补、相互信任、相互协作，以降低交易费用和履约风险。这种不以资本为纽带的新型企业合作关系，并不意味着要消除竞争，而是将传统企业为了各自利益的竞争转变为既有竞争又有合作的“共赢”关系。

3. 交货的准确性

供应链节点企业通过供应链管理信息系统及时了解和反馈供求信息，运用JIT等技术支持物料计划的执行，可缩短市场反应时间、降低库存水平和减少浪费，给供应链节点企业实现物流作业的精细化运作奠定了基础。衡量供应链企业物流管理质量的核心是能否按规定的要求向客户准时交货。

4. 响应的敏捷性

用户需求在今天已经成为驱动企业生产的主要动力，而成本在其次，这就要求基于有效用户反应（ECR）和快速反应（QR）的敏捷制造（AM）方式下的供应链节点企业的物流运作系统，在提供“低成本—高质量”物流服务的同时，能够对多变的市场需求作出敏捷的响应。物流过程中信息延误、过多的交接工作、供货商对迅速增加生产的组织乏力、在获得运输设备上的困难以及其他许多问题，都将阻碍供应链节点企业物流系统快速反应的能力。供应链物流系统的敏捷性主要体现在速度、柔性、用户快速反应能力、竞争能力等方面。

5. 物流过程中的同步性

物流作业过程同步化计划是供应链节点企业最终实现物流系统敏捷性的必然决策。同步化计划的提出是为了克服物流系统资源的约束，在系统中找出瓶颈资源，然后对其排序和资源负荷分配，取得物流系统各环节的资源、能力的平衡。实现物流过程的同步化还依赖于供应链上各企业之间建立有效的物流和信息标准、透明的合作机制以及协调冲突的服务机制。

二、供应链管理与第三方物流业务外包

通过上面的分析，可以看出，在供应链管理模式下，企业对物流的运作和管理提出了更高的要求。物流作业的外包已是供应链节点企业发展的必然趋势。供应链节点企业将自身的物流业务外协给第三方，即通常所说的第三方物流（Third Party Logistics，简称3PL），是指由相对于“第一方”发货人和“第二方”收货人而言的第三方专业企业来承担企业物流活动的一种物流形态。我国2001年公布的《物流术语》国家标准中，将第三方物流定义为供方与需方以外的物流企业提供物流服务的业务模式。

1. 第三方物流与供应链管理的战略关系

在服务内容上，第三方物流为客户

提供的不仅仅是一次性的运输或配送服务，而是一种具有长期契约性质的综合物流服务，最终职能是保证服务对象物流体系的高效运作和不断优化供应链管理。与传统储运企业相比，第三方物流的服务范围不仅仅限于运输、仓储业务，它更加注重供应链节点企业物流体系的整体运作效率与效益，供应链的管理与不断优化是它的核心服务内容。在西方的物流理论中非常强调“相互依赖”之关系，也就是说一个企业的迅速发展单靠自身的资源、力量是远远不够的，必须寻找战略合作伙伴，通过同盟者的力量获得竞争优势。

2. 第三方物流既是供应链节点企业的战略投资人也是风险承担者

第三方物流企业追求的不是短期的经济效益，更确切地说 3PLs 是以一种投资人的身份为供应链节点企业服务的，这是它成为战略同盟者的一个典型特征。第三方物流服务本身就是一种长期投资，这种投资的收益很大程度上取决于供应链节点企业业务量的增长，这就形成了双方利益一体化的基础。

3. 利益一体化是第三方物流服务的利润基础

第三方物流服务的利润从本质上讲来源于现代物流管理科学的推广所产生的新价值，也就是我们经常提到的“第三利润”的源泉。以美国为例，1992 年全美企业存货成本总和占 GNP 的 29%，由于物流管理中零库存控制的实施，到 1999 年这一比例下降到 19%，下降了近 10 个百分点。可以说这种库存成本的节约就是物流科学创造的新价值，这种新价值是第三方物流企业与供应链节点企业共同分享的，这就是利益一体化，这就是现代企业竞争理论所强调的“双赢战略”带来的利益共享。

4. 第三方物流服务是建立在现代电子信息技术基础上的电子物流

第三方物流企业利用电子化的手段，尤其是利用互联网技术来完成物流全过程的协调、控制和管理，实现从供应链网络最前端到最终端客户的所有中间过程服务，最显著的特点是各种软件技术与物流服务的融合应用。信息技术实现了数据的快速、准确的传递，提高了仓库管理、装卸运输、采购、订货、配送发运、订单处理的自动化水平，使订货、包装、保管、运输、流通、加工实现了一体化，供应链节点企业可以更方便地使用信息技术与第三方物流企业进行交流与协作，企业间的协调和合作有可能在短时间内迅速完成。

三、第三方物流在供应链管理中的优势

1. 第三方物流服务的成本节约效应

第三方物流作为一种全新的物流协作模式，使得供应链的小批量库存更加经济，提供更快捷、更廉价、更安全和

更高服务水准的物流服务。在传统的物流模式中，订货处理成本与库存保持费用之间的矛盾难以调和，因为订货量越大，单位订货处理成本就越低，但库存费用越高；反之，每次订货批量越小，库存保持费用就越低，但单位处理成本就越高，存在着订单处理成本和库存费用两难选择的状态。

假定企业的相关成本取决于以下因素：订购量Q(数量)、单位成本C(金额)、每年的库存费用占单位成本的百分比I(%)、每次订货的订单处理成本S(金额)和每年的总需求量D(数量)。由此可得出的三个变量为：平均存货量Q/2、每年的订货次数D/Q和每年每单位的储存成本IC。则总成本T为：

T=每年订购成本+每年库存成本=每年订购次数×每次订单处理成本+平均库存量×每单位库存成本=DQ×S+Q2×IC

从而，求出订购批量Q*=2DSIC企业传统的物流决策的主要内容，是确定总成本降低至最低时最佳订购量Q*的问题。无论如何成本T的表达方式都不会变化，即：T=DQ×S+Q2×IC式中的DQ和IC2不可缺少任何一项。

第三方物流服务的本质就是降低供应链中无效的库存，提升整个供应链节点企业的客户服务能力。此时，“信息代替库存”的构想就成为可能，可使等式右侧变量的值变得越来越小，甚至使之消失。同时，随着信息技术的发展和电子商务的应用，S的值将越来越小。由此，T的值也必将越来越小，最终的结果是：供应链节点企业由于使用第三方物流服务，在降低其自身的物流成本中将实现质的突破。

2. 第三方物流服务的价值提升效应

通过对第三方物流服务的价值树分析可知，供应链节点企业能够通过利用第三方物流服务来增加企业的价值。对于供应链节点企业而言，由于将相关的物流业务外包给第三方物流服务商，从而实现了专业化分工。第三方物流利用其自身的专业优势进行物流业务的运作，在为供应链节点企业带来和提升价值的同时，也为自身的发展提供了基础。

3. 第三方物流服务的业务联盟效应

要实现供应链管理的整体流的最优化，协调供应链中不同企业主体之间的利润关系成为有效物流管理的必经之路。第三方物流在协调供应链企业的物流运作方面具有独到之处，在供应链管理中被视为一个综合物流服务的提供商。从控制货物流向的互联网技术到订货过程、仓储管理等都是第三方物流服务的功能体现。

但是，一个第三方物流服务提供商并不一定单独地提供所有的物流服务，他可以将一些基础的物流作业活动外包给自己的次级合作者。按照固定资产在企业总资产中占有量的多少，将第三方物流服务商划分为资产型 3PLs 和非资产型 3PLs。资产型 3PLs 拥有较多的固定资产，尤其是运输资产，例如卡车、仓库等等；而非资产型 3PLs 并不拥有这些资产，其进行具体的物流活动常常依赖资产型 3PLs。非资产型 3PLs 通常能够提供较多物流服务，例如融资、管理咨询、物流规划、仓库选址等等。能否为客户企业提供物流咨询服务是区分资产型 3PLs 和非资产型 3PLs 的一个重要标志。3PLS 提供商并不是独立地提供全部物流活动，一些具体的业务是外包给其次级合作者的。例如，非资产型 3PLS 服务提供商可以外包一项运输活动给资产型 3PLS 服务提供商。从而非资产型 3PL 服务提供者和次级合作者的关系也是一种战略联盟的关系，并且这种合作是否成功将影响到整个供应链合作是否能够获得成功。

4. 第三方物流服务可以降低供应链的牛鞭效应

供应链库存的“牛鞭效应”主要是因为需求信息在沿着供应链向上传递的过程中被不断曲解，从而造成供应链的产品库存成为被零售商所夸大的订单的牺牲品，反过来它又进一步夸大了对供应商的订单。究其原因还是一个顾客响应周期的问题，如何缩短客户的响应周期是以时间为竞争要素的一个新问题，也是第三方物流服务提供商致力于解决的问题。

从物流运作模式的角度来解决供应链的客户响应问题是第三方物流服务创新的一个重要内容。研究表明：在制造业的供应链中，制造和装配只占整个供应链运作中物流时间的一小部分，而大部分的时间都花在相关业务和信息数据的收集、处理、传输及等待上，真正的增值时间只占整个物流周期的比例很小。因此，在供应链运作管理中，缩短响应时间、简化流程、降低运作成本、加快信息的传递就显得尤为重要了一条简化了的包括供应商、制造商、分销商、零售商、第三方物流服务提供商在内的供应链。每一个具有独立功能的节点企业所消耗的时间为一个子周期，如某制造企业的消耗时间为生产周期，某流通企业所消耗的时间为流通周期，等等。

一个供应链的不同层次上有着许多不同的企业，站在最终满足用户需求的角度上看，要经过整个供应链的所有阶段才能向最终用户提供其所需要的产品。因此，基于多阶响应供应链模型的客户响应周期是全供应链的周期，这个周期是由供应链不同阶段的子周期构成的。第三方物流服务的一个出发点就是努力降低并消除由于供应链的多阶响应所产生的牛鞭效应，实现同步供应的快速物流模式。

（万联网）

9.3.2 我国第三方物流企业发展趋势预测分析

目前我国第三方物流企业急需规模化。要打破业务范围、行业、地域、所有制等方面的限制，积极开展物流企业的联合、兼并和重组，信息化、大型化第三方物流企业。

1. 树立第三方物流理念，对传统物流企业改造，提高物流企业竞争力

传统物流企业应积极向第三方物流转化。传统物流企业不应是简单地增加一两个功能，而是要以现代物流理念和技术，对传统物流业务进行物流流程再造，真正具备为用户优化物流管理提供策划设计、组织运筹和实际操作等综合服务的能力；建立信息管理系统，将物流服务与工商企业的生产和营销紧密融合，促使供应链达到整体最佳；积极开展增值服务，提高物流服务水平，增强第三方物流企业的核心竞争力。

2. 转变服务理念，加强物流服务管理

降低成本与提高服务水平并重。降低成本是企业永恒的话题，而服务这一新生理念却后来居上，具有更为重要的意义。第三方物流企业应着力强化服务的个性化和专业化。第三方物流企业应根据不同物流需求的企业在企业形象、业务流程、产品特征、顾客需求特征、竞争需求等方面的不同要求，提供针对性强的个性化物流服务和增值服务，从而通过不断强化所提供的物流服务的个性化和特色，形成自己的核心竞争优势。

3. 建立现代化的完善的物流管理信息系统，积极开展电子商务

企业要提供高端物流服务能力必须通过物流技术信息化，增强企业满足客户需求的能力。企业通过信息化管理，实现信息共享，使信息的传递更加方便、快捷、准确，更能满足客户的需求。第三方物流企业今后要加大信息化投入，建立物流信息管理系统。大力推广运用条码技术、电子订货系统、快速反应等先进技术与管理策略，使物流配送朝信息化、自动化、网络化、柔性化方向，提高物流服务的适应性和服务效率。

电子商务是未来贸易的趋势，也是第三方物流的方向。第三方物流企业必须抓住机遇，加快完善电子商务的，建立物流网、贸易网、结算网、信息网的互联互通，引导和支持企业运用信息技术和现代物流理念优化业务流程，使信息技术与企业物流的融为一体，有效地提高物流企业的控制力和竞争力，为物流企业的增强新的动力。

4. 提高客户关系管理，建立高端物

流服务营销能力

企业向高端物流服务企业就要在现有目标上采取积极的措施扩大业务量，争取到大客户，促进企业高端物流的。可以千方百计地使现有客户将更多的业务交由本企业来完成，在面对自己原有的一些大客户，引进客户关系管理。根据客户的特殊需求来相应调整自己的经营行为，重点客户，重点服务，变被动服务为主动服务，在客户那里树立起自己的信誉，客户数量没有增加但业务量会增加。这种方法成本较低，我们知道争取一个新客户的成本往往是维持一个老客户成本多倍。其次，可以把竞争对手的客户通过一系列的竞争手段吸引过来。采取这种方法企业要有相对的竞争优势，如差异化的优质服务、高素质的员工队伍等，但要尽量避免价格竞争的方式，不然会与竞争对手两败俱伤。然后，还可以进行开发。即用企业现有的服务去满足新的需求，从而壮大企业。

5. 整合社会资源，综合物流代理业务

作为物流企业完全可以不进行固定资产的再，采用委托代理的形式，运用自己成熟的物流管理经验和技术，整合社会物流资源，为客户提供高质量的综合服务。这种方式即为以综合物流代理为主的第四方物流运作模式。目前，我国物流业在物流一体化和第四方物流上存在着很大的空白。大力推广和综合物流代理运作模式正逢其时，对于大多数的第三方物流企业来说，这是最佳的方向。

6. 加快物流人才的培养，培养高素质物流服务的管理团队

对于物流企业来说，物流服务的管理人才非常重要。物流高级管理人才必须既懂运输、仓储又精通生产、销售、项目、财务管理，有创造性和规划能力，这样一些高级物流管理人才，才能有效利用和掌握公司有限的资源设施，有利于公司降低成本、提高效率，有利于公司管理架构的稳定。目前企业内部员工培训并未受到足够重视，结构化员工培训体系有利于帮助企业人力资源部门更加全面深入、快速地、规范地了解培训需求，设计培训内容，开展培训运作和进行培训评估。因此，构建结构化的培训体系是很有必要的。企业建立企业员工结构化培训体系应从自身战略出发，制定相应的人力资源战略。

7. 培育大型物流企业，与企业其他形成战略联盟

目前我国第三方物流企业急需规模化。要打破业务范围、行业、地域、所有制等方面的限制，积极开展物流企业的联合、兼并和重组，信息化、大型化第三方物流企业。鼓励强强联合，打造

我国自己的物流品牌，提高国内第三方物流的竞争力。积极推进与国外先进的第三方物流企业进行合作，促进我国物流企业的社会化、专业化、规模化。

企业与其他企业的联盟并不需要互相持股或创建合资企业，而是选择功能性协议的方式，即两个或两个以上公司在一个或几个具体领域内进行局部合作。企业必须选择好自己的联盟对象与组成联盟的方式，凭借自身的一些特点与某些大型物流公司组成物流联盟，这是扩大物流服务，长期立足于的好方法。

8. 深化体制改革，完善有利于物流的经济体系

一个完善的社会化物流网络的建立和健康有序的物流环境的形成，离不开宏观的统筹和规划，也离不开适当的约束和规章制度。政府在物流产业政策上，应转变其管理职能，把重点放在物流基础设施建设、产业服务和规范工作体制上，并尽快制定出物流的总体规划和完善物流法律法规的标准，着力发挥其组织、协调、规划的职能，致力于尽快建立公平、开放、有序的环境，为企业第三方物流业创造良好的外部条件。

（中国行业研究网）

【上海陆交中心介绍】

上海陆交中心（“56135”物流服务平台）是国内领先的电子商务平台和物流资源交易平台。它是以现代信息技术、物联网技术和互联网平台为基础，集聚物流供应商、物流需求方、第三方物流以及增值服务商资源，提供物流信息服务、物流交易服务及配套增值服务的全国性物流服务平台。

陆交中心是采用“多方信息、多方交易、多方服务”的平台经济模式。通过市场竞价、关键字排名、担保交易、诚信管理、公共信息服务等一系列服务产品，实现多方信息撮合和交易功能，依托第三方支付、融资、担保、保险、通讯、结算和技术服务等增值服务产品为平台各方提供专业化、个性化服务。

陆交中心目前拥有10万余家覆盖全国物流供应商、需求商及配套服务企业会员，100多万次日访问量，68万条日有效物流服务供求信息，7万笔撮合交易数，180亿元撮合交易货值总额。2009年1月，通过定向增发，长江投资实现对陆交中心增资扩股。2011年5月，上海同盛投资（集团）有限公司以3.4元/股的价格，收购陆交中心20%股权，并增资7905万元，陆交中心股份制改造取得成功。

陆交中心是上海促进现代服务业“创新驱动、转型发展”的典型案例。①促进物流行业变革，率先在物流领域实现平台经济模式，集约社会物流资源；②平台经济是上海“服务全国”的一种重要模式和路径；③物流资源社会化配置，

有利于先进制造业以及电子商务、品牌连锁等繁荣发展；④城市物流资源集约化，有利于推动上海智慧城市建设以及完善上海国际航运中心、国际贸易中心功能。

中心先后被评为中国企业信息化500强、最佳电子商务应用奖、电子商务示范企业、上海市高新技术企业和全国物流先进单位。领军人物奚政被授予“全国物流行业劳动模范”荣誉称号。中心研发物流专线交易系统、物流e管通、物流e网通、仓储e 管通等的15套物流信息服务技术软件获得国家专利。

2009年8月，中共中央政治局委员，上海市市委书记俞正声调研陆交中心。2010年1月，上海市市长韩正视察陆交中心。近年来，国家交通部、商务部、财政部、统战部等主要领导也相继对陆交中心作出重要指示并寄予殷切期望。中心先后取得国家发改委、上海市发改委、上海市商务委、上海市普陀区人民政府等专项财政支持。

（上海长江经济联合发展(集团)股份有限公司）

9.3.3 解析：第四方物流经营与发展中的困惑

曾经只是卡车加仓库，但“长枪短炮”地武装起来后，就叫做第三方物流。第四方物流（4PL）是什么？似乎更玄乎，功未成，名已就。物流界的大腕说起第四方物流也是措辞小心，模棱两可。那些新兴起来的第四方物流公司会这么跟你说：第四方物流就是处理错综复杂的供应链关系的灵丹妙药，第四方物流最大的功能就是使一切事情简单化。听起来不错，第四方物流是什么呢？听听专业人士的说法吧。这里也许有你想要得到的答案，也许和你心目中的答案相去甚远。

4PL是什么？

Christian Salvesen(SC) 物流公司的欧洲部供应链主管杰森．希伯斯（Jason.Hibbs）先生说：“很难给4PL一个正式的定义。它是一个管理流程，通过咨询、IT技术等手段随时对供应链各个环节、各个方面的运作做出调整。它的特点是：在整个过程中，4PL自己不投入任何的固定资产，而是对买卖双方以及第三方物流供应商的资产和行为进行合理的调配和管理，提供一个完整的解决方案。SC物流为杜邦公司在欧洲范围内的尼龙产品进行全程管理，这个过程从生产线开始，途经仓库、配送中心，最后到客户。在这个过程中，我们不使用自己的车队和仓库，甚至不会动用SC

的配送网络，只是帮助杜邦公司把产品的配送时间和运输力量调配到一个最合理的状态。这就是一个典型的4PL例子。”

如果说第四方物流就是不投入任何的固定资产，这当然很容易，但从目前情况看来，这显然是一种超乎理想的状态。因为不投入任何固定资产，却能在这个圈子里玩得转的4PL并没有几家。那些做得好的4PL一般都与传统意义上的3PL有着千丝万缕的联系，包括SC物流公司也是如此。难怪杰森 • 希伯斯这样自圆其说：“尽管拥有提供第四方物流服务的能力，但我们并不把自己标榜为4PL。”

GIST的解决方案总监迈克．弗莱恩（Mike. Flynn）说：“4PL是否是用自己的资产来为客户服务，这并不重要。但一个功能完善的关系网以及对这个网络的管理经验将会对你日后的成功相当关键。客户在寻找第四方物流的合作伙伴时，往往希望碰到的是一个有良好供应链管理经验的公司。从这个角度来看，4PL从传统的3PL企业演变而来是比较现实的。”GIST公司和CS一样，虽不自称是4PL，但也在做着4PL的业务，他们为欧洲许多半导体生产厂家提供全球性的原料采购和产品配送业务，监控整个流程。

德迅的雷恩．斯通（Leigh. Stone）也认为，原有的3PL资源为4PL的顺利运作起到很大的作用：“我们最近和NORTEL网络公司签了第四方物流的合作协议。NORTEL之所以认可德迅公司，很大一部分原因归功我们曾为他们提供了优质的3PL服务。”

WINCANTON公司的业务发展总监大卫．福赛特（Dave. Fawcett）说：“在争取一个第四方物流合同时，如果你能很具体的说明在整个过程中你起到的作用是什么，在每一个的环节中，你能控制到哪一步，那么，你赢得这份合同的可能性就会更大。换句话说，如果你对货物的运输和配送有一定的实际操作经验，客户就会认可你。”

4PL的市场

Tibbett&Britten的总裁约翰．哈维（John. Harvey）说：“大宗的国际贸易合同是产生4PL需求的前提，4PL的作用主要体现在对国际间的采购、生产和销售的管理上，这也就是在汽车、化学品和电器领域里，4PL一般都能如鱼得水的原因。”

GIST的迈克．弗莱恩的说法和约翰．哈维如出一辙：“真正的4PL市场是国际贸易产生的物流机会，因为所有的生产商、零售商，甚至运输商都无法完全控制国际供应链中的所有因素，而这正是4PL的用武之地。如果仅仅是对国内的供应链部分进行监管，那并不是真正意义上的4PL。”

4PL 的软肋

杰森．希伯斯说："一个没有自己固定资产的 4PL，要让客户认可自己的能力是很困难的。因为 4PL 的服务就是管理是他人的资产、他人的网络。4PL 不但要为客户设计一个价位合理的供应链解决方案，更重要的是在这个价位的基础上，从承运人和配送商那里为客户争取到一个面面俱到的协议。如果承运人和配送商或是其他环节无法实现你对客户的承诺的话，那你提供的就是一个失败的 4PL 服务。"

4PL 的另一个难言之苦是与 3PL 的尴尬关系。杰森．希伯斯说："在很多时候，4PL 是客户和 3PL 之间的桥梁，如果 3PL 与 4PL 的合作出现裂痕，往往是合作因为信任危机转化成了竞争关系。作为一个 3PL，难免会产生这样的担心：4PL 自由进出你的信息系统，掌握你的价格和服务特色，然后利用这些信息抢走客户。这些诱因的存在往往使合作变成竞争。"

雷恩．斯通说："很多 3PL 会在合作初期放弃 4PL，因为两者之间的市场极其相似，在争取某些客户时，甚至达到了短兵相接的地步。谁也不会愿意让一个竞争对手来管理自己的业务。"

4PL 的前景

客户对于 4PL 的满意主要来源于成本压缩以及供应链的可视化程度，因此，4PL 的出路不外乎是在这两方面做足功夫。

在压缩成本方面，TDG 的营销和信息技术总监是这样说的："在签订 4PL 协议时，大多数的客户往往会对 4PL 提出每年缩减 5% 的开支的要求，这是不现实的。客户很难理解 4PL 能提供给客户的好处不仅仅是财务报表上显示的盈利，更多的是让他们能专注于核心业务。也就是说，4PL 并不一定能为你省钱，而是让你的投资更加到位和有效，其实，这也是压缩成本的最好方式。"

在提高供应链可视化程度方面，GIST 的迈克．弗莱恩说："大部分公司只专注于自身的工作流程，并不关心整个供应链在发生什么情况。所以，问题只有在客户提意见，而不是在开始出现时就得到解决和补救，这种状况对减少货存、周转时间和压缩成本都没有好处。让 4PL 介入，实现供应链的可视性管理是解决上述问题的关键。"

但是，在做好以上两个方面之后，是否就意味着 4PL 前途光明呢？杰森．希伯斯不无疑虑的说："用成本的压缩程度来证明 4PL 的好处并非长久之计。因为随着客户的供应链管理逐步走向正轨，成本可压缩的余地就会越来越小了。而客户要求 4PL 不断提供增值服务，每年的成本都有所压缩是不可能的。这时候，4PL 所能做的只能是维持固有的模式了。"

约翰．哈维也认为 4PL 的局限性很大："对于客户而言，与 4PL 的合作是一种短期行为。换句话说，4PL 是没有前途的。"

（物流天下网）

9.4 物流风险管理

物流企业法律风险防范在物流企业中的重要作用

如何预防、识别、控制、解决公司运营中面临的法律风险，一直是公司管理的重大课题，尤其在当今国内法制环境正处于剧烈变革的大背景下，公司经营过程中遇到的法律风险已经呈现出种类越来越多样化、发生几率越来越频繁化、解决方式越来越复杂化的特点。法律风险管理已经成为公司经营所必须面对和解决的重大问题，必须被纳入到公司整体战略管理的范围之中。

现代物流业已经发展为一个复杂的综合体，包括运输、仓储、配送、包装、装卸、加工、承揽等环节。由于每个环节当中以及环节之间关系的日益复杂，导致物流企业法律风险也随之日益复杂，为物流企业的生存发展不断带来新的隐患，强化物流企业法律风险管理已经成为现代物流企业风险管理的要点之一。

物流法律风险防控的实践和体会

北京物流公共信息平台法律服务部合作伙伴博融律师事务所合伙人杨连庆律师指出，法律风险是企业风险的组成部分，因在法律方面的未来不确定性对企业实现其经营目标产生的影响，其核心是“内控”问题，本质是法律风险的治理和管控问题，并以空客飞机被毁、IPAD商标纠纷案、中航油、中钢事件为例予以说明，其判断依据是国资委颁布的《中央企业全面风险管理指引》和国家标准化管理委员会发布的《企业法律风险管理指南》。

法律风险处处管理现状可归纳为：法律风险事故或危机频发并导致巨大经济损失，企业所有者普遍缺乏法律风险管理意识，企业不具备法律风险有限管理的措施及手段。物流企业法律风险可分为显性法律风险和隐性法律风险；静态法律风险和动态法律风险；纯粹法律风险和投机法律风险；外部法律风险和内部法律风险；持续性法律风险和阶段性法律风险；必然性法律风险和或然性法律风险及一次性法律风险等类型。

物流企业法律风险有以下十个表现方式：

（1）法律依据不足的法律风险；（2）合同管理的法律风险；（3）公司治理的法律风险；（4）企业兼并重组的法律风险；（5）劳动争议法律风险；（6）转托运输法律风险；（7）结算运费的法律风险；（8）交通事故的法律风险；（9）跨地域导致诉讼管辖不确定的法律风险；（10）企业家刑事犯罪法律风险。

对于这十种法律风险表现形式所表

现出来的问题，主要集中于社会法律体系的不够完善、企业内部管理制度的不够健全、劳动争议、企业外部之间的纠纷、地域影响以及企业所有者自身的因素，使积极参与本论坛的物流企业所有者可以真正并正确认识法律风险，并呼吁企业和相关部门、团体针对这些表现形式行动起来，尽量消除不必要的风险和损失。

针对法律风险的主要原因和表现形式主要的预防措施及方法有收集、整理、归纳物流企业法律风险点，制作完善物流企业法律风险清单；强化企业管理人员的法律培训工作，完善企业法律风险防范机制；创建法律服务平台，为物流企业提供有效服务。

只有这样，才能使物流企业的领导者乃至普通员工，都树立正确的法律风险防范意识，从而提高解决、化解法律风险的能力，使企业更加具备安全经营、合法经营的条件，为企业的发展提供更加可靠的保障。

物流管理规章与风险防范应该注意的问题

交通运输学院秦四平教授根据多年的治学经验，管理规章应该是强制性低于法律但又必须遵守带有一定强制性的规则，风险则主要表现为可能造成损失的出事故和效率低为基本特征的操作不当。管理规章与风险防范之间是不断顺接反馈、愈趋愈优的过程，最终目的是防止企业风险的发生。

管理规章的内容应主要包含岗位职责、操作规范、注意事项及考核与控制四方面。其中，岗位职责主要是指工作岗位是做什么、最终程度及上下游岗位间的衔接关系；操作规范主要指操作流程、标准、方法以及针对不同设备的使用方法；注意事项主要是指可能出错之处及防范措施；考核与控制主要包括制定检查人及检查制度、考核人及考核制度、关联岗位间的制约与监督及应急方案的制定。通过这四方面的内容进行体系构建，可以系统地对各个生产环节、各个流程的隐性风险予以消除及预防。

物流生产有空间大、设备多、岗位多、操作复杂、不可控因素多。其主要是由物流生产的网络性、物流服务多功能性及不同的货物品类所决定的，并通过危险品运输车侧翻、货车中途掉货、装卸作业造成货损、疲劳驾驶、铁路货运与物流的真正融合等实例，充分说明了物流生产风险的存在。完善管理规章的必要性和重要性，且需要对每个作业环节、每个岗位及每台设备的操作进行规范，尽量防止或减少一切可能存在的风险。

物流公共信息平台在企业法律风险防范中的重要作用

北京物流公共信息平台运营副总监王娱，首先介绍了平台在物流企业法律风险防范的作用，北京物流信息平台是商务部批准立项、协会主导、北京市物流业振兴规划建设的开发背景。平台的总体服务目标是“立足北京。覆盖环渤海，服务全国”。

平台的主体功能为“7+1”服务功能，即7个应用中心、1个公共服务中心。7个应用中心是指网上业务中心、物流资源中心、电子采购中心、企业认证与推广中心、操作中心、信息对接服务中心及监控中心，公共服务中心主要提供物流保险、企业融资、法律服务、行业咨询、会计服务、在线调查及物流用品集中采购等服务。同时，北京物流公共信息平台通过招标上线、纸网互动、网上业务室等手段保证服务功能的实现，并推出了以数据交换为核心的应用产品组合并整合冷链物流信息系统。

通过平台运营管理就物流企业现状主要表现为：经营成本高而利润率低、企业间竞争激烈、服务意识淡薄、信息技术水平较低、管理体制及法律体系尚未完善、法律风险防范意识较低。针对当前现状，北京物流公共信息平台可为企业带来的利益主要集中于信息化水平提升、企业联盟支撑、更新业务经营理念、拓宽经营范围、建立新型经营模式等方面，最终实现平台以品牌为核心的盈利模式。

（万联网）

第十篇 物流业发展专题

10.1 全球现代物流业发展综述

“现代物流”的概念最早在 1927 年由美国学者提出，第二次世界大战期间美军应用物资管理的理念和方法解决军用物资供应，取得良好效果。故战后这一管理模式被推广到商界并逐渐普及。日本在 20 世纪 60 年代从美国引进物流概念，并迅速发展形成自己的特色；欧洲国家的物流业也是在美、日影响下发展起来的，也已达到较高水平。总体上讲，美国和日本的物流发展无论在规模总量、企业能力和先进技术应用上都代表了世界的较高水平。当前，在全球金融危机和能源环境问题引起广泛关注的背景下，低碳物流、面向高附加值和优质服务的物流以及信息化和智能化物流成为国外现代物流业的发展趋势，现代物流业发展水平已成为衡量一个国家和地区综合竞争力的重要标志。

一、全球物流业市场规模持续稳定发展

据国际知名的咨询机构美国 Armstrong & Associates 统计，2010 年，全球物流业市场规模约为 7.01 万亿美元，其中美国物流业市场规模高达 1.21 万亿美元，占全球的 17.3%，位居世界第一；

其次是中国，物流业市场规模约为1.07万亿美元，占全球的15.2%；日本物流业市场规模约为4749亿美元，占全球的6.8%，位居世界第三；德国物流业市场规模约为2752亿美元，占全球的3.9%，位居世界第四；巴西、法国、印度、意大利、英国、加拿大等国物流业市场规模分别为2424亿美元、2376亿美元、1999亿美元、1932亿美元，1910亿美元和1558亿美元，依次位居世界第5、第6、第7、第8、第9和第10位。

从主要区域看，2010年，亚太地区物流业市场规模为2.13万亿美元，占全球的30.3%，是全球最大物流市场。中国是亚太地区最大的物流市场，占据了该地区50%的市场份额，印度、越南市场也在不断发展，预计未来10～15年全球物流业的发展仍将以亚太地区为重心；北美地区物流业市场规模为1.52万亿美元，占全球的21.7%；欧洲地区物流业市场规模为1.43万亿美元，占全球的20.3%。

从物流运输方式看，公路运输物流是全球物流业最主要的组成部分，2010年全球公路运输物流产业市场规模约为4.73万亿美元，约占全球物流行业的67.4%。其次是铁路、海洋和航空运输物流产业。

从物流业主要行业看，根据市场调研机构Datamonitor的统计，在以零售业、消费电子工业、汽车产业、高新科技产业和医药业五个行业为代表的全球现代物流市场总额中，目前零售业占据了物流市场的主体，份额约为64.0%，其次是汽车、消费电子工业、高新科技产业和医药业，份额分别为13.0%、13.0%、7.0%和4.0%。

二、发达国家继续主导全球物流产业

据世界银行2012年最新发布的全球物流业竞争力排行榜显示，在全球主要工业强国中，德国排名第4，日本居第8位，美国列第9位，英国列第10位，法国属第12位，瑞典居第13位，加拿大居第14位，瑞士列第16位，韩国列第21位，意大利列第24位。高居该排行榜榜首的是新加坡，中国香港、芬兰、荷兰、丹麦、比利时分列第2、3、5、6、7位。南非和中国排名分别为第23位和第26位，在发展中国家中位居前列（表10-1）。该排行榜是世界银行会同国际运输代理协会等机构对全球155个国家和地区物流业进行的分析评估，对上述国家和地区的清关效率、基础设施、国际运输、物流能力、货物跟踪追查、交货及时性等指标进行数量化评分，继而取平均值得到全球物流业表现指数（The Logistics Performance Index，简称LPI），利用LPI指数对各个国家的物流业竞争力进行综合排名。如表1所示，新加坡在清关效率、交货及时性两个领域均列第一，尤其是在清关效率方面远远领先于其他国家。中国香港在国际运输能力方面远远领先于其他国家。芬兰在物流能力和货物追查跟踪方面均列第一。德国在物流基础设施建设方面位居第一，在交货及时性方面位居第二。

表 10-1 2012 年全球物流业竞争力排行榜（前 30 名）

排名	国家或地区	LPI 得分	清关效率	基础设施建设	国际运输	物流能力	货物跟踪追查	交货及时性
1	新加坡	4.13	4.10	4.15	3.99	4.07	4.07	4.39
2	中国香港	4.12	3.97	4.12	4,18	4.08	4.09	4.28
3	芬兰	4.05	3.98	4.12	3.85	4.14	4.14	4.10
4	德国	4.03	3.87	4.26	3.67	4.09	4.05	4.32
5	荷兰	4.02	3.85	4.15	3.86	4.05	4.12	4.15
6	丹麦	4.02	3.93	4.07	3.70	4.14	4.10	4.20
7	比利时	3.98	3.85	4.12	3.73	3.98	4.05	4.20
8	日本	3.93	3.72	4.11	3.61	3.97	4.03	4.21
9	美国	3.93	3.67	4.14	3.56	3.96	4.11	4.21
10	英国	3.90	3.73	3.95	3.63	3.93	4.00	4.19
11	奥地利	3.89	3.77	4.05	3.71	4.10	3.97	3.79
12	法国	3.85	3.64	3.96	3.73	3.82	3.97	3.79
13	瑞典	3.85	3.68	4.13	3.39	3.90	3.82	4.26
14	加拿大	3.85	3.58	3.99	3.55	3.85	3.86	4.31
15	卢森堡	3.82	3.54	3.79	3.70	3.82	3.91	4.19
16	瑞士	3.80	3.88	3.98	3.46	3.71	3.83	4.01
17	阿联酋	3.78	3.61	3.84	3.59	3.74	3.81	4.10
18	澳大利亚	3.73	3.60	3.83	3.40	3.75	3.79	4.05
19	中国台湾	3.71	3.42	3.77	3.58	3.68	3.72	4.10
20	西班牙	3.70	3.40	3.74	3.68	3.69	3.67	4.02
21	韩国	3.70	3.42	3.74	3.67	3.65	3.68	4.02
22	挪威	3.68	3.46	3.86	3.49	3.57	3.67	4.09
23	南非	3.67	3.35	3.79	3.50	3.56	3.83	4.03
24	意大利	3.67	3.34	3.74	3.53	3.65	3.73	4.05
25	爱尔兰	3.52	3.40	3.35	3.40	3.54	3.65	3.77
26	中国	3.52	3.25	3.61	3.46	3.47	3.52	3.80
27	土耳其	3.51	3.16	3.62	3.38	3.52	3.54	3.87
28	葡萄牙	3.50	3.19	3.42	3.43	3.48	3.60	3.88
29	马来西亚	3.49	3.28	3.43	3.40	3.45	3.54	3.86
30	波兰	3.43	3.30	3.10	3.47	3.30	3.32	4.04

资料来源：World Bank 《Connecting to Compete: Trade Logistics in the Global Economy》

三、第三方物流成为现代物流业及展重要趋势

第三方物流是由供万与需方以外的物流企业，以合同的形式在一定期限内，提供企业所需的全部或部分物流服务，其业务内容涉及仓储、运输、库存管理、信息服务、供应链设计及其他一些增值服务。相比于传统的物流公司，第三方物流企业更加专业化，综合成本更低，配送效率更高，己经成为现代物流业发展的重要方向。

根据美国田纳西州大学的研究，通过第三力物流公司的服务，企业物流成本会下降 11.8%，物流资产下降 24.6%，办理订单的周转时间从 7.1 天缩短为 3.9 天，存货总量下降 8.2%。作为物流业的新兴领域，第三方物流（Third Party Logistics，简称 3PL）已在全球物流产业市场占据定份额，成为衡量现代物流业发展水平的重要标志。据 Armstrong & Associates 统计，2010 年全球第三方物流产业市场规模为 5509 亿美元，占全球物流产业市场规模的 7.9%。其中，美国第三方物流产业市场规模为 1273 亿美元，占全球第三万物流产业的 23.1%，位居全球第一；其次是中国，第三方物流产业市场规模为 745 亿美元，占全球的 13.5%；日本 3PL 产业市场规模为 418 亿美元，占全球的 7.6%，位居全球第三；德国 3PL 产业市场规模为 278 亿美元，占全球的 5.1%，位居全球第四；法国、意大利、巴西和英国分别为 240 亿美元、205 亿美元、199 亿荧元、191 亿美元，依次居全球第 5、第 6、第 7 和第 8 位。

从第三方物流产业上物流产业的比重看，荷兰、新加坡、中国香港、中国台湾、韩国、意大利、美国、德国、法国、英国等国家或地区位居世界前列，占比分别为 14.2%、11.5%、11.3%、11.1%、11.0%、10.6%、10.5%、10.1%、10.1% 和 10.0%。从第三方物流主要企业看，据 Armstrong & Associates 统汁，全球前十大 3PL 企业是德国邮政 DHL 集团、瑞士德迅集团（Kuehne+Nagel）、德国 DB Schenker 集团、日本通运公司（NipponExpress）、荷兰 CEVA 物流集团、美国 C. H. 罗宾逊全球物流有限公司、美国美国联合包裹（UPS）公司、丹麦 DSV 集团、瑞士泛亚班拿（Panalpina）集团、美国莱德系统（Ryder system）公司等。当前，国际上众多第三方物流企业已从单纯提供运输、仓储等功能性服务向提供咨询、信息和管理服务等全方位供应链解决方案延伸，如，全球邮政、快递、洲际运输和航空货运的领导者德国邮政 DHL 集团 2011 年供应链解决方案业务收入为 186.4 亿美元，占集团营业总收入的比重高达 25.0%。

四、全球现代物流发展新理念层出不穷

当前，伴随着全球现代物流业的发

展，第四方物流、绿色物流、精益物流、逆向物流等发展新理念不断涌现，并彰显出强大的生命力。以第四方物流为例，第四方物流（Fourth party logistics，简称 4PL）是 1998 年由美国埃森哲咨询公司率先提出的，是专门为第一方物流、第二方物流和第三方物流提供物流规划、咨询、物流信息系统、供应链管理等活动的供应链集成商。

一般而言，第四方物流存在三种可能的模式：协助提高者（第四方物流为第三方物流工作，并提供第三方物流缺少的技术和战略技能）；方案集成商（第四方物流为货主服务，是和所有第三方物流提供商及其他提供商联系的中心）；产业革新者（第四方物流通过对同步与协作的关注，为众多的产业成员运作供应链）。

与第三方物流相比，第四方物流并不承担具体的物流运作活动，而是通过利用其丰富的物流管理经验和供应链管理技术、信息技术等，联合优秀的第三方物流供应商、技术供应商、管理咨询以及其他增值服务商，为客户提供独特和广泛的供应链解决方案，帮助客户降低企业运行成本，实现最大范围的资源整合。但是，第四方物流的思想必须依靠第三方物流的实际运作来实现并得到验证。同时，第三方物流又迫切希望得到第四方物流在优化供应链流程与方案方面的指导。因此，要发展第四方物流产业就必须大力发展第三方物流企业，为 4PL 的发展作铺垫，提高现代物流产业水平。

目前，全球诸多跨国物流企业，如德国邮政 DHL 集团、美国 UPS 和 FedEX 等企业，为客户提供全供应链的物流服务，它们不但是第三方物流企业而且也是第四方物流服务供应商。以英国著名的 CS （Christian Salvesen） 物流公司为例，CS 物流公司为美国杜邦公司在欧洲范围内的尼龙产品进行全程管理，该过程从生产线开始，途径仓库、配送中心，最后到客户。在整个过程中，CS 公司并不使用自已的车队、仓库和配送网络，只是通过其拥有的信息技术、整合能力及其他资源，帮助杜邦公司把产品的配送时间和运输力量调配到一个最合理的状态。再以全球供应链服务管理公司美国万络国际物流（Menlo Worldwide Logistics）公司为例，万络国际通过运营专门的多客户仓储网络，提供更清晰的客户在全球各地的库存记录，降低系统整和和管理的成本，降低运输费用，从而帮助客户获得效率更高的全球供应链。万络国际在美国通用公司（GM）物流链管理中所扮演的是典型的第四方物流角色。美国通用公司每年的物流费用支出超过 50 亿美元，针对公司物流业务量大、第三方物流公司众多和供应链系统复杂等现状与问题，GM 提出了进一步整合第三方物流商及简化其物流系统的要求。万络国际通过整合 GM 的第三方物流商，优化供应链解决方案，不仅从 GM 的运输、仓储和库存管理等多个环节的优化中获得利润空间；而且通过业绩评估，可直接参与GM主营业务的利润分成，成为GM真正的战略合作同盟。

五、物流信息化和国际化发展态势日趋加深

物流信息化已成为全球企业降低物流成本、改进客户服务、提高企业竞争力的基本手段，更成为物流企业提供第三方物流服务的前提条件。全球诸多企业纷纷采用条形码技术和射频识别技术，提高信息采集效率和准确性；采用基于因特网的电子数据交换技术进行企业内外的信息传输，实现订单录入、处理、跟踪、结算等业务处理的无纸化；应用仓库管理系统和运输管理系统来提高运输与仓储效率，如沃尔玛利用卫星联网的全球配送信息传输网在全球店铺之间进行信息传送与运输车辆的定位及联络；运用JIT（just-in-time）（准时生产方式，又称零库存）、CPFR（协同式供应链库存管理，也称协同规划或预测与补货）、VMI(Vendor Managed Inventory，供应商管理库存）/SMI(Suppliermanaged Inventory，供应商管理库存）、JMI（联合管理库存）等供应链管理技术，实现供应链伙伴之间的协同商务，降低供应链的物流总成本，提高供应链的竞争力；通过网上采购辅助材料、网上销售多余库存，以及通过电子物流服务商进行仓储与运输交易等手段，借助电子商务来降低物流成本。

随着经济全球化进程的逐渐加快，物流企业全球采购、全球生产和全球销售的国际化发展趋势也日益明显。纵观全球跨国物流企业，均不同程度涉足了国际物流市场，具有明显的国际化特征。如，美国UPS公司主要业务在美国，国内收入占其总收入的74.1%，但其分支机构遍布全球220多个国家和地区；美国联邦快递集团（FedEX）在全球220多个国家和地区建立了1768家分支机构，美国国内收入占总收入的70%以上；世界最大的货运和物流集团之一瑞士泛亚班拿（Panalpna）在全球80多个国家和地区拥有500个分支机构，2011年业务收入中，欧洲、中东和非洲占49%，美洲占32%（北美洲为19%，南美洲占13%），亚太地区占19%；德国邮政DHL集团在欧洲、美国等220个国家和地区建立了分支机构，其快递业务营业收入中欧洲占42.6%，美国占16.0%，亚太地区占31.6%。此外，随着国际贸易的发展，美国和欧洲的一些大型物流企业跨境并购，大力拓展国际物流市场。如，2012年3月，全球最大的包裹快递公司美国联合包裹（UPS）出资约为67.7亿美元收购荷兰TNT快递公司。此次并购是美国UPS公司105年历史上最大的一笔收购，也是全球物流行业近年来规模最大的并购案之一。

（上海情报服务网）

10.2 2012年全球现代物流业主要企业发展概况

从全球现代物流业主要企业来看，主要集中在美国、欧洲和日本等发达国家和地区，如下所示，按2012年营业收入排名世界前27位的物流企业，分别是德国邮政DHL集团、美国邮政服务公司（USPS）、美国联合包裹（UPS）公司、美国联邦快递（FedEX）集团、丹麦马士基（Maersk）集团、德国DB Schenker集团、法国邮政（La Poste）集团、瑞士德迅集团（Kuehne+Nagel）、日本邮船（NYK）集团、日本邮政（Japan Post）集团、日本通运公司（NipponExpress）、法国达飞海运集团（CMA-CGM）、中国远洋运输集团、荷兰TNT快递公司（现为美国UPS子公司）、法国乔达（Geodis）集团、荷兰CEVA物流集团、美国C.H.罗宾逊全球物流有限公司、德国赫伯罗特集团（Hapag Lioyd）、丹麦DSV集团、中国外运股份有限公司、意大利邮政集团（Poste Italiance）、瑞士泛亚班拿（Panalpina）集团、中国邮政集团、美国康捷（Expeditors）公司、荷兰邮政（Post Netherlands集团、德国起捷智能物流（Dachser Intelligent Logistics）、美国莱德系统（Ryder system）公司。其中，美国企业有6家，欧洲企业有15家（德国4家，法国3家，荷兰3家丹麦2家，瑞士2家，意大利1家），日本企业有3家，中国企业有3家。

全球排名第1物流企业：德国邮政DHL集团

全球邮政、快递、洲际运输和航空货运的领导者，在2012年世界500强中排名第98位，总部在德国波恩2009年3月为巩固其邮政和物流两大支柱产业，德国邮政集团发表“2015年战略计划”，宣布德国邮政与DHL集团合二为一，并易名为德国邮政DHL集团。2011年，德国邮政DHL集团营业收入为744.9亿美元，其中，邮政业务收入为197.0亿美元，占营业法收入的26.5%；速递业务收入为165.9亿美元，占营业总收入的22.3%；全球货运代理收入为212.1亿美元，占营业总收入的28.5%，供应链收入为186.4亿美元，占比为25.0%。DHL（敦豪）集团是德国邮政DHL集团的子公司，2011年DHL营业收入约为74.7亿美元.

全球排名第2物流企业：美国邮政服务公司（USPS）

全球领先的邮政和物流业务供应商，在2012世界500强中排名第135位。美国邮政服务公司USPS种类比较单一，收入来源主要是信函和包裹等传统业务，2011年集团营业收入为657.1亿美元，同比下降2.0%，已连续第12年亏损。其中邮件服务收入为567.2亿美元，海运服务收入为89.9亿美元。

全球排名第 3 物流企业：美国联合包裹 (UPS)

全球最大的快递承运商与包裹递送公司，也是全球专业运输、物流、供应链管理与服务等领域的领先供应商，总部设在美国亚特兰大市，在 2012 年世界 500 强中排名第 177 位。2011 年 UPS 营业收入高达 531.1 亿美元，同比增长 7.2%。其中快递业务收入为 440 亿美元，占营业总收入的 82.9%，包裹业务是 UPS 快递业务的核心业务，其中企业到企业的包裹业务占大多数，而且主要是地面运输；供应链和货运（提供物流配送，运输和货运及货运代理服务，国际贸易管理和清关服务）收入为 91 亿美元，占营业总收入的 17.1%。

全球排名第 4 物流企业：美国联邦快递 (FedEX)

全球运输、物流和供应链管理服务等领域的领先供应商，也是全球最大的包裹快递公司之一，总部位于美国田纳西州，在 2012 世界 500 强中排名第 263 位。2012 财年，FedEX 营业收入为 426.8 亿美元。其中，快递公司（FedEX Express 营业收入为 265.2 亿美元（包裹收入为 208.6 亿美元，货运收入为 46.3 亿美元，其他为 103 亿美元），占营业总收入的 62.1%，地面包裹服务公司营业收入为 95.7 亿美元，占比为 22.4%，货运集团营业收入为 52.8 亿美元，占比为 12.4%。

全球排名第 5 物流企业：丹麦 马士基 (Maersk) 集团

马士基（Maersk）是世界顶尖航运物流企业之一，在 2012 年世界 500 强中排名第 154 位。2011 年，马士基集团营业收入为 602.3 亿美元，其中集装箱业务收入为 272.9 亿美元，占营业总收入的 45.3%；石油和天然气收入为 126.2 亿美元，占营业总收入的 21.0%；码头业务收入为 46.8 亿美元，占比为 7.8%；油轮、海上航运和其他业务收入为 59.3 亿美元，占比为 9.9%；零售业务收入为 103.1 亿美元，占比为 17.1%。从上述业务中，我们加总得出 2011 年马士基集团物流业务（集装箱业务 + 码头业务 + 油轮、海上航运和其他业务）收入为 379.0 亿美元。

全球排名第 6 物流企业：德国 DB Schenker 集团

辛克（Schenker）是德国铁路集团（DB）子公司，是一家全球领先的一体化国际物流服务公司，世界著名的国际货代和第三方物流公司，其业务范围涵盖货代、物流服务、供应链管理等领域。2011 年，辛克公司营业收入为 2792 亿美元，占整个 DB 集团营业收入总额的 52.1%。辛克公司包括辛克铁路和辛克物流两大业务部门，其中辛克物流 2011 财年营业收入为 2097 亿美元，在全球拥有 6.22 万名员工，辛克铁路营业收入为 695 亿美元，是欧洲铁路运输的领导者，在全球拥有 3.25 万名员工。辛克母公司德国铁路集团是欧洲最大的铁路货运公司，在 2012 世界 500 强中排名第 179 位。2011 年，德国铁路集团营业收入为 535.5 亿美元，同比增长 10.4%。

全球排名第 7 物流企业：法国邮政 (La Poste)

是欧洲领先的邮政服务集团，成立于 1991 年，前身是法国邮电部邮政总局，主要业务分为信函业务、包裹和物流业务、金融业务三大部分，在 2012 世界 500 强中排名第 320 位。2011 年，法国邮政营业收入为 3003 亿美元，其中，信函业务、包裹和物流业务、金融业务营业收入分别为 153.5 亿美元、72.4 亿美元和 73.3 亿美元，依次占营业总收入的 51.1%、24.1% 和 24.4%；从区域看，法国国内营业收入为 251.4 亿美元，占营业总收入的 83.8%；国际收入为 48.9 亿美元，占比为 16.3%。2011 年，法国邮政集团的物流业（信函业务 + 包裹和物流业务）营业收入为 225.9 亿美元。

全球排名第 8 物流企业：瑞士德迅集团 (Kuehne+Nage1)

世界领先的物流服务供应商，在全球 100 多个国家和地区拥有 1000 多个办事处，6.3 万名员工，是全球排名第 1 的海运代理服务商，排名第 2 的航空货运代理服务商，排名第 3 的合同物流供应商，也是欧洲前六大公路和铁路物流供应商。2011 年，德迅集团营业收入为 220.8 亿美元。其中，海运服务收入为 93.9 亿美元，占营业总收入的 42.5%；航空服务收入为 45.3 亿美元，占比为 20.5%；合同物流服务收入为 47.0 亿美元，占比为 21.3%；公路和铁路物流业务收入为 33.4 亿美元，占比为 15.1%；其他业务收入为 1.2 亿美元，占比为 0.6%。2011 年，欧洲、美国、亚太、中东和非洲等地区营业收入分别占德迅集团营业总收入的 63.3%、20.5%、9.3% 和 6.9%。

全球排名第 9 物流企业：日本邮船 (NYK) 集团

日本邮船集团是世界顶尖航运物流企业之一，在 2012 世界 500 强中排名第 481 位。2012 财年，日本邮船营业收入为 2200 亿美元，其中全球物流业业务部门营业收入为 122.5 亿美元（班轮运输收入为 50.9 亿美元，码头和港口运输收入为 17.0 亿美元，航空货运收入为 10.1 亿美元，物流收入为 44.4 亿美元），占营业总收入的 55.7%，散装货运业务部门（包含汽车运输部、干散货部和油轮部）营业收入为 88.9 亿美元，占比为 40.4%，其他业务收入为 8.6 亿美元，占比为 3.9%。

全球排名第 10 物流企业：日本邮政 (Japan Post)

日本邮政集团是全球领先的邮政服务企业，业务领域为邮递、邮政储蓄和简易保险等，在2012年世界500强中排名第13位。2012财年，日本邮政营业收入为2110.2亿美元。其中，银行保险业务占其总收入的90%，邮递等物流业务仅占总收入的10%左右（2012财年物流业务收入约为211.0亿美元）。

全球排名第11物流企业：日本通运公司(Nippon Express)

通运公司是日本最为典型、最具代表性的一家物流公司，在全球37个国家和地区拥有389个分支机构。2011财年，日本通运公司营业收入为204.1亿美元，其中物流业务营业收入为164.2亿美元，占营业总收入的80.5%；租赁、石油销售和其他业务收入为39.9亿美元，占营业总收入的19.5%。2011财年，日本通运公司物流业营业收入中，国内公司营业收入为140.8亿美元，占营业收入的比重为85.8%，海外公司（美国、欧洲、东亚和南亚占比分别为17.6%、21.6%、37.9%和22.9%）营业收入为23.4亿美元，占比14.2%。

全球排名第12物流企业：法国达飞海运集团（CMA-CGM）

是法国排名第一、世界排名第三的集装箱全球承运公司，在全球150个国家和地区拥有650家分支机构、1.72万名员工。2011年，达飞海运集团营业收入高达149亿美元，运输的标准集装箱（TEUs）达1000万个。

全球排名第13物流企业：中国远洋运输集团

中国远洋运输集团是一家在国际航运、物流码头、参造船领域具备全球领先地位的跨国企业，位居2012年世界500强第384名。2011年，中国远洋运输集团营业收入为288.0亿美元，其中物流业营业收入为106.6亿美元，占营业总收入的37.0%。从物流业具体行业看，集装箱航运业务收入为56.5亿美元，散货运输业营业收入为36.2亿美元，物流业收入为9.9亿美元，码头及相关业务收入为1.2亿美元，集装箱租赁业务收入为2.8亿美元。

全球排名第14物流企业：荷兰TNT快递公司（现为美国UPS子公司）

全球领先的快递服务供应商，在全球200多个国家和地区拥有近2600家营运中心、转运枢纽以及分捡中心，在欧洲、中国、南美、亚太和中东地区拥有航空和公路运输网络。2011年，TNT快递公司营业收入为102.2亿美元，其中欧洲、亚太和美国地区营业收入分别占总收入的62.5%、24.8%和6.5%。2012年3月19日，TNT快递被美国UPS收购。

全球排名第 15 物流企业：法国乔达（Geodis）集团

法国物流领域龙头企业，也是欧洲前五大运输和物充公司，在全球 120 个国家和地区拥有 31 万名员工，服务领域涉及海运空运、全球供应链管理、包裹快递、公路运输等。2011 年，乔达集团营业收入为 97.4 亿美元。其中，航空和海洋运输收入为 332 亿美元，占营业收入的 34.1%；散货运输和快递收入为 25.4 亿美元，占比为 26.0%；合同物流收入为 13.7 亿美元，占比为 14.1%；供应链解决方案收入为 12.9 亿美元，占比为 13.3%；道路运输收入为 12.2 亿美元，占比为 12.5%。

全球排名第 16 物流企业：荷兰 CEVA 物流集团 (CEVA Logistics)

是全球领先的点到点供应链服务供应商，提供货运代理、合同物流、运输管理和配送管理等各项服务，在全球 170 多个国家和地区拥有 5.1 万名员工。2011 年，CEVA 集团营业收入为 97.2 亿美元，同比增长 0.7%。其中，货运管理收入为 44.4 亿美元，占营业总收入的 45.7%；合同物流收入为 52.8 亿美元，占营业总收入的 54.3%。从区域看，美国、亚太、北欧、南欧和中东及非洲等地区营业收入分别占总收入的 29.9%、27.9%、23.8% 和 18.3%。

全球排名第 17 物流企业：C. H. 罗宾逊全球物流有限公司

是全球最大的第三方物流供应商之一，主要提供货物运输和物流、外包解决方案、农产品采购等服务。2011 年，罗宾逊全球物流有限公司营业收入为 103.4 亿美元。其中，运输服务收入（卡车运输、联合运输、海洋运输、航空运输及其他物流服务占比分别为 85.6%、2.9%、4.6%、2.7% 和 4.2%) 为 87.4 亿美元，占营业总收入的 84.5%，农产品采购服务收入为 15.4 亿美元，占比为 14.9%；支付服务收入为 0.6 亿美元，占比为 0.6%。

全球排名第 18 物流企业：德国赫伯罗特集团 (Hapag Lloyd)

是目前世界前五大船运公司之一，致力于全球化的集装箱服务，目前公司拥有 150 艘现代船舶，近 500 万个集装箱，在全球 114 个国家和地区拥有超过 6900 名的员工。2011 年，赫伯罗特集团营业收入为 86.1 亿美元。

全球排名第 19 物流企业：丹麦 DSV 集团

是一家全球领先的运输和物流方案供应商，在全球 70 多个国家和地区拥有 2..2 万名员工。2011 年，DSV 营业收入为 81.6 亿美元 [4]。其中，海洋和航空运输收入（海洋和航空运输收入分别为 198 亿美元、15.6 亿美元）占营业总收入的41%，道路运输收入占比为48%，供应链解决方案收入占比为11%。从地区营业收入看，欧洲、亚洲和北美地区营业收入占总收入的比重分别为85%、8%和7%。

全球排名第20物流企业：中国外运股份有限公司

是以综合物流和航运两大经营板块的国际化大型现代企业集团，是中国最大的国际货运代理公司、最大的航空货运和国际快件代理公司、第二大船务代理公司和第三大船运公司。2011年，中外运营业收入为67.7亿美元，同比增长2.8%。其中，货运代理收入为56.7亿美元，占营业总收入的79.6%；海运收入为7.9亿美元，占比为11.0%；仓储和码头服务收入为3.0亿美元，占比为4.2%；船务代理收入为1.3亿美元，占比为1.8%；其他服务收入为2.5亿美元，占比为3.4%。

全球排名第21物流企业：意大利邮政集团（Poste Italiance）

欧洲领先的邮政服务集团，主营邮递类、银行类、保险类等业务，在2012世界500强中排名第361位。2011年，意大利邮政集团营业收入为305.9亿美元，其中邮政服务（物流服务）收入为67.6亿美元，占营业总收入的22.1%；银行服务收入为68.8亿美元，占营业总收入的22.5%；保险服务收入为134.3亿美元，占营业总收入的43.9%；其他来自银行和保险服务的收入为26.5亿美元，占营业总收入的8.7%。可见金融业务是意大利邮政最主要的业务，银行和保险类业务收入占营业总收入的比重在2011年达到75.1%

全球排名第22物流企业：瑞士泛亚班拿（Panalpina）集团

是世界上最大的货运和物流集团之一，总部在瑞士巴塞尔，在全球80多个国家和地区拥有500个分支机构2011年，瑞士泛亚班拿（Panalpina）集团营业收入为660亿美元，同比下降9%。其中，航空货运收入占50%，海洋货运收入占36%，物流收入占14%。2011年Panalpina业务收入中，欧洲、中东和非洲占49%，美洲占32%（北美洲为19%，南美洲占13%），亚太地区占19%。

全球排名第23物流企业：中国邮政集团

中国物流领域领军企业，主要经营国内和国际邮件寄递、报刊等出版物发行、邮政汇兑、邮政储蓄、邮政物流等业务，在2012世界500强中排名第258位。2011年，中国邮政集团营业收入为400.7亿美元，其中物流业务（函件业务+包裹服务+分销业务+国际业务+邮政速递物流）收入为64.5亿美元。2011年，中国邮政集团银行业务收入为185.5亿美元，保险业务收入为12.4亿美元。上述金融业务收入占集团营业总收入的49.4%。

全球排名第24物流企业：美国 华盛顿康捷国际公司(Expeditors International of Washington)

是一家全球知名的物流和货代公司，总部在美国华盛顿州西雅图市，在全球249个国家或地区拥有1.3万多名员工。2011年，美国康捷营业收入为61.5亿美元，同比增长3.1%。其中，航空运输服务收入为28.9亿美元，占比为47.0%；海洋运输服务收入为18.8亿美元，占比为30.6%，海关报关和其他服务收入为13.8亿美元，占比为22.4%。

全球排名第25物流企业：荷兰邮政(Post Netherlands)

是一家提供邮件、快运和物流服务的全球性公司，拥有员工6.55万人，在荷兰有2600家邮局和处理中心。2011年，荷兰邮政集团营业收入为60.6亿美元，同比增长0.1%。其中，荷兰本土邮件业务收入为34.3亿美元，占营业总收入的56.6%；包裹业务收入为6.3亿美元，占营业总收入的10.4%；国际业务收入为20.0亿美元，占比为33.0%，主要市场集中在英国、德国和意大利等地区。

全球排名第26物流企业：德国 超捷智能物流(Dachser Intelligent Logistics)

是欧洲领先的物流服务供应商，是全球一流的食品领域专业物流运输企业，也是全球领先的航空及海运物流服务商。2011年，超捷智能物流公司在全球各个国家有315家分支机构、2.1万名员工，营业收入为60.6亿美元。

全球排名第27物流企业：美国莱德系统(Ryder System)

是美国最大的供应链物流公司之一，也是全球顶级的第三方物流供应商，客户主要集中在北美、欧盟和亚洲地区。2011年，Ryder系统公司营业收入为60.5亿美元，其中车队管理解决方案业务部门营业收入为38.4亿美元，占营业总收入的63.5%；，供应链解决方案业务部门营业收入为16.1亿美元，占营业总收入的26.6%；专用合同运输服务部门营业收入为6.0亿美元，占营业总收入的9.9%。

注：

考虑到数据的可获取性和时效性，对部分企业营业收入数据采用其2012财年年报数据，如美国联邦快递集团、日本邮船集团、日本邮政集团等。

资料来源：

各大公司年报，工业和信息化部电子科学技术情报研究所资料搜集整理。

参考文献：

[1] 德国邮政DHL集团、美国邮政服务公司（USPS）、美国联合包裹（UPS）公司、美国联邦快递(FedEx)集团、丹麦马士基(Maersk)集团、德国DB Schenker集团、法国邮政(La Poste)集团、瑞士德迅集团(Kuehne+Nagel)、日本邮船(NYK)集团、日本邮政(Japan Post)集团、日本通运公司(NipponExpress)、法国达飞

海运集团 (CMA-CGM)、中国远洋运输集团、荷兰 TNT 快递公司（现为美国 UPS 子公司）、法国乔达 (Geodis) 集团、荷兰 CEVA 物流集团、美国 C.H. 罗宾逊全球物流有限公司、德国赫伯罗特集团 (Hapag Lioyd)、丹麦 DSV 集团、中国外运股份有限公司、意大利邮政集团 (Poste Italiance)、瑞士泛亚班拿 (Panalpina) 集团、中国邮政集团、美国康捷 (Expeditors) 公司、荷兰邮政 (Post Netherlands) 集团、德国超捷智能物流 (Dachser Intelligent Logistics)、美国莱德系统 (Ryder system) 公司等企业年报。

注解：

[1] 我们在这里所指的营业收入是物流企业 2011 年物流业领域的营业收入。由于全球知名物流企业中有很多是综合业务集团，如法国邮政集团、日本邮政集团、意大利邮政集团、中国邮政集团等，这些大集团业务领域涵盖邮政、物流、金融、保险等各个层面。与全球那些知名的专业物流公司相比较，上述大集团的营业收入等指标显然要大的多。为全面反映全球物流业排名情况，我们在统计的时候，把上述集团中非物流业领域（如金融服务）收入剔除，而只考虑其在物流业领域的营业收入，从而较为准确地位全球物流企业进行排名。此外，考虑到数据的可获取性和时效性，我们对部分企业营业收入数据采周其 20L2 财年年报数据，如美国联邦快递集团、日本邮船集团、日本邮政集团等。

[2] 2011 年，瑞郎兑美元平均汇率为 :l 瑞郎 =l.127 美元。

[3] 班轮运输 (Liner service)：是海洋运输的一种方式，是指在固定的航线上，以既定的港口顺序，按照事先公布的航期表航行的水上运输方式。班轮运输适合于货流稳定、货种多、批量小的杂货运输。旅客运输一般采用班轮运输。

[4] 2011 年丹麦克朗 (DKK) 兑美元汇率为：l 丹麦克朗 =0.187 美元。

（上海情报服务网）

10.3 美国、德国、日本、新加坡等四国现代物流业发展概况

10.3.1 2011 年美国现代物流业发展概况

美国是世界物流业起步最早、实力最强、技术领先的国家，在全球具有领先地位和优势，无论城市物流，还是物流基础 设施的建设和运作，其成功模式都成为了各国学习的经验和示范。从 20 世纪 50 年代开始大力发展现代物流业以来，美国 现代物流业先后经历了从强调运输效率到强调综合外包，到强调客户关系和企业延伸，再到强调供应链整合管理的新阶 段。2011 年，美国社会物流总费用（Cost）[1] 达到 1.28 万亿美元，同比增长 6.6%；物流总费用占 GDP 的比重为 8.5%，同比增长 0.2%。美国物流费用占 GDP 的份额从 2001 年以来一直低于 10% 的水平，2009 年甚至跌到了 7.9%。但近几年，美国物流费用却不断上涨，主要是由金融危机、房地产市场萎缩、燃油价格高位震荡等美国国内经济不景气现

象所造成的。2011 年，美国物流费用的主要构成要素（库存持有费用和运输费用）均出现明显增长。其中，库存持有费用为 4180 亿美元，同比增长 7.6%。库存持有费用增长的主要原因是由于税收、废弃、折旧以及保险费用的大幅增加，而较高的库存和处于历史低位的利率却抵消了部分费用增长；运输费用为 8060 亿美元（公路货运费用为 6290 亿美元，铁路运输费用为 680 亿美元，水陆运输为 320 亿美元，航空运输为 320 亿美元，石油管道运输为 100 亿美元、货运代理费用为 350 亿美元），同比增长 6.2%，占运输总费用 77% 的公路货运费用仅增长了 6.2%，而铁路部门增长了 15.3%[2]。

美国第三方物流市场非常发达，在全球处于领先地位，目前占全球第三方物流市场规模的 23.1%。据 Armstrong & Associates 统计，2011 年美国第三方物流市场规模达到 1338 亿美元，同比增长 5.1%，占全国物流总费用的比重为 10.5%。其中，国内运输管理（DTM）市场规模为 413 亿美元，同比增长 12.2%；增值仓储和配送（VAWD）市场规模为 340 亿美元，同比增长 8.2%；专用运输合同（DCC）市场规模为 111 亿美元，同比增长 4.7%；国际运输管理市场规模为 461 亿美元，同比增长 0.8%；合同物流软件市场规模为 30 亿美元。在第三方物理市场，美国涌现出了一批世界知名的跨国物流企业集团，如 UPS、FedEX、C.H. 罗宾逊全球物流有限公司、莱德系统（Ryder system）公司、万络国际物流（Menlo Worldwide Logistics）公司等。

总体来看，美国现代物流产业发展无论在规模总量、企业能力和先进技术应用上都代表了世界的较高水平。美国发展现代物流业的成功经验主要包括放宽交通运输管制，鼓励市场竞争；建立密集发达的综合运输网络；重视物流人才培训，物流理论研究与实践紧密结合；重视物流园区建设；加大龙头企业扶持力度等方面。

注解：

[1] 社会物流总费用（Cost）（也称之为社会物流总成本）指报告期内国民经济各方面用于社会物流活动的各项费用支出的总和。包括支付给运输、储存、装卸搬运、包装、流通加工、配送、信息处理等各个物流环节的费用；应承担的物品在物流期间发生的损耗费用；社会物流活动中因资金占用而应承担的利息支出；社会物流活动中发生的管理费用等。社会物流总费用划分为运输费用、保管费用、管理费用。可以说，社会物流总费用是一方的营业支出，那么相对的一方即为物流营业收入。由于没有美国物流业产值规模的相关数据，我们姑且根据收支平衡，把美国社会物流总费用作为物流产业的产值数据。这样处理，虽然有一定偏差，但社会物流总费用的数值也会在很大程度上反映物流业产值规模。

[2] 数据来源于美国供应链管理专业协会（Concil of Supply Chain Management Professionals，简称 CSCMP）发布的《Annual State of Logistics Report》，该协会前身为全球最有影响的物流组织——美国物流管理协会。

（上海情报服务网）

10.3.2 2011年德国现代物流业发展概况

德国是欧洲的地理中心，也是欧洲地区最重要的货物转运地，德国现代物流产业发展在欧洲乃至全球都处于领先地位。德国现代物流业从服务于制造业和国际贸易起步，依托高度发达的交通、通讯网络设施和先进的信息技术，逐步发展壮大，形成了独立的复合型服务产业，近年来保持了年均7%以上的增长速度，远高于德国GDP的增速，成为德国经济新的增长点。2011年，德国物流产业企业数约有8.8万家，从业人员超过190万人，销售总收入约为3700.4亿美元，同比增长 8.9%，是德国仅次于汽车产业的第二大产业。其中，仓储、道路运输、水路运输、邮政服务、航空运输等领域的营业收入，分别占物流业营业总收入的39%、30%、11%、11%和9%。归纳而言，德国现代物流业发展主要呈现以下几方面特点。

一、物流园区集聚效应显著

德国高度重视物流产业的集群发展，通过发展物流园区，促进物流企业集聚，有效提升了德国现代物流业集约化和规模化发展水平。德国最早兴建的不莱梅物流园区，集中建设了现代化的公路、铁路、水路联运和集装箱中转等设施，并为物流企业提供通讯、海关、加油、维修、代理危险品检验等综合后勤服务，促进了一大批从事多式联运、统一配送和中转运输的物流企业快速成长。经过多年发展，不莱梅物流园区已经成为欧洲重要的物流中转基地，园区投入产出比高达1:6，目前入驻该园区的企业多达190多家，是德国入驻率最高的物流园区之一。

二、物流龙头企业大而强

目前，德国拥有一批全球知名的物流企业，如世界排名第一的全球邮政、快递、洲际运输和航空货运的领导者德国邮政DHL集团，在全球200多个国家和地区拥有47万名员工，2011年，集团营业收入高达744.9亿 美元，在2012年世界500强中排名第98位。德国第二大物流企业DB Schenker（辛克）集团是是全球领先的一体化国际物 流服务公司，也是世界著名的国际货代和第三方物流公司，其业务范围涵盖货代、物流服务、供应链管理等领域。2011 年，辛克公司营业收入为279.2亿美元，占母公司德国铁路（DB）集团营业收入总额的52.1%。辛克集团由公路和铁路联运形成的密集陆路运输网络覆盖了欧洲大陆各主要经济区，有员工近10万人。此外，德国还有诸如超捷智能物流 （Dachser Intelligent Logistics）公司、飞格（Fiege）集团、赫伯罗特（Hapag LIoyd）公司、汉莎货运 航空（Lufthansa Cargo）公司等一大批国际知名物流企业。

三、广泛应用先进的现代物流技术

信息化、标准化、自动化是德国现代物流产业的一大特点。德国政府提出“虚拟物流链”控制中心理念，大力发展电子商务，提供电子订舱、网上报关、报检、许可证申请、结算、缴（退）税、虚拟银行等网上服务。德国政府还高度重视物流标准化工作，如统一托盘标准、车辆承载标准、物品条形码标准等。运输货物无论是进入工厂、商店、建筑工地或仓库、码头、配送中心等，都是通过集装单元、托盘和各种装卸搬运、输送机械，以及专用车辆等实现，由于德国物流业标准实现了统一，这些工具和设施在欧洲大部分地区都可以通用，加上配备了先进的计算机信息管理系统，德国物流业效率显著提高，物流费用大幅降低。此外，德国物流企业广泛采用电子数据交换（EDI）、条码、电子商务、自动导向车系统（AGVS）、全球卫星定位系统（GPS）、无线射频识别（RFID）、地理信息系统（GIS）等现代信息技术，构建公司全球一体化的物流网络，及时准确掌握全方位的物流动态信息。如，德国第二大物流企业DB Schenker（辛克）集团基于互联网的现代物流信息管理系统就是一个典型案例。任何一个会员单位（客户）都可以通过辛克集团的现代物流信息管理系统查询到该公司的服务内容、服务方式及价格。客户只要在计算上上填 写好委托单，再通过内部网络发送出去，辛克集团就会按照要求完成服务。同时，通过卫星定位系统，辛克集团可以掌握每辆车、船、飞机等运输工具的具体位置，从而进行有效管理和监控。

四、拥有先进的物流基础设施

德国位于欧洲的地理中心，拥有欧洲最长的水运网络和世界第三大高速公路网及全球 最现代化的集装箱船队，高速铁路网四通八达，交通十分便利。先进的交通设施为德国发展现代物流业奠定了坚实的基础。此外，德国政府高度重视多种运输方式的无缝衔接。多式联运是德国物流园区的显著特点。目前，在德国物流园区普遍建设两种以上的运输方式连接和转运设施，将公路、铁路、水路、航空等运输资源有效整合，实现铁路与港口、码头及公路场站、机场等的多式联运，方便了货物转运，降低了运输方式的转换成本和运营风险，为提高企业供应链管理 的灵活性创造了条件，大大提高了物流中转效率。以德国第一大港口汉堡港为例，汉堡港专门开辟了面积相当于港口面积两倍的物流园区，集中了各类物流企业700余家，通过提供统一的铁路和公路中转设施，极大地满足了各类企业中转和配送需要。再以德国科隆物流园区为例，内河、铁路和公路三种运输方式构成了该园区的多式联运体系。通过操纵一部横跨内河、铁路和公路等三条线路的大型吊车，可以很方便地直接换装货物。通过与各大海港及内陆港的直接衔接，科隆港现已成为国际大宗货物转运及多式联运网络中的一个重要枢纽。

（上海情报服务网）

10.3.3 2011年日本现代物流业发展概况

在全球各国中，日本现代物流产业发展一直处于领先位置。据世界银行2012年最新发布的全球物流业竞争力排行榜显示，日本物流能力指标排名世界第8位。无论是在新技术的应用还是在基础设施的建设上，日本政府和企业都投入巨大的精力以提升物流效率。经过多年发展，日本现代物流产业规模不断扩大，位居世界第二。2011年日本物流产业销售收入约为5354.9亿美元，占GDP的9,1%，从业人员261.9万人。其中，铁路运输收入为585.0亿美元，占销售总收入的10.9%；公路货运收入为2545.1亿美元，占销售总收入的47.5%；水路运输收入为547.4亿美元，占比为10.2%；仓储收入为466.0亿美元，占比为8.7%；运输附带服务收入为990.3亿美元，占比为18.5%[1]。同时，在物流业领域，日本也涌现出了一批世界知名跨国企业集团，如日本邮船(NYK)集团、日本邮政(Japan Post)集团、日本通运公司(NipponEXpress)、近铁全球快递公司(Kintetsu World Express)[2]、日本山九(Sanku)[3]、佐川快递(Sagawa Express)[4]等。归纳而言，日本现代物流业发展主要呈现以下几方面特点。

一、政府在物流业发展中扮演着重要角色

日本政府对物流业的发展极为重视，纷纷制定相关政策措施来促进国内物流业的发展。如，日本政府在1997年制定出台第一部系统化的物流发展政策《综合物流施政人纲》，并与2001年对该大纲进行全面修订和完善；2005年7月，日本政府又制定了《综合物流政策大纲(2005-2009)》，明确了日本物流产业发展的基本方向。日本政府制定的物流政策从国内国情出发，在大城市、港口、主要公路枢纽等方面，对物流基础设施用地进行了合理规划。如，在空间布局上，日本基于国土和人口等国情，将物流性基础设施的规划布局，重点放在高速公路网和沿海港口设施、海运网络上，以避免在狭小国土上铁路运输的不便，发挥公路运输快捷可控和灵活机动的优势，同时突出“海运立国”战略。此外，日本政府还与银行合作提供低息或无息贷款给予物流企业购买土地支持，并在政策上指导物流企业采用创新技术及推动企业向国际化发展。同时，日本政府还着手推动全国物流系统的技术升级，主要包括物流系统的信息化（如进出口和港口手续的无纸化、一条龙服务等）、物流系统的标准化（如集装箱、托盘的JIS[5]国际整合）等，这样使得日本物流业迅速发展。

二、物流设施信息化程度高

日本物流产业对于自动化和信息化的需求相当高，也长期助推日本物流技术的开发与应用。当前，日本物流业领域基本实现了信息化与自动化，其发展程度也领先世界许多国家，通过自动化及信息技术的应用，日本物流企业大幅度地提高了工作效率和准确性。在国际物流领域，日本物流企业广泛使用EDI（电子数据交换）系统、GIS（地理信息系统）与电子商务，这提高了信息在国际间传输的速度和准确性，使企业降低了行政处理成本、人力成本、库存成本和差错成本，改善了企业和客户之间的关系，提高了日本物流企业的国际竞争力。

三、注重提高生产物流管理水平

日本堪称是世界上物流管理手段与工业化生产结合最为成功的国家之一、“零库存”管理、准时制生产管理等新的物流管理方式不断涌现。日本物流行业在经营管理过程中，积累了一些行之有效的原则，如“采集计划化、配送共同化、运输直达化、物流大量化、管理系统化”，综合表现在采集、运输、仓储、包装、配送的各个环节，构成了一个完整的物流体系。

四、注重提高物流服务专业化程度

日本的物流运作正在朝向专业化方向发展。日本很多制造型企业为了强化自身的物流管理，降低物流活动总成本，开始将企业的物流职能从其生产职能中剥离出来，成立专业公司或通过第二方物流企业来提供专门的物流服务，为此一大批物流公司应运而生。日本的物流业企业非常注重物流资源的优化整合，以保持核心竞争力和专业优势。在物流基地、配送中心和专业仓库，不管是货物出入库的具体操作，还是流通加工，凡是能让其他业务单位和中介机构承担的普通业务，均由物流企业承担。如日本佐川快递公司已在相当程度上担负起流通加工、出入库操作、包装捆扎、货物配送等物流流程具体事务，而物流企业的业务骨干和中层干部、技术专家则可集中精力从事物流管理和经营业务，开发和运用物流信息系统和其他管理系统。

参考文献：

[1] 日本统计局网站。

[2] 日本邮船 (NYK) 集团、日本邮政 (Japan Post) 集团、日本通运公司 (NipponExpress)、近铁全球快递公司 (Kintetsu World Express)[6]、日本山九 (sankyu)[7]、佐川快递 (Sagawa Express) 等企业年报。

注解：

[1] 由于日本统计局没有专门的物流业数值统计，现采用用日本统计局网站公布的运输和邮政服务业的相关数据来代替物流业相关数值。我们在统计物流业销售收入数据时，不包含公路客运的收入。

[2] 日本近铁国际快递公司 (Kintetsu World Express, 简称 KWE) 是日本知名的专业物流公

司，是日本近铁集团 (Kintetstl Grotlp) 的子公司。2012 财年，日本近铁国际快递公司销售收入约为 32.2 亿美元。其中，货运代理收入为 15,8 亿美元，占销售收入的 49.1%；物流服务收入为 7.0 亿美元，占比为 21.6%；海运代理收入为 6.2 亿美元，占比为 19.4%；其他收入为 3.2 亿美元，占比为 9.9%。从区域来看，日本、中国、北美、亚太地区、欧洲等国家和地区的销售收入分别为 13.3 亿美元、6.8 亿美元、3,8 亿美元、5.5 亿美元、2.1 亿美元。

[3] 日本山九集团：是国际知名的第三方物流服务公司，2011 财年销售收入约为 46.8 亿美元，2012 财年销售收入约为 49.7 亿美元。

[4] 佐川快递 (Sagawa Express) 是日本著名的物流企业，是佐川 (Sagawa) 股份有限公司（包含佐川快递、佐川全球物流等）的子公司。2011 财年，佐川股份有限公司营业收入为 110.96 亿美元，同比下降 1.0%。

[5] JIS 是日本工业标准的简称。

（上海情报服务网）

10.3.4 2011 年新加坡现代物流业发展概况

新加坡是亚太地区领先的物流和供应链管理中心，新加坡供应链管理系统是世界上最先进的系统之一，物流与供应链相关产业已成为新加坡经济的重要支柱。2011 年，新加坡物流产业占国内生产总值的比重约为 8.0%，行业雇佣员工数量达 20.5 万人。根据世界银行 2012 年的物流业排名报告，新加坡位居世界第一，排名在芬兰、德国、荷兰、美国等经济体之前。新加坡国土面积狭小、人口数量少，物流业如此发达，并非单靠地理位置的优势。处在同样位置的马来西业、印度尼西亚等东南亚国家，他们的物流业并不发达。总结而言，新加坡现代物流业高度发达主要得益于以下几方面的支持。

拥有世界级的基础设施和物流网络

新加坡的物流专业基础设施达到世界一流水平，其中包括：机场自由贸易区内的新加坡机场物流园区（ALPS）和樟宜空运中心（CAC）、负责区域销售的樟宜国际物流园，以及位于裕廊岛、面向化学和石油公司特殊需求的邦岩物流园区等。除完善的基础设施外，新加坡也建立了四通八达的全球物流网络，新加坡樟宜国际机场是亚洲最大的货运机场之一，每周有 6100 多个航班，与 60 个国家的 210 多个城市连接，2011 年运送货物近 170 万吨。此外，新加坡还拥有全球最繁忙的和最大的集装箱转口港，200 家船务公司把新加坡与 123 个因家的 600 个港门连接起来。2011 年新加坡港口所处理的标准集装箱（TEUs）达 3000 万箱。

拥有全球领先的物流企业和客户

日前，国际上有超过 9000 家物流企业利用新加坡作为区域转运及配运中心，全球前 25 大国际第三方物流企业，有 20 家将新加坡当成亚洲营运中心，其中更有

10 多家将亚洲总部设在新加坡，如德国 DHL 集团、美国 UPS、德国 DB Schellker 集团、瑞士德迅集团 (Kuehne+Nagel)、日本邮船 (NYK) 集团等。除第三方物流公司外，越来越多的制造商也在新加坡设立区域性或全球性配送中心，如阿瓦亚 (Avan)、帝亚吉欧 (Diageo)、惠普、安森美半导体公司 (ON Semiconductor)、罗氏诊断、施耐德电气及西门子医疗器械公司等。这些国际知名企业在资金、运输工具、管理水平等方面的雄厚实力推动了新加坡本地物流业迅速发展，同时也增加了国际物流企业与新加坡本地企业结盟和合作的机会。

拥有全球领先的物流业服务效率

新加坡物流从运输、通关、货物跟踪等各个方面来看，效率都比较高。根据世界银行 2012 年的物流业排名报告，新加坡在清关效率、交货及时性两个领域均列个球第一，尤其是在清关效率方面远远领先于其他因家。以通关程序为例，新加坡政府使用“贸易网络”，实现了无纸化通关，涉及贸易审批、许可、管制等通过一个电脑终端即可完成。一般一个货柜到达港口，从通关到装载，一般只需要 15 分钟左右。高效率的基础是新加坡物流业运用了许多高新技术，而现代信息技术则是更中之重。目前，新加坡政府已建成“贸易网络” (Trade Net)、“港门网络”(Port Net)、“海事网”(Marinet)、“空运货物社群网络” (Cargo Community Network) 等电子公共服务平台，并相继推出空运业电子发票及电子付款、空运业电子数据交换等系统平台。此外，新加坡人部分物流公司整个运作也已经自动化，普遍拥有高技术仓储设备、全自动立体仓库、无线扫描设备、自动存取系统等现代信息技术设备。各公司在物流作业中广泛引入高科技管理系统，强化了货物的安全和物流在运输过程中的准确性。如，条形码和无线扫描仪的使用，使每天多达数千万笔的货物运送准确率超过 99.99%。

拥有物流与供应链管理的先进知识和思想

当前，全球领先的第三方物流公司德国 DHL 集团在新加坡设立了亚太区可持续供应链中心，专门研究与开发可持续供应链解决方案。此外，亚洲领先的物流智库团队——亚太物流学院 (TLI-Asia Pacific) 总部也设在新加坡。亚太物流学院与企业和政府建立了密切的合作伙伴关系，以达致切实可行、行之有效的物流方案。作为美国佐治亚理工学院和新加坡国立大学合作的结晶，亚太物流学院对于东西方物流业的变化有着深入的了解，已培养了 100 多名世界一流的物流人才，以应对日趋复杂的供应链模式。自 2003 年以来，亚太物流学院已连续 9 年被《亚洲货运新闻》授予年度“亚洲最佳教育机构奖”。

参考文献：
新加坡经济发展局网站。

（上海情报服务网）

10.4 国际物流绩效着力点

近年来，上海国际航运中心的建设，在深水航道和集装箱枢纽港区等硬件设施方面，取得了显著成效。国际航运中心建设除了硬件建设外，还需要进一步提升“软实力”。国际航运中心的“软实力”的一个重要方面就是国际物流的效率或绩效表现。

衡量国际物流绩效的六个指标

世界银行通过多年的研究提出了代表国家（地区）物流效率的物流绩效指数（Logistics Performance Index，LPI），指数由六个能具体体现国家（区域）当前国际物流状况的指标构成，分别是海关效率、基础设施、产业的竞争性与价格、物流产业的能力、信息跟踪能力、货运的准时性。2012年的指标把产业竞争性与价格调整为国际运输。

2007年由世界银行国际贸易运输部负责，组织芬兰Turku经济学院、全球快递协会(GEA)、国际货运代理协会(FIATA)进行了一项全球物流绩效的调查，首次提出了衡量国家（地区）国际物流效率的物流绩效指数（LPI），继2007年后，又分别于2010年、2012年发布，是目前国际上权威的比较国家（地区）间国际物流绩效的数据。

根据2010年世界银行发表的报告，全球物流绩效指数（LPI）排名前15的国家（地区）分别为德国、新加坡、瑞典、荷兰、卢森堡、瑞士、日本、英国、比利时、挪威、爱尔兰、芬兰、中国香港、加拿大和美国。

在全球155个国家与地区的综合物流绩效排名中，中国大陆排在27位，得分为3.49分（最高为5分）。其中，中国香港排名在13位，得分为3.88分，中国台湾排名在20位，得分为3.71分。

根据2012年的最新排行，新加坡、中国香港分别排名第1、第2，而中国大陆则上升到第26位。

需要指出的是，世界银行是以国家(地区）为单位进行的数据比较，这是因为一个国家(地区)的营商环境基本一致。因此，本文采用中国的数据，在这些指标的层面也能够代表上海物流绩效的水平。虽然在某些方面，上海在全国总体来说相对还是比较领先一些。

与发达国家（地区）的比较

通过同国际物流世界一流的国家及可能形成竞争的国家（地区）进行比较，可以看出我们在国际物流效率上的差距。

选取相关的国家与地区时有以下的原则，首先是国际物流绩效在世界是一流的国家（地区），分别为新加坡、中国香港、荷兰。其次是与上海国际航运中心可能形成竞争的国家(地区)，分别为日本、韩国、中国香港、中国台湾。

根据2012年的LPI的排名与里克特(Likert)量表，从中可以看出以上海代表了境内物流绩效较高水平的中国大陆在国际物流效率上的具体差距。

LPI构成项目中，首先是货物过境管理效率，排名情况：新加坡1、中国香港3、荷兰8、日本11、中国台湾22、韩国23，中国大陆是30。

第二是基础设施， 排名情况：新加坡2、中国香港7、荷兰3、日本9、中国台湾21、韩国22，中国大陆是26。

第三是国际运输， 排名情况：新加坡2、中国香港1、荷兰3、日本14、中国台湾16、韩国12，中国大陆是23。

第四是物流产业能力，排名情况：新加坡6、中国香港5、荷兰7、日本9、中国台湾20、韩国22，中国大陆是28。

第五是国际货物跟踪能力，排名情况:新加坡6、中国香港5、荷兰2、日本9、中国台湾21、韩国22，中国大陆是31。

第六是货物到达准时性（物流系统的可靠性），排名情况：新加坡1、中国香港4、荷兰12、日本6、中国台湾14、韩国21，中国大陆是30。

可以看出，构成项目中，我们与这些对比国家（地区）还是有一定差距，我们在构成项的排名处于23至31之间，其中在货物过境管理效率、国际货物跟踪能力、货物到达准时性方面的差距更大一些。

另外，LPI的调查数据表明，国际物流绩效水平低的国家（地区），相关物流部门之间的协作也往往是比较差的，各部门的工作总是不协调的；而国际物流绩效水平高的国家（地区），物流相关部门具有高度的一致性与协调性。

上海现状与提升空间

未来上海国际物流绩效的提升空间在货物过境管理效率、运输与通讯基础设施质量与可得性、当地物流产业的能力、上海地区物流费用（获得竞争性价格货运的便利性）、国际货物跟踪能力以及货物到达准时性（物流系统的可靠性）等六个方面。

第一、货物过境管理效率

与发达的国家与地区相比，上海口岸出入境管理的效率还存在时间较长、可靠性较差、成本较高的问题。

可以提升的空间：（1）部门之间需要“无缝”连接，提高口岸通关的效率。在没有达到理想境界的时机和条件下，建议通关过程中所涉及的所有机构应定期召开协调会议。（2）采用风险管理加进口后审查的机制。目的是在为企业提供货物通关方面的优惠待遇的同时，也能加强对货物的监督和管理，寻求提高通关便利与加强货物进出口管理之间的平衡。（3）加强电子通关平台的建设。国外先进通关经验表明，掌握和运用电子和信息技术手段，加强信息资源交流和共享，对改善贸易环境有着重大作用。（4）加强立法同时增强法律法规以及与海关事务有关的行政法令的透明度。根据世界海关组织（WCO）的调查，大约80%以上的监管机关面临着落后的立法工作所造成的困难。（5）“合作伙伴关系”是很多国家的通关管理及改革中实施的重要内容，超过80%的货物，其风险都是很小的。海关应该为大部分低风险的货物提供通关便利。

第二、运输与通讯基础设施质量与可得性

上海的现状是，码头的分布较为分散，支线泊位与锚地不足，查验点等辅助设施不能满足需要，导致查验需要排队。依靠公路进行集疏运的比例较高，铁路集装箱运能紧张，无力承担集装箱吞吐量快速增长对铁路集装箱集疏运的要求，铁路运输、水路运输之间无法实现无缝衔接。小内河航道建设较为滞后，疏运量不足。场站、仓库等基础设施的结构性矛盾突出，仓储的空间布局不配套，园区的仓储设施成本偏高。基础设施的利用率不够充分。

可以提升的空间：（1）进一步探索港政、航政和口岸管理的跨行政区机制；同时推进上海港与周边港口形成分工合理、层次分明的港口群，形成联动发展。（2）集疏运体系是上海物流基础设施中比较薄弱的环节，在集疏运体系的建设中，铁路、内河及长江内支线的建设是重中之重。（3）增加适合第三方物流的仓库供给、陆上运输站场节点等。合理规划仓储的空间布局，包括危险品仓库布局，降低物流园区的仓储设施成本。（4）着眼点应该是数据的可得性方面，即数据得到一定程度的集中和共享，而实现数据集中和共享的根本是打破体制上及观念上的条块分割概念。

第三、当地物流产业的能力

上海当地与国际物流相关的物流企业包含了充分竞争的企业（货运代理、运输与仓储、分销商、第三方物流等）与不充分竞争的带有一定垄断性的企业（口岸服务企业、港口码头、电子平台、物流园区）。

其中，竞争性企业现状与问题是：“小”（经营规模小）、“少”（市场份额少、服务功能少、高素质人才少）、“弱”（竞争力、融资能力弱）、“散”（货源不稳定且结构单一，缺乏网络或网络分散，经营秩序不规范）。

垄断性企业的现状与问题是：垄断性经营成本过高，导致价格往往过高；对垄断性经营缺乏监管与制约手段。

对于竞争性企业，良好有效的竞争机制不是自然形成的，政府必须逐步制定和实施一系列规范竞争主体行为和维护市场竞争环境。对于垄断性经营企业，改革的思路主要是引入竞争机制，尽量减少垄断带来的成本高、服务差的负面效应。对于履行口岸政府管理职能的业务，在保证相关企业资质要求的同时，适当引入竞

争。也可以对垄断性企业进行较严格的成本与价格的监管，采用招标等方法避免垄断带来的成本高、服务差。

第四、上海地区物流费用（获得竞争性价格货运的便利性）

上海国际物流中国内段的物流费用可以大致分为两部分，其中一部分费用是货主认为较正常(偏低)的(过度竞争导致)，另一部分是货主认为可能偏高的（垄断性经营导致），有一定压缩空间。

对于垄断性经营导致的某些环节服务的费用偏高问题，需要分析原因与采取对应的策略。因为口岸的一些服务有一定的特殊性,它与政府的接口与职能履行有关，并不能完全放开，有时需要唯一性。这些服务的费用控制可以采取以下的方法：（1）补贴：采取公益性的行政事业，不收费或少收费，支持上海国际物流产业的发展(会带来上海经济其他方面的发展)。（2）引入一定的竞争，公开招标。（3）加强监管。（4）隔断与政府行政部门的关系，避免企业与政府行政部门形成利益共同体。

第五、国际货物跟踪能力

根据对上海的货主单位、物流企业的调查，目前上海国际物流的货物跟踪状况还不尽如人意。

首先，在海关、检验检疫环节上海港至今没有一个类似香港、新加坡港口能全覆盖各有关政府部门和企事业单位，实现港航信息资源共享的公共信息服务平台。在通关服务过程中，货物的状况是不得而知的。其次，上海物流产业整体来说是小与弱的企业多，这些企业第一没有国际性的网络，第二信息技术应用不强，因此，这些中小物流与货运代理企业不能直接提供客户有关货物状况的信息。再次，上海国际物流过程的货物跟踪能力，在国内段还与相关的客观因素有关，主要是国内各部门与地区的条块分割,信息不能共享,造成货物在移动过程的信息脱节。最后，铁路运输由于能力不足等原因，货物到达信息也不能提供。

相应可以得到改进的方面在：（1）改善货物出入境过程的信息透明度。（2）改变目前中小物流企业高端服务能力低的状态。（3）整合集疏运过程中的信息，建立信息平台。（4）提高企业信息技术应用能力。

第六、货物到达准时性（物流系统的可靠性）

货物到达的准时性（或可靠性）取决于一系列的关键能力，这其中包括整个国际物流的整合服务的可靠性、各个组成环节服务的可靠性，以及它们之间连接的可靠性（无缝衔接能力）等。

上海国际物流过程中，会发生延误的主要环节包括：（1）口岸出入境环节中的时间有一定的不确定性，特别是查验过程所需的时间有很大的不确定性，过程中的信息也较难以获得。（2)物流企业由于自身信息系统能力与运作能力的限制导致的服务时间不可靠性。(3) 口岸电子信息平台与物流过程信息的衔接性可能造成物流过程的时间不可靠等。（4）各种运输方式衔接也有一定的不确定性。

可以提升的空间：（1)改善出入境管理的透明度，加强报关代理行业的服务意识和能力，完善出入境管理流程等，加强海关查验管理；（2）提升物流业的服务能力，尤其是着力培养能提供基于信息技术的供应链整合物流服务的第三方物流服务企业；（3）提升国际物流服务信息化水平，包括加快口岸电子的平台的建设，提升物流企业的信息化水平等；（4）完善上海的集疏运体系，改变对公路集疏运的过度依赖，推进和引导采用水运、铁路的集疏运方式等。

上海在提高国际物流绩效的过程中，若按单个环节展开的单一因素改革（如基础设施或海关流程），在改革的起初可以带来一些效果，但最终效果会是有限的或不可持续的。而各个领域的改革（例如海关、其他边境管理、基础设施、运输管理）需要协调与合作。

同时，必须充分认识改革的难度。建立高效的国际物流环境，需要所有的利益相关方协调一致与持续不断地参与与协调。

（上海海事大学　骆温平）

10.5 综合专题

10.5.1 建设以港口为依托的物流集疏运中心体系

建设以港口为依托的物流集疏运中心体系

全球现有纽约、伦敦、东京、新加坡、香港五大国际金融和航运中心。上海在国际航运中心建设过程中，应借鉴上述五个口岸发展的成功经验，结合上海的实际情况，走一条既有中国特色，又符合世界航运发展趋势的国际航运中心建设之路。新加坡和香港，在第二代向第三代港口管理转型中走在全世界的前列。第三代港口管理适应国际经济、贸易、航运和物流等方面的发展要求，逐步形成以港口为依托的物流集疏运体系，能提供供应链体系优化集成的物流战略服务。我们认为学习、借鉴新加坡、香港的经验，把上海口岸建成以港口为依托的物流集疏运中心体系符合上海国际航运中心发展的目标。

一、上海国际航运中心建设要达到的目标

根据国务院2009年的批文，上海建设国际航运中心要达到的目标是：成为“航运资源高度集聚、航运功能健全、航运市场环境优良、现代物流服务高效、具有全球航运资源配置能力”的中心。

上海建设国际航运中心的三步设想：

第一步：到2020年，将上海初步建成东北亚地区的航运中心；

第二步：在2020年后，将上海建成亚太地区的航运中心；

第三步：在2030年前，将上海建成与纽约、伦敦、东京、新加坡、香港齐肩的，具有很强配置全球航运资源能力的国际航运中心。

从国务院批文和上海国际航运中心建设的三步设想考虑，航运中心的建设过程，也是上海口岸逐步形成国内外物流集疏中心体系的过程。从上海口岸的现状分析，有的条件已经达到标准，有的条件离国际航运中心和物流集疏运中心体系尚有较大的差距，主要表现如下：

1. 上海港口的基础设施建设已经达到国际先进水平，洋山港建成16个水深15米以上的7_15万吨级的集装箱泊位，港区面积8平方公里，拥有大型集装箱桥吊60余台 在外高桥地区，已建成20余个水深115米以上的万吨级泊位，三代、四代集装箱船可靠泊作业；

2. 上海口岸的经济腹地是整个长三角经济区，货源充足，这个区域的港口货物、外贸、集装箱吞吐量分别占全国38%、34%和7.5%。GDP总值可列全球第12、第13或第14位，排在俄罗斯和韩国之间；

3. 上海港2011年完成货物吞吐量7.3亿吨，集装箱吞吐量3173万TEU，继续保持全球港口“双冠王”的头衔。浦东港口完成货物吞吐量2.633亿吨（占公共码头完成量的54.85%），集装箱吞吐量2880.7万TEU（占上海港完成量的90.79%）。上海口岸外贸进出口总额达4374.36亿美元，浦东新区完成2259.99亿美元（占全市51.7%）；

4. 上海港拥有世界一流的集装箱桥吊、龙门吊、集箱卡车、专用铲车等。集装箱850.5TEU船时量和集装箱桥吊单机小时量128.24TEU，两项世界装卸纪录均由上海港保持；

5. 上海口岸的航运集疏运和航运服务体系基本形成；

6. 上海口岸各装卸作业区的码头装卸、库/场储运、集装箱堆场和货运站的业务营运都应用信息技术和电子计算机参与管理，单证流转、生产业务（调度计划）、业务统计核算都电算化，效率

较高。

存在的不足和问题，需要努力缩小与目标差距的是：

1、为港口、航运、外贸、物流等业发展提供支持的公共信息服务平台（网络）尚未建立，各行业、单位、机构、企业内部信息网尚未联通；

2、物流、航运因没有公共信息服务平台且不能与全球网联通，航运资源的集聚首要条件是及时掌握资源的信息，信息不通，集聚不成，配置更无从谈起；

3、航运、物流、航运高端服务业的相关资料、价格、营运波动的数据、发展趋势预测等信息数字的收集、统计、分析、报告、存档等工作有的在做，有的没开始，有的统计指标体系还没建立。要抓统计，否则，永远落在伦敦后面，也不可能会有运价／保险定价机制调整话语权；

4、上海口岸集疏条件中空邮、高速公路、长江、沿海水运尚可，内河航运和铁路运输中的集装箱业务滞后。上海有内河航道 2109.8 公里，运量只占上海水路总运量的 4.85%，一级航道不足 100 公里。上海浦东铁路（南北向，通外高桥港区）还没建设。芦潮港铁路编组站集装箱运量只占 5% 左右，内河和铁路物流与发达国家比差距较大；

5、航运金融、航运法律、航运保险、航运咨询、航运科研和教育、船舶检验等航运高端服务我们起步较晚，在机制、体制、政策、法规、业务、技术等方面都要迎头赶上；

6、浦东物流企业能提供第三、第四方物流服务的只占 7% 左右。

二、为何要依托港口建立物流集疏运中心体系

全球航运中心的所在口岸也是国际物流集疏运的中心。航运与铁路、公路、航空、管道运输一样，是大物流的组成部分。工业革命以后，运输作为一个行业逐步从工业生产体系中分离出来，尤其是蒸气机、汽柴油机、航空发动机、燃气轮机发明后，运输业的能量以几何级数爆发出来，它是生产延续的部分，生产和运输分离是一大进步。现代发明了电子信息技术，生产要素、生产计划和组织流程、工厂内外部运输更方便，使成本更低、效率更高、损耗更小。信息技术的融入，使运输的理论和营运技术发生质的变化，进入“物流”新阶段。实现货物空间“位移”的方法又与生产过程结合在一起，实现第二次进步。进步的媒介是电子信息技术，这也从一个侧面证明科学技术的确能促进生产力发展。

六十多年前，美国创立物流理论和技术，后又对货物载具进行革新，发明了“集装箱”，并把集装箱专用船投入到国际航线。目前，物流运营发展到第三／四方物流代理阶段；世界贸易量的

80% 靠远洋运输，大部分件杂货都已集装箱运送。集箱船已发展到第八代马六甲型（可载 1.8 万 TEU）。国际贸易货物要在港口进行集并、通关、查验、检验检疫、拆装箱、储存、分拨、提货或配送、装船、卸货、疏运等作业，同时各种单证、资料又要打印、电传等等。港口是信息流、货流、资金流三流集合、分解、配发的中心。航运枢纽港、喂给港、挂靠港、中途港、一般港，在操作上有相同的地方，区别在于处理信息、货物、资金的能力上存在差异。要集聚货物、船舶资源，又要快速、有效、准确的处理进出港货物，办理相关手续，航运中心港口在获取信息、处理货物、审核单证、结算费用方面的能力要比一般港口强得多。港口对进出口货物联系集并、安排作业、通知外国港口及收货人，它是内外两头的联系人；在国内航运方面，它是启运港和目的港之间的“桥梁”。港口是整个供应链管理中提供物流运营管理服务的“最佳人选”。

口岸城市的港口早已跳出单纯提供装卸、储存服务的框架，而是向两头延伸，提供全方位代理服务（代理定舱、代报关、代咨询、代询价评估、代办保险、安排多式联运和大包干费用预结算等）。港口是装卸、储存、货物集散、船车（船、空、铁）接转运的中心节点，并与生产企业、原材料（零部件）供货者、物流公司、货运站经营人、政府机构、银行、保险、海事法院、船级社、船舶供应和修理等都有业务关系，信息传递方便，最能向客户提供供应链体系优化集成的物流战略服务。港口比一般物流企业在信息沟通、货物等资源集聚、配置方面更具优势，由此可知，依托港口建设物流集疏运中心体系是顺理成章的。

三、建设依托港口的物流集疏运中心体系应注意的问题

上海国际航运中心建设过程中，必须同时建立依托港口的物流集疏运体系和航运高端服务体系。建设国际航运中心要确立“系统工程管理”的理念，按三步建设的阶段目标，明确时间节点、项目标准、规划建设的主体，政府主导，协调各方，交叉或同步推进，分项目之间不留空隙，前后道工序无缝对接。这样，三步目标才能按时完成。

依托港口建设物流集疏运中心体系应注意并要解决的问题：

1、物流集疏中心体系是航运中心建设的重要组成部分，应明确目标要求，列入规划，逐步推进；

2、依托港口建设物流集疏运体系，必将促使港口的生产经营和管理向国际航运中心要求靠拢。港口生产经营和管理不能单打一搞装卸、储存，而应向集成、系统、全面、现代方向发展。要像军队那样，由单一指挥步兵打仗，朝指挥诸军兵种（海、陆、空、天、二

炮）联合参战方向发展。械化向信息化发展，C4I集成（指挥ommand、控制Control、通讯Communiation、电脑Computer、信息Informatin）。港口的调度也要借助信息和电脑，使生产经营与管理服务并进，幅度延伸空间扩大、纵深拓展。调度既要指挥装卸和储存，也要通盘考虑国内外货物集并、转口，还要安排多式联运，更要协调企业的采购和销售渠道，总之，要搞好物流战略服务；

3、公共信息服务平台建立是国际航运中心和物流集疏运中心体系建成的关键的项目，应高度关注，并可在港口网基础上扩充建成；

4、上海港的物流集疏运体系硬件建设内河航运是弱项，目前，不到100公里的一级航道和4.85%的内河运量与航运中心建设不相适应，要学习鹿特丹港利用莱茵河与欧洲多国保持12万艘次/年的内河运输的榜样，到2020年，上海一级航道和内河运量应在目前基数上翻番；

5、尽快落实浦东南北向铁路和高桥铁路编组站建设，使外高桥港区和洋山港区集装箱铁路集疏运量达20%（世界平均数的下限。洋山港目前只有5～6%）。实现跨省长距离集装箱铁路运输，近程用集卡；

6、浦东新区的物流企业应努力提升竞争力，在信息化和专业化上下功夫，大力吸引物流专业人才和加强培训。力争到2020年，浦东物流企业的20%能提供第四方物流代理服务，30%以上的企业能提供第三方物流代理服务；

7、港口和物流企业都应建立CRM客户关系管理信息系统（客户档案），而这一系统通过公共信息服务平台（网络）能相互提供信息，更好地为广大客户服务，提高客户的满意度，信息技术完善物流集疏运中心体系的功能。

（浦东现代物流行业协会 陶惠民）

10.5.2 由高雄港发展谈上海国际航运中心建设

由高雄港发展谈上海国际航运中心建设

香港已是国际金融和航运的中心之一，而台湾地区的高雄港也提出建设“亚洲货运中心”和“亚太营运中心”（海运和转运中心）的规划。上海和高雄既有竞争的一面，也有很多可合作的项目。两个口岸向前发展不是“零和”游戏，也不是你死我活的争斗，而是可以通过合作、竞赛而取得“双赢”。

一、高雄港发展历史和现状

高雄港是台湾最大的国际商港，位于台湾岛西南的高雄湾内，高雄湾是一个狭长的海湾，长 12 公里，宽 1.5 公里，入口处仅宽 100 米，形状如一只口袋，湾内港阔水深，风平浪静，码头水深 10 至 16 米，是一个天然良港，其水域面积 1276 公顷，两个入港的口门，航道长约 18 公里。第一口门宽 200 至 260 米，南北防波堤各长 938、940 米；第二口门宽 300 至 350 米，南北防波堤各长 2190、5995 米。

高雄港在中国明朝后期只是一个小渔村，曾被航海强国荷兰入侵占据，后被郑成功收复。清初，高雄港已是高屏地区货物集散的中心。鸦片战争后，1858 年中英“天津条约”，强把台湾高雄港辟为对外通商的口岸。1863 年，设立高雄海关。1895 年，据中日“马关条约”，把台湾割让给日本。日本如要侵占东南亚，把美军赶出菲律宾，台湾就是“跳板”，而高雄港由于其特殊的地理位置，就成为搜刮资源和财富、倾销东亚货的中转港。1912 年，日本在此建成 7 座码头，可靠泊 3000 吨级的船舶作业，并开通了高雄至横滨、广东、天津、朝鲜、中国东北的航线，贸易吞吐量达 158 万吨。二次世界大战前再度扩建，码头增至 16 座，仓库 19 座，可靠泊 8000 至 10000 吨的货轮作业。1939 年，货物吞吐量达到 320 万吨，是日占时期的最高产量。1944 年 10 月，美军轰炸日军在台湾的交通枢纽、战略要地和军事目标。日军为防止美军占领高雄港，炸沉包括 5 艘大船在内的 178 条各型船舶于高雄港航道上，航道被封堵，高雄港成为死港。

高雄港战后重建、基础设施和集疏运体系的建设

1945 年 10 月，高雄港务局成立，组织力量打捞堵在航道上的沉船，清理航道，直到 1955年才正式恢复港口的作业。经过 30 余年的建设，高雄港拥有营运码头泊位 100 多座，码头线长 22 公里，平均水深 10.5/16 米；航道水深 11.3/16 米，可供 15 万吨（油轮）进出港或靠泊作业；高雄港还有南北二处锚地，北锚地半经 2 公里，南锚地半径 2.5 公里，有 24 组浮筒泊位，可系泊 24 艘万吨以上的海轮。超级油轮浮筒 2 座，可系泊 15_25 万吨的超级油轮。锚地水域面积大，可供 190 余艘海轮下锚停泊；全港陆域总面积 1400 多公顷，仓库 96 座，总容量 57.6 万吨。堆货场地 20 余处，容量也有 57 万吨；港区拥有机械 1000 多台（辆），集装箱专用桥吊、堆场龙门吊及水平搬运机械 170 余台；高雄港应用信息和计算机技术，实现了管理现代化。

高雄港外部有环岛高速公路和铁路作为集疏运通道，铁路—公路与台中、基隆港连接，通过南环铁路—岛中东西向公路与花莲港相通，货物集疏运快捷、高效。高雄港还有国际机场与国外连通。二十世纪八十年代，在高雄港湾建成四车道、长 1550 米的湾底隧道，货物疏运

更方便。

为了适应国际集装箱船和油轮的大型化趋势，高雄港在第二港口外填海造地512.7公顷，兴建5座水深16.5米的集装箱码头，可靠泊载箱12500/15000TEU的第7代苏伊士级超大型集装箱专用船作业。还建成8座供巨型油轮靠泊作业的码头和储油中心。

高雄港集装箱运输和国际中转业务的发展。台湾岛及其港口在亚洲是较早接受集装箱运输和物流理念、技术的地区，港口建设和管理也适应集装箱运输和物流业务的发展。二十世纪六十、七十年代“亚洲四小龙”经济腾飞，出口导向经济促进贸易、港口、航运、物流业的发展。新加坡、香港异军突起，一跃成为集装箱吞吐量、国际中转量全球港口排名第一和第二位的地区，而当时排第三位的就是台湾高雄港(1991年，集装箱吞吐量391万TEU)。上海港开展集装箱运输业务比高雄港晚近十年，1978年上海港集装箱吞吐量只有8000TEU，而高雄港已有70至80万TEU。上海港1990年，集装箱吞吐量也只有45.6万TEU，而高雄港完成集装箱吞吐量达350万TEU。

高雄港的货物吞吐量快速增长，很重要的因素是台湾经济的发展对港口建设的支撑。二十世纪六十、七十年代，台湾建筑（环岛）高速公路和铁路，经济向南扩展，在交通枢纽和口岸附近建立了不少工业园区、加工出口区。高雄周边兴建了许多实体型企业，如电子、机械、纺织、服装等大中型企业就有2000余家。还有年产量700万吨的钢铁厂、千万吨原油加工能力的炼油厂、年加工制造能力为150万吨的造船厂也相继在高雄附近投产。这些企业的原材料进口，产成品出口，来料加工储运都要经过高雄港。高雄港对外贸易额快速增长，货物吞吐量跃居全球港口第6位。1991年货物吞吐量7640万吨，占全岛港口吞吐量的58%，高雄港实际装卸量（操作量）达1.96亿吨，占全岛港口装卸量的62.9%。高雄港先后开通了对中国大陆、俄罗斯、韩国、日本、美国、东南亚、澳大利亚、中东、地中海、欧洲的航线，国际集装箱干线班轮也把高雄作为挂靠港，成为台湾最大的海上门户。高雄港背靠中国大陆，北连日本、俄罗斯和韩国，西南接中南半岛，南望菲律宾，印尼，是面向太平洋，通往美国、南美洲，亚洲第一岛链的中心节点，成为集装箱（货物）国际中转的理想口岸。其集装箱中转比重达40%。二十世纪八十、九十年代，中国东南沿海经济起飞之初，许多出口货都到高雄、香港中转，也成了集装箱国际中转的喂给港。

随着大陆经济的发展，台商将企业转移到上海、长三角和东南沿海，高雄港的周边经济支撑力减弱，在一定程度上影响了它的竞争力量。特别是中国大陆沿海港口、贸易、航运和物流业的崛起，到2008年，高雄港集装箱吞吐量已被排挤出全球十强，只占到第十二位。

二、上海港与高雄港的竞争和合作

高雄港近年竞争力有所减弱，但相对上海而言，它也仍有一定的优势。一是实体经济群就在港口附近，而上海工业、科技、金融机构、高端中介代理服务单位离深水港较远；二是高雄港在全球航线交汇点的位置比上海好；三是集装箱（货物）国际中转比重是30%以上，远比上海港6%左右高；四是高雄港收取集装箱船舶的港口使费只是洋山港的21.71%，洋山港在费收上竞争力较弱。高雄港对“自由贸易区”和“自由港”已经研究多年，并将准备实施；高雄港还将进一步降低港口收费和完善信息技术，增强其自身的竞争力。

上海建设国际航运中心，不但不能轻视高雄港，而且一定要借鉴它的成功之处。上海应尽快建立为港口、贸易、物流、航运服务的公共信息平台（网络）；全面降低港口的收费；加快研究在综合保税区实施“自由港”和“自由贸易区”政策；为航运服务的相关机构要贴近港口、船舶、货物；在税收改革中抓紧落实各项优惠措施；充分利用长江航道为上海国际航运中心建设服务；提高上海、长三角港口、物流、贸易、航运业竞争力。

上海国际航运中心建设，对高雄港应是竞争和合作兼顾。中国大陆和台湾已经签署了《海峡两岸经济合作框架协议》（ECFA）今后，两岸必将加强和增进双方之间经济、贸易、投资的合作，也会促进上海与高雄之间航运、物流业务的交往，合作的项目和机会也会增多。为此，可采取如下合作措施：

1. 上海与高雄的港口和航运企业彼此在对方设办事处，信息联网，提高业务处理的效率

2. 彼此在对货物、船舶、港口业务收费上实行对等政策，相互给予优惠。

3. 上海和高雄两港在集装箱国际中转方面各有15%的增长空间，上海侧重北方和长江流域的出口集装箱中转货源，高雄侧重福建、广东方面去日本、北美、大洋洲的货源。

4. 两口岸可在设立“自由贸易区”和“自由港”方面加强交流和合作

5. 两港口可指定船公司、邮轮公司开展定线、定班直航业务，扩大商品货物、旅客的交流。

6. 对台湾南部的农产品、水果、水产品，经高雄来上海的给予通关、检验检疫、储存、疏港方面的优惠。

7. 扩大港口、航运管理、技术、人员的交流。

8. 彼此在造船、机电制造、钢铁、炼油技术上加强交流，零配件和产成品直运。

（浦东现代物流行业协会 陶惠民）

10.5.3 上海国际航运中心建设应达到的能力水平

上海国际航运中心建设应达到的能力水平

近十年来，东南沿海经济继续发展，以京津冀、长三角、珠三角为经济腹地的各港口城市在先进制造业、金融业、对外贸易、港口业、航运业、物流业、高端服务业上取得长足进步，并向周边快速辐射，以沿海港口集装箱吞吐量为例，从1978年到1988年，由3.29万TEU增长到97.24万TEU，年平均增长速度为40.3%。1989年至2001年，沿海港口集装箱吞吐量由117.03万TEU增长到2665.5万TEU，广州、青岛、大连、宁波、厦门等港的年集装箱吞吐量均跨进百万TEU行列。上海港1978年集装箱吞吐量仅为8000TEU，2001年已超过500万TEU。2002年至今十年期间，沿海港口完成内贸集装箱吞吐量1984万TEU，比上世纪90年代增长了近100倍。从1978年至2010年沿海港口完成集装箱吞吐量年平均增幅为35%，2010年吞吐量已达到1.45亿TEU，上海、深圳、青岛、宁波、广州、天津等港口年集装箱吞吐量已进入全球前十位行列。2010年上海港集装箱吞吐量为2905万TEU，跃居全世界港口第一位，2011年又超过3200万TEU。中国沿海港口，尤其是上海港集装箱化率达国际先进水平。中远、中海集团的集装箱运输运力进入全球前十行列。

上海经济、金融、贸易、航运的快速增长，为上海两个中心建设，并带动、辐射长三角地区发展提供了坚实的基础。2009年3月，国务院审议并通过了《关于推进上海加快发展现代服务业和先进制造业，建设国际金融中心和国际航运中心的意见》，要求“到2020年，上海要基本建成与我国经济实力和人民币国际地位相适应的国际金融中心，具有全球航运资源配置能力的国际航运中心”。

上海要建设航运中心，在有些方面已经有了一定的基础，符合航运中心的一些基本要求，但与世界认可的航运中心纽约、伦敦、香港、新加坡、东京相比较，在硬件和软件两个方面都还存在一些差距，用十年左右的时间把上海基本建成国际航运中心，实际上也就是要缩小或消除这些差距。本文现就上海建成国际航运中心要达到的能力水平作一简要分析。

一、国际航运中心集装箱航线应达到的水平

上海港现有国际集装箱干线班轮航线272条，这些国际航线加上国内沿海航线、内河航线确保了上海港的货物吞吐量和集装箱吞吐量均列全球港口第一的地位。

从货物的流向看，进出口贸易的货物量大，国内沿海航线的集装箱货物通过上海港进行国际中转的量少。从航线数量看，上海地区内河航道能承载集装箱货物集疏运的航线少，对外贸易的货物运输通过全球东西方向的航线比南北方向的航线多（南美、非洲线只占 8.82%，大洋洲线占 3.67%）。

上述航线结构的形成有如下原因：1. 上海在历史上就是货运的中心，开埠以来由于地理位置的优势（长江出海口和处我国沿海南北航线的中段，又有长三角经济腹地的支撑），一直是我国进出口贸易的主要通道；2. 目前，全世界 80% 以上的货物进出口靠海运，20 世纪 70 年代以后，大部分杂货进集装箱投入国际航线运输，超过 50% 的集装箱船吃水在 14 米以上，上海港在洋山深水码头泊位建成投产以前，因黄浦江、长江南岸码头泊位水深条件的限制，大型国际集装箱船核心班轮靠上海港不多。此外，北方港口出口集装箱通过韩国釜山港、日本港口中转去美国、加拿大、澳大利亚的较多（釜山港集装箱国际中转比例达 45%，其中大部份箱量来自我国北方港），南方诸省的出口集装箱货物以前是通过香港中转的。这是上海港集装箱国际中转比例只有 7% 左右的部分原因；3. 上海内河航道的码头泊位设施装卸、转运集装箱的能力不足，制约了内河集装箱航线的拓展；4. 改革、开放以后，尤其是我国加入 WTO 后，贸易货物进出口主要是欧美、日本、南韩、澳大利亚、中东等国家和地区，航线以东西方向为主（贸易对象是发达国家、石油和资源国家和地区）。而我国与发展中国家的产品相同的较多，进出口贸易货物量不大，故航线也不多。发展中国家大多在南半球，所以上海港南北方向国际航线少。

近二十年，国际集装箱船舶向大型化方向发展。集装箱投放量平均年增长 10.5%，全球 600 余港口集装箱吞吐量超过 4 亿 TEU。国际研究机构和专家对集装箱运输发展趋势进行分析，并提出一些设想和建议。他们认为：1. 集装箱船投入运输，船型以运载量超过 8000TEU 的为主（第五代、第六代、苏伊士和马六甲集装箱船型），这样的船舶是集装箱干线班轮的主力；2. 第一代至第四代的集装箱船将被投放到区域港口间的中转或直航；3. 大型集装箱船减少挂靠港的停泊和装卸，而改为长距离、跨航区的往返直航（定港口、定船舶数、定时间的直达航线），这样可以提高船舶周转率，降低运输成本；4. 纯中转的或次要港口的功能转型，为区域往返直航和代替拥堵港口处理腹地集装箱服务；5. 全球集装箱班轮运输方式的重建，建成往返直航、区域直航、高效中转的东西、南北方向的综合集装箱运输网。

综上所述，我们认为上海港今后应开辟至美西、美加，远东至澳、新，远东至东南亚、北印度洋（含中东）、地中海、西北欧的直航往返航线，适当增加在这些航线上的集装箱船舶的投放。短程区域航线，应增加至俄罗斯远东、韩国、日本、台湾等国家和地区的直航往返航线。此外，在发展与第三世界国家的贸易上要多下功夫，这无论从政治、经济、外交上考虑都是重要的。我们与非洲和南美东、西诸国，与加勒比海地区的发展中国家的贸易量和航线都应增加。尼加拉瓜规划开凿一条沟通太平洋与大西的运河，到时再加上巴拿马运河，上海至南美洲东部、加勒比海、美东的航运量必定会快速的增长。现在上海与200个国家500多个港口保持业务往来，而新加坡与123个国家600个港口保持250条航线，香港与120个国家1000个港口保持800条航线，鹿特丹与1000个港口保持500条航线。我们应在2020年前，适应全球新综合运输网络的形成和我国对外贸易的多元发展，将上海港国际集装箱（近洋和远洋）、外贸航线增加到350条左右。

二、国际航运中心集装箱国际中转比例应达到的水平

一个港口集装箱国际中转能力的强弱，表明该港在国际航运界的运转水平、设施接卸能力、管理效率和枢纽港的地位。国际航运中心港口和世界上一些著名港口集装箱中转比例都很高，这与地理位置和历史发展因素、设施现代化水平、腹地经济繁荣程度、港口管理能力密切相关。全球集装箱运输从二十世纪六十、七十年代开始，经历了酝酿试验、起步运转、快速发展、全面增长几个阶段。在这段时间，全球经济出现了欧洲恢复发展、日本高速前进、亚洲四小龙腾飞、美国辉煌十余年、中国改革开放带来繁荣三十年、以“金砖五国”为首的发展中国家奋起直追等景象。期间国际贸易快速发展，全世界集装箱运输国际中转比重节节上升，二十世纪八十年代集装箱国际中转比例为11.4%，九十年代为23%，现已达30%以上。新加坡集装箱中转比重为85%，香港60%、釜山45%，高雄40%，纽约和鹿特丹超40%。2011年，全世界集装箱吞吐量排前20位的港口中，亚洲占75%，欧洲只占15%；中国占50%，而美国只占10%，由此可看出全球经济与贸易比重由西向东转移。

我国经济今后由投资和对外贸易拉动，逐步转为内需驱动为主，但对外贸易仍然是我国经济和社会发展不可缺少的一个方面，上海港的货物与集装箱的吞吐量还会增长，集装箱国际中转比重还需提高。目前，洋山港集装箱水水中转比例达到46.7%，其中包含国内沿海、内河转港和国际中转。集装箱国际中转量由前几年的5%上升到2012年的8.5%，仍处于比较低的地位。我们应抓紧做好以下工作：1. 大力发展转口贸易；2. 加强对外协调与谈判，调整干线班轮挂靠上海港的航线，提高上海“喂给港”的配置能力；3. 在浦东新区的综合保税区、金桥出口加工区、康桥工业开发区、南

汇工业园区、临港产业区和其他工业出口加工区，增加来料加工或有自主知识产权设计的利用部分进口材料生产的产品再复出口的业务；4. 在洋山岛加紧建设国际中转货物和集装箱适箱货调配中心，将干线班轮卸下或长江沿线、国内启运港（退税）到洋山港出口的货物或集装箱高效率、高质量地搞好集拼，扩大国际中转规模；5. 将上述货物和集装箱，通过国际航区内或跨航区港口间的往返直航航线快速中转出去。

根据国际远洋运输网的调整和创新重建，洋山深水泊位改扩建和集装箱适箱货调配中心的建设等情况，考虑到建成国际航运中心的三步设想（2020 年前建成东北亚航区中心，2030 年前建成亚太地区中心最终建成世界级航运中心），我们认为 2020 年前上海港集装箱国际中转比重应达到 20% 至 25% 的水平。

三、国际航运中心内河集装箱运输应达到的能力水平

上海要建成国际航运中心，应像那些全球著名枢纽港口那样，拥有四通八达的内河和海湾、近海集装箱运输网，要成为经济腹地集装箱货物集疏运的主要通道。纽约是一个港阔水深、终年不冻的天然海湾河口良港，周边有哈德逊河、巴约尼河和阿瑟河。这些河流和海湾岸边建有许多集装箱和其他货物的专用码头泊位，是纽约港集装箱货物、件杂货、石油及其制成品的装卸、储存、分拨、物流集疏运的主要场所，也是水陆、水铁联运的中心。伦敦港主要靠泰晤士河进行货物（集装箱）的集疏运，拥有最现代化的物流集拼、储运中心（已实现计算机化、信息化和机械传输自动化）。荷兰的鹿特丹地理位置优越，近海和远洋航线与全球近千个港口保持业务联系。鹿特丹与欧洲许多国家通过莱茵河进行集装箱和其他货物的集疏运。流经鹿特丹的内河有莱克河、瓦尔河、马斯河、新开河、莱茵河，这些内河把东、西欧经济腹地联系起来，成为荷兰和欧洲国家对外进行国际贸易的主要通道。这些欧洲的内河两岸分布着许多集装箱专用和多用途码头泊位，其后方还有集装箱堆场和货运站。二十世纪五十、六十年代欧洲经济全面复苏，对外贸易使用集装箱的数量快速增长，这种形势造就了鹿特丹成为欧洲和大西洋航区最繁忙、最有影响力的枢纽港。六十年代末，鹿特丹货物和集装箱吞吐量超过纽约，成为世界第一大港，并雄踞此位置长达三十年。新加坡、香港和东京所处的地理位置在欧洲 _ 地中海 _ 远东航线、远东 _ 南北美西海岸、远东 _ 加勒比海（过巴拿马运河）_ 美东航线的要冲节点上，成为国际干线班轮挂靠的重要港口。新加坡通过内河与马来西亚半岛进行集装箱和货物进出口的集疏运。香港则通过公路、珠江中转货物。东京主要依靠公路、东京湾内近程航线进行集装箱和货物的集拼疏运。由此可见，世界航运中心港

口城市和主要枢纽港都十分注重内河、近海、海湾、公路的物流运输，并依此为进出口贸易、转口贸易、集装箱和货物国际中转、国内转港服务，为干线班轮的货物装卸、储存、集拼、转运服务。

香港、新加坡、东京、釜山、高雄等亚洲港口、因中国经济的快速发展、国际贸易量的大幅度增长而受益，这些港口承接了相当部分与中国集装箱货物贸易有关的转运工作。这些港口基本不会堵塞，除港口管理高效外，与发达的内河、公路、近海航运有关。上海现在是全球货物、集装箱吞吐量排名第一的港口城市，由于上海港国际中转集装箱量的比重不大，所以相当部分的集装箱是进出口贸易货物，需通过近海、内河航道、公路、铁路来进行物流集疏运。我国集装箱通过铁路集疏运的比例不高，只占铁路总运量的2%(不到1000万TEU)，而公路集装箱运输市场占有率上升至65%左右，海运占20%以上，内河集装箱运输量只占10%。上海的情况与全国差不多，集装箱集拼疏运主要靠公路和沿海航线，内河主要走长江，铁路集装箱运量不到洋山港集装箱吞吐量的5%。

上海通过内河运输集装箱量少的原因主要是: 1. 内河码头泊位设施不配套，缺少装卸、储运、分拔集装箱的场地和货运站，机械设备吊运集装箱能力不足；2. 上海内河的货船、拖轮、驳船以前主要是承运建筑所需的砂石料、水泥、钢材、木材等货物，以及其他农副产品、农用物资、日用生活品、煤炭、燃料、抢险救灾物品等，能运载集装箱的内河运输船很少；3. 内河码头的工人、管理人员、水手大部分没有接受过装卸、承运、管理集装箱业务的专门培训；4. 上海内河水系一级航道只占3%，四级、五级航道占8.7%，要增加集装箱运输量就必须改造、扩建内河航道；5. 现有内河泊位普遍偏小，上海内河港区共有1800余个泊位，但大部分是中、小泊位，最大的泊位只有3000吨级。

上海内河航运的能力，远不适应国际航运中心的集疏运需求，必须根据航运中心建设的三步设想的时间节点（2020年，2030年前和2030年后），分三个阶段进行规划、整治和扩建。内河运输系统要增配大功率拖轮、集装箱驳船和自行集装箱专用船舶。为此，1、2020年前，在大芦线航道和赵家沟航道整治好的基础上，进一步将流经上海市各郊（区）、县的内河航道整治好，将一级航道里程提高到内河航道总里程的8%至10%（2030年前占到20%，2030年后，一级航道通航里程达到600公里左右），并与江苏、浙江两省的主要内河航道接通；2、内河流域每一个区改造2只集装箱专用码头（每只码头2只集箱泊位），配齐集装箱作业的专用机械设备，并相应地扩建集装箱场地和货运站；3、2030年后，每区拥有内河集箱专用码头6个，泊位12个（件杂货可通用）。4、洋山港集装箱通过铁路疏运量在2020年占10%，2030

年达 20%。

四、国际航运中心长三角腹地应达到的支撑能力水平

从世界经济、港口、航运、外贸发展的历史来看，一个现代化的航运中心港口，其周围必有一个繁荣的经济腹地给其有力的支撑。美国的纽约是一个港口城市，世界大都会，其本身和后方各州是美国东北部经济发达的地区，也是资本主义最大、最具有代表性的垄断组织集中的地方（如埃克森和德士古石油公司、国际电话电报公司等）。华尔街是美国垄断组织的大本营，是美国金融中心。纽约市和周边地区是美国最繁华的区域，是物流业和集装箱运输的发祥地，美国东西大陆桥的大西洋桥头堡，是美国与南美洲、欧洲、地中海、中东、远东地区开展贸易的远洋运输的货物集散的始发港和目的港。

鹿特丹以欧洲大陆为经济腹地，法国和德国为主的欧共体经济给鹿特丹港带来源源不断的进出口贸易货物集拼、转港、国际中转、物流的商机，促进了鹿特丹港口城市经济的繁荣。

伦敦在 16 世纪海运昌盛时就成为世界级大港，它见证了大英帝国的兴衰。工业革命后，伦敦作为世界大都市和重要枢纽港，有“日不落帝国”首都 99 年的历史。大伦敦市（大都会区）由内、外伦敦 32 个区组成，面积 1580 平方公里，它是伦敦港强大的经济腹地。这区域一年的 GDP 产值达 7264 亿美元，占到全英国 GDP 总产值的 30% 左右。大伦敦地区工业、商业、金融业、对外贸易业、现代服务业、航运业和物流业发展很快，现代化程度很高，足以支撑伦敦成为国际港航运中心。

亚洲的新加坡和香港这两个港口城市，不但以中南半岛和中国大陆为经济腹地，而且处于欧洲到中东、东北亚航线，以及亚洲至北美、澳大利亚航线的要冲位置，是班轮必靠的港口。中国经济的快速发展和亚洲四小龙的腾飞，再加上日本、韩国对资源的需求和产成品的出口额稳定增长，使这两个城市成为全球最大中转港（新加坡和香港的集装箱国际中转比例分别是 85%、60%）。

二次世界大战后，日本一方面医治战争的创伤，另一方面完成了经济和产业结构的调整，用二十年左右的时间从战败国发展成世界经济大国。东京港的经济腹地包括京滨工业区、关东北部、甲信越等地区，并与同处东京湾的川崎港、横滨港、横须港、千叶港和木更港有着广泛的业务联系，这些港口后方陆域都成为东京港的经济腹地。东京及周边地区面积只占全日本的 6%，其增加值却占日本 GDP 的 12%。

上海的经济腹地主要是长三角区域，这区域历来是中国最富庶、最繁华、工业产值最大、对外贸易额最多、科研和教育机构最集中、航运和港口业最发达的地区。长三角经济区的经济总量如

拿到全球去排名，可列俄罗斯和韩国之间。以2011年全球GDP排名前15位国家的数据测算，该经济区经济总量可列世界第12或第13位。2012年，长三角地区GDP突破11万亿元，约占全国总量的21%。近几年沿海、长江、大运河、内河的码头泊位进行了技术改造和扩建，长三角现有码头泊位15478个，是1996年的4.53倍；2011年完成货物吞吐量37.57亿吨，占全国的37.42%，是1996年的11倍；集装箱吞吐量为6180.49万TEU，占全国的37.69%，是1996年的25.04倍；上海港现是全球货物和集装箱吞吐量的“双冠王”，上海港和宁波_舟山港的集装箱吞吐量在全世界10大港口中所占比重，由1996年的4.9%上升到2011年的24.59%；长三角地区的港口与全球180余个国家和地区之间开通了900余条集装箱航线；该经济区的上海、宁波、湖州、嘉兴、南通、苏州、南京、连云港、江阴、镇江、泰州等11个港口迈进吞吐量亿吨大港行列，这在世界上都是很少见的。上述数据足以表明长三角地区雄厚的经济实力和巨大的发展潜力。

长三角经济区今后发展，要调整产业结构和改变增长方式，注重民生和环保。上海和周边地区应按中央的要求，抓住重要战略新机遇，全面深化经济体制改革，促进经济持续健康发展。长三角地区发展的经济基础雄厚、科技进步、设施完备、交通发达、人才荟萃、对外交往历史悠久，改革开放以来，生机蓬勃，经济和社会事业稳步前进。近十年，经济增长幅度高于全国平均水平。2020年前，上海和长三角经济区应按中央关于产业发展方向及主要任务的要求，努力抓好节能环保、新一代信息技术、生物、高端装备制造、新能源、新材料、新能源汽车等新兴产业和服务业的发展。协调好港、航的能力，地区经济增幅高于全国平均水平1至2个百分点，就能支撑上海建成国际航运中心。

五、国际航运中心港、航、物流业信息化应达到的能力水平

当前，全球各国都在努力发展信息业。在一个国家中，一个行业是否进入现代化的标志，很重要的就是看现代信息技术能否在这个行业得到普遍的应用。信息技术在管理和生产中应用得越普及，该行业的现代化水平也越高。

在信息技术的应用方面，上海与世界五个航运中心还有一定的差距。作为航运中心的港口城市，它应具有对航区和全球航运资源的配置能力；能提供与航运有关的高端服务；具有航运运价指数发布权，掌握运价调整和增强航运保险定价机制的话语权；必须是能满足经济、贸易、航运业发展需求的，依托港口的物流中心。要达到这些目标，信息化是一个重要的先决条件。

世界航运中心之一的纽约，它是现代物流业的源发地区，集装箱投入试验

的第一港，最早开辟美东至欧洲、地中海、远东集装箱航线的始发港、全球第一个航运中心。纽约的港口管理、生产调度、物流运营、货运和船舶市场运作、航运资源配置、高端服务协调，都以信息为支撑，美国是信息网最早研发并应用的国家，也是使用计算机最多的国家。

英国伦敦港历史悠久，在航运与港口各类数据资料的收集、整理、发布方面最早、最完整、最权威。伦敦对航运资源配置能力强（世界航运业 50% 的油轮租船业务、40.5% 的散货船业务、18.5% 的船舶融资业务在这里进行）。伦敦是世界上接受物流理念最早并进行实际运作的国家，是航运和物流高端服务质量最好的世界级港口之一。英国在二次世界大战以后一直紧跟美国，成为美国各方面的战略同盟，也是欧洲最先接受美国科技成果并在经济和社会事业发展中加以应用的国家。伦敦充分应用信息网络技术，在港口管理、航海和对外贸易方面有丰富经验，虽然目前伦敦港货物、集装箱吞吐量不算很多，但它的国际航运中心地位是无法被撼动的。

在亚洲，东京、新加坡、香港三个港口城市最早应用了美国的信息、物流、网络、计算机、集装箱管理技术。这三个港口城市信息网络发达，东京、香港的集装箱电子信息管理系统，新加坡的国际航运中心信息平台（TRADENET）和国家电子商务系统（PORTNET），在港口、航运业务管理，航运资源配置和以港口为中心的集装箱物流集疏运管理上发挥了巨大的作用。

上海的港口、航运和物流业在信息技术应用方面，还只能应对当前的业务之需。一些部门和企业在内部基本做到将信息技术应用于管理，并建立起电子局域网，但如何在港、航、物流企业之间建立一个更大的公共信息平台去综合高效处理相关业务，尚有许多难题需要破解。

上海要建设成国际航运中心，要有能对航区（或全球）和国内航运及货物（含集装箱货物）等资源进行有效配置的能力。现在上海与世界五大航运中心的差距主要不在硬件，而是在软件方面。软件建设中最重要又是最困难的是信息化建设，我们应将各部门和企业内部的信息网进行整合连通，形成能为国内外用户提供全方位信息服务的网络平台。2020 年前，在上海（或在浦东新区）建立航运、港口、物流公共信息服务网络平台，向社会提供政府的政策、法规，运价指数、保险费用等信息和资料，国内外港、航、物流、贸易、多式联运、生产企业、原材料供应、销售市场的信息。

六、国际航运中心高端服务业应达到的能力水平

上海要在 2020 年基本建成国际航运中心，高端的服务行业必须配套形成。我们应在现有的基础上提高航运集疏运体系的能力，努力整合和逐步建成航运

高端服务体系。传统的航运服务包括船舶燃料、物料、配件、船员主副食品和生活资料的供应，航次船检和简单维修、船舶废料和生活垃圾的清运、为船员上岸提供的交通工具、船舶与市内通信的连接、引航、拖轮顶拖等项目。航运的高端服务项目包括业务和航运市场信息资料网络传递、与航运有关的金融、保险、咨询、海事法律、船舶登记、高级船级社和会计事务所等提供的服务，以及技术精湛、安全可靠、设备齐全的救助救捞服务，航区和全球船舶租赁、交易，货物期现货交易信息服务等。

世界五大航运中心，在提供航运高端服务上伦敦是历史悠久、项目众多、服务水平最好的港口城市。伦敦港的货物和集装箱吞吐量都及不上我国沿海中等规模的港口，但由于其在全球金融行业中的地位，在航运资源配置、运价调整、保险定价机制确定上的话语权优势，在航运数据、运价历史资料上的权威性，使它始终处于国际航运中心之一的地位。伦敦拥有680余家银行（外资银行470家），银行资本总额1000多亿英镑。伦敦每天外汇交易量占全球34%，金融衍生产品交易量占全世界总交易额42%。伦敦还拥有800余家保险公司，其航运保险业务量占全球20%以上。伦敦拥有船舶经纪人组织143家，船舶和货运代理公司336家，全世界50%的油轮租船业务、40.5%的散货船业务，18.5%的船舶融资规模在伦敦进行。伦敦还集中了世界上最权威、最有影响力的行业协会和船级社，如“国际航运公会ICS”、“国际海洋联合会ISF”、“国际船检社IACS”、“劳氏船级社”等。

其他国际航运中心的海港型大都市，如美国纽约、日本东京、新加坡和中国香港，都拥有金融、航运、物流、港务方面的公共信息网络服务平台。依靠信息平台和专业人才，这些港口都建成高端服务体系，物流分拨、储存、配送体系，能为航运公司、货主、客户提供快捷、准确、收费合理的全面服务。

上海在要2020年初步建成国际航运中心，必须提高行业管理和监管的水平，全面提升服务质量。上海的港口码头泊位集中在浦东的长江南岸和洋山港区，所以建设上海国际航运中心的重点也在浦东。如今，上海浦东拥有银行类机构221个，中外证券类机构276个；保险机构195个，但和伦敦的金融机构相比，差距仍很大。

再从上海目前为航运服务的企业和机构情况来分析，数目不少，但对国际航运资源的配置和运价调整、保险定价机制确定的话语权掌控上，我们却不占主导权。上海有国际海上运输及其辅助经营企业1091家（国际船舶运输企业38家，国际船舶代理企业120家，国际船舶管理企业69家，无船承运企业864家）。这些企业主要是为上海及周边地区进出口贸易货物承担运输或代理业务，而上海对本航区或全球其他航区的航运资源的配置能力有限。此外，上海国内船舶检验业务主要由中国船级社上海分社、上海规范研究所、上海市船舶检验处承担。中国船级社（ZC）是1959才成立的，而世界其他航海强国、大国的船级社比我们早建立60至100多年，英国劳埃德船级社（LR）比我们早建立200年。上海船舶检验机构的业务还面临美、英、挪、德、法、意、日、韩诸国船级社在上海代表处的竞争。国外船级社历史长、资格老、影响力大、船检能力强、出具的报告更权威。国际航运市场是根据船舶检验所确定的船级来决定运费和保险费的高低。在这方面中国船级社目前与国外同行相比不具优势。

上海要建设国际航运中心，必须在保险业上与国际接轨，在保险定价机制确定话语权的掌控上，上海应有一定的主导权。我国自主的保险业是在解放后才发展起来的，主要承担国内船舶和进出口货物的保险业务。国内保险公司数量不多，专业人才（精通国际商法、海事法、英语、保险业务）和国际保险经验缺乏，在全球保险业务上竞争力还不强。2011年，浦东新区航运保险费总收入16亿元（2.57亿美元），船舶保险费收入9631万美元，而且集中在太平洋保险和平安财产保险两大公司。2012年，上海11个月的船舶保费收入22.10亿元，占全国41.39%；货运保费收入12.64亿元，占全国13.29%。上海建成国际航运中心，其保险业应打入国际航运保险市场，并逐步提高市场份额，这也是上海建设国际航运中心应达到的目标之一。

上海在2020年初步建成国际航运中心，要形成与航运中心地位相适应的，能在东北亚航区乃至亚太地区配置航运资源的能力水平和提供高效、高质量的航运高端服务。浦西外滩地区的银行街和陆家嘴金融城、综合保税区的离岸金融市场能调集国内外资金为全球和国内客户提供融资服务。上海的金融机构在船舶抵押贷款信托、船舶融资租赁、船舶经营性租赁、船舶和大型设备售后回租、船舶出口（买方）信贷、融资租赁信托等业务方面提供周到、快捷、方便，信用良好的服务。上海还应发展金融、法律、航运保险、会计、物流等方面的咨询业务，为供货方、收货方、货物承运人的业务发展提供决策咨询服务。此外，还应大力培养和引进高级复合型人才，满足上海（包括浦东新区）在金融、保险、物流、航运、船舶检验、信息、咨询等行业发展中对高级人才的需求，使这些高端服务行业在与国外同行竞争中占有相当优势。市场经济发展中，在法律、法规允许范围里，应充分利用民间资金，扩大航运、物流经纪人组织，活跃市场，提高效率。

从目前情况来看，上海航运中心建设，硬件建设较为顺利，洋山深水港建成，外高桥港区基础设施齐全，总体上具备一定的集疏运条件。航运中心应着重抓好软件的建设，这包括航运和物流业的公共信息服务平台（网络）的建设；增辟亚太航区港口间的中转和直航航线及跨航区的往返直航航线；高端服务体系的形成和复合型人才引进与培养；金融服务和监管体系的完善；自由贸易园区和离岸金融市场及离岸法区的建立；港口、航运、物流业现代化管理水平和效率的提高；航运市场和航运交易所的正常运转；大专院校和科研机构与港、航、物流、制造等企业紧密合作，研制通用、合理、易操作、标准化、安全、高质量的机械设备和专用工索具；政府相关部门要加强调研，制订支持港口、航运和物流业发展的政策、法规及鼓励创新进步的优惠措施。

（浦东现代物流行业协会 陶惠民）

10.5.4 国家级自由贸易试验区物流业转型发展纵横谈

让诚信有法可依有规可循

上海向国家级自由贸易试验区转型的过程实质上就是实行一系列新功能政策的过程，这些政策的共同特点之一就是要有利于加快货物的流转，进而促进贸易的发展。然而在这些政策的实行过程中却出现许多不尽人意之处，什么原因呢？原因之一就是诚信缺失。社会与企业的诚信缺失阻碍着我们向自由贸易园区的转型。

国际海关组织为了加快国与国之间的出口贸易的速度，2009 年在深圳和欧洲的几条航线上搞了个“安智贸”协定，其内容简单地说就是在参加这协定的国家之间，一国的企业出口货物到它国，只要是本国海关已经通关，其间不管是中转多少个国家，所有其他国家的海关一律免验放行。2011 年这个协定扩大范围，增加航线，将上海港与重庆港列为第二批试点港口。试点工作开展近一年了，上海却还没有搞起来，而重庆最近已经开通了。这里的关键之一，在于不讲诚信的企业还为数不少，而企业诚信恰恰是实施这个协定的重要先决条件，没有诚信，何能免检？在这里，企业的诚信已经涉及到一个国家的国际信用问题。

回顾上海保税区的发展过程，可以发现有许多很好的政策却常常由于企业的诚信影响了它的执行。比如建区初期有这样一个优惠政策，即国内货物进入保税区后就视同出口，可以办理出口退税。实行不久就出现了点问题，原因之一，就是有些企业钻政策空子，搞假出口，骗税，其结果是导致这个政策无法继续实行。后来又设立了保税物流园区，再次实行上述政策。可是随之而来的却是有人搞“一日游”，合法却不合职业道德，典型的就是家俱业中的达•芬奇事件，影响极坏，不仅损害了自己的信誉，同时也给它国企业的名誉造成不好的影响。还有一种不诚信的现象，就是在海关查验中常常发现有些贸易公司进口时报少进多，逃避或少缴关税：有些出口企业出区时多报少出，骗取出口退税的金额。至于逃避查验，直接走私这样的极端现象，也是存在的。上海综合保税区要向自由贸易园区转型追求的就是自由度更大，但自由度越大，就更需要有企业的诚信，否则转型过程中会遇到很大的困难，严重时甚至会功亏一篑，半途而废。

诚实守信不能只是一句空话，它必须有相应的机制和手段来保证。要建立规范的行业诚信标准，市场经济也是法制经济，在以德治市和以法治市的条件尚不具备或不完善的现阶段，企业之间信用体系的建立，恐怕还是不能完全依靠人的自律和企业家道德的自我约束，还是需要在各经济利益体之间，通过企业、银行、协会乃至政府的共同努力，形成一个互相依存又互相制约的利益制衡机制。也就是说，要有一些具体的可操作的技术手段和方式，迫使利益各方将自身的诚信提到最高程度。前几年针对物流行业低价竞争，相互杀价，恶性竞争，浦东现代物流行业协会在会员间制定了物流行业行规公约，大家签字共同遵守，最终抑制了恶性循环。现在行业协会在企业运转中发挥着越来越大的作用，覆盖的面也越来越广，政府部门可以以如何提高企业诚信度为课题，委托几个协会联合起来进行研究。比如通过海关协会，三检协会，自由贸易区协会，现代物流协会等组织，共同来制定出诚信行为的规范准则，使企业诚信做到有标准可依。上海现代服务联合会最近几年连续就企业的诚信问题作了很多调查，也想了不少办法，最近在他们的一份报告中提到，经过与相当多的协会共同协商，反复比较研究，现在参加企业诚信建设的单位已有九千多家，在企业诚信建设方面取得了一定的成绩。诚信可以说是上海建设自由贸易园区的一道门槛，如果企业的诚信都能达到安智贸的标准，安智贸协定在上海得到完全的执行，那么货物进园区或出园区的速度将会是现在的好几倍。

对社会契约的轻慢，使得在当今的中国，信任成了一种奢侈品。为提高社会诚信程度，必须要建立健全诚信的法律保障。在当前的情况下，诚信不能单纯靠道德来解决，一定要用法的手段。对那些不讲诚信，屡屡失信的企业要绳之以法。特别是对钻政策孔子，搞产地产品改头换面，假出口，骗税，少报多出等等，一定要严惩不贷，否则无法遏制这些行为。要有严格的奖罚制度，海关有个黑名单制度，进入这个名单的企业它的通关就会遇到比一般企业，特别是比A级企业受到更多的“关照”。对它的罚没处理也是取上限，从而增强法的威慑力量。对于有些名企业用自己的“名气”来搞不正当的商业活动，或者是出租名头空手套白狼，就更应该从重处罚。有些企业出了问题改头换面重新出山，也不用付出太多成本与代价，这种低成本的违法行为，也是社会健康发展的一种隐患。要研究和制定出新的措施让失信企业被罚到“痛”的地步。这次伦敦奥运会对羽毛球赛中打假球一事，虽然“合规不合德”，但还是坚决取消选手的参赛资格，这就是对没有诚信的一种重罚，重到了“痛”的程度，唯有如此，才能让人感受到法的威慑力量，这也是对我们以后处罚失信企业的一种借鉴。

要建立行之有效的监督调查机构。除相关的政府部门现有的监督办法外，还可由行业自行组织信用机构监督。在上世纪30年代之前，债务人是否有信用全凭道德自律，直到信用调查机构的出现，才使信用有了外部的监督手段。1932年在上海成立的中国征信所，是第一家由中国人自己独立创办的此类机构，专门对企业的信用作调查，截至1935年底，征信所已有会员154家，其中包括30余家外国银行及洋行，如汇丰银行、花旗银行、卜内门洋行等。它们的调查为当时社会的不少企业避免上当受骗起了很好的作用。现在是不是要成立新的民间机构进行信用监督，是可以研究的。从目前情况来看，行业之间应该相互协作，相互监督，资料共享，共同杜绝失信行为的产生，还是应该提倡的。对一些已经上了失信的黑名单，或者屡屡违规却突然销声匿迹的企业要进行调查，坚决杜绝违法企业改弦更张的情况发生。

诚信问题已经成为我国改革开放以来在经济建设中遇到的重大社会问题。无论是对于建设国内第一个自由贸易园区，还是对于我们现代物流业的健康发展，都是发展过程中的重大瓶颈所在，对其进行深入研究，具有十分现实的意义。企业之间互相不信任的背后，反映的是中国现阶段整个社会存在信任危机的现实，对社会诚信问题进行深入研究，对于整个中国社会健康发展也有巨大的意义。

加快流转速度，提高物流附加值

向国家级自由贸易试验区转型发展，建设与国际惯例更加接轨、具有世界一流水准的自由贸易试验区，是上海综合保税区基本的发展理念和目标。

自由贸易园区是指在一国领土上，国家关税区以外划定的准许外国商品，货物豁免减税并自由进出的一个特定的区域，它实际上是采用自由港政策的关税特别区，除了具有自由港的大部分特点外，还可以利用设区地的便利运输条件吸引外资，开拓国际市场，发展出口加工业，并允许和鼓励外资设立跨国商业企业（包括物流企业），金融机构。

物流是自由贸易园区转型最活跃和最基本的形态。国际物流论坛上不少专家认为，这一轮金融危机爆发以后，下一轮整个全球经济贸易格局调整过程中，不管是新兴国家还是发展中国家，最后的竞争都是提高生产力的竞争。这种生产力的竞争，在很大一个程度上将在物流领域进行，因为所有分析都证明，最有潜力提高生产力的因素就是在物流部门，具体讲就是供应链，而供应链的成败关键在于物流的速度。从物流角度来看，它不仅是货物的移动，它更是要让货物能在位移中产生附加值，其附加值越高，这个物流就是越合理，而一个不合理的物流，其成本必然越高，其货物产生的附加值就越低。

香港实现区港一体化，已从单一的出口，转口港发展成经济结构多元化的自由港，依仗的就是便捷快速的物流。从上海的实际情况来看，如能实行“区港合一”，或者专门划一个或几个码头来对应自由贸易区，这是最理想的做法，但经过多年的实践，我们又认为这是不现实的做法，因为上海港的每个作业公司，它的吞吐量能量之大都不是上海某一个区域所能满足的。现在综合保税区要向自由贸易园区转型，对于自由贸易园区的物流来说，速度是一个突出的问题。它的出路就在于能不能充分利用区港联动的优势不断地提高货物的附加值，也就是兼顾质量与速度，最快速度地转移货物，最大限度地减少货损。

从目前所掌握的情况看，影响或阻碍物流速度的突出因素有以下几个。

1. 功能服务不全，流程服务不配套。

浦东开发开放已经二十多年，对保税区的政策也是经历了一波又一波的改造，与国际惯例更加紧密接轨，以更加开放的姿态面对国际市场，实行政策，资源，产业和功能的联动互补，突显保税区，保税港区，综合保税区，保税物流园区四种类型海关特殊监管区域的政策优势，推动驻区各行政职能部门建立更加紧密的联系与合作，推动开发主体加快步伐，形成资源优化整合，联动发展的新格局，使区域功能更加丰富，企事业运作更便利。但是在具体操作中服务部门各行其是，缺乏统一的管理。有些部门是昼夜服务，而一些与其相关的部门却是八小时服务，这里就产生了“短板”。由于各部门还没有纳入统一的服务渠道，于是就对物流速度的提高产生了一定的负面效应，比如很多物流企业特别是运输企业，由于白天车辆运行十分困难，故夜间运输是其主要作业手段，而区内一些部门的“白天上班，晚上下班”就给这些企业带来很多不方便。

2.控制货物进出关口的人为因素多，缺乏规范化管理。

新加坡和马来西亚这些年来发展快，就在于物流进出十分方便，他们都有先进的电子管理信息手段，制定有十分规范的运作流程。自由贸易园区转型讲究的就是操作规范，但现在却仍然存在着不少的人治因素，使得有些出口货查验后却不一定能及时上船，单子还要流向返回通关大厅，时间就可能会拖得很长。再如进保税区集装箱为防止走私实行卡口随机查验，布控检查，以及即时检查，多样的手段常常会弄得货主措手不及。本来预先知道查验可以提前排计划，合理调度车辆，现遇到情况突变，就要重新申请计划，车辆被压，进库时间就要延长。再比如港区提箱是昼夜服务，但排计划是八小时或者十二小时，更严重的是在上班时间工作人员却不在岗，工作人员离岗一到两个小时，企业损失的就可能是10多个小时，这种现象在夜间服务窗口服务更是时常出现。

3.隐形成本居高不下，造成物流环节多。

现在隐形成本高涨已成为企业难以忍受的一个隐痛。物流业很大的一项工作是运输，运输的刚性成本是摆在明处的，比如油价上涨，人工费上涨，路卡乱收费，这些都是人所共知的，但现在还有许多成本是隐形的，这已经成了区内运输企业的致命伤。何谓隐形？就是看不见，但必须要付出的，比如上面讲到的车辆压车，对管理部门来说是按章办事，一个规定很可能会造成几十部车辆的压车，本来一天计划跑三车甚至四车，这一来可能连一车也不能保证。本来预先通知查验可以统筹安排，现在却不行。再比如夜间不能及时查验，车子停在查验场就要付超出一般停车场高出许多的费用，如果要用重型铲车吊箱，港区堆场40英尺集装箱一次上下车只有75元，而在堆场付四五倍的费用。这些费用就是货主的额外支出 ，类似这种讲不清的费用在不少环节都存在。现在为了消化高涨的隐形成本，不少有货的单位就做转手倒买，做中介人，于是形成一种畸形状况，即干的不如代的，严重影响了相关行业的健康发展。

上面谈到的仅是物流影响速度的主要情况，其中不少环节还没有涉及。因此从向自由贸易园区的转型来说必须要将速度提上去，将影响速度的蔓枝砍去，这是刻不容缓的事。

1. 首先对现在的管理服务部门要有专门的机构进行一定的调整，从适应企业发展的角度尽可能对服务部门进行综合合并，争取实行一室制，或者说是一个图章解决问题。所有服务部门步调必须一致，不能各行其是。海关、国检、工商、税务、公安五大职能部门将相继入驻浦东机场综合保税区，希望能在统一管理上有新的突破。再比如，集装箱集拼中转是上海市综合保税区依托和服务于海港和空港，提升国际物流集散增值能力的重要功能。其中国际中转现在已经有了成熟的流程，而集装箱拆拼监管流程尚需要再造，从目前情况看，保税区内还没有一个专门从事集拼的机构，也没有相应的场地，区内货物要集拼必须先报出口，再到外面集拼，重复报关，费用增加。目前集拼量虽不算很大，但量的提升是与服务质量挂钩的，创新集装箱拆拼的服务模式，通过发展海铁联运和海空联运业务等方式，提高集装箱中转拆拼的物流服务水平，这是今后的一个方向。

2. 要将所有的操作项目进行规范，从人为控制变成电脑控制。最近港城危险品物流有限公司有个课题，研究的就是将所有的危险品从简单的三大类划分，变成以品名输入电脑，实行两书一表，即计划任务书，操作规范书和检查表，每一个箱子从进来到出去全部规范操作，那个环节出问题一目了然，同样的道理，不管是进还是出，每环节都是要有时间节点，要实行责任制，将人为的因素减少到最低限度。过去港区进箱出箱司机很麻烦，有路的进来就作业，没路的说不定就是半天，现在实行小票制，从进港的时候就打印出时间，规定必须在多少时间内作业毕，很有成效。可以这样说，操作流程规范化、公开化，讲究的就是时间，没有时间束缚的服务就不能提高效率。

3. 要将各项费用降低下来，特别是隐性成本要降低。随着操作的规范，无谓的费用就会减少，但是必要的操作费用也要进行调整，就象高速公路到一定时候就要不收或少收费。以查验上下车而言，在保税区建设初期，每天的集装箱数量不多，高成本的机械操作费用可以比外面高一点，但现在不同了，每天都有大量的箱子在不停地操作，在这样的情况下，以前垄断高价的方式应该被控制或者作调整。还有疏港问题也是一个突出的矛盾，费用很高，有规定的，也有隐性的，能不能优化或改进？其实内行的人都知道，这一块的规范操作是很值得研究的。

总之，物流是建设自由贸易园区的先锋，本文讲的是速度，没有流畅的通道，没有快捷的渠道，物流就会变成物堵。但是货物的流通快慢还涉及到其它方面，物流也是一个综合系统，比如诚信，贸易方式等等，特别是如何处理好“监管”和“服务”的辩证关系，为诚信企业提供个性化便利服务，这些都是我们要不断加以研究的。

大力发展贸易是转型良策

上海综合保税区要加快向国家级自由贸易试验区转型，要使洋山和临港地区得到大力发展。发展靠什么？要靠旺盛的人气，没有人气的集聚就谈不上发展。

从我国的实际来看，人气聚集的方法有两个：一是发展客运，“人来客往”自然就有了人气；二是发展贸易，“商贾云集”必然意味着人气的聚集。当年的上海大达码头，虽然只有几百米的浅水岸线，但由于拥有去苏北的轮船航线四条，客流量就达到二百万左右，这里的人流用“水泄不通”来形容一点也不为过，周边的商店营业额家家在同行业中名列前茅。后来由于结构调整，客运线全部从大达码头撤出，大达码头专营货运，虽然客运码头搬迁不过五百米，但大达码头附近人气一泻千里，附近的商店一年后基本纷纷关门。同样，当年保税区成立初期，组织百万市民看外高桥，其中一个节目就是到那里的保税市场，购买便宜的国外商品，到保税区一趟，既能参观有些神秘的保税区，又能买到进口商品，于是每天到保税区的络绎不绝，人气极为旺盛，现在这个节目由于种种原因取消了，当年的壮观人气也就不复见了。

在将来可能的自由贸易园区里，利用客运聚集人气可能首推现在的浦东空港综合保税区，而利用洋山紧靠码头，运输便利的独特优势，完全可以在那里发展贸易。要向自由贸易园区转型却没有发达的贸易，这是不可理解的。以香港的发展为例，香港虽是弹丸之地，但货物进出自由，商业极其发达，人们称其为商港，一点也不过分，发达的商业贸易，是确定香港地位的一个重要因素。发展商业贸易，对我们来说，仍有许多机会。现在每年国内很多人出境后带回大量进口商品，有关部门想方设法对他们进行围堵，殊不知上有政策下有对策，道高一尺魔高一丈，围堵总是消极行为，实际上与其围堵，不如我们自己去正确引导这一部分消费，或者说将这部分生意“抢”过来自己做。就我国当前形势来看，发展经济既要靠“投资拉动”和“出口拉动”，更要靠增进内需拉动消费。

从现在的实际情况看，商务环境是发展贸易的最首要的条件，上海港现在的中转贸易发展势头良好，就是得益于保税港区的有利政策。因此从大贸易的角度看，可以考虑从以下几个方面入手来加大加快贸易的步伐。

1. 坐商：所谓坐商就是参照香港的商业模式，利用现在的条件建造贸易大楼。可以先开辟各类生产资料市场这样的优势项目。现在世界著名的500强企业中有不少在洋山都有仓库，比如比尔卡特的发动机，产品全球著名，客商也是遍及全球。他们的总部在昆山，但物流公司设在洋山保税区内，还有重铲商卡尔玛组装点也在洋山。为这些生产商直接提供窗口，对他们而言真是求之不得的好事。同时，还可以在洋山港，建造类似于香港海港大楼一样生活资料贸易建筑，位置应该是靠近路口的地方，可以借鉴当初保税区国际商品市场的经验，组织人员来消费，目前通往上海保税区的地铁班次与当初开通之际不可同日而语，洋山港通地铁也是指日可待。这样便利的交通目前只是运送上班人员，实在太可惜了，上下班时车内水泄不通，过了这个时候却是空空荡荡，十几分钟才开一班。洋山港，临江开通地铁后要有饱满的客流，一定要通过贸易来带动客流，带动消费。流量永远是关键的指标，流量才能带来潜在户，流量才能变成成交户，流量才能最终化成利润。

网商：电子商务已经成为日常销售中所不可代替的手段。物流园区、物流中心、配送中心以及仓库货场等物流基础设施，资金投入量大、回收周期长，具有较强的公益性和公共性，企业自有资金难以独立支撑。从国际发展经验看，物流基础设施作为国家综合竞争力的基础条件，是公共财政支持的重点之一。目前从洋山港和临江地区的实际情况来看，仓库场地的利用率还是不够理想的，而电子商务最迫切需要的就是仓库场地，如果进行结构调整将这些地区的电子商务商与仓库业主联合起来，利用保税区内的仓库场地开展网购，设立保税免税网站，甚至于互联网站（目前可限在上海，以后可视情况扩大），大力开展电子商务，让物流业真正动起来。前途是十分光明的。

掌商：这是利用手机，通过正在蓬勃发展的移动互联网来做生意。十二五规划中明确提出将移动互联网列为电子产业发展的重点。网商的发展目标就是客户走到那里，服务跟到那里。淘宝网去年销售量的19%是通过移动互联网来完成的，这个比例现在是越来越大。如果我们的洋山港，临江地区，保税区能够成为移动互联网的主要商品基地，那么它的商机也不可估量的，采用互联网给这些地区带来的将是一次历史大规模产商业价值的迁移。

无论是坐商、网商还是掌商，他们如要成功，还应具备几个必须的条件，它与现在普通贸易相比必须要有差别，利用这样的“差”才能构成利润。这种“差”应该体现在四个方面：

一是优惠的政策差别。在尽可能的范围内可以享受免税，享受优惠税率，享受保税待遇，享受通关优先等等政策，要让供应商和购货者感觉在这里能得到一种特别的便利，享受到一般贸易所无法享受的待遇。

二是新品的时间差别。在这里供应的产品应该是最先进的，通俗地讲就是应该是时尚的，如果只能供应过时货，就没有优势可谈。要形成这样一种概念，要进国外最先进的生产资料在这里可以办到，要知道国外时尚的是什么，从这里也能一目了然。

三是货物的价格差别。这里有个数据，2008 年八佰伴全年销售额为 33 亿，而其最后一天的大促销营业额达到4亿，2011 年最后一天销销售额达到 7.7 亿，为什么一天可以等于一个多月的营业额？那就是促销让利。如果能将商场开在临港地区，开在保税区，进口货物的价格能参照香港模式，或者是比其稍稍贵一点，但低于区外的商场价，而且综合计算下来也比到境外购买划算，那么就会有很大的优势。数据显示，75%的上海消费者偏爱直接打折，66%的受访者表示最不满意商场在促销期间在商品价格上虚做文章，要给客户实实在在的实惠，才会吸引越来越多的人来消费。

四是商品的质量差别。商品一定要真材实货，绝对不能卖假货。有数据表明，中高收入消费者是百货商场中高档品牌的主力消费群体，但是调查显示，因受消费观念、生活方式等因素的影响，这一群体对大规模的促销活动并不敏感。月收入在 1 万元以上的受访者中，表示不会受商场促销活动影响的占 75%，83%的受访者会在非促销期购买不打折的商品。专家认为，中高收入消费者品牌忠诚度较高，消费意向较为坚定，受促销影响小。上海现在提出在机场外开辟免税商店，我感觉完全可以在保税区、临江地区或者洋山保税港区做篇这方面的大文章。长年的让利，长年的品质第一，对拉动上海内需真的是很大的贡献。

贸易的发展一定会带来物流的发展，如何适应这种变化是物流业转型的新课题。物流不再是简单的运输加仓储，它更需要的是针对不同的客户有不同的运作、财务、客服的要求，物流操作个性化，物流在整个经济运行链条中的作用将更加显著，物流行业要充分认识到这一点，及早做好各方面的准备工作。

（陶惠民）

第十一篇 附 录

11.1 上海物流业大事记（2012 年 5 月 -2013 年 8 月）

上海物流业大事记（2012 年 5 月—2013 年 8 月）

＊ 截至 2012 年 5 月，位于虹口区的“北外滩航运服务集聚区”经过数年功能建设已初具规模。

背景介绍：经过位于虹口区的北外滩部分是上海 CBD 最后一块增量地区，承载了上海国际航运中心一部分功能，截至 2012 年 5 月，已有 3000 多家航运企业在此集聚。其中，落户北外滩的航运经纪公司达到 13 家，2012 年还开展了“第三批航运经纪试点”，并以航运金融和财富管理为特色，已有 100 家以上的此类金融企业入驻。北外滩将重点吸引世界大型班轮公司、物流企业、船代货代企业、邮轮公司、海事法律等入驻，加快航运要素市场建设，发展航运金融与保险、仲裁公证公估、信息服务、人才培训等航运物流服务产业，成为上海国际航运中心的核心商务区。虹口区政府组建了“北外滩航运服务集聚区建设发展办公室”，并出台扶持航运产业发展的地方性政策，以期有效降低航运企业的商务成本。

＊ 2012年5月6日，由浙江省物流协会和江苏省物流协会主办、上海市物流协会和学会协办的《长三角物流合作论坛》在浙江省义乌市举办，上海物流协会等上海物流业界的协会和企业代表出席。

＊ 2012年5月6日，由上海市物流协会和学会、交通运输行业协会、国际货代行业协会、仓储行业协会和上海物流企业家协会等单位联合主办的《"5.6"物流活动日暨合作发展论坛》在上海浦东干部学院举办。

＊ 2012年5月24日，《上海市加快国际航运中心建设"十二五"规划》正式颁布。

背景介绍：根据《上海市加快国际航运中心建设"十二五"规划》制订的发展目标，在国际航运业务方面，上海港货物年吞吐量要保持在6.5亿吨左右，到2015年，集装箱年吞吐量要达到3300万标准箱，继续位居世界港口前列；航空货邮吞吐量要达到550万吨，位居世界机场前列；在上海登记注册的国际航运船舶要超过400艘。在航运服务业方面，到2015年，在上海达成的二手船舶交易金额力争突破100亿元/年；航运经纪公司在沪注册数量达到50家以上，船舶管理公司达到160家以上；培育5—10家服务网络覆盖全国乃至全球的航运服务代理企业；船员劳务年输出量突破1万人。在航运金融方面，国际航运结算的便利化水平要有较大提高，航运融资的创新能力和多样化程度达到或接近国际先进水平，航运融资、航运保险和航运衍生品交易规模在国际市场占比和影响力显著提高。

＊ 2012年5月31日，戴德梁行最新发布的长三角物流仓储物业调查结果显示，未来浦东机场区域将有超过46万平方米的物流仓储物业陆续上市，这将使浦东机场成为浦东除外高桥及临港（洋山港）第三大物流中心。但是，预计该区域未来租金走势也将出现放缓。非保税仓库的租金水平在上海、江苏和浙江存在着更为明显的差异。由于可供应面积较大，将使该地区的租金涨势放缓，同时也将使得该区域招商竞争达到白热化。

＊ 2012年5月，上海市发展改革研究院课题组发布《2012年一季度上海服务业重点监测企业问卷调查报告》指出，从行业分类看，认为税负有所增加的企业主要集中在运输仓储业。36家运输仓储业有63.9%认为税负有所增加，其中税负增加10%以上的企业占27.8%。此外，从事文体娱乐、水利环境业的企业也多数反映税负有所增加。《报告》提出，上海"营改增"试点对小规模纳税人利好明显，交通运输业整体税负增加，企业希望政府出台的扶持政策中，对降低税费的呼声依然最高。呼吁上海总结经验，进一步扩大试点范围，理顺企业上下游关系。

＊ 2012 年 6 月，《上海市现代物流业发展“十二五”规划》正式发布。

背景介绍：《上海市现代物流业发展“十二五”规划》指出，“十二五”期间，上海市物流业增加值年均增速将达到 10% 左右。到 2015 年，物流业增加值占全市生产总值比重达到 13% 左右；全社会物流总费用占全市生产总值比重降至 15% 以下；物流信息化和标准化水平进一步提高；国内外优势物流企业总部、大型综合物流企业以及专业化物流服务企业数量进一步提高。到 2015 年，上海将以高端物流服务为核心，加快物流业向"高效率、高增值、低消耗"转变，使上海成为全国现代物流业发展的引领示范高地，形成与国际经济、金融、贸易、航运中心核心功能相匹配的，初步具有全球物流资源配置功能的国际物流枢纽城市和全球供应链管理中心之一。近三年来，上海物流业规模和效益持续增长，运行成本低于全国水平。

＊ 2012 年 6 月，交通运输部发文决定按照“政府推动、协会组织、企业自愿”原则，建立重点物流园区、企业联系制度。这是为贯彻落实国务院《关于促进物流业健康发展政策措施的意见》精神，旨在促进物流园区健康、可持续发展而采取的一项务实之举。联系制度按照“政府推动、协会组织、企业自愿”原则，充分发挥政府、协会和市场优势，通过政府积极推动引导，协会组织协调和企业自愿参与，形成相对稳定、高效的动态跟踪机制。联系制度的主要内容包括定期报送数据；建立信息反馈制度；定期公布发展信息；组织召开重点联系企业研讨会、经验交流会等。

＊ 2012 年 6 月下旬，由交通运输部道路运输司组织的城市配送管理工作座谈会在江苏无锡召开。发展城市配送，是适应城市经济社会发展的客观要求，是提升城市居民消费能力的有效举措，也是加强和创新社会管理的重要内容。会议讨论并修订了《关于加强和改进城市配送管理工作的指导意见（初稿）》。目前，城市配送管理问题主要包括货运车辆通行范围小、城区难进、通行证难拿、城市配送缺乏长远规划、配套基础设施不完善等。各级交通运输部门将做好政策引导和培育工作，力争用 5 年时间，基本建立运转高效、监管有力的城市配送管理体制和运行机制。

＊ 德国邮政旗下 DHL 国际航空快递有限公司将于 7 月在中国上海启用一座大型物流中转枢纽，并计划将集团董事会迁至上海办公一个月，以进一步考察中国市场。将在上海启用的 DHL 物流中转枢纽，投资达 1.75 亿欧元，能同时支持 4 架飞机和 50 辆货车进行货物装载作业，每小时能处理 2 万件包裹。2011 年，DHL 在华营业额达 40 亿欧元，中国已经超过德国，成为其全球最大的市场。DHL 预计到 2015 年，中国物流市场的总容量

将以年均10%的速度增长，届时将达到4000亿欧元的规模。

＊ 2012年6月15日，由财政部、海关总署、国家税务总局联合发布通知，从青岛、武汉启运报关出口，并由上海浦海航运公司、中外运湖北公司承运，从水路转关直航运输经上海洋山保税港区离境的集装箱货物，试行启运港退税政策。由8月开始，从青岛、武汉发往洋山保税港区出口的集装箱货物，一经确认离开启运港，就可以办理退税，很多中小企业因此可加快资金周转，不必再去韩国、日本港口中转；上海港可以极大提高中转量，提升在世界范围内的竞争力。

＊ 2012年7月12日，德国邮政敦豪旗下的DHL位于浦东的耗资1.75亿美元的北亚转运枢纽正式启用。

背景介绍：DHL北亚枢纽位于上海浦东国际机场，占地8.8万平方米，拥有5.5万平方米的作业空间，是目前亚洲最大的快递转运中心。枢纽配备了最先进的5.8千米长的分拣系统，94个分拣位，最大处理能力可达到每小时2万个包裹及2万份文件。北亚枢纽的落成使DHL亚洲多枢纽网络更加完善，DHL分布在上海、香港、曼谷、新加坡等四个亚太地区的枢纽，将遍布于亚太地区70多个DHL快递口岸紧密地连接在一起。公司计划在未来两年内再投资1.32亿美元，新增8架DHL专机，执飞上海往返北亚、欧洲和美国的国际航线，满足强劲且日益增长的市场需求。目前，DHL服务网络覆盖全球220多个国家和地区。浦东机场此前已经有UPS转运枢纽投入运营，除了新启用的DHL北亚转运枢纽，未来联邦快递（FedEx）也将在浦东机场建设转运枢纽，而且中货航、国货航等国内货运航空公司等也将陆续入驻。而随着这些货运巨头的集结，浦东机场的货邮吞吐量有望在3至5年内达到世界第一。

＊ 2012年7月，《上海“十二五”内河航运总体规划》已获上海市政府批准发布。

背景介绍：《上海“十二五”内河航运总体规划》明确，“十二五”期间，上海将加快内河高等级航道及配套内河港区建设，加快推进内河运输船型标准化，建立和完善内河水运支持保障系统，着力提升航道及设施的养护与管理水平。上海将以内河高等级航道及配套港区建设为着力点，加快形成航道、港口、船舶和支持保障系统协调发展，功能完善、技术先进、运转高效的内河水运体系。加快完成杭申线工程续建以及大芦线二期（大治河段）等内河高等级航道建设，实现通往外高桥港区、洋山深水港区的内河集疏运通道高标准贯通。加快芦潮港、外高桥等内河高等级航道配套港区建设，重点推进内河粮食、生活垃圾、危险货物和旅游客运四大类码头前期工作和工程建设。2012年上半年，。赵家沟、大芦线一期、杭申线工程分别完成工程总投资的95.41%、92.35%和50.01%。外高桥内河港区一期工程使用港口深水岸线已获交通运输部会同国家发改委批复。

＊ 8月12日，上海市人民政府与中国远洋运输（集团）总公司在沪签署战略合作框架协议，双方将在国际航运中心建设、海洋工程装备产业发展等领域开展全面战略合作。

背景介绍：根据合作框架协议，中远集团将在现有基础上不断拓展上海地区业务，加大在沪投资强度。把上海作为中远集团发展航运、物流、海洋工程技术研发和装备制造、特种船舶修造等业务的重要战略基地，助力上海“四个中心”建设和经济转型发展。上海市政府将支持中远集团把上海作为项目投资和业务发展的重要基地，将为中远集团在沪项目的规划、立项以及土地、岸线等资源的使用提供优良服务和优惠政策，创造良好的投资环境。双方战略合作的范围包括建设国际航运中心、建设国家级海洋工程技术中心、建设海洋工程装备制造基地、综合物流领域、航运服务业领域等五方面。市长兴岛开发办与中远船务集团同时签署了《中远长兴岛海洋装备项目意向协议》，中远船务集团将以上海中远船务搬迁长兴岛为契机，积极在长兴岛布局发展高技术、高附加值的海洋装备产业，建设一流的海洋工程技术中心和研发制造基地，全方位参与长兴岛世界先进海洋装备岛建设。

＊ 2012年8月，上海市政府新闻发布会宣布，上海将发布实施一系列促进快递业发展的措施，加快培育快递业“总部经济”。

背景介绍：促进快递业发展的措施内容，至“十二五”末，上海快递服务收入年增长率将保持在25%以上，力争培育1至2家日均快件量超过300万件、年收入超过100亿元的网络型快递总部企业。在发展快递业“总部经济”过程中，用地方面，上海将支持落户上海的规模以上快递企业在规划物流园区内设置大型快递分拨中心，并在规划、土地管理上给予支持；在符合城乡规划、土地利用规划和行业总体要求的前提下，总部落户上海的规模以上快递企业可按规定通过定向招标等方式满足用地扩展需求。规范车辆通行方面，将发布符合国家法规标准的快递货运标准车型和快递行业统一标识；政府采购方面，上海各级政府机关、事业单位和团体组织使用财政性资金购买快递服务依法应实行政府采购的，应按法规规定，对符合条件的快递服务企业开放。上海还将指导、支持有条件的规模以上快递企业加快拓展电子商务、会展物流等服务领域，参与城市共同配送体系建设，推动快递企业向物流集成商发展。此外，在航空快件业务、人才引进、网点覆盖、注册登记、安全管理、信息化建设等方面，上海也将对快递企业予以支持。

目前，上海已成为全国快递服务的竞争高地和市场风向标。“十一五”期间，上海快递行业年均增长率保持在35%—50%。2011年，上海规模以上快递企业年收入达到122亿元，占全国市场份额的16%；年业务量达到4.09亿件。全国十大民营快递公司中，已有申通、圆通、中通、韵达等6家在上海设立了全国总部，UPS、FedEx、DHL等国外快递公司的中国区或华东区总部均设在上海。

＊ 2012年8月，在2012上海航运法治论坛上，上海市交通运输和港口管理局局长孙建平指出，将上海建设成为国际航运中心，不仅是上海市的发展方向，也是我国的发展战略；进一步完善法制、人才以及资金保障，积极争取类似“自由港”的政策，有利于改善上海市建设国际航运中心的软环境，助力航运中心建设工作推向深入。

＊ 2012年8月，交通运输部与上海市有关合作协议签署，北外滩航运服务集聚区被命名为“航运服务总部基地”，成为全国唯一一个航运服务领域的“总部基地”。

背景介绍：对致力于发展高端航运服务业的北外滩而言，此举被视作新一轮转型信号，旨在实现更高水准的要素集聚。此前，这里已集聚起3376户航运企业和25家功能性机构，是全国航运企业最集中、航运要素最齐全的区域之一。而在十多年前，这个与外滩和陆家嘴构成“黄金三角”的地区，拥有的还只是一批老码头。目前，北外滩已成为上海国际航运中心建设的核心功能区之一，航运服务业也已成为虹口区新的支柱产业。近三年来，这一地区的转型升级进一步提速，仅聚集机构就有多个“第一”：2010年，中国首家航运产业基金公司、首家航运指数衍生品交易公司、首批国际航运经纪公司相继在此成立落户；去年，这里又迎来中国首家无车承运业务试点企业和首家外商独资邮轮船务公司。

＊ 8月10日，交通运输部、上海市人民政府联合召开合力建设上海国际航运中心阶段总结推进会，暨加快推进国际航运中心建设深化合作备忘录签字仪式。会上，“北外滩航运服务总部基地”、“上海海事大学上海高校知识服务平台”被授牌。

背景介绍：项目将为上海国际航运中心建设、为航运业的发展注入新的活力。双方签署了《交通运输部、上海市政府加快推进国际航运中心建设深化合作备忘录》。根据合作备忘录，交通运输部与上海市政府将重点围绕优化现代航运集疏运体系、发展现代航运服务体系、探索建立国际航运发展综合试验区、促进邮轮产业发展四个方面，共同推进上海国际航运中心建设。为积极应对航运业的困难局面，促进航运业平稳发展，交通运输部发布了三个方面政策。一是关于促进我国国际海运业平稳有序发展。二是完善管理促进国内航运业健康平稳发展。三是允许将融资租赁船舶视作认定企业资质的自有运力，并在上海先行试点。

＊ 2012年9月26日，第十三届人大常委会第36次会议表决通过了《上海市实施“中华人民共和国邮政法”办法》。《办法》明确，市邮政管理部门应当加强快递业务市场管理，制定相关管理规则，完善市场监管体系。《办法》也明确邮政企业与快递企业应当及时、妥善处理用户对服务质量提出的投诉。用户对处理结果不满意的，可以向邮政管理

部门申诉。《办法》明确，快递企业递送快件时，应当告知收件人当面验收快件。快件外包装完好的，由收件人签字确认。

＊ 2012年9月下旬，上海市锦江航运有限公司（以下简称“锦江航运”）与上海外高桥（集团）有限公司在上海市政府贵宾厅举行了外高桥航运物流项目签约仪式。此次签约是继2011年4月28日签订《战略框架协议》之后的又一重要成果，标志着外高桥航运物流项目进入实施阶段。锦江航运将引入合作方，开发建造总面积9.2万平方米的现化代物流仓库，建成后将提供集普通仓储、恒温仓储、包装加工、第三方物流为一体的综合物流服务，在外高桥物流园区打造一个具有示范性的与国际航运相配套的航运物流基地，成为上海国际航运中心建设过程中延伸国际航运物流、联动国际航运服务的又一新亮点。

＊ 9月25日上海举办“发展平台经济与促进区域合作高峰论坛”。20年前成立，宗旨是服务长江流域和长三角经济联动发展的长江经济联合发展（集团）公司，在经历了“以实业为主导”、“以投资为主导”的发展阶段以后，正在探索一条“以平台为主导”的发展之路。

背景介绍：长江联合集团发展“平台经济”的“试验田”——“上海陆交中心”自2008年运营以来，已形成覆盖全国物流供应商、需求商及配套服务企业的会员10万余家，实现100万多次日访问量，80万条日有效物流服务供求信息，16万笔撮合交易数，271亿元撮合交易货值总额，年平均增长率约30%，仅两年时间实现实盘交易运费总计2.2亿元，营业收入年增幅达到50%以上。长江联合集团的下一步发展战略是，在继续加强上海陆交中心平台建设的基础上，将重点培育两大平台。一是要根据区域发展城市能级提升的需求，在基础设施领域，搭建集合政府、跨地区专业性设计与服务企业、银行、基金、信托、券商、咨询机构等为一体的运营平台；二是整合市场资源，打造集金融担保、保险经纪、小额贷款、产业基金、创投孵化及产业支持资金等服务的专业金融服务平台，为大量长江流域、长三角地区的中小型企业提供全方位金融服务。

＊ 10月17日，上海海关与中国海运（集团）总公司签署谅解备忘录，确立共建合作伙伴关系，双方在建立联络协调机制、强化信息互联互通、构建双向培训机制、共同促进贸易安全等方面达成了一系列共识。上海海关将以此次谅解备忘录签署为契机，秉承“合作共赢”的宗旨，进一步密切双方的协作配合，共同推动谅解备忘录各项内容的落实，在把好国门的同时不断提高贸易便利化水平，更加积极务实地为中国海运实施“走出去”战略、建设世界一流的航运企业提供助力。作为总部设在上海的唯一一家航运央企，中国

海运与上海海关一直保持着宽领域、多层次的良好合作关系，此次备忘录的签署为中国海运与上海海关深化合作交流搭建起新的平台，有利于维护国际贸易的安全与便利，促进国民经济的健康发展，为上海加快建设航运中心和贸易中心作出新的更大贡献。

＊ 10月25日，联邦快递（FedEx）和上海机场集团在沪签约，宣布联邦快递将在浦东机场建设全新的上海国际快件和货运中心。之前，联合包裹（UPS）已在浦东机场建成启用上海转运中心，敦豪速递（DHL）也在浦东机场建成了北亚枢纽。至此，浦东机场成为全球首个同时吸引三大国际物流集成商入驻并建立转运中心的机场。联邦快递上海国际快件和货运中心投资超过1亿美元，建成后将是联邦快递在亚太区的重要设施之一，为华东地区来往欧洲以及美国之间的货物提供更大的便利性和连通性。该项目预计于2017年投入使用，将配置全自动分检系统，并将发展与中国海关和中国出入境检验检疫的集成系统，力争实现无纸化通关。新设施每小时最高可以分拣3.6万个包裹和文件，每年分拣能力预计将超过9000万件，能满足联邦快递在该区域未来二十年的拓展能力。

＊ 2012年11月，中国银行上海市分行推出航运金融创新方案并成功完成首单业务。该行针对货代企业的经营特点，分析资金流特性，为客户研发推出“池融资”概念，将应收账款作为一个不断流动但余额相对稳定的“资金池”，并以此为质押物开展融资，使企业解决了向下游支付运费的资金缺口，为寻找新的业务突破口进行了有效的尝试。通过此次产品创新，中国银行不仅破解了货代企业融资难、质押难的局面，也为大批同类货代企业开创了全新的航运金融服务模式。今后，中国银行上海国际航运金融中心还将继续努力推陈出新，研发出更多适应于市场、助力航运企业的金融产品。

＊ 2012年11月7日，由复旦大学上海物流研究院、上海市物流协会和学会联合主办的《（物流业）产学研合作论坛》在上海市现代流通学校召开。

＊ 11月15日，上海市邮政监管派出机构成立大会举行，会上，新成立的上海市浦东邮政管理局等6个本市省级以下邮政监管派出机构揭牌。网购热带动上海快递业快速发展，目前，上海快递企业达到了900家以上，年业务收入达到153亿，并且上海年人均快递量达到17.8件，为全国平均水平的6倍以上；上海年人均函件量达到了56件，超过全国年人均函件量的10倍。上海市深入推进完善省级以下邮政监管体制工作取得

阶段性成果。上海从今年3月份起正式实施本市省级以下邮政体制改革，按区域分片设置浦东邮政管理局、黄浦邮政管理局、宝山邮政管理局、青浦邮政管理局、松江邮政管理局、奉贤邮政管理局等6个本市省级以下邮政监管派出机构，管理范围覆盖全市。

* 11月28日，2012年航运交易论坛举办，上海航运交易所首次发布了中国进口原油运价指数（CTFI）和中国进口干散货运价指数（CDFI）。至此，在上海发布的各类航运运价信息已覆盖集装箱、干散货、原油三大远洋运输领域，申城由此跻身世界级航运信息中心之列。

背景介绍：CTFI指数包括两条中国进口原油运输航线，分别为中东湾拉斯坦努拉至中国宁波和西非马隆格／杰诺至中国宁波，船型为目前市场主流船舶中的超大型油轮。而CDFI指数则包括14条航线，覆盖中国进口铁矿石、煤炭、粮食和镍矿四大货种，有海岬型船、巴拿马型船和超大灵便型船三种船型，采用程租（美元／吨）和航次期租（美元／天）相结合的运价发布形式。研究并编制中国进口干散货和原油运价指数无疑具有重要的意义，它将有利于政府掌握动态、企业制定决策、世界认知中国，有利于增强中国在国际航运业上的话语权，使中国进口航运市场得以健康发展，为世界航运业作出更大贡献。随着两大新指数的发布，上海航交所已经形成了一套覆盖所有远洋运输领域，24小时“全天候”发布航运信息的网络，成为上海国际航运中心建设中最发达的“头脑”。

* 2012年11月。在第九届中国航空货运峰会上，上海浦东国际机场获得了2012年度中国最佳货运机场奖。经过近10年的规划建设，浦东机场已形成3条跑道、2座航站楼、3个货运区、3个国际转运中心和1个综合保税区的总体规模，具备年货邮保障能力420万吨，达到世界级货运枢纽保障能力。浦东机场的货邮吞吐量在亚太地区增长最快，从2002年的63.5万吨增长到2011年的310万吨，连续4年位居全球第三。

* 2012年12月，上海综保区启动亚太营运商计划。按照计划，上海综保区希望用3年时间培育100家拥有足够实力，能够统筹国内、国际市场，统筹在岸、离岸业务，统筹贸易、物流和结算功能的亚太区营运总部，提升浦东乃至上海在全球经济格局中的国际竞争力。

背景介绍：2010年8月，国家外汇管理局批准在浦东开展国际贸易结算中心试点，允许企业通过设立专用账户，以合同或商业单据作为外汇支付凭证，解决了转口贸易因货物流和资金流分离导致单据不全而无法结汇的问题，有力促进了离岸转口贸易的规模发展。目前，共有20家试点企业累计完成专用账户贸易额超过50亿美元，综保区共培育了200家营运中心、31家地区总部、50家国际贸易结算中心，这些企业创造了上海保税区50%的经济总量。从贸易公司走向营运中心，再从营运中心走向总部经济。亚太营运商计划最大的不同在于，管委会不再简单地审批和认定总部企业，而是与企业签约，按照企业提出的亚太总部定位目标和发展计划，为企业提供方便、快捷、高效的服务环境。“契约”核心就是政企双方共同努力，构建一套“X+1”的政策扶持体系。其中，“X”是指海关、检验检疫、外汇、工商、税务、公安等职能部门推出的功能政策和便利化措施，“1”主要指个性化的财政扶持政策。

* 12月19日，上海港首次实现了对国际集装箱货物的二次集拼和中转运输，标志着洋山保税港区国际中转集拼业务正式启动。

背景介绍：我国内地港口在国际中转方面竞争力较弱，究其原因，由于受航线航班、监管模式、运输政策等因素的限制，国际中转集拼业务始终无法启动。这直接导致国际货物只能在上海港整箱出口或进口，而不能把上海作为集散点或中转站，进行二次运输分配。上海海关、上海综合保税区管委会和上海港务集团联合成立的“洋山保税港区拓展国际中转集拼功能”课题组，几年来依次解决了远洋航线、近洋航线、沿江沿海支线的互联互通等问题，优化制定了水运、港务、报关、拆拼箱等流程业务环节，终于走通了国际中转集拼这条路。上海港做起了“拼货”业务，对船公司和货主来说，最大的好处就是运输成本将大幅降低。从此，船公司可以在上海放心地揽货，然后将来自世界各地的货物重新拆散，按照不同的目的地和时间要求安排航线，利用上海港的现有航线，就可以满足全球客户的需求。洋山保税港区将加快洋山岛域国际中转集拼中心的规划建设，尽快实现无纸报关、散货上岛、启运港退税等功能，力争早日实现国际中转集拼业务规模化运作。

* 2012年12月中旬，上海市道路货物运输行业统计报表申报系统正式上线试运行，初步运行情况良好，收到广大货运企业的好评，将于明年1月正式启用。这项举措，是为进一步提高道路货物运输行业统计工作质量和效率，方便企业填报应用，缩短数据报送流程，并经前期开发和完善。此次申报系统开发包括道路货物运输行业的五个子行业，即：搬场运输、货运出租、危险品运输、货运搬场（站）、大件运输。主要通过程序设计的自动汇总、网上审核功能，实现网上报送、审核以及数据修订等一系列统计工作。为了确保系统的推广和应用，市运输管理处制定了网上报表申报制度，并组织22家搬场运输企业、9家货运出租企业的统计人员进行系统操作培训，使企业尽快熟悉操作系统，真正发挥申报系统功效。

* 至2012年年末，上海机场航空客流量依托长三角区域经济的稳步增长，再创历史新高。据初步统计显示，上海两大机场完成旅客吞吐量7870.89万人次，同比增长5.56%；完成货邮吞吐量

337.80 万吨，同比降低 4.84%，运输规模跃升世界级机场行列。目前，上海两大机场具备 4 座航站楼、5 条跑道、3 个货邮转运中心、1 个虹桥综合交通枢纽、1 个浦东机场综合保税区的总体规模，具有年旅客 8000 万人次以上、货邮 470 万吨的处理能力，具备了世界级枢纽机场的基础设施条件。此外，浦东机场国际货运枢纽地位基本确立。目前，有 21 家全货运航空公司和 31 家航空公司的货运包机通航浦东机场，国际（地区）货运通航点达到 112 个，全货机的货邮比例达到 70%，国际（地区）货邮比重达 88%，全国 58%的国际（地区）航空货邮从浦东机场进出，总价值超过 1200 多亿美元。

＊ 2013 年 1 月 9 日上港集团发布的营运数据显示，公司 2012 年完成货物吞吐量 5.02 亿吨，集装箱吞吐量 3252.9 万标准箱。去年同期货物吞吐量为 4.84 亿吨，集装箱吞吐量 3173.9 万标准箱。经测算，这两项指标同比分别增长 3.71% 和 2.49%。2012 年 12 月，公司完成货物吞吐量 4111.8 万吨，集装箱吞吐量 276.1 万标准箱。

＊ 2012 年 1 月，商务部发布了《关于加快国际货运代理物流业健康发展的指导意见》，明确了“十二五”期间促进国际货运代理业健康发展的指导思想、基本原则、发展目标、主要任务和保障措施。

背景介绍：《指导意见》提出，“十二五”期间，要在转变方式、提高质量的同时，实现规模以上企业营业额年均增长 12% 左右。通过并购重组、扶优选强，打造若干个主营业务突出、经营模式先进、海外网络健全、具有较强竞争力的大型国际物流企业。培育一批功能完善、设施完备、资源整合能力强的大中型物流商。推动形成一支品牌效应突出、业务优势明显的中小型专业货代商队伍。基本形成结构合理、业态多样、服务优质、竞争有序的国际货代物流市场。《指导意见》明确，国际货代物流业工作要以管理改革和制度创新为基本原则，坚持市场主导、政府引导，注重以企业为主体，坚持分类指导，实行有序竞争。要完善行业管理制度，引导行业“转方式，促转型”。要优化市场环境，关注中小企业发展，重点做好专业服务、培训人才、减负增效工作。要鼓励企业“走出去”，引导相关企业整合资源，打造旗舰，参与国际竞争。要创新经营模式，开拓新兴市场，提高行业利润率和市场竞争力。要全面提升行业信息化水平，夯实行业发展基础，健全行业规范和行业统计制度，推进行业信用体系建设。要加强行业组织建设，充分发挥各地货代行业组织的服务、协调、自律作用。《指导意见》要求各地商务主管部门和行业组织根据本地区、本行业的具体情况，按照指导意见确定的目标、任务和相关原则，制定符合自身实际的发展规划及政策措施，建立切实可行的工作机制，明确职责，扎实推进各项工作，促进我国国际货代物流业快速健康发展。

＊ 2013年1月11日，交通运输部公布了修订后的《快递市场管理办法》（交通运输部令2013年第1号）。《办法》自2013年3月1日起施行。近年来，我国快递市场发展迅猛，进一步完善相关规章，有助于提升快递服务水平，更好地促进快递行业健康发展。《办法》补充了管理主体，明确省级以下邮政管理机构对快递市场实施监督管理的职责；规定经营快递业务的企业不得超越许可的业务范围和地域范围开展经营活动；对开展快递加盟的双方资质、权利义务关系等内容进行了具体规范。同时，《办法》还明确禁止野蛮分拣、随意处理无着快件等行为，并规定了相应的法律责任。

＊ 1月18日，部分市人大常委会组成人员就《上海市实施〈中华人民共和国邮政法〉办法》贯彻实施情况进行视察。2012年，本市规模以上快递服务企业业务量达6亿件，比2011年同比增长46.4%；业务收入完成182. 9亿元，同比增长50. 1%。上海邮政去年全面实行经营体制改革，全年收入超83亿元，其中市邮政公司业务收入突破50亿元大关，报刊发行专业增幅、函件业务收入规模均全国领先，电子商务专业增幅位列全国前三。《上海市实施〈中华人民共和国邮政法〉办法》自去年12月1日起施行，市邮政管理局大力宣传贯彻相关法规，进一步落实邮政设施规划、推进大型居住社区邮政设施配套建设等，并针对上海快递服务迅猛发展的势头，细化促进快递业健康发展的具体配套政策。

＊ 2013年1月，2012年我国港口集装箱吞吐量前10名排行榜出炉。据中港网排名数据，2012年，我国沿海和内河港口中，集装箱吞吐量排名前十位依次是上海港、深圳港、宁波－舟山港、广州港、青岛港、天津港、大连港、厦门港、苏州港、连云港港。其中，苏州港、连云港港年集装箱吞吐量首次突破500万标箱，从而使我国港口集装箱吞吐量500万标箱以上港口由2011年的8个再增加两个，前十强港口均跻身500万标箱以上港口“俱乐部”。在全国前十的集装箱港口中，上海港以3252.9万标箱的成绩傲视群雄，为国内唯一的3000万标箱以上超级大港，同时也继续位居世界第一大集装箱港；深圳港仍为唯一的一个2000万标箱级港口，排名第二，但增速在国内十强中垫底；紧追深圳港之后的宁波－舟山港今年一举跨过1500万标箱大关，以10%左右的增速大踏步前进，将2011年近身肉搏的广州港甩在了身后，2011年二者差距不到50万标箱，今年扩大到164万标箱。

＊ 2013年2月8日，上海市物价

局、上海市交通运输和港口管理局联合发文《关于废止＜上海港外贸进口集装箱疏运收费管理暂行规定＞的通知》，自2013年3月1日起废止《关于发布〈上海港外贸进口集装箱疏运收费管理暂行规定〉的通知》（沪价公［2003］021号）。港口收费应严格按照交通运输部《港口收费规则（外贸部分）》的规定执行，请各有关单位做好明码标价和宣传解释工作。

＊ 2013年2月25日，波罗的海国际航运公会上海中心在浦东揭幕。作为全国首家由国际性行业组织设立的民办非企业组织，该中心的成立既是上海国际航运中心建设的重大事件，也是我国社团组织管理领域的重要创新和突破。

背景介绍：波罗的海国际航运公会是一个具有100多年历史，被公认为世界上最大、运营最多样化的国际航运组织，一直致力于提升国际航运政策和法规的公正和平衡。目前国际海运和相关行业中有将近3/4的交易采用了该公会的标准合同和条款。截至2011年，公会已拥有2500多个会员，包括来自123个国家和地区的船东、船舶代理和经纪人、保险公司、保赔协会和其他航运组织。值得一提的是，波罗的海国际航运公会的船东会员共拥有1.5万多艘船舶，7.03亿载重吨的运力，约占世界海运业总运力的65%以上，在全球航运业中具有举足轻重的地位。波罗的海国际航运公会成立上海中心，将对上海航运产业带来更大的集聚效应。此前，上海尚没有国际代表性和国际公认的航运组织，在国际航运标准和规则制定时也很难听到来自中国的声音。而随着公会入驻上海，将会带来国际航运经济的集聚辐射功能，有利于上海在提升市场配置资源能力的过程中实现经济发展方式的转变。利用波罗的海国际航运公会的国际影响力，中国航运业在世界航运舞台上的“话语权”，尤其是在国际航运标准制定和交易规则设置等方面的影响力有望进一步加强。未来上海中心将立足中国，向全球范围内的国际航运企业和相关机构提供一流的国际航运服务，力争在航运交易、航运融资、航运保险、航运信息、航运咨询、航运标准、海事技术、航运法律服务等领域开拓新业务。

＊ 2013年2月20日，全国邮政行业职业技能鉴定考务管理信息系统培训班在京举办。本次考务管理信息系统升级主要是为2013年快递业务员职业技能鉴定考试工作做准备。在初级、中级考试的基础上，快递业务员高级职业技能鉴定考试今年起在全国全面推行。初级、中级、高级三个级别的考试将同时进行，全国统一考试，主要包括理论知识考试和技能操作考核。2013年，国家邮政局职业技能鉴定指导中心计划在3月、5月、10月、12月安排四批次全国统考，预计鉴定人数达10万人次。

＊ 2013年4月，浦东开发开放迎来23周年之际，一座占地6.01平方公里的

国际贸易城正在浦东北部崛起，这个名为“森兰•外高桥”的项目集国际生态社区和保税贸易功能于一身，将成为外高桥保税区乃至今后自由贸易试验区的“后花园”。

背景介绍：随着企业的集聚，外高桥保税区内配套设施和配套服务的不足日渐凸显。保税区不能“只有生意，没有生活”，于是森兰项目应运而生。该项目东临杨高北路，西至张杨北路，南毗赵家沟，北达航津路，紧临外高桥保税区和外高桥港区。“森兰•外高桥”定位国际化，将引进全球首屈一指的学校和医院，引进瑞可碧橄榄球俱乐部、高尔夫球训练中心等项目，亚洲7人制橄榄球比赛、6人制板球比赛等也会在森兰举行，而新建的网球场则将是上海首个红土网球基地。森兰将是一座生态之城，绿化用地和建筑用地比为7:3，绿化与水域占地4.21平方公里，相当于2.5个世纪公园，区内人均绿化面积65平方米，将成为上海新的“绿肺”和“氧吧”，而占地面积近37万平方米的森兰湖，也将是上海外环内最大的湖泊。森兰将利用外二、外三电厂的蒸汽余热，作为空调系统和生活热水系统的热源，实现森兰商务区的集中供冷与供热，争取达到零排放。“后花园”还具备了相当的产业功能。森兰商务区将延伸保税区的产业政策，依托保税区内250万平方米的保税仓库，建设统一的国际展示和采购平台，将仓储、运输、配送、售后服务联接起来，建立跨国公司在亚洲的货物集散地，这种“前店后库”的贸易模式将是上海的又一次新尝试。目前森兰项目的基础开发中，居民动迁完成99%，企业动迁完成97%。森兰商都商业中心项目以及森兰国际甲级写字楼项目将于年内初步建成，届时一个面向普通消费者的大型进口商品直销中心将开门迎客。

* 2013年4月12日，由上海复旦大学、上海现代服务业联合会联合主办、上海市物流协会和学会协办的《供应链高峰论坛》在浦东香格里拉贾里大酒店举办。

* 2013年4月18日，由上海市物流协会和学会、上海市仓储行业协会、成都市物流协会联合主办的《2013第六届中国仓储物流“创新与发展”高峰论坛》在成都市举办。

* 2013年4月16日，银行间市场清算所股份有限公司（简称上海清算所）宣布，正式推出人民币远期运费协议中央对手清算业务。这是我国首个人民币计价清算的全球化衍生产品，也标志着我国在主要的全球化衍生产品上，实现了以人民币计价清算零的突破。

背景介绍：运费波动一直是航运市场的主要风险。以波罗的海干散货运价指数为例，该指数曾在2008年突破11000点，但今年不足900点。而远期运费协议允许航运相关企业在现货市场进行船舶租赁交易的同时，可在远期运费协议市场买入反向协议，从而得以锁定成本。目前，远期运费协议已成为全球成熟的运费风险管理工具，也是全球交易量最大的场外交易航运金融衍生品，市场规模高达数百亿美元。人民币远期运费协议是以人民币计价和清算的远期运费协议，并由上海清算所提供中央对手清算服务。这不仅有利于国内航运相关企业使用远期运费协议，有效规避运费价格波动带来的风险，也有利于提升中国航运金融市场的风险管理水平，并且为全球参与者提供了多种选择。今后，上海将与伦敦、新加坡等地专业清算机构一道，共同为全球航运金融衍生品市场参与者提供服务。据悉，上海清算所昨天首批共推出三个产品的中央对手清算服务。

* 2013 年 4 月，由市运输管理处、市交通考试中心、道路运输行业协会等单位联合下发《关于进一步加强道路危险货物运输从业人员教育培训管理及 2013 年度继续教育的通知》，明确从业人员管理要求，并通过开展继续教育对从业人员在职情况进行专项清理。

背景介绍：截至 3 月底，市运输管理处共为 2804 名从业人员办理相关手续，其中 20 名办理转籍，479 名办理变更服务单位，2305 名办理离职报备，184 家企业的 6599 名从业人员完成了清理审核报名工作。4 月 15 日起，市运输管理处开展为期一个月的在职人员清理专项工作，重点对未通过清理审核报名的企业，要求其实际在职人员与登记注册人员一致，对不一致的单位，给予为期一周的整改，未整改到位的，压缩其运力规模，使其车辆规模与从业人员相匹配。同时，明确同一单位所有持危险货物从业资格证的人员，无论是开危险品车还是普货车，全部纳入危险货物从业人员管理，每月必须按时参加安全学习，并纳入危险货物从业人员信用评价考核。对于目前不在危险货物运输企业但持危险货物运输从业资格证的人员，由培训机构负责进行继续教育，并承担其安全学习或上岗前培训的责任，以提高危险货物运输从业人员安全意识，保障运输安全。

* 2013 年 4 月 27 日，作为上海口岸唯一的陆路型口岸——上海站铁路口岸通过国家联合验收小组验收，正式对外开放。由此，承担“沪港专列”客运运输功能的铁路上海站由临时口岸转为正式口岸。这标志着上海口岸拥有了水运口岸、航空口岸、陆路口岸三翼齐飞的开放格局。在上海站铁路口岸，海关、检验检疫等部门也正式对外受理业务，履行监管职责。

背景介绍：从 2003 年上海站铁路临时口岸设立，历经 10 年累计进出境旅客已突破百万人次。铁路口岸开放水平逐步提升，已成为连接沪港两地乃至内地与港澳地区的重要陆路枢纽。通过联合验收后，上海站铁路口岸将列为国家一级开放口岸，成为上海地区“海陆空邮”立体式口岸大格局的重要组成环节，提升和完善上海口岸开放格局，进一步提高上海乃至长三角区域经济开放水平，同时也有助于明确海关、检验检疫、边检等口岸综合管理机制，为实现区域口岸建设同步大发展奠定基础。下一步上海站铁路口岸还将实施进出通道分离，并将开设铁路免税商店。待条件成熟时，沪港列车如果转为动车运行，行车时间还有望大大缩短，综合考虑时间、票价成本，与空运相比，从铁路口岸去往香港的比较优势也将显现。目前，上海地区立体式口岸大格局已经形成，水运口岸有杭州湾北岸、洋山深水港区、长江上海段、黄浦江四大开放水域，包括洋山港区、外高桥港区、长兴岛造船基地、北外滩国际邮轮码头、吴淞国际邮轮码头等88个开放码头、288个泊位。航空口岸有上海虹桥国际机场（包括公务机基地）、浦东国际机场。陆路口岸有了上海站铁路口岸。另外，作为口岸功能的延伸，目前上海有松江、金桥、漕河泾、闵行、青浦、嘉定出口加工区，有外高桥保税区、洋山保税区和上海西北物流保税中心等。

* 2013年5月，“本市道路集装箱运输行业管理网络第一次工作会议”召开，标志着本市道路集装箱运输行业管理网络体系正式建立，集装箱运输行业进入全面网络管理阶段。

背景介绍：为使行业管理举措及时到位、行业状况动向及时反馈，2012年底市运输管理处建立“横向到边、纵向到底”的道路集装箱运输行业管理网络体系，就“管理网络体系、层次组员设置、大小组长选择、具体运转内容”等内容进行专题调研，广泛听取企业意见，多次与区（县）运管机构、行业协会商讨，今年4月26日本市道路集装箱运输行业管理网络体系正式建立。管理网络以企业注册地为主、经营地为辅，原则分为8个大组、63个小组。管理网络是管理部门与企业的互动平台，也是管理部门政策宣传、诚信建设、企业引导、问题分析、信息搜集等工作平台。为进一步加强管理部门与企业之间、协会与企业之间、企业与企业之间相互了解、互助互动、互帮互学、资源共享搭建了良好沟通渠道，有利于行业稳定健康发展，有利于加强行业自律、保护经营者合法权益。下一步，市运输管理处将具体落实管理网络的运作、宣传和完善工作，并在此基础上，积极推进集装箱堆场管理网络体系建立，为全市集装箱运输行业更健康、有序的运营奠定基础和保障。

* 2013年5月6日，由浙江省、江苏省、上海市两省一市的物流协会联合主办的《长三角物流合作论坛》在上海华亭宾馆举办。

* 5月16日，市建交委在开展的“加快完善现代航运服务体系，促进航运中心建设”重点提案督办活动中透露，为加快国际航运综合实验区建设，上海将重点开展五项工作，其中包括跟踪启运港退税政策的实施情况，研究扩大试点。去年8月开始，国家在青岛、武汉和洋山保税港区之间试行启运港退税政策。去年底，上海海关共为1419批、2655箱符合条件的货物开具了出口退税证明联，货值超过2亿美元。国际航运综合实验区涉及事项的事权基本在国家相关部委，上海将继续扎实推动相关事项先行先试，

力争在税收优惠、船舶登记、口岸通关等方面取得突破。下一步将开展五项工作，除研究扩大启运港退税政策试点，还将继续落实洋山港船舶保税登记制度，完善相关配套政策，提高“洋山港”籍船舶数量和质量；深化推进融资租赁业务发展，形成综合保税区融资租赁规模化发展优势；深入研究洋山保税港区一体化运作模式，推动“洋山保税港区国际中转集拼中心”建设和规模化发展；开展国际性船舶融资租赁、证券化业务研究，探索航运金融业务创新。

* 2013 年 5 月，DHL 宣布在上海的近郊九亭建成了一个时尚业定制物流卓越中心，开创了高端时尚物流的全新模式。

背景介绍：该中心投资 430 万欧元，面积达 10500 平方米，以期满足高端时尚业及奢侈品行业的需求。这个物流中心将满足高端时尚零售商对各种不同产品的特定需求，如高级成衣、皮件、首饰、腕表、香水、化妆品和配饰等，为客户提供具体的解决方案。同时，该中心还汇集了 DHL 的各种增值服务，以及一支专注于高端时尚及奢侈品行业的团队，对整条时尚供应链进行管理，将产品从欧美原产国妥善交付到中国大陆的零售商手中。过去 10 年，中国时尚产业的市场规模增加了两倍。仅 2012 年，中国奢侈品市场就增长了 6%——中国消费者现已成为全球最大的奢侈品购买人群，占全球总销售额的 25%。在九亭创建时尚业定制物流卓越中心的过程中，DHL 充分利用在时装和奢侈品全球安全运送方面五十余年的丰富经验。通过对在华开展业务的 10 多个世界领先奢侈时装品牌的调查，DHL 创建了该中心，旨在为客户和消费者提供超越其预期的各种服务。除保税和非保税厂房外，DHL 时尚业定制物流卓越中心还拥有最先进的防盗及防伪安全设施，如防盗箱、防护栏、信息系统和监控系统，以及专门的运营及安全管理团队。2006—2011 年，DHL 已在印度、巴基斯坦、斯里兰卡、越南、孟加拉国、柬埔寨以及中国香港等地建立了一系列类似的时尚业定制物流卓越中心，以充分满足亚太和欧洲以及亚太及北美之间不断增长的时装与服饰贸易需求。

* 2013 年 5 月，上海国际航运研究中心发布《全球港口发展报告》(2013 年第一季度)，报告指出，今年第一季度，全球一些中小型港口箱量呈现两位数增长，其中福州港同比增长 21.5%、黄骅港升 27.5%、黑德兰港升 20.5%，但各地区主要的枢纽大港箱量增长依旧乏力，个别港口甚至录得负增长。

背景介绍：报告分析，目前偏弱的经济復苏力度对港口生产运输提振有限，外围经济不佳对港口运输生产的影响也依然存在。全年来看，预计全球港口业将实现小幅回暖，但货量增速明显加快的可能性不大，呈现“弱复苏”态势。货量方面，排名全球前三的宁波舟山港、上海港、新加坡港，今年首季度货量按年分别增长 1%、9%、-5%，除上海港成绩尚属正常外，宁波舟山港与新加坡港依旧维持去年的低迷表现。与此同时，受欧债危机持续影响，以处理亚欧之间中转货物为主的新加坡港，同样有心无力，首季货量按年跌5%，而天津港同比增长7%，新加坡面临天津港挑战的压力越来越大。至于其他欧洲主要货物港口仍延续去年下半年的低迷表现，欧洲第一大港鹿特丹港首季共完成货量1.09亿吨，较去年同期下跌0.9%。反观澳洲受益于中、日、韩铁矿石和煤炭需求增长，一季度黑德兰港完成货物吞吐量录得6899万吨，同比大涨20.5%。一季度全球港口箱量增长较去年下半年有所好转，但回升力度弱，除中国、南非主要港口呈现小幅復苏迹象外，其馀地区港口集装箱生产形势依旧维持低位。其中，上海港一季度仅以约11万箱的微弱优势领先于新加坡；而香港也表现差强人意，一季度集装箱吞吐量仅实现543.1万箱，同比下滑4.6%，仅领先深圳港约15万箱；釜山与宁波舟山两港之间的差距亦仅约19万箱，差距进一步缩小。如若釜山、香港在未来三个季度集装箱生产依然萎靡，这两个港口将受到深圳、宁波舟山的极大挑战，或许今年年末全球集装箱港口排名的前5位将发生变化。

* 2013年5月，上海市政府新闻发布会宣布，本市将加快实现国际航运中心建设与功能提升。一是以水水中转为重点，优化现代集疏运体系。二是以效率提升为切入点，打造航空客、货枢纽。三是以信息化为手段，提高港航物流服务能力。四是以机构建设为重点，加速航运资源在沪汇聚。五是以政策深化为主线，拓展综合试验区功能。六是以机制建设为重点，优化航运中心建设环境。七是以协调发展为原则，继续推动邮轮产业发展。八是以普及深入为要求，加强航运产业文化宣传。

* 5月20日，交通运输部部长杨传堂主持召开部务会议，传达贯彻国务院机构职能转变动员电视电话会议精神，听取“交通运输推进现代物流业健康发展的战略与政策”专题调研成果汇报等。

背景介绍：杨传堂强调，交通运输在推进现代物流业健康发展中具有基础和主体作用，而推进现代物流业健康发展又是实现交通运输转型升级的战略选择。要深入贯彻落实党的十八大精神和国务院关于调整振兴并促进物流业发展的相关工作部署，在推进现代物流业健康发展中实现交通运输行业转型升级。“交通运输推进现代物流业健康发展的战略与政策”是部党组确定的今年重点调研题目之一。调研工作由部领导牵头，各司局共同参与，通过深入的实地调研和广泛的咨询座谈，梳理了当前我国物流业发展的阶段性特征，剖析了当前我国物流业发展的主要问题，理清了一些重要认识和重大关系，形成了一个调研总报告和八个专题报告，并在此基础上编制了《交通运输推进现代物流业健康发展的指导意见》（简称《指导意见》）。会议审议并原则通过了《指导意见》。

* 2013年5月31日，由上海

第二工业大学、上海市物流协会和学会、上海市仓储行业协会联合主办的《化工物流与供应链标准论坛》在上海第二工业大学召开。

* 2013 年 6 月 6 日，交通运输部综合规划司司长孙国庆在例行新闻发布会上详细介绍了交通运输部近期发布的《交通运输推进物流业健康发展的指导意见》（简称《指导意见》）。

背景介绍：到 2020 年，便捷高效、安全绿色的交通运输现代物流服务体系将基本建成，传统交通运输业转型升级取得明显突破，物流效率和服务水平显著提升，实现交通运输与现代物流的融合发展，基本适应我国经济社会发展的需求。《指导意见》提出，要坚持“市场为主、政府引导，统筹规划、稳步推进，因地制宜、创新驱动，立足行业、协同发展”的基本原则，使运输结构不断优化，运行效率和质量显著提高；市场主体快速成长，组织化程度大幅提升；科技引领作用增强，标准化、信息化水平明显提高；重点领域加快发展，专业服务能力明显增强；市场秩序进一步规范，发展环境明显改善。《指导意见》明确七项重点任务。

一是加快完善交通基础设施，不断完善综合运输通道和网络，加快推进物流节点设施建设，优化并加强集疏运体系建设。二是大力创新发展先进运输组织方式，积极推进多式联运发展，加快发展甩挂运输。三是有效提升运输装备技术水平，提升标准化水平，提升专业化、清洁化水平，严格货运车辆和船舶的市场准入与退出。四是着力优化市场主体结构，培育龙头骨干企业，鼓励中小企业联盟发展，规范货运中介经营行为。五是积极推进信息化建设，加快推进交通运输物流公共信息平台建设，推进行业信息系统建设，鼓励企业加快推进信息化建设。六是加快推动重点领域物流发展，提升传统运输枢纽的物流服务能力，支持农村物流发展，推进城市配送发展，支持和规范快递业发展，加强危险品运输监管，引导冷链运输健康发展，规范大件运输管理。七是切实改善发展环境，健全相关法律法规，进一步规范收费公路发展，落实和完善物流业发展的相关政策，进一步规范执法行为，推进诚信体系建设。

下一步，将研究制定《落实＜指导意见＞分工方案》。在政策支持方面，重点加强物流枢纽、物流信息化、运力结构调整、农村物流、多式联运、零担快运、中小企业联盟等方面的政策研究，鼓励先行先试、典型引领。积极争取中央和地方财政支持，加强财政资金的引导和带动作用，鼓励和规范民间资本进入物流领域。

* 2013 年 6 月 28 日，国家邮政局与上海市人民政府签署的《关于加快推进上海快递总部经济建设与发展合作协议》。

背景介绍：预计到“十二五”末，总部在沪的快递企业年业务收入将超过千亿元，到 2020 年，将培育出 1 个年业务收入超千亿元、2 ～ 3 个年业务收入超 500 亿元、总部在沪的、具有较强国际竞争力的大型快递企业或企业集团。上海是我国快递服务起步最早的城市之一，也是全国快递服务最发达、快递企业总部聚集最多的城市。截至2013年上半年，依法在上海地区经营的快递企业共1512家。申通、圆通、韵达、中通、百世汇通、国通等多家民营快递企业在上海设立了全国总部，UPS、FedEx、TNT、DHL等国际快递公司的中国区或华东区总部也设在上海。快递行业已成为上海发展服务经济的一匹“黑马”，上海全市快递行业近年来年均增长率保持在35%～50%。2012年，全市规模以上快递服务企业业务收入完成182.9亿元，业务量完成6亿件，全上海2300万人口人均快件量25.3件，为全国平均水平的6倍多。今年1～6月，上海市规模以上快递服务企业业务量累计完成4亿件，同比再增长57%；业务收入累计完成110亿元，同比增长35%。据不完全统计，上海各大快递企业解决当地就业近10万人。

＊ 2013年7月10日，由上海水上旅游促进中心、上海浦东现代物流行业协会和日本国神户市政府主办，上海市物流协会和学会、上海物流年鉴编辑部协办的《第五届上海—神户港航物流旅游论坛》在上海花园饭店举办。

＊ 2013年7月20日，“2013长江及长三角航运信息化专网应用和产业发展座谈会”召开，会上有关方面宣布，一个覆盖长江“黄金水道”的航运综合信息服务平台将在临港软件园投入建设，未来上海将成为长江航运发展的信息枢纽。服务平台由一条宽带无线通信专网组成，长江沿线的各大港口、各航运企业的信息将能实现共享，物流客户可以实时查询货物的运输状态，长江流域的物流效率和信息化水平将再上一个台阶。

＊ 截至2013年8月，上海海关从2012年8月试点通关作业无纸化以来，一年来累计放行无纸化报关单已突破410万票，日均单量超过3万份，总量及日单量均列全国首位。通关无纸化，海关进入“大数据”时代，监管更精准了，企业则感受到更便利的贸易通关环境。目前无纸化改革试点已覆盖上海所有口岸海关的进口和出口通关业务。近13万家B类及以上企业签订通关无纸化协议，其中关区95%的A类及AA类企业已签约。异地企业在上海同样能享受无纸化通关的便利，近13万家签约企业中异地企业就有10.7万余家。

＊ 2013年8月1日起，为落实国务院促进外贸稳增长、调结构决策部署，进一步优化海关监管和服务，实施守法便利和违法惩戒，促进贸易便利化，海关总署决定自2013年8月1日起在全国海关范围内实施创新观念，优化监管查验工作机制。通过开展分类查验和查验分流，提高海关监管查验作业效能和口岸通关效率，引导企业守法自律。通告的有关事项包括：一、实施分类查验，二、

实行查验分流， 三、海关将进一步提高通关监管各作业环节的工作效能，让诚信守法企业切实享受到高效便捷的通关服务。

* 2013年8月7日，上海港口岸临港产业作业区通过国家联合验收组验收正式对外开放。

背景介绍：据悉，临港产业区开发建设十年来，已形成了核电、风电及特高压输配电等新能源设备、大型船舶关键件、海洋工程设备、自主品牌汽车整车及零部件、航空装备产业、大型工程机械六大装备制造产业集群，累计吸引产业项目总投资超过800亿元，预计至2015年产值将超过1500亿元。临港产业作业区一号码头（一期工程）长760米，9个泊位（其中3万吨级泊位4个），陆域占地面积约23万平方米，是临港产业区的重要配套项目，扩大开放后，临港产业区重装等设备可以直接通过该码头进出，有利于提高物流运行效率，降低企业经营成本，有利于临港产业区的区港一体和产城融合，促进重大装备制造业和现代物流业集聚，对进一步提升上海国际航运中心枢纽地位意义深远。

* 自2011年起，财政部、商务部等部门分3批在北京、上海、天津、辽宁、湖南、重庆、深圳、江苏等8个省市开展现代服务业综合试点工作。其中，北京、上海等地在试点工作中重点推动城市共同配送项目建设，在创新物流配送经营模式、推广现代物流技术，提高物流配送效率、便利居民消费等方面取得显著成效。截至2013年8月，据统计，北京、上海两市利用现代服务业综合试点中央财政补助资金1.41亿元，共计建设城市共同配送类项目45个，带动社会投资41.1亿元。项目实施领域涵盖共同配送网络建设、公共信息平台建设、先进物流技术应用等领域。

* 截至2013年8月，国家启运港退税政策在上海洋山保税港区试点一年来，上海海关共办结4319票启运港退税货物的核销手续，涉及货物13271集装箱。上海海关在确保监管到位的同时，加快启运港退税货物的通关速度，让出口企业受惠。

背景介绍：2012年8月1日，启运港退税政策试点工作在上海洋山保税港区拉开序幕。以青岛或武汉为启运地、以青岛前湾港或武汉阳逻港为启运港启运报关出口，从水路转关直航运输经上海（离境地）洋山保税港区（离境港）离境的集装箱货物，只要启运地海关办理放行手续后，即可向出口企业签发相关材料，出口企业凭相关材料即可至主管退税的税务机关办理退税手续。启运港退税政策不仅能缩短企业退税时间，减小运营资金压力，还能增强了洋山港的集聚辐射作用，助推上海国际航运中心建设。上港集团物流有限公司多式联运分公司是启运港退税货物在上海海关办理转关手续的主要代理企业。“对我们来说，政策最切实的优惠就是为缩短退税时间，缓解资金周转压力。”报关报检部经理助理刘杰说。启运港退税试点前，如果一批货物从武汉阳逻港出发经洋山港运往美国，企业必须在货物到达洋山港并实际离境后办理退税手续，试点后退税时间可以缩短十天半个月，进一步减轻了企业的资金周转压力。另外，如果上海作为离境港，企业在上海集拼后出境，可以选择更加符合实际经营所需的中转地。据悉，上海海关正在积极与海关总署沟通研究相关政策落实，启运港退税政策的持续深化也在日程表中。海关已着手调研启运港退税的放大优惠政策和方案，与启运地海关、承运企业、报关代理等各方加强沟通，为政策的下一步推广做好准备工作。

* 8月21日，上海国际航运研究中心发布2013年第二季度《全球港口发展报告》显示，全球港口生产运输状况依然延续年初以来的平稳态势，维持“弱增长”格局；在全球前十大港口排名中，中国港口已占8席。

背景介绍：该报告指出，在全球经济缓慢复苏的背景下，各国纷纷通过促进消费、引导投资等方式拉动内需，以稳定港口生产。第二季度，除亚洲和美洲部分港口保持相对较高涨幅外，其余港口依然在低位徘徊。虽全球港口集装箱吞吐量处于上升通道，但增幅不足3%，较一季度有大幅回落。总体而言，全球港口货物吞吐量与去年同期相比表现略好，大部分港口保持上涨态势，欧洲港口止跌企稳，负增长港口较之前略有减少。二季度，中国宁波-舟山港受铁矿石和矿建材料运输需求上升提振，以12.8%的强劲增幅弥补一季度的上涨乏力。上半年以39139万吨、6.7%的累计增幅远高于紧随其后的上海港，且量差达到1100万吨以上，预计2013年仍将稳居全球第一的宝座。营口港以两位数增幅超过同比增长3.4%的韩国釜山港，跻身世界前十大港口行列。而榜单上两大非中国港口也正处于收缩过程。其中，新加坡港虽仍居前三，但增幅微弱，几乎陷于停滞状态；鹿特丹港更是出现小幅下滑，极有可能在今年内被广州和唐山港赶上。2013年上半年全球前十大港口排名为：宁波—舟山、上海、新加坡、天津、青岛、鹿特丹、广州、唐山、大连、营口。全球十大港口中，中国占了8席。

* 2013年8月，上海市统计局发布了上半年本市航运情况的分析报告。报告指出在较为不利的外部条件下，上海港口集装箱水水中转比率显著提升，提前达成了“十二五”目标规划，从而有效保证长三角流域乃至全国的物流迅速集散，极大发挥了上海港的枢纽港功能。

背景介绍：2012年上半年，上海集装箱水水中转比率为46.6%，比去年同期提高3.8个百分点，已提前达到“十二五”规划中上海港水水中转比例到45%的目标。从总量和增速上看，继2012年上海港货物吞吐量被宁波—舟山港超越而位居全国第二之后，集装箱吞吐量也被深圳港紧追其后。上海港的总量优势虽然仍然保持，但增长速度平稳趋缓。2013年上半年上海港完成集装箱吞吐量1632.61万TEU，比

2012 年同期增长 2.9%。相比之下，水水中转量达 760.9 万 TEU，增长 12%，增速大大高于集装箱吞吐量增速，发展势头强劲。总量让位于质量，正是上海港从“量增长”转化为“质提升”的发展成果。水水中转快速发展的原因，一方面是随着上海国际航运中心建设的推进，洋山港成为东北亚地区航线最密集的深水港，超大型集装箱船的运力也为船公司提供更多的舱位，有效改变了箱源流失的状况。另一方面，上海港在发展国际中转上也取得明显的成效。优质的服务、经济的中转成本不断吸引国际船舶和货物通过上海中转，促进国际中转箱比重逐年上升。尤其是今年上半年，集装箱国际中转量 118.8 万 TEU，增速达 32.7%，高速增长引人注目，与水水中转起到了良好的互相促进作用。

* 2013 年 8 月，国务院正式批准设立中国（上海）自由贸易试验区。试验区范围涵盖上海市外高桥保税区、外高桥保税物流园区、洋山保税港区和上海浦东机场综合保税区等 4 个海关特殊监管区域，总面积为 28.78 平方公里。

背景介绍：建设中国（上海）自由贸易试验区，是顺应全球经贸发展新趋势，实行更加积极主动开放战略的一项重大举措。主要任务是要探索我国对外开放的新路径和新模式，推动加快转变政府职能和行政体制改革，促进转变经济增长方式和优化经济结构，实现以开放促发展、促改革、促创新，形成可复制、可推广的经验，服务全国的发展。建设中国（上海）自由贸易试验区有利于培育我国面向全球的竞争新优势，构建与各国合作发展的新平台，拓展经济增长的新空间，打造中国经济“升级版”。

今年上半年，商务部、上海市人民政府会同国务院有关部门在深入研究的基础上，拟定了《中国（上海）自由贸易试验区总体方案》（草案），上报国务院审批。主要内容包括进一步深化改革、加快政府职能转变、积极探索投资管理模式创新、扩大服务业开放、加快转变贸易发展方式、深化金融领域的开放创新、建立与试验区相适应的监管等制度环境等。7 月 3 日，国务院常务会议讨论并原则通过了该方案草案。

为推进中国（上海）自由贸易试验区加快政府职能转变，探索外商投资负面清单管理，创新对外开放模式，国务院已提请全国人大常委会，审议并决定在试验区调整部分法律规定的行政审批和事项。《中国（上海）自由贸易试验区总体方案》将在完成相关法律程序后公布。

* 2013 年 8 月下旬，位于东海之滨的上海浦东机场综合保税区迎来了封关运作以来的第 100 家海关登记注册企业——上海电气沪一租赁有限公司。在进出口贸易增速不断下滑的大背景下，上海浦东国际机场综保区海关以高效便捷的保税物流为基础，精心打造“融资租赁特别功能区”的名片。自机场综保区业务运作以来，每一年的入驻企业数量增长迅速，从 2010 年的 2 家、2011 年的 12 家到 2012 年的 57 家，今年 1 ～ 7 月又新增入区企业 30 家，同比增加 1.7 倍。

11.2 2012年上海市物流业部分统计指标一览

表 11-1 2001-2012 年上海市物流业增加值变化情况

指标	2001	2002	2003	2004	2005	2006	2007	2008	2009	2010	2011*	2012*
物流业增加值/亿元	628.6	703.4	770.1	985.3	1175.6	1339	1573	1760	1694	2037	2242.7	2428.3
年增长/(%)	N	11.9	9.5	27.9	19.3	13.9	17.5	11.9	-3.8	20.2	7.4 (10.1)	10.6
物流业增加值占全市生产总值比重/(%)	12.7	13	12.3	12.2	12.9	13	13.1	12.5	11.3	12.1	11.7	12.1
物流业增加值占全市第三产业增加值比重/(%)	25	25.5	25.4	27.6	25.6	25.7	25.3	22.4	19	21.2	20.1	19.9

数据来源：《上海市现代物流业发展“十一五”规划》、《上海市现代物流业发展“十二五”规划》，历年《上海市统计年鉴》、《上海市国民经济和社会发展统计公报》。2011、2012 年相关数据由市发展改革委提供。

表 11-2 2001-2012 年上海市物流业部分统计指标一览

指标	2001	2002	2003	2004	2005	2006	2007	2008	2009	2010	2011	2012
货物运输量/亿吨	5.4	5.9	6.4	6.6	6.9	7.3	7.8	8.4	7.7	8.1	9.3	9.44
港口货物吞吐量/亿吨	2.2	2.6	3.2	3.8	4.4	5.4	5.6	5.8	5.9	6.5	7.3	7.36
集装箱吞吐量/万标准箱	634	861	1128	1455	1808	2172	2615	2800	2500	2907	3174	3253
航空货邮吞吐量/万吨	80.4	107.5	139.8	193.6	221.6	253	290	305	298	370	353.9	336.8

数据来源：《上海市现代物流业发展“十一五”规划》、《上海市现代物流业发展“十二五”规划》，2011、2012 年相关数据摘自《2012 上海经济年鉴》和《2013 上海经济年鉴》等。

表 11-3 2012 年上海市和江苏省 浙江省的物流业增加值比较

分 类	上海市	江苏省	浙江省
2012 年物流业增加值 / 亿元	2428.25	3596.3	3350
年增长 /（%）	10.6	-	-
占 GDP 总量比重 /（%）	12.1	6.7	9.7
占第三产业比重 /（%）	19.9	15.2	21.4

来源：上海市物流协会、2013 江苏省和浙江省国民经济和社会发展统计公报。

11.3 中国（上海）自由贸易试验区物流业专题

中国（上海）自由贸易试验区进程动态（2013 年 3 月 -9 月）

【9 月 29 日】中国（上海）自由贸易试验区挂牌

经历数月的筹备，中国（上海）自由贸易试验区于 29 日 10 时举行挂牌仪式，中共中央政治局委员、上海市委书记韩正出席仪式，并为“中国（上海）自由贸易试验区”挂牌。中国商务部部长高虎城和中共上海市委副书记、市长杨雄共同为“中国（上海）自由贸易试验区管委会”挂牌。

“中国（上海）自由贸易试验区”和“中国（上海）自由贸易试验区管委会”的挂牌，标志着中国（上海）自由贸易试验区正式启动运作，将促进政府职能转变，积极探索管理模式创新，形成可复制、可推广的经验，更好地服务全国发展。

国家有关部门及上海市领导还为第一批入驻自贸试验区的企业和金融机构代表颁发了证照，挂牌仪式由上海市委常委、副市长艾宝俊主持。商务部部长高虎城并致辞。高虎城表示，中国 2 到 3 年将建国际水准自贸区，他同时强调，上海自贸区“重在制度创新，重在改革开放”。

【9 月 27 日】工农中建交等 8 大银行自贸区分行首批获批成立

中国银监会 27 日一下子批准了工商银行、农业银行、中国银行、建设银行、交通银行、浦发银行、招商银行和上海银行设立中国（上海）自由贸易试验区分行，上述8家成为首批获准设立上海自贸区分行的商业银行。

27日国务院印发中国（上海）自由贸易试验区总体方案，上海自贸区将于9月29日上午正式挂牌亮相，自贸区分行设立成为重要一环。

上述8大银行自贸区分行的设立，多数为自贸区内现有银行网点或机构的升级，而且多为总行或上海分行直接管理，并由上海分行行长、副行长级别领导亲自兼任自贸区分行行长，可见各家银行对自贸区分行的重视程度。

【9月27日】国务院印发中国（上海）自由贸易试验区总体方案

国务院关于印发中国（上海）自由贸易试验区总体方案的通知

国发〔2013〕38号

各省、自治区、直辖市人民政府，国务院各部委、各直属机构：

国务院批准《中国（上海）自由贸易试验区总体方案》（以下简称《方案》），现予印发。

一、建立中国（上海）自由贸易试验区，是党中央、国务院作出的重大决策，是深入贯彻党的十八大精神，在新形势下推进改革开放的重大举措，对加快政府职能转变、积极探索管理模式创新、促进贸易和投资便利化，为全面深化改革和扩大开放探索新途径、积累新经验，具有重要意义。

二、上海市人民政府要精心组织好《方案》的实施工作。要探索建立投资准入前国民待遇和负面清单管理模式，深化行政审批制度改革，加快转变政府职能，全面提升事中、事后监管水平。要扩大服务业开放、推进金融领域开放创新，建设具有国际水准的投资贸易便利、监管高效便捷、法制环境规范的自由贸易试验区，使之成为推进改革和提高开放型经济水平的“试验田”，形成可复制、可推广的经验，发挥示范带动、服务全国的积极作用，促进各地区共同发展。有关部门要大力支持，做好协调配合、指导评估等工作。

三、根据《全国人民代表大会常务委员会关于授权国务院在中国（上海）自由贸易试验区暂时调整有关法律规定的行政审批的决定》，相应暂时调整有关行政法规和国务院文件的部分规定。具体由国务院另行印发。

《方案》实施中的重大问题，上海市人民政府要及时向国务院请示报告。

国务院

2013年9月18日

（此件公开发布）

中国（上海）自由贸易试验区总体方案

建立中国（上海）自由贸易试验区（以下简称试验区）是党中央、国务院作出的重大决策，是深入贯彻党的十八大精神，在新形势下推进改革开放的重大举措。为全面有效推进试验区工作，制定本方案。

一、总体要求

试验区肩负着我国在新时期加快政府职能转变、积极探索管理模式创新、促进贸易和投资便利化，为全面深化改革和扩大开放探索新途径、积累新经验的重要使命，是国家战略需要。

（一）指导思想

高举中国特色社会主义伟大旗帜，以邓小平理论、“三个代表”重要思想、科学发展观为指导，紧紧围绕国家战略，进一步解放思想，坚持先行先试，以开放促改革、促发展，率先建立符合国际化和法治化要求的跨境投资和贸易规则体系，使试验区成为我国进一步融入经济全球化的重要载体，打造中国经济升级版，为实现中华民族伟大复兴的中国梦作出贡献。

（二）总体目标

经过两至三年的改革试验，加快转变政府职能，积极推进服务业扩大开放和外商投资管理体制改革，大力发展总部经济和新型贸易业态，加快探索资本项目可兑换和金融服务业全面开放，探索建立货物状态分类监管模式，努力形成促进投资和创新的政策支持体系，着力培育国际化和法治化的营商环境，力争建设成为具有国际水准的投资贸易便利、货币兑换自由、监管高效便捷、法制环境规范的自由贸易试验区，为我国扩大开放和深化改革探索新思路和新途径，更好地为全国服务。

（三）实施范围

试验区的范围涵盖上海外高桥保税区、上海外高桥保税物流园区、洋山保税港区和上海浦东机场综合保税区等四个海关特殊监管区域，并根据先行先试推进情况以及产业发展和辐射带动需要，逐步拓展实施范围和试点政策范围，形成与上海国际经济、金融、贸易、航运中心建设的联动机制。

二、主要任务和措施

紧紧围绕面向世界、服务全国的战略要求和上海“四个中心”建设的战略任务，按照先行先试、风险可控、分步推进、逐步完善的方式，把扩大开放与体制改革相结合、把培育功能与政策创新相结合，形成与国际投资、贸易通行规则相衔接的基本制度框架。

（一）加快政府职能转变。

1. 深化行政管理体制改革。加快转

变政府职能，改革创新政府管理方式，按照国际化、法治化的要求，积极探索建立与国际高标准投资和贸易规则体系相适应的行政管理体系，推进政府管理由注重事先审批转为注重事中、事后监管。建立一口受理、综合审批和高效运作的服务模式，完善信息网络平台，实现不同部门的协同管理机制。建立行业信息跟踪、监管和归集的综合性评估机制，加强对试验区内企业在区外经营活动全过程的跟踪、管理和监督。建立集中统一的市场监管综合执法体系，在质量技术监督、食品药品监管、知识产权、工商、税务等管理领域，实现高效监管，积极鼓励社会力量参与市场监督。提高行政透明度，完善体现投资者参与、符合国际规则的信息公开机制。完善投资者权益有效保障机制，实现各类投资主体的公平竞争，允许符合条件的外国投资者自由转移其投资收益。建立知识产权纠纷调解、援助等解决机制。

（二）扩大投资领域的开放

2. 扩大服务业开放。选择金融服务、航运服务、商贸服务、专业服务、文化服务以及社会服务领域扩大开放（具体开放清单见附件），暂停或取消投资者资质要求、股比限制、经营范围限制等准入限制措施（银行业机构、信息通信服务除外），营造有利于各类投资者平等准入的市场环境。

3. 探索建立负面清单管理模式。借鉴国际通行规则，对外商投资试行准入前国民待遇，研究制订试验区外商投资与国民待遇等不符的负面清单，改革外商投资管理模式。对负面清单之外的领域，按照内外资一致的原则，将外商投资项目由核准制改为备案制（国务院规定对国内投资项目保留核准的除外），由上海市负责办理；将外商投资企业合同章程审批改为由上海市负责备案管理，备案后按国家有关规定办理相关手续；工商登记与商事登记制度改革相衔接，逐步优化登记流程；完善国家安全审查制度，在试验区内试点开展涉及外资的国家安全审查，构建安全高效的开放型经济体系。在总结试点经验的基础上，逐步形成与国际接轨的外商投资管理制度。

4. 构筑对外投资服务促进体系。改革境外投资管理方式，对境外投资开办企业实行以备案制为主的管理方式，对境外投资一般项目实行备案制，由上海市负责备案管理，提高境外投资便利化程度。创新投资服务促进机制，加强境外投资事后管理和服务，形成多部门共享的信息监测平台，做好对外直接投资统计和年检工作。支持试验区内各类投资主体开展多种形式的境外投资。鼓励在试验区设立专业从事境外股权投资的项目公司，支持有条件的投资者设立境外投资股权投资母基金。

（三）推进贸易发展方式转变

5. 推动贸易转型升级。积极培育贸易新型业态和功能，形成以技术、品牌、质量、服务为核心的外贸竞争新优势，加快提升我国在全球贸易价值链中的地位。鼓励跨国公司建立亚太地区总部，建立整合贸易、物流、结算等功能的营运中心。深化国际贸易结算中心试点，拓展专用账户的服务贸易跨境收付和融资功能。支持试验区内企业发展离岸业务。鼓励企业统筹开展国际国内贸易，实现内外贸一体化发展。探索在试验区内设立国际大宗商品交易和资源配置平台，开展能源产品、基本工业原料和大宗农产品的国际贸易。扩大完善期货保税交割试点，拓展仓单质押融资等功能。加快对外文化贸易基地建设。推动生物医药、软件信息、管理咨询、数据服务等外包业务发展。允许和支持各类融资租赁公司在试验区内设立项目子公司并开展境内外租赁服务。鼓励设立第三方检验鉴定机构，按照国际标准采信其检测结果。试点开展境内外高技术、高附加值的维修业务。加快培育跨境电子商务服务功能，试点建立与之相适应的海关监管、检验检疫、退税、跨境支付、物流等支撑系统。

6. 提升国际航运服务能级。积极发挥外高桥港、洋山深水港、浦东空港国际枢纽港的联动作用，探索形成具有国际竞争力的航运发展制度和运作模式。积极发展航运金融、国际船舶运输、国际船舶管理、国际航运经纪等产业。加快发展航运运价指数衍生品交易业务。推动中转集拼业务发展，允许中资公司拥有或控股拥有的非五星旗船，先行先试外贸进出口集装箱在国内沿海港口和上海港之间的沿海捎带业务。支持浦东机场增加国际中转货运航班。充分发挥上海的区域优势，利用中资“方便旗”船税收优惠政策，促进符合条件的船舶在上海落户登记。在试验区实行已在天津试点的国际船舶登记政策。简化国际船舶运输经营许可流程，形成高效率的船籍登记制度。

（四）深化金融领域的开放创新

7. 加快金融制度创新。在风险可控前提下，可在试验区内对人民币资本项目可兑换、金融市场利率市场化、人民币跨境使用等方面创造条件进行先行先试。在试验区内实现金融机构资产方价格实行市场化定价。探索面向国际的外汇管理改革试点，建立与自由贸易试验区相适应的外汇管理体制，全面实现贸易投资便利化。鼓励企业充分利用境内外两种资源、两个市场，实现跨境融资自由化。深化外债管理方式改革，促进跨境融资便利化。深化跨国公司总部外汇资金集中运营管理试点，促进跨国公司设立区域性或全球性资金管理中心。建立试验区金融改革创新与上海国际金融中心建设的联动机制。

8. 增强金融服务功能。推动金融服务业对符合条件的民营资本和外资金融机构全面开放，支持在试验区内设立外资银行和中外合资银行。允许金融市场在试验区内建立面向国际的交易平台。

逐步允许境外企业参与商品期货交易。鼓励金融市场产品创新。支持股权托管交易机构在试验区内建立综合金融服务平台。支持开展人民币跨境再保险业务，培育发展再保险市场。

（五）完善法制领域的制度保障。

9. 完善法制保障。加快形成符合试验区发展需要的高标准投资和贸易规则体系。针对试点内容，需要停止实施有关行政法规和国务院文件的部分规定的，按规定程序办理。其中，经全国人民代表大会常务委员会授权，暂时调整《中华人民共和国外资企业法》、《中华人民共和国中外合资经营企业法》和《中华人民共和国中外合作经营企业法》规定的有关行政审批，自2013年10月1日起在三年内试行。各部门要支持试验区在服务业扩大开放、实施准入前国民待遇和负面清单管理模式等方面深化改革试点，及时解决试点过程中的制度保障问题。上海市要通过地方立法，建立与试点要求相适应的试验区管理制度。

三、营造相应的监管和税收制度环境

适应建立国际高水平投资和贸易服务体系的需要，创新监管模式，促进试验区内货物、服务等各类要素自由流动，推动服务业扩大开放和货物贸易深入发展，形成公开、透明的管理制度。同时，在维护现行税制公平、统一、规范的前提下，以培育功能为导向，完善相关政策。

（一）创新监管服务模式。

1. 推进实施“一线放开”。允许企业凭进口舱单将货物直接入区，再凭进境货物备案清单向主管海关办理申报手续，探索简化进出境备案清单，简化国际中转、集拼和分拨等业务进出境手续；实行“进境检疫，适当放宽进出口检验”模式，创新监管技术和方法。探索构建相对独立的以贸易便利化为主的货物贸易区域和以扩大服务领域开放为主的服务贸易区域。在确保有效监管的前提下，探索建立货物状态分类监管模式。深化功能拓展，在严格执行货物进出口税收政策的前提下，允许在特定区域设立保税展示交易平台。

2. 坚决实施“二线安全高效管住”。优化卡口管理，加强电子信息联网，通过进出境清单比对、账册管理、卡口实货核注、风险分析等加强监管，促进二线监管模式与一线监管模式相衔接，推行“方便进出，严密防范质量安全风险”的检验检疫监管模式。加强电子账册管理，推动试验区内货物在各海关特殊监管区域之间和跨关区便捷流转。试验区内企业原则上不受地域限制，可到区外再投资或开展业务，如有专项规定要求办理相关手续，仍应按照专项规定办理。推进企业运营信息与监管系统对接。通过风险监控、第三方管理、保证金要求等方式实行有效监管，充分发挥上海市诚信体系建设的作用，加快形成企业商务诚信管理和经营活动专属管辖制度。

3. 进一步强化监管协作。以切实维护国家安全和市场公平竞争为原则，加强各有关部门与上海市政府的协同，提高维护经济社会安全的服务保障能力。试验区配合国务院有关部门严格实施经营者集中反垄断审查。加强海关、质检、工商、税务、外汇等管理部门的协作。加快完善一体化监管方式，推进组建统一高效的口岸监管机构。探索试验区统一电子围网管理，建立风险可控的海关监管机制。

（二）探索与试验区相配套的税收政策

4. 实施促进投资的税收政策。注册在试验区内的企业或个人股东，因非货币性资产对外投资等资产重组行为而产生的资产评估增值部分，可在不超过5年期限内，分期缴纳所得税。对试验区内企业以股份或出资比例等股权形式给予企业高端人才和紧缺人才的奖励，实行已在中关村等地区试点的股权激励个人所得税分期纳税政策。

5. 实施促进贸易的税收政策。将试验区内注册的融资租赁企业或金融租赁公司在试验区内设立的项目子公司纳入融资租赁出口退税试点范围。对试验区内注册的国内租赁公司或租赁公司设立的项目子公司，经国家有关部门批准从境外购买空载重量在25吨以上并租赁给国内航空公司使用的飞机，享受相关进口环节增值税优惠政策。对设在试验区内的企业生产、加工并经“二线”销往内地的货物照章征收进口环节增值税、消费税。根据企业申请，试行对该内销货物按其对应进口料件或按实际报验状态征收关税的政策。在现行政策框架下，对试验区内生产企业和生产性服务业企业进口所需的机器、设备等货物予以免税，但生活性服务业等企业进口的货物以及法律、行政法规和相关规定明确不予免税的货物除外。完善启运港退税试点政策，适时研究扩大启运地、承运企业和运输工具等试点范围。

此外，在符合税制改革方向和国际惯例，以及不导致利润转移和税基侵蚀的前提下，积极研究完善适应境外股权投资和离岸业务发展的税收政策。

四、扎实做好组织实施

国务院统筹领导和协调试验区推进工作。上海市要精心组织实施，完善工作机制，落实工作责任，根据《方案》明确的目标定位和先行先试任务，按照“成熟的可先做，再逐步完善”的要求，形成可操作的具体计划，抓紧推进实施，并在推进过程中认真研究新情况、解决新问题，重大问题要及时向国务院请示报告。各有关部门要大力支持，积极做好协调配合、指导评估等工作，共同推进相关体制机制和政策创新，把试验区建设好、管理好。

附件 中国（上海）自由贸易试验区服务业扩大开放措施

一 金融服务领域

1. 银行服务（国民经济行业分类：J 金融业——6620 货币银行服务）	
开放措施	（1）允许符合条件的外资金融机构设立外资银行，符合条件的民营资本与外资金融机构共同设立中外合资银行。在条件具备时，适时在试验区内试点设立有限牌照银行。 （2）在完善相关管理办法，加强有效监管的前提下，允许试验区内符合条件的中资银行开办离岸业务。
2. 专业健康医疗保险（国民经济行业分类：J 金融业——6812 健康和意外保险）	
开放措施	试点设立外资专业健康医疗保险机构。
3. 融资租赁（国民经济行业分类：J 金融业——6631 金融租赁服务）	
开放措施	（1）融资租赁公司在试验区内设立的单机、单船子公司不设最低注册资本限制。 （2）允许融资租赁公司兼营与主营业务有关的商业保理业务。

二 航运服务领域

4. 远洋货物运输（国民经济行业分类：G 交通运输、仓储和邮政业——5521 远洋货物运输）	
开放措施	（1）放宽中外合资、中外合作国际船舶运输企业的外资股比限制，由国务院交通运输主管部门制定相关管理试行办法。 （2）允许中资公司拥有或控股拥有的非五星旗船，先行先试外贸进出口集装箱在国内沿海港口和上海港之间的沿海捎带业务。
5. 国际船舶管理（国民经济行业分类：G 交通运输、仓储和邮政业——5539 其他水上运输辅助服务）	
开放措施	允许设立外商独资国际船舶管理企业。

三　商贸服务领域

6. 增值电信（国民经济行业分类：I 信息传输、软件和信息技术服务业——6319 其他电信业务，6420 互联网信息服务，6540 数据处理和存储服务，6592 呼叫中心）	
开放措施	在保障网络信息安全的前提下，允许外资企业经营特定形式的部分增值电信业务，如涉及突破行政法规，须国务院批准同意。
7. 游戏机、游艺机销售及服务（国民经济行业分类：F 批发和零售业—5179 其他机械及电子商品批发）	
开放措施	允许外资企业从事游戏游艺设备的生产和销售，通过文化主管部门内容审查的游戏游艺设备可面向国内市场销售。

四　专业服务领域

8. 律师服务（国民经济行业分类：L 租赁和商务服务业——7221 律师及相关法律服务）	
开放措施	探索密切中国律师事务所与外国（港澳台地区）律师事务所业务合作的方式和机制。
9. 资信调查（国民经济行业分类：L 租赁和商务服务业——7295 信用服务）	
开放措施	允许设立外商投资资信调查公司。
10. 旅行社（国民经济行业分类：L 租赁和商务服务业——7271 旅行社服务）	
开放措施	允许在试验区内注册的符合条件的中外合资旅行社，从事除台湾地区以外的出境旅游业务。
11. 人才中介服务（国民经济行业分类：L 租赁和商务服务业——7262 职业中介服务）	
开放措施	（1）允许设立中外合资人才中介机构，外方合资者可以拥有不超过 70% 的股权；允许港澳服务提供者设立独资人才中介机构。 （2）外资人才中介机构最低注册资本金要求由 30 万美元降低至 12.5 万美元。
12. 投资管理（国民经济行业分类：L 租赁和商务服务业——7211 企业总部管理）	
开放措施	允许设立股份制外资投资性公司。
13. 工程设计（国民经济行业分类：M 科学研究与技术服务企业——7482 工程勘察设计）	
开放措施	对试验区内为上海市提供服务的外资工程设计（不包括工程勘察）企业，取消首次申请资质时对投资者的工程设计业绩要求。
14. 建筑服务（国民经济行业分类：E 建筑业——47 房屋建筑业，48 土木工程建筑业，49 建筑安装业，50 建筑装饰和其他建筑业）	
开放措施	对试验区内的外商独资建筑企业承揽上海市的中外联合建设项目时，不受建设项目的中外方投资比例限制。

五 文化服务领域

15. 演出经纪（国民经济行业分类：R 文化、体育和娱乐业——8941 文化娱乐经纪人）	
开放措施	取消外资演出经纪机构的股比限制，允许设立外商独资演出经纪机构，为上海市提供服务。
16. 娱乐场所（国民经济行业分类：R 文化、体育和娱乐业——8911 歌舞厅娱乐活动）	
开放措施	允许设立外商独资的娱乐场所，在试验区内提供服务。

六 社会服务领域

17. 教育培训、职业技能培训（国民经济行业分类：P 教育——8291 职业技能培训）	
开放措施	（1）允许举办中外合作经营性教育培训机构。 （2）允许举办中外合作经营性职业技能培训机构。
18. 医疗服务（国民经济行业分类：Q 卫生和社会工作——8311 综合医院，8315 专科医院，8330 门诊部〔所〕）	
开放措施	允许设立外商独资医疗机构。

注：以上各项开放措施只适用于注册在中国(上海)自由贸易试验区内的企业。

【9月26日】上海决定在自贸区内暂时调整实施地方性法规

上海市人大常委会通过决定在自贸区内暂时调整实施地方性法规

上海市第十四届人大常委会第八次会议26日通过《关于在中国（上海）自由贸易试验区暂时调整实施本市有关地方性法规规定的决定》，依法推进中国（上海）自由贸易试验区建设。决定自10月1日起施行。

根据《全国人民代表大会常务委员会关于授权国务院在中国（上海）自由贸易试验区暂时调整有关法律规定的行政审批的决定》的规定，在中国（上海）自由贸易试验区内，对国家规定实施准入特别管理措施之外的外商投资，停止实施《上海市外商投资企业审批条例》。凡法律、行政法规在中国（上海）自由贸易试验区调整实施有关内容的，上海市有关地方性法规作相应调整实施。

上海市其他有关地方性法规中的规定，凡与《中国（上海）自由贸易试验区总体方案》不一致的，调整实施。

上述有关地方性法规的调整实施在3年内试行。

上海市人大常委会法制工作委员会主任丁伟表示，作出自贸区内暂时调整实施上海市有关地方性法规规定的决定，主要基于两个考虑，一是对接国家层面法制保障的举措，保持国家法制统一；

二是依法推进中国（上海）自由贸易试验区建设方面的先行先试。

【9月25日】上海自贸区9月29日挂牌，副市长艾宝俊兼区主任

上海自贸区将于9月29日挂牌，目前上海自贸区的行政管理主体已经基本搭建完毕，自贸区管委会将在此前上海综合保税区管委会的基础上组建。目前，上海市委常委、副市长艾宝俊兼任综合保税区管委会主任。

上海市政府将于9月29日上海自贸区挂牌当天召开新闻发布会，公布上海自贸区首批政策改革细则，该政策将涉及98项政策试点，首批55项将在自贸区挂牌当日公布，其余43项将在年底前出台。首批方案将涉及制度创新、扩大开放、功能扩展和政策保障等方面。

上海自贸区内或将实现利率市场化，存贷款利率都将取消管制；但在人民币自由兑换方面，对于是否全面放开还存在分歧。此外，上海自贸区内企业将可以自由向中外资银行进行融资借贷，外资银行将享受国民待遇。

而对于普通民众更为关注的免税店是否将很快在自贸区出现的问题，上海财经大学自贸区研究中心副主任陈波认为，免税店可能暂时难以成行，原因在于海关监管难以及香港的压力两个方面。

陈波认为，目前外高桥保税区里的不少零售商品已有价格优势，如从外高桥进口的红酒占中国大陆总进口量的九成多，如果允许外高桥就地销售，可能价钱比原产地还便宜，这对于普通消费者而言是好事。

【9月24日】外高桥保税区大门悄然换装 上海自贸区初露脸

为对接国家在中国（上海）自由贸易试验区暂时调整法律、行政法规的举措，保持国家的法制统一，推进中国（上海）自由贸易试验区建设，市人大常委会拟作出关于在中国（上海）自由贸易试验区暂时调整实施本市地方性法规有关规定的决定。市人大常委会昨天下午召开主任会议，决定市十四届人大常委会第八次会议于本月26日举行，将对相关决定草案进行审议。市人大常委会主任殷一璀主持会议。

会议听取了《关于在中国（上海）自由贸易试验区暂时调整实施本市地方性法规有关规定的决定（草案）》（代拟稿）的说明，决定将该决定（草案）提请常委会第八次会议审议。

事实上，作为迄今为止国务院批准的唯一一个自由贸易试验区，上海自贸试验区各项筹备工作有序进行。日前，青年报记者在浦东走访时发现，作为浦东主干道的世纪大道、杨高路、龙东大道等道路两侧的交通指示牌全新增设了“中国（上海）自由贸易试验区”和“China(Shanghai)Pilot Free Trade Zone”字样的中英文清晰指引，不时有过往车辆放慢速度拍照留念。

而在杨高北路——有一座高达十几米，造型好似海鸥展翅的巨型跨路拱门，原本通过这里就意味着进入外高桥保税区，如今这一标志性建筑也发生了不小的变化，此前拱门上标注的“上海外高桥保税区”已经被悄然换上“中国（上海）自由贸易试验区”字样，硕大的黄底红字格外醒目。

中国（上海）自由贸易试验区很快启动，范围涵盖外高桥保税区、外高桥保税物流园区、洋山保税港区和浦东机场综合保税区等四个海关直属监管区域。目前各项筹备工作正在有序进行中。

【9月18日】新晋38家跨国公司地区总部落沪"抢滩"自贸区

上午，上海第二十三批共38家跨国公司地区总部集体获颁认定证书。外商在沪累计设立跨国公司地区总部数被刷新至432家（截至2013年8月底）。不少外商地区总部“落子”上海，正是瞄准了即将挂牌的上海自贸区，期待“抢滩”其中的优惠政策和商机。

在颁证仪式上，市政府副秘书长徐逸波指出，上海正迎来中国（上海）自由贸易实验区的历史性机遇。“我们衷心期待外商投资企业能够把握上海新一轮发展机遇，将更高能级的大中华区总部、亚太区总部以及研发、营运、产品服务、结算等功能性中心设在上海。”目前外商在上海共设有投资性公司277家、研发中心361家。

沃尔沃全球高级副总裁邓·拉尔斯透露，在上海的地区总部主要以采购和工程技术为主，对于上海自贸区建设一直十分关注。“我们为此成立了约20人的专门小组，主要由负责物流的团队组成。”来自伍尔特公司的副总裁李岩称：“公司地区总部就在外高桥保税区，我们有专人负责研究细则。一旦自贸区挂牌，将很可能提升我们从德国进口货物的通关效率。”

近期，集聚了沪上众多跨国地区总部的浦东新区发布蓝皮书称，随着中国（上海）自由贸易试验区即将挂牌运营，跨国总部企业将有机会参与自贸区试点，在更大范围、更高水平配置全球资源，共同打造中国经济“升级版”。

本次获颁证的38家跨国公司地区总部中，母公司业务主要为制造业的有28家，包括有上海惠普有限公司、沃尔沃汽车（中国）投资有限公司等，涉及IT、汽车、医药、能源等行业。母公司业务主要是服务业的有10家，涉及商业、物流等行业。根据2013《财富》世界500强排行，在新晋38家跨国公司地区总部中，有4家为世界500强，分别为英国石油公司、美国惠普公司、美国默沙东公司和英国阿斯利康公司。

在今天的颁证仪式上，上海市副市长周波为新晋38家跨国公司地区总部负责人一一颁发认定证书。市政府副秘书长徐逸波致辞。颁证仪式由市商务委主任尚玉英主持。

【8月30日】全国人大通过上海自贸区行政审批调整

全国人民代表大会常务委员会关于授权国务院在中国（上海）自由贸易试验区暂时调整有关法律规定的行政审批的决定
（2013年8月30日第十二届全国人民代表大会常务委员会第四次会议通过）

为加快政府职能转变，创新对外开放模式，进一步探索深化改革开放的经验，第十二届全国人民代表大会常务委员会第四次会议决定：授权国务院在上海外高桥保税区、上海外高桥保税物流园区、洋山保税港区和上海浦东机场综合保税区基础上设立的中国（上海）自由贸易试验区内，对国家规定实施准入特别管理措施之外的外商投资，暂时调整《中华人民共和国外资企业法》、《中华人民共和国中外合资经营企业法》和《中华人民共和国中外合作经营企业法》规定的有关行政审批（目录附后）。上述行政审批的调整在三年内试行，对实践证明可行的，应当修改完善有关法律；对实践证明不宜调整的，恢复施行有关法律规定。

本决定自2013年10月1日起施行。

授权国务院在中国（上海）自由贸易试验区暂时调整有关法律规定的行政审批目录

序号：1　名称：外资企业设立审批法律规定：《中华人民共和国外资企业法》第六条：“设立外资企业的申请，由国务院对外经济贸易主管部门或者国务院授权的机关审查批准。审查批准机关应当在接到申请之日起九十天内决定批准或者不批准。”　内容：暂时停止实施该项行政审批，改为备案管理

序号：2　名称：外资企业分立、合并或者其他重要事项变更审批法律规定:《中华人民共和国外资企业法》第十条：“外资企业分立、合并或者其他重要事项变更，应当报审查批准机关批准，并向工商行政管理机关办理变更登记手续。”　内容：暂时停止实施该项行政审批，改为备案管理

序号：3　名称：外资企业经营期限审批法律规定：《中华人民共和国外资企业法》第二十条：“外资企业的经营期限由外国投资者申报，由审查批准机关批准。期满需要延长的，应当在期满一百八十天以前向审查批准机关提出申请。审查批准机关应当在接到申请之日起三十天内决定批准或者不批准。”　内容：暂时停止实施该项行政审批，改为备案管理

序号：4　名称：中外合资经营企业

设立审批法律规定：《中华人民共和国中外合资经营企业法》第三条："合营各方签订的合营协议、合同、章程，应报国家对外经济贸易主管部门（以下称审查批准机关）审查批准。审查批准机关应在三个月内决定批准或不批准。合营企业经批准后，向国家工商行政管理主管部门登记，领取营业执照，开始营业。"内容：暂时停止实施该项行政审批，改为备案管理

序号：5 名称：中外合资经营企业延长合营期限审批法律规定：《中华人民共和国中外合资经营企业法》第十三条："合营企业的合营期限，按不同行业、不同情况，作不同的约定。有的行业的合营企业，应当约定合营期限；有的行业的合营企业，可以约定合营期限，也可以不约定合营期限。约定合营期限的合营企业，合营各方同意延长合营期限的，应在距合营期满六个月前向审查批准机关提出申请。审查批准机关应自接到申请之日起一个月内决定批准或不批准。"内容：暂时停止实施该项行政审批，改为备案管理

序号：6 名称：中外合资经营企业解散审批法律规定：《中华人民共和国中外合资经营企业法》第十四条："合营企业如发生严重亏损、一方不履行合同和章程规定的义务、不可抗力等，经合营各方协商同意，报请审查批准机关批准，并向国家工商行政管理主管部门登记，可终止合同。如果因违反合同而造成损失的，应由违反合同的一方承担经济责任。" 内容：暂时停止实施该项行政审批，改为备案管理

序号：7 名称：中外合作经营企业设立审批法律规定：《中华人民共和国中外合作经营企业法》第五条："申请设立合作企业，应当将中外合作者签订的协议、合同、章程等文件报国务院对外经济贸易主管部门或者国务院授权的部门和地方政府（以下简称审查批准机关）审查批准。审查批准机关应当自接到申请之日起四十五天内决定批准或者不批准。" 内容：暂时停止实施该项行政审批，改为备案管理

序号：8 名称：中外合作经营企业协议、合同、章程重大变更审批法律规定：《中华人民共和国中外合作经营企业法》第七条："中外合作者在合作期限内协商同意对合作企业合同作重大变更的，应当报审查批准机关批准；变更内容涉及法定工商登记项目、税务登记项目的，应当向工商行政管理机关、税务机关办理变更登记手续。" 内容：暂时停止实施该项行政审批，改为备案管理

序号：9 名称：中外合作经营企业转让合作企业合同权利、义务审批法律规定：《中华人民共和国中外合作经营企业法》第十条："中外合作者的一方转让其在合作企业合同中的全部或者部分权利、义务的，必须经他方同意，并报审查批准机关批准。" 内容：暂时停止实施该项行政审批，改为备案管理

序号：10 名称：中外合作经营企业委托他人经营管理审批法律规定：《中华人民共和国中外合作经营企业法》第十二条第二款："合作企业成立后改为委托中外合作者以外的他人经营管理的，必须经董事会或者联合管理机构一致同意，报审查批准机关批准，并向工商行政管理机关办理变更登记手续。" 内容：暂时停止实施该项行政审批，改为备案管理

序号：11 名称：中外合作经营企业延长合作期限审批法律规定：《中华人民共和国中外合作经营企业法》第二十四条："合作企业的合作期限由中外合作者协商并在合作企业合同中订明。中外合作者同意延长合作期限的，应当在距合作期满一百八十天前向审查批准机关提出申请。审查批准机关应当自接到申请之日起三十天内决定批准或者不批准。" 内容：暂时停止实施该项行政审批，改为备案管理（完）

【8月16日】国务院拟提请上海自贸区暂停实施部分法律规定

国务院总理李克强16日主持召开国务院常务会议，讨论通过拟提请全国人大常委会审议的关于授权国务院在中国（上海）自由贸易试验区等国务院决定的试验区域内暂停实施有关法律规定的决定草案。

为推进中国（上海）自由贸易试验区加快政府职能转变，探索负面清单管理，创新对外开放模式，会议讨论通过拟提请全国人大常委会审议的关于授权国务院在中国（上海）自由贸易试验区等国务院决定的试验区域内暂停实施外资、中外合资、中外合作企业设立及变更审批等有关法律规定的决定草案。

【7月03日】国务院正式通过上海自贸区方案

国务院总理李克强3日主持召开国务院常务会议，通过《中国（上海）自由贸易试验区总体方案》和《中华人民共和国外国人入境出境管理条例（草案）》。

会议原则通过了《中国（上海）自由贸易试验区总体方案》。强调，在上海外高桥［-2.44% 资金 研报］保税区等4个海关特殊监管区域内，建设中国（上海）自由贸易试验区，是顺应全球经贸发展新趋势，更加积极主动对外开放的重大举措。要进一步深化改革，加快政府职能转变，坚持先行先试，既要积极探索政府经贸和投资管理模式创新，扩大服务业开放；又要防范各类风险，推动建设具有国际水准的投资贸易便利、监管高效便捷、法制环境规范的自由贸易试验区，使之成为推进改革和提高开放型经济水平的"试验田"，形成可复制、可推广的经验，发挥示范带动、服务全国的积极作用，促进各地区共同发展。这有利于培育我国面向全球的竞争新优势，构建与各国合作发展的新平台，拓展经济增长的新空间，打造中国经济"升

级版”。

【5月02日】上海研究自贸区总体方案

离岸贸易、飞机融资租赁、保税期货交割……诸多推动上海国际金融、航运、贸易中心建设的业务，今年将在上海综合保税区实现突破。而这些先行先试的努力，也将推动上海综合保税区在建设具有自由贸易区功能的海关特殊监管区方面的探索。

此前，中国生产力学会曾在上海调研，提出了在上海浦东建设一个自由贸易区的建议，相关课题已上报国务院并得到有关领导的批示。在5月1日举行的2010年上海综合保税区企业大会上，上海综合保税区管委会副主任简大年称，该项目目前尚处在研究阶段，还在进行相应的课题研究。

浦东新区沿东海100多公里的岸线、3400平方公里海域上，由北向南分别分布着外高桥港、上海浦东国际机场空港、洋山港和外高桥保税区、上海浦东机场综合保税区以及洋山保税港区，形成了国内要素禀赋最为集中的“三港三区”格局。

作为市政府的派出机构，上海综合保税区于2009年11月18日成立，其统管面积为共达20多平方公里的“三区”——洋山保税港区、外高桥保税区（含外高桥保税物流园区）及浦东机场综合保税区。

寄希望于“三港三区”联动发展，上海综合保税区被定位为上海国际航运中心的核心区域、国际贸易中心的重要载体、国际金融中心的新突破点。上海综合保税区将是浦东下一轮发展的攻坚点。“攻下来就是亮点，攻不下来就是难点。”

浦东下一轮发展将努力形成以服务经济为主的经济结构，特别是把航运、金融、贸易作为优先发展的三大产业，而在上海形成国际金融、航运、贸易中心的过程中，综合保税区将大有作为。

自1990年全国首个特殊监管区——上海外高桥保税区成立后，我国的海关特殊监管区域已经发展出了多种模式，比如保税区、出口加工区、保税物流园区、保税港区等，在中国的经济发展中起到了巨大的推动作用。

比如外高桥保税区，2009年实现进出口额551亿美元，占浦东新区进出口额的39.7%、上海的19.8%；洋山保税港区集装箱吞吐量784.9万标准箱，占上海市的31.4%，口岸外贸进出口额1057亿美元，占上海市的21%。

综合保税区今年将力争在先行先试上取得十大突破：一是浦东机场综合保税区封关运作，二是启动离岸贸易运作试点，三是启动融资租赁业务运作，四是启动期货保税交割业务试点，五是建立洋山保税港区高档进口汽车展示销售中心，六是建立空运货物服务中心，七是培育洋山保税港区和浦东机场综合保税区物流型营运中心，八是大力引进政府相关管理资源，九是建立“三区”业务运作联动模式，十是探索有自由贸易区功能的海关特殊监管区。

为了推动上海综合保税区的发展，上海海关、检验检疫局、外汇管理局昨日分别表示，将于近期分别推出多条具有突破性的扶持政策和措施，努力把上海综合保税区建设成为国内市场准入开放、功能特色鲜明、海关监管先进、外汇政策优先的海关特殊监管区域。

【3 月 28 日】李克强赴上海考察，鼓励建自贸区

3 月 28 日，李克强在全国“两会”之后，将履新后的第一站调研放在了上海。李克强总理说：“中国走到了这一步，就该选择一个新的开放试点。上海完全有条件、有基础实验这件事，要用开放促进改革。”

李克强指出：“30 年前，波澜壮阔的改革首先是从沿海开放的经济特区带动的。今天看来，用开放促进新一轮改革，依然有很大的空间和动力。而在这种开放的过程中，改革将释放巨大的制度红利。”此前“自由贸易园区”的设想已酝酿多年，上海市适时向李克强进行了汇报。而“试验区”的提法，就是李克强加上的。

11.4 物流业新名词解释

【自由贸易区】

自由贸易区（Free Trade Zone）通常指两个以上的国家或地区，通过签订自由贸易协定，相互取消绝大部分货物的关税和非关税壁垒，取消绝大多数服务部门的市场准入限制，开放投资，从而促进商品、服务和资本、技术、人员等生产要素的自由流动，实现优势互补，促进共同发展；有时它也用来形容一国国内，指一个或多个消除了关税和贸易配额、并且对经济的行政干预较小的区域。

对自由贸易区的定义有两个主要依据：

(1) 1973 年国际海关理事会签订的《京都公约》，将自由贸易区定义为：“指一国的部分领土，在这部分领土内运入的任何货物就进口关税及其他各税而言，被认为在关境以外，并免于实施惯常的海关监管制度。”

(2) 美国关税委员会给自由贸易区下的定义是：自由贸易区对用于再出口的商品在豁免关税方面有别于一般关税地区是一个只要进口商品不流入国内市场可免除关税的独立封锁地区。

自由贸易区的另一种官方解释，是指两个或两个以上的国家（包括独立关税地区）根据 WTO 相关规则，为实现相互之间的贸易自由化所进行的地区性贸易安排（Free Trade Agreement：FTA 自由贸易协定）的缔约方所形成的区域。这种区域性安排不仅包括货物贸易自由化，而且涉及服务贸易、投资、政府采购、知识产权保护、标准化等更多领域的相互承诺，是一个国家实施多双边合作战略的手段。

中国商务部国际司司长张克宁对自由贸易区的定义如下：所谓自由贸易区，不是指在国内某个城市划出一块土地，建立起的类似于出口加工区、保税区的实行特殊经贸政策的园区，而是指两个或两个以上国家或地区通过签署协定，在 WTO 最惠国待遇基础上，相互进一步开放市场，分阶段取消绝大部分货物的关税和非关税壁垒，在服务业领域改善市场准入条件，实现贸易和投资的自由化，从而形成涵盖所有成员全部关税领土的“大区”。

由此出现了广义和狭义两种自由贸易区的概念和实践：

广义的自由贸易区：中日韩自由贸易区（中国、日本、韩国）、北美自由贸易区（简称 NAFTA（North America Free Trade Area)，包括美国、加拿大、墨西哥）、美洲自由贸易区（简称 FTAA，包括美洲 34 国）、中欧自由贸易区（简称 CEFTA，包括波兰、匈牙利、捷克、斯洛伐克、斯洛文尼亚、罗马尼亚和保加利亚）、东盟自由贸易区（简称 AFTA，包括东盟十国）、欧盟与墨西哥自由贸易区、中国与东盟自由贸易区等。

狭义的自由贸易区：如巴拿马科隆自由贸易区、德国汉堡自由贸易区、美国纽约 1 号对外贸易区、中国（上海）自由贸易试验区等。

自由贸易区的作用，区内允许外国船舶自由进出，外国货物免税进口，取消对进口货物的配额管制，也是自由港的进一步延伸，是一个国家对外开放的一种特殊的功能区域。

自由贸易区除了具有自由港的大部分特点外，还可以吸引外资设厂，发展出口加工企业，允许和鼓励外资设立大的商业企业、金融机构等促进区内经济综合、全面地发展。

自由贸易区的局限在于，它会导致商品流向的扭曲和避税。如果没有其他措施作为补充，第三国很可能将货物先运进一体化组织中实行较低关税或贸易壁垒的成员国，然后再将货物转运到实行高贸易壁垒的成员国。

为了避免出现这种商品流向的扭曲，自由贸易区组织均制订“原产地原则”，规定只有自由贸易区成员国的“原产地产品”才享受成员国之间给予的自由贸易待遇。理论上，凡是制成品在成员国境内生产的价值额占到产品价值总额的 50% 以上时，该产品应视为原产地产品。一般而言，第三国进口品越是与自由贸易区成员国生产的产品相竞争，对成员国境内生产品的增加值含量越高。原产地原则的涵义表明了自由贸易区对非成员国的某种排他性。

【自由港】

自由港（free port）又称“自由口岸”，是全部或绝大多数外国商品可以免税进出的港口。这种港口划在一国关税国境（即关境）以外，外国商品除进出港口时免缴关税外，且可在港内自由改装、加工、长期储存或销售。只有将货物转移到自由港所在国内消费者手中时才需缴纳关税，但外国船舶进出时仍必须遵守有关卫生、移民等政策法令。自由港有全自由港和有限自由港之分。前者对外国商品一律免征关税，后者对绝大多数外国商品不征收关税，只对个别商品征收少量进口税或禁止进口。开辟自由港可扩大转口贸易，并从中获取各种贸易费用，扩大外汇收入。自由港与自由贸易区的规定和作用区别不大，但前者通常是整个港口或者城市，而后者只限于港口或城市的某特定地区，它可设在内陆或远离港口的地区。

早在16世纪，在欧洲已出现了自由港。当时欧洲一些国家为活跃对外贸易，先后把一些沿海港口开辟为自由港，作为经济特区。其中最早一个是1547年在意大利设置的里窝那自由港，它是通行的自由港的雏型。从17世纪到19世纪，在国际贸易中占有优势地位的国家，如荷兰、英国等，为了扩大贸易，增加外汇盈利，将地中海沿岸的某些港口（如直布罗陀）、中东、东南亚和加勒比一带的某些港口辟为自由港。二战后，许多国家增设了更多的经济特区，以促进贸易的发展。

目前世界上有600多个自由贸易港，荷兰、美国、新加坡、香港、日本、韩国等国家和地区，都有自由贸易港或类似的贸易经济区，成为主导国际间贸易的枢纽、集散地和交易中心。世界著名的自由港有香港、新加坡、亚丁、贝鲁特、汉堡、巴拿马等20多个。

【负面清单】

上海自贸区方案中，最引起外界关注的就是负面清单的管理模式。更早之前出现“负面清单”一词是在第五轮中美战略与经济对话中，中国同意与美国进行投资协定的实质性谈判，该投资协定将对包括准入环节的投资的各个阶段提供国民待遇，并以“负面清单”模式为基础。

负面清单已经被视为高标准贸易协定的一个标志。美国主导的跨太平洋自贸协定（TPP）的谈判标准就很高，准入前国民待遇意味着不能用正面清单而要用负面清单进行管理，也就是列出哪些是属于对外的，其他的就是和国内的企业一样，而且原来的外资审批这一套就要停止。要实行负面清单的管理模式，实行备案制度。

因此，十二届全国人大常委会第四次会议授权国务院在上海自贸区暂时调整十余项法律规定，相关调整自10月1日起实施。随后上海市人大常委会9月26日通过《关于在上海自贸区暂时调整实施上海市地方性法规有关规定》的决定。

上海自贸区如何制订负面清单，也是最关键的制度创新内容之一。研究负面清单的方式与正面清单完全不同，正面清单越简短，空间越大，而负面清单越简短，空间越小。负面清单的制订注定难以照搬国外。自贸区试验区设计中放在首位置考虑的是应该建立什么样的基本制度，就是符合高标准开放，而这一点单纯借鉴国外的自贸区是借鉴不到的。最大的难点在于制度转换牵涉到的利益问题，最主要的就是“审批权”的突破。

沪版负面清单的示范意义：9月30日上海公布了自贸区内的负面清单，由18个大类和1069个小类组成。由于上海自贸区是国家单方面实行的对外开放举措，而不是双边或多边谈判规则，所以就保留了不断调整规则的主动性，这也是自贸区试验性的体现。自贸区先行先试，要面对变化的世界，变化的比较优势和国内的形势，为下一步的开放、下一步改革在这里做很多试验，在总结经验的基础上要向全国推广。因此，沪版负面清单很有可能将是中国在下阶段开放，与高标准贸易谈判接轨的重要参考。

上海自贸区的负面清单功能可能已经显现作用。就在佳士得在自贸区注册后，全国人大常委即否决了有关在自贸区内暂停实施文物保护法中“禁止设立中外合资、中外合作和外商独资的文物商店或者经营文物拍卖的拍卖企业。”的草案内容。随后在9月30日公布的自贸区负面清单上写明了“禁止投资文物拍卖”这一条。

另外，在自贸区内，绝不会允许黄赌毒、走私行为，意识形态管理工作也不会有丝毫松懈。这些内容也相应地出现在了负面清单上。仔细研读这份负面清单，也许就能读懂改革开放不能触碰的底线，包含在这1069条内，而在此之外，都将是开放的空间。

【保税物流园区】

保税物流园区（区港联动）是指保税区在海港或空港区划出的特定区域，实行保税区的政策，以发展仓储和物流产业为主，按“境内关外”定位，海关实行封闭管理的特殊监管区域。在该区域内，海关通过区域化、网络化、电子化的通关模式，在全封闭的监管条件下，最大限度地简化通关手续。通过保税区与港口之间的“无缝对接”，实现货物在境内外的快速集拼和快速流动。

保税物流园区是保税区的升级版，相较于保税区，保税物流园区的政策优惠更为显著，功能优势更为突出，货物进出更为便捷。

我国第一个区港联动保税物流园区试点——上港外高桥保税物流园区是2003年12月经国务院批准设立的，目前全国已有上海、青岛、宁波等9个保税物流园区。

保税物流园区可以存储进出口货物及其他未办结海关手续货物、对所存货物开展流通性简单加工和增值服务、进出口贸易及转口贸易、国际采购、分销和配送、国际中转、检测、维修、商品展示、和经海关批准的其他国际物流业务。保税物流园区内不得开展商业零售、加工制造、翻新、拆解及其他与园区无关的业务。

保税物流园区的功能：一是国际中转。即对国际、国内货物在园区内进行分拆、集拼后，转运至境内外其他目的港。国际中转是世界各大自由港的主体功能，也是航运中心实力的体现。二是国际配送。对进口货物进行分拣、分配或进行简单的临港增值加工后，向国内外配送。国际配送为保税物流园区发展增值服务创造了一个重要平台。三是国际采购。对采购的国际货物和进口货物进行综合处理和简单的临港增值加工后，向国内外销售。四是国际转口贸易。进口货物在园区内存储后不经加工即采取转口贸易方式直接出口到其他国家和地区。

保税物流园区的优势：除享受保税区免征关税和进口环节税、海关监管等方面的政策外，还叠加了出口加工区的政策，即实现国内货物入区视同出口，办理报关手续，实行退税。从而改变了保税区现行的“货物实行离境方可退税”的方式，大大降低了企业的运营成本。区内享受“境内关外”的待遇，货物在区内可以自由流通，不征增值税和消费税。此外，区港联动区域实行封闭管理，参照出口加工区的标准建设隔离设施，专门发展仓储和物流产业，区内不得开展加工贸易业务。

保税物流园区与保税区的区别：1. 国内货物进区视同出口—保税物流园区特有政策；2. 打印退税联—保税物流园区出口报关完成即可 保税区需要跟踪到货物出境；3. 出境报关—保税物流园区仅一次出境备案 保税区需两次出境备案；4. 出口报关—保税物流园区仅一次出口报关 保税区一次出口报关和一次进区报关共两次；5. 区内企业自用设备、办公和生活消费用品的产品认证—保税物流园区检验检疫机构免予强制性产品认证，免予实施品质检验 保税区需检验检疫机构必须强制性产品认证；6. 集装箱业务—保税物流园区可以拆、拼箱，并无堆存时间限制 保税区中转集装箱只能整箱进出，并要求14天必须报关。

【保税区】

保税区（Bonded Area ;the low-tax; tariff-free zone ;tax-protected zone）亦称保税仓库区。这是一国海关设置的或经海关批准注册、受海关监督和管理的可以较长时间存储商品的区域。是经国务院批准设立的、海关实施特殊监管的经济区域。

保税区的功能定位为“保税仓储、出口加工、转口贸易”三大功能。保税区具有进出口加工、国际贸易、保税仓储商品展示等功能，享有“免证、免税、保税”政策，实行“境内关内”运作方式，是中国对外开放程度最高、运作机制最便捷、政策最优惠的经济区域之一。

保税区能便利转口贸易，增加有关费用的收入。运入保税区的货物可以进行储存、改装、分类、混合、展览，以及加工制造，但必须处于海关监管范围内。外国商品存入保税区，不必缴纳进口关税，尚可自由出口，只需交纳存储费和少量费用，但如果要进入关境则需交纳关税。各国的保税区都有不同的时间规定，逾期货物未办理有关手续，海关有权对其拍卖，拍卖后扣除有关费用后，余款退回货主。

1990 年 5 月，在上海外高桥建立中国第一个保税区——上海外高桥保税区。1992 年以来，国务院又陆续批准设立了 14 个保税区和一个享有保税区优惠政策的经济开发区，即天津港、大连、张家港、深圳沙头角、深圳福田、福州、海口、厦门象屿、广州、青岛、宁波、汕头、深圳盐田港、珠海保税区以及海南洋浦经济开发区。

保税区是中国继经济特区、经济技术开发区、国家高新技术产业开发区之后，经国务院批准设立的新的经济性区域。由于保税区按照国际惯例运作，实行比其他开放地区更为灵活优惠的政策，它已成为中国与国际市场接轨的“桥头堡”。因此，保税区在发展建设伊始就成为国内外客商密切关注的焦点。保税区具有进出口加工、国际贸易、保税仓储商品展示等功能，享有“免证、免税、保税”政策，实行“境内关外”运作方式，是中国对外开放程度最高、运作机制最便捷、政策最优惠的经济区域之一。

经过多年的探索和实践，全国各个地区的保税区已经根据保税区的特殊功能和依据地方的实际情况，逐步发展成为当地经济的重要组成部分，目前集中开发形成的功能有保税物流和出口加工。

中国加入 WTO 后，全国保税区逐步形成区域性格局，南有以广州、深圳为主的珠江三角洲区域，中有以上海、宁波为主的长江三角洲区域，北有以天津、大连、青岛为主的环渤海区域，三个区域的保税区成为中国与世界进行交流的重要口岸，并形成独特的物流运作模式。

【综合保税区】

综合保税区是设立在内陆地区的具有保税港区功能的海关特殊监管区域，由海关参照有关规定对综合保税区进行封闭管理，执行保税港区的税收和外汇政策集保税区、出口加工区、保税物流区、港口的功能于一身，可以发展国际中转、配送、采购、转口贸易和出口加工等业务。

综合保税区和保税区一样，是我国目前开放层次最高、优惠政策最多、功能最齐全、手续最简化的特殊开放区域。是国家开放金融、贸易、投资、服务、运输等领域的试验区和先行区。根据现行有关政策，海关对保税区实行封闭管理，境外货物进入保税区，实行保税管理；境内其他地区货物进入保税区，视同出境；同时，外经贸、外汇管理部门也对保税区实行相对优惠的政策。企业在综合保税区开展口岸作业业务，海关、商检等部门在园区内查验货物后，可在任何口岸（海港或空港）转关出口，无须再开箱查验。

截至2013年9月25日，经国务院批准设立的综合保税区有32家，分别是：唐山曹妃甸综合保税区、淮安综合保税区、衡阳综合保税区、湘潭综合保税区、盐城综合保税区、无锡高新区综合保税区、济南综合保税区、沈阳综合保税区、长春兴隆综合保税区、潍坊综合保税区、成都综合保税区、苏州工业园综合保税区、天津滨海新区综合保税区、北京天竺综合保税区、海南海口综合保税区、广西凭祥综合保税区、黑龙江绥芬河综合保税区、上海浦东机场综合保税区、江苏昆山综合保税区、重庆西永综合保税区、广州白云机场综合保税区、苏州高新技术产业开发区综合保税区、西安综合保税区、西安高新综合保税区、银川综合保税区、郑州新郑综合保税区，新疆阿拉山口综合保税区、新疆喀什综合保税区、武汉东湖综合保税区、太原武宿综合保税区、衡阳综合保税区、贵阳综合保税区。其中，苏州工业园综合保税区、天津滨海新区综合保税区、北京天竺综合保税区、重庆西永综合保税区、郑州新郑综合保税区、广西凭祥综合保税区、昆山综合保税区、苏州高新区综合保税区、沈阳综合保税区等已封关运行。

【巴拿马科隆自由贸易区】

位于巴拿马运河大西洋入海口处的巴拿马科隆自由贸易区，是西半球最大的自由贸易区，同时也是仅次于中国香港的世界第二大自由贸易区。科隆是巴拿马第二大城市，仅次于首都巴拿马城，科隆自由贸易区成立于1948年，位于科隆市东北部，初期建区面积为49公顷。科隆自由贸易区是西半球最大的自由贸易区，与迈阿密（Miami）共列为对中南美洲转口中心，同时也是全球第二大转口站，仅次于香港。

自由贸易区内货物进口自由，无配

额限制，不缴纳进口税；货物转口自由，也不缴税。此外，设在贸易区内的企业，其产品向美国和欧洲出口不受配额限制并享受优惠关税。由于优越的地理位置加之当地政府的优惠政策，现在科隆自由贸易区的年贸易额已经超过50亿美元，转口贸易额近百亿美元。 2006年科隆自贸区的全年贸易总额首次突破140亿美元大关，达到145.6亿美元，其中进口与转口贸易额分别为70.4亿美元和75.2亿美元。2012年科隆自贸区的全年贸易总额达291.65亿美元。

科隆自由贸易区内转口商通常属偏中、大型，进口量大，主要为亚洲商品，强调低价；其供货来源主要为：中国大陆（含香港，29.5%）、中国台湾（11.3%）、美国(9.7%)、日本(7.1%)、意大利(4.9%)、韩国（3.8%）；出口市场主要为委内瑞拉、哥伦比亚、厄瓜多尔、巴拿马、危地马拉、墨西哥、哥斯达黎加、美国、古巴、巴西，等。科隆自由贸易区的营运成本只有迈阿密的1/4。

【迪拜自贸区】

迪拜自贸区是发展比较成功的自贸区，其经验值得借鉴。迪拜这个从沙漠中崛起的“奇迹”并非像其他海湾邻国缘自丰厚的石油和天然气收入，而是主要依靠其因势利导、成功打造的自由贸易区。

迪拜地处亚、非、欧三大洲交汇的咽喉要道，优越的战略位置使其成为衔接东西方交通和时区的纽带。无论到东亚的北京、西欧的伦敦，还是南非的约翰内斯堡，从迪拜出发都只需8个小时。据测算，全球三分之二的人处于迪拜8小时航程范围内，而三分之一的人就处于仅4小时的航程范围内。地理上的先天优势成为迪拜发展自由转口贸易的基础。

二十世纪80年代，迪拜开始大规模填海和开凿工程，逐步打造出了世界第一大人工海港——杰贝阿里港，而1985年应运而生的杰贝阿里自贸区，作为中东北非地区最早、最大和最具代表性的自贸区，其创立的行政法规、鼓励政策和运营模式，都成为此后迪拜和其他酋长国参考借鉴的模板。

杰贝阿里自贸区位于迪拜城区西南约50公里，总面积48平方公里，处于世界第三大港口——杰贝阿里港和建设中的世界最大机场——马克图姆国际机场之间，地理位置优越。目前区内公司超过6400家，其中世界500强企业超过150家。由于区内没有繁琐的官僚程序，提供高效、动态的管理系统，包括一站式服务点，使投资者能够节省时间、精力和成本，快速创建企业并专注于自身业务。

杰贝阿里自贸区充分为投资者的利益着想，向客户提供许多激励措施。中东国家的法律传统上规定所有外资企业至少51%的股份必须由当地公司控制，但在杰贝阿里自贸区内，优惠政策包括外资可100%拥有企业所有权、50年免征公司税（还可延长）、资本和利润可自由汇出流动、进口和转口贸易零关税等。此外，在生活配套设施方面，自贸区还向客户提供从区内住所、休闲娱乐、餐饮超市以及医疗服务的一体化解决方案。

在法律层面上，尽管自由区设立在本国领土内，但却被认作是海外生产中心。在自由区内经营的公司均被视为境外实体，或独立于阿联酋法律监管外的公司。

过去四年中，杰贝阿里自贸区成为全球增长最快的自贸区。自由贸易的迅猛发展吸引了大批外资银行的入驻，而金融业的不断繁荣又反哺促进了国际贸易的持续增长。同时，大量海外移民的涌入还大大拉动和推进了迪拜服务业的发展。即便是在2009年迪拜债务危机爆发后，自贸区所受到的负面影响也远没有金融和房地产行业那么大，对于迪拜经济的逐步复苏发挥了“中流砥柱”的作用。有着“黄金之城”称号的迪拜，目前汇聚阿联酋70%非石油的集散交易，成为全球知名的经济和金融中心。与众多依赖石油生存的阿拉伯国家城市不同，迪拜大部分的收入来自于自由贸易区。批发和零售贸易、运输通讯业和房地产业位居迪拜GDP构成中的前三位。而这些大部分都来自于自贸区。

在世界所有自贸区的类型划分中，迪拜被认为是贸工结合、以贸为主的代表。迪拜自贸区设立在本国领土之内，却被认作是海外生产中心；在迪拜自贸区内经营的公司均被视为境外实体，或独立于阿联酋法律监管之外的公司。在迪拜自贸区内设立企业，更适合于那些想借助迪拜在该地区发展制造业以及物流基地，以便用于发展出口加工贸易的企业。

值得一提的是迪拜自贸区的相关土地运营管理方式。以迪拜杰贝阿里自贸区为例，其土地采取出租不出售的政策，出租的土地可由企业自主建厂房或仓库；一旦企业决定搬离，遗留的厂房等或招租或拍卖，尽量避免拆除而造成资源浪费。实际上，土地、办公室、仓库等硬件设施的租金，也是该自贸区管理机构的主要收入来源。

【马来西亚巴生港自贸区】

巴生港自贸区位于马来西亚首都吉隆坡西部40公里处的该国最大港口——巴生港。马来西亚政府在建立该自由贸易区过程中，与中国方面进行了紧密的合作，以吸引中国企业到这一自贸区投资。经过多年的努力，目前这一自贸区已初具规模，一些中国企业也开始进驻。

自贸区于2013年8月正式投入运营。该自贸区是马来西亚政府着重扶持的国家重点项目，马来西亚有关方面对该自贸区的发展高度重视，承诺将提供最好的政策和服务给进驻该自贸区的中国企业。

巴生港自贸区共占地６４０英亩，累计投资已达到１４．１亿林吉特（约４．５２亿美元），可创造1万个就业机会。自贸区运营后，每年货流量将达到６００万吨至８００万吨，生产总值将超过５０亿林吉特（约１６亿美元），成为东盟地区最大的商品物流基地。

该项目除了得到了马来西亚政府的鼎力支持外，中国商务部也给予了很大的协助和配合。在两国政府的支持下，巴生港自贸区具备多重优势：马来西亚与西方国家、中东和非洲的伊斯兰国家交往频繁；作为世界第十三大港口，巴生港本身具有极大的地理优势，港外的马六甲海峡更是世界上最繁忙的海峡；该自贸区主打清真产业招牌，马来西亚的清真产业认证国际通用。

对于该自贸区的发展前景和目标，巴生港自贸区已经制定了发展三部曲。在第一个5年中，该自贸区发展的重点是以商业带动工业发展；在第二个5年中，将以工业促商业；在第三个5年中，将开发占地１０００英亩的绿色工业园，重点打造新兴绿色产业。他说，发展三部曲完成后，巴生港自贸区将成为集商业、工业、服务业、高科技产业和绿色产业于一体的多功能综合免税产业区。

【TPP】

跨太平洋伙伴关系协议（Trans-Pacific Partnership Agreement，TPP）的前身是跨太平洋战略经济伙伴关系协定（Trans-Pacific Strategic Economic Partnership Agreement，P4），是由亚太经济合作会议成员国中的新西兰、新加坡、智利和文莱等四国发起，从2002年开始酝酿的一组多边关系的自由贸易协定，原名亚太自由贸易区，旨在促进亚太地区的贸易自由化。2011年11月10日，日本正式决定加入TPP谈判，而中国没有被邀请参与TPP谈判。2013年9月10日，韩国宣布加入TPP谈判。

跨太平洋伙伴关系协议将突破传统的自由贸易协定（FTA）模式，达成包括所有商品和服务在内的综合性自由贸易协议。跨太平洋伙伴关系协议将对亚太经济一体化进程产生重要影响，可能将整合亚太的两大经济区域合作组织，亦即亚洲太平洋经济合作组织和东南亚国家联盟重叠的主要成员国，将发展成为涵盖亚洲太平洋经济合作组织（APEC）大多数成员在内的亚太自由贸易区，成为亚太区域内的小型世界贸易组织（WTO）。

跨太平洋伙伴关系协议明显带有美国主导色彩。美国通过TPP全面介入亚太区域经济整合进程，第一，阻止亚洲形成统一的贸易集团，维护美国在亚太地区的战略利益。第二，全面介入东亚区域一体化进程，确保其地缘政治、经济和安全利益。第三，重塑并主导亚太区域经济整合进程，稀释中、日等国的区域影响力。

美国认识到亚太区域对其国内经济的增长、就业能力的提升和大国地位的巩固具有基础性作用。美国不想再当旁观者，要采取切实的行动成为亚太区域经济整合的领导者，与太平洋对岸的政府、企业和公众进行沟通、交流与融合。通过区域经济合作打开新的市场空间，确保美国企业能够自由和公平地进入这些最具活力的出口市场。因此，美国调动一切行政、经济和外交资源全面主导TPP谈判，打破亚太原有的区域经济整合节奏。通过对亚太区域经济一体化进程的介入，进一步稀释中、日等大国的区域经济和政治影响力。

跨太平洋伙伴关系协议开创并主导21世纪贸易协议的新标准。第一，TPP将打破传统FTA模式，达成无例外的综合性自由贸易协议。第二，贸易协议新标准将更加关注工人和环境问题。第三，高举自由和公平贸易旗帜，意在维护美国出口利益。第四，在贸易协议中推行美国的全球价值观。

中国目前对TPP的对策主要有：将TPP当作亚太区域经济整合的重要契机，对美国在亚太区域经济一体化进程中的主导权保持谨慎，在适当的时候可以参与TPP谈判，加快与东亚经济体实质性区域经贸合作进程，制定应对劳工标准和绿色环境标准贸易壁垒的预案，在产业层面上做好准备，发展绿色制造业，提升现代服务业，与美国进行新兴战略性产业合作，对中国台湾加入TPP的问题早作应对预案。

【应急物流】

应急物流是指为应对严重自然灾害、突发性公共卫生事件、公共安全事件及军事冲突等突发事件而对物资、人员、资金的需求进行紧急保障的一种特殊物流活动。应急物流与普通物流一样，由流体、载体、流向、流程、流量等要素构成，具有空间效用、时间效用和形质效用。应急物流多数情况下通过物流效率实现其物流效益，而普通物流既强调效率又强调效益。应急物流可以分为军事应急物流和非军事应急物流两种。

中国是世界上受自然灾害影响最为严重的国家之一，种类多、频度高、损失严重。据《2013-2017年中国应急物流行业市场预测与投资战略规划分析报告》数据分析，随着经济建设的发展灾害损失逐步增加，我国有70%以上的大城市、半数以上人口、75%以上工农业生产值分布在气象、海洋、洪水、地震等灾害严重的沿海及东部地区。诸如此类的造成或者可能造成重大人员伤亡、财产损失、生态环境破坏和严重社会危害，危及公共安全的紧急事件都催生出巨大的应急物流需求。中国目前处在突发公共事件的高发时期，而且在未来很长一段时间内，我国都将面临突发公共事件所带来的严峻考验。政府作为行政主导，陆续出台了许多应对突发公共事件的政策，比如《国家突发公共事件总体应急预案》和《交通运输安全生产和应急体系“十二五”发展规划》等，应急物流得到政府庞大的资金支持和政策鼓励。照此发展，“十二五”期间，应急物流必将带动一系列相关产业链的发展，市场前景广阔。

应急物流的“应急”二字本身带有一定的军事色彩，但应急物流并不等同于军事物流。军事物流的指令性较强，尤其在战争爆发的时候，始终把军事利益放在首位。而应急物流系统则应该以社会利益为牵引，服务的对象是受灾地区的人民。

应急物流一般具有突发性、弱经济性、不确定性和非常规性等特点，多数情况下通过物流效率实现其物流效益，而普通物流既强调效率又强调效益。目前中国的应急物流有自己的特点，其表现为：政府高度重视，企业积极参与；军民携手合作，军队突击力强；平时预有准备、预案演练到位等。

应急物流其内容包括组织机制的构建、应急技术的研发、应急物流专业人员的管理、应急所需资金与物资的筹措、应急物资的储存与管理、应急物流中心的构建、应急物资的运输与配送等内容。

尽管当今世界科技高度发达，但突发性自然灾害、公共卫生事件等“天灾”，决策失误、恐怖主义、地区性军事冲突等“人祸”仍时有发生，这些事件有的难以预测和预报，有的即使可以预报，但由于预报时间与发生时间相隔太短，应对的物资、人员、资金难以实现其时间效应和空间效应。

从宏观层面上看，从中国唐山大地震到美国“911”事件，从到SARS、“禽流感”到近年频发的矿难，人们在突发事件目前表现出的被动局面均暴露出现有应急机制、法律法规、物资准备等多方面的不足，而中国属于自然灾害高发国家，公共卫生设施、国家处突的经验等方面均存在诸多亟待改进的地方，急需对应急物流的内涵、规律、机制、实现途径等进行研究。

从微观层面来看，一方面企业决策所需的信息不完备以及决策者的素质限制等原因，任何决策者都无法确保所有决策均正确无误，另一方面，因道路建设断路等使货物在途时间延长、交货期延长，因信息传递错误而导致货到而不能及时提取等也会产生应急需求，企业迫切需要制定预案，对不可抗拒的和人为造成的紧急状况进行有效地防范，将应对成本降到最低。

与中国相比，欧美发达国家对应急管理体系的建设较早，其表现为：建立并完善应急管理协调机制；制订并优化应急管理行动流程；制订并完善应急管理法规体系；搭建应急管理信息平台。

应急物流在中国尚处于起步的发展阶段。2006 年底，经国资委、民政部批准，全国第一个从事应急物流的专业组织——中国物流与采购联合会应急物流专业委员会成立。近年来，应急物流理论的研究已经步入团队协作、系统开发的良性轨道。由中国物流与采购联合会应急物流专业委员会牵头制定、发布了《应急物流科研指南》。中国物流学会在 2007 年首次将《中国应急物流现状研究》等 5 个与应急物流相关的课题纳入年度的研究规划。各级政府和各企业开始认识到应急物流的重要作用。

应急物流的研究内容，包括应急物流组织机制，应急技术的研发，应急物流人员的管理，应急所需资金、物资的筹措，应急物资的储存与管理，应急物流中心的构建，应急物资的运输与配送等。

【应急物流系统】

应急物流系统（Emergency Logistics System）是指为了完成突发性的物流需求，由各个物流元素、物流环节、物流实体组成的相互联系、相互协调、相互作用的有机整体。

应急物流系统是指在一定的时间和空间里，由所需位移的物资、包装设备、装卸搬运机械、运输工具、仓储设施、人员和通信联系等若干相互制约的动态要素所构成的具有特定功能的有机整体。

应急物流系统的结构包括控制层、决策层、数据层和环境层四个层次。

应急物流，是指以追求时间效益最大化，灾害损失及不利影响最小化为目标，通过现代信息和管理技术整合采购、运输、储备、装卸、搬运、包装、流通加工、分拨、配送、信息处理等各种功能活动，对各类突发性公共事件所需的应急物资实施从起始地向目的地高效率的计划、组织、实施和控制过程，具有突发性、不确定性、非常规性、事后选择性、不均衡性、紧迫性等特点。应急物流体系，就是围绕着应急物流目标，由相关人员、技术装备、应急物资、信息管理、软硬件基础设施、相关主体以及法律、法规、政策等因素共同构成的特殊物流系统。

应急物流的特点决定了应急物流系统与一般的企业内部物流系统或供应链物流系统具有如下不同的特点：

1. 应急物流系统的“时间”要素特点。应急物流系统除了应具有一般物流系统的六个基本要素外，还应具有特有的要素“时间”。由于应急物流的突发性特点，即应急物流需求发生的时间具有极大的不确定性和应急物流需求时间约束的紧迫性，决定了在应急物流系统中“时间”是一个重要的系统因素，即应急物流系统有七个要素：流体、载体、流向、流量、流程、流速和时间。

2. 应急物流系统的快速反应能力。应急物流的突发性和随机性，决定了应急物流系统应具有快速反应能力，具有一次性和临时性的特点。这一特点决定了应急物流系统区别于一般的企业内部物流或供应链物流系统的经常性、稳定性和循环性。

3. 应急物流系统的开放性和可扩展性。应急物流需求的随机性和不确定性决定了在应急物流系统的设计上，应具有开放性和可扩展性。应急物流需求和供给在突发事件发生前是不确定的，而必须在突发事件发生之后将其纳入应急物流系统中。

物流系统直接目的是实现物资的空间效益和时间效益，实现物流活动中各环节的合理衔接，并取得最佳的经济效益。

普通物流系统已知商品的供给者与需求者，从获取消费者信息起，通过数量、地点已知的物流中心来进行装卸、流通加工、包装、储存与仓储，以及稳定的输配送作业，将物资从供应商配送到消费者手中，一切物流活动以追求成本最小化、利润最大化为目标运作。

而应急物流最大的一个特点就是“急”字，一般是以时间效益最大化和灾害损失最小化为根本目标，物流的经济效益原则将不再作为一个物流活动的中心目标加以考虑。同时，由于不存在订货与交货的缓冲时间，必须争分夺秒，以满足应急需求，也就是说，应急物流系统以灾区满意度及快速配送为主要目标，实现对突发事件的快速响应，期望能在正确的时间、正确的地点提供正确的物资给事件发生区，在此前提下尽量降低应急物流成本。

与普通物流系统相比，应急物流系统在系统目标、设置、设施特性以及配送模式等方面都有较大差别，两者的比较如下表所示：

比较项目	普通物流系统	应急物流系统
系统目标	成本最小、利润最大	速度、效率
系统单元	供应商、制造商、批发商、零售商、客户	物资转运点、物资需求点
设施特性	常设性	临时性、机动性
配送模式	往返式、巡回式	往返式

应急物流系统的目标就是以最短的时间、尽可能以低的成本获得所需要的应急物资，以适当的运输工具，把应急物资在适当的时间运送到适当的需求地，并以适当的方式分发到需求者手中。应急物流的特点决定了应急物流系统具有如下特殊的设计原则：

1. 应急物流系统的事前防范与事后应急相结合。应急物流需求的事后选择性，决定了一个高效率的应急物资信息系统和应急运输工具信息系统应该成为应急物流系统的组成部分。在突发事件暴发前，建立全国范围的以应急物资和应急运输工具为主题的大型的信息系统或数据仓库，对于突发事件暴发后，应急物流系统的高效运转具有重要意义。[1]

2. 时间效率重于经济效益。应急物流的突发性、流量不均衡性和时间约束的紧迫性决定了在应急物流系统的设计中时间效率重于经济效益。应急物流系统要对应急物资的采购机制、运送机制进行设计，对各种运载工具的运输能力、运输路径和运送方案进行比较并给出满意方案。应急物流系统设计还应包括运用 GPS、GIS 等手段对运输过程进行控制调度。[1]

3. 市场机制与行政机制、法律机制并存。应急物流多是针对突发性的灾难性的自然或社会公共危害而进行的物流活动，是整个社会公众或社会公众的一部分，所以在应急物流系统的设计中不仅依靠市场机制更要依靠行政机制和法律机制。

应急物流系统的运行条件是指为了保证在突发事件发生后，应急物流系统能够高效运转，完成系统的各项功能，实现系统的目标，整个社会的行政制度、公共政策、法律制度和技术支持设施所应具备的条件。

（一）监测预警机制　监测与预警是一切应急事件救援、处置、处理的基础，各级职能部门应根据国家有关法律法规认真收集、归纳、整理、分析相关信息，并将有关信息上请下达，形成联动。对早期发现的、影响可能较大的潜在隐患，以及可能发生的灾害性突发事件，应通过主管领导或管理部门会同卫生、防疫、地质、气象、消防、防洪、环保等有关专家进行风险预测评估，提供预警意见，及早采取应对措施。

（二）全民动员机制　应急物流中的全民动员机制可通过传媒和通信告知民众受灾时间、地点，受灾种类、范围，赈灾困难情况，工作进展，民众参与赈灾的方式、途径等。

（三）政府协调机制　紧急状态下处理突发性事件的关键在于政府职能的有效发挥，主要包括：对各种国际资源、国内资源的有效协调、组织和调用；及时地提出解决应急事件的处理意见、措施或预案；组织筹措、调拨应急物资、应急救灾款项；根据需要紧急动员相关单位生产应急抢险救灾物资；采取一切措施和办法协调、疏导或消除不利于应急物资保障的人为因素和非人为障碍。

（四）法律保障机制 法律保障对应对处理重大自然灾害、突发性公共卫生事件及安全事件有着至关重要的作用，它可以规范个人、社团和政府部门在非常时期法律赋予的权利、职责和应尽的义务。

（五）“绿色通道”机制 为了保证应急物资的顺利送达，可在重大灾害发生及救灾赈灾时期，建立地区间的、国家间的“绿色通道”机制，即建立并开通一条或者多条应急保障专用通道或程序，在必要时可以给予应急物资优先通过权，这样可有效简化作业周期和提高速度，从而提高应急物流效率，缩短应急物流作业时间，最大限度地减少生命财产损失。

（六）应急报告与信息公布机制 突发事件的应急报告是决策机关掌握突发事件发生、发展信息的重要渠道，而以实事求是、科学的态度公布突发事件的信息，是政府对社会、公众负责任的体现，有利于缓解社会的紧张氛围。信息的及时收集和传递是应急物流保障，也是有效救灾的重要手段。

（七）应急基金储备机制 应急物流活动中的资金流是不可忽视的管理环节，对于我国经济建设发展需求来说，突发事件的侵袭会对地区甚至全国造成各方面不利影响。应急基金的筹措和管理无论方式如何，法制化、规划化和经常化是十分重要的。

（八）应急物流系统的技术支持平台 建立应急物资信息系统或数据仓库、应急物流运载工具信息系统或数据仓库、应急物流预案数据库，构筑应急运输方案自动生成的应急物资运输调度平台，以及基于GPS、GIS的应急物资运输监控平台。

应急物流在我国尚属一个新兴概念，我国应急物流系统还很不完善，需要加强对应急物流系统的理论与实践研究，不断完善应急物流系统理论。应急物流系统的建立，是要求物流软硬件基础设施、法律法规的建立和完善作为保障的。应积极学习先进国家的经验，尽早建立高效、快速的应急物流系统。

文摘：【改善应急物流 提升救援效率】

应急物流是一种应对突发性公共事件的特种物流。作为国家应急管理的核心组成部分，应急物流在降低突发性事件对社会的负面效应、减轻人民生命和财产损失、组织协调救助资源方面具有重要作用。过去几年，我国重大自然灾害频发，在救援过程中应急物流发挥了关键作用，进一步凸显了其关乎国计民生的重大意义。应急物流已成为我国经济社会发展的必要保障力量，其发展水平也是衡量国家综合国力的重要标志。

我国对突发性事件的应对工作高度重视，应急管理在工作机制、法律法规和预案体系等方面不断完善，救援人员和队伍建设日益专业化、系统化，通信传递与风险评估的科技水平明显提升，国家战略应急物资保障与中央救灾物资储备库建设力度进一步加大。然而，相对于技术与信息化程度更高、防灾减灾经验更为丰富的国家，我国应急物流在某些更为细化的规划和运作层面还有一定提升空间。

加强和改善应急物流，需要充分认识其本质和特点。应急物流的本质是在尽量短的时间内以高效的流程、有效的方式为应急管理的其他工作提供强有力的物资支撑。区别于常规物流活动仅追求经济效率和效果，应急物流强调以救援效益为先，主要体现在时间效益最大化和事件损失最小化两方面。本着“救人为先，生命为本”的理念，从汶川地震到芦山地震，我国应急物流经验不断丰富，体系更趋成熟，应急速度、能力、秩序等方面都有显著提升。同时，也应重视解决应急物流工作中重复遇到的问题和挑战。具体来说，应进一步抓好以下几个方面。

增强基础设施的应急弹性。物资流动的基础是交通，信息畅通的基础是通信。然而，这两类重要基础设施在灾害发生后容易出现损毁与过载，给应急物流带来挑战。应着力解决黄金救援时间信息出不来、物资进不去的问题。首先，在通信设施方面，提高灾害易发地区通信网络系统承载能力，设置具备较强环境变化适应性的通信系统，受灾时通过预案科学有效地进行抢修，快速消除通信盲点。同时，可以发展独立于公共通信网络的应急专网，结合卫星、遥感等多种信息化技术，确保信息在第一时间内有效传递。其次，在交通设施方面，除了确保救援物资优先通过，为专业队伍配备快速路桥设备，还应考虑地面设施恢复的时间刚性与应急物流时效性的矛盾，进一步加强应急救援航空体系建设。另外，还应在通信与交通系统间建立信息与资源共享机制。

加强组织协调。应急物流建设是时效性与专业性要求很高的系统工程，需要在短时间内实现各类资源的有效整合与合理调配。首先，进一步发挥政府在领导、协调、宣传中的主导作用，完善统一调度、统一指挥、统一协调的中心平台，深化与民间公益组织的协同合作，统筹物资的集聚、管理和发放。同时，进一步优化官方机构间纵向与横向的协调，提高效率。其次，个体和民间组织应努力配合官方机构和专业队伍的应急物流工作，避免关键通道拥堵等现象的发生，自觉维护灾区秩序。

促进民间专业化组织有效参与。提高有物流专业背景的民间组织的参与度，使其与官方资源形成优势互补，充分发挥各自特长，从而更好适应应急物流需求的急迫性和多样性。借鉴国际经验，可以在事件发生地或最邻近地区遴选专业化水准较高的救援力量率先投入黄金时间的救援工作，同时为基础设施抢修与救援主力部队到来赢得宝贵时间、打下坚实铺垫。此外，应加强与民间专业物流公司的合作，有效利用第三方物流资源，促进物资配送、仓储资源和网络的优化。加强平时的针对性培训和演练，提高民间专业化组织应对突发状况的能力。

（武汉大学经济与管理学院）

【船舶登记】

2012年年3月6日，“保税船舶登记”启动仪式在洋山保税港区举行，洋山港正式成为我国第一个“保税船舶登记”的试点区域。

1、船舶登记和挂“方便旗”（Flag Of Convenience）

任何一艘航行于国际航线从事远洋载货运输业务的船舶，都必须在某一个国家的某个港口登记注册，取得该国船籍并明确在哪一个港口登记注册。船籍和登记注册港口名称一般都会在船尾用旗帜标明。从道理上说，属于哪国籍的船舶应挂哪国的国旗，旗帜与国籍一致。可在国际航线上从事贸易货物载运的船舶，其所属国籍与所挂国旗并非完全一致。有些国家的船舶不在本国港口登记注册，而到外国某港口登记注册，取得该国船籍，并挂该国国旗，这就是所谓挂“方便旗”的远洋船舶。

船舶注册的港口也称船籍港，船舶在船籍港登记，就取得了船舶的国籍，取得航行权，享受登记国的权益，受到其法律保护和管理。

出现挂“方便旗”的远洋船舶主要有以下原因：一是世界各国对远洋船舶登记采取两种办法，有些国家采用“严格登记”的方法，对所登记船舶所有人、船员国籍都有限制；另一些国家采用“开放登记”的办法，对船舶登记较为宽松，限制也地较少。我国实行的是“严格登记”办法，而且在船舶检验方面的限制也较多，故营运成本比挂“方便旗”高；二是政治方面的原因，有些国家对所谓不友好国家的船舶进行限制，或经济上进行制裁。在“冷战”时期这种现象十分明显，二十世纪五十、六十年代，以美国为首的西方国家对我国实施“封锁”、“禁运”，我国只能通过香港开展对外贸易，或通过铁路与苏联、东欧、朝鲜、越南等国家进行贸易，于是我国的远洋船往往在香港注册登记，从事对外贸易；三是经济方面的原因，实行国际船舶“开放登记”的国家，对登记船舶实行优惠，通过“低税费、少限制”来吸引外国船舶前往登记。在“开放登记”的国家中，较著名的有利比里亚、巴拿马、洪都拉斯、秘鲁和塞浦路斯。另一些港口如美国纽约、英国伦敦、德国汉堡等，因其国家金融业发达，与船舶融资相关的业务比较方便，也吸引了一些国家的船舶到这三个那里登记。

2、全球一些国家吸引外国船舶去登记的做法

一些国家吸引外国船舶前往登记的做法主要有：（1）对任何国家的船舶，任何拥有者的船舶都可去进行登记注册。（2）登记注册的船舶允许不一定雇用该国的船员。(3) 船舶登记收费低、手续简单，有的还可以到该国驻他国领馆去办登记手续。（4）对船舶的船龄限制比较少（能适航和适合载货）。（5）只收按总吨位计算的年费，给予免营业税和所得税的优惠政策。（6）对为了船舶买卖交易、船舶租进或租出的方便也给予登记注册。

有些国家利用地理条件吸引船舶登记，如巴拿马利用巴拿马运河通航优惠吸引船舶登记（巴拿马自1920年起，向全世界开放船舶登记），这也是巴拿马拥有全球第一远洋船舶登记数的原因（7200艘左右）。

在亚洲，香港与新加坡在吸引外国船舶前往登记方面也有特点。香港近年推出一些优惠的政策，如首次注册登记费只收1936美元，比巴拿马、利比里亚都低；在香港登记的外资船舶享受与挂香港区旗的船舶相同的权利；免缴ITF会员福利基金、验船费、海难事故调查费、国际组织参与费；避免双重征税等。目前在香港注册登记的船舶总吨位达到4000余万吨，占全球总数的6%。

洋山港作为一个新的船籍港，接受同时满足“从事国际航运”、“洋山保税区内注册的企业拥有或从境外光租的船舶”、“已经办理出口退税手续或予以保税的船舶”三个条件的船舶登记。可以吸引我国一千余艘远洋船舶逐步“回归”洋山港登记注册。今后，国产新远洋轮不必到国外去登记，只要到洋山港注册登记即可。此外，洋山港还可以接受其他国家船舶的登记注册。这对上海（港）口岸建成国际航运中心，集聚航运资源并进行有效配置、对运价调整和航运保险定价机制话语权的掌控，取得主导权是十分有利的。洋山成为国内外船舶登记的船籍港，我们不仅可“留”住这些船舶（船籍），还可吸引国际远洋船舶“流”经上海，而在其后面的是大量的货源以及船公司总部（或地区总部）在洋山港的注册，这对繁荣和发展上海的航运经济有很大好处。

11.5 上海市部分物流企业

【上海同盛投资(集团)有限公司】

上海同盛投资（集团）有限公司成立于2002年4月，截至2012年底，公司注册资金99.85亿元，资产规模总计538亿元，净资产246亿元。上海同盛投资（集团）有限公司与上海市深水港工程建设指挥部的内设机构合署办公，为市级国有多元投资控股公司，是洋山深水港项目和上海内河航道项目开发建设的主体，承担项目的投资管理、综合开发和资产管理，具有对外融资，为项目建设公司提供融资担保，拓展深水港项目和内河航道项目内各类资产的职能。

上海内河航道项目主要工作是实现上海内河主航道与长江三角洲经济腹地和上海港内河集疏运码头双向“对接”能力，其主体工程 “一环十射”整治规划中多条航道已列为国家水运主通道，建成后将加大上海国际航运中心对外辐射功能。

洋山深水港项目由小洋山港区、东海大桥和芦潮辅助区组成，同盛集团已在小洋山南侧建成5.6公里长的岸线，16个集装箱深水泊位，总面积达8.3平方公里的港区，年吞吐能力已突破1400万标准箱；在浩瀚东海上建成全长32.5公里的跨海大桥（东海大桥）与上海陆上交通运输网连接，辐射长三角区域，同时拥有自营企业为港区配套提供水、电等港区配套服务功能；在东海大桥陆上引桥南侧完成芦潮辅助区内约2.5平方公里的开发，建成洋山港口岸查验区、辅助配套区等工程，现拥有保税仓库20万平方米，堆场6万平方米，办公设施1万平方米，为海关、国检等口岸单位提供日常配套服务和相关保障工作。

目前，同盛集团规划在小洋山港区(保税港区域内）2000多亩土地上建设集拼分拨转运基地，在芦潮辅助区内建设会展中心和保税物流中心等项目，同时各类建成设施已开始全面对外招租或寻求合作伙伴。作为洋山保税港区港口物流集成服务商，同盛集团将提供进口分拨、运输配送、保税仓库物流运作、口岸检验配送、物流地块开发、进出口贸易服务代理、物流信息咨询、报关预录、签证直通式操作和期货保税交割等服务功能。随着中国(上海)自由贸易试验区相关政策的深入研究，大力推进，同盛集团将研读落实相关政策，发挥地域优势，打造开放型经济理念，突破旧模式、深化新功能，推动上海国际航运中心建设。

【上海长江经济联合发展(集团)股份有限公司】

20年前成立，宗旨是服务长江流域和长三角经济联动发展的长江经济联合发展(集团)股份有限公司，在经历了“以实业为主导”、“以投资为主导”的发展阶段以后，正在探索一条“以平台为主导”的发展之路。长江联合集团发展“平台经济”的“试验田”——“上海陆交中心”自2008年运营以来，已形成覆盖全国物流供应商、需求商及配套服务企业的会员10万余家，实现100万多次日访问量，80万条日有效物流服务供求信息，16万笔撮合交易数，271亿元撮合交易货值总额，年平均增长率约30%，仅两年时间实现实盘交易运费总计2.2亿元，营业收入年增幅达到50%以上。

2008年，集团在经历了15年的快速发展之后，面临着金融危机席卷全球，上海区域市场供给过剩、需求不足，企业利润空间进一步被挤压的困境。而此时，国内互联网经济、电子商务等模式不断成熟，专业化的产业链增值服务、内容服务、平台经济等新业态蓬勃兴起，于是，长江联合集团果断迈出从产业经济到“服务经济”，从实体经济到“虚拟经济”的“调结构、转方式”之路。2008年成立的上海陆交中心，运用“平台经济”模式，改变了原来低效的货找车、车找货的物流运营模式，依托网络，采集并撮合物流供需双方信息，运用市场竞价、诚信管理、定位跟踪、第三方结算等一系列手段，将全社会物流资源以货物为中心进行合理配置。

上海陆交中心物流服务交易是多边、交互的，由此，压缩了中间不必要的流通环节。通过平台撮合，目前物流成本已经降到了货值的8%，接近国际水平；与此同时，上海陆交中心又把触角伸向了为电商企业提供网络广覆盖、配送多元化、标准化的第三方物流。目前，越来越多的知名电商包括东方CJ、京东商城、好享购等，向陆交中心寻求物流解决方案；另外，依托覆盖全国的运力资源和网络，陆交中心还开始承担起城市配送的重要功能。2008年汶川地震后，陆交中心负责上海市“援建绵阳地区过渡安置房”公路运输运力采购招标。4天时间内，为六家安置房建设单位在全国范围优选50家企业共1400辆特种车辆，完成8万套过渡安置房6000车次的公路运力采购。2010年，陆交中心中标中国移动世博门票派送项目，没有一个司机、一辆货车，却能将230万张中国2010年上海世博会门票安全送到顾客手中；最近，陆交中心又正加紧与上海百联、光明、医药等六家企业协调，按照国家商务部、财政部的要求筹划建立“上海城市共同配送体系”，它已经被列入上海现代服务业的试点项目，也是未来上海构建智慧城市在物流领域的雏形。

特别值得关注的是，上海陆交中心作为“平台经济”的组织者，在服务交易双方的同时，还创新了一整套提供给平台参与方的第三方增值服务，包括融资、担保、保险、通讯、结算和技术服务。比如，为解决购置GPS设备成本高的问题，中心提供GPS租赁服务；为了解决支付手段问题，中心与交通银行、中国移动等联手开发移动 POS 机、手机银行等多项金融服务；陆交中心还与银行共同开展了一系列物流金融创新，为物流企业提供融资服务。

长江联合集团的下一步发展战略是，在继续加强上海陆交中心平台建设的基础上，将重点培育两大平台。一是要根据区域发展城市能级提升的需求，在基础设施领域，搭建集合政府、跨地区专业性设计与服务企业、银行、基金、信托、券商、咨询机构等为一体的运营平台；二是整合市场资源，打造集金融担保、保险经纪、小额贷款、产业基金、创投孵化及产业支持资金等服务的专业金融服务平台，为大量长江流域、长三角地区的中小型企业提供全方位金融服务。

【上海万家物流有限公司】

上海万家物流有限公司（Manco Logistics CO.,LTD.）成立于 2000 年，是一家从 90 年代初即入市运作的上海最早的快递公司之一转型而来。经过多年不懈的努力，现已发展成为以上海为中心，立足长三角，面向全国的中型物流企业。

公司在采用公路运输、铁路运输、水运和空运等运输形式构建起完善的物流渠道的同时，还为广大客户提供仓储、装卸、搬运、包装、配送、流通加工、信息咨询以及物流解决方案等全方位、立体化、多渠道的第三方、第四方物流服务。

万家物流（Manco Logistics）始终秉承"为客户创造价值"的主导经营思想，将先进的物流技术和科学的营运管理与客户的需求相融合，依靠广泛强大的资源优势、资源整合能力和精益求精的科学管理，努力的降低物流成本提高经济效益，不断提升企业的经济价值和社会价值。

公司早在 2005 年就通过了 ISO9000 国际质量体系认证，并在 2013 年被中国物流与采购联合会（China Federation of Logistics & Purchasing 简称 CFLP）评为 AAAA 级综合服务型物流企业（A 级物流企业名单）。

公司主要市场及经营管理模式：

公司经营范围：道路普通货运、道路货物专用运输；仓储、分拨、配送服务；国际国内快递服务；货物及技术进出口报关、报检服务；国内航空运输服务；国际航空运输服务。

公司提供的物流服务项目：门对门的配送服务；货物仓储分拨配送服务；代收款服务；签单返回服务；运费到付；货物保价；运输资源组织服务；物流体系及需求评估，物流方案设计。

万家物流主要致力于零担物流市场的门对门服务，针对零担市场服务方式和质量的各种弊端找到了自己的立身根本和发展方向。通过十余年的不断改革和创新确立了自身在门对门零担物流市场的强势地位。

公司以点带面的战略发展思想使公司得以用较低的成本获得相对高速的增长。

公司在全国的主要关键节点城市——

上海、杭州、无锡、南京、济南、北京、西安、成都、厦门、深圳、广州建立了直营分拨中心，依托这 11 个分拨中心建立了基本遍布全国的门对门零担运输网络。涉及伍百多个加盟网点，基本覆盖全国地区各地、县级市。

公司通过万家物流网络管理委员会这个平台对整个万家物流网络进行决策、协调和管理；通过万家物流管理系统对整个网络的业务流、资金流、进行统一的规划、结算、分配、统计、汇总；对人力资源、运力资源、仓储资源进行整合及合理的配置使用。兼顾、保障各方利益，使资源配置优化，令公司、直营网点、加盟网点之间真正做到无缝连接。极大地提高了整个万家物流网络运作的效率，降低了投入，较大限度地提升了投入产出比。

【上海汇通供应链技术与运营有限公司】

汇通供应链技术与运营有限公司是由国内物流供应链专业资深团队，联合国际信息技术开发应用平台共同组建的物流供应链运营企业。公司自成立以来，就确立了以信息技术为核心的一体化物流供应链全程运营 020 服务平台方向。创新性地融入了客户自助服务系统、协同资源系统、返程配货自动化、智能终端设备；充分运用了现代信息技术、互联网技术、电子商务技术和其他行业优秀的商业模式与结点，逐步实现 e 物流 +e 报关 +e 结算在线一体化物流供应链全程运营。

“运东西”平台（http://www.yundx.com/）是汇通供应链打造的 e- 物流平台，属垂直物流电子商务平台。平台服务包含“国内零担运输”、“城市配送”、“国际空运”、“国际海运”、“国际报关”、“海外运营”等功能。

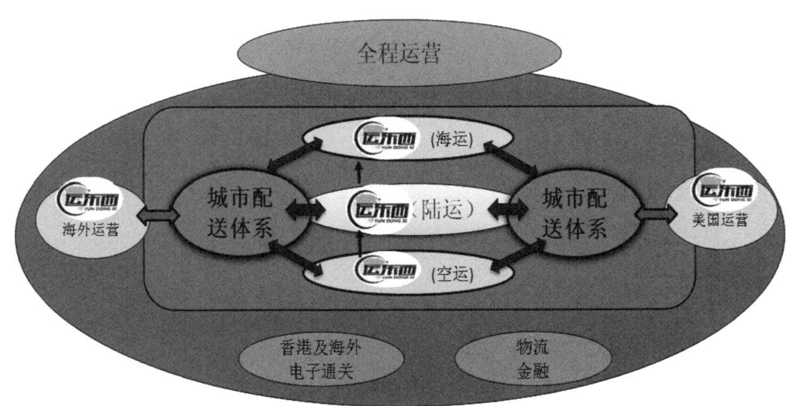

ULINK 自主开发的“运东西”平台系统有别于其他物流信息交易平台，它不仅有信息交易功能，更重要的是它拥有运营服务功能，即用户可以在平台上在线注册、比价、选择供应商、下单、保险、支付、跟踪、自动记录发运信息等服务，“运东西”是提供运营服务的主体，将承担全程运营责任。经认证的供应商也可以免费使用平台，及时调整自主报价，在线接单、运作，建立一个稳定货源的销售渠道。“运东西”是国内率先推出的物流电商平台。平台于 2013 年 5 月正式在上海、深圳、成都上线运作，将在 2014 年 3 月，基本实现全国主要线路运营。

“城市配送”是“运东西”平台的核心功能之一。借助于手机 APP，充分利用填仓和闲置运力，完成车辆调度、提送货环节，将有效的解决了“最后一公里”效率与效益间的矛盾。该系统也是国内率先运用移动互联技术实现运载优化的物流平台系统。该系统于 2013 年 10 月中旬上线。

国际空运、国际海运以及海外运营功能，预计将在 2014 年 7 月正式投入运营。针对用户国内运输还是国际运输的需求，都可在“运东西”平台上，只要用户输入相关需求与信息，可以及时获取经平台系统优化的运输方式组合、路径组合和综合服务组合的相对比较报价。由“运动西”平台实现全程运营服务。

汇通全力打造安全、高效、便捷、价优的物流供应链 020(Online to Offline) 全程运营平台。使国际国内货物流通更便捷。让用户足不出户、手触键盘轻松搞定货物发运。

【上海浩创信息科技有限公司】

浩创信息科技有限公司专注于无线数据采集器的优化设计和生产销售，不断引领行业将产品性能和操作体验做到极致。在用户体验、小巧、抗摔能力、工业等级、低功耗、无线信号灵敏度、稳定性、温度范围、性价比等方面不断努力创新和突破自己的极限。

浩创核心技术优势：

HYOS 自主研发的低功耗嵌入式操作系统　国内唯一具备芯片级硬件设计能力的 PDA 厂商，软件和硬件完美结合，可以从内部芯片的设计上，对硬件系统进行进一步的功耗优化。自主嵌入式操作系统，没有碎片文件和碎片数据，因此操作系统即使使用 10 年也不需要重新刷机和清理内存。

20 年射频技术设计和优化经验 WiFi、GPS、GPRS、FSK、TD-SCDMA、WCMDA 等射频性能领先于国内同行，达到国际先进水准，全部基于芯片级设计，性能优越、稳定可靠。

高性能光头和核心编解码算法　10 年以上核心算法的研究和优化，进一步降低 CPU 工作频率。做为全球少数几家具有自主解码知识产权的供应商之一，有极强的自主算法差异化定制能力。核心算法自己掌握，可以深入细节进行跟踪优化。

浩创拥有完善的核心技术体系，致力于将无线通讯、GPS定位、一维码与二维码识别、便携打印、无线称重、立体仓库、自动分拣等技术融合集成在信息化产品与系统服务当中，为企业提供完整的物流信息化解决方案及高品质设备。

浩创目前的典型客户：韵达、中通、申通、全峰、安能、龙邦、汇强、能达

【中海集团物流有限公司】

中海集团物流有限公司是中国海运直属的从事综合物流业务的专业化子公司，公司依托中国海运的资源优势，以沿海各口岸和内陆中心拥有的车队、仓储、堆场等自有资源为基础，以优质的服务和完善的信息、运输网络作支撑，以沿海和内陆城市为枢纽，具备了物流项目方案设计、资源整合、流程运作等全方位全过程综合物流服务功能，为客户提供全套物流解决方案和一体化的物流服务。

【上海现代物流投资发展有限公司】

上海现代物流投资发展有限公司是百联集团全资子公司，注册资金2.83亿元。公司已通过ISO9001：2008认证，具有齐全的物流资质，可为客户提供供应链全过程的物流服务。公司被评为中国AAAAA级物流企业，连续多年位列中国物流50强企业排名，获得上海市满意企业、上海名牌服务企业、物流企业信用评价AAA级企业等荣誉称号。所属长桥物流基地为中国物流示范基地。

【上海佳吉快运有限公司】

上海佳吉快运有限公司成立于1994年，主要经营范围为普通货物运输，货运代理，联运服务，仓储，寄递业务等。总部坐落于上海市青浦区徐径镇北青公路2999号，在中国大陆地区设立了全资子/分公司70家，直营网点1200余个。注册资金6060万元，年营业额超过18亿元，年利税达5000多万元。是全国著名的公路网络零担运输企业。

【上海惠尔物流有限公司】

上海惠尔物流有限公司创立于1992年，是AAAA级物流企业。公司业务涉及：运输、仓储、拆零、分拣、包装、配送和整体物流方案设计等，目前公司已在国内16个城市设立了分公司和办事处，拥有区域分发中心（RDC）；上海设有中央分发中心(CDC)。

惠尔物流在2000年通过挪威船级社ISO9001国际质量管理体系认证，并被上海市工商行政管理局授予2002-2003年度“免检企业”， 2004年惠尔物流荣获物流行业年度物流百强第33强，民营物流企业前30强第10强。2010年被中国物流与采购联合会评为“中国物流实验基地”。2011年被全国现代物流工作部际联席会议办公室评为“全国制造业与物流业联动发展示范企业”。

【上海北芳储运集团有限公司】

上海北芳储运集团有限公司成立于1989年，2012年营业额超过9亿元，现有员工1200多人，是一家集物流、商流、信息流、以资金流为一体的、能全面为现代危险化学品及毒害品制造业提供供应链管理与解决方案的物流服务提供商。

北芳公司主要经营道路普通货物运输、危险货物运输、储存、配送、进出口贸易等。

北芳公司始终注重诚信、坚持安全生产和优质服务，是全国“守合同、重信用”单位、“全国物流行业先进集体”、“AAAA”级物流企业、“全国危险品仓储企业排名第一名”、“上海市诚信建设企业”、北芳总部物流基地被评为中国首家“五星级仓库”，“北芳储运”商标是“上海市著名商标”、“上海名牌”。已通过ISO9001质量管理体系认证、ISO14001环境管理体系认证、OHSAS18000职业安全与健康质量体系认证和AQ3013 安全标准化（二级）企业审核和欧洲化学品工业协会RSQAS 审核，五标一体化运作确保企业、顾客、社会与员工的共同利益，并成功为40多家世界500强企业提供一体化

【东方国际物流（集团）有限公司】

东方国际物流（集团）有限公司经营国际航运、国际船舶代理、国际货运代理、国际集装箱储运、国际展览运输及报关、报检等国际综合物流业务，是具有“东方国际物流”著名品牌、广泛的物流代理网络、大型的现代物流基地和先进的集成化信息系统、贸易商提供一站式全方位物流服务和供应链解决方案的知名的大型国际综合物流服务企业。

【上海新金桥国际物流有限公司】

上海新金桥国际物流有限公司是由上海金桥（集团）有限公司投资组建的全资子公司，注册资金1.4亿元人民币。公司旗下拥有6家子公司，在长三角地区拥有25万平方米的多种类型仓库，主要服务功能有：物流方案咨询策划、国际采购与分拨、进出口贸易、仓储管理、专业报关（无纸化报关）报检、空运和海运国际代理、保税物流与配送业务，是一家专业的、综合性第三方物流公司。

【上海景鸿国际物流股份有限公司】

上海景鸿国际物流股份有限公司是国家4A级物流企业和上海市名牌企业，是集报关、报检、监管运输、仓储、进出口代理、航空打板、国内运输等于一体的综合物流服务供应商，致力于为客户提供专业化、个性化、多元化的物流服务，让客户享受便捷、高效、优质的国内段一站式物流体验。

11.6 《Shanghai Logistics Yearbook 2013》 General Catalogue

《Shanghai Logistics Yearbook 2013》 General Catalogue

Section 1: General Survey

Section 2: Policy & Law of The logistics

Section 3: The Basic Field & Project for Basic Facilities of Logistics

Section 4: Reginal Development & Industral Garden of Logistics

Section 5: The Port Logistics (International & Bonded Logistics)

Section 6: The Logistics of Manufacturing Industry

Section 7: Commerce & Trade Logistics and Others

Section 8: The Installations & Equipment, Standard & Technology, Informationization of Logistics

Section 10: The Derivative Service Industry of Logistics

Section 11: Appendix